高等院校经济管理创新型人才培养系列教材

农林产品网络营销

郭承龙　主编

东南大学出版社
SOUTHEAST UNIVERSITY PRESS
·南京·

图书在版编目(CIP)数据

农林产品网络营销 / 郭承龙主编. —南京：东南大学出版社，2016.5

高等院校经济管理创新型人才培养系列教材/温作民主编

ISBN 978-7-5641-6478-2

Ⅰ.①农… Ⅱ.①郭… Ⅲ.①农产品-网络营销-高等学校-教材②林产品-网络营销-高等学校-教材 Ⅳ.①F724.72

中国版本图书馆 CIP 数据核字(2016)第 093269 号

农林产品网络营销

出版发行	东南大学出版社
出 版 人	江建中
责任编辑	夏莉莉
社　　址	南京市四牌楼 2 号
邮　　编	210096
网　　址	http://www.seupress.com
经　　销	各地新华书店
印　　刷	南京京新印刷厂
开　　本	700 mm×1000 mm　1/16
印　　张	32
字　　数	620 千字
版　　次	2016 年 5 月第 1 版
印　　次	2016 年 5 月第 1 次印刷
书　　号	ISBN 978-7-5641-6478-2
定　　价	59.80 元

* 本社图书若有印装质量问题，请直接与营销部联系，电话：025-83791830。

高等院校经济管理创新型人才培养系列教材

编委会名单

从书主编 温作民

丛书副主编 杨加猛 杨红强 张红霄

编委会成员 张 晖 赵 航 乔玉洋 赵庆建 杨爱军 柴涛修 刘 林

高等院校经济管理创新型人才培养系列教材

总　序

保罗·萨缪尔森(Paul A Samuelson)认为,经济学是研究人类社会在各个发展阶段上如何利用稀缺的资源生产有价值的商品,并将他们在不同的个体之间进行分配的学科。在阿尔弗雷德·马歇尔(Alfred Marshall)看来,经济学既是一门研究财富的学问,同时也是一门研究人的学问。而作为系统研究管理活动的基本规律和一般方法的综合性交叉学科,管理学旨在研究在现有的条件下,如何通过合理地组织和配置人、财、物、信息、技术等管理要素,科学提高社会的生产力水平。进入21世纪,人类活动面临更为复杂的环境和巨大的结构性变革,世界经济长期的结构性调整、新一轮产业变革融合与中国经济增长的阶段性转换相互叠加,这无疑对创新型经济管理专业人才的培养提出了更高的要求。

改革开放以来,中国社会经济发展所取得的举世瞩目的成就,来源于符合中国实际的对外开放的顶层设计,遵循市场经济规律的制度安排,保持稳定的宏观经济政策环境等多重因素的综合作用。与此同时,在全球经济复苏存在不确定因素和世界政治经济格局面临大变革的时代,资源消耗型、环境污染型的粗放式高速增长模式已经不可持续,“中国制造”的低成本优势也不复存在,中国经济进入转变发展方式、转换增长动力和平衡经济结构的“新常态”,这对行业企业的转型升级将产生方向性的重大影响。受此影响,经济管理学科必将在实践中得到更为迅速的发展,经济学、心理学、社会学与数学、信息科学等自然、技术学科的结合也将更加紧密和深入。

经济发展新常态下,传统产业相对饱和,但基础设施互联互通和一些新技术、新产品、新业态、新商业模式相关的投资机会大量涌现;新兴产业、服务业、小微企业的作用更凸显,生产小型化、智能化、专业化将成为新特征;人口老龄化日趋发展,农业富余人口减少,要素规模驱动力减弱,经济增长将更多依靠人力资本质量和技术进步;市场竞争逐步转向质量型、差异化为主的竞争，统一全国市场、提高资源配置效率是经济发展的内生性要求。新常态要有新思路和新作为。推动形成绿色低碳循环发展新方式，实现从要素驱动、投资驱动向创新驱动转变，促进新型工业化、信息化、城镇化和农业现代化的"新四化"同步发展，成为中国经济发展新常态的必然选择。为此，要主动把握和适应新常态，更加重视资本、科技、制度和管理创新，更加重视企业家才能，更加重视高素质人才的培养。而加快传统理论和手段的创新，成为培养新时期高素质人才进程中的一项十分重要而紧迫的任务。

为了更好地契合中国社会经济发展新常态下经济管理类专业人才的培养需求，我们组织编著了本套《高等院校经济管理创新型人才培养系列教材》丛书。该丛书由一批教育教学经验丰富、教学科研实力雄厚的中青年骨干教师担任编著工作，教材内容上力求把握新时期人才培养的新机遇和新趋势，汲取国内外优秀同类教材的精华，同时结合丛书作者多年从事本领域的教研实际经验和最新成果，做到既注重基本理论的科学阐述，又注重经济管理实践的操作运用，从教、研互促和教、学相长的结合上谋划经济管理学科教材的新发展。

本套教材的出版，得到江苏省"十二五"高等学校重点专业和南京林业大学经济管理学院学科建设经费的资助，在此深表谢意。同时，东南大学出版社对本套丛书的出版给予了鼎力支持，在此一并表示感谢！希望这套《高等院校经济管理创新型人才培养系列教材》的出版，能为我国新时期高素质经济管理专业人才的系统培养作出应有的贡献，同时能为企事业单位主动适应经济发展的新常态提供科学的理论指导和决策参考。

国际林联(IUFRO)生态经济分部理事长　温作民

目　　录

第一章　网络营销概述

1.1　网络营销产生背景与发展

1969年，美国国防部资助美国西海岸的四所大学和研究所，通过简单的通信电缆将主计算机连接起来，实现互相通信并称之为ARPANet。到20世纪90年代初，美国政府将其商业化，并成立国际标准化管理委员会负责标准的制定和实施。在随后的短短几年内，互联网络由美国发展到全世界一百多个国家和地区。进入21世纪后，互联网络受到各行各业和全社会的青睐，这主要得益于互联网络自身的开放性、共享性、协作性和低廉性。1987年9月20日，对于我国互联网络应用来说，这一天意义非凡。钱天白教授通过拨号上网，发出了我国第一封电子邮件"越过长城，通向世界"。这封电子邮件从北京经意大利到达德国卡尔斯鲁厄大学，成为我国互联网络应用开山之笔。1996年末，北京四十四中初三学生张博迁在瀛海威时空网站开设的电子超市订购了新知书店的《INTERNET使用秘诀》一书。这是我国互联网络的第一次线上交易，代表我国营销进入了一个新时代——网络营销(Cyber Marketing或Online Marketing)时代。

1.1.1　我国网络营销的历程

相对于互联网发达国家，我国的网络营销起步较晚，大致可分为五个发展阶段：

1. 播种期(1997年之前)

我国国际互联网于1994年4月20日正式开通。在1997年之前，我国网络营销处于一个神秘阶段，无论是学术界还是企业界，大多数人对网络营销的概念还相当陌生，更不用说将网络营销应用于企业经营了。网络营销被视为偶然因素促成的偶然交易。尽管当时网络营销概念和方法等尚不明确，但毕竟在我国潜在的网络营销市场的沃土上播下了网络营销良种。作为我国网络营销第一代先行军，瀛海威时空网于1995年9月30日正式运营，开创了我国网络信息行业的先河(图1.1)；8848网成立于1999年5月18日，是我国电子商务企业的旗舰(图 1.2)。它们轰轰烈烈地诞生,又悄然消失于互联网。但是,它们为开启我国网络营销的大门奠定了深厚的基础。

图 1.1　瀛海威时空网网站 Logo

图 1.2　8848 网网站 Logo

2. 萌芽期(1997—2000 年)

根据中国互联网络信息中心(CNNIC)发布的《第一次中国互联网络发展状况调查统计报告》(1997 年 10 月)显示,截至 1997 年 10 月底,我国上网人数为 62 万人,WWW 站点数约为 1 500 个。尽管无论上网人数还是网站数量均微不足道,但是标志着我国网络营销进入萌芽阶段。网络广告、E-mail 营销、域名注册服务、搜索引擎等网络营销应用不断创新。到 2000 年年底,以新网(图 1.3)、万网(图 1.4)和中国频道(图 1.5)为主的基础应用服务商(域名服务商)领衔主演国内的网络营销,同时大大小小的网络营销企业和第三方平台初长成,网络营销呈现出快速发展的势头并且有逐步走向实用的趋势。

图 1.3　新网网站首页

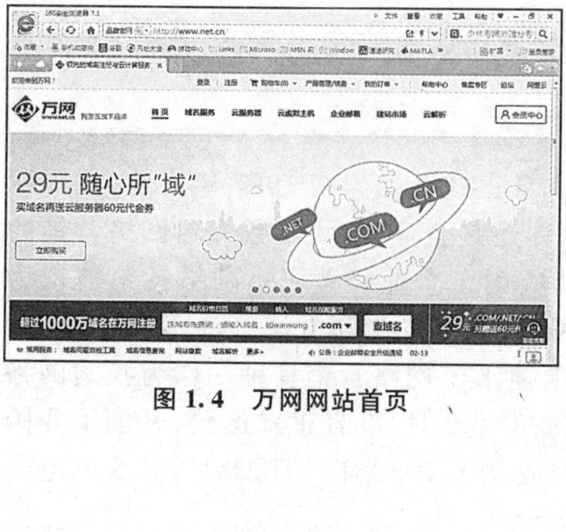

图 1.4　万网网站首页

图 1.5　中国频道网站首页

3. 快速发展期(2001—2004年)

经历2001—2002年的互联网泡沫破灭的洗礼，网络营销已不再是时髦的、空洞的概念，而是进入了实质性的应用和发展时期。2001—2004年，以3721网为代表领航我国的网络营销产业，门户网站、搜索引擎服务商和电子商务服务商等群雄并进，快速开进网络营销领域。

2001—2004年，我国的WWW网站数量从24万个发展到66.89万个，其中绝大多数为企业网站。企业网站数量的快速增长反映了网站建设已为企业网络营销提供了技术和平台基础。以"企业上网"服务为主要业务的一批专业服务商开始快速发展。域名注册、虚拟主机和企业网站建设已经比较成熟，成为网络营销服务的基本业务内容。大型门户网站的分类目录登录、专业搜索引擎的关键词广告和竞价排名、供求信息发布、专业E-mail策略、电子商务平台等也取得了明显的发展；网络广告从表现形式、媒体技术等多方面开始发生变革，如广告规格尺寸不断加大、表现方式更加丰富多样。

从2001年下半年开始，国内搜索引擎服务商陆续开始了收费登录服务。收费服务自然会影响部分网站登录的积极性，不过也为网站提供了更多专业服务，从功能上为网络营销提供了更为广阔的发展空间，从而提高了营销效果。从发展趋势看，搜索引擎策略仍然是企业在网站建设之后最主要的推广手段之一，也成为网络营销专业服务的重要业务内容。由此，我国网络营销市场进入发展快车道。

4. 竞争发展期(2005—2011年)

在此阶段，我国互联网市场风起云涌，形成百度、阿里和腾讯系在搜索引擎、电子商务和社交推广领域的三足鼎立之势，网络营销市场处于竞争发展期。行业巨头激烈竞争，多元化扩张布局；小而美电子商务垂直化发展得有声有色；大大小小的网商注重客户体验和精准化营销，接地气，不断夯实发展基础。

5. 深耕发展期(2011年—至今)

在网络并购潮中，农林商品特别是其中的生鲜品闪亮登场。它是网络营销最后的蓝海。随着冷链基础设施与冷链设备的完备、冷链物流线路的优化、保鲜材料和保温包装的发现和发明，冷链物流网络布局日益完善，生鲜品快速订购需求日益强烈，农林生鲜品网络营销正式大规模出现在互联网上。顺丰优选、我买网、沱沱工社、农享网、惠农

图1.6　淘宝特色中国频道——浙江

网、中国林果网以及淘宝特色馆和淘宝特色中国频道（图 1.6）等纷纷触网或上线，代表最后的网上蓝海正在被分食。

1.1.2　网络营销产生基础

无论何时何地，满足消费者需求都是企业的经营核心。企业纷纷触网，并把抢占这一制高点视为获取竞争优势的重要途径。网络营销存在多方面优势，给传统营销带来了巨大的冲击，网络营销是企业营销不可回避的发展方向。网络营销的产生，是消费者价值观变革、商业竞争、科技进步、法律制度等因素的综合作用。因此，网络营销的产生有其观念基础、现实基础、技术基础和制度基础。

1. 观念基础

当今企业正面临前所未有的激烈竞争，市场已是典型的买方市场，消费者主导的营销时代已经来临。在买方市场上，消费者面对更为纷繁复杂的商品和品牌选择，这一变化使当代消费者的心理和行为呈现出新的特点和趋势。

在工业化初期，市场营销活动是为少数特定消费者进行个体化服务。只有少数的高收入者、垄断者和执政者是消费主体，个性化消费是这一时期的主流。工业化中期之后，规模化和标准化的生产方式使得个性化消费被淹没于大量低成本、单一化的产品洪流之中。进入互联网信息时代，消费者重拾个性化需求，其心理变化特征如下：

1）个性化消费的回归

在短缺经济或近乎垄断的市场中，可供消费者挑选的产品少之又少，个性化需求不得不被压抑。当处于买方市场之中，多数产品无论在数量还是品种上都已极大丰富，为消费者能够以个人心理愿望为基础挑选和购买商品或服务创造了机会。消费者逐渐开始制定自己的农林商品消费判别准则，已不再仅仅追求农林商品的使用价值，而是囊括了农林商品的其他“延伸物”（导购、保鲜、使用指导和评价等），这些“延伸物”及其组合可能各不相同，彰显个性化和定制化。从理论上看，没有一个消费者的心理是完全一样的，每一个消费者都是一个细分市场。心理上的认同感已成为网络消费者作出购买决策和品牌选择的先决条件，这种注重个性化的消费正在成为网络消费的主流，代表着个性化消费的回归。

2）消费主动性增强

在农林商品供给源和市场范围扩大化的趋势下，消费者的购买风险感随选择范围的扩大而增强，而且对单向的填鸭式传统营销沟通感到不满足、厌倦和不信任。在农林商品的购买中，不管是大件耐用消费品（如木制家具）还是安全食用品，消费者会主动通过各种可能的途径获取与商品有关的信息并进行分析比较。这些分析也许不够充分和准确，但消费者却可以从中获得心理上的平衡，以减轻风险感或减少网购后产生后悔感的可能性，进而增加对农林商品的信任和争取心理上的满足感。消费主动性的增强来源于农林商品危及公共事件、追求心理稳定和平衡以及现代社会不确定性的增加等给消费者带来的阴影和压力。

3）方便性与购物乐趣并存

现代社会工作压力较大，紧张度高的消费者会以购物方便性为目标，追求时间和劳动成本的尽量节省，特别是消费需求和品牌选择都相对稳定的消费者。这点在网络消费者选购粮油副食品等生存性商品时显得尤为突出。由于劳动生产率的提高和家庭生活分工的不同，一些消费者的可支配自由时间有所增加，如自由职业者或家庭主妇，这类消费者则希望通过购物来消遣时间，寻找生活乐趣，保持与社会的联系，减少心理孤独感。因此，他们愿意多花时间和精力进行购物，而前提必须是购物能为他们带来乐趣，能满足心理的娱乐需求。此外，由于社会分工精细化和工作通勤时间增加等因素产生了碎片化时间区间，部分消费者通过移动终端等方式网购生活用品，节约闲暇时间中生活消费时间的占用，并在网络冲浪和网络交际中寻求乐趣。网络消费需求追求方便性和购物乐趣具有普遍性特征。

4）消费目标定位显著

消费者的自我消费需求内容明确。根据消费内容，在网上搜索符合自己目标的网商和商品。网商认证资质、金牌卖家荣誉、农林产品的有机性和安全性、原产地以及冷链物流等均是消费者筛选目标的判断准则，筛选出来的商品和卖家符合消费者心理期望，消费者迅速下单。

5）价格是影响消费心理的重要因素

商家倾向于以各种差别化、增值性服务等活动和营销内容来降低消费者对价格的敏感度，避免恶性削价竞争，但价格始终对消费者心理有重要影响。例如“618”、“双11”和“双12”，诸多网商纷纷加入大促销行列，消费者为此也愿意疯狂购物。2015年，天猫“双11”购物节就斩获销售额912.17亿元，较2014年增长59.75%。这说明即使在当代发达的营销技术面前，价格作用仍旧不可小觑。只要价格降幅超过消费者的心理界限，消费者也难免会怦然心动地改变既定的购物原则。

6）消费者乐于网购

对于网购农林产品由最初的怀疑到欣然接受、乐此不疲，消费者的消费观念发生了根本变化。消费者的“吃穿住行用”各个方面已全面依赖于网络，从生活行为和生活理念变化到投资理念和投资行为变化。如余额宝一经推出，便展示出其吸金能力强大。2013年6月13日余额宝诞生，截至2013年6月30日24点，余额宝累计用户数已经达到251.56万，短时间内累计转入资金规模达66.01亿元，对接的天弘基金成为当时国内最大的货币基金。当前，网上保险、网销彩票（福利彩票、足球彩票等）、网络拍卖、农家乐、医疗服务和众筹等纷纷上线到热销。

2. 现实基础

随着市场竞争的日益激烈化，为了在竞争中占优势，各网商都使出了浑身的解数来想方设法吸引消费者。市场竞争已不再依靠表层的营销手段的竞争，更深层次上的竞争已经开始。网商迫切地去寻找变革途径，以尽可能地降低商品在从生产到销售终端的整个供应链上所占用的成本和费用比例，缩短运作周期。网络营销不仅满足上述竞争要求，而且可以节约大量昂贵的店面租金，减少库存商品资金占用，使经营规模不受场地限制，便于采集消费者信息等等，这些特点都使得企业经营的成本和费用降低，运作周期变短，从根本上增强企业的竞争优势，增加企业的盈利。冷链基础设施全面布局成形和完善为农林商品物流提供了专业化服务。快递公司的物流基地、分拨中心、投递点优化和设备完善为生鲜品提供门到门的一站式服务，提供专业泡沫保鲜盒和低温辅助品，提供(超)大件木制家具快递服务，为消费者网购农林商品奠定了坚实的物流基础。

3. 技术基础

互联网(Internet)是一种集通信技术、信息技术、计算机技术为一体的网络系统，它将分布在不同地理区域的计算机与专门的外部设备通过通信线路互连成一个规模大、功能强的网络，从而使众多的计算机可以方便地互相传递信息，共享硬件、软件、数据信息等资源。与网络营销密切相关的计算机网络主要有三种：互联网、外联网以及内联网。互联网被称为继广播、报纸、杂志、电视之后新兴的媒体，被视为21世纪决定国家竞争力的信息基础设施。设备功能的完善与创新、技术的进步推动着互联网继续发展。移动互联网正是这一发展的新的技术产物。移动互联网就是将移动通信和互联网二者的技术与平台结合起来，成为一体。移动通信技术成熟与升级以及移动终端设备的涌现为移动互联网的发展注入巨大的能量。移动互联网继承了移动通信随时、随地、随身和互联网分享、开放、互动的优势，是整合二者优势的“升级版本”，为网商提供新型的应用平台。

4. 制度基础

我国在对传统经济法律法规进行修订时，考虑到了网络环境的特殊性，增加了网络营销适用的法律规定。2004年5月18日全站实名制的网站已出现；2005年4月1日《电子签名法》生效；2014年3月15日实施的新修订的《消费者权益保护法》明确规定网购的“后悔权”，规定消费者网络购物可“七日内无理由退货”；2015年3月15日实施的《侵害消费者权益行为处罚办法》对网络购物等非现场购物进行了规范，即经营者采用网络、电视、电话、邮购等方式销售商品时应当依照法律规定承担无理由退货义务，不得故意拖延或者无理拒绝，消费者退货难、退款难的现象有望得到解决；2015年10月1日新修订的《食品安全法》正式实施，根据规定，第三方平台提供者应当对入网食品经营者进行实名登记，网络个人卖家需向平台提供身份证明和食品经营许可证，明确第三方平台提供者对平台上卖家的监督作用，消费者买到来源不明的问题食品可直接向第三方平台追偿。以上这些法律规定加上其他职能部门出台的法规政策进一步为完善和保障网络营销的正常安全运行奠定了制度基础，保护网络营销买卖双方、第三方平台以及其他参与方各自的权益、明确各自的责任，为网络营销保驾护航。

1.2　营销观念变迁

企业营销活动所采用的营销观念不断发展，生产观念、产品观念、推销观念、市场营销观念和社会营销观念的演进以及网络环境下新营销观念的不断衍生构成营销观念的变迁史。

1.2.1　传统营销观念变迁

传统营销观念演进历程如图 1.7 所示。

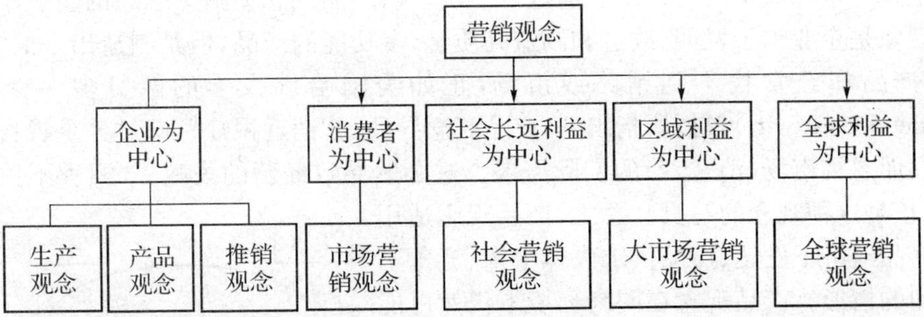

图 1.7　传统营销观念演进历程

1. 生产观念(Production Concept)

生产观念是最古老的企业营销活动的指导观念，它产生于 19 世纪末 20 世纪初。生产观念的基本思想是：消费者总是喜爱随处可以买到且价格低廉的商品。在生产观念的指导下，企业生产什么就卖什么，即以产定销(图 1.8)。因此，企业中心任务是努力提高生产效率、增加产量、降低成本，生产出让消费者随处可以买到并且买得起的产品。例如，亨利·福特(Henry Ford)曾傲慢地宣称：“不管客户需要什么颜色的汽车，我只有一种黑色的。”他的整个营销哲学就是完善 T 型汽车的生产，降低成本，使更多的人能够买得起这种汽车。生产观念很少关注除生产之外的其他市场因素，甚至不注

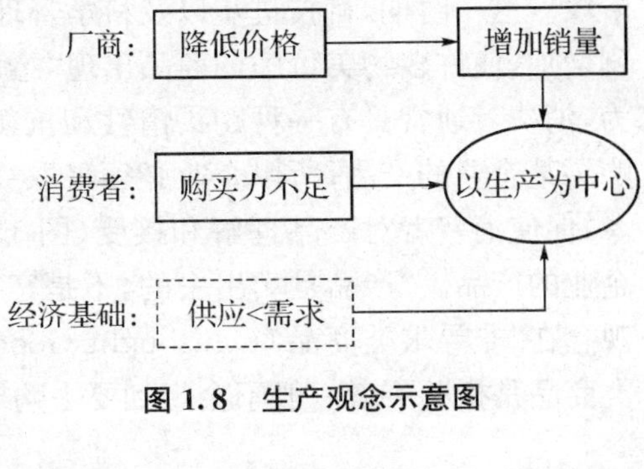

图 1.8　生产观念示意图

意对产品的更新和改进。因此，生产观念是一种重生产、轻市场的营销观念。"皇帝的女儿不愁嫁"正是这种观念的写真。但是，生产观念在网络环境下仍然可能适用，表现为：一是产品供不应求，市场经济呈卖方市场状态；二是某种产品的市场前景良好，但生产成本很高，必须通过提高生产效率、降低成本来扩大市场；三是垄断性行业下的企业产品或者服务。

2. 产品观念(Product Concept)

产品观念与生产观念产生于同一时代，其特征在于企业经营者重视产品质量的提高和占领目标市场，忽视降低产品成本。产品观念认为，消费者喜欢高质量、多功能和具有某些特色的产品，并且愿意支付较高的价格。在产品观念的指导下，企业中心任务是致力于改进产品质量，生产优质产品，不断精益求精，满足消费者共性需求(图 1.9)。但是该观念忽视了消费者需求的多样性和动态性。确实，产品的品质和特色是企业赢得消费者的主要因素，企业以产品质量赢得市场地位比只重视产量和成本的生产观念前进了一步。以产品观念为指导思想的企业中的常见现象是企业忙于发明、改进和制造高质量、多功能的产品，但是制造出来的"高大上"产品却经常找不到销路或市场，正如美国哈佛大学的西奥多 · 李维特(Theodore Levitt)教授所指出的，产品观念导致"营销近视症"，即过分重视自己的产品而忽视市场(消费者)的实际需求。这必然导致经营的失败。"酒香不怕巷子深"正是这种观念的写真。总之，产品观念适用于商品经济不发达、产品供求大体平衡、竞争不激烈的情形。产品观念在网络环境下仍然可能适用，表现为：一是地方特色农林产品因网络市场和物流服务完善而扩大了销售范围；二是小众化需求的农林产品因网络实现供需满足；三是新产品上市。

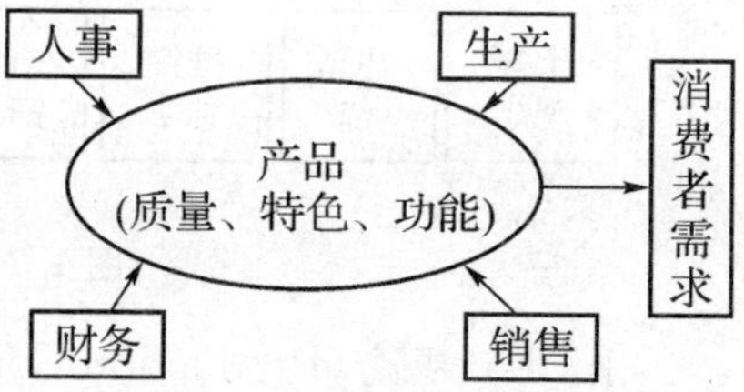

图 1.9　产品观念示意图

3. 推销观念(Selling Concept)

推销观念产生于 20 世纪 30～40 年代，正处于由卖方市场向买方市场的过渡阶段。这一时期，科技进步以及科学管理和大规模生产的推广，市场上商品数量急剧增加，使许多物美价廉的商品出现"愁卖"现象，推销观念应运而生。推销观念认为，消费者通常具有一种购买惰性和抗衡心理，若听其自然，消费者一般不会足量购买某企业的产品，所以企业必须采取一系列有效的推销和促销工具去刺激消费者，促使消费者对产品理解和接受(图 1.10)。只有这样，消费者才会大量购买本企业的产品。"产品是卖出去的，不是客户买回去的"正是这种观念的写真。这种观念在"非寻求类商品"(Unsought Goods)的生产厂商中尤为盛行。所谓非寻求类商品是指购买者一般不会想到要去购买的商品，例如保险、百科全书等。当企业出现生产力过剩或高库存时常遵循推销观念，中心任务是积极推销和大力促销已制造的产品而非市场需要的产品。这些企业善于使用各种推销技巧来寻找潜在消费者，并用高压的方式说服他们接受其产品。推销观念可用可口可乐公司前营销副总裁齐曼的话来概括："营销的目的就是销售更多的商品给更多的人，使消费者更频繁购买，获得更多的收入，从而赢得更多的利润。"推销观念在网络环境下仍然可能适用，表现为：一是电商节的大规模促销；二是各种促销工具的应用；三是插上大数据"翅膀"的商品推荐。

由生产观念、产品观念转变为推销观念，是企业经营指导思想上的一大变化，但这种变化没有摆脱以生产为中心、以产定销的范畴。

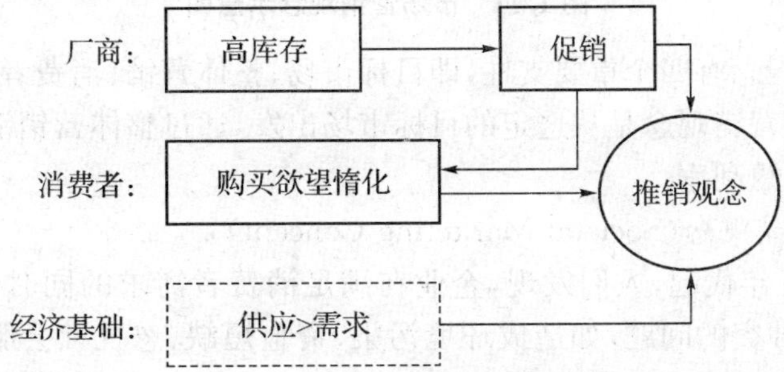

图 1.10　推销观念示意图

4. 市场营销观念(Marketing Concept)

20 世纪 50 年代，由于生产效率大幅提高，供给远大于需求，如果不按消费者需求组织生产和经营，不管企业采取怎样的推销措施，企业的产品仍会过剩，同业竞争非常激烈，而广大居民的个人收入迅速提高，市场营销观念就在此背景下产生了。市场营销观念认为，企业的一切计划与策略应以消费者为中心，正确确定目标市场的需要与欲望，比竞争者更有效地提供目标市场所要求的满足。市场营销观念是从一个界定明确的目标市场出发，以消费者为中心，协调影响消费者的所有营销活动，并通过建立基于消费者价值和满意之上的长期消费者关系来取代利润。在市场营销观念的指导下，企业的中心任务是要善于发现和了解目标市场的需要并千方百计地满足它，在消费者满意的基础上实现企业的目标。以市场营销观念指导营销管理活动的企业的特征表现是：

(1) 消费者需要什么，企业就生产什么。

(2) 突出以消费者为中心，是典型的"以销(需)定产"，即按消费者的需求组织生产，通过满足消费者需要，让消费者满意，进而实现企业的目标。

(3) 实行整体市场营销，即实行以产品、价格、渠道和促销(4P)为主控的营销模式，产品、价格、渠道和促销活动均要以消费者需求为出发点(图 1.11)。

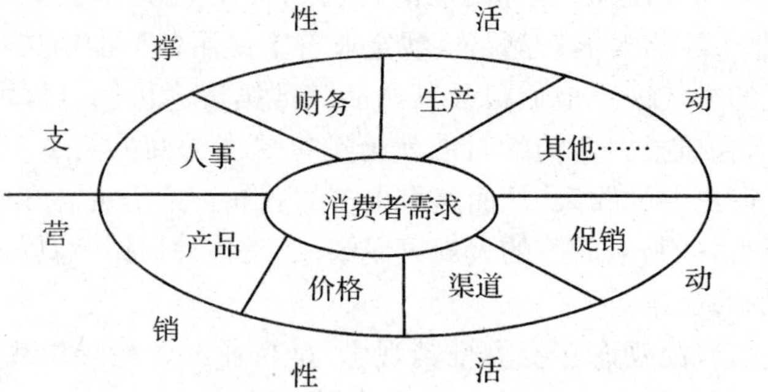

图 1.11　市场营销观念示意图

市场营销观念有四个重要支柱，即目标市场、整体营销、消费者满意和盈利率。也就是说，市场营销观念是从选定的目标市场出发，通过整体营销活动实现消费者满意，从而提高盈利率。

5. 社会营销观念(Societal Marketing Concept)

20 世纪 70 年代起，人们发现，企业在满足消费者需求的同时，时常出现和社会长远利益相冲突的问题，如造成环境污染、资金短缺、忽视社会服务等问题。而前述营销观念回避了消费者需求欲望的短期满足与长远社会福利间的矛盾，实质上是以损害社会和消费者的长远利益为代价。环境污染、价格大战、畸形消费等不良现象引发了社会对"理性的消费"、"回归俭朴"、"人类观念"的呼吁。相应地，"绿色营销"、"从关心客户到关心人类，从关注企业到关注社会"等一系列新的营销观念也为越来越多的企业所接受。企业的营销观念从市场营销观念向社会营销观念转变。社会营销观念是指企业的任务是确定目标市场的需要、欲望和利益，并以保护或提高消费者和社会福利的方式，比竞争对手更有效、更有利地满足目标市场需求，并因此获得利润。社会营销观念将实现消费者满意及消费者和社会公众的长期福利作为企业的根本目的与责任，将企业利益、消费者利益与社会利益有机结合，即消费者的需求与愿望、社会的长远利益、企业的营销效益相统一(图 1.12)。

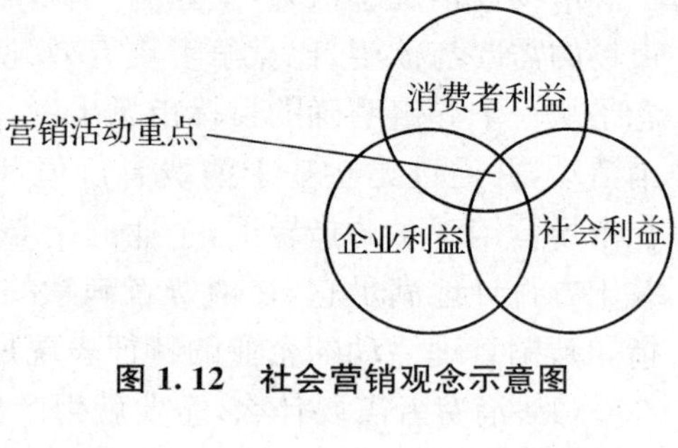

图 1.12　社会营销观念示意图

6. 大市场营销观念

20 世纪 80 年代以后，美国著名市场营销大师菲利普·科特勒针对世界经济迈向区域化和全球化，企业之间的竞争范围早已超越本国本土，形成了无国界竞争的态势，提出大市场营销观念。他指出企业为了成功地进入特定市场或者在特定市场经营，打破各种贸易壁垒，需在策略上运用经济、心理、政治和公共关系等手段，以赢得若干参与者的合作和支持，从而达到预期的目的。大市场营销观念是在4P的基础上加上2P，即权力（Power）和公共关系（Public Relation），从而把营销理论进一步扩展了。

7. 全球营销观念

全球营销观念是20世纪90年代以后营销观念的最新发展，它是指导企业在全球市场进行营销活动的一种崭新的营销思想。全球营销观念在某种程度上完全抛弃了本国企业与外国企业、本国市场与外国市场的概念，而是把整个世界作为一个经济体来处理。全球营销观念强调营销效益的国际比较，即按照最优化的原则，把不同国家中的企业组织起来，以最低的成本、最优化的营销去满足全球市场需要。

1.2.2　网络营销观念变迁

网络营销具有深厚的技术背景色彩，给生产方式和生活方式带来了巨大影响。这些影响也给营销观念带来革命性的变化，使其明显不同于传统营销观念。这种变化来自一种新经济的内部，是不以人的意志为转移的，如果能顺应这种变化，网商就有可能获得竞争优势；否则，若以传统的营销观念去参与网络经济时代的竞争，必将使网商营销方向发生错误。归纳起来，网络营销观念变迁大致包含以下内容：

1. 综合性企业将被拥有核心营销能力的专业性企业所代替

营销主体因受到网络经济的冲击而呈现出巨大的变化。尽管拥有完整的从产品设计到产品销售以至售后服务的综合性企业在未来很长时间内仍然是市场的主角，但是它们存在的前提是要有不断扩大的市场才能满足生产效率要求，正因为如此，全球化经营是综合性大型企业的首要追求。综合性企业的解体与专业性企业的兴起是一个更为重要的趋势。市场调查公司专责市场需求的调查，而专业设计公司希望出售产品设计，甚至是概念产品。传统企业因为拥有生产设备而沾沾自喜的时代已经过去，产品加工中心是一种新崛起的为众多企业加工产品的新型经济组织。它们不仅仅加工自身企业所设计的产品，更重要的是它们为不同品牌的企业提供生产服务。网络经济时代必将产生一种新的营销企业，即信息服务企业，其主要功能是经济地将消费者信息集中起来，然后出售这类信息给专业设计公司，然后由产品加工中心完成加工制造，经由网商销售出去。这样，消费者个性化消费才有可能。

2. 营销客体——产品概念的拓展

将产品限定为实物产品是工业经济时代营销的重大缺陷。在网络经济时代，服务作为营销客体，与实物产品具有同等性质，同样需要研究其营销手段。这样，营销学必将在更多的领域被运用，如金融公司、注册会计师事务所以及快递公司等。服务产品的营销引起了一系列问题，包括服务产品在不同国家的准入制度、服务产品价值制定标准、服务产品销售网络以及促销策略等等。因而，引入服务产品为整个营销领域注入了新的活力。

3. 营销活动的载体——市场从有形趋向无形

许多营销专家都认为，有形市场难以满足服务产品的销售，因而需要一个跨越时空的无形市场。网络市场的兴起为无形市场的发展提供了契机，更多的产品将被搬上网络，这一趋势的必然结果是传统的商流——从厂家到批发企业，然后通过零售商业送到消费者手中的渠道将被改变，生产厂家可以通过网络直接与消费者完成交易。这样做还带来了另一个好处，即消费者直接表达了对商品的评价，生产者与消费者之间的沟通程度大大提高了。

4. 市场营销任务从满足需求到创造需求

雷戈里·卡彭特在其《改革营销活动的准则》一文中指出：目前的营销观就是营销“给客户他们想要的东西”。企业只应弄清购买者想要什么，然后想出行之有效的办法予以满足。但是，网络经济时代的到来，产品和服务的科技含量已大为提高，消费者在消费过程中已不单纯地享受产品带来的物质感受，更重要的是消费产品的同时又是一个学习的过程，这一学习过程不但可以满足消费该产品的需要，而且使消费者的素质得到提高，素质的提高又可以为消费者充当生产者角色时提高生产效率而打下基础。这种营销观念是从电脑产品的销售中得到启发的。消费者通过学习电脑知识，从而购买电脑，通过电脑的消费不但可以得到精神的享受——欣赏图片、看新闻、玩游戏等，更重要的是，电脑也是消费者生产活动不可或缺的部分，通过对电脑的消费，消费者提高了生产效率。因而，教育消费者是营销活动的开端，也是创造需求的重要前提。

5. 先锋品牌战略

网络时代的营销性质是品牌营销，而品牌战略则是先锋品牌战略。先锋品牌是指第一个进入市场的品牌。在网络经济时代，由于生产能力的大幅度提高，信息成本的大幅度下降，企业开发新产品的能力大为提高，消费者识别新产品往往注重品牌，注重整体产品价值，而对产品内部零配件的来源并不会太多关注。先锋品牌往往成为产品的“形象代言人”，消费者觉得买它更可靠。由于先锋品牌的这一功能，必将大大打击模仿者，企业的出路是时刻关注消费者需求，提高研究开发能力。

6. 市场营销中的竞争态势更趋激烈

在网络经济时代，传统的市场领导者、市场挑战者等角色之间只有一步之遥，企业之间的竞争往往不以规模取胜。哪怕是很小的企业，只要拥有一项核心技术或能力，通过一定的机制与方法，都可以迅速在市场中聚集资源，成为大企业的竞争对手。

1.2.3　营销新趋势

21 世纪以来，营销理论和实践的基础发生着重大变化。技术的发明使人类最大限度地摆脱繁重的体力劳动，有更多的时间从事创造性思维活动；新材料的发明改变了人类对自然资源的依赖，使人类更有可能在世界范围内调配资源；新管理技术的出现使管理工作更加科学、更加有效率；计算机技术的发展，尤其是通信技术的发展使世界市场的联系更加紧密。市场营销新趋势主要包括以下几点：

1. 渠道的非居间化

由于网络普及和深度应用，传统的生产、批发、零售等中间环节被大幅度压缩直至出现生产者到终端消费的直销。这种渠道的非居间化使得消费者不再需要亲自到商店去，从互联网就可以得到任何产品的图片，阅读产品说明书，按最优的价格和条件从网上下单购买商品。

2. 线下交易量减少

以商品为基地的零售商发现，线下商店的交易量在逐渐萎缩。为扭转这种局面，零售商开始在商店里增加娱乐性项目，例如许多书店、食品店和服装店等都内设咖啡厅和艺术片的讲座等。从本质上来说，这些商店是在推销“体验”，通过优质的服务给消费者提供良好的消费体验，而不是为了销售产品本身。同时，线下零售商也在网上开辟新的销售渠道，以弥补线下交易量的不足。

3. 定制生产日益盛行

大多数企业已建立了专门的消费者基本材料库，其中包括消费者在商业活动中的表现及其特别需要。他们可以利用这些材料向个别消费者提供大批量按要求定做的商品。

4. 细心呵护消费者

有些商家通过富于想象力的方法在超过消费者的期望方面做了出色的工作，于是，他们的竞争者发现越来越难以争取到新的消费者。大多数企业正在花费更多时间寻找如何售出更多的商品、为消费者提供更好服务的方法。

5. 消费者终身价值

企业从必须具有的做成交易的远见转变为必须具有树立忠于消费者思想的远见。许多企业已形成为消费者终身服务的思想。企业采取许多方法做到了这一点，例如他们定期以低价提供消费品，并且能够经得起在每一笔生意中获得较低利润的损失，因为这是按长期销售合同进行的。

6. 轻资产

大多数企业 60%以上的活动和需求是从外部获得或者在外部进行的，少数企业甚至完全将需要大量固定资产投资的活动和业务进行外包，例如将制造环节交由外部的代工厂生产。这使得他们实际上只拥有少数资产，形成轻资产的公司运营，因此回报率相当惊人。

7. 竞争优势难持续

企业不可能永久地保持其竞争优势（专利权、版权、行业地位、专有信息等方面的优势除外）。一些竞争者能很快通过找到参照物，进而改变工艺和利用别人成果等做法复制别的企业具有的任何优势。企业唯一可以永远保持的优势是快速学习和跟随形势尽快变化的能力。

但是，网络营销并非推翻传统营销，而是与传统营销相加相乘的营销方式（表1.1）。

表1.1　网络营销与传统营销的比较

比较项目	传统营销	网络营销
市场细分	细分复杂	网络市场细分明确
选择目标市场	目标复杂	对利基市场强化其互动性及社群性
市场定位	定位复杂	对产品定位更清楚，反馈更明确；有助于发展大量消费者化产品；适合个性化服务性产品
产品	消费性产品为市场主流	增加数据性、软件性、服务性、媒体性、非实体性产品的销售机会；规格化、不变质产品为理想的网络产品；网络广告以服务性产品为最大宗广告来源；金融商品不容忽视，信息产品成明日之星
定价	价格受到中间商及税收相当影响	无关税、降低中间商成本、降低营销成本、价格弹性化
渠道	空间成本高，包括租金、通路空间费用	虚拟化、无空间、无租金、低成本、全球化虚拟通路、无仓储、无库存
促销	偏向单向营销，传播成本极高	可获得充分的销售信息，兼顾信息的迅速及完整性，24小时多向互动营销，成本低；全球化及跨国活动成本低
品牌	品牌价值已普遍受到重视，但仍因产品种类而有差别	虚拟世界非实体特性，强化了品牌价值的重要性；网站界面设计水准与品牌形象息息相关

1.3　农林网络营销内涵

1.3.1　农林网络营销定义

美国著名市场营销学大师菲利普·科特勒曾对网络营销给出精辟解释："网络营销是企业整体营销策略的一个组成部分，是建立在互联网基础上，借助于互联网手段来实现一定目标如品牌或销售额的一种营销手段。"我国网络营销学者冯英健对网络营销给出相对全面的概念，他认为"网络营销是企业整体营销战略的组成部分，是为实现企业总体经营目标所进行的，以互联网为基本手段营造网上经营环境的各种活动。”为了理解农林领域下的网络营销的全貌，可从营销系统角度和技术角度界定农林网络营销定义。从营销系统角度出发，农林网络营销是指网商（包括组织和个体农户）通过市场调研发现网络消费者现实和潜在的农林产品需求，开发设计出能够满足网络消费者核心利益所追求的网货，借助于网站或第三方交易平台，快速有效地满足目标消费者的需求和欲望，以达到开拓市场、实现盈利目标的经营活动。从技术角度出发，农林网络营销就是网商（包括组织和个体农户）通过互联网和电子工具或第三方交易平台进行的农林产品交易过程（图 1.13）。因此，农林网络营销的实质是借助信息技术营造网上适宜的经营环境，分析和抓住网络消费者以及满足网络消费者的个性化需求。

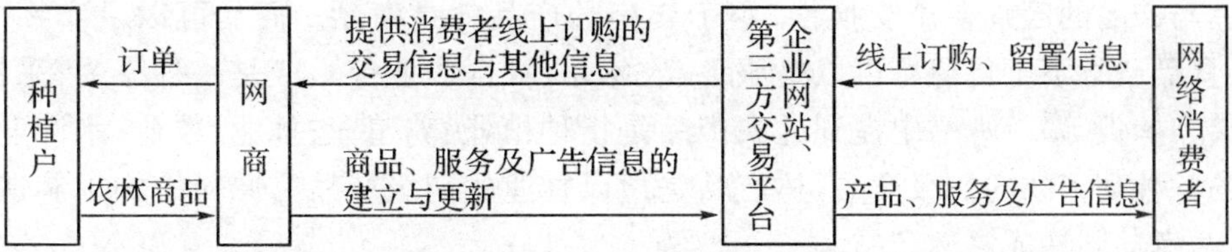

图 1.13 农林网络营销示意图

根据定义，农林网络营销涉及的核心要素包括：需要、欲望和需求，产品、商品和网货，网商、农户、网络消费者和网络市场，交换、交易、关系和网规，满意度，网络平台和网站等。

1. *需要、欲望和需求*

人类的需要和欲望是营销活动的出发点。所谓需要（Needs）是指人类的基本要求没有得到满足的感受状态。人类有许多需要，如对食物、衣服等基本的需要，对归属和情感的需要，对知识和自我价值实现的需要等等。这些需要是人所固有的，市场营销者不能创造这种需要，而只能适应它们。欲望（Wants）是指想得到基本需要的具体满足物的愿望。欲望是由需要派生出的一种形式，它受社会文化和人们个性所限制。随着社会的进步，社会成员的欲望规模和欲望类别不断增加，生产者努力提供更加丰富的产品和服务来满足人们的欲望。市场营销者能够影响消费者的欲望，如建议消费者购买某种产品。人类的需要是有限的，人类欲望几乎是无限的，但支付能力却是有限的。因而，人们总是根据其支付能力来选择最有价值或最能满足其欲望的产品或服务。当人们具有支付能力的时候，欲望就转换为需求（Demands）。需求是指有支付能力和愿意购买具体满足物的欲望。市场营销者不仅要了解有多少消费者欲求其产品，还要了解他们是否有能力购买。

深入了解消费者的需要、欲望和需求是网商的先行任务。例如研究消费者抱怨网页设计甚至网站背景颜色等影响消费者购买欲望和需求的因素，观察和了解消费者对本企业和竞争者的偏好等等。这些研究工作为制定营销策略提供了重要的依据。正如管理思想大师彼得·德鲁克(Peter Drucker)所说:“营销的目的就是要增加需求。为此,就要深入地了解消费者,以便产品和服务具有适用性,并由自身产生销售。”区别需要、欲望和需求的重要意义在于:营销人员不能创造需要,只能通过努力并连同社会上的其他因素影响和激发人们的欲望,然后通过开发和销售特定商品来满足特定需要,并试图使自己的商品具有吸引力,适应消费者的购买力,同时提供多方位的优质服务来影响需求。

2. 产品、商品和网货

产品是指能够提供给市场来满足人们需要和欲望的任何事物。商品是指向市场提供的一切能令人留意、获取、使用或消费的物品,满足人们某种欲望和需求。商品与产品的区别在于交换性,用于交换的产品就是商品。商品可以是实物(家具、食品或林下干货等),可以是服务(农家乐、社区农业等),或是一种享受(采摘、狩猎和捕捉等)。本书中提到的农产品是指种植业、养殖业、林业、牧业、水产业生产的各种动植物的初级产品,林产品是指以林业的初级产品为原料的加工制造产品,两者共同构成农林产品。

网货是互联网背景下诞生的一个新的概念,它是指通过互联网销售平台进行交易的商品和服务,其特点是“货真价实、海量个性”。互联网对商品的生产方式、销售渠道、流通过程、产品形态、价格构成属性产生深度影响和改变。网货的大量出现深刻地影响着商业世界,它改变了传统商品的生产、设计、销售和流通,并引领生产与消费变得更快。网货在带动中国制造、促进内贸等方面的社会经济效益也凸显出来。网货正经历从1.0到2.0的进化,即从网货1.0时代的丰富、海量向网货2.0时代的以消费者为中心的按需定制转变。

3. 网商、农户、网络消费者和网络市场

网商最初专指那些网络服务提供商(接入商、ISP、ICP、应用平台提供商等等),比如电讯盈科、TOM、新浪、搜狐、阿里巴巴等。现在的网商是指持续运用互联网作为企业或个体的商业营销平台(自建平台或租赁第三方平台等),进行采购、销售、产品展示和信息发布等日常经营活动,并以此作为主要营销手段的组织或个人,包括企业网商、商人网商和个体网商。网商是2004年始正式浮出水面的一个具有划时代特征的商人群体,这一新商人群体随互联网经济蓬勃发展而崛起,具有诚信、创新、责任感和分享精神。他们利用网络现有的各种商业平台(如阿里巴巴等)的诚信规则,通过提高交易次数和交易额,逐步建立起自己的网上商业信誉,并以此作为他们在网络贸易中提升和发展的基石。

农户包括农林牧渔各行业的从事种植、饲养、栽培活动的初级产品的具体作业和供应主体,可能是企业化组织、单个个体或农户协会等。

网络消费者是指通过互联网进行消费和购物等活动的消费者群体。

网络市场专指以互联网为媒介，寻求满足特定欲望和需求的产品和服务的网络消费者以及相应的网商共同组成的群体总和。

4. 交换、交易、关系和网规

当人们开始通过交换(Exchange)来满足欲望和需求时才出现营销，因此交换是营销的核心概念。交换是指通过提供某种物品或等价物作为回报，从别处取得所需之物的行为。交换是一个过程而不是一个事件。交换与生产同样创造价值，它赋予人们更多的消费机会。交易(Transaction)是交换的基本组成单位，是交换双方之间的价值交换。交易是营销的度量单位。交易通常有两种方式：一是货币交易；二是非货币交易，包括易货交易、以服务易服务交易、服务易货交易和货物易服务交易等。

营销者除了需要创造短期的交易外，还需要与消费者、分销商、零售商及供货商建立长期的关系。营销中的关系是指交易主体以及利益相关者之间的利益交换联系，一方发生变动，其他方也将随之而变。

规则是保证产品和服务以公平的价格相互交易，由此建立强有力的经济和社会交换关系。但是，互联网冲击着这种规则，从交易到支付、从网商到平台、从信用到消费者保护，形成了一套不同于政策法规体系的内生与自治的规则，可称之为“网规”。因此，网规就是指网络服务商与网商群体、消费者之间的互动以及网商群体自发形成的交易规则。在很大程度上，它代表了信息时代的新商业规则。网规是网络世界特有的行为规则，是平衡网商之间及网商与相关方之间关系的砝码，是新商业文明的三大支柱之一。由于网规的内生性、自治性、开放性及对传统法律规则中诚信、公开、透明、共赢、责任的全新诠释，它也在逐步成为整个市场经济法律制度改良和升级的新的“风向标”和“指路牌”，引领社会的规则体系实现转变和跨越式发展。网规的诸多特性已经越来越清晰，诚信、分享、责任是网规的三大显著特征。从趋势上看，营销正在从每一次交易利润最大化向与消费者和其他方面建立共赢、互信和守规的方向转换。

5. 满意度

满意是一种心理状态，是客户的需求被满足后产生的愉悦感，是客户对产品或服务的事前期望与实际使用产品或服务后所得到的实际感受的相对关系。如果用数字来衡量这种心理状态，这个数字就叫做满意度了，消费者通常根据不同商品满足其需求的能力来判定这些商品的价值，并根据这种对商品价值的主观评价和支付费用来作出购买决策。消费者通常面对众多可以满足某种特定欲望的产品和服务，满意度取决于产品的感知使用效果，这种感知使用效果与消费者的期望有密切关系。如果产品的感知使用效果低于消费者的期望，他们就不满意；如果产品的感知使用效果等于消费者的期望，他们就满意；如果产品的感知使用效果高于消费者的期望，他们会非常高兴。网商总是努力保持和提高消费者的满意度，因为满意的消费者不仅会重复购买，还会把自己的经验传播给其他人。对于网商来说，关键问题是使消费者的期望与企业的营销活动相匹配。

6. 网络平台和网站

网络平台是一个为个人或企业提供网上交易洽谈、网络服务的平台。网络平台可分为自建平台和第三方平台。第三方平台是指由除买卖双方之外的第三方建设的为买方和卖方开展网络销售提供网络服务的平台。自建平台是企业自行建设和运营管理的网络平台。

网站(Website)是指在互联网上，根据一定的规则，使用 HTML 等工具制作的用于展示特定内容的相关网页的集合。网站是一种通信工具，使用者可以通过网站来发布自己想要公开的资讯，也可以通过网页浏览器来访问网站，获取自己需要的资讯或者享受网络服务。

1.3.2　农林网络营销特点

互联网就像"万能胶"，将政府、企业以及个人跨时空联结在一起，使得他们之间的信息交换变得容易。营销中最重要也最本质的是企业和个人间进行信息传播和交换，如果没有信息交换，交易也就是无本之源。正因如此，农林网络营销具备了以下特性：

1. 跨时空

营销的最终目的是占有市场份额。由于网络具有超越时间约束和空间限制进行信息交换的特性，因此使得脱离时空限制达成交易成为可能，企业能有更多时间和更大空间进行营销，实现 24×7 随时随地地全球性营销服务。

2. 交互式

企业通过在网络平台上用文字、声音、图像、视频和动漫等多媒体形式展示商品目录，连接数据库提供有关商品信息的查询，可以实现和消费者的交互式双向沟通、收集市场情报、进行产品测试与消费者满意调查等。

3. 人性化

互联网上的促销是一对一的、理性的、消费者主导的、非强迫性的、循序渐进式的，而且是一种低成本与人性化的促销，避免推销员强势推销的干扰，网商在 QQ、阿里旺旺、咚咚等即时通信工具的辅助下，开展信息提供与交互式交谈，最终与消费者建立长期良好的关系。

4. 高效性

计算机和数据库可储存大量的信息，消费者只需要轻轻输入关键词，即可获得对应的信息，互联网所传送的信息数量与精确度远超过其他媒体；同时，网商能便捷及时地更新产品或调整价格，且标价成本几乎为零。因此，网络营销使得买方的购物效率、卖方的销售效率较传统营销更加高效。

5. 技术性

网络营销是建立在以高技术作为支撑的互联网的基础上的，企业实施网络营销必须有一定的技术投入和技术支持，改变传统的组织形态，重组业务流程，构建网络环境下的能够衔接上下游业务的接口和界面，为此需要配备懂营销与计算机技术的复合型人才，才能具备网络市场的竞争优势。

6. 整合性

一方面网络营销已实现由种植、采摘、生产加工、商品信息采集与展示、包装至收款、物流、售后服务的一气呵成，因此是一种全程的营销渠道；另一方面，企业可以借助互联网将微博、微信、QQ 等各种营销工具统一设计规划和协调实施，以统一的传播口径向消费者传达信息，避免网络工具、传播媒体的不一致性产生的消极影响。

7. 经济性

通过互联网和移动网络进行信息交换代替以前的实物交换，一方面可以减少大规模囤货引发的库存成本、流动资金占用利息、存货跌价损失，可以无店面销售，免交租金，节约水电与人工成本；另一方面可以减少由于迂回多次交换带来的农林产品损耗，使得网络营销具有显著的价格优势。

8. 成长性

农林产品的网络消费者数量快速成长，消费者多为年轻人、中产阶级、具有较高教育水平，由于这部分群体的购买力强而且具有很强市场影响力，因此是一个极具开发潜力的市场。

9. 周期性

农林产品的种植和消费具有典型的季节性，如大闸蟹的网销季节为当年 9 月到第二年的 1 月，因而网店在其他时间多数处于基本歇业状态。同时，随着四季转换，农林产品消费也具有四季转换的周期特征。

1.3.3　农林网络营销基本功能

实践证明，网络营销可以在八个方面发挥作用：信息搜索、信息发布、商情调查、销售渠道开拓、品牌价值扩展与延伸、经济效益增值、特色服务和客户关系管理。这八个方面的作用也是农林网络营销的八大职能，网络营销策略的制定和各种网络营销手段的实施也以发挥这些职能为目的。

1. 信息搜索功能

随着信息搜索功能由单一化向集群化、智能化的发展以及模糊搜索等技术的出现，信息搜索的商业价值得到了进一步的扩展和发挥，寻找网上营销农林商品信息将成为一件易事。信息搜索功能是网络营销进击能力的一种反映。在网络营销中，由多种搜索方法，主动地、积极地获取有用的农林产品种植规模、天气、客户需求、国外同类型产品产量、进出口状况等信息和商机进行比较，了解和掌握价格优劣势、竞争对手的竞争态势和经营环境状况等，从而辅助作出经营决策。

2. 信息发布功能

网络营销的基本思想就是通过各种互联网手段，将网商营销信息以高效的手段向目标用户、合作伙伴、公众等群体传递。因此信息发布就成为网络营销的基本职能之一。网络营销可以把农林信息主动发布到各个目标市场的高流量的网络平台，也可以在单个网销平台上发布信息，被动等待客户的主动搜索。这样既可以实现信息的广覆盖，又可以形成地毯式的信息发布链；既可以创造信息的轰动效应，又可以发布隐含信息，信息的扩散范围、停留时间、表现形式、延伸效果、公关能力和穿透能力都是最佳的。在网络营销中，网上信息发布以后，可以对信息能动地进行跟踪、获得回复，可以进行回复后的再交流和再沟通，因此信息发布的效果明显。

3. 商情调查功能

在激烈的市场竞争条件下，主动了解商情，研究趋势，分析客户心理，窥探竞争对手动态是确定竞争战略的基础和前提。通过在线调查或者网络问卷调查等方式，不仅可以省去大量的人力、物力，而且可以在线生成网上市场调研的分析报告、趋势分析图表和综合调查报告，其效率之高、成本之低、节奏之快、范围之大都是以往其他任何调查形式所做不到的。对市场和商情的准确把握是网络营销中一种不可或缺的方法和手段，是现代商战中对市场态势和竞争对手情况的一种电子侦察。这就为广大商家提供了对市场的快速反应能力，为网商作出科学决策奠定了坚实的基础。网络营销中的商情调查具有重要的商业价值。

4. 销售渠道开拓功能

新技术的诱惑力、新产品的展示力、图文并茂和声像俱显的昭示力、网上路演的亲和力、地毯式发布和爆炸式增长的覆盖力将整合为一种综合的信息进击能力，快速地打通封闭的坚冰，疏通种种渠道，打开进击的路线，实现和完成市场的开拓使命。传统经济时代的经济壁垒、地区封锁、人为屏障、交通阻隔、资金限制、语言障碍、信息封闭等都阻挡不住网络的这种极强的进击力和穿透力。这种快速、这种坚定、这种神奇、这种态势、这种生动是任何媒体、任何其他手段所无法比拟的。

5. 品牌价值扩展和延伸功能

互联网的出现不仅给品牌带来了新的生机和活力，而且推动和促进了品牌的拓展和扩散。网络营销的重要任务之一就是在互联网上建立并推广网络品牌，或者使线下品牌在网上得到延伸和拓展。实践证明：互联网不仅拥有品牌、承认品牌，而且对于重塑品牌形象、提升品牌的核心竞争力、打造品牌资产具有其他媒体不可替代的效果和作用。网络营销为规模不一的网商利用互联网建立品牌形象提供了有利的条件。网络品牌建设和拓展可以在网商自建网站或者第三方平台，通过一系列的推广措施，实现消费者和公众对品牌的认知和认可。网络品牌价值扩展和延伸是网络营销效果的表现形式之一，通过网络品牌的价值转化实现持久的客户关系和更多的直接收益。

6. 经济效益增值功能

网络营销所具有的显著的资源整合能力是传统营销根本不具备且无法想象的一种战略能力！网络营销极大地提高了营销者的获利能力，使营销主体提高效益或获取增值效益。这种增值效益的获得不仅由于网络营销效率的提高、营销成本的下降、商业机会的增多，而且由于在网络营销中，新信息量的累加和信息的知识化会使原有信息量的价值实现增值或提升其价值。这种无形资产促成价值增值的观念和效果既是前瞻的，又是明显的。

7. 特色服务功能

网络营销具有和提供的不是一般的服务功能，而是一种特色服务功能。客户不仅可以获得从形式简单的FAQ(常见问题解答)到电子邮件、在线论坛、微博、微信等各种即时通信服务等，还可以获取在线收听、收视、订购、交款等选择性服务，无假日的紧急需要服务，信息跟踪、信息定制、智能化的信息转移、手机接听服务以及网上选购、送货到家的上门服务等。这种服务以及服务之后的跟踪延伸将极大地提高客户的满意度，使以客户为中心的原则得以实现，视客户为网商的重要战略资源。服务的内涵以及外延的扩展和延伸给服务烙上特色印记，独特的服务构成一种竞争优势。

8. 客户关系管理功能

客户关系管理源于以客户为中心的管理思想，是一种旨在改善网商与客户之间关系的新型管理模式，是网络营销取得成效的必要条件，是企业重要的战略资源。客户关系对于开发客户的长期价值具有至关重要的作用，以客户关系为核心的营销方式成为企业创造和保持竞争优势的重要策略，网络营销为建立客户关系、提高客户满意度和客户忠诚度提供了更为有效的手段。在网络营销中，通过客户关系管理，将客户资源管理、销售管理、市场管理、服务管理和决策管理集于一体，即可跟踪订单，帮助网商有序地监控订单的执行过程，规范销售行为；了解新老客户的需求，提高客户资源的整体价值；强大的统计分析功能，可以为网商提供决策建议，降低决策失误的概率，为网商带来可观的经济效益。因此，通过网络营销的交互性和良好的客户服务手段增进客户关系成为网络营销取得长期效果的必要条件。

网络营销的各个职能之间并非相互独立的，而是相互联系、相互促进的，网络营销的最终效果是各项职能共同作用的结果。网络营销的职能是通过各种网络营销方法来实现的，同一个职能可能需要多种网络营销方法的共同作用，而同一种网络营销方法也可能适用于多个网络营销职能。网络营销的八项职能也说明，开展网络营销需要用全面的观点，充分协调和发挥各种职能的作用，让网络营销的整体效益最大化。

第二章　网络营销理论基础

2.1　网络经济法则与社会网络

彼得·杜拉克预言:人类社会每约两百年会面临一次大革命。人类的经济基本上经过三个阶段的演进,早期是农业经济,接着是工业经济,1995 年后随着互联网的兴起,人类的经济进入了数字经济(Digital Economy)时代。1995 年数字经济发展之初,全球只有 50 个网站,而现在已遽增至 IPv4 地址几近枯竭,IPv6 地址正快速增长。

2.1.1　网络经济内涵

网络营销之所以得以大行其道,在于我们今天已经生活在一个网络经济时代的大环境之中。网络经济可概括为一种建立在计算机网络(特别是国际互联网)基础之上,以现代信息技术为核心的新的经济形态。它不仅是指以计算机为核心的信息技术产业的兴起和快速增长,也包括以现代计算机技术为基础的整个高新技术产业的崛起和迅猛发展,更包括由于高新技术的推广和运用所引起的传统产业、传统经济部门的深刻革命性变化和飞跃性发展。因此,绝不能把网络经济理解为一种独立于传统经济之外、与传统经济完全对立的、纯粹的虚拟经济。网络经济实际上是一种在传统经济基础上产生的、经过以计算机为核心的现代信息技术提升的高级经济发展形态。目前,诸如知识经济、信息经济、后工业经济、新经济、注意力经济等提法层出不穷,但它们的基础是相同的,即计算机网络,特别是国际互联网络。

网络经济呈现出的最大特点是快捷性和高渗透性。首先,互联网突破了传统的国家、地区界限,将各个国家地区连为一体,把地球变成一个“村落”。在网络上,不分种族、民族、国家、职业和社会地位,人们可以自由地交流、漫游,以此来沟通信息,人们对空间的依附性大大减小。其次,互联网突破了时间的约束,使人们的信息传输、经济往来可以在更小的时间跨度上进行,网络经济可以 24 小时不间断运行,经济活动更少受到时间因素的制约。再次,网络经济是一种速度型经济。现代信息网络可用光速传输信息，网络经济以接近于实时的速度收集、处理和应用信息，节奏大大加快了。同时也由于网络经济的高渗透性，网络经济不断向第一、第二产业影响和扩散，从而使三大产业之间的界限模糊，出现了第一、第二和第三产业相互融合的趋势。

2.1.2 网络经济法则

网络经济的兴起给原有的经济学带来了冲击，改变了原有的经济典范与经济特质，并使一些经济特质更为明显。然而，即使信息科技不断地进步，基本经济原理却仍然是最佳的指引。欲对各个产业纷纷触网的现象给予合理解释，须先了解其经济特质，才能根据对市场经济特质的了解透视网络营销现象，由此诞生了网络经济法则。新摩尔定律、梅特卡夫定律和达维多定律是网络经济中的重要法则，对当代网络经济中各产业发展和企业竞争策略的应用具有重要意义。

1. 新摩尔定律(New Moore's Law)

英特尔(Intel)前董事长戈登·摩尔(Gordon Moore)首先观察到，计算机芯片上晶体管电路的数目每18个月会增长一倍。这就是摩尔定律(Moore's Law)，其所隐含的意义为：计算机的记忆容量和运算能力每五年会增加十倍，每十年增加百倍，每十五年增加一千倍，这种惊人的速度在科技发展史上前所未见。然而，网络通信科技的快速发展让摩尔定律不得不相形见绌。因此，新摩尔定律即光纤定律出现了：互联网频宽每九个月就会增加一倍的容量而成本会降低一半，如图2.1所示。新摩尔定律是互联网的成长动力。

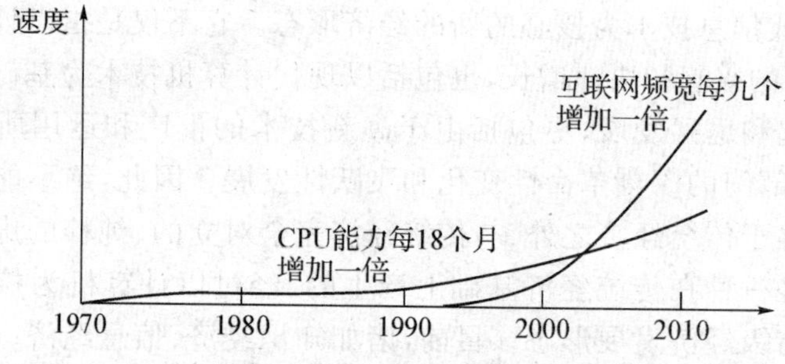

图2.1 新摩尔定律：互联网的成长动力

2. 梅特卡夫定律(Metcalfe's Law)

3Com公司创办人，也是以太网络(Ethernet)协议的设计者罗伯·梅特卡夫提出"网络效用将与使用者数目的平方成正比。"梅特卡夫定律指出的"网络效用"，亦即网络每有新节点或使用者加入，其价值便大幅增加，进而衍生为某项商业产品之价值随使用人数而增之定律，如图2.2所示。这正是凯文·凯利所说的"传真机效应"，即"在网络经济中，东西越充足，价值就越大"。

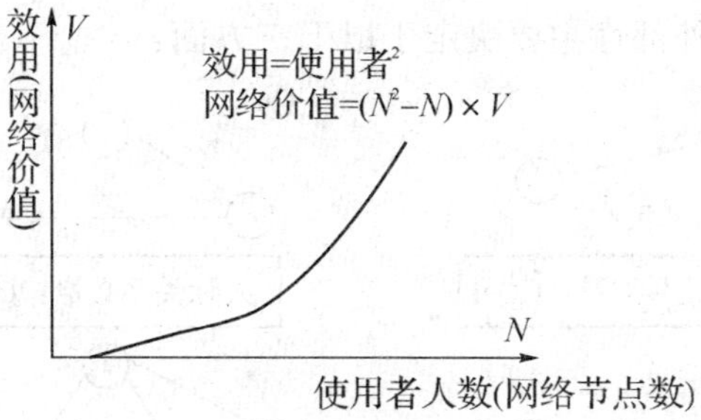

图 2.2　网络价值与使用者人数的相对关系

资料来源：修改自 Ward Hanson (2000)

3. 达维多定律(Davidson's Law)

达维多定律指出，进入市场的第一代产品能够自动获得 50%的市场份额，因此任何企业在本产业中必须第一个淘汰自己的产品。达维多定律即网络环境下的马太效应。在网络经济中，由于在信息活动中人们的心理反应和行为惯性，在一定条件下，优势或劣势一旦出现并达到一定临界点，就会导致不断加剧而自行强化，出现滚动的累积效应，造成"强者更强，弱者更弱"的反差，甚至发生强者统赢、胜者通吃(Winner-Take-Most)的垄断现象(图 2.3)。比如英特尔公司的微处理器并不总是性能最好、速度最快的，但是英特尔公司始终是新一代产品的开发者和倡导者。英特尔公司通过使用这种战略，把许多竞争对手远远抛在了后面，因为这些竞争对手在此时生产出的产品尚未能达到英特尔公司制定的新标准。达维多定律告诉我们：只有不断创造新产品，及时淘汰老产品，使成功的新产品尽快进入市场，才能形成新的市场和产品标准，从而掌握制定游戏规则的权利。要做到这一点，其前提是要在技术上永远领先。企业只能依靠创新所带来的短期优势来获得高额的"创新"利润，而不是试图维持原有的技术或产品优势，才能获得更大发展。

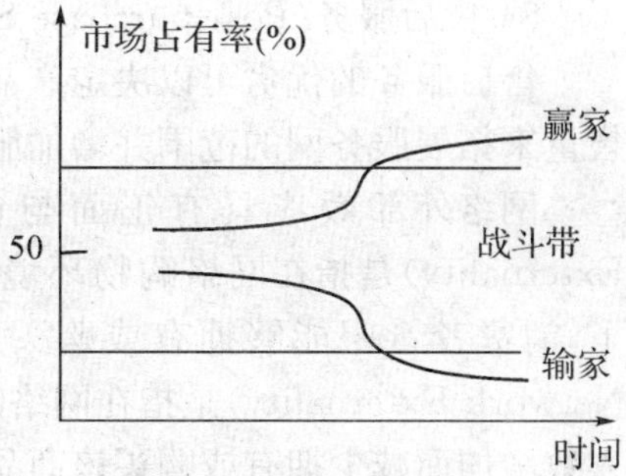

图 2.3　达维多定律

2.1.3　网络经济特性

1. 网络外部性(Network Externality)

网络外部性是指一项产品对个别使用者的价值取决于总使用人数。学者 Kevin (1999)指出，网络的价值随着成员数目的增加而呈等比级数增加(图 2.4)，提升后的价值又会吸引更多成员加入，人际关系非等比例增加，导致网络关系数量迅速膨胀，结果网络价值日益提高，如此反复循环，网络外部性特征逐渐凸显。

Katz(1985)认为网络外部性主要决定于以下三方面：

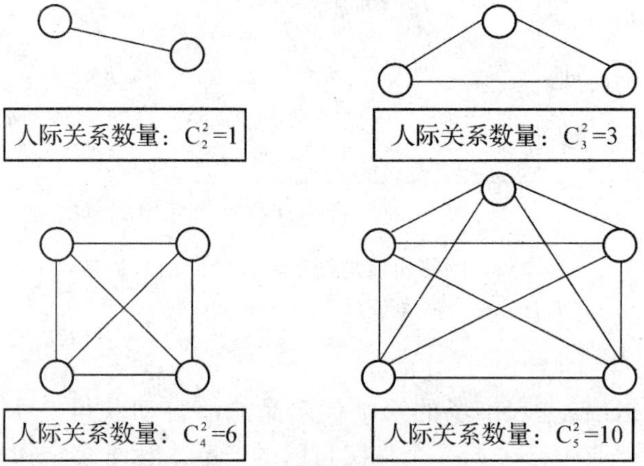

图 2.4　网络人际关系数量

1）直接实质影响(Direct Physical Effect)

使用相同或兼容产品的消费者越多，所产生的直接网络外部性也越强。

2）间接影响(Indirect Effect)

互补性或是其他外围产品的使用者越多，所产生的间接网络外部性也越强。

3）售后服务(Post-purchase Service)

售后服务的优劣可以决定产品销售的持久性与名声，而售后服务要靠产品销售量来拓展服务网的范围并增加服务的经验。

网络外部效应具有正面与负面两种。正网络外部性(Positive Network Externality)是指在网络购物环境中，在许多人都已拥有或购买某种商品的情况下，消费者希望能够拥有或购买此商品的意愿增加。负网络外部性(Negative Network Externality)是指在网络购物环境中，若消费者会因拥有或购买某商品的人数增加而减少拥有或购买该商品的意愿。

Liebowitz 与 Margolis(1994)区分了网络外部性为直接与间接两种。直接网络外部性(Direct Network Externality)是指消费者购买产品并享受该产品的质量，随着更多消费者的加入，能使产品价值增加或减少的情形。间接网络外部性(Indirect Network Externality)是指随着互补品或耐久品的售后服务的增加，消费者享受的价值越大的情形。

2. 报酬递增(Increasing Returns)

传统经济学的“报酬递减”(Diminishing Returns)是指，物质世界里相同的生产投入终究会得到递减的报酬。但在网络经济下，所有的信息终究可以数字形式被创造、传递及储存，一夜之间所有的产业在某种程度上都变成知识产业，如网络上的文章、新闻或某种娱乐内容，当它的读者愈多，力量就愈大，利益也愈大，而当越过某一门槛后，其报酬即可随每个单位的投入而不断增高，报酬递增（图 2.5）。产生这种现象的原因如下：

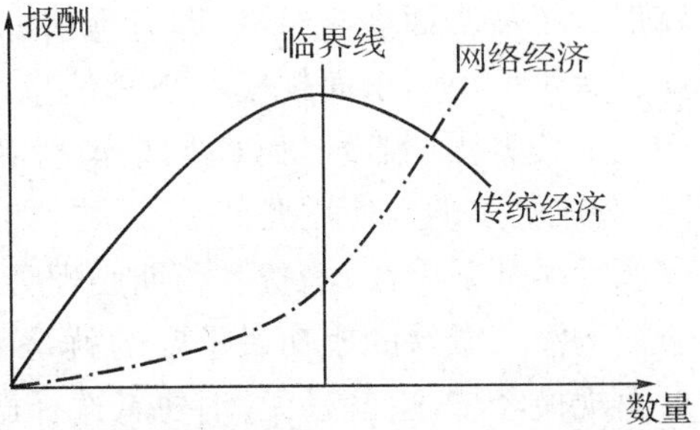

图 2.5　网络经济下的报酬递增

1）网络经济边际成本递减

信息网络成本主要由三部分构成：一是网络建设成本，二是信息传递成本，三是信息的收集、处理和制作成本。由于信息网络可以长期使用，并且其建设费用与信息传递成本及入网人数无关。所以前两部分的边际成本为零，平均成本都有明显递减趋势。只有第三种成本与入网人数相关，即入网人数越多，所需收集、处理、制作的信息也就越多，这部分成本就会随之增大，但其平均成本和边际成本都呈下降趋势。因此，信息网络的平均成本随着入网人数的增加而明显递减，其边际成本则随之缓慢递减，但网络的收益却随入网人数的增加而同比例增加。

2）网络经济具有累积增值性

在网络经济中，对信息的投资不仅可以获得一般的报酬，还可以获得信息累积的增值报酬。这是由于一方面信息网络能够发挥特殊功能，把零散而无序的大量数据、信息按照使用者的要求进行加工、处理、分析、综合，从而形成有序的高质量的信息资源，为经济决策提供科学依据。另一方面信息的使用具有传递效应，会带来不断增加的报酬。举例来说，一条技术信息能以任意的规模在生产中被运用。这就是说，在信息成本几乎没有增加的情况下，信息使用规模的不断扩大可以带来不断增加的收益。这种传递效应也使网络经济呈现边际收益递增的趋势。因此，报酬递增遂成为网络经济时代下一个普遍的现象。网络经济导致报酬递增，产品或服务的使用单位愈多，每一单位的价值就会愈高。报酬递增的产生是由于网络外部性所创造的良性反馈回路，报酬递增可以产生累积和强化的效应，这个模式初期的营收增长相当缓慢，经过一段时间之后营收会突然剧增，同时单位成本会稳定下降，进而造成报酬递增。

3. 需求面规模经济

实体世界讲求“供给面规模经济”（Supply-side Scale Economy），也就是当生产数量（规模）愈大，单位生产成本就愈低，也就愈有经济效益。然而，在数字世界中要讲求“需求面规模经济”，因为数字产品虽然开发成本很高，但再制成本很低，甚至接近于零，故生产数量（规模）的大小不大会影响单位生产成本。因此为了降低很高的开发成本，就需要有更多的消费者采用产品，才能降低单位开发成本，这也就形成了需求面规模经济,即有愈多的人采用产品,单位开发成本就愈低,产品也就愈有价值。需求面规模经济是信息市场的常态。当需求面规模经济启动时,会产生消费者预期心理,意即如果消费者预期产品会成功,会形成一窝蜂使用的情况,造成更多的人使用此产品;反之,如果消费者预期产品不会被广泛使用,则会形成恶性循环。因此,消费者预期心理会造成受欢迎的产品愈受欢迎,被摒弃的商品会被淘汰。微软的成功最重要的就是因为它引发了消费者的预期心理,建立了需求面规模经济,也就是说,消费者选择微软的产品并不是因为这个操作系统是最好的,而是大家预期这个操作系统会被广泛使用,因此造成一窝蜂使用的情形,最后形成了产业的标准。

4. 外显供给增加

现实生活中,每个消费者所能触及的市场都是有限的。但网络的出现可以大幅增加消费者的选择空间,而且现在又有一些比价搜索引擎(Price-comparison Engine),可以帮助消费者在数以百计的网络商店中找出最便宜的。

5. 定制化定价

在经济学上,产品有两种制造成本:高昂的制造成本与低廉的变动成本。信息产品的制造成本很高,但再制成本很低,当再制成本趋近于零时,应该以消费者的价值为定价基础。但是一项产品对每一个人的价值都是不同的,所以差别定价便成为更适当的策略。因此,依据不同的市场区隔设计不同的产品版本与售价是必需的。于是产品与价格差异化成为定价方式,量身定做、内容个人化、产品分版等都是信息产业常用的策略。

6. 不创新则灭亡

网络经济对消费者固然眷恋,但对网络企业却是相当无情的。每当一个新创的商业模式获得成功、新技术研制成功后,很快发现周围会立即出现多位竞争者。创新是网络制胜的第一法则,不创新意味着死亡。网络营销创新此起彼伏,不断推陈出新。

2.1.4 社会网络

社会网络(Social Networking, SN)是指个人之间的关系网络。社会网络(或称为社会性网络)的理论基础源于六度分隔(Six Degrees of Separation)理论和150法则(Rule of 150)。

1. 六度分隔理论

"你和任何一个陌生人之间所间隔的人不会超过六个,也就是说,最多通过六个人你就能够认识任何一个陌生人。"六度分隔理论由美国著名心理学家斯坦利·米尔格拉姆(Stanley Mailgram)于20世纪60年代最先提出。斯坦利·米尔格拉姆教授想要描绘一个联结人与社区的人际联系网,他做过一次连锁信实验,结果发现了六度分隔现象。六度分隔说明了社会中普遍存在的“弱纽带”却发挥着非常强大的作用。很多商家在开发客户、与客户沟通时会体会到这种弱纽带的效果。通过弱纽带人与人之间的距离变得非常相近。曾经六度分隔理论只能作为理论而存在，但是互联网使之成为现实。六度分隔理论的发展使得构建于信息技术与互联网络之上的应用软件越来越人性化、社会化。软件的社会化即在功能上能够反映和促进真实的社会关系的发展和交往活动的形成，使得人的活动与软件的功能融为一体。社会性软件所构建的“弱链接”正在人们的生活中发挥越来越重要的作用。

2. 150 法则

150 法则源于欧洲的“赫特兄弟会”，这是一个自给自足的农民自发组织，在维持民风上发挥了重要作用。有趣的是，他们有一个不成文的严格规定：每当聚居人数超过 150 人，他们就把它变成两个，再各自发展。英国牛津大学的人类学家罗宾·邓巴(Robin Dunbar)提出的一个模型方程中，考虑了动物本身的大脑新皮质相对脑的比率，可以得到某种动物所拥有的活动群体的最大值。如果输入智人(现代人，Homo Sapiens)的比率，这个数值为 147.8，大约为 150。150 法则指出：人的大脑新皮质的大小有限，提供的认知能力只能使一个人维持与大约 150 个人的稳定人际关系，这一数字是人们拥有的、与自己有私人关系的朋友数量。也就是说，人们可能拥有 150 名好友，甚至更多社交网站的“好友”，但只维持与现实生活中大约 150 个人的“内部圈子”。“内部圈子”好友在此法则中指一年至少联系一次的人。Malcolm Glowed 在《The Tipping Point》中把 150 法则形象定义为：“在一次不期而遇的聚会上，你不会感到尴尬的人数最大值。”150 法则在现实生活中的应用很广泛，比如中国移动的“动感地带”SIM 卡只能保存 150 个手机号，而微软 MSN Messenger 的帮助中也指明了这一法则的应用，它写道“最多可将 150 位联系人添加到您的名单中”。150 成为普遍公认的“我们可以与之保持社交关系的人数的最大值”。无论你曾经认识多少人，或者通过一种社会性网络服务与多少人建立了弱链接，那些强链接仍然在此时此刻符合 150 法则。这也符合“二八法则”，即 80%的社会活动可能被 150 个强链接所占有。随着 SNS(社会性网络服务)网站的兴起，更多的社交互动创意涌现出来，社会性网络服务的优势逐渐在门户竞争中得以体现。近些年来国内网站兴起了一波以 SNS 为主打的风潮，其中具有代表性的有：人人网、开心网[①]、豆瓣和新浪微博等。

2.2 网络营销理论

网络营销理论目前还处于发展阶段，完善的理论体系和内容尚需要理论工作

① 2010 年 9 月 21 日，人人网和开心网合并。

者不断地努力和探索，但基本上可以肯定其理论基础来自于传统的市场营销理论，包括关系营销理论、直复营销理论、软营销理论、体验营销理论、湿营销理论、数据库营销理论和富媒体营销理论等。

2.2.1 关系营销理论

关系营销是1990年以来受到重视的营销理论。“关系营销是企业经由与消费者之间各式各样的关系，打响品牌和商品知名度，让消费者建立良好印象，或者通过持续改进对消费者的服务水平，让消费者满意，以此留住消费者。”关系营销的核心是保持客户，为客户提供高度满意的产品和服务价值，通过加强与客户的联系，提供有效的客户服务，保持与客户的长期关系的基础上开展营销活动，实现企业的营销目标。美国的实证研究表明，与现有消费者做生意的成本只有开发新客户的五分之一到八分之一，争取一位新客户的成本约为留住一位现有消费者的五倍，且消费者的忠诚度降低，客户流失率不断上升，并且为企业贡献的80%的利润集中来源于20%的现有消费者身上。因此加强与客户关系并建立客户的忠诚度是可以为企业带来长远利益的。关系营销理论提倡的是企业与客户双赢策略。

重复购买是线下忠诚度最直接的观察变量，类别占有份额（Share of Category Requirement）已被营销界用来代表忠诚行为的变量。重复购买不适用于考察网络忠诚度（E-loyalty），可借鉴类别占有份额概念，改成：

$$\text{网络忠诚度}=\frac{\text{访问某网站的次数}}{\text{访问同类型网站的次数}}$$

为网站贡献80%利润的20%网民群体表现出忠诚行为，他们的终身价值是企业最重要的资产。客户终身价值是指网络消费者在未来可能为网站带来的收益总和，它是预期利润（毛利）减去相关成本（在线服务或网络沟通成本）的现值，公式如下：

$$\text{客户终身价值}=\frac{\sum(\text{营业利润}-\text{成本})}{(1+r)^n}$$

其中，n为年数，r为折现系数。

网络环境下，网商与消费者的关系经历了认识（Awareness）、探索（Exploration）、承诺（Commitment）和解散（Dissolution）四个阶段。

1. 认识

认识是指一方认可另一方是一个可行的沟通对象的过程。虽然沟通互动早已开始，但是许多立场、态度等待调整来提供彼此之间的吸引力。

2. 探索

探索是指彼此在关系互动中找寻与尝试的过程，潜在的关系伙伴会考虑建立关系所应承担的义务、利益及负担。在此阶段有五个互相找寻与尝试的步骤，分别是吸引、沟通与协商、权力发展与运用、关系规范化以及期望发展。

3. 承诺

承诺是指关系伙伴愿意以隐性或显性誓约让关系持续下去。在此阶段，双方发展出互相预期的角色与确定性，建立了信任的有效性和效力。

4. 解散

解散是最后不得已的选择和可能性，虽然关系的发展未必会走到这个地步，但是关系中止或脱离是完整关系模型的一部分，还是有发生的可能。

农林产品营销，特别是生鲜品营销更加注重在QQ群、微信群和微博等平台进行关系营销。根据Mohammed等人利用客户关系所发展的理论，以生鲜品为例，表2.1展示了生鲜网站与客户之间的关系发展历程。

表2.1　生鲜网站与客户之间关系的发展历程

网站	认知	探索	承诺	解散
生鲜网站营销策略	事先向用户详细描述网站与未来消费者之间的相互利益；事先备妥的生鲜品的Q&A（如冰鲜包装、生鲜品认证、快递速度与服务范围等），使浏览者快速建立信任感；激起和创造浏览者找寻与尝试的需求	搭建良好的网站导航与架构，使浏览者在生鲜网站的信息探索更便利；展示对生鲜网站会员的特别关注（例如欢迎新注册会员的邮件、购物经历分享等），为会员量身定制推送网站功能；进行注册会员权益建构（例如购物积分、忠诚度计划等）；明确冷链物流可送达的三四级城市范围	加强注册会员权益建构（例如更紧密的忠诚度计划与酬宾计划等）；收到已变质生鲜品的退货退款机制；认可与表扬个人对消费者群的贡献与参与；培养领袖成员（如消费者群的意见领导者角色扮演等）	及早发现可能离开的会员并提出挽留的解决方案；倾听消费者意见；提供曾离开的消费者再次回流的渠道

互联网作为一种有效的双向沟通渠道，使企业与客户之间可以实现低费用成本的沟通和交流，它为企业与客户建立长期关系提供有效的保障。这是因为：首先，企业利用互联网可以直接接收客户的订单，客户可以直接提出自己的个性化需求，企业根据客户的个性化需求利用柔性化的生产技术最大限度满足客户的需求，为客户在消费产品和服务时创造更多的价值，企业也可以从客户的需求中了解市场、细分市场和锁定市场，最大限度降低营销费用，提高对市场的反应速度；其次，

企业利用互联网可以更好地为客户提供服务和与客户保持联系，互联网的不受时间和空间限制的特性能最大限度方便客户与企业进行沟通，客户可以借助互联网在最短时间内以简便方式获得企业的服务；再次，企业通过互联网交易可以实现从产品质量、服务质量到交易服务等整个过程的全程质量的控制；第四，企业通过互联网还可以实现与相关的企业和组织建立关系，实现双赢发展。互联网作为最廉价的沟通渠道，它能以低廉成本帮助企业与企业的供应商、分销商等建立协作伙伴关系。

随着网络普及和网购生活化、娱乐化，社交营销、微博营销和微信营销等营销手段层出不穷，其背后是关系营销共同的理论基础。

2.2.2 直复营销理论

根据美国直复营销协会(ADMA)为直复营销下的定义，直复营销是一种为了在任何地方产生可度量的反应和(或)达成交易而使用一种或多种广告媒体的相互作用的市场营销体系。网络作为一种交互式可双向沟通的渠道和媒体，它可以很方便地为企业与客户之间架起桥梁，客户可以直接通过网络订货和付款，企业可以通过网络接收订单、安排生产，直接将产品推送给客户。基于互联网的直复营销将更加吻合直复营销的理念，这表现在以下四个方面：

1. 双向信息交流

直复营销作为一种相互作用的体系，特别强调直复营销者与目标客户之间的双向信息交流，以克服传统市场营销中的单向信息交流方式下营销者与客户之间无法沟通的致命弱点。互联网作为开放、自由的双向式信息沟通网络，企业与客户之间可以实现直接的一对一的信息交流和直接沟通，企业可以根据目标客户的需求进行生产和营销决策，在最大限度满足客户需求的同时，提高营销决策的效率和效用。

2. 信息反馈渠道

直复营销活动的关键是为每个目标客户提供直接向营销人员反映的渠道，企业可以凭借客户反映找出不足，为下一次直复营销活动做好准备。互联网的便利性、快捷性使得客户可以方便地通过互联网直接向企业提出建议和购买需求，也可以直接通过互联网获取售后服务。企业也可以从客户的建议、需求和要求的服务中找出企业的不足，按照客户的需求进行经营管理，减少营销费用。

3. 全天候

直复营销活动强调在任何时间、任何地点都可以实现企业与客户的双向信息交流。互联网的全球性和持续性特性使得客户可以在任何时间、任何地点直接向企业提出要求和反映问题，企业也可以利用互联网实现低成本的跨越空间和时间限制与客户的双向交流，这是因为利用互联网可以自动地全天候提供网上信息沟通交流工具，客户可以根据自己的碎片时间安排上网获取信息。

4. 效果可测定

直复营销活动最重要的特性是其效果是可测定的。互联网作为最直接的简单沟通工具，可以很方便地为企业与客户进行交易时提供沟通支持和交易实现平台，通过数据库技术和网络控制技术，企业可以很方便地处理每一个客户的订单和需求，而不用管客户的规模大小、购买量多少，这是因为互联网的沟通费用和信息处理成本非常低廉。因此，通过互联网可以实现在以最低成本最大限度地满足客户需求的同时了解客户需求，细分目标市场，提高营销效率和效用。

网络营销作为一种有效的直复营销策略，说明网络营销的可测试性、可度量性、可评价性和可控制性。因此，利用网络营销这一特性，可以大大改进营销决策的效率和营销执行的效用。

2.2.3　软营销理论

软营销理论是针对工业经济时代的以大规模生产为主要特征的强式营销提出的新理论。软营销是指在网络环境下，企业向客户传送的信息及采用的促销手段更理性，更易于被客户接受，进而实现信息共享与营销整合。它强调企业进行市场营销活动的同时必须尊重消费者的感受和体验，让消费者能舒服地主动接收企业的营销活动。传统营销活动中最能体现强势营销特征的是两种促销手段：传统广告和人员推销。在传统广告中，消费者常常是被迫地、被动地接收广告信息的“轰炸”，它的目标是通过不断的信息灌输在消费者心中留下深刻的印象，至于消费者是否愿意接收、需要不需要则不予以考虑；在人员推销中，推销人员根本不考虑被推销对象是否愿意和需要，只是根据推销人员自己的判断强行展开推销活动。

在互联网上，由于信息交流是自由、平等、开放和交互的，强调的是相互尊重地沟通，网络使用者比较注重个人体验和隐私保护。因此，企业采用传统的强势营销手段在互联网上展开营销活动势必适得其反，如美国著名 AOL 公司曾经对其用户强行发送 E-mail 广告，结果招致用户的一致反对，许多用户约定同时给 AOL 公司服务器发送 E-mail 进行报复，结果使得 AOL 的邮件服务器处于瘫痪状态，最后 AOL 不得不道歉平息众怒。

网络软营销恰好是从消费者的体验和需求出发，采取拉式策略吸引消费者关注企业来达到营销效果。在互联网上开展网络营销活动，特别是促销活动时一定要遵循一定的网络虚拟社区形成的规则，也可称之为“网络礼仪”(Netiquette)。网络软营销就是在遵循网络礼仪的基础上巧妙运用营销手段达到一种微妙的营销效果。

网络社区是一个互利互惠的非正式组织。在互联网上，今天你为一个陌生人解答了一个问题，明天他也许能为你回答另外一个问题，即使你没有这种功利性想法,仅怀一腔热情去帮助别人也会得到回报。由于你经常在网上帮助别人解决问题,会逐渐为其他成员所知而成为网上名人,有些企业也许会因此而雇用你。另外,网络社区成员之间的了解是靠他人发送信息的内容,而不像现实社会中的两人间的交往。在网络上,如果你要想隐藏你自己,就没人会知道你是谁、你在哪里,这就增加了你在网上交流的安全感,因此在网络社区这个公共论坛上,人们会就有关个人隐私或他人公司的一些平时难以直接询问的问题而展开讨论。基于网络社区的特点,不少敏锐的营销人员已在利用这种普遍存在的网络社区的紧密关系,使之成为企业利益来源的一部分。

网络礼仪是互联网自诞生以来所逐步形成与不断完善的一套良好、不成文的网络行为规范,如不使用电子公告牌 BBS 张贴私人的电子邮件,不进行喧哗的销售活动,不在网上随意传递带有欺骗性质的邮件等等。网络礼仪是网上一切行为都必须遵守的准则。

软营销和强势营销的一个根本区别就在于:软营销的主动方是消费者,而强势营销的主动方是企业。个性化消费需求的回归使消费者在心理上要求自己成为主动方,而网络的互动特性又使他获得主动方地位成为可能。他们虽不欢迎不请自到的广告,但他们会在某种个性化需求的驱动之下自己到网上寻找相关信息和广告。此时的情况应该是企业做好准备在那儿静静地等待消费者的寻觅,一旦消费者找到你了,这时你就应该使出浑身解数把他留住,设法取得他的忠诚。

2.2.4 体验营销理论

1. 客户体验概述

购物过程不是简单的钱货交易,而是一个消费享受过程。体验是个体的情绪、体力、智力和精力对一些刺激作出的应激反应。客户体验是一个或一系列的客户在与产品、服务交互中形成的纯主观感受。良好的客户体验有助于公司不断完善产品或服务,有助于提升产品或服务价值。

体验营销(Experiential Marketing)是通过看(See)、听(Hear)、用(Use)、参与(Participate)等手段,充分刺激和调动消费者的感官(Sensory)、情感(Feeling)、思考(Thinking)、行动(Action)、联想(Association)等感性因素和理性因素,重新定义、设计的一种思考方式的营销方法。这种思考方式突破传统上理性消费者的假设,认为客户消费时是理性与感性兼具的,保持客户在消费前、消费中和消费后的体验一致性是创造产品附加值和建立品牌的成功关键。

2. 网络客户体验概述

Pine II 和 Gilmore 认为消费者购买产品有多种途径,消费者并不是购买物理产品本身,而是产品提供的体验。消费体验是一个产品对消费者的真正价值,它包括认知行为和情感行为。

在消费者确实作出一个购买决定之前,他们经常需要计算产品会提供期望的消费体验的可能性。无数的营销传播活动都是为消费者作出此类消费体验评价提供多种途径而设计的,包括从杂货店直接体验购买到电视购物中的示范购买。在网络经济环境下,随着计算机和互联网技术的发展,消费体验也被应用到网络当中,即网络客户体验。网络客户体验是网络客户对平台展现的产品、服务、信息等相关刺激物(例如页面设计、声音等)所形成的主观、内在的综合印象和感觉。

3. 网络客户体验内涵

Nelson 定义了产品的搜寻和体验属性,这两种属性在消费者作出购买决定的时候是占支配地位并起重要作用的。搜寻属性是指消费者不需要实际的使用就可以评价的产品特征,如尺寸、颜色和价格。体验属性是指那些只有通过产品的直接使用才可以评价的产品特征,如味道、柔软度和舒适度。

网上购买其实是一种虚拟体验,其区别于传统购物的是,对于传统购物环境用户一般容易识别(高档、中档、实惠)和习惯(坐车、挑选、付款、送货、退货等),而网上购买时则需要适应网络环境(信息),进入网络消费状态,才有可能进行网上虚拟体验和网上消费。

互联网所形成的网络有很多可以让商家直接与消费者对接的体验接触点。这种对接主要体现在:感官体验、情感体验、浏览体验、交互体验、信任体验。这些体验活动给了消费者充分的想象空间,最大限度地提升了用户参与和分享的兴趣,如图 2.6 所示。

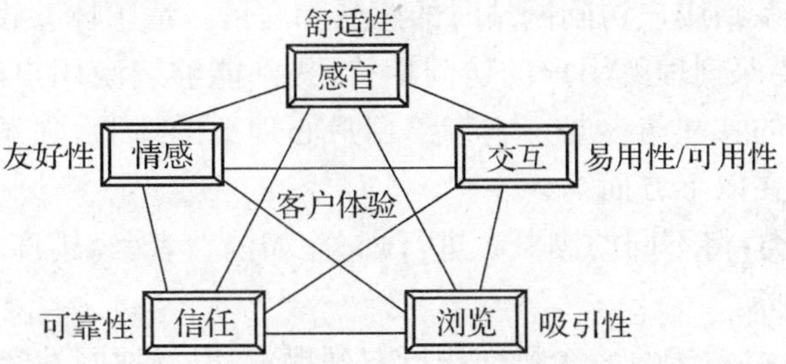

图 2.6　网络客户体验构成

1) 感官体验

感官体验是指网站给客户留下的第一印象。感官体验主要通过网站的整体形象来创造,核心是网站的主题风格和用户界面设计。它带给用户视听上的体验,强调舒适性。这种感官体验主要表现在以下方面:

(1) 设计风格:符合目标客户的审美习惯并具有良好的引导性。网站在设计之前必须明确目标客户群体,并针对目标客户的审美喜好进行分析,从而确定网站的总体设计风格。

(2) 网站 Logo：确保 Logo 的保护空间，确保品牌的清晰展示而又不过分占据主页空间。

(3) 页面速度：正常情况下，尽量确保页面在 5 秒内打开。如果是大型门户网站，必须考虑南北互通问题，进行必要的压力测试。

(4) 页面布局：重点突出，主次分明，图文并茂。与企业的营销目标相结合，将目标客户最感兴趣的、最具有销售力的信息放置在最重要的位置。

(5) 页面色彩：与品牌整体形象相统一，主色调加辅助色不超过三种颜色。以恰当的色彩明度和亮度确保浏览者的浏览舒适度。

(6) 动画效果：与主画面相协调，打开速度快，动画效果节奏适中，不干扰主画面浏览。

(7) 页面导航：导航条清晰、明了、突出，层级分明。

(8) 页面大小：适合多数浏览器浏览(当前以 21～24 寸显示器为主)。

(9) 图片展示：比例协调、不变形，图片清晰。图片排列既不过于密集，也不会过于疏远。

(10) 图标使用：简洁、明了、易懂、准确，与页面整体风格统一。

(11) 广告位：避免干扰视线，广告图片符合整体风格，避免喧宾夺主。

(12) 背景音乐：与整体网站主题统一，文件要小，不能干扰阅读；要设置开关按钮及音量控制按钮。

2) 情感体验

情感体验关系到用户访问网站时的感受和心情。情感体验设计的核心是激发用户的共鸣，需要深刻理解用户的访问期待，找到能够刺激用户的设计要素，才能吸引用户进一步的关注与参与。它带给用户心理上的体验，强调友好性。这种情感体验主要表现在以下方面：

(1) 客户分类：将不同的浏览者进行划分(如消费者、经销商、内部员工)，为客户提供不同的服务。

(2) 友好提示：对于每一个操作进行友好提示，以增加网站亲和度。

(3) 会员交流：提供便利的会员交流功能(如论坛)，增进会员感情。

(4) 售后反馈：定期进行售后的反馈跟踪，提高客户满意度。

(5) 会员优惠：定期举办会员优惠活动，让会员感觉到实实在在的利益。

(6) 会员推荐：根据会员资料及购买习惯，为其推荐适合的产品或服务。

(7) 鼓励用户参与：提供用户评论、投票等功能，让会员更多地参与进来。

(8) 会员活动：定期举办网上会员活动，提供会员网下交流机会。

(9) 专家答疑：对用户提出的疑问进行专业解答。

(10) 邮件/短信问候：针对不同客户，为客户定期提供邮件/短信问候，增进与客户间的感情。

(11) 好友推荐:提供邮件推荐功能。

(12) 网站导航地图:为用户提供清晰的网站指引。

3) 浏览体验

浏览体验是指使消费者通过网络直接接触信息并保证信息被顺畅浏览。这种浏览体验主要表现在网站内容设计的方便性、排版的美观性、网站与消费者沟通的互动程度等。浏览体验强调吸引性,主要表现在以下方面:

(1) 栏目设计:栏目的命令与栏目预设内容准确相关,简洁清晰,不宜过于深奥;栏目的层级最多不超过三层,导航清晰,运用 JavaScript 等技术使得层级之间伸缩便利;同一栏目下不同分类区隔清晰,不要互相包含或混淆。

(2) 内容安排:每一个栏目应确保足够的信息量,避免栏目无内容情况出现;尽量多采用原创性内容,以确保内容的可读性;确保稳定的更新频率,以吸引浏览者经常浏览;段落标题加粗,以区别于内文;采用倒金字塔结构。

(3) 新文章的标记:为新文章提供不同标识(如 New),吸引浏览者查看。

(4) 文章导读:为重要内容在首页设立导读,使得浏览者可以了解到所需信息;文字截取字数准确,避免断章取义。

(5) 内容推荐:在频道首页或文章左右侧提供精彩内容推荐,在浏览者所浏览文章的左右侧或下部提供相关内容推荐,吸引浏览者浏览。

(6) 收藏夹的设置:为会员设置收藏夹,让会员对于喜爱的产品或信息进行收藏。

(7) 栏目的订阅:提供 RSS 或邮件订阅功能。

(8) 信息的搜索:在页面的醒目位置提供信息搜索框,便于浏览者查找到所需内容。

(9) 文字设计:文字排列时,标题与正文明显区隔,段落清晰;文字采用易于阅读的字体,避免文字过小或过密造成的阅读障碍,可对字体进行大中小设置,以满足不同的浏览习惯。

(10) 页面安排:页面底色不能干扰主体页面的阅读;设置一定的页面长度,避免页面过长而影响阅读;对于长篇文章进行分页浏览;允许用户打印网页资料,以便于使用或保存。

(11) 语言版本:为面向不同国家的用户提供不同语言的浏览版本。

(12) 快速通道:为有明确目的的用户提供快速的入口。

4) 交互体验

交互体验就是消费者在使用网站过程中的互通互达的感受。这种感受由功能、视觉、可用性等多个要素构成。这种交互体验强调易用性和可用性,主要表现在以下方面：

(1) 会员申请：介绍清晰的会员权责，并提示用户确认已阅读条款。

(2) 会员注册：流程清晰、简洁。待会员注册成功后，再详细完善资料。

(3) 表单填写：表单填写时尽量采用下拉选择，需注明要填写内容，并对必填字段作出限制(如手机位数、邮编等等，避免无效信息)；表单填写后需输入验证码，防止注水；用户提交成功后，应显示感谢提示；若表单填写错误，应指明填写错误之处并保存原有填写内容，以减少用户的重复工作。

(4) 按钮设置：对于交互性按钮必须清晰突出，以确保用户可以清楚地点击。

(5) 点击提示：点击浏览过的信息颜色需要显示为不同的颜色，以区分于未阅读内容，避免重复阅读。

(6) 在线调查：用户提问后后台要及时反馈，后台显示有新提问以确保回复及时。

(7) 意见反馈：当用户在使用中发生任何问题时都可随时提供反馈意见。

(8) 在线调查：为用户关注的问题设置调查并显示调查结果，提高用户的参与度。

(9) 在线搜索：搜索提交后，显示清晰列表并对该搜索结果中的相关字符以不同颜色加以区分。

(10) 页面刷新：尽量采用无刷新(AJAX)技术，以减少页面的刷新率。AJAX是新兴的网络开发技术的代表。它将JavaScript和XML技术结合在一起，用户每次调用新数据时，无需反复向服务器发出请求，而是在浏览器的缓存区预先获取下次可能用到的数据，界面的响应速度因此得到了显著提升。

(11) 新开窗口：尽量减少新开的窗口，以避免开过多的无效窗口，同时提供关闭弹出窗口的功能。

(12) 资料安全：确保资料的安全保密，对于客户密码和资料进行加密保存。

(13) 显示路径：无论用户浏览到哪一个层级、哪一个页面都可以清楚知道到该页面的路径。

5) 信任体验

信任体验是借助网站的权威性、信息内容的准确性以及在搜索引擎中的排名等，构成了消费者对于网站信任的体验程度。它带给用户信任度方面的体验，强调可靠性。这种信任体验主要表现在以下方面：

(1) 搜索引擎：客户查找相关内容时可以显示在搜索引擎前列。

(2) 公司介绍：真实可靠的信息发布，包括公司规模、发展状况、公司资质等。

(3) 投资者关系：上市公司需为股民提供真实准确的年报、财务信息等。

(4) 服务保障：将公司的服务保障清晰列出，增强客户的信任度。

(5) 网页内容:页面标题应准确地描绘公司名称及相关内容;为摘引的文章标注摘引来源,以避免版权纠纷;为原创性文章注明编辑或作者,以提高文章的可信度。

(6) 联系方式:准确有效的地址、电话等联系方式,以便于客户查找。

(7) 服务热线:将公司的服务热线列在醒目的地方,以便于客户查找。

(8) 认证标识:公司经第三方认证审核通过后,在网页显著位置挂出电子认证标识。

(9) 有效投诉途径:为客户提供投诉或建议邮箱或在线反馈。

(10) 安全及隐私条款:对于交互式网站,注明安全及隐私条款可以减少客户顾虑,避免纠纷。

(11) 法律声明:对于网站法律条款的声明可以避免企业陷入不必要的纠纷中。

(12) 网站备案:让浏览者确认网站的合法性。

(13) 相关链接:对于集团企业及相关企业的链接应该具有相关性。

(14) 帮助中心:流程较复杂的服务必须具备帮助中心以进行服务介绍。

2.2.5　湿营销理论

湿营销区别于传统的所谓干营销,意味着两种营销观理念的差异。在"干"的世界里,营销是机械式、病毒式无目的的传递过程;在"湿"的世界,则看到事物间的有机与复杂联系,特别是认为营销中存在着关系、信任这样一些情感因素,营销往往是你中有我,我中有你。在"干"的世界里,是以原子论看待事物,从而否定个体差异,工业化时代的同质化生产就是其典型;在"湿"的世界里,则看到了异质性、个性化与多样化。现代营销正从简单的商品交换逐渐演变成一种服务性、互动性、互通性和持续性关系,而这种新的营销理念正是由网络媒体中无数紧密团结的社交圈子所决定的。湿营销是企业借助互联网上的社会性软件(Social Software)聚合某个网络社群,并以温和的方式将其转化为品牌的追随者,赋予消费者力量,鼓励他们以创造性方式将内容传播和分享到与其关联的社交圈,通过新产品开发、市场调研、品牌管理、口碑维护等方式管理好客户群体中的领袖客户,沿着社交线路放大扩散,达到影响和吸引海量的、异质需求的客户群体,实现四两拨千斤的营销。在互联网经济中,互利是自由市场经济中众多交易出现时形成的自然秩序。这种互利的自然秩序和全球每分钟都在诞生的网络社群正在深刻改变着工业时代的营销理念和模式。在网络社群内,起决定作用的往往不是其实体或基础设施,而是领袖与成员之间的感情和心理纽带,是群体的使命感,甚至是共同命运。这就必须注意到消费者的群体身份,而非单纯的产品使用者身份。湿营销就是在互联网经济形成和圈子化人际关系崛起的基础上诞生的(图 2.7)。

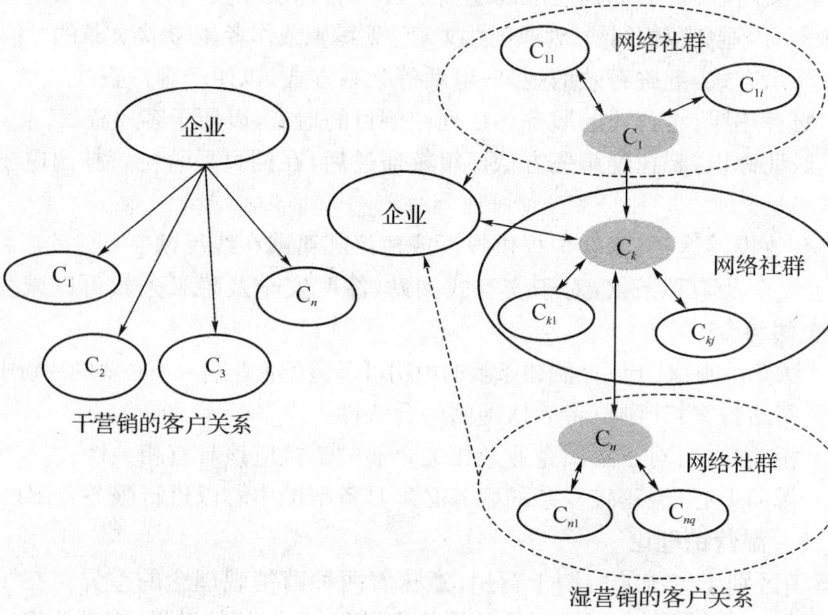

图 2.7　不同营销理念下的企业与客户的社交关系

2.2.6　数据库营销理论

所谓数据库营销，就是利用企业经营过程中收集、形成的各种客户资料，进行分析整理后作为制定营销策略的依据，并作为保持现有客户资源的重要手段。

1. 数据库营销的基本作用

数据库营销在企业营销战略中的基本作用表现在下列方面：

(1) 更加充分地了解客户的需要。

(2) 为客户提供更好的服务。客户数据库中的资料是个性化营销和客户关系管理的重要基础。

(3) 对客户的价值进行评估。通过区分高价值客户和一般客户，对各类客户采取相应的营销策略。

(4) 了解客户的价值。利用数据库中的资料，可以计算客户生命周期的价值以及客户的价值周期。

(5) 分析客户需求行为。根据客户的历史资料不仅可以预测需求趋势，还可以评估需求倾向的改变。

(6) 市场调查和预测。数据库为市场调查提供了丰富的资料，根据客户资料可以分析潜在的目标市场。

2. 网络数据库营销的价值

与传统的数据库营销相比，网络数据库营销的独特价值主要表现在三个方面：动态更新、客户主动加入、改善客户关系。

1）动态更新

在传统的数据库营销中，无论是获取新的客户资料还是对客户反应的跟踪都需要较长的时间，而且反馈率通常较低，收集到的反馈信息还需要繁琐的人工录入，因而数据库的更新效率很低，更新周期比较长，同时还造成了过期、无效数据记录比例较高，数据库维护成本相应也比较高。网络数据库营销具有数据量大、易于修改、能实现动态数据更新、便于远程维护等多种优点，还可以实现客户资料的自我更新。网络数据库的动态更新功能不仅节约了大量的时间和资金，也更加精确地实现了营销定位，从而有助于改善营销效果。

2）客户主动加入

仅靠现有客户资料的数据库是不够的，除了对现有资料不断更新维护之外，还需要不断挖掘潜在客户的资料，这项工作也是数据库营销策略的重要内容。在没有借助互联网的情况下，寻找潜在客户的信息一般比较难，要花很大代价，比如利用有奖销售或者免费使用等机会要求客户填写某种包含有用信息的表格，这不仅需要投入大量资金和人力，而且受地理区域的限制，覆盖的范围非常有限。在网络营销环境中，客户资料再增加要方便得多，而且往往是客户自愿加入网站的数据库。最新的调查表明，为了获得个性化服务或获得有价值的信息，有超过50%的客户愿意提供自己的部分个人信息，这对于网络营销人员来说无疑是一个好消息。请求客户加入数据库的通常做法是在网站设置一些表单，要求客户在注册为会员时填写。但是，网上的信息很丰富，各个网站对客户资源的争夺也很激烈，客户的要求是很挑剔的，并非什么样的表单都能引起客户的注意和兴趣，客户希望得到真正的价值，但肯定不希望对其个人利益造成损害。因此，需要从客户的实际利益出发，合理地利用客户的主动性来丰富和扩大客户数据库。在某种意义上，邮件列表可被认为是一种简单的网络数据库营销。网络数据库营销同样要遵循自愿加入、自由退出的原则。

3）改善客户关系

客户服务是一个企业能留住客户的重要手段。一个优秀的客户数据库是网络营销取得成功的重要保证。在互联网上，客户希望得到更多个性化服务，客户定制的信息接收方式和接收时间、客户的兴趣爱好和购物习惯等等都是客户数据库的重要内容，根据客户个人需求提供针对性的服务是网络数据库营销的基本职能。因此网络数据库是改善客户关系最有效的工具。网络数据库营销由于其种种独特功能而在网络营销中占据重要地位。网络数据库营销通常不是孤立的，应当从网站规划阶段就开始考虑，将其列为网络营销的重要内容。另外，网络数据库营销与个性化营销、一对一营销有着密切的关系，客户数据库中的资料是客户服务和客户关系管理的重要基础。

2.2.7 富媒体营销

随着无线网络、射频技术和移动终端等技术与设备的普及，催生了新的商业应用。富媒体是 Rich Media 的中文翻译，它并不是一种具体的互联网媒体形式，而是指具有动画、声音、视频和/或交互性的信息传播方法，包含下列常见形式的一种或者几种的组合：流媒体、声音、Flash 文件以及 Java、JavaScript、DHTML 等程序设计语言。富媒体是互联网领域的一个技术名词。富媒体营销迅速崛起源于 Cast 广告的火热。据 Double Click 的调查数据显示：富媒体广告的平均点击率是其他广告的 5 倍，越来越多的人逐渐意识到富媒体广告的现实功效，利用富媒体制作优秀的广告来吸引、教育、娱乐在线受众，从而促进产品销售。从相关受众调查来看，85%以上的网民也认为富媒体广告的创意及表现手法已大大超越了传统广告形式。由此，技术推动的新的营销观念——富媒体营销出现了。富媒体营销是指借助多媒体技术和设备，根据搜集的客户消费轨迹、偏好等消费行为进行客户需求细分、消费预测等，精准投放、推广客户可能感兴趣的商品信息并提供方便快捷的购物渠道，实现营销目的。富媒体营销实质是一种技术可引导消费的营销观念。它可应用于各种网络服务中，如网站设计、电子邮件、网络广告等。

2.3 营销组合理论

当前企业营销环境发生了巨大的变化：首先，公众大市场已不复存在，它已经细分为更小的市场，甚至细分到每个客户，市场已完全是买方市场，对每个客户都要按其特殊要求生产产品或提供服务；其次，贸易壁垒的消除使得各个国家、各个厂商的产品在同一个市场上出现，企业的竞争已经白热化；第三，变化已经成为常规，不变是例外，变化在加速，急剧的技术变革推进了创新，产品生命周期从以年计算到按月计算。正是在这样的背景下，营销组合理论出现了，分别是 4P、4C、4R、4V 和 4S。

2.3.1 4P 营销组合理论

1950 年，美国营销专家尼尔·鲍顿提出了市场营销组合概念。它是指市场营销人员综合运用并优化组合多种可控因素，以实现其营销目标的活动的总称。美国密西根大学教授杰罗姆·麦卡锡把这些可控因素归结为四类，即产品(Product)、价格(Price)、渠道(Place)和促销(Promotion)四要素。企业的营销活动就是以适当的产品、适当的价格、适当的渠道和适当的促销手段，将适当的产品和服务投放到目标市场的行为，这就是所谓的 4P 组合理论，如图 2.8 所示。

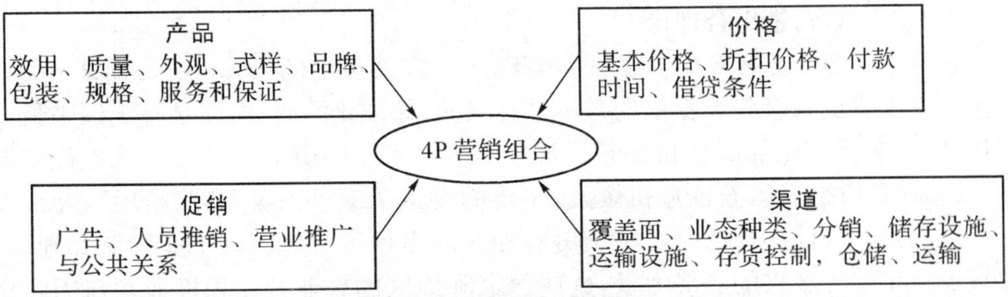

图 2.8 4P 营销组合理论框架

1. 产品

首先对于产品来说，要注意到产品的实体、服务、品牌和包装。具体来说，产品是指企业提供给目标市场的货物和服务的集合，这其中包括产品的效用、质量、外观、式样、品牌、包装和规格，此外还包括服务和保证等内容。

2. 价格

价格要素主要包括基本价格、折扣价格、付款时间、借贷条件等。它是指企业出售产品所追求的经济回报。

3. 渠道

渠道通常包括分销、储存设施、运输设施、存货控制等，它代表企业为使其产品进入和到达目标市场所组织、实施的各种活动。

4. 促销

促销是指企业利用各种信息载体与目标市场进行沟通的传播活动，包括广告、人员推销、营业推广与公共关系。

4P 营销组合理论的实质是以市场为导向，在市场调研的基础上，生产出质量好的能够卖得出去的产品，制定合理价格，利用自建或第三方渠道，通过一定的促销手段实现交易去达成企业的营销目标。4P 营销组合理论重视产品导向而非消费者导向，以满足市场需求为目标。4P 营销组合理论是现代市场营销理论最具划时代意义的变革。从此，4P 营销组合理论成为企业管理的一个部分。

然而随着时间的推移，这一理论也暴露出自身的局限性。首先，这一理论是以大工业经济时代为背景而成为工业企业开展营销的强大工具，这就使其在应用范围上受到局限；其次，这一理论从企业的角度出发进行营销组合，忽视了客户，对市场变化反应迟钝，容易导致“营销近视症”；最后，这一理论较多地关注企业自身，忽视了竞争对手因素，因而容易受到追随模仿，最终造成无差异化营销的局面。之后，政治权力(Political Power)与公共关系(Public Relation)被加入 4P 营销组合理论之中，形成新的 6P 营销组合理论，即要运用政治力量和公共关系，打破国际或国内市场上的贸易壁垒，为企业的市场营销开辟道路。

2.3.2　4C营销组合理论

1970年,美国著名未来学家Alvin Toffler在其著名的《Future shock》一书中曾预言:“未来的社会将要提供的并不是有限的、标准化的商品,而是有史以来最大多样化的、非标准化的商品和服务。”西方发达国家在经历了20世纪70年代初期的“黄金阶段”之后,因石油危机爆发,主要的发达国家进入了“滞胀阶段”,经济发展停滞不前。与此相反的是在拉丁美洲和亚洲出现了一些新兴工业国家和地区,并且形成了一支新兴的经济力量,这些国家和地区的企业开始积极地参与国际竞争。同时发达国家的消费者对价格变得敏感,需求呈现出多样性,更为注重产品或服务的质量。此外,因内部市场容量有限,国内企业之间的竞争也变得异常激烈。在这种背景下,以罗伯特·劳特朋教授为首的营销学者从客户的角度提出了新的营销理论,即4C营销组合理论,包括客户(Customer)、成本(Cost)、便利(Convenience)以及沟通(Communication)四要素,如图2.9所示。4C营销组合理论以消费者需求为导向,重新设定了市场营销组合的四个基本要素。

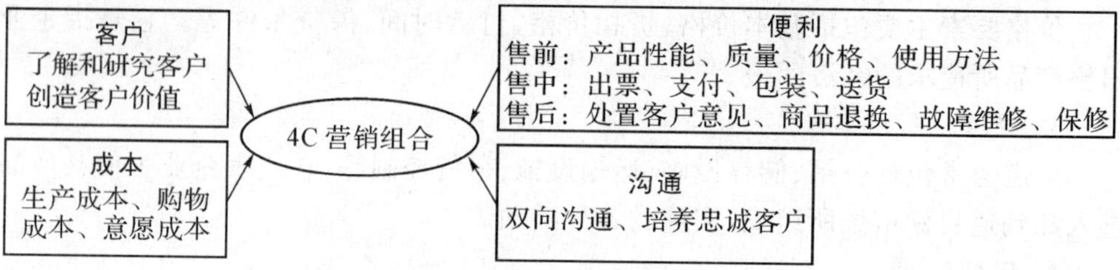

图2.9　4C营销组合理论框架

1. 客户

企业必须首先了解和研究客户,根据客户的欲望和需求来研发和生产产品。同时,企业提供的不仅仅是产品和服务,更重要的是由此产生的客户价值(Customer Value)。因此企业要把重视客户放在第一位,强调创造客户比开发产品更重要,满足客户的欲望和需求比产品功能开发更重要,不能仅仅卖企业想制造的产品,而是要提供客户确实想买的产品。记住:忘掉产品,记住客户的需求与期望。

2. 成本

成本指客户获得满足的意愿成本,或是客户为了满足自己的欲望和需求所愿意付出的成本价格,其中包括企业的生产成本,即生产适合客户需要的产品成本;客户购物成本,不仅指购物的货币支出,还有时间耗费、体力和精力耗费以及风险承担。因此,企业要想在客户支持的价格限度内增加利润就必须降低成本。这意味着产品定价的理想情况应该是既低于客户的心理价格,亦能够让企业有所盈利。记住:忘掉价格,记住成本与客户的费用。

3. 便利

便利即为客户提供最大的购物和使用便利。比之传统的营销渠道,新的观念更重视服务环节,在销售过程中强调为客户提供便利,让客户既购买到商品也购买到便利。企业要深入了解不同的客户有哪些不同的购买方式和偏好,把便利原则贯穿于营销活动的全过程,售前做好服务,及时向客户提供关于产品的性能、质量、价格、使用方法和效果的准确信息;售后应重视信息反馈和追踪调查,及时处理和答复客户意见,对有问题的商品主动退换,对使用故障积极提供维修方便,对大件商品甚至提供终身保修。4C 营销组合理论强调企业在制定分销策略时,要更多地考虑客户的方便,而不是企业自己的方便,要通过好的售前、售中和售后服务来让客户在购物的同时也享受到了便利。便利是客户价值不可或缺的一部分。记住:忘掉渠道,记住方便客户。

4. 沟通

沟通指企业与客户间的沟通。企业可以尝试多种营销策略与营销组合,如果未能收到理想的效果,说明企业与产品尚未完全被客户接受。这时,不能依靠加强单向劝导客户,要着眼于加强双向沟通,建立基于共同利益的新型企业/客户关系,增进相互的理解,实现真正的适销对路,培养忠诚的客户,在双方的沟通中找到能同时实现各自目标的途径。记住:忘掉促销,记住与客户沟通。

然而,4C 营销组合理论也不可避免地存在以下不足:

(1) 4C 营销组合理论是客户导向,而市场经济要求的是竞争导向,我国的企业营销已经转向了市场竞争导向阶段。客户导向与市场竞争导向的本质区别是:前者看到的是新的客户需求;后者不仅看到了需求,还更多地注意到了竞争对手,冷静分析自身在竞争中的优劣势并采取相应的策略,在竞争中求发展。

(2) 4C 营销组合理论虽然已融入营销策略和行为中,但企业营销又会在新的层次上同一化。不同企业至多是程度的差距问题,并不能形成营销个性或营销特色,不能形成营销优势,以保证企业客户份额的稳定性、积累性和发展性。

(3) 4C 营销组合理论以客户需求为导向,但客户需求有合理性问题。客户总是希望质量好,价格低,特别是在价格上的需求是无界限的。只看到满足客户需求的一面,企业必然付出更高的成本,久而久之,会影响企业的发展。所以从长远看,企业经营要遵循双赢的原则,这是 4C 需要进一步解决的问题。

(4) 4C 营销组合理论仍然没有体现既赢得客户又长期地拥有客户的关系营销思想,没有解决满足客户需求的操作性问题,如提供集成解决方案、快速反应等。

(5) 4C 营销组合理论总体上虽是 4P 的转化和发展,但被动适应客户需求的色彩较浓。根据市场的发展,需要从更高层次以更有效的方式在企业与客户之间建立起有别于传统的新型的主动性关系，如互动关系、双赢关系、关联关系等。

4C 营销组合理论从其出现的那一天起就普遍受到企业的关注，此后许多企业运用 4C 营销组合理论创造了一个又一个奇迹。但是 4C 营销组合理论过于强调客户的地位，而客户需求的多变性与个性化发展导致企业不断调整产品结构、工艺流程，不断采购和增加设备，其中的许多设备的专属性强，从而使专属成本不断上升，利润空间大幅缩小。另外，企业的宗旨是“生产能卖的东西”，因此在市场制度尚不健全的国家或地区就极易产生假、冒、伪、劣的恶性竞争以及“造势大于造实”的推销型企业，从而严重损害客户的利益。当然这并不是由 4C 营销组合理论本身所引发的。

20 世纪 90 年代初，世界进入了一个全新的网络时代，消费个性化和感性化更加突出，企业为了了解客户的欲望和需求，迫切需要与客户进行双向信息沟通。与产品导向的 4P 理论相比，4C 理论呈现出强烈的客户导向，始终围绕“客户需要什么”、“如何才能更好地满足客户”两大主题进行持续的改进活动，以追求客户满意为目标。它是一种由外而内的拉动型营销模式，它宣传的是“请客户注意”，而非“客户请注意”。4C 理论是新经济时期的产物，但这并不意味着 4C 已经替代 4P。

虽则 4C 更符合当今市场发展需要，是消费者在营销中越来越居主动地位的发展趋势的必然回应，但是 4P 依然是企业开展营销不可或缺的基本立足点。其实，4C 与 4P 是相通的，4P 是手段，4C 则是目的。好比群峰在湖面上的投影，客户、成本、便利与沟通也正是产品、价格、渠道与促销在客户视角下的再次重现。换言之，产品策略是使客户满意的手段，价格策略就是使客户购买成本降低，渠道策略是为了实现客户购买的便利，促销策略的本质就是信息沟通。

2.3.3　4R 营销组合理论

20 世纪 80 年代以来，全球范围内服务业兴起。通过对服务业的客户满意度的调查研究，我们发现了以下几个事实：吸引一个新客户的成本是保持一个满意的老客户的 5 倍；对盈利率来说，吸引一个新客户与丧失一个老客户相差 15 倍；企业 80％的业务来自 20％的客户；一个公司如果将其客户流失率降低 5％，其利润就能增加 25％～85％；一个满意的客户会告诉 3～5 个朋友他的感受，但是一个不满意的客户会告诉 10～20 个人他的糟糕的感觉。

到 20 世纪 90 年代末，信息技术和知识经济迅猛发展，消费者的生活节奏越来越快，市场竞争空前激烈，消费者对产品的忠诚度和信任度在不断下降。人们开始认识到建立企业与客户之间的战略协作关系十分重要。学界和业界正是注意到上述事实，提出了企业的营销活动的目标应该是建立并维护长期客户关系，而这种关系是建立在客户忠诚的基础之上。忠诚的客户不仅重复购买产品或服务，也降低了对价格的敏感度，而且能够为企业带来良好的口碑。在这样的情况下，4R 理论应运而生。舒尔茨教授提出了4R营销组合新理论，它包括关联（Relevancy）、反应（Reaction）、关系（Relationship）、回报（Reward）四要素（图2.10）。

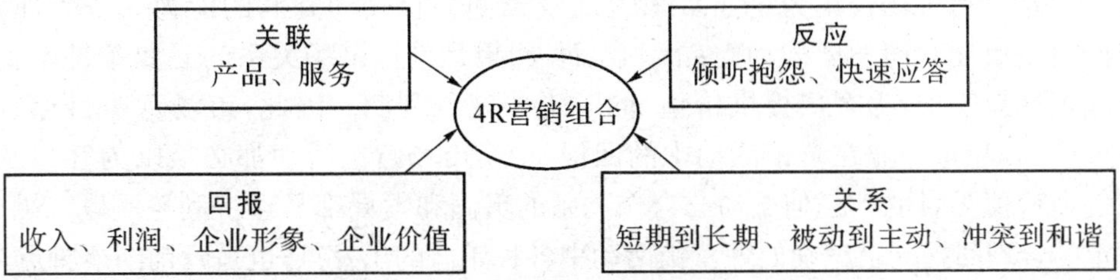

图2.10　4R营销组合理论框架

企业只有对客户的欲望和需求做认真的市场调研，然后迅速反应，及时提供客户所需要的产品与服务，并建立信任、互利和互动的关系，才能增强客户对企业及其产品的信赖感和忠诚度。

1. 关联

企业与客户是一个命运共同体。与客户建立关联是指在竞争性市场中，企业通过某些有效的方式在业务、需求等方面与客户建立关联，形成一种互助、互求、互需的关系，把客户与企业联系在一起。客户是具有动态性的，客户忠诚度也是变化的，要提高客户的忠诚度，赢得长期而稳定的市场，避免其忠诚度转移到其他的企业，就必须要与他们建立起牢固的关联，这样才可以大大减少客户流失的可能性。建立并发展与客户之间的长期关联是企业经营的核心理念和最重要的内容。

2. 反应

反应是指企业的市场反应。在相互影响的市场中，对经营者来说最现实的问题不在于如何控制、制订和实施计划，而在于如何站在客户的角度及时地倾听客户的希望、渴望和需求，并及时答复和迅速作出反应，满足客户的需求。对于企业来说，建立快速反应机制，了解客户与竞争对手的一举一动，从而迅速作出反应。

3. 关系

关系是指企业不断改进与客户的关系，实现客户固定化。企业要注意的是尽量对每一位不同的客户的不同关系加以辨别，这其中包括从一次性客户到终生客户之间的每一种客户类型，分清楚不同的关系，在进行市场营销时企业才不至于分散营销力量。与客户建立起良好的关系，从而获得客户的满意和忠诚感，才能保持客户，进一步还能把满意的客户变成亲密的客户。

在企业与客户的关系发生了本质性变化的市场环境中，抢占市场的关键已转变为与客户建立长期而稳固的关系。与此相适应地产生了5个转向：从一次性交易转向强调建立长期友好合作关系；从着眼于短期利益转向重视长期利益；从客户被动适应企业单一销售转向客户主动参与到生产过程中来；从相互的利益冲突转向共同的和谐发展；从管理营销组合转向管理企业与客户的互动关系。

4. 回报

回报是指市场营销为企业带来短期或长期的收入和利润的能力。一方面，追求回报是市场营销发展的动力；另一方面，回报是维持市场关系的必要条件。企业要满足客户需求，为客户提供价值，同时也要获取利润。因此，市场营销目标必须注重产出，注重企业在营销活动中的回报，一切市场营销活动都必须以为客户及股东创造价值为目的。任何交易与合作关系的巩固和发展都是经济利益问题。因此，一定的合理回报既是正确处理营销活动中各种矛盾的出发点，也是营销的落脚点。

4R 营销组合理论的最大特点是以竞争为导向，在新的层次上概括了营销的新框架，根据市场不断成熟和竞争日趋激烈的形势，着眼于企业与客户的互动与双赢，不仅积极地适应客户的需求，而且主动地创造需求，运用优化和系统的思想去整合营销，通过关联、关系、反应等形式与客户形成独特的关系，把企业与客户联系在一起，形成竞争优势。其反应机制为互动与双赢、建立关联提供了基础和保证，同时也延伸和升华了便利性。回报兼容了成本和双赢两方面的内容，追求回报，企业必然充分考虑客户愿意付出的成本，实现成本的最小化，并在此基础上获得更多的市场份额，形成规模效益。这样，企业为客户提供价值和追求回报相辅相成，相互促进，客观上达到的是一种双赢的效果。

当然，4R 营销组合理论也有其不足和缺陷，如要与客户建立关联、关系，需要实力基础或某些特殊条件，这并不是任何企业可以轻易做到的。但不管怎样，4R 营销组合理论提供了很好的思路，是经营者和营销人员应该了解和掌握的。

2.3.4　4V 营销组合理论

随着高科技产业的迅速崛起，高科技企业、高技术产品与服务不断涌现，营销观念、营销方式也不断丰富与发展，沟通的渠道多元化，越来越多的跨国公司开始在全球范围进行资源整合。在这种背景下，4V 营销组合理论应运而生。所谓“4V”是指差异化（Variation）、功能化（Versatility）、附加价值（Value）和共鸣（Vibration）（图 2.11）。

图 2.11　4V 营销组合理论框架

1. 差异化

客户是千差万别的，在个性化时代，这种差异更加显著。管理大师彼得·德鲁克在描述企业的定义时曾这样说：企业的宗旨只有一个定义，就是创造客户。从表面看，企业向不同的客户提供的是同一种商品，但实际上，客户所买的可能是根本不同的东西。同样是买汽车，有的购买的是纯粹的交通工具，有的则附加了地位、声望这些车外之物；同样是买服装，中老年人注重更多的是冬暖夏凉这些功能，而年轻人则可能把款式和是否流行作为首选因素。客户对商品看法的差异决定了他是否成为最终消费者。而从生产者的角度来讲，产品是否为客户所欢迎，最主要的是能否把自己的产品与竞争对手区别开来，让消费者一见钟情。所以，从某种意义上说，创造客户就是创造差异，有差异才能有市场，才能在强手如林的同行业竞争中立于不败之地。差异化营销正是迎合了这种需要。所谓差异化营销就是企业凭借自身的技术优势和管理优势，生产出性能上、质量上优于市场上现有水平的产品，或是在销售方面，通过有特色的宣传活动、灵活的推销手段、周到的售后服务，在消费者心目中树立起不同一般的良好形象。

对于一般商品来说，差异总是存在的，只是大小强弱不同而已。而差异化营销所追求的"差异"是产品的"不完全替代性"，即在产品功能、质量、服务、营销等方面，本企业为客户所提供的是部分对手不可替代的。为了形成"鹤立鸡群"的局面，差异化营销一般分为产品差异化、市场差异化和形象差异化三个方面。产品差异化是指产品所具有的某些独特功能。例如，海尔集团为了满足我国居民住房紧张的需求，推出小巧玲珑的小王子冰箱，美菱集团为了满足一些客户讲究食品卫生的需求，生产出保鲜冰箱等正是产品差异化；企业通过强烈的品牌意识、成功的CI战略，借助于媒体的宣传，使企业在消费者心目中树立起良好的形象，从而对该企业的产品发生偏好，这就是形象差异化；市场差异化是由产品的销售条件、销售环境等具体的市场操作因素而生成的差异，大体包括销售价格差异、分销渠道差异和售后服务差异。

2. 功能化

传统营销学观点认为产品包含三个层次：一是核心功能，它是产品之所以存在的理由，主要由产品的基本功能构成，如手表是用来计时的，手机是用来移动通话的；二是延伸功能，即功能向纵深方向发展，如手机的储存功能、与电脑联通上网功能、移动股市行情反映功能，甚至于启动家庭智能电器等功能，这是根据单功能—多功能—全功能的方向向前发展；三是附加功能，如美学功能等。总之，产品的功能越多其所对应的价格也越高（根据功价比原理），反之则反。

功能化是指根据消费者消费要求的不同，提供不同功能的系列化产品供给，增加一些功能就变成豪华奢侈品（或高档品），减掉一些功能就变成中、低档消费品，消费者根据自己的习惯与承受能力选择具有相应功能的产品。20 世纪 80～90 年代，日本许多企业盲目追求多功能或全功能，造成的功能虚靡使产品功能缺乏弹性而导致营销失败就是忽视功能化典型。

3. 附加价值

产品价值包括基本价值与附加价值两个组成部分，前者是由生产和销售某产品所付出物化劳动和活劳动的消耗所决定，即产品价值构成中的“C＋V＋m”；后者则由技术附加、营销或服务附加和企业文化与品牌附加三部分所构成。从当代发展趋势来分析，围绕产品的物耗和社会必要劳动时间的活劳动消耗在价值构成中的比重将逐步下降，而高技术附加价值、品牌（包含名品、名人、名企）或企业文化附加价值与营销附加价值在价值构成中的比重却显著上升而且将进一步上升。目前，企业之间的竞争优势已明显地保持在产品的第三个层次——附加功能，即更强调产品的高附加价值。因而，当代营销新理念的重心在附加价值。

4. 共鸣

共鸣是企业持续占领市场并保持竞争力的价值创新给客户所带来的价值最大化以及由此所带来的企业的利润极大化，强调的是将企业的创新能力与客户所珍视的价值联系起来，通过为客户提供价值创新使其获得最大程度的满足。客户是追求效用最大化者，而效用最大化就要求企业必须从价值层面的角度为客户提供具有最大价值创新的产品和服务，使客户能够更多地体验到产品和服务的实际价值效用。这里所强调的价值效用，实质上就是客户追求的一种期望价值和满意程度，是企业对客户基于价值层面上的一种“价值提供”，这种价值提供构成了价值创新的核心内容。因此，只有实现企业经营活动中各个构成要素的价值创新，才能最终实现客户的效用最大化，而当客户能稳定地得到这种效用最大化的满足感之后，将不可避免地成为该企业的终身客户，从而使企业与客户之间产生了共鸣。

从整体上来分析，4V 营销组合理论不仅是典型的系统和社会营销论，即它既兼顾社会和客户的利益，又兼顾企业与员工的利益，更为重要的是，通过对 4V 营销组合理论的展开，可以培养和构建企业的核心竞争力。从当前理论界较一致的研究结论来看，企业的核心竞争力至少要同时满足三个条件：

（1）能否拥有创新并以其持续不断的创新（含技术、管理与制度三大创新）形成与维持其产品或服务的独特性，且难于为竞争对手所模仿。

（2）能否以其独特性（或技术或产品或服务的单一面与多面共存等）形成完整的价值增值链与产业链，亦即企业的独特所在所具有的渗透力与扩展性。

（3）能否长期稳定地给客户进行价值提供，并带给客户更多的消费者剩余与超值效用。

显然，上述三个条件与 4V 营销组合理论中的四要素完全相关：第一个条件与

4V 中的差异化相对应，第二个条件正好与功能化和附加价值相关，第三个条件正是产生共鸣的核心基础。由此可见，4V 营销组合理论的实践过程也就是培养、形成企业核心竞争力的过程。

4V 营销组合理论首先强调企业既要与竞争对手区别开来，树立自己的独特形象，也要与客户相互区别，满足客户的个性化需求；其次，4V 营销组合理论要求产品或服务具有更大的柔性，能够针对客户具体需求进行组合；最后，4V 营销组合理论重视产品或服务中的无形要素，通过品牌、文化等满足客户的情感需求。但是这一理论的明显缺点是操作性不强，实际中只能作为企业的指导方针。

2.3.5 4S 营销组合理论

4S 营销组合理论在 1996—1997 年间被提出，最初被用作一项教学工具。随后，它被证明非常适合用来指导企业网站的建设以及对已存在的网站进行评估和改进。Constantinides 博士的 4S 营销组合理论来源于对电子营销（E-Marketing）四种管理要素的辨析，分别是范围（Scope）、网站（Site）、协同（Synergy）和系统（System），如图 2.12 所示。

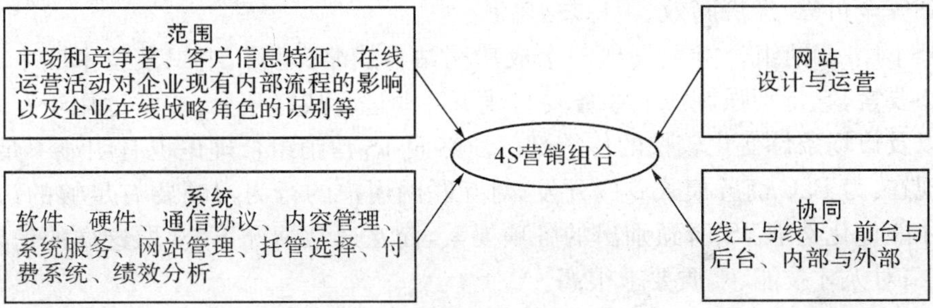

图 2.12 4S 营销组合理论框架

1. 范围

界定所有支撑在线商业活动的战略要素范围，管理层对这些战略要素要做经常性的、持续性的回顾和评估。该范围包括：市场和竞争者、客户信息特征、在线运营活动对企业现有内部流程的影响以及企业在线战略角色的识别等等。

2. 网站

确定企业所有线上运营活动，包括其业务特征和市场定位等。企业级网站作为企业与业务伙伴、客户联系的主要窗口和平台，在设计过程中一定要考虑到有利于企业联系这些目标群体，各项虚拟活动既要能吸引客户积极互动，又能永久留住客户。

3. 协同

选择企业线上活动与现有组织结构进行整合的关键区域。企业网站高效运作的前提之一就是要将资金投在关键的协同领域，最大化企业的市场影响力。这就要求：

(1) 整合一线部门。将所有的虚拟商务活动完全融入企业整体营销计划。自初始之时，企业就必须对线上业务给予足够的支持，进而将其发展成为企业整体营销计划的重要组成部分。

(2) 整合后台部门。首先需要强调的是，线上的虚拟经营活动与现实中的组织流程进行广泛的整合既是企业提供在线服务的前提条件，也是企业在线客户的期望所在。如此整合，就意味着企业的一些传统业务、工作流程不得不进行更新或重组，以符合在线客户的服务需要和价值要求。

(3) 整合企业网络及外部资源。整合所有外部资源对企业网站的推广促进、后勤服务等各项活动大有裨益。如果部分流程环节仅依靠企业内部力量操作起来很吃力的话，则可以选择外包给企业的外部伙伴。

4. 系统

系统即提供技术支持的框架系统，包括软件、硬件、通信协议、内容管理、系统服务、网站管理、托管选择、付费系统、绩效分析等，确保企业网站在运作过程中，能够做到安全可靠、经济高效、用户友好。

4S 网络营销组合能甄别出一个成功网站在战略、运营、组织及技术四个方面的核心要素，它特别强调线上业务要与线下活动进行战略整合，非常适用于互联网企业以及市场条件变化较快的传统部门。然而 4S 营销组合理论也有明显不足，具体表现在：为 B2C 商务模式专门开发；对互联网用户的行为习惯要有足够的认知，进而才能优化选取 4S 所甄别出的各项要素，而在通常情况下，获取这样的信息并非易事；对人才技能、素质要求很高。

上述营销组合理论各有千秋，也各有自己的用武之地，具体差别见表 2.2。

表 2.2 五种营销组合理论的比较

营销组合理论	基本内容	优劣比较
4P 营销组合理论	产品：包括产品组合、产品寿命周期、产品包装、品牌等内容 价格：包括决定定价导向、作出调整价格的反应、设计价格的风险评价 渠道：包括渠道模式和中间商的选择、调整协调管理、实体分配 促销：包括推销、广告、营业推广等	优： (1) 使营销理论有了体系感 (2) 使复杂的现象和理论简单化 (3) 为营销提供了易于操作的框架 (4) 理论上概括、实务上可操作 劣： (1) 不足以涵盖所有行业可控制的变量 (2) 只适合制造业中消费品的营销活动和生产者主权的卖方市场

续表 2.2

营销组合理论	基本内容	优劣比较
4C 营销组合理论	客户:忘掉产品,记住客户的需求与期望,以客户为中心 成本:忘掉价格,记住成本与客户的费用,让客户在成本上相对满意 便利:忘掉渠道,记住方便客户,为其提供便利的消费通道 沟通:忘掉促销,记住与客户沟通,培养其忠诚度	优: (1) 以客户为中心进行一对一传播 (2) 注重资源整合,宣传企业形象 (3) 以传播和双向沟通为基础 劣: (1) 与市场经济的竞争导向矛盾 (2) 不能形成营销个性、营销优势 (3) 未遵循企业经营的双赢原则 (4) 未解决满足客户需求的操作性问题 (5) 被动适应客户需求的色彩较浓
4R 营销组合理论	关联:与客户建立关联,提高其满意度和忠诚度,减少客户流失 反应:提高市场反应速度,倾听和满足客户的欲望和需求 关系:与客户保持合作关系,建立长期而稳固的关系 回报:注重利润回报与价值回报	优: (1) 以竞争为导向,概括了新框架 (2) 体现并落实了关系营销的思想 (3) 反应机制为互动与合作、建立关联提供了基础 (4) 回报兼容了成本和双赢 劣: 实施 4R 营销策略需具备实力基础或某些特殊条件
4V 营销组合理论	差异化:以不同特色的产品、周到的服务树立良好形象 功能化:提供不同功能的系列产品满足不同客户的消费习惯 附加价值:提高产品和服务的附加价值以满足客户的需求 共鸣:使客户获得最大程度的满足,企业效益最大化	优: (1) 弥补了 4C 营销组合理论中的差异化问题 (2) 兼顾社会和消费者的利益、企业和员工的利益 (3) 可培养、构建企业核心竞争能力 (4) 是实现客户忠诚的具体途径 劣: 操作性不强,实际中只能作为企业的指导方针
4S 营销组合理论	范围:市场和竞争者、客户信息特征、在线运营活动对企业现有内部流程的影响以及企业在线战略角色的识别 网站:风格、布局、内容 协同:整合一线部门、整合后台部门、整合企业网络及外部资源 系统:软件、硬件、通信协议、内容管理、系统服务、网站管理、托管选择、付费系统、绩效分析	优: (1) 甄别成功网站的核心要素 (2) 非常适用于互联网企业以及市场条件变化较快的传统部门 劣: (1) 为 B2C 商务模式专门开发 (2) 对互联网用户的行为习惯要有足够的认知,才能优化选取各项要素 (3) 对人才技能、素质要求很高

2.4　整合营销理论

在当前后工业化社会中，第三产业中服务业的发展是主要的经济增长点，传统的以制造为主的产业正向服务型发展，新型的服务业如金融、通信、交通等产业如日中天。后工业化社会要求企业的发展必须以服务为主，必须以客户为中心，为客户提供适时、适地、适情的服务，最大限度满足客户需求。

2.4.1　4P 与 4C 整合

互联网络作为跨时空传输的“超导体”媒体，可以为客户在其所在地提供及时的服务，同时互联网的交互性可以了解客户需求并提供针对性的响应，因此互联网可以说是消费者时代最具魅力的营销工具。互联网对市场营销的作用，可以通过4P(产品、价格、渠道、促销)与其他营销组合理论相结合进而发挥重要作用来体现。利用互联网，传统的4P营销组合理论可以更好地与以客户为中心的4C(客户、成本、便利、沟通)相结合(图2.13)。

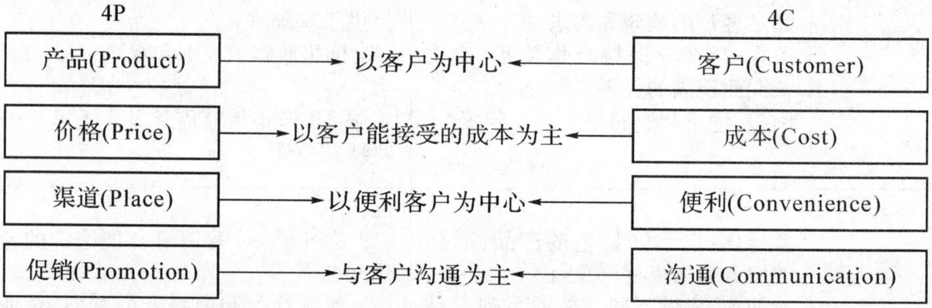

图 2.13　4P 与 4C 整合

1. 产品和服务以客户为中心

由于互联网具有很好的互动性和引导性，一方面，用户通过互联网在企业的引导下对产品和服务进行选择或提出具体要求，企业可以根据客户的选择或要求及时进行生产并提供及时服务，使得客户跨时空得到满足所要求的产品和服务；另一方面，企业还可以及时了解客户需求，并根据客户需求组织及时生产和销售，提高企业的生产效益和营销效率。如美国PC销售公司戴尔(Dell)公司在1995年还是亏损的，但在1996年，它们通过互联网来销售电脑，业绩得到100%的增长，由于客户通过互联网可以在公司设计的主页上进行选择和组合电脑，公司的生产部门马上根据要求组织生产并通过邮政公司寄送，因此公司可以实现零库存生产，特别是在电脑部件价格急剧下降的年代，零库存不但可以降低库存成本，还可以避免因高价进货而带来的损失。

2. 以客户能接受的成本定价

传统的以生产成本为基准的定价策略在以市场为导向的营销中是必须摒弃的。新型的定价策略应是以客户能接受的成本来定价，并依据该成本来组织生产和销售。企业以客户为中心定价，必须测定市场中客户的需求以及对价格认同的标准，否则以客户能接受的成本来定价就是空中楼阁。企业在互联网上则可以很容易实现这点，客户可以通过互联网提出能接受的成本，企业根据客户的成本提供柔性的产品设计和生产方案供用户选择，直到客户认同并确认后再组织生产和销售。所有这一切都是客户在公司的服务器程序的导引下完成的，并不需要专门的服务人员，因此成本也极其低廉。例如，目前美国的通用汽车公司允许客户在互联网上，通过公司的有关导引系统实现自己设计和组装满足自己需要的汽车。用户首先确定接受价格的标准，然后系统根据价格的限定从中显示满足要求的汽车，用户还可以进行适当的修改，公司最终生产的产品恰好能满足客户对价格和性能的要求。

3. 产品的分销渠道以便利客户为中心

网络营销采用的是一对一的分销渠道，是跨时空进行销售的，客户可以随时随地利用互联网订购产品。以法国钢铁制造商犹齐诺-洛林公司为例，该公司因为采用了电子邮件和世界范围的订货系统，从而把加工时间从 15 天缩短到 24 小时。该公司通过使用互联网，提供比对手更好、更快的服务；通过内部网与汽车制造商建立联系，从而能在对方提出需求后及时把钢材送到对方的生产线上。

4. 压迫式促销转向加强与客户沟通和联系

传统的促销是企业为主体，通过一定的媒体或工具对客户进行压迫式促销，加强客户对企业和产品的接受度和忠诚度。此时客户是被动接受的，企业缺乏与客户的沟通和联系，同时企业的促销成本很高。互联网上的营销是一对一和交互式的，客户可以参与到企业的营销活动中来，因此互联网更能加强与客户的沟通和联系，更能了解客户的需求，更易引起客户的认同。例如，美国的新型明星公司雅虎（Yahoo!）公司开发了一个能在互联网络上对信息分类检索的工具，由于该产品具有很强交互性，用户可以将自己认为重要的分类信息提供给雅虎公司，雅虎公司马上将该分类信息加入产品中供其他用户使用，因此不用做宣传其产品就广为人知，并且在短短两年之内公司股票的市场价值达到几十亿美元，增长了几百倍之多。

2.4.2　4E 营销组合理论

“互联网＋”时代，传统的产品细分定位策略不再有效，免费流行，渠道消失，促销不再依赖广告，旧的规则不停被打破，急需构建新潮流中的基本柱石，因此出现了新的营销组合理论：4E。4E 营销组合是由体验（Experience）、花费（Expense）、电子商铺（E-shop）和展现（Exhibition）四要素构成（图 2.14）。

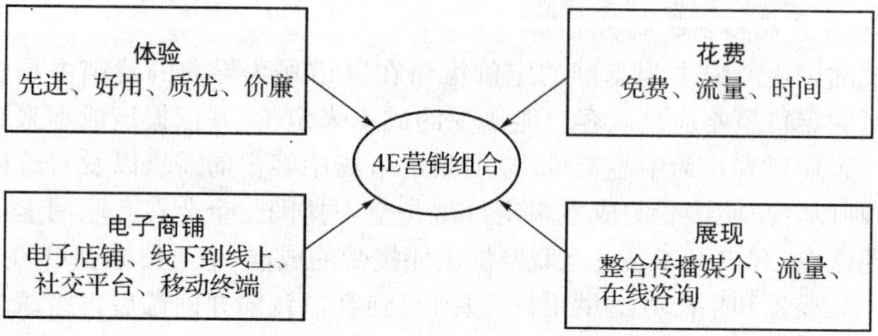

图 2.14　4E 营销组合理论框架

1. 4E 理论

1）体验

在这个产品极度过剩的商业世界，人类早已迷失在物质的包围中，不知道真正需要什么。也就是说不存在什么好与坏的客观标准，你能成功地取悦客户的感官，让他体验到好那就是好。互联网时代，时空限制消失，让面对面取悦每个客户成为可能，商品竞争由以往的品牌形象之争迅速升格为切身体验的比拼。可以说，"互联网＋产品"就是体验。体验包含四个核心要素：先进、好用、质优、价廉。"参与感"、"痛点"这样一些概念，其实就是体验。特别强调下，移动互联本身就是一种更优化的体验，所以必须考虑。

2）花费

4P 时代，低价、打折、买赠几乎是被运用最多的竞争策略，但今天这个规则被重写：越来越多的产品开始玩免费！支持免费的理由是"羊毛出在猪身上"——虽然不找你收钱，但商家们得到了另外一个东西——流量。流量是点击人数、滞留时间——对客户而言，就是时间！其实客户支出的不仅仅是价钱，还有时间，也就是：客户的支出＝价格＋时间，称之为花费；与之对应的，企业的收入＝销售额＋客流额。

3）电子商铺

传统 4P 时代，渠道＝经销商＋终端；现在，销售管道＝物流＋电子商铺。何谓电子商铺？一是指利用电子虚拟技术将商品信息放在网络上进行销售；二是指在实体终端中引入电子信息以优化销售；三是指人成为移动销售终端。具体而言，电子商铺有四种形式：

（1）电子店铺。即网络销售终端，主要有两种形式：官网平台（PC 端、移动端）和第三方网络交易平台（网店、微店、公众号等）。

（2）实体店"带电入网"。对于经营吃喝玩乐之类的实体店来说，借助大众点评、微博、微信等平台实现线上引流、线下消费（O2O），必将成为未来绝大多数实体店的标配。

（3）货品"带电入网"。通过二维码，货品无论身处何处，都成为一个流量的入口。基于这个入口,供应商、渠道商可以在销售、积分、售后等方面大做文章。

(4) 个人成为“移动终端”。借助智能手机等移动终端,在社交工具如微信、微博等展开微商营销。

4) 展现

传统 4P 中,促销手法主要有三大招:做广告、搞促销、玩客情。但在新的选秀时代,这些已远远不够,客户绝不会轻易动心,你需要有效整合网络、媒体、终端、户外等资源来制定传播策略,将自己的独特优势精心地展现在客户面前,吸引其点击或询问。展现的目的有两个:获得流量(收视/听率、到达率、点击率、有效滞留时间等)和获得咨询(电话咨询、在线询盘、柜台咨询)。网络展现尤其不可忽视,所有的企业必须要做的两大功课是:官网的展现(PC 官网、移动官网、APP 等)和网络海洋里的展现(门户网站、论坛、博客、朋友圈等),有的企业还要加上网店的展现(淘宝、京东、微信、公众平台、大众点评等平台上的店铺)。

2. 新的营销组合

在 4E 框架基础上,企业便能极为容易而全面地重新检视自身的商业模式、营销战略和策略组合。

1) 减法

许多人见过“降维打击”这个词,其实所谓降维打击就是利用互联网可以消除时空限制的优点,以传统行业为对手,设计一个做减法的互联网商业模式,以此来大幅降低成本,提升效率,和传统模式做不对称竞争,实施掠夺式攻击。

2) 变法

互联网的本质不是媒体,不是渠道,而是在四维世界基础上增加的第五个维度。站在五维空间看世界,一定会发现大量用互联网对现有商业世界进行变革的创新机会。

3) 加法

我们常说要“跨界”,其实居于其间的联络员是流量。一直以来,市场就是流量,所有的营销努力其实都是为了换来终端前、柜台前、货架前、电话前的客流量。这个流量可以用来卖自家货,也可以卖给别人去卖货。大卖场之所以收供应商进场费、店庆费等名目繁多的费用,本质上就是在卖流量。流量还有一个特性,就是可以无缝转移、转卖。正是因为这个特性,给跨界提供了无穷可能。

把以上这三个催化剂分别放到 4E 中,会发现大量的创新机会和商业手法,如表 2.3 所示。

表 2.3　4E 的营销组合

	体验	花费	电子商铺	展现
减法	·减产品规格 ·减产品按钮 ·减走路说话	·降价 ·免费 ·倒贴 ·减时间	·减经销环节 ·减销售人员 ·减销售程序	·砍宣传材料 ·砍硬广投入 ·砍网络硬广①
变法	·技术升级法 ·技术替代法 ·技术覆盖法 ·新的操作流程 ·透明生产体验 ·新的售后体验	·改变支付方式 ·改变排队时间 ·改善时间体验	·电子电铺的运营 ·带电入网的实践 ·透明的销售体验 ·改变地面销售方式	·变沟通方式 ·变展现组合
加法	·跨品类融合 ·横向融合 ·纵向融合 ·情境式融合	·功能、性能增幅高于价格增长	·引入长尾产品 ·引入代理产品	·合作引流 ·买流量 ·卖流量

3. 制定“互联网＋”营销战略

1）重新检视网商的竞争对手

商业世界的能力来自网商与其竞争对手的相对坐标。所以，制定战略的第一步是首先检视网商的竞争对手。这个竞争对手是指：网商的直接竞争对手（市场排名前 1～3 家，允许包括自己，其余的基本不考虑），网商的潜在竞争对手（网商心中的1～3 家标杆企业，当然，不要太高远，除非有充足的预算），替代品，新的研发成果及动向。主要是分析竞争对手今天是怎么做的，按照 4E 理论逐一列出他们的漏洞和弊端，并逐一提出新体验的解决方案。

2）发现网商自身优势

在这些方案中发现一种或多种自己独有的或可先发的优势，即发现代表竞争优势的核心体验。互联网化、移动化、智能化不是一种独特优势，但却是一种先发优势。以下这些方面的优势要重点考虑：

（1）技术优势（技术研发、独家专利、工业设计）。

（2）制造优势（规模效应、高端制造、制造工艺）。

（3）市场优势（大量的用户及高的好评率）。

（4）原产地优势（一种难以模仿的独特优势）。

（5）牛人优势（意味着更好的融资、免费的新闻以及人格担保的品质承诺）。

3）重新规划网商的客户

① 硬广指直接介绍商品、服务内容的传统形式的广告，此类广告常通过在报刊刊登、设置广告牌、在电台和电视台播出等方式进行宣传（区别于软广告）。

确定核心体验后，再来进行市场规划的匹配，界定核心市场。互联网时代，规划市场的四种方法如下：

(1) 聚焦一个核心人群（与之对应的产品策略一般是打造爆款）。

(2) 新建一个群体（如之前的电视、微博及今日的淘宝、微信等）。

(3) 融合几个旧群体（与之对应的一个词叫“跨界打劫”）。

(4) 个性化定制。

不是所有的市场都适合爆款策略，一般只有容量巨大的成熟市场才适于使用此招。聚焦过度，往往意味着小众高端市场。打造新部落的新型市场最好采用侧翼战原则，规避大鲨鱼，悄悄地测试，全神贯注地持续优化，机会闪现则快速放大抢占市场。

4) 确立商业模式

核心功能、核心市场确定后，需要提炼成一个形象化的核心概念，并最终确立如何赢利的商业模式。这几步完成之后，再根据市场目标、资源及预算来制定 4E 策略和战术组合实施方案。

总而言之，能省的环节及花费尽量省——减法；能优化的环节尽量优化——变法；一举两得或多得需要考虑——加法（不能削弱核心体验）；还要好玩。

第三章　网络营销新模式和工具

3.1　搜索引擎营销

3.1.1　搜索引擎概述

1. 搜索引擎基本概念

搜索引擎(Search Engine)是指根据一定的策略、运用特定的计算机程序自动从互联网搜集信息、组织信息和处理信息后，将与用户检索相关的信息展示给用户的系统。互联网上的信息浩瀚万千，而且毫无秩序，所有的信息像汪洋上的一个个小岛，网页链接是这些小岛之间纵横交错的桥梁，而搜索引擎则为用户绘制了一幅一目了然的信息地图，供用户随时查阅。它们从互联网提取各个网站的信息(以网页文字为主)，建立起数据库，检索与用户查询条件相匹配的记录，并按一定的排列顺序返回结果。

2. 搜索引擎分类

搜索引擎可分为全文搜索引擎、分类目录搜索引擎、元搜索引擎与垂直搜索引擎等几类。

1) 全文搜索引擎

全文搜索引擎是目前广泛应用的主流搜索引擎。国外的全文搜索引擎典型代表是Google，国内则有最大中文搜索引擎——百度。全文搜索引擎通过自动方式分析网页的超链接，依靠超链接和HTML或XML等代码分析获取各个网站的信息(以网页文字为主)，按事先设计好的规则对其进行分析整理以形成索引，并检索与用户查询条件相匹配的记录，最后按一定的排列顺序返回结果。全文搜索引擎一般由信息采集、建立索引和检索三个部分组成。

(1) 信息采集(Information Collection)。信息采集工作由搜索器和分析器共同完成。搜索引擎利用“网络蜘蛛”(Web Spider)程序，又称为“网络爬虫”(Web Crawler)程序或“网络机器人”(Web Robot)程序的自动搜索功能来查询网页上的链接。网络机器人实际上是一些基于Web的程序，遍历指定范围内的整个Web

空间，不断从一个网页转到另一个网页，从一个站点移动到另一个站点，将采集到的网页添加到网页数据库中。网络机器人每遇到一个新的网页，都要搜索它内部的所有链接。所以从理论上讲，如果为网络机器人建立一个适当的初始网页集，从这个初始网页集出发，遍历所有的链接，网络机器人将能够采集到整个 Web 空间的网页。严谨的、结构化的、可读性强的、错误少的 HTML 代码更容易被网络机器人所采集和分析。网络机器人有专门的搜索链接库，在搜索相同超链接时会自动比对新旧网页的内容和大小，如果一致则不予采集。

(2) 建立索引(Indexing)。搜索引擎整理信息的过程称为“建立索引”。搜索引擎不仅要保存搜集起来的信息，还要将它们按照一定的规则进行编排。建立索引可以采用通用的大型数据库，如 Oracle、Sybase 等，也可以自己定义文件格式进行存放。建立索引是搜索中较为复杂的部分，涉及网页结构分析、分词、排序等技术，好的索引能极大地提高检索速度。为了保证索引数据库信息与 Web 内容的同步，索引数据库必须定时更新，更新频率决定了搜索结果的及时性。索引数据库更新是通过启动“网络机器人”对 Web 空间重新搜索来实现的。索引是区别搜索引擎好坏的重要标志。

(3) 检索(Searching)。检索是用户向搜索引擎发出查询，搜索引擎接受查询并向用户返回资料。有的系统在返回结果之前对网页的相关度进行了计算和评估并根据相关度进行排序，将相关度大的放在前面，相关度小的放在后面；也有的系统在用户查询之前已经计算了各个网页的网页等级(Page Rank)，返回查询结果时将网页等级大的放在前面，网页等级小的放在后面。不同搜索引擎有不同的排序规则，因此在不同的搜索引擎中搜索相同关键词，得到的查询结果的排序是不同的。

全文搜索引擎的特点是搜全率比较高。

2) 分类目录搜索引擎

分类目录搜索引擎也称为分类检索引擎，是互联网上最早提供 WWW 资源查询的服务，主要是指通过人工的方式收集和整理互联网上的资源，根据搜索到网页的内容，将其网址分配到相关分类主题目录的不同层次的类目之下，形成分类树形结构索引。分类目录搜索引擎的整个工作过程同样分为信息采集、建立索引和检索，只不过分类目录搜索引擎的信息采集、建立索引主要是由人工完成。

分类目录搜索引擎一般都由专门的编辑人员负责收集网站的信息。随着网络站点激增，现在一般是由站点管理者递交自己的网站信息给搜索引擎，然后由分类目录搜索引擎的编辑人员审核递交的网站资料以决定是否收录该站点。分类目录搜索引擎会因为网站导航不明确、网站设计不佳、死链接、网站不正常运转、语法错误、文字不流畅、没有联系电话、没有商业地址和多次重复提交等原因而拒绝收录该站点。如果该站点审核通过，分类目录搜索引擎的编辑人员还需要分析该站点的内容，并将该站点放在相应的类别和目录中。所有这些收录的站点同样被存放在一个索引数据库中。用户在查询信息时，可以按照关键词搜索，也可以按照分类目录逐层查找。如以关键词搜索，返回的结果跟全文搜索引擎的一样，也是根据既定规则排列网站。需要注意的是，分类目录搜索引擎的关键词查询只能在网站的名称、网址和简介等内容中进行搜索，它的查询结果也只是被收录网站首页的URL地址，而不是具体的页面。分类目录搜索引擎就像一个电话号码簿一样，按照各个网站的性质，把其网址分门别类排在一起，大类下面套着小类，一直到各个网站的详细地址。分类目录搜索引擎一般还会提供各个网站的内容简介，用户不使用关键词也可进行查询，只要找到相关目录，就完全可以找到相关的网站(注意：是相关的网站，而不是这个网站上某个网页的内容)。某一目录中网站的排名一般是按照标题字母的先后顺序或者收录的时间顺序排列。

分类目录搜索引擎虽然有搜索功能，但严格意义上不能被称为真正的搜索引擎，只是按目录分类的网站链接列表而已。用户完全可以按照分类目录找到所需要的信息，不用依靠关键词进行查询。国内分类目录搜索引擎中具有代表性的是搜狐和网易搜索引擎。

3）元搜索引擎

元搜索引擎是在接受用户查询请求时，同步在其他多个引擎上进行搜索，并将结果返回给用户。著名的元搜索引擎有 infospace 和 dogpile 等，中文元搜索引擎中具有代表性的有好搜，如图 3.1 所示。在搜索结果排列方面，有的元搜索引擎直接按来源引擎排列搜索结果，有的元搜索引擎则按自定的规则将结果重新排列组合。

图 3.1　元搜索引擎首页

4）垂直搜索引擎

垂直搜索引擎是专门针对某一个行业的专业化搜索引擎，是通用搜索引擎的细分和延伸，它对网页库中的某类行业的信息进行处理、整合，定向分析字段，抽取出需要的数据进行处理后再以某种形式返回给用户。常见的行业性网站的搜索引擎都是属于这一类。垂直搜索引擎保证了信息的收录齐全与更新及时、深度好、检出结果重复率低、相关性强、查准率高。

3. 搜索引擎市场现状及未来

搜索引擎长盛不衰的最根本原因之一是搜索者会购买产品:33%的搜索引擎的搜索者在购物,44%的网民利用搜索引擎作为购物调研工具。根据中国互联网络信息中心(CNNIC)发布的第37次《中国互联网络发展状况统计报告》的统计数据显示:截至2015年12月底,我国网民数量达6.88亿,搜索引擎用户规模达到5.66亿,使用率为82.3%,占网民数量的84.73%;手机搜索用户数达4.78亿,使用率达77.1%,仅次于即时通信和网络新闻。2014年,我国搜索引擎市场规模为599.6亿元,同比增长51.9%,较2013年有较大幅度回升。未来我国搜索引擎市场仍将以较快的幅度增长,到2018年市场规模预计将达到1 676.4亿(图3.2)。以2014年为例,我国搜索引擎企业增长的最大动力是来自于移动端收入的增长,移动端的增长贡献率(移动端收入的增长规模/搜索企业整体收入的增长规模)占到55.2%。可见移动端贡献了超过半数的增长,已成为市场增长的主要推动力,原因如下:其一,网民的互联网生活重心向移动端转移,移动搜索场景极大丰富,用户增量、增速都超过搜索市场整体;其二,搜索服务提供商的移动业务营收占比持续提升,正在成为支柱业务。以百度为例,财报数据显示其移动业务营收占比已经从2013年第二季度的10%增至2015年第一季度的50%;搜狗的也在2015年第一季度达到了22%。

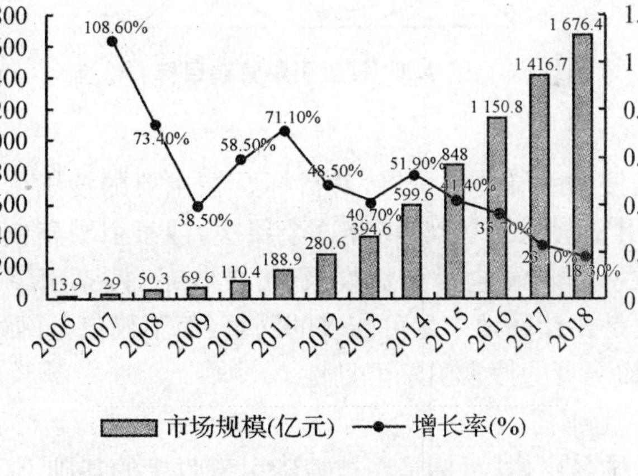

图3.2　2006—2018年我国搜索引擎市场规模

搜索引擎通过将自然语言识别、人工智能与机器学习等技术进行融合,推出以交互式问答机器人为典型代表的搜索引擎深度问答产品,使网民更准确、更快速地获取知识类信息;搜索的输入模式更加多元化,除了语音、图片输入,还结合了触控式硬件设备,不仅创新搜索体验,还在推动互联网普遍服务方面发挥了积极作用。搜索引擎服务在连接用户与服务环节中发挥桥梁作用,作为关键支撑技术和基础连接服务，推动互联网生态链形成。而在实物与服务产品交易方面，搜索引擎推出直达服务，企业网店可以跳过搜索结果页，直接将产品和服务呈现给用户；搜索引擎通过面向用户提供“一站式”生活服务搜索，从而对接入搜索平台的企业提供云存储、云计算、云运营管理工具等增值服务，并基于用户属性和特征进行精准推送，帮助企业开展营销，打造 O2O 闭环。因此搜索引擎营销的商业价值得到了我国企业的广泛认可和重视，搜索引擎营销市场潜力很大。

3.1.2 搜索引擎营销概述

1. 搜索引擎营销定义

搜索引擎营销(Search Engine Marketing，SEM)就是基于搜索引擎平台的网络营销，利用人们对搜索引擎的依赖和使用习惯，在人们检索信息的时候尽可能将营销信息传递给目标客户。搜索引擎营销的基本思想是让用户发现信息，促使用户主动点击搜索结果，进入网站/网页进一步了解他所需要的信息。

2. 搜索引擎营销目标

利用搜索引擎工具可以实现四个层次的营销目标(图 3.3)。

图 3.3 搜索引擎营销目标

1) 收录层

第一个层次是搜索引擎的收录层，其目标是在主要的搜索引擎中获得被收录的机会，这是搜索引擎营销的基础，离开这个层次，搜索引擎营销的其他目标也就不可能实现。搜索引擎收录包括免费收录、付费收录、搜索引擎关键词广告等形式。收录层目标就是要让网站中尽可能多的网页(而不仅仅是网站首页)被搜索引擎收录，也就是增加网页的搜索引擎可见性。

2) 排名层

第二个层次是排名层，其目标是在被搜索引擎收录的基础上，实现搜索结果排名靠前，即在搜索结果中有良好的表现，因为用户关心的只是搜索结果中靠前的少量内容。如果利用主要的关键词检索时，网站在搜索结果中的排名靠后，那么有必要利用关键词广告、竞价排名等形式作为补充手段来实现这一目标。同样，如果网站在分类目录中的位置不理想，则需要考虑利用付费等方式获得在分类目录中的排名靠前。

3）点击层

第三个层次是点击层，其目标直接表现为网站访问量方面，也就是通过搜索结果点击率的增加达到提高网站访问量的目的。由于只有受到用户关注，经过用户选择后的信息才可能被点击，因此该层次又可称为关注层。从搜索引擎的实际情况来看，仅仅做到被搜索引擎收录并且在搜索结果中排名靠前是不够的，这样并不一定能增加用户的点击率，更不能保证将访问者转化为消费者。因此，若要实现通过搜索引擎增加访问量的目标，需要从整体上进行网站优化设计，并充分利用关键词广告等有价值的搜索引擎专业服务。

4）转化层

第四个层次是转化层，其目标是将浏览者转化为消费者，即通过访问量的增加，使用户浏览行为转化为消费者购买行为，最终实现企业收益目的。转化层是前面三个目标层次的进一步提升，是各种搜索引擎方法实现效果的集中体现。从各种搜索引擎策略到产生收益，期间的中间效果表现为网站访问量的增加，网站的收益是由访问量转化为购买力所形成的，转化率则是由网站的功能、服务、产品等多种因素共同作用而决定的。因此，第四个层次目标在搜索引擎营销中属于战略层次目标，其他三个层次目标则属于策略范畴。

3. 搜索引擎营销特点

1）搜索引擎营销与企业网站密不可分

一般来说，搜索引擎营销作为企业常用方法，在没有建立网站的情况下很少被采用（有时也可以用来推广网上商店、企业黄页等）。搜索引擎营销需要以企业网站为基础，企业网站设计的专业性对搜索引擎营销的效果产生直接影响。

2）搜索引擎营销是用户主导的网络营销方式

没有哪个企业或网站可以强迫或诱导用户的信息检索行为与使用什么搜索引擎。用户完全自主决定要通过搜索引擎检索的信息内容，在搜索结果中用户根据自己的判断自主点击网页。因此，搜索引擎营销是由用户主导的，最大限度地减少了营销活动对用户的干扰，最符合网络营销的基本思想。

3）搜索引擎营销可以实现较高精度的定位

搜索引擎营销在用户定位方面具有更好的功能，可以对用户行为进行准确分析并实现较高精度定位。尤其是在搜索结果页面的关键词广告，完全可以实现与用户检索所使用的关键词高度相关，从而提高营销信息被关注程度，最终达到增强网络营销效果的目的。

4）搜索引擎营销的效果表现为网站访问量的增加而不是直接销售

搜索引擎营销的使命是获得访问量，至于访问量是否可以最终转化为收益，不是搜索引擎营销独立可以决定的。这说明，提高网站的访问量是网络营销的主要内容,但不是全部内容。

5）搜索引擎营销需要适应网络服务环境的发展变化

搜索引擎营销是搜索引擎服务在网络营销中的具体应用。搜索引擎营销在应用方式上依赖于搜索引擎的工作原理、服务模式等,当搜索引擎检索方式和服务模式发生变化时,搜索引擎营销方法也应随之变化。因此,搜索引擎营销的具体内容具有一定的阶段性,保持与网络营销服务环境协调是搜索引擎营销的基本要求。

4. 搜索引擎营销过程

完整的搜索引擎营销过程包括下列五个步骤,这也是搜索引擎营销得以最终实现所需要完成的基本任务:

(1) 构造适合于搜索引擎检索的信息源。信息源被搜索引擎收录是搜索引擎营销的基础,这也是网站建设之所以成为网络营销基础的原因。由于用户在信息检索之后还要来到信息源获取更多的信息,因此这个信息源的构建不能只是站在搜索引擎友好的角度,还应该包含用户友好。网站优化不仅仅是搜索引擎优化,而是包含三个方面,即对用户、对搜索引擎、对网站管理维护的优化。

(2) 创造网站/网页被搜索引擎收录的机会。网站建设完成并发布到互联网上并不意味着自然可以实现搜索引擎营销的目的。无论网站设计多么精美,如果不能被搜索引擎收录,用户便无法通过搜索引擎发现这些网站中的信息,当然更不能实现网络营销信息传递的目的。因此,让尽可能多的网页被搜索引擎收录是网络营销的基本任务之一,也是搜索引擎营销的基本步骤。

(3) 让网站信息出现在搜索结果中的靠前位置。网站/网页仅仅被搜索引擎收录还不够,还需要让企业信息出现在搜索结果中的靠前位置。这就是搜索引擎优化所期望的结果。因为搜索引擎收录的信息通常都很多,当用户输入某个关键词进行检索时会反馈大量的结果。如果企业信息出现的位置靠后,被用户发现的机会就大为减少,搜索引擎营销的效果也就无法保证。

(4) 以搜索结果中有限的信息获得用户关注。通过对搜索引擎检索结果的观察可以发现,并非所有的检索结果都含有丰富的信息,用户通常并不能点击浏览检索结果中的所有信息,需要对搜索结果进行判断,从中筛选一些相关性最强、最能引起用户关注的信息进行点击,进入相应网页之后获得更为完整的信息。要做到这一点,需要针对每个搜索引擎收集信息的方式进行针对性的研究。

(5) 为用户获取信息提供方便。用户通过点击搜索结果而进入网站/网页,是搜索引擎营销产生效果的基本表现形式。用户的进一步行为决定了搜索引擎营销是否可以最终获得收益。在网站上,用户可能为了了解某个产品的详细介绍而成为注册用户。在此阶段,搜索引擎营销将与网站信息发布、客户服务、网站流量统计分析、在线销售等其他网络营销工作密切合作,在为用户获取信息提供方便的同时,与用户建立密切关系,使其成为潜在消费者或者直接购买产品。

在上述搜索引擎营销过程中实际包含了五个基本要素:信息源(网页)、搜索引擎信息索引数据库、用户的检索行为和检索结果、用户对检索结果的分析判断、用户对选中结果的点击。对这些要素的信息传递过程的研究以及营销目标的有效实现构成了搜索引擎营销的基本内容。

3.1.3　搜索引擎营销基本方式

1. 搜索引擎登录和排名

这种方法一般比较简单,只需要按照搜索引擎的提示一步步地填写完成即可。比较常用的搜索引擎登录有百度登录、360 登录和 Google 登录[①]等。登录细节方面每个搜索引擎会有所差异,但都很简单。一般来说,搜索引擎登录要求的内容有网站名称、网站地址(URL)、关键词、网站的描述和站长联系信息等。在大部分的搜索引擎登录是需要人工审核的。搜索引擎的管理人员收到用户提交的信息后会访问网站,从而判断用户所提交的内容是否属实以及用户所选择的类别是否合理,以决定是否收录该网站。新收录的网站一般可以在几天到几个星期之后,当搜索引擎数据库更新时即可显示出来。企业网站会因为在提交时尚未建设完成或者质量不高等原因而被拒绝登录。此时这些企业除了完善网站建设外,别无他法。

如果要在多个搜索引擎注册,就需要在各个搜索引擎重复输入相应的资料。理论上讲,只提交网站的首页,网络机器人(网络蜘蛛)会“爬行”到该网站其他页面。因此,最好是把网站的一些重要的、有特色的网页都提交给搜索引擎,以增加网站曝光率。例如一个企业经营米面油等多个农业产品线,可将不同产品线的产品页面分别提交。但是在提交不同的网页时,应注意根据不同的网页设定不同的网页标题、关键词和网页描述等。

当网站被搜索引擎收录之后,如果网站有较大的改变(如网址、网站主题的变化),应该重新注册,而不是被动地等待搜索引擎的定期回访,以免错过被潜在用户发现的机会。另外,需要不定期到所登录的搜索引擎查看网站排名的变化情况。如果网站排名不断地后退,而且排名前进的网站是竞争对手时,就需要分析一下原因。如果是网站自身的原因,那么就需要重新优化网站并再次向搜索引擎提交网站。另外,网站访问量与统计分析不可忽视,它有助于及时发现网站在搜索引擎中可能存在的问题。例如网站登录了一个一直可以带来稳定访问量的搜索引擎,而一段时间后网站访问量突降甚至消失,此时有必要检查一下,是搜索引擎问题还是网站自身被取消了登录资格,以便采取相应对策。

① 在中国大陆地区,当前 Google 暂不能登录。

2. 搜索引擎优化

搜索引擎优化(Search Engine Option, SEO)是指在了解搜索引擎自然排名机制的基础上,对网站进行内部及外部的调整与优化,改善网站在搜索引擎中关键词的自然排名,获得更多的展现量,吸引更多目标用户点击访问网站,从而获得被搜索引擎收录并排名靠前的各种方法。搜索引擎优化简单来说就是能够让网页、关键词排名靠前的各种方法。在以网络机器人为标志的技术性搜索引擎(如百度)中获得一个好的排名不是很简单,而网站的收录与排名都与网站的质量密切相关,因此做好SEO非常重要。

一个更容易被搜索引擎接受的网站应该是由搜索引擎搜索到的信息并且返回的搜索结果让用户觉得很有吸引力,这样才能达到让用户使用搜索引擎的目的。

SEO的着眼点不仅在于考虑搜索引擎的排名规则,而且要更多地考虑到如何为用户获取信息以及如何提供方便。此外,要细分目标消费者群体,分析消费者心理,研究他们对关键词的界定,帮助企业有的放矢地选择关键词。

1)确定主关键词

确定网站主关键词不能太多也不能太少,一般在5个左右。然后针对这些关键词进行优化,包括关键词密度、权重、相关度和突出性等方面。关键词密度是指某个关键词在整个页面字符中所占的比率;关键词权重是指某个特定的关键词或句子在页面上出现的频率;关键词相关度是指关键词和网站页面的相关性程度,相关性好自然会有排名甚至有很好的排名,相关性欠好则可能排名靠后甚至没有排名;关键词突出性是指关键词距离页面起始处所隔的距离。密度和权重都不宜太高,这样会被搜索引擎认为有关键词堆砌之嫌,将可能受到搜索引擎的一些惩罚。将导航链接放在页面右边或者底部,而不要放到页面的左边,这是搜索引擎读取页面的时候,它的顺序是从页面的左上端到右端的底部。搜索引擎将会非常重视站点的前100个词,因此标题/标签及关键词应放到页面起始处。

2)设置标题

标题应尽量体现出网页中的核心词汇,这个核心词汇应该具有较高通用性又不过于泛化,例如"产品介绍"、"企业新闻"等字眼。通常在写标题/标签时应该考虑以下几个要素:

(1)所有网页都应该有适合自己的独特的标题或标签,形成独立的网页频道。有很多网站都犯了一个很低级的错误,即所有网页都有同一个标题。

(2)标题/标签应该对用户的需求有足够的吸引力。网页在搜索引擎返回结果中被列出,显示的内容就是来自于标题/标签。

(3)标题/标签中应该含有关键词。由两部分组成的标题尽量将主关键词安排在标题的前半部分,中间可以用空格隔开,而不是其他符号。

(4) 文章标题简洁明了,以不超过15个汉字为宜,最长不超过30个汉字。

(5) 转载文章时,在修改标题前,要确定当前文章的主关键词。

(6) 如果文章内含图片,标题可以采用形如"……标题……(图)"格式。

3) 使用动静结合的网页

所谓静态网页即纯粹的HTML网页,这类网页是没有数据库支持的网页。动态网页是通过单击链接得到进一步信息的网页。搜索引擎出于保证搜索结果的需要,要求登录的网站提交的网页有一定的内容并能保持稳定性。

4) 采用付费搜索引擎登录

搜索引擎公司是商业性服务商,盈利是基本要求。随着互联网搜索引擎集中度的提高,免费搜索引擎登录只能是最简单的收录服务。一些中小企业网站使用免费搜索引擎登录时可能受到歧视,很有可能多次提交都没有结果,所以一定要提高网站的质量,才能增加被收录的机会。而付费搜索引擎登录是指当网站缴纳费用后才可以获得被收录的资格。付费收录可以获得较全面的服务,网站被点击的概率较免费收录大大提高。

5) 提高链接流行度

网站被外部高质量、高流量的网站链接非常重要。在搜索引擎营销中,链接流行度是用来度量网站被其他网站链接的数量。链接流行度(Link Popularity)也被称为链接广度或链接广泛度,是指一个页面所获得的反向链接数量及质量的总和。链接流行度是网站排名的重要指标之一,在其他方面差不多的情况下,链接流行度高的网站必然排名靠前。同时,也要注意外部链接网站的质量。一个高质量和高流量网站的链接效果好于多个低质量和低流量网站的链接。因此,要选择合适的外部网站进行有效地链接。

搜索引擎已将链接流行度这个因素并入其排名算法中,目的是为了创建更加相关的公式。提高链接流行度的方法如下:一是做一个高质量的网站,其他网站会主动链接;二是与其他网站交换链接,把交换链接的联系方式放在网站显眼位置,方便与其他网站交换。

3. 竞价排名

竞价排名是搜索引擎关键词广告的一种形式,即按照付费最高者排名靠前的原则,对购买同一关键词的网站进行排名的一种方式。由企业为自己的网页购买关键字排名,按点击计费。企业可以通过调整每次点击付费价格,控制自己在特定关键字搜索结果中的排名,并可以通过设定不同的关键词捕捉到不同类型的目标访问者。企业竞价排名的实施过程包括:

1) 分析企业是否适合竞价排名

竞价排名本身并不能决定交易的实现,只是为用户发现企业信息提供了一个渠道或者机会。

2）选择适合企业自身的搜索引擎

在同样价格条件下，应尽量选择用户集中度高、流量大的搜索引擎，这样网站被检索和浏览的概率会高一些。但是如果对于同一关键词参与竞价的网站数量较多，若排名靠后，则会降低营销效果。因此应综合考虑多种因素来决定性价比最高的搜索引擎。在可能的情况下，可以同时在若干个搜索引擎同时开展竞价排名，这样更容易比较各个搜索引擎的效果，但经济代价较高。

3）根据企业实际情况购买适量的关键词

实际上，即使在同一个行业，因关键词的近义词较多以及描述角度的差异，用户使用一个关键词具有一定分散性，故仅仅选择一个关键词所能产生的效果是有限的。比较理想的方式是，在营销预算许可的情况下，选择3～5个用户使用频率最高的关键词同时开展竞价排名活动，这样有可能覆盖60%以上的潜在用户，收益机会将大为增加。此外，对于关键词的选择应认真分析和设计，因热点关键词价格较高，如果用几个相关但价格较低的关键词替代，也不失为一种有效的方式。

4）提高点击率和业务转换率

(1) 将搜索引擎营销的思想贯穿于整个网站策划建设过程中。最好是在网站策划和设计阶段就将网络营销思想结合进来，这样不仅要比网站发布之后因效果不佳再回过头来考虑这个问题会节省时间和金钱，同时也在很大程度上增加了网络营销人员的信心。

(2) 网页内容与搜索关键词具有相关性极为重要。如果在百度上就某些关键词进行宣传，在用户输入那些关键词并登录网站后应该能正确地进入到与关键词相关的网页的位置。因此，如果用户在百度中输入"鲜花"并搜索卖家，鲜花相关链接就会显示出来，继续点击就可以进入到一个涉及销售鲜花的网页上，而不应是在网站的主页或者与鲜花无关的网页上，再通过一个链接将用户带至其他相关产品的网页。

(3) 铸造网络品牌形象，获得用户信任。网站/网页应积极展示企业的隐私政策、采购程序，对站点上的表格采用SSL加密保护，提供用户发帖和评价系统以及易于和企业联系的沟通方式等帮助用户建立对企业的信任。

(4) 通过网络营销软件、搜索引擎优化、排名自动检测软件和网站流量分析系统监控网站，报告并找出那些转换率较高的搜索词，删除转换率低的搜索词。

(5) 点击付费预算百分率在各个搜索引擎之间的分配也是影响转化率的一个因素。

(6) 网站所提供和传递的内容符合用户真正的信息找寻需求。

3.2　第三方电子商务平台营销

3.2.1　第三方电子商务平台概述

1. 第三方电子商务平台的内涵

第三方电子商务平台是指独立于产品或服务的提供者和需求者，按照特定的交易与服务规范，为多个买卖双方提供信息和交易等服务的网络服务平台。目前知名的第三方电子商务平台有阿里巴巴旗下的批发网(1688)和淘宝网以及京东等。

第三方电子商务平台的特性包括保持中立立场以获得参与者的信任、集成买方需求信息和卖方供应信息、撮合买卖双方、支持交易以便利市场操作；买卖双方与第三方平台集成，能够很好地利用第三方平台的规模效益。

卖方成为第三方电子商务平台会员后，就可以在平台上拥有自己的网页，并可以选择平台预先设定的若干标准网页格式进行店铺设计、装修，发布企业信息、产品信息、供求信息等。第三方电子商务平台以其较强的市场推广力度、相对庞大的信息量服务于种植生产端、制造业、流通渠道和零售终端，为卖方和潜在买家搭建高效的信息交流平台，获得了企业的青睐。

2. 第三方电子商务平台的分类

1）根据功能划分

根据平台功能划分，第三方电子商务平台可分为：信息型电子商务平台和交易型电子商务平台。

信息型电子商务平台简称为商务信息平台，它主要提供信息发布、展品展示、沟通交流和业务推广等服务。交易型电子商务平台简称为购物平台，它除了具有信息型平台的功能外，还具有销售管理、信用管理、客户关系管理、在线支付、物流、售后服务等功能。

2）根据交易主体划分

根据平台上交易主体划分，第三方电子商务平台可分为：B2B 平台、B2C 平台、C2C 平台、C2B 平台和第三方平台自营等。

B2B 平台是为企业间的交易提供服务的平台，如图 3.4 所示的金农网批发平台(www. jinnong. cn)。B2C 平台是为企业与消费者之间的交易提供服务的平台，如天猫服务品类中的各类农林产品网上旗舰店(图 3.5)。C2C 平台是为个人之间的交易提供服务的平台，如网上集市。C2B 平台是团购类中介服务平台，如团购和个性化定制以及手机 APP 上的生鲜水果预购。第三方平台自营是指平台借助自身的市场影响力，通过贴牌生产方式从供应商取得商品完整权利后，以平台品牌或平台名义独立完成销售、负责售后服务等，如京东农资频道的农资自营业务(图 3.6)、1 号店自营超市(图 3.7)等。

图 3.4　金农网首页

图 3.5　天猫平台上的姑苏蟹澄店铺

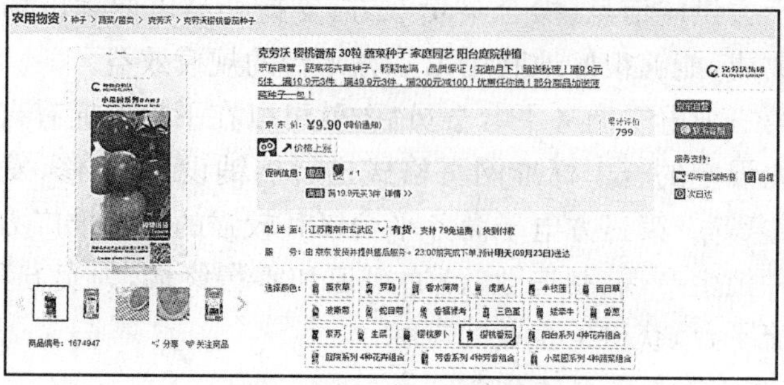

图 3.6　京东自营的蔬菜种子

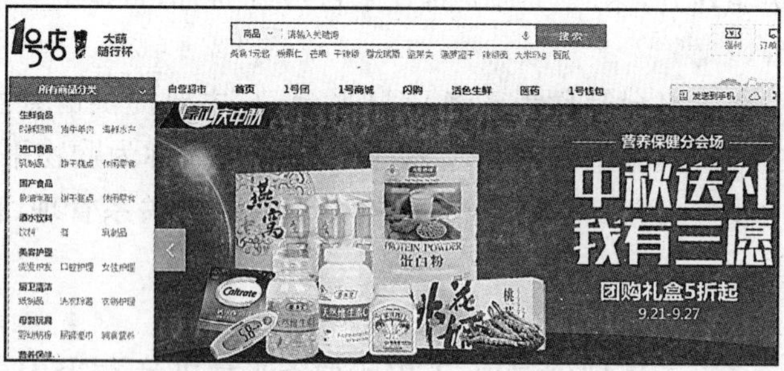

图 3.7　1 号店自营超市

3. 第三方电子商务平台的益处

第三方电子商务平台是以客户为中心的开放式中立商务平台，这种解决方案对买卖双方都有益处，主要表现为：

(1) 交易双方不需要直接链接对方网站或网页，只需要访问第三方平台页面，节省了大量费用。

(2) 大量卖方通过第三方平台发布信息，产生的集群效应吸引更多买方访问平台，从而增加卖方的商业机会。

(3) 第三方电子商务平台方便买方搜寻需要的产品和服务，买方不限于和特定的卖方交易，这迫使卖方不只在价格上，还要在质量、交货时间、定制化等各方面展开全面竞争，从而促使整个网络商业环境良性循环。

(4) 小微企业与大中型企业有了共同公平竞争的起点，为小微企业赢得了更大的发展空间，支持了小微企业发展。大中型企业原有的国有背景、市场势力等优势造成的竞争不公平性逐渐削弱，不同规模企业之间展开同台竞争。当然小微企业间的竞争也趋激烈，使得所有参与者努力降低经营成本、提高服务水平，这样方能赢得消费者，实现经营绩效。

(5) 网上市场是无界的，第三方电子商务平台使得市场范围不断拓宽，扩大到线下市场无法触及的地区，增加了小微企业的商业机会，满足异地消费者的需求。

4. 第三方电子商务平台和企业网站的关系

企业网络营销可分为无站点和有站点两种方式。无站点是指企业仅仅通过第三方电子商务平台做网络营销，有站点是指企业有自己独立的站点开展网络营销。当然，有站点的企业同样可以在第三方电子商务平台开设自己的旗舰店，并且这种方式日益成为主流。

企业网站建成后，企业拥有了一个属于自己而又面向广大网络受众的信息载体，而且这一载体的运作是高效率和低成本的。企业网站可使用虚拟现实等多媒体技术吸引受众并与访问者双向交流，及时有效地传递或获取有关信息。截止到2015年12月，我国已有超过423万个站点，并且各式各样的网站还在争分夺秒地创建中。这意味着一个企业网站在浩如烟海的互联网上很可能只是浪花一朵。因此，企业网站如何让人知晓并让上网者留步就成为企业共同关心的话题，而利用第三方电子商务平台是不错的选择。

企业可以通过第三方平台上的专属网页与企业网站链接，使那些已经初步了解企业的潜在消费者期望更多地了解企业的优势和特色等信息，使企业不仅仅被知道，而且吸引消费者造访、与企业做更多的沟通，从而达到网络营销效果。所以企业网站和第三方电子商务平台是一种相辅相成、互补互助的关系。企业网站可以承载更多更个性化的企业信息，而第三方电子商务平台则可以利用自己的网络知名度帮企业迅速完成在互联网上的推广。

3.2.2 选择合适的第三方电子商务平台

企业除了经营自己的网站外，也纷纷入驻知名的第三方电子商务平台开设旗舰店，扩大营销范围。选择第三方电子商务平台时主要关注以下几点：

1. 知名度

平台知名度意味着市场地位和市场影响力。综合型平台的市场地位高、影响力大，该类型平台聚集了大量网上消费者的注意力；垂直型第三方平台主要是指行业性网站或品类性网站，对于此类网站要关注该网站的权威性。

2. 综合信息量与浏览量

一个网站的综合信息量是该网站商气和人气的外在表现。要评价一个网站的综合信息量,可以先看其栏目设置。一般而言,栏目很少,综合信息量一般不会很多。在实践中,评估一个网站综合信息量的多少要全面权衡,也不能光看栏目设置。栏目只是网站的商务架构,光有栏目而无内容,或栏目挺多,但内容空白、内容更新不及时,对网站的潜在浏览者而言都是无价值的。这样的网站是没有竞争力和吸引力的。

浏览量高的网站一般情况下都是人气较旺、商气也较旺的。由于多数商务网站没有人气浏览量的显示,这就需要进行综合判断或根据经验确定。由于当前各个网站对流量的统计不一,有的有显示,有的无显示,特别是有的网站还在流量上弄虚作假。因此,绝对按浏览量优选网站可能造成误判和误选。这就要求在实践中依据"两个结合"去进行判断。

第一个结合就是观察网站的世界排名。因为商气较旺的网站和流量较大的网站在世界网站排名上是会有显示的,而且世界网站排名机构还会提供一个月或一个季度排名升降态势统计图表,从中可以明显地看出该网站的发展情况、发展态势以及流量情况。例如 Alexa(www. alexa. com)就是一家专门发布网站世界排名的网站(图 3. 8)。Alexa 发布的网站世界排名主要分两种:综合排名和分类排名。综合排名也叫绝对排名,即特定的一个网站在所有网站中的名次。Alexa 每三个月公布一次新的网站综合排名,此排名的依据是用户链接数(Users Reach)和页面浏览数(Page Views)三个月累积的几何平均值。Alexa 发布的分类排名又分为两类:一类是按主题分类,比如新闻、娱乐、购物等,Alexa 给出某个特定网站在同类网站中的名次;另一类是按语言分类,目前共分 20 种语言,比如英文网站、中文网站[Chinese(simpl)和 Chinese(trad)]等,给出特定网站在所有此类语言类网站中的名次。对于中文网站的排名,Alexa 目前只发布排在前 100 名的网站名单。国内的站长之家也提供更加具体的分类网站排名(图 3. 9)。

图 3. 8　Alexa 首页

图 3.9　站长之家首页

第二个结合就是观察流量。可以对单篇文章的流量情况进行分析,据此判断总体流量的概况,以便决定是否优选该网站。当然,如果条件具备还可以进行网站的流量监测或流量跟踪,就完全可以把握一个网站的真实流量了。

3. 信息更新量

网站信息能不能经常更新,是否每日更新,是衡量该网站商气足不足的试金石。这种信息的动态更新量反映一个网站的管理机制是不是能动的,反映该网站的信息资源是不是具有吸引力的,更反映该网站的后备信息资源是不是充足的。如果一个网站的全部信息全是十天前或几个月前的信息,即便陈旧信息量很大,但动态更新信息不足,那也只能说明该网站的商业价值是很薄弱的。如果把企业信息放到这样的网站上,岂不等于把商品放入了没人问津的冷店?信息发布的效果就会大打折扣。

考察一个网站的商务信息的动态更新量,不能只看一种产品和一个栏目。因为有时一个栏目和一种产品不能客观反映一个网站的全貌。所以,起码要分析和浏览 3～5 种产品与 3～5 个栏目才能确定。

4. 环境信息量

商业网站的环境信息能力是一种满足消费者需求的综合服务能力。综合服务能力是网站商品意识、服务意识的一种综合表现和反映。

当前,网站都在表白:“提供优质的个性化服务”。其实,任何个性都是存在于共性之中的。共性中包容着个性,孕育着个性。因此要解决好每一个消费者在网络营销中遇到的个性化问题,首先要解决好所有客户普遍遇到的共性化问题。因此,商务网站的环境信息量已经成为评价一个商务网站综合服务能力的重要指标。

商业网站的环境信息应包括:

(1) 网络营销过程中涉及或需要延伸服务的相关信息。它包括法律法规、决策参考、物流配送、进出口代理、保险、报关和快递公司等网络营销延伸服务所需要的相关信息。

(2) 网络营销过程中需要查找和参考的资料信息。它包括网站主动提供的行业动态、行业新规、各地价格行情等需要查找的资料信息。这些信息成为消费者在商务运作中重要的参考资料。因此，消费者考察这些资料的情况和价值，对于判断一个商务网站的信息价值和商务价值具有重要作用。

(3) 网络营销中作出决策前需要的专题信息。主要指行业发展趋势的研究、价格变动趋势的研究、物资整体流向的研究和国际国内最新商展情况的动态反映。这些信息是网络营销中消费者急需获得的重要商情信息，对于他们的整体决策非常有帮助。因此，专题信息是消费者经常关注和浏览的重要内容。

这些环境信息以及大量的相关信息成为网络营销中一个极好的“贸易助手”和“不见面的咨询师”。比如，有的网站提供在线 QQ，有的网站提供“贸易通”、“商务通”、“及时通”等网上交易工具，有的网站还提供消费者的诚信情况介绍和查询等众多服务。通过这些环境信息和相关服务，消费者可以加深对产品的了解，卖家可以了解消费者的身份、资质及诚信情况。环境信息量越多越有利于尽快作出决策和判断，提高网上交易的成交率。

5. 社交信息量

商务网站社交(论坛、微博、微信等)信息量是该网站商气和人气值的一种反映。社交是网站联系消费者的纽带和桥梁，是网友交流思想，交换心得，提出问题，请求帮助的一个阵地。一个商气很足的网站，其社交也往往是十分活跃的；一个商气不足的网站，其社交也往往是冷清的。论坛、微博、微信和博客等工具之所以成为考核网站商气的一个标准，那是因为网络社交本身具有一种文化效应，也是消费者的生活工作需求。社交吸引力不仅会吸引相当一批稳定的客户群，而且社交平台和社交圈内会有大量的好文章，这些文章又会吸引大批的“采蜜者”前来阅读和下载。因此，商务网站的社交信息量从一个侧面反映了该网站的运营情况和商气情况。

6. 交易主体的诚信信息量

考察一个网站有没有诚信信息量，主要是考察网站有没有诚信服务和诚信信息。交易主体可以申请第三方电子商务平台推出的各种能够提升诚信的增值服务或独立第三方的认证机构提供的认证服务等，例如金牌卖家、品质保证以及有机产品认证证书和 Webtrust 等。通过这些保证或认证，有助于消费者识别出可信的卖家，进而浏览和消费。当然交易主体也可以借助第三方电子商务平台所发布的热销排行榜，加速消费者作出决策，坚定消费者的购买决心，赢得更多的浏览者光顾和购买。如图 3.10 所示，丘处鸡在自己的官网给出有

图 3.10 丘处鸡有机产品认证证书

机产品认证证书，在京东网上给出京东数据罗盘(图 3.11)证明丘处鸡土鸡蛋的热销程度，间接证明丘处鸡在消费者心目中的诚信地位。

图 3.11　丘处鸡的京东数据罗盘

综上所述，第三方电子商务平台的选择标准是：市场地位越靠前越好，综合信息量越多越好，信息更新量越多越好，环境信息量与增值服务越多越好，社交信息量越多越好，诚信信息量越多越好。

3.2.3　第三方电子商务平台营销方式

1. 信息发布

信息发布就是在网页或店铺里发布有关企业、产品的信息。好的信息发布是企业进行网络营销的首要任务，它直接影响着网络营销的效果。信息发布的内容包括信息标题、产品图片和产品细节描述等。

1）信息标题

信息标题是否引人入胜，会直接影响到买家是否会仔细阅读信息。

(1) 标题要有吸引力。标题是信息内容的核心浓缩，信息标题要尽可能地包含产品相关的关键字，要尽可能地清晰描述产品，要包含诱惑点，从而引起买家更多的兴趣，让用户更容易和更多了解产品。具体需要注意以下几个方面：

①一条信息一个产品。一个信息标题只描述一种产品，多个产品不要放在同一个标题中。

②信息标题包含产品相关的关键字。

③标题中增加和产品相关的描述性词汇，丰富标题内容，突出产品卖点，如品牌、型号、款式、颜色、材质、功能、特性、促销折扣信息等等。

(2) 标题要有附加价值。在标题中直接表明产品的最大亮点所在，例如“有机”、“纯天然”、“土法”等；也可以通过产品故事间接说教，向消费者传递产品蕴含的增值内容。

(3) 标题要有差异化。如新产品面世、热卖产品促销、库存产品优惠、品牌产品打折、节日礼品、春节特别礼品等。如果能够适时推出不同的信息标题，产品被买家注意的概率自然会大大提高。

如图 3.12 所示，丘处鸡官网首页上直接打出“煲汤就选丘处鸡”这样的标题。

该标题符合了吸引力、附加价值和差异化等要求。

图 3.12　丘处鸡信息标题

2）产品图片

一位网络营销专家曾经说过，在网上卖产品，其实就是卖感觉。最能体现产品感觉的，首当其冲就是产品图片。具备清晰、能很好表达产品并能吸引买家眼球的产品图片的会成为买家的首选。从这个意义上讲，网络营销首先是眼球经济，唯有吸引了买家的眼睛，才有进一步与买家沟通甚至成交的可能。因此，产品图片的重要性不言而喻。2005 年阿里巴巴十大网商之一艺品堂陈记强也曾说过，网上贸易说白了就是卖图片、卖描述。网络营销中，一张好图胜千言。

为了使自己可以争取到更多买家的兴趣，图片制作和发布需要注意以下几点：

(1) 突出主体。图片只需要一个主题，而且要尽可能大而清楚，让人感觉一目了然。避免拼凑两张或者更多小图，以免买家在搜索结果页面上什么也看不清楚。如图 3.10 所示，丘处鸡产品包装盒上的土鸡图片可以让消费者清晰了解鸡的饲养方式。

(2) 选择构图和拍摄方式时，正方形构图可以占据最大的空间，也是应用最广泛的，可以把产品放在正中间、黄金分割点或者利用对角线。另外值得一提的是，如果产品尺寸很长，可以考虑拍摄局部，获得“窥一斑而知全豹”的效果。

(3) 拍摄背景尽量简单，尽量使用白色或淡色背景。阳光充足时，一般用自然光。如果光线由前方进入，可在光线进入的反方向树立一张白纸，一定程度上可以消除商品底部的阴影。

(4) 图片格式采用 JPG 或 GIF 格式，每张图片的大小不超过 100 KB，像素为 360 * 360 即可。因为图片过大、像素过高会导致图片打开速度较慢，消费者往往不会耐心等待而选择离去。在图像处理软件如 Photoshop 里很容易调整图片大小。

(5) 图内的产品最好覆盖图片面积的 70%以上。

(6) 图片上尽量不要出现大面积文字遮盖了产品。

3）产品细节描述

产品图片吸引消费者继续关心产品和浏览信息，而产品细节描述能够满足浏览者对产品信息的需求。产品细节描述包括产品性能、材料、参数、型号、用途、包装、使用说明和售后服务等方面，应图文并茂，突出产品的优势和特点，它是买家作出下单交易决策的重要因素。根据农林牧渔及加工行业的特点，产品细节描述可能存在不同的介绍方式及侧重点。产品细节描述主要是通过文字详细介绍产品的相关信息，并运用产品图片强有力的视觉冲击力，展现产品各个细节的真实具体情况，彰显产品的专业品质和企业实力，让买家对产品更了解，对服务更放心。产品细节描述可包含如下几部分内容：产品属性、产品的使用帮助、产品相关知识点、产品的售后服务、购买须知、公司经营特点和企业资质等。但是长篇的文字容易使人产生疲劳感，即使是看完所有内容，也会过目即忘。为了避免视觉疲劳，让买家过目不忘，可考虑巧用不同的字号和颜色，强调不同的内容；避免大段的文字堆积，分段描述不同的内容；多用图片和表格来表达优质的产品细节。

信息发布是一个不断完善的过程，在信息标题、产品图片、产品描述等要素基本到位的情形下，还要注意以下特别事项：

(1) 信息尽可能在不同类目下发布。一条产品信息在不同类目下多次发布可以提高曝光率，让更多消费者关注。

(2) 保持一定的信息发布频率和更新频率。网上的信息会很快被同行信息覆盖，为了提高已发布信息的成功率，需要在信息发布后跟进管理。如果过长时间信息没有变化，可能被消费者误以为是不活跃公司甚至僵尸企业。

(3) 订阅行业统计信息。通过订阅行业信息，让潜在消费者了解行业整体发展近况，预测未来趋势，便于作出科学决策。

2. 优化第三方平台上的二级页面

网页布局是否合理，宝贝摆放位置是否令人愉悦，导航设计是否简化潜在购买者的搜索流程等取决于网页质量。网页中的产品展示和企业展示是重要的网页优化内容。

产品组就是企业在网站上展示的某类产品的集合。不同产品线的商品或同类商品都可以通过产品组进行设置，卖家按照产品特征分类成组，方便管理。产品组内的商品要及时删减或增加。还应构建不同商品结构，如采用30％明星商品＋50％金牛商品＋15％问号商品＋15％瘦狗商品的上架宝贝结构。

买家在初选了若干家网商后会进行比较分析。买家关注的企业内容包括企业规模、主营业务、发展历史、业内地位和售后服务等，从而判断哪个企业符合他的要求。

3. 关键词竞价排名

竞价排名就是以竞价的方式购买搜索结果排名，以获得有利排名位置的行为。竞价排名的最大作用是提高企业在买家面前的曝光率，由此获得更多询盘机会；另外，竞价排名也能提升企业知名度和整体形象。

关键词选择应注意以下几点：

(1) 参考推荐关键词的买家搜索量。这个搜索量以横条(或五分制)显示，横条越长说明买家搜索量越高，关键词的关注度越高，竞价效果越好，因为没有卖家会花钱去买没有消费者理会的关键词。

(2) 查看产品供应信息数。用自己选择的关键词搜索后,同类产品供应信息越多,表示这个行业竞争越激烈,排名越靠前的价值越大。

(3) 结合推广目的进行选择。进行品牌推广可以选择搜索次数高、具有行业覆盖面的词。

(4) 让对口的买家更精确地找到。

3.3 平台自营销

3.3.1 平台自营销定义

平台自营销是指平台运营商(第三方平台或垂直型平台)自己组织货源,以平台名义完成销售和售后服务的一种自组织模式。平台自营销以标准化的产品要求,进行统一生产或采购、产品展示、在线交易,并通过物流配送将产品投放到最终消费群体。现在,各个综合型平台都推出了平台自营销,如京东自营、1号店自营、当当自营等等。垂直型网站多数采取自营销方式,如各个生鲜平台。

3.3.2 平台自营销特征

1. 品牌力强

平台自营销不同于其他开放类电商平台营销,不易受到开放类电商平台上经营者参差不齐、产品来源不一、产品质量良莠不齐等问题的困扰。平台自营销是通过量身定制符合自身品牌诉求和消费者需求的采购标准,引入和销售各类品牌的商品,以自身平台影响力塑造品牌影响力,突显自身品牌的可靠性和安全性,将自创品牌打造成为极具价值的网络品牌。

2. 产品质量可控

自营销平台运营商为保证网上交易过程中消费者对交易关键环节的满意度,会制定系统化的严格采购标准、服务流程标准、交易安全标准以及品牌定位等,以此来规范互联网环境下卖方市场的诚信经营和产品质量问题。

3. 全交易流程管理体系完备

自营销平台运营商在最近几年的发展可谓突飞猛进,在商品的引入、分类、展示、交易、物流配送、售后保障等整个交易流程、各个重点环节的管理均发力布局,对采购、生产、质检、仓储、销售、物流和服务等环节实施全流程实时管理,这使得自营电商和合作商逐步形成拥有完善生态系统功能的网络营销群体。

3.3.3 平台自营销模式

1. 部分自营模式

部分自营是指平台运营商在部分品类商品展开自营,例如京东自营的木制家具,是京东通过 OEM 方式从江苏苏北的一些加工商进货,以京东名义完成销售。

2. 完全自营模式

完全自营模式是指垂直型平台运营商专注于个别品类商品，从源头到终端销售的全部业务环节由运营商独自完成，如沱沱工社的全产业链模式。

3. 共生模式

共生模式是指在网销平台上，既有平台运营商独自经营某些品类商品，也有入驻商家经营互补品类商品，形成平台自营与入驻商家经营相互合作互补的经营模式。

目前涉足农林网销的企业日渐增多，其中有大型网购平台，如淘宝、京东、苏宁易购、亚马逊、易迅；有自营平台，如中粮我买网、1 号生鲜等；有快递跨界进入网络营销领域的，如顺丰优选；有传媒跨界进入的，如本来生活；有传统零售商向线上拓展的，如沃尔玛；有专注于做小而美的本地电商，如美味七七、甫田网、鲜码头、摘鲜网等；还有专门做垂直型电商的，如沱沱工社等(表 3.1)。

表 3.1　国内农林产品网销平台自营情况一览

商业模式	电商	主营业务
平台电商	天猫喵鲜生	进口高档海产品、肉类、水果
	淘宝生态农业	有机蔬菜水果、禽蛋肉类、粮油等
自营+平台电商	亚马逊	主要商家为区域海鲜电商鲜码头
	京东	蔬菜水果、海鲜水产、禽蛋肉类；人造板木制家具
	易迅	蔬菜水果、海鲜水产
	苏宁易购	海鲜、水果、鲜肉
自营电商	中粮我买网	食品类，包含各种生鲜类产品
	顺丰优选	蔬菜水果、禽蛋肉类、海鲜水产
	本来生活	蔬菜水果、禽蛋肉类、海鲜水产、粮油
	沱沱工社	有机食品网上超市，蔬菜水果、鲜肉禽蛋、鲜奶乳品、海鲜水产等
零售商电商化	1 号店	沃尔玛旗下网上超市，生鲜类包括蔬果、肉类、海鲜
专业化本地电商	摘鲜网	高档水果、蔬菜
	美味七七	蔬菜水果、肉禽蛋奶、海鲜水产、休闲食品、酒水饮料、粮油调味
	鲜码头	海鲜类，依托亚马逊平台

3.3.4　平台自营销模式的优缺点

1. 优点

(1) 保证利益不外流，自己投入得越多，获得的收益也就越多。事实上，这种模式中，由于电商平台对于供应链的强力控制，可以挤出各环节大量的利润。例如，电商的物流环节做强后能带来该环节的巨大利益（有可能是大量节约的成本，也有可能是向第三方出售的服务能力）。

（2）可以确保供应链强力整合，此时的网销平台成为企业出货的专用平台，企业因此可以控制用户体验，这在容错性比较差的互联网经济中尤其重要（用户轻点鼠标就可以离开）。

2. 缺点

（1）企业的有限资源不一定能够满足所有用户的欲望，也就意味着浪费商机。即使采用“进货-销售”模式，也是依靠平台运营商的数据处理能力来预判用户诉求，并采购相应的资源进行匹配。但是，平台运营商对用户需求的判断失准时有发生，同时自营模式增加了新的环节，导致经营流程拉长，原本轻资产的迅速行动逐渐因资产重型化而放缓，市场反应变慢。这就需要企业再三权衡自己的资源、实力和能力是否已经足以支撑自营“上天入地”的各类产品，换句话说，如果自己做出来的这个蛋糕已经足够的大，就会走入“自己玩数据”的自营模式。

（2）自身建立的垄断市场无法提供市场化的激励机制。平台运营商缺乏商品资源，但商品资源可以逐渐累积，至少还有希望。然而如果企业缺乏激励，即使具备了资源也会将资源浪费。因为既然是在自家的地盘上，拥有排他性经营的权力，自然不会有足够的动力去做到最好。

3.4 微博营销

3.4.1 微博概述

微博，即微博客（MicroBlog）的简称，是一个基于用户关系信息分享、传播以及获取的平台，用户可以通过电脑、手机等终端以140字左右的文字或者附件形式的超过140字的文字图片和视频等形式发布内容并实现即时分享，它允许任何人阅读或者只能由用户选择的群组阅读。

微博内容传送载体已从PC端发展到移动端（手机）。国外的代表性微博网站是Twitter，国内三大门户网站新浪、搜狐和网易也开辟了自己的微博业务。微博与传统博客相比，以“短、灵、快”为其特点。

3.4.2 微博营销内涵

数据显示：Twitter上每天有102 322个问题被提出，其中66%与商业有关，出现频率最多的问题是产品建议和意见、技术支持等。与普通粉丝的回答相比，80%的受访者更相信企业账号的答案；超六成提问者会因为企业账号的回答而去关注这个企业，甚至进行购买。这是微博赋予企业的巨大商机，微博媒体上的活跃用户是帮助企业启动口碑传播的关键人群。

以微博作为营销平台，每一个听众（粉丝）都是潜在营销对象，每个微博主通过更新自己的微博向网友传播企业、产品的相关信息，与粉丝交流每天的更新内容，或者就大家所感兴趣的话题展开讨论，为传递营销信息提供便利，这就是新兴出现的微博营销。

1. 微博营销的定义

微博营销是指通过微博平台为商家、个人等创造价值而执行的一种营销方式，即商家或个人通过微博平台发现并满足用户的各类需求的商业行为方式。在微博内容里也可以建立超链接，将消费者的关注力引导到具体的店铺，激发其购买欲望。如“山铺子蜂蜜”的微博，其经常更新内容，特别是专业化介绍有关蜂蜜的知识，如怎样识别真假蜂蜜、蜂蜜营养价值、养蜂环境和蜂蜜采集等，在介绍过程中吸引消费者转而关注其淘宝店铺（图 3.13）。

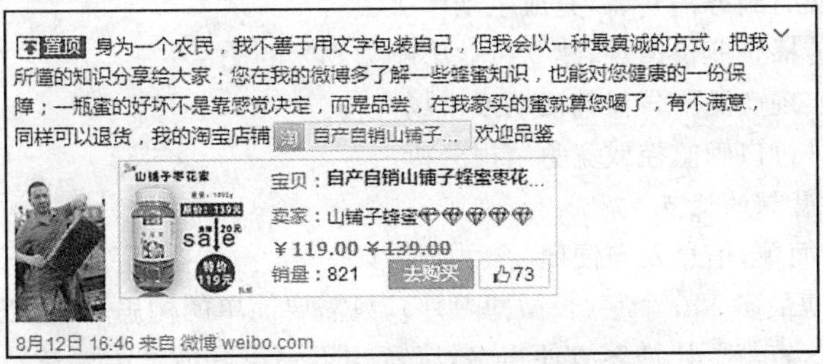

图 3.13 “山铺子蜂蜜”的微博

2. 微博营销的理念

微博营销的一个很关键的原则就是以消费者为中心的精准营销和主动式服务营销，在正确的时间把正确的信息传递给正确的人。企业可以在消费者不同的消费阶段与消费者进行互动并逐步建立情感关系。在消费者认知阶段，可以主动发现潜在消费者需求，帮助消费者了解品牌和产品的基本功能；在消费者购买阶段，可以有针对性地回答消费者咨询，促进购买决策的达成；在消费者使用阶段，通过贴心的互动让消费者有更好的体验；最后很关键的是倾听消费者对产品的评价和使用体验，给予关注和奖励，促使消费者更有动力向身边的朋友推荐。

3. 微博营销的特点

1）立体化

微博营销可以借助先进多媒体技术手段，以文字、图片和视频等展现形式对产品进行描述，便于潜在消费者更形象直接地接受信息。

2）高速化

微博最显著的特征就是传播迅速。一条关注度较高的微博在互联网及与之关联的手机 WAP 平台上发出后，短时间内通过互动性转发就可以抵达微博世界的每一个角落。

3）便捷性

微博营销优于传统推广，无需严格审批，从而节约了大量的时间和成本。

4）广泛性

通过粉丝形式进行病毒式传播，同时微博的名人效应能使传播呈几何级放大。

4. 微博营销的效果

（1）可增加产品的曝光率，实现市场推广。

（2）可有效实现企业品牌的建立和传播。

（3）可挖掘有效消费者，精准互动营销，完成消费者转化。

（4）可实现消费者直接购买行为并精准分析营销效果。

（5）可实时服务消费者，完成主动客服。

（6）可传播企业价值观，建立行业影响力和号召力。

（7）可实现产品广告促销活动或市场宣传。

（8）可进行口碑监控或竞争情报分析。

5. 微博营销的优点

1）操作简单，信息发布便捷

一条微博最多 140 个字（长微博除外），只需要简单的构思，就可以完成一条信息的发布。这点就要比博客方便得多，毕竟构思一篇好博文需要花费很多的时间与精力。

2）互动性强

能与粉丝即时沟通，及时获得用户反馈。

3）成本低

微博营销的成本比博客营销或论坛营销的成本低多了。

4）针对性强

关注企业或者产品的粉丝都是本产品的消费者或者潜在消费者，企业可以对其进行精准营销。

6. 微博营销的缺点

1）粉丝量不足

需要有足够的粉丝才能达到传播的效果，人气是微博营销的基础。在没有任何知名度和人气的情况下去做微博营销很难。

2）到达率不及时

由于微博里新内容产生的速度太快，如果粉丝没有及时关注到发布的信息，那它就很可能被埋没在海量信息中。

3）传播力有限

由于一条微博的字数有限，所以其信息仅限于在所在平台内闭环传播，很难像博客文章那样被大量转载。同时由于微博缺乏足够的趣味性和娱乐性，所以一条信息很难像开心网中的转贴那样被大量转贴（除非是极具影响力的名人或机构的微博）。

3.4.3　微博营销内容建设

1. 发布信息

发布信息是指单向地把企业自己的内容（如企业博客的文章、新品发布信息、企业新闻等）告知给自己的跟随者，以达到扩大宣传范围、提高知名度的效果。目前大部分中国企业都采取这种方式进行更新。

发布这类内容的时候需要注意，想要保证跟随者阅读这些更新，一定要保证微博内容具有阅读价值，不要发布一些无聊的内容。多发一些有趣、有特色的内容，得到更多的转载率，提高企业微博关注度。

2. 互动交流

互动交流是指通过和自己的跟随者进行交流，达到人际传播和推广的效果。这点是很多企业所忽视的。为了形成良好的互动交流，企业微博应该关注更多的用户并积极参与回复讨论。例如，李宇春的新浪微博拥有 349 万多的粉丝关注，而她却几乎不关注任何一个人，形成了一种完全单向的交流通道，完全没有发挥出微博的推广作用。因此，其粉丝数反而低于善于交流的李开复（粉丝数达到 4 986 万多）①。

3.4.4　微博营销技巧

1. 注重价值的传递

企业经营者首先要改变观念——企业微博的“索取”与“给予”之分。企业微博是一个给予平台，只有微博能给浏览者创造价值，微博自身才有价值，此时企业微博才可能达到期望的商业目的。企业只有认清了这个因果关系，才可能从企业微博中受益。

2. 注重微博的个性化

微博的特点是关系与互动，因此企业微博应忌讳仅仅被当作一个官方发布消息窗口的那种冷冰冰的模式。微博要给人感觉像一个人，有感情、有思考、有回应、有自己的特点与个性。内容与模式同质化的微博都是不成功的，只有个性化的微博才具有很高的黏性，可以持续积累粉丝与专注。

① 截止时间：2015 年 9 月 22 日。

3. 注重发布的连续性

微博就像一本随时更新的电子杂志，要注重定时、定量、定向发布内容，让大家养成观看习惯。当粉丝登录微博后，能够想着看看你的微博有什么新动态，这无疑是成功微博营销的最高境界，虽很难达到，但需要尽可能出现在他们面前，先成为他们生活中的一个习惯。

4. 注重互动性的加强

微博的魅力在于互动，拥有一群不说话的僵尸粉丝是很危险的，因为他们慢慢会变成不看微博内容的粉丝，最后更可能是离开。因此，互动性是使微博持续发展的关键。第一个应该注意的问题就是，企业宣传信息不能超过微博信息的10%，最佳比例是3%～5%，更多的信息应该融入粉丝感兴趣的内容。“活动内容＋奖品＋关注(转发/评论)”的活动形式一直是微博互动的主要方式，但实质上奖品比企业所想要宣传的内容更能吸引粉丝的眼球。相较赠送奖品，企业微博如能认真回复留言，用心感受粉丝思想，才能换取粉丝情感的认同，粉丝黏度更高。如果情感与利益(奖品)共存，那就更完美了。

5. 注重布局的系统性

微博营销看起来很简单，对大多企业来说效果也很有限，因而被很多企业当作可有可无的网络营销小玩意。其实微博发挥出的作用很小的原因是投入的精力与重视程度不高。企业想要微博营销获得更好的效果，就要将其纳入到整体营销规划中来，这样微博才有机会发挥更大作用。

6. 注重定位的准确性

微博粉丝众多当然是好事儿，但是对于企业微博来说，粉丝质量更重要，因为企业微博的商业价值是由粉丝价值反映出来的。很多企业抱怨:微博人数都过万了，可转载、留言的人很少，宣传效果不明显。这其中一个很重要的原因就是定位不准确。例如，实木家具企业微博通过各种噱头吸引眼球，导致吸引来的都不是潜在消费群体。如果企业微博向粉丝传递的内容涉及原木生长、原木特性、国际行情、家具潮流和实木家具保养使用等，则吸引来的关注人群中蕴藏着潜在消费者。因此，企业微博定位应符合企业产品定位。

7. 注重控制的有效性

微博不会飞，但是速度却快得惊人，当极高的传播速度结合传递规模，所创造出惊人的力量有可能是正面的，也可能是负面的。因此，必须有效管控企业微博这把双刃剑。

8. 注重方法与技巧

个人微博被定位成短信、随笔、唠嗑，的确如此，但是对于一个企业微博来说就不能如此。企业微博应以创造价值为己任。想把企业微博经营得有声有色，持续发展，单纯在内容上传递价值还不够，必须讲求一些技巧与方法。比如，微博话题的设定与表达方法就很重要。如果博文是提问性或带有悬念，引导粉丝思考与参与，那么浏览和回复的人自然就多，也容易给人留下印象。反之，新闻稿式的博文会让粉丝想参与都无从下手。

3.5　微信营销

3.5.1　微信概述

1. 定义

微信(WeChat)是腾讯公司于 2011 年 1 月 21 日推出的一个为智能终端提供即时通信服务的免费应用程序。微信支持跨通信运营商、跨操作系统平台，通过网络快速发送免费(需消耗少量网络流量)语音短信、视频、图片和文字，同时，也可以使用共享流媒体内容的资料和基于位置的“摇一摇”“漂流瓶”“朋友圈”等社交插件及“公众平台”“语音记事本”等服务插件。微信提供公众平台、朋友圈、消息推送等功能，用户可以通过摇一摇、搜索号码、查找附近的人、扫描二维码等方式添加好友和关注公众平台，同时微信可将内容分享给好友以及将用户看到的精彩内容分享到微信朋友圈。

2. 市场现状

截止到 2015 年第一季度，微信已经覆盖中国 90%以上的智能手机，月活跃用户数达到 5.49 亿，用户覆盖 200 多个国家、超过 20 种语言。此外，各品牌的微信公众账号总数已经超过 800 万个，移动应用对接数量超过 85 000 个，微信支付用户则达到了 4 亿左右。微信作为时下最热门的社交信息平台，也是移动端的一大入口，正在演变成为一个大型商业交易平台，其对营销行业带来的颠覆性变化开始显现。

3.5.2　微信营销概述

1. 定义

微信营销(WeChat Marketing)是伴随着微信的火热而兴起的一种网络营销方式。微信不存在距离的限制。用户注册微信后，可与周围同样注册的“朋友”形成一种联系，订阅自己所需的信息，商家通过提供用户需要的信息，推广自己产品，从而实现点对点的营销。

微信营销主要是在安装了 Android 或 iOS 系统的手机或者平板电脑上的移动客户端进行的区域定位营销。商家通过微信公众平台，结合转介率微信会员管理系统展示商家微官网，实现微会员、微推送、微支付、微活动，已经形成了一种主流的线上线下微信互动营销方式。

2. 功能

1）商品管理

微信营销的后台具备商品上传、分类管理、订单处理等与网上店铺相同的设置功能。

2）自动智能答复

卖家可以在系统自定义设置回复内容，当用户首次关注微信账号时，可自动发送此消息给用户；还可设置关键词回复，当用户回复指定关键词的时候，系统将自动回复相应设置好的内容，让用户第一时间收到想要的消息。

3）支付功能

支持支付宝、财付通等电子支付方式以及货到汇款的传统支付方式。

4）促销功能

提供积分赠送、会员优惠等促销方式。

3. 特点

1）实时推送

微信营销较微博营销具有较强的实时性。在微博上发布宣传信息是被动的，微博用户不是实时在线的。用户很可能因为不能及时地浏览微博页面而失去了第一时间获取信息的机会，而那些过时的信息也将被淹没在茫茫的微博信息海洋中。微信用户则可以实时在线，通过微信推送的消息到达用户手机后，用户会第一时间得到手机提醒，这就保证了信息的时效性。

2）一对一营销

这种对信息的实时推送就好像朋友间的信息沟通，对方发过来一条信息，你查看他的信息，并且你一次只能查看他一个人的信息，这样可以保证用户在查看信息时的专注度。

3）百分百到达率

微博营销的到达率不高，而微信的一对一营销方式可以保证每个用户都能看到他的信息，从而实现百分百的到达率。

4）形式多样

漂流瓶、签名栏、官方账号和公共平台等社交功能为企业的营销提供了灵活多变的营销渠道，企业可以根据自己的特点和财力情况选择适合自己的营销方式。

5）用户主导

微信营销是基于用户许可的，除非主动通过扫描二维码或者输入账号的方式添加品牌的官方微信，否则不可能收到来自这个品牌的微信消息。微信粉丝的质量远高于微博的，只要企业微信的发送频次不要太高，发送的内容得当，较有可能获得忠诚用户。

6）成本低廉

无论是注册微信账号还是获得腾讯官方认证都是免费的，这对于自营业主来说，意味着微信营销的成本几乎为0，而对于大型品牌来说，进行微信营销的投入也无非是雇佣维护人员的薪资。

4. 优点

基于微信的种种优势，微信成为继微博之后的又一新兴营销载体和渠道。微信营销具有以下优点：

1）高到达率

营销效果很大程度上取决于信息的到达率，这也是所有营销工具最关注的地方。与手机短信群发和邮件群发被大量过滤不同，微信公众账号所群发的每一条信息都能完整无误地发送到终端手机，到达率高达100%。

2）高曝光率

曝光率是衡量信息发布效果的另外一个指标。微信由移动即时通信工具衍生而来，天生具有很强的提醒力度，比如铃声、通知中心、消息停驻、角标等，随时提醒用户收到未阅读的信息，曝光率高达100%。

3）高接受率

微信已经成为或者超过类似手机短信和电子邮件的主流信息接收工具，其广泛性和普及性成为营销基础。由于公众账号的粉丝都是主动订阅而来，信息是主动获取，完全不存在垃圾信息招致用户抵触的情况。

4）高精准度

事实上，那些拥有庞大数量的粉丝且用户群体高度集中的垂直行业微信账号才是真正炙手可热的营销资源和推广渠道。比如酒类行业知名媒体佳酿网旗下的酒水招商公众账号，其拥有近万名由酒厂、酒类营销机构和酒类经销商构成的粉丝，这些精准用户粉丝相当于一个盛大的在线糖酒会，每一个粉丝都是潜在客户。

5）高便利性

移动终端的便利性再次增加了微信营销的高效性。相对于PC而言，未来的智能手机不仅能够拥有PC所拥有的任何功能，而且携带方便，用户可以随时随地获取信息，而这会给商家的营销带来极大的方便。

5. 缺点

1）用户隐私存在安全问题

微信提供的多种服务涉及用户隐私，保护和合理使用隐私信息的边界难以掌控。

2）强关系网络的使用有时适得其反

微信营销基于强关系网络，如果不顾用户的感受，强行推送各种不吸引人的广告信息，会引来用户的反感。凡事理性而为，善用微信这一时下最流行的互动工具，让商家与客户回归最真诚的人际沟通，才是微信营销真正的王道。

3.5.3 常见的微信营销模式

1. 许可式的互动推送

当用户添加企业的微信账号后,可以根据提示信息进行回复,用户得到一些提示性操作,输入关键词,进行查询,如对产品信息的查询、专卖店分布的查询。

2. 二维码

二维码是一个可以往里面装大量信息的匣子,这个匣子可以供摄像头识别,比如手机和平板电脑上的摄像头等。二维码的价值在于可以把线下与线上结合,免去了输入网址关键字、名字等信息的输入过程,扫一扫二维码就可以关注线上的微信账号。二维码常见的推广方式有:名片、宣传单、产品包装、画册、X 展架、官网、微博、博客、社区、QQ 头像、广告软文、微信群以及论坛等。

3. 利用 LBS 查看附近的人

微信中含有 LBS(Location Based Service,基于位置的服务)功能。在微信的"发现"选项卡中,有个"附近的人"链接,用户可以查找自己所在地理位置附近的微信用户。系统除了显示附近用户的姓名等基本信息外,还会显示用户签名档的内容。商家可以利用这个免费的广告位为自己做宣传,甚至打广告。

4. 漂流瓶

把信息放进"瓶子"里,用户主动"捞起来"得到信息并传播出去。这个过程实际上是采用随机方式来推送信息,其优点在于简单、易用;不足在于针对性不强。这种方式比较适合较大知名度的产品和品牌。

5. 朋友圈

可以将手机应用、PC 客户端和网站中的精彩内容快速分享到朋友圈中,支持网页链接方式打开。这种方式的优点在于交流比较封闭,口碑营销会更加具备效果,但是开展营销活动比较困难,因为圈子的人数不够。这种方式适合于口碑类产品或者私密性小产品。

6. 公众平台

在微信公众平台上,每个人都可以用一个 QQ 号码打造自己的微信公众账号,并在微信平台上实现和特定群体进行文字、图片、语音的全方位沟通与互动。

7. 微网站

微网站是通过在微信公众平台上建设企业的网站进行互动和品牌推广。微网站可以将企业信息、产品服务、促销信息、市场活动等信息通过微信直接展示给用户。微网站完全打通微信个人账号与公众平台的互动交流与客户管理,能够实现病毒式增加精准粉丝,甚至可以完成自动成交系统。

8. 微通国际——O2O 折扣式

将二维码图案置于取景框内,微通国际会帮用户找到好友企业的二维码,然后可以获得成员折扣和商家优惠。O2O方式早已普及开来，微信也就顺应潮流结合O2O展开商业活动。

3.6　大数据营销

3.6.1　大数据概述

1. 大数据的定义

何为大？对于如下数据度量：

1Byte＝8Bits

1KB＝1024Bytes

1MB＝1024KB＝1048576Bytes

1GB＝1024MB＝1048576KB＝1073741824Bytes

1TB＝1024GB＝1048576MB＝1099511627776Bytes

1PB＝1024TB＝1048576GB＝1125899906842624Bytes

1EB＝1024PB＝1048576TB＝1152921504606846976Bytes

1ZB＝1024EB＝1180591620717411303424Bytes

1YB＝1024ZB＝1208925819614629174706176Bytes

挑战一下：谁能在10秒钟内念完最后一行？

大数据(Big Data)或称巨量资料，是指所涉及的数据量规模巨大到无法通过目前主流软件工具，在合理时间内达到撷取、管理、处理并整理成为帮助企业经营决策的巨量数据。它的数据规模和传输速度要求很高，或者其结构不适合原本的数据库系统。为了获取大数据中的价值，必须选择一种方式来对其进行处理。

2. 大数据的产生

1）物理世界的信息大量数字化

门户网站(如新浪、搜狐和网易等)和垂直型网站将各种信息数字化，如新浪微博是将茶馆聊天的行为(弱关系产生的信息数字化)和朋友聊天的行为数字化(强关系产生的信息数字化)，视频监控探头将图像数字化等。

2）社交网络

进入了社交时代、移动时代，随着大量移动终端设备的出现，用户不仅主动提交自己的行为，还和自己的社交圈进行了实时互动。因此数据被大量创造出来并且具有了极其强烈的传播性。

3）数据保存

很多数据会在时间跨度上产生价值。随着技术进步和存储设备日益低廉，用户自己产生的数据得到了重视，数据的价值被重视了。因此越来越多的数据被持续保存。

3. 大数据的特点

1）大量(Volume)

大量是指存储量大，计算量大。通过各种设备产生的海量数据，其数据规模极为庞大，远大于目前互联网上的信息流量，PB级别将是常态。

2）多样(Variety)

多样是指来源多，格式多。大数据种类繁多，在编码方式、数据格式、应用特征等多个方面存在差异性，多信息源并发形成大量的异构数据。

3）快速(Velocity)

快速是指增长速度快，处理速度要求快。涉及感知、传输、决策、控制这样的开放式循环的大数据，对数据实时处理有着极高的要求，通过传统数据库查询方式得到的"当前结果"很可能已经没有价值。

4）持久(Vitality)

数据持续到达并且只有在特定时间和空间中才有意义。

5）复杂性(Complexity)

通过数据库处理持久存储的数据不再适用于大数据处理，需要有新的方法来满足异构数据统一接入和实时数据处理的需求。

4. 大数据时代发生的推动力

1）互联网社会化拉开帷幕

YouTube、Twitter、FaceBook、新浪微博等社交网站的出现致使海量的视频、图片、文本、短消息以及社会间关系信息的数据需求出现。网络用户的高速增长和用户平均网络使用时间的不断延长使得用户网络行为数据大增，网络服务从单一的文字形式走向图片、语音和影像等多媒体形式，互联网与用户之间的互动导致数据量大增。

2）技术支撑

企业时刻想掌握用户数据(生活数据、行为数据和心理数据等)、竞争对手数据、合作伙伴数据、外部环境数据等。一方面，囿于数据存储技术，企业对于已经得到的数据因无合适、低成本的存储空间而不得不放弃或只能简单利用；另一方面，企业又缺少关键主题下的有效数据，这些数据可能远在天边，近在眼前。因缺少相应数据汇集技术，无法将离散无序的数据进行归集；因缺少先进的存储技术，不得不对数据进行取舍，可能丧失数据的有效性，无法刻画数据暗含的真实关系或潜在价值；因缺少实时的、先进的数据分析技术，数据的利用停留在单纯的、静态的数据描述性分析，无法发挥数据时效性，无法将复杂的数据内涵简单、清晰地展现出来，进而无法为营销决策提供实时参考。

技术的进步打破了数据利用桎梏，使得大规模收集数据、高容量存储数据和实时处理分析数据成为可能。大数据要能运转需要三个条件：

（1）数据的汇集：如ETL（Extract - Transform - Load）工具。

（2）数据的存储：如关系数据库、NoSQL（非关系型数据库）等。

（3）数据的分析又分为以下几方面：

①数据处理：自然语言处理技术等。

②统计和分析：A/B Test、Top N 排行榜、地域占比、文本情感分析等。

③数据挖掘：关联规则分析、分类和聚类等。

④模型预测：预测模型、机器学习和建模仿真等。

⑤基础架构支持：云存储、分布式文件系统等。

⑥计算结果展现：云计算、标签云和关系图等。

3.6.2　大数据营销

1. 大数据营销的定义

随着数字生活空间的普及，全球的信息总量正呈现爆炸式增长。数据中隐藏着有价值的模式和信息，在以往需要相当的时间和成本才能提取这些信息。基于这个趋势，大数据、云计算等新概念和新范式广泛兴起，大数据营销引领着新一轮的互联网风潮。

大数据营销是指在通过互联网采集大量的行为数据的基础上，描绘、预测、分析和指引消费者行为，从而帮助企业制定有针对性的商业策略。

大数据营销依托多平台的大数据采集以及大数据技术的分析与预测能力，能够使营销更加精准有效，给企业带来更高的投资回报。大数据营销的核心在于让营销信息在合适的时间，通过合适的载体，以合适的方式，投给合适的人。

2. 大数据营销的特点

1）多平台化数据采集

大数据的数据来源通常是多样化的，多平台化数据采集能使对网民行为的刻画更加全面而准确。多平台采集的数据可包含互联网、移动互联网、广电网、智能电视，未来还有户外智能屏等载体的数据。

2）强调时效性

在网络时代，网民的消费行为和购买方式极易在短时间内发生变化，因此在网民需求欲望最高时及时进行营销非常重要。全球领先的大数据营销企业 AdTime 对此提出了时间营销策略，它通过技术手段充分了解网民需求并及时响应每一个网民的当前需求，让网民在决定购买的黄金时间内及时接收到商品信息。

3）个性化营销

在网络时代，企业营销理念已从“媒体导向”向“受众导向”转变。以往的营销信息须以媒体为导向，选择知名度高、浏览量大的媒体进行投放。如今，企业以受众为导向进行营销,因为大数据技术可让企业知晓目标受众身处何方,关注着什么位置的什么屏幕。大数据技术可以做到当不同用户关注同一媒体的相同界面时,广告内容有所不同。大数据营销实现了对网民的个性化营销。

4) 强调关联性

大数据营销的一个重要特点在于网民关注的内容与营销内容之间的关联性。由于大数据在采集过程中可快速得知目标受众关注的内容以及可知晓网民身在何处,这些有价值信息便于企业编辑高度关联信息进行传播。

3. 大数据营销的优点

1) 营销结果的可衡量性与可测试性

运用数据库,企业可以测试产品、沟通媒介、目标市场等方面的有效性。由于测试可以快速进行,所以企业可以根据测试结果采取及时的行动。另外,消费者对于某项营销活动的反应也是可衡量的,这使得企业可以比较不同营销方法的有效性。

2) 目标市场的选择性与营销活动的针对性

运用数据库,企业可以为某项营销活动选择精确的目标客户。同时,选择在恰当的时间,策划针对性的营销活动,从而增强活动效果及客户的反馈率。

3) 目标市场的细分与客户信息分析

运用数据库,可以细分不同产品的目标市场,并能够更加了解自己与竞争者的经营状况。同时,利用目标客户信息(客户特征、消费行为、客户满意度等)的分析与研究定位传播渠道、策划营销方案及发展策略。

4) 客户沟通的个性化与老客户的关系维护

企业可以针对每个消费者采取个性化的沟通形式和内容,提高客户满意度,增加反应率,同时建立品牌忠诚度。

5) 企业营销支出更有效益

运用数据库,针对精确的目标客户进行营销活动,改变了传统大众营销的营销模式,以精确营销为手段,降低成本支出,提升营销效益。

4. 大数据营销的缺点

(1) 大数据营销中所依赖的数据,往往是基于 Hadoop 架构分类的静态人群属性和兴趣爱好常量,这导致了大数据营销在本质上很难以去控制和捕获用户的需求。

(2) 信息无底线地泄露。不法公司利用 Cookie 跟踪采集用户个人信息,并转卖给网络广告商,形成了一条窃取用户信息的灰色产业链。

(3) 云计算安全有待提高。云计算存在以下安全威胁:

①黑客威胁。用户数据存放在云盘中,如果黑客破解了用户存放路径,将会

在用户毫不知情的情况下下载用户数据。

②云服务商威胁。如果云服务商窃取用户数据该如何防范？如果银行利用云计算计算客户账户，如何防范银行员工偷窥银行数据？

以上威胁目前尚无真正解决办法，这也是限制云计算发展的重要瓶颈。

5. 大数据营销的基本过程

大数据营销过程与过去的数据分析过程基本没有差别。但在定义商业问题之后，在采集和处理数据、建模分析数据、解读数据三个层面的具体做法却与传统不一样。

1）数据层：采集和处理数据

传统采集数据的过程一般是有限地、有意识地、结构化地进行数据采集，例如问卷调研形式采集到的数据一般与预期相一致，数据的结构化较好，一般的数据库MySQL甚至Excel就能满足数据处理需求。而互联网时代，大数据的采集过程基本是无限的、无意识的、非结构化的，各种纷繁复杂的行为数据以行为日志的形式上传到服务器，需要采用如Mapreduce等专属工具。

2）业务层：建模分析数据

关于使用的数据分析模型，例如基本统计、机器学习、数据挖掘的分类、聚类、关联与预测等算法，传统数据和大数据的做法差别不大。例如银行、通信运营商、零售商早已成熟运用消费者的属性和行为数据来识别风险和付费可能性。但是由于数据量的极大扩增，算法获得极大优化提升的空间。

3）应用层：解读数据

数据指导营销最重要的是解读。传统上一般是定义营销问题之后，采集数据、构建模型或分析框架、分析数据、验证假设、进行解读，解读的空间是有限的。而大数据提供了一种可能性：既可以根据营销问题，封闭性地去挖掘对应数据进行验证，也可以开放性地探索，得出一些可能与常识或经验判断完全相异的结论出来，数据可解读点变得非常丰富。

6. 大数据营销的主要价值

1）用户行为与特征分析

只有积累足够的用户数据，才能分析出用户的喜好与购买习惯，甚至做到“比用户更了解用户自己”。这一点才是许多大数据营销的前提与出发点。

2）精准营销信息推送支撑

“精准营销”总在被提及，但是真正做到的少之又少，反而是垃圾信息泛滥。究其原因，主要就是过去名义上的精准营销并不怎么精准，因为其缺少用户特征数据的支撑及详细准确的分析。相对而言，例如现在的实时竞价（Real Time Bidding，RTB）广告等应用则展示了比以前更好的精准性，而其背后即是大数据的支撑。

3）引导产品及营销活动投用户所好

如果企业能在产品生产之前就了解潜在用户的主要特征以及他们对产品的期待，那么产品生产即可投其所好。

4）重点客户筛选

令许多企业家纠结的是：在企业的用户、好友与粉丝中，哪些是最有价值的客户？有了大数据，或许这一切都可以更加有事实支撑。从用户访问的各种网站可判断其最近关心的东西是否与本企业相关；从用户在社交媒体上所发布的各类内容及与他人互动的内容中，可以找出千丝万缕的信息，利用某种规则关联及综合起来，就可以帮助企业筛选重点的目标用户。

5）客户分级管理支持

面对日新月异的新媒体，许多企业通过对粉丝的公开内容和互动记录分析，将粉丝转化为潜在用户，激活社会化资产价值，并对潜在用户进行多个维度的画像。大数据可以分析活跃粉丝的互动内容，设定消费者画像的各种规则，关联潜在用户与会员数据，关联潜在用户与客服数据，筛选目标群体做精准营销，进而可以使传统客户关系管理结合社会化数据，丰富用户不同维度的标签，并可动态更新消费者生命周期数据，保持信息新鲜有效。

6）市场预测与决策分析支持

对于数据对市场预测及决策分析的支持，早就在数据分析与数据挖掘盛行的年代被提出过。沃尔玛著名的“啤酒与尿布”案例即是那时的杰作。只是大数据对数据分析与数据挖掘提出了新要求。更全面、更及时的大数据必然对市场预测及决策分析迈上新台阶提供更好的支撑。

7）品牌危机监测及管理支持

新媒体时代，品牌危机使许多企业谈虎色变，然而大数据可以让企业提前有所洞悉。在危机爆发过程中，最需要跟踪危机传播趋势，识别重要参与人员，方便快速应对。大数据可以采集负面定义内容，及时启动危机跟踪和报警，按照人群社会属性分析，聚类事件过程中的观点，识别关键人物及传播路径，进而可以保护企业、产品的声誉，抓住源头和关键节点，快速有效地处理危机。

大数据营销应用例子之一就是电视剧《纸牌屋》。一部《纸牌屋》凸显了大数据的力量和价值。《纸牌屋》的数据库包含了 3 000 万用户的选择、400 万条评价、300 万次的主题搜索。最终，拍什么、谁来拍、谁来演、怎么播都由数千万观众的喜好统计分析结果决定。从受众洞察、受众定位、受众接触、受众转化到受众反馈，每一步都是由大数据指导完成，从而实现大众创造的 C2B，即由用户需求决定生产。

第四章　网络营销调研

4.1　市场营销调研概述

市场营销调研就是运用科学的方法，有目的、有计划、系统地收集、整理和分析研究有关市场营销的信息，提出解决问题的建议，供营销管理人员了解营销环境，发现机会与问题，作为市场预测和营销决策的依据。市场调研与市场调查二者互相联系又互相区别。

市场调查主要是通过各种调查方法，系统地收集有关商品产、供、销的数据与资料进行必要的整理和分析，如实反映市场供求与竞争的实况。市场调研则在市场调查的基础上，运用科学的方法，对所获得的数据与资料进行系统地、深入地分析研究，从而得出合乎客观事物发展规律的结论。

4.1.1　市场营销调研的类型

市场营销调研可根据不同的标准划分为不同的类型。如按调研时间可分为一次性调研、定期性调研、经常性调研、临时性调研；按调研目的可分为探测性调研、描述性调研、因果性调研和预测性调研。下面就按调研目的分类并加以叙述。

1. 探测性调研

当企业对所要调研的问题和范围尚不清楚无法确定应当调研什么问题，调研哪些内容时，可采用探测性调研。探测性调研的目的是为了确定调研的问题和范围，至于问题如何解决，则尚需采用其他调研。探测性调研一般通过搜集第二手资料，或请教一些内行、专家，让他们发表自已的意见、谈自己的看法，或参照过去类似的实例来进行。

2. 描述性调研

描述性调研就是通过搜集与市场有关的各种历史资料和现实资料并通过对这些资料的分析，来揭示市场发展变化的趋势，从而为企业的市场营销决策提供科学的依据。多数的市场营销调研是属于描述性调研，如调研本企业产品的销售对象的情况，包括年龄结构、收入高低等；或者调研同类产品竞争对手的多少、竞争能力的强弱等。与探测性调研相比，描述性调研要深入一步，因此需要制定详细的调研计划，并做好市场营销调研的各项准备工作（包括调研表的设计、样本的选择、调研人员的选择与培训以及调研过程的管理等等），以确保调研工作的顺利进行。

3. 因果性调研

一个企业在经营活动过程中存在着许多变量关系。这些变量中有的是属于自变量，即企业自身可控制的变量，如产品产量、产品价格、各项销售促进费用的开支以及销售人员的配备等；有的属于因变量，也就是它的变化会受到多种因素的影响，如产品销售量（或销售额）、产品成本、企业获利情况等等。因果性调研就是要揭示和鉴别某因变量的变化究竟受哪些因素的影响以及各种影响因素的变化对因变量产生影响的程度。因果性调研同样要有详细的计划和做好各项准备工作。它可以与描述性调研相结合，前者为后者搜集和整理必要的数据资料。另外，实验法也是因果性调研中常用的方法。

4. 预测性调研

预测性调研是根据前三种调研所提供的各种市场情报资料，运用定性或定量的方法，推断市场在未来一定时期内对某种产品的需求情况及变化趋势。这种调研使企业能够掌握未来需求量，制定合适的经营计划，组织好企业生产，避免由于滞销积压所造成的实际损失和由于供不应求失去时机所造成的机会损失。

4.1.2 市场营销调研的步骤

企业的市场营销调研既可以由自身的调研部门进行，也可以委托外部的专业调研部门进行。无论企业内部组织调研，还是外部组织调研，都要求营销人员与调研人员密切配合，有计划、有步骤地开展调研工作。它一般可分为三个阶段：

1. 预备调研阶段

该阶段包括初步情况分析和非正式调研两项内容。通过这一阶段的调研，缩小调研范围并使调研人员明确调研主题，以免无的放矢，浪费人力和财力。

2. 正式调研阶段

正式调研阶段包括搜集资料、设计调研表格、抽样设计、实地调研等内容。

1）搜集资料

搜集资料的方式一般分为两种：一种是收集别人整理过、公开发表的资料，这种资料称为第二手资料；另一种是调研人员通过发放问卷、面谈、抽样调研等方式搜集资料，这种资料称为第一手资料或原始资料。

调研人员在开始一项调研之初，一般先收集第二手资料，这就是案头调研。第二手资料主要有两个来源：一个是内部资料，另一个是外部资料。内部资料包括企业营销信息系统中存储的各种数据，如企业历年销售额、利润状况、主要竞争对手的销售额、利润状况、有关市场的各种数据等。外部资料主要是政府的各类出版物，公开出版的各种报刊、书籍，各类咨询企业、信息中心提供的各种有关数据。一般来说，调研人员可以通过直接研阅、购买、交换索取以及通过情报网络搜集和复制等方式获得第二手资料。第一手资料则可采取访问调研、观察实验等方法获得。

2）设计调研表格

调研表格的设计是一项艺术性很强的工作。调研表不同于一般的记录表，它要求凭着调研人员丰富的经验，根据不同的主题和不同的对象提出各种问题，如果问题措词不当或意思含糊不清，回答结果就不可靠，甚至会出现相反或错误的回答。因此，调研表格的设计要能够明确反映调研目的，问题具体，突出主题，简明扼要，亲切有趣，便于回答和统计。

常用调研表的问题类型有：

(1) 是非题，又叫二项选择题，即要求被调研者对某个问题用“是”或“否”、“有”或“无”回答。

(2) 自由回答题，也称回答题，即让被调研者自由回答所提的问题，在问卷上并没有已拟定的答案。

(3) 顺位题，是让被调研者将几种可能答案按其意愿排列先后次序。

(4) 多项选择题，是指事先拟定若干个答案，让被调研者自由选择其中最能反映个人主观意见的答案。

(5) 程度评定题，是指要求被调研者在反映调研问题的答案的程度上进行选择，以表明自己对该问题的态度或认识程度。

3）抽样设计

在市场营销调研中往往采取抽样调研，即从调研对象中抽取一部分子样进行调研，然后推算总体状况。抽样调研较普遍，调研省钱、省力、省时间，又可以把调研对象集中在少数样本上并获得与总体调研相适应的结果，所以在市场调研中应用得较为广泛。

按照样本抽取方式，抽样调研可分为随机抽样和非随机抽样两大类，每类又各有多种方法。

(1) 随机抽样常用的方法有：

①纯随机抽样法，亦称单纯随机抽样法，采用此法时群体所有成员具有等概率被抽中的机会，而抽样者不作任何有目的的选择，用纯粹偶然的方法从全体中抽取若干个个体作为样本。当进行小规模总体调研时，纯随机抽样非常有效。

②分层随机抽样法，亦称分类抽样法，它是将总体中所有单位按其属性、特征分为若干类型(组或层)，然后在各类型(组或层)中再用纯随机抽取样本单位，而不是从总体中直接抽取样本单位。

③机械随机抽样法，亦称等距抽样法，它是在总体单位中，先按一定标志顺序

排列，并根据总体单位总数和样本单位数计算出抽样距离（即同等的间隔），然后按相等的距离或间隔抽取样本单位。

④分群随机抽样法，亦称整群抽样法，它不同于其他抽样法，不是从总体中抽取个别单位，而是整群或整组地抽取样本，对被选中的群或组所包含的所有单位，均无例外地作为样本进行调查。

(2) 非随机抽样常用的方法有：

①配额抽样法，也称定额抽样，是指调研人员将调研总体样本按一定标志分类或分层，确定各类（层）单位的样本数额，在配额内任意抽选样本的抽样方法。

②任意抽样法，是指调研人员本着随意性原则去选择样本的抽样方式。

③判断抽样法，这种类型的抽样依赖于良好的判断和经验，该方法取决于如何选择并确认典型的或者能够代表总体的因素，这样在选择中产生的判断误差将相互抵消。

抽样方法确定后，马上涉及样本容量大小问题。

样本容量又称"样本大小"，是指在一个样本中所包含的个案或单元数。一般来说，样本容量主要由精确度、同质性、财力、抽样类型、统计精度、直觉、抽样误差、置信区间、行业标准和分析类别等因素决定。在抽样调研中，样本容量的确定很重要。因为样本容量太大，会造成人力、物力和财力的很大浪费；样本容量太小，会使抽样误差太大，使调研结果与实际情况相差很大，影响调研的效果。

样本容量的确定可以从以下因素加以考虑：

(1) 直觉。这是最不令人满意的方法，是根据感知直觉来确定样本包含多少样本单元。这种确定样本容量的方法相当武断，不考虑调研结果的精确度或获取样本的成本。

(2) 统计精度。样本容量应该能够反映总体的基本特征、所需信息的类型以及所负担的成本。样本容量越大，精确度和可靠性就越高。但在实践中往往受到时间、人员及成本等因素制约。精确度与样本容量的平方有关，即结果精确度与样本容量的平方成比例增长。若样本容量增加一倍，例如从 500 增至 1 000，精确度仅仅提高两倍样本容量的平方根，即 1.4 倍。当样本达到一定容量后，增加样本容量并不能显著提高给定的样本统计精确度，但成本随着样本容量的增大而提高。

(3) 抽样误差。抽样误差是调研结果与参数（全域的已知统计量）之间的差异，即总体参数的真实值与样本值之间的差异。差异原因是调研结果是依据样本而不是总体计算出来的。样本容量越接近于总体空间，抽样误差越小。

(4) 置信区间。置信区间是计算出来的总体参数以某一确定的概率落入的区间。在置信水平固定情形下，样本容量越大，置信区间越窄。样本容量变化并不与置信区间变化成比例。实践证明，样本容量要增加四倍，置信区间才能变窄一倍，故而样本容量无须无限制接近总体空间。

(5) 成本限制。从预算中扣除与抽样无关的成本(如设计调研、问卷准备、数据分析和报告产生等固定成本),然后将该成本除以估计的每个单元样本成本,得到所需要的样本容量。但是这种方法并不令人满意,因为过分强调成本,排斥了其他因素,特别是精度因素。

(6) 行业标准。行业标准变成了确定抽取多大样本规模的标准行业指南。不同抽样方法,特别是非随机抽样方法,形成相对稳定的得到认可的样本容量。例如配额抽样中,每单元中调查对象的最小数目是 50,每单元中有 1 000～1 500 个个体被认为是国际调研的合理样本。

4) 实地调研

实地调研就是到现场去收集资料。实地调研工作的好坏,调研人员素质的高低直接影响调研结果的正确性。因此,进行实地调研应注意抓好两个方面工作:首先,要提高调研人员的素质,要求调研人员工作态度热忱、勤劳,善于和陌生人相处,有克服困难的信心和勇气,工作作风稳重、踏实、细致,在调查过程中善于运用各方面的知识,仪表大方、平易近人;其次,要讲究思想方法和工作方法,要求在调研中保持客观,不能用主观臆想去代替客观事实,发现问题要追根究源,把调研深入下去,要边调研边分析,随时"梳辫子",及时将调研资料与调研目的和要求进行对照,进一步明确调研方向。

3. 结果处理阶段

结果处理阶段包括整理分析资料和提出调研报告两项内容。

1) 整理分析资料

将调研收集到的资料首先采用科学的方法,进行整理、分类、编号,以便查找归档、统计分析,然后进行编校、消除资料中的错误和不准确的内容,统计计算并得出结论,最后用统计图表的形式把结果表达出来。

2) 提出调研报告和追踪

市场调研结果必须写成调研报告供有关决策部门应用或参考才有价值。调研报告一般有概括性报告和正式调研报告两种。概括性报告是供企业高层决策者审阅的,必须简明概括。调研报告的内容包括调研目的、资料收集的方法、调研分析的问题、调研结论和建议。调研报告力求客观、重点突出、文字简练、图表形象、易理解。最后还要通过追踪了解报告是否已被采纳及采纳程度、采纳后的实际效果,以便积累经验,改进调研方法,提高调研质量。

4.1.3　市场营销调研的方法

市场营销调研的方法很多,选用的方法是否得当对调研结果的功效影响极大。一般有以下几种调研方法:

1. 询问法

询问法是以询问方式了解情况、搜集资料，并将所要调研的问题以面谈、电话、会议、书面等形式向被调研者提出、询问，从而获得所需的各种情况和资料。按调研者与被调研者的接触方式和询问表的传递方式的不同，询问法可分为访问调研、电话调研、会议调研和通讯调研四种形式。

1）访问调研法

这种方法是调研者与被调研者面对面地进行交谈，由调研者根据事先拟好的调研提纲提出问题，被调研者回答；也可结合产品销售进行随访，征求意见，了解情况。访问调研主要靠“走出去”的方式，但也可以“请进来”，如召开消费者座谈会的方式。二者相比，后者具有时间省、费用少的优点。由于访问调研是调研者与被调研者面对面地交谈，其优点是能互相启发，具体生动，富于伸缩性，便于控制，资料面广，真实性较大；缺点是费用较高，调研结果易受调研人员水平高低的影响。

2）电话调研法

这是由调研人员根据抽样要求，用电话向被调研者了解情况和询问意见的一种方法。这种方法的优点是简便迅速，了解及时，费用低，不受调研人员在场的心理压迫，使调研对象能畅言无忌；缺点是询问时间短，调研仅限于电话消费者，调研面受到影响，不易取得调研对象的配合，问题不能深入。

3）会议调研法

会议调研是利用企业参加各种外协会议和订货会议的机会进行的调研。这些会议往往集中了各类人员，能收集到内容广泛的信息。会议调研的优点是能节省时间和费用，资料丰富；缺点是受到开会时间和内容的限制。

4）通讯调研法

由调研人员将设计好的调研表、信函、征订单、订货单等寄给被调研者，请其填写后寄回。通讯调研法的优点是调研面广泛，费用较低，调研对象有充裕时间进行回答，避免了调研人员偏见的影响；缺点是回收率较低，调研花费时间较长了，了解的情况不易完整和准确，一般限于调研较简单的问题，不易探测消费者的购买动机。

通讯调研的效果取决于回收率的高低。影响回收率的因素通常有：市场调研机构的声誉，调研机构与被调研者间的关系，调研表所附说明函件能否得到被调研者的合作，被调研者对问卷是否感兴趣，询问问题是否涉及被调研者的秘密以及完成答卷所需的时间。

2. 观察法

观察法即在不向当事人提问的条件下，通过人或设备对调研对象的活动作直接观察，在被调研者不知不觉中观察和记录其行为、反应或感受。常用的方法有：

1）直接观察法

派人直接对调研对象进行观察。例如，要调研消费者对品牌、商标的爱好与反应，可派人到零售商店柜台前观察购买者的选购行为；要调研销售人员的工作表现，可派人员对调研对象的服务态度、方法、效率进行直接观察。

2）亲自经历法

亲自经历法就是调研人员亲自参与某种活动来搜集有关的资料。如果一家工厂要了解它的代理商或经销商服务态度的好坏，就可以派人到他们那里去购买东西。通过亲身经历法搜集的资料一般是非常真实的，但应注意不要暴露自己的身份。

3）痕迹观察法

这种方法不直接观察被调研对象的行为，而是观察被调研对象留下的实际痕迹。例如，美国的汽车经销商都同时经营汽车修理业务，他们为了了解在哪一个广播电台做广告的效果最好，对开过来修理的汽车，要干的第一件事情就是派人看一看汽车里收音机的指针是对准哪一个电台，从这里他们就可以了解到的哪一个电台的听众最多，下一次就可以选择在这个电台做广告。

4）行为记录法

在调研现场安装收录、摄像及其他监听、监视仪器设备，调研人员不必亲临现场，即可对被调研者的行为和态度进行观察、记录和统计。在取得被调研者的同意时，也可以用一定的装置记录调研对象的某一行为。

观察法的优点是可以比较客观地搜集资料，直接记录调研的事实和被调研者在现场的行为，调研结果更接近实际；缺点是不易观察到内在因素，只能报告事实的发生，不能说明其原因，调研的花费较大，时间较长。

3. 实验法

实验法在搜集市场研究资料中应用很广，特别是在因果性调研中，实验法是一种非常重要的工具。例如，想知道将某一种产品改变设计、改变质量、改变包装、改变价格、改变广告、改变陈设、改变销售渠道以后，对销售量会产生什么样的影响，都可以先在一个小规模的市场范围内进行实验，观察消费者的反应和市场变化的结果，然后再决定是否推广。常用的实验法有：

1）实验室实验法

这在研究广告效果和选择广告媒体时常常被使用。例如，某工厂为了了解用什么样的广告信息最吸引消费者，可以找一些人到一个地方去，给每人发一本杂志，让他们从头到尾翻一翻，问他们每一本杂志里的哪几个广告对他们的吸引力最大，以便为本厂设计广告提供一些有用的参考资料。

2）销售区域实验法

该方法就是把少量产品先拿到几个有代表性的市场去试销，看一看那里的销售情况如何，得到一些实际资料后再分析把这种产品拿到全国去推销可能有多大的市场占有率、需要多少时间与多少费用、值不值得在全国推销等等。这种实验方法在消费品生产企业是常用的。

3）模拟实验法

这种实验法的基础就是计算机模型。模拟实验必须建立在对市场情况充分了解的基础上，它所建立的假设和模型必须以市场的客观实际为前提，否则就失去了实验的意义。模拟实验法的好处是，它可以自动地进行各种方案的对比，这是其他实验法难以做到的。

4）消费者购买动机实验法

这是通过各种心理实验来进行的，调研者有目的创造各种情境或改变某些条件，刺激或诱导消费者心理活动，观察消费者购买行为变化，从中分析并得到不同诱因下消费者心理动机与购买行为的匹配，为营销活动提供可控的"抓手"。这种方法具有很强的目的性和主动性，能够按照调研目标取得比较准确、有效的资料。

实验法较为科学，获得的资料的客观价值较高，对于了解因果关系，能提供其他调研法所不能供给的资料，应用范围也相当广泛。实验法的优点还在于：通过少量产品的试销，获得比较正确、实用的实验资料，推测产品的未来销售趋势；通过对少数消费者的调研，了解广大消费者对企业营销活动的评价。实验法的主要缺点是时间长、费用高，选择的调研对象不一定有代表性，市场上各种因素的变化难以掌握，调研的结果也不易比较。

4. 心理调研法

心理调研主要是调研消费者心理状态，可分为动机调研法和投射调研法两种。

1）动机调研法

动机调研是调研消费者的购买动机，如为什么购买这种商品？为什么要选购这家企业生产的商品？了解购买动机有助于企业掌握消费者的爱好，生产适销对路的产品。

2）投射调研法

投射调研是采用心理学方法，并不直接就某一问题提问，而是采用看图发表意见等间接方式，从中发现被调研者的真实心理，目的在于消除被调研者由于种种原因而不愿说出真心话的情况。

4.2 网络市场调研

企业的营销人员通过互联网能够更方便地收集到消费者和潜在消费者的信息，这些信息有助于企业更好地理解并服务于消费者。现在，国际上许多企业都利用互联网和其他一些在线服务进行市场调研，并且取得了满意的效果。我们把基于互联网系统地进行营销信息的收集、整理、分析和研究的过程称为网络市场调研，它包括在网络上搜索二手资料和在网络上的直接调研。

网络市场调研是制定网络营销战略与策略的前提。网络市场调研的内容包括了对企业外部环境、消费者、竞争者以及整个市场情况的及时报道和准确分析。市场调研对一个企业来说是必不可少的，它能促使企业生产适销对路的产品并及时地调整营销策略。到了数字化科技迅速发展的今天，互联网为市场调研提供了强有力的工具。

4.2.1 网络市场调研的优势

从市场调研程序来说，网络市场调研相对于线下市场调研没有本质区别，但在不同环节上，因互联网的介入而使得网络市场调研具有如下优势：

1）网络信息的及时性和客观性

由于网络上信息的传输速度快，能够快速地传送给网络用户，这就保证了企业调研信息的准确性与及时性。同时，由于企业网络站点的访问者一般都是对企业产品有一定兴趣的，对企业市场调研的内容作了认真的思考之后再进行回复，而不像传统的调研方式下被调研者可能为了抽号中奖而被动地回答，所以网络市场调研的结果是比较客观和真实的，能够反映消费者的真实要求和市场发展的趋势。

2）便捷性和经济性

在网络上进行市场调研，无论是调研者还是被调研者，只需能够上网就可以进行网络沟通交流。调研者在企业站点上发出电子调研问卷，提供相关信息，或者及时修改、充实相关信息，然后利用计算机对被调研者反馈回来的信息进行整理和分析，这不仅是十分便捷的，而且会大大地减少企业市场调研的人力和物力耗费。

3）交互性和充分性

网络的最大优势是交互性。这种交互性在网络市场调研中表现在：被调研者可以及时就问卷相关的问题提出自己的看法和建议，可减少因问卷设计不合理而导致的调研结论出现偏差等问题。被调研者还可以自由地在网上发表自己的看法，同时没有时间的限制。

4.2.2 网络市场调研的作用和内容

1. 网络市场调研的作用

网络市场调研是企业进行网络市场预测和决策的基础，是企业开展网络营销活动的出发点，其作用十分重要。

1）有利于制定科学的网络营销规划

企业通过网络市场调研，分析网络市场，了解网络市场，才能根据网络市场需求及其变化、网络市场规模和竞争格局、消费者意见和购买行为、网络营销环境的基本特征，科学地制定和调整网络营销规划。

2）有利于优化网络营销组合

企业根据调研结果，分析研究产品的生命周期，开发新产品，制定产品生命周期各个阶段的网络营销策略组合。如根据消费者对现有产品的接受程度及对产品的偏好，改进现有产品，开发新用途，研究新产品创意并进行开发和设计；评估消费者对产品价格变动的反应，分析竞争者的价格策略，确定合适的定价；综合运用各种网络手段，加强促销活动、网络广告的宣传和网络客户服务，增进产品的知名度和客户满意度；尽量降低网络营销的成本，提高产品竞争力等。

3）有利于开拓新的市场

通过网络市场调研，企业可发现消费者潜在的尚未满足的需求，评估现有产品及商务策略满足消费者的程度，从而不断地开拓新的市场。网络营销环境的变化往往会影响和改变消费者的动机和消费行为，给企业带来新的机会和挑战，企业可据此确定和调整发展方向。

2. 网络市场调研的内容

1）企业产品消费者的需求信息

网络消费者的需求特征，特别是需求及其变化趋势调研是网络调研的重要内容。利用互联网了解消费者的需求状况，首先要识别消费者个人的特征，如地址、性别、年龄、职业、E-mail 等。为避免重复统计，一般对已经统计过的被调研者在其计算机上放置一个 Cookie，它能记录下被调研者的编号及个人特征，这样就可以避免对同一被调研者的重复调研。被调研者一般比较注意保护自己个人的隐私信息，对这些信息的获得就要采取一些技巧，从侧面来了解、印证与推测。

2）企业所经营的产品或服务的有关信息

产品供求状况、市场容量、市场占有率、商品销售额趋势、服务的满意度和不足、客户需要的新的服务等内容也是企业需要掌握的信息。目前互联网上拥有许多信息网，主要有实时行情信息网（如大宗农产品期货市场）、专业产品商情信息网、综合信息网等。

3）目标市场信息

目标市场信息主要包括目标市场容量、产品供求形势、在目标市场上的销售份额或市场占有率、市场容量扩大的可能性、开拓市场的潜力、发展市场存在的问题、竞争格局等内容。

4）竞争对手信息

竞争对手信息主要包括谁是主要的竞争对手以及竞争对手的市场占有份额、实力、竞争策略、广告手法、网络营销战略定位和手段、发展潜力等内容。

5）市场环境信息

企业在作重大决策时还必须了解一些宏观环境的信息，包括政治、法律、经济、文化、地理、人口、科技等信息。例如，对于政府信息可以通过一些政府网站和一些ICP站点查找；对于其他宏观环境信息，可以通过查找有关电子版的书刊资料来获得。

6）其他方面的信息

除上述几个方面的信息之外，企业还应该根据实际需要了解合作者、供应商、商务中介等方面的信息。

4.2.3　网络市场调研的步骤

网络市场调研与传统的市场调研一样，应遵循一定的方法与步骤，以保证调研过程的质量。网络市场调研一般包括以下几个步骤：

1. 明确问题与确定调研目标

明确问题与确定调研目标对使用网络搜索的调研来说尤为重要。互联网是一个永无休止的信息流，不论是搜索二手资料还是直接资料，都是为解决营销问题或制定网络营销策略服务的，无目的的调研只会付出时间和费用的代价。这似乎验证了互联网上的信息搜索的定律：在互联网上你总能找到你不需要的东西。因此，在开始网络调研时，头脑里要有一个清晰的目标并留心去寻找。

2. 确定调研对象

网络市场调研的对象主要有以下两类：

1）企业产品的消费者

消费者在网上购物必然要访问企业的站点，利用企业首页所提供的分类、目录或搜索引擎工具，浏览商品的说明、功能、价格、付款方式、送货与退货条件、售后服务等方面的信息。企业市场营销调研人员可通过互联网络跟踪消费者，了解他们对企业产品的意见和建议。

按照现代市场理论，对一切既定的商品来说，营销市场包含三个要素：有某种需要的人、为满足这种需要的购买能力和购买意愿。只有三者结合起来才能构成现实的市场，才能决定市场的规模和容量。企业只有满足了消费者的购买欲望和需求，才能赢得市场并获得相应的利益。因此，人口统计分析是市场调研的一个重要内容，市场调研人员通过对访问企业站点的人数进行统计，进而分析消费者的分布范围和潜在消费市场的区域，以此制定相应的网络营销战略和决策。目标对象识别法（Target Audience Identification）是目前互联网上出现的一项人口统计技术。这种技术能在被应用的站点上跟踪调研访问者，从而有助于网络调研人员及时准确地把握访问者的人口统计情况。如果企业希望开拓国际市场，需要了解国外人口的有关统计信息，可以访问 Hotbot(www.hotbot.com)等网站，在搜索信息时，只需键入“census”、“demographics”、“population”等表示人口的英文单词和想查询的有关国家或地区的英文名称即可。

2）企业的竞争者

现有企业之间的竞争、新竞争者的加入与替代品的出现形成了主要的行业竞争者，它们之间相互影响，相互制约。通过对行业竞争者的分析可以了解本企业在行业中所处的地位、所具有的竞争优势与不足，以便制定企业战胜各种竞争对手的对策。

行业的竞争结构对于行业的竞争态势和企业的市场营销策略有强烈的影响。因此，市场调研人员应随时掌握有关的信息和资料，而互联网为调研工作提供了极为方便的工具。调研人员可以进入竞争者的网站查询其面向公众的所有信息，如竞争企业的历史、企业结构、产品系列、有关年度评价报告、营销措施等。调研人员通过对竞争者有关动态信息的分析，准确地把握行业竞争趋势，做到知己知彼，使企业能及时调整营销策略。

3. 制定调研计划

网络市场调研的第三个步骤是制定出最为有效的调研计划。具体来说，需要确定资料来源、调研方法、调研手段、抽样方案和联系方法。

4. 收集信息

网络通信技术的突飞猛进使得资料收集方法迅速发展，互联网没有时空和地域的限制，因此网络市场调研可以在全国甚至全球进行。同时，收集信息的方法也很简单，直接在网上递交或下载即可。这与传统市场调研的收集资料方式有很大的区别。

5. 信息的整理和分析

对从互联网上获得的市场调研信息，有关人员应根据调研目的和用途进行认真的筛选、分类、整理等科学的加工，并形成规范的市场调研报告，以供有关企业决策者参考。

(1) 整理信息资料。对调研所获得的信息资料进行阅读和编辑整理，既要剔除信息中不真实和无关的内容，又要采用适当的方法进行资料分类处理。

(2) 分析信息资料。对经过整理的信息资料，要运用各种定性和定量的方法进行分析研究，掌握市场营销活动的动向和发展变化趋势，探索解决问题的措施和办法。

6. 撰写调研报告

调研报告是市场调研成果的集中体现，它是经过对信息资料的分析后，对所调研的问题做出的结论，并提出实现调研目的的建设性意见，供有关决策者参考。市场营销调研报告一般有两种形式：一种是专门性报告，是专供市场研究及市场营销人员使用的内容详尽的报告；另一种为一般性报告，是供职能部门管理人员和企业领导者阅读、内容简明扼要而重点突出的报告。

4.2.4 网络市场调研可能存在的问题

1. 参与调研群体的代表性

被调研的网上样本相对于希望调研的群体是否有足够代表性？比如，目前在网上调研“婴儿奶粉品牌选择”就不太适合大学生群体,因为多数大学生尚未进入到育婴阶段。网民的构成决定着预定的被调研者是否构成群体规模,如果调研对象规模不够大,就意味着不适合于在网上进行调研。因此,网络调研要视具体的调研项目和被调研者群体的定位而定。

2. 被调研者的参与性

与传统方式不同,网络调研时网民可以在不面对调研者的情况下,在一种相对轻松和从容的气氛中填写问卷,达到面对面提问无法比拟的效果。但如被调研者不愿意回答问卷,即使他对所调研的问题感兴趣也可能不填写问卷,因为这会花费他的时间,特别是在调研内容较多的情况下。

3. 调研结果的可靠性

如果调研结果不涉及利益或情感冲突,调研结果的可靠性可能较高;如果涉及利益冲突,调研的客观性就有问题,易产生调研舞弊和数据造假等问题。

4. 是否遵循网上行为规范和文化准则

不能用轰炸式的邮件调研方式,因为不经受众允许就发给调研表是一种侵犯隐私权的冒犯行为。此外,网络是一种非正式场合,问卷可以适当轻松诙谐,以增加调研的趣味性。

通过比较网络市场调研和传统市场调研,可以得到如表 4.1 所示的两者差异。

表 4.1　网络市场调研与传统市场调研比较分析

比较项目	网络市场调研	传统市场调研
调研费用	较低,主要是设计费和数据处理费	昂贵,包括问卷的设计、印刷、发放和回收、聘请和评估被调研者、录入结果、由专业公司进行统计分析
调研范围	无地域限制	受成本限制,调研地区和样本数量均有限
运作速度	很快,只需搭建平台,数据库自动生成,几天就可能得出有意义的结果	慢,至少需要 2～6 个月得出结论
调研时效性	全天候	不同的被调研者能接受调研的时间差异大
被调研者的便利性	非常便利,被调研者自由决定时间、地点回答问卷	不太方便,一般要跨越空间障碍到达访问地点
适用性	适合长期大样本调研,适合要迅速得出结论的情形	适合面对面地深度访谈

4.2.5 网络市场调研的方式

1. 网上直接调研

1）软件发送问卷

用软件发送问卷相较于传统的邮寄问卷方式在操作上较为简单易行，问卷自动生成并可同时向多个接收者发送，无需耗用大量的人力进行问卷的发送与回收。在经济上，软件方式能节约大量资金，具有很好的规模效益，问卷发送距离越远，数量越大，越能体现其省时省钱的优点。另外，调研对象的范围相对广泛，样本容量大，从而在一定程度上减少了由于地区差异所造成的系统性误差，使调研的结果分析更具有真实性。一般此方法较适合于普查或抽样调研。但是此方法推送的问卷容易被判为垃圾信息而遭到服务器过滤系统拦截。

2）通过网络会议或网络实时交谈调研

通过网络会议或网络实时交谈进行访谈式的调研方法无需借助大量的调研员访问被调研者。网上集会在调研的速度上具有绝对的优势，待访谈结束，其调研结果便已到达调研员手中。调研结果可以随时调阅，大大地缩短了调研周期。在调研中采取一问一答的形式，问者和答者均在各自独立的环境中进行，此时被调研者的回答往往是坦诚的，一般对敏感性问题也不采取回避的方式，使调研所反馈的信息质量大大提高，减少无效的或虚假的信息介入，这对调研项目的深入研究有着积极的作用。此调研方式较适合于重点调研或典型调研。

3）通过网站设立调研网页给网民

采取主动浏览作答的方法调研可以不受时空限制。由于网络有着分布广泛的特点，被调研者可以分布在天南地北，网站全天 24 小时不间断地接受调研填表，成本极低，易于操作，如中国互联网信息中心（CNNIC）就曾采取这种调研方法。调研网站可以对众多的访问者设置“过滤网”，在问卷填写前设置些问题来确认其是否符合调研对象的要求，对不符合要求者，程序将自动判断并拒绝其填写问卷，这样可以防止大量无效问卷的产生。

4）采用计算机辅助调研(CAI)

该调研方法采用的是基于互联网用户的全景测量，根据 ICP/IP 进行，调研结果不仅记录了用户访问的网站，还记录了用户上传和下载软件、收发电子邮件、使用视听媒体、使用聊天室及计算机游戏等全部网络行为，可以为调研者提供广泛和全面的资料。该方法把传统的几个统计调研步骤结合形成被调研者—调研者—数据用户之间有效的循环，大大缩短了从数据收集到数据编辑的过程，改进数据收集的时效性。

5）利用 QQS 在线调研平台进行网络调研

QQS(Quality & Quick Survey)系统是一套将在线调研和在线 Panel(群组)管

理完美结合在一起的强大在线调研软件。QQS系统采用先进的技术，具有强大的在线调研功能，操作简单便捷，具备高稳定性、高安全性以及很强的可扩展性。同时，利用QQS系统可以完美结合高真实性和高质量的在线Panel。利用QQS系统可以省掉传统调研中很多必不可少的环节，如问卷的印刷、访员的培训、问卷的回收、录入等等，可以大大缩短调研周期，几十倍甚至上百倍地提高工作效率。一个需要几周甚至几个月的传统调研换成采用QQS系统进行在线调研，往往只需要几天甚至十几个小时就能够完成。

2. 网上间接调研

网上间接调研主要利用互联网收集与企业营销相关的市场、竞争者、消费者以及宏观环境等二手资料。二手资料的来源有很多，如政府出版物、公共图书馆、贸易协会、市场调查公司、广告代理公司和媒体、专业团体、企业情报室等，其中许多单位和机构都已在互联网上建立了自己的网站，各种各样的信息都可通过访问其网站获得，再加上众多综合型ICP(互联网内容提供商)、专业型ICP以及众多的搜索引擎网站，使得互联网上的二手资料的收集非常方便。企业用得最多的方法还是网上间接调研方法，因为它获得的信息广泛，能满足企业管理决策需要，而网上直接调研一般只适合于针对特定问题进行专项调研。

互联网上虽有海量的二手资料，但要找到自己需要的信息，首先要熟悉搜索引擎的使用，其次要掌握专题型网络信息资源的分布。归纳一下，网上查找二手资料主要通过三种方法：利用搜索引擎；访问相关的网站，如各种专题性或综合性网站；利用相关的网上数据库。

1）利用搜索引擎查找资料

搜索引擎使用自动索引软件来发现、收集并标引网页，建立数据库，以Web形式提供给用户一个检索界面，供用户以关键词、词组或短语等检索项查询与提问匹配的记录，成为互联网上最突出的应用。

搜索引擎一般按分类、网站和网页来进行搜索。按分类搜索只能粗略查找，按网页搜索虽然可以比较精确查找，但查找结果却比较多，因而搜索引擎应用得最多的还是按网站搜索。在按网站搜索时，它是将要搜索的关键词与网站名和网站的介绍进行比较，显示出比较匹配的网站，例如要查找网络调研类的网站，可以在搜索引擎的主页搜索输入栏内输入汉字“网络调研”并确定，系统将自动找出满足要求的网站。如果找不到满足要求的网站，这时可以按照网页方式查找，系统将自动找出满足要求的网页。

使用搜索引擎必须选择最恰当的关键词，选择正确的关键词是一切的开始。学会从复杂搜索意图中提炼出最具代表性和指示性的关键词对提高信息查询效率至关重要。选择搜索关键词的原则是，首先确定搜索要达到的目标，在脑子里要形成一个比较清晰的概念，即到底要找什么：是资料性的文档？还是某种产品或服务？然后再分析这些信息都有哪些共性以及区别于其他同类信息的特性，最后从这些方向性的概念中提炼出此类信息最具代表性的关键词。

为了提高搜索效率，还可以设置一些搜索条件。关键词搜索既可以使用布尔算符、位置算符、截词符等基本数学规则组合关键词，也可以缩小和限定搜索的范围、语言、地区、数据类型、时间等。关键词可对满足选定条件的资源进行准确定位。因此，使用关键词法查找资料一般分三步：

（1）明确搜索目标，分析搜索主题，确定几个能反映主题的核心词作为关键词，包括它的同义词、近义词、缩写或全称等。

（2）采用一定的逻辑关系组配关键词，在搜索引擎的搜索框输入并确定，即可获得想要的结果。

（3）如果搜索效果不理想，可调整搜索策略，对结果太多的，可进行适当的限制；对结果太少的，可扩大搜索的范围，取消某些限制，直到获得满意的结果。

2）访问相关的网站收集资料

如果想要获得某一专题信息，可直接访问与主题密切相关的专业性网站或行业网站。如想要了解农林牧渔行业信息，可以访问中国农林牧渔行业信息网（图 4.1）。

图 4.1 中国农林牧渔行业信息网首页

3）利用相关的网上数据库查找资料

网上数据库有付费和免费两种。在国外，市场调研用的数据库一般都是付费的。目前我国的数据库业有较大发展，如付费制的地理信息数据库，免费制的气象信息数据库等。因此，应根据调研实际需要选择相应的数据库。

3. 利用互联网收集竞争者信息

情报界流行一句名言："95％以上的情报都可从公开渠道取得。"在网络广泛应用的今天,连美国最新导弹的参数都可从网上获取,更别提一般公司的信息了。那么,如何从网上获取竞争者的信息呢? 在互联网上,收集竞争者信息的方法主要有:

1) 定期光顾相关网站

查找产品信息最直接的方法就是在有关公司、商店和行业协会的网站上查找,特别是在生产厂家的站点上往往会有对产品技术性能的详细说明。如有不明白之处,还可发电子邮件询问。可以选择国外几家业内领先企业,定期访问他们的网站,跟踪他们的新产品开发信息。竞争者的新产品开发信息会给企业的产品策略带来一定影响,企业可以根据竞争者的信息不断改进自己。

2) 参加行业聊天室

由于企业一般有较强的保密意识,所以在其网站上公布的信息常常经过特殊加工,一般深度不够,而且时效性较差,往往是企业已经或即将推出的新产品信息。如何获取质量更好的信息呢? 参加行业聊天室是一个好办法,特别是技术人员组成的聊天室。在不经意的闲聊中,说者无心,听者有意,往往可以得到很多有价值的信息。如微软为提防 Linux 对其操作系统 Windows 的挑战,就经常访问有关对 Linux 的 BBS 和新闻组站点,以获取最新资料,有人发现微软居然是对 Linux 的 BBS 站点访问次数最多的。

3) 跟踪竞争对手的招聘广告

产品是需要人来开发的。根据竞争对手对应聘人员技术背景的要求可以判断出其新产品开发的基本方向。网上有无数招聘网站,从中选择几个竞争对手经常发布广告的站点,观察他们的人员需求情况,特别是对技术人员的需求情况。

4) 查找专利数据库

由于网络涉及较多技术专利,而专利需要公布其一般资料,所以观察竞争对手的专利申请情况是了解其新产品开发计划的极好途径。网上查找专利既快又便宜,可以直接通过专利数据库或委托专利事务所代理查询。

5) 从其他网上媒体获取竞争者信息

如果竞争者是有较高知名度的企业,可以通过新闻媒体(如光明网中央电视台官网、新浪、搜狐和网易等)对竞争对手的报道,了解竞争者;也可以在搜索引擎中输入竞争者的名字作关键词,然后利用筛选查找到的网页获取有关竞争者的资料。

6) 利用 Web2.0 技术

企业可以通过竞争对手的官方微博、博客、论坛等了解竞争对手的相关信息。

7) 建立有效信息分析处理体系

互联网是信息的海洋,上面的信息不是少了,而是过于泛滥,只有经过加工组织的信息才真正具有价值。收集的信息必须能有效处理,否则信息再多也都成了

“垃圾”。信息的收集与处理最好是由专人完成，分类管理，并用数据库将信息组织管理起来，以备将来查询使用。

4. 利用互联网收集市场行情

到有关商务网站可以快速地收集市场行情，如了解本企业的产品在市场上的价格或某种原料的价格变动趋势。很多综合性的商务网站都免费提供某些产品的市场行情，比如要了解全国的农产品行情，进入中国农业信息网(www. agri. cn)就能查到全国各地的农产品批发价格(图 4. 2)。另外，也可以免费订阅一些电子邮件，了解市场行情。与传统媒体的经济信息相比，网上查找的市场行情一般数据全而且实时性强。

图 4. 2　中国农业信息网主页

利用商务网站收集市场信息的步骤如下：

(1) 通过搜索引擎找出所需要的商情信息网站地址。

(2) 访问该站点，登记注册，若有的站点收费，可以根据所需要信息的重要性和可靠性选择是否考虑收费信息网。

(3) 在商情信息网站上获取需要的信息时，一般要用站点提供的搜索工具进行查找，查找方法与搜索引擎基本类似。

一般说来，不同商情信息网的侧重点不一样，最好是能同时访问若干家相关但不完全相同的站点，以求找出最新、全面的市场行情。

5. 利用互联网了解消费者偏好

1) 方法

了解消费者偏好也就是收集消费者的个性特征，它将为企业细分市场和寻求市场机会提供基础。在网上了解消费者偏好主要有以下方式：

(1) 直接在网上设置调研表了解消费者的意见。由于网上信息的开放性，网上用户一般都比较注意保护个人隐私信息，因此直接获取涉及消费者个人隐私的信息是非常困难的，必须注意运用一定的技巧，从侧面通过关联或测试来了解。在进行网上问卷调研时，一定要注意网上礼仪，尊重消费者的个人隐私权，否则很难得到正确有效的调研结论。

(2) 通过网页统计方法了解消费者对企业站点的感兴趣内容。现在的统计软件可以如实记录下每个访问者来自何处，他们访问哪些网页，在哪些网页上停留的时间比较长等信息。根据这些信息，可以判定消费者感兴趣的内容是什么。比如，观察消费者对主页上同一位置不同广告条(不同时间)的点击情况来调整广告策略。

(3) 分析消费者的购买行为。在线销售商可以根据消费者每次购买商品的种类、品牌及花费等建立消费者数据库来分析消费者偏好。比如消费者如果经常在店里购买国产奶粉，他可能就是一个工薪阶层的年轻人，就可以判断他同时也可能对租赁玩具感兴趣。

2) 技巧

(1) 调整调研问卷内容组合以吸引访问者。与传统的市场调研问卷相比，网络调研的最大优势是可以极方便地随时调整、修改调研问卷的内容，可以实现不同调研内容的组合，比如产品的性能、款式、价格以及网络订购的程序、如何付款、如何配送产品等。因为根据不同时期、不同产品，访问者对其不同因素的兴趣不同，调研人员应通过不同的因素组合的测试，分析判断何种因素组合对访问者是最重要、最关键的，哪些因素对访问者来说是最关心和最敏感的，进而调整调研问卷的内容，使调研主页对访问者更具吸引力。

(2) 监控在线服务。因为所有企业站点的访问者都能利用互联网上的一些软件程序来跟踪在线服务，所以企业营销调研人员可通过监控在线服务掌握访问者主要浏览哪类企业、哪类产品的主页以及挑选和购买何种产品等基本情况，进而经过统计分析，对客户的地域分布、产品偏好、购买时间以及行业内产品竞争态势作出初步的判断和估计。

(3) 有针对性地跟踪目标消费者。市场调研人员在互联网上或通过其他途径获得了消费者或潜在消费者的电子邮件地址，则可直接使用电子邮件向他们发出有关产品和服务的询问，请求他们反馈回复，也可以在电子调研表单中设置让消费者自由发表意见和建议的版块，请他们发表对企业、产品和服务等各方面的见解和期望。通过这些反馈信息，调研人员可以把握产品的市场潮流以及消费者的消费心理、消费爱好、消费倾向的变化，根据这些变化来调整企业的产品结构和市场营销策略。

如果企业市场调研人员跟踪到访问者浏览过其他企业的站点，或阅读过有关杂志的产品广告主页，则应及时发送适当的信息给目标访问者，以使其充分注意到本企业的主页，让其对产品作进一步的比较和选择。例如，如果访问者刚浏览过同行业竞争企业的站点，则市场调研人员应及时作出差别化宣传，在企业站点的主页上着重描述本企业产品的特殊优势和服务特色，通过经营上的特色和差别化优势吸引访问者，使其尽可能在本企业站点上实现网上购买行为。

(4) 传统市场调研和电子邮件相结合。企业市场调研人员可以在各种传统媒体，如报纸、电视或有关杂志上刊登相关的调研问卷，并公告企业的电子邮箱和网址，让消费者通过电子邮件回答所要调研的问题，以此收集市场信息。采用这种方法，调研的范围比较广，同时可以减少企业市场调研中相应的人力和物力消耗。

(5) 创建消费者服务中心小组。邀请 10～12 个最忠诚的消费者定期会面，他们会给你提供改进客户服务的意见，可以付给他们酬劳、请他们出去吃饭或者给他们提供免费产品。

(6) 定期与消费者保持联系。为消费者订阅免费的电子刊物，网站更新时用 E-mail 通知消费者，在消费者每次购买之后继续了解消费者对购买是否满意。

(7) 在消费者的生日或假日定期保持联系。为消费者发送礼物以示感谢，通过 E-mail 发送问候卡，打电话亲自祝贺客户节日愉快，可以询问他们对自己的服务是否满意。

(8) 邀请消费者出席企业会议、午宴，参观车间或参加讨论会。为消费者创造特别的参与机会，如晚会、野餐、舞会等。在这些活动中企业员工与消费者可以相互交流，可以得到对企业业务有价值的反馈信息。

6. 利用互联网了解市场宏观环境信息

企业仅仅了解一些与其紧密关联的信息是不够的，特别是在作重大决策时，还必须了解一些政治、法律、文化和地理环境等信息，这样有助于企业从全局高度综合考虑市场变化因素，寻求市场商机。互联网作为信息海洋，企业在网上基本都可以了解到上述信息，关键是寻找到有用的信息。对于政治经济信息一般可以从一些政府网站(. gov 类型的网址)和一些 ICP 站点中查找(如新浪网)；法律、文化和地理环境信息属于知识性的信息，可以通过查找一些电子图书馆中的电子文献、年鉴、期刊、论文集、有关电子版书籍等获取信息。

4.3 网络调研问卷与量表设计

4.3.1 调研问卷的设计

1. 调研问卷的主要功能

(1) 把研究目标转化为特定的问题。

(2) 使问题和答案范围标准化，让每一个人面临同样的问题环境。

(3) 通过措辞、问题流程和卷面形象来获得应答者的合作。

(4) 可作为调研研究的永久性记录。

(5) 能加快数据处理分析的进程。

正因为调研问卷具有以上功能,所以它是整个调研过程中一个非常重要的因素。研究表明,调研问卷的设计直接影响所收集到数据的质量。例如,某第三方网购平台想自营柴达木黑枸杞,欲调研其市场潜力,所设计的调研表中的标题和说明部分均是宣传柴达木黑枸杞较其他地区黑枸杞的优势。问卷统计结果显示 90% 的被调研者声称会优先购买柴达木黑枸杞,调研结果显然有偏差,原因是标题和说明部分诱导了被调研者。

2. 调研问卷的设计原则

一个成功的调研问卷应具备两个功能:一是能将所调研的问题明确地传达给被调研者;二是设法取得对方的合作,使被调研者能给以真实、准确的回复。但在实际的调研中,由于被调研者的情况差异很大,还有调研人员的专业知识和技术水平不同,会影响调研的结果。因此,调研问卷的设计应遵循一定的原则。

(1) 目的性原则:即询问的问题与调研主题密切相关,重点突出。

(2) 可接受性原则:即被调研者对于回复哪一项、是否回复有自己的自由,故问卷设计要容易让被调研者接受。无论在西方还是东方国家,在面对涉及有关个人情况的问题时,比如个人收入、家庭生活中比较敏感的问题等,被调研者一般不愿意或拒绝回复。因此,关于个人隐私的问题不应直接出现在调研问题中,以免引起被调研者的反感。

(3) 简明性原则:即询问内容要简明扼要,使被调研者易读、易懂,而且回复内容也简短省时。因此,调研问卷的设计应多采用二项选择法、顺位法、对比法等技巧,调研问卷中问题答案的选项应给被调研者提供相应的信息,以方便被调研者回答。

(4) 匹配性原则:即要使被调研者的回答便于检查、数据处理、统计和分析。所提问题都应事先考虑能对回复结果作适当分类和解释,使所得数据便于做交叉分析。

(5) 顺序性原则:即在设计问卷时要讲究问卷的排列顺序,使问卷条理清楚,顺理成章,以提高被调研者回答问题的效果。问卷中的问题一般可按下列顺序排列:

①容易回答的问答(如行为性问题)放在前面,较难回答的问题(如态度性问题)放在中间,敏感性问题(如动机性、隐私性等问题)放在后面,关于个人情况的事实性问题放在末尾。

②封闭性问题放在前面,开放性问题放在后面。这是由于封闭性问题已由设计者列出备选的全部答案,较易回答,而开放性问题需被调研者花费一些时间考虑,放在前面易使被调研者产生畏难情绪。

③要注意问题的逻辑顺序，如可按时间顺序、类别顺序等合理排列。

3. 调研问卷的类型

1）按问题答案划分

（1）封闭式（结构式或闭口式）。这种问卷的答案是调研究者在问卷上早已确定的，被调研者从中选择备选答案即可。

（2）开放式（开口式）。这种问卷事先不设置固定的答案，由被调研者自由发挥。

（3）半封闭式。这种问卷介于封闭式和开放式两者之间，问题的答案既有固定的，也有自由发挥的。

2）按问卷用途划分

（1）甄别问卷。甄别问卷是为了保证被调研者确实是符合调研要求而设计的一组问题。它包括对个体自然状态的排除、对产品适用性的排除、对产品使用频率的排除和对产品评价有特殊影响状态的排除四个方面。

①对个体自然状态的排除。主要是为了甄别被调研者的自然状态是否符合产品的目标市场。主要自然状态包括：年龄、性别、文化程度、收入等。

下面以一份铁皮石斛的市场调研甄别问卷为例来说明对个体自然状态的排除。

● 对年龄的甄别。由于铁皮石斛用途具有明显的年龄倾向，要排除青少年以下的群体，所以年龄的甄别问卷设计为：

您的年龄：

22 岁以下　　中止访问

23～35 岁　　中止访问

36 岁以上　　继续访问

● 对收入的甄别。收入影响铁皮石斛的因素有两个：个人收入和家庭收入。因此，对收入的甄别问卷设计应包括两个方面：

您的个人月收入（包括工资、奖金、第二职业收入等）为：

A. 3 000 元以下　　中止访问

B. 3 000 元及以上　　继续访问

您的家庭月总收入为：

A. 5 000 元以下　　中止访问

B. 5 000 元及以上　　继续访问

②对产品适用性的排除。铁皮石斛适用于抗风湿、护肝利胆、阴虚体弱及其他。假设这里暂时只考虑阴虚体弱者，那么对产品适用性的排除的问卷设计为：

您的体质是：

阴虚体质　继续访问　　阳虚体质　中止访问　　气虚体质　中止访问
血虚体质　中止访问　　阳盛本质　中止访问　　血瘀体质　中止访问
痰湿体质　中止访问　　气郁体质　中止访问

③对产品使用频率的排除。例如,您平时多长时间购买一次铁皮石斛:

几乎不买　　　　　　中止访问
每半年一次　　　　　中止访问
半年一次及以上　　　继续访问

④对产品评价有特殊影响状态的排除。这种排除主要是为了使职业习惯可能对调研结果产生的影响排除掉,一般具有固定的设计格式:

您和您的家人是否有在下列单位上班的:

市场调研公司或广告公司　　　　　中止访问
社情民意调研机构、咨询公司　　　中止访问
电台、电视台、报纸、网络新闻站　中止访问
以上都没有　　　　　　　　　　　继续访问

(2) 调研问卷。问卷是问卷调研最基本的内容,也是研究的主体形式。任何调研,可以没有甄别问卷,也可以没有复核问卷,但是必须有调研问卷,它是分析的基础。

(3) 回访问卷。又称复核问卷,是指为了检查调研员是否按照访问要求进行调研而设计的一种监督形式问卷。它由卷首语、甄别问卷的所有问题和调研问卷中一些关键性问题所组成。

3) 按调研方式划分

(1) 自填问卷。这种问卷是由被调研者自己填答的问卷。自填问卷由于发送的方式不同而又分为发送问卷和邮寄问卷两类。发送问卷是由调研员直接将问卷送到被调研者手中并由调研员直接回收的问卷。邮寄问卷是由调研单位直接邮寄给被调研者,被调研者自己填答后再邮寄回调研单位的问卷。

(2) 访问问卷。这种问卷是访问员通过访问被采访者,由访问员填答的问卷。

这几种问卷各自的特点是:访问问卷回收率最高,填答结果也最可靠,但是成本高,费时长,这种问卷的回收率一般要求在90%以上;邮寄问卷的回收率低,对调研过程不能进行控制,因此可信性与有效性都较低,而且由于回收率低,会导致样本出现偏差,影响样本对总体的判断,一般来讲,邮寄问卷的回收率在50%左右就可以了;发送自填问卷的优缺点介于上述两者之间,回收率要求在67%以上。

4) 按问卷发放方式划分

根据问卷发放方式的不同,可分为留置问卷、邮寄式问卷、报刊式问卷、面访式问卷、电话访问式问卷和网上访问式问卷六大类。

4. 问卷结构

针对不同调研目的所设计的调研表在具体结构、题型、措辞、版式等方面会有所不同，但在结构总体上一般都由介绍、基本信息、问卷主体和结束语几部分组成。

1) 介绍

一般包括问候语、填表说明等。

(1) 问候语。问候语是一封致被调研者的短信。一般要说明下列内容：

①调研的主办单位或个人身份。例如“我们是××××调研公司的调研员，我们正在进行一项××调研”。如果能附上单位地址、电话号码、邮政编码、联系人姓名等更能体现调研的诚意，体现调研的正式性和有组织性，从而取得被调研者的信任和合作。

②调研的内容和范围。只用一句话说明，例如“我们正在进行蔬菜冷链送货方面的调研”或“我们这次调研，主要是想了解人们对蔬菜冷链送货的看法”。

③调研目的。对调研目的要尽可能作出恰当的、合理的解释，更要让被调研者明白这种调研对他是有益的。例如“这次调研查的目的，是想了解人们对蔬菜冷链送货的看法，为蔬菜冷链送货的决策提供科学的依据”。

④被调研者的选取方法。这项说明被调研者存在的诸如“为什么偏偏要我回答”之类的顾虑。例如“我们根据科学的方法选定了一部分消费者作为本市居民的代表，您就是其中一位”，再加上有关匿名的说明和对回答进行保密的承诺，被调研者的心理压力会小些。在结尾处一定要真诚地对被调研者表示感谢。

(2) 填表说明。清晰、简要地告诉问卷应答者该如何填写问卷。

2) 基本信息

这部分可在问卷主体之前或者之后，主要包含被调研者的人口统计学特征，例如性别、年龄、职业特征、收入等。

3) 问卷主体——核心部分

它包括了所要调研的全部问题，主要由问题和答案组成。

问题范围涵盖了事实、知识、观点或态度、动机和未来可能行为等。问题数量多寡应以能涵盖调研所希望达到目的的基本长度为好，每个问题都应该对要研究的目标有所贡献。

5. 调研问卷问题的类型

1) 按形式划分

(1) 开放式问题。不为被调研者提供具体答案，而是由被调研者自由回答问题。

例如：您若购买木制家具，会选择哪些网络平台？＿＿＿＿＿＿＿＿＿＿＿＿

(2) 封闭式问题。在提出问题的同时还给出若干个可能的答案，供被调研者根据自己的实际情况从中选择一个作为回答。

常见的封闭式问题的形式有以下几种：

①填空式。常用于那些对被调研者来说既容易又方便填写的问题(通常只需填写数字)。

例如:您家有几口人?(　　)口

您家有几个孩子?(　　)个

②二项选择式。给予两个相反的答案,由被调研者从中选择其一。

例如:您是否每天上网?　(　　)

a. 是　　b. 否

③多项选择式。允许被调研者从备选答案中选出若干答案出来。

例如:您网购木制家具时关注什么?(多选题)　(　　)

a. 材质　b. 价格　c. 胶黏剂　d. 环保油漆　e. 风格　f. 易组装　g. 送货速度　h. 其他

④顺序选择式。顺序选择式的问题答案也有多个,但要求被调研者在回答时,对所选的答案按要求的顺序或重要程度加以排列。

例如:您在购买木质家具时,主要考虑什么因素?(按重要程度进行排序)

____

a. 价格　b. 品牌　c. 产地　d. 质量　e. 售后服务　f. 材质　g. 环保性　h. 其他

该例也是多项选择式问题。

⑤评定尺度式。评定尺度式问题有几种表示方式:

- 一般表达式

例如:您对我买网海外直采的牛奶质量是否满意?　(　　)

a. 非常满意　b. 比较满意　c. 一般　d. 不太满意　e. 不满意

- 矩阵式

例如:您觉得下列选项对农业用地影响是否严重?(在每一行的适当方框中打√)

	很严重	比较严重	不太严重	不严重	不知道
a 塑料薄膜	□	□	□	□	□
b 化肥	□	□	□	□	□
c 农药	□	□	□	□	□
d 城市垃圾倾倒	□	□	□	□	□

- 表格式

例如:您觉得下列事项对农业用地影响是否严重?(在每一行合适的格中打√)

	很严重	比较严重	不太严重	不严重	不知道
塑料薄膜					
化肥					
农药					
城市垃圾倾倒					

2）按内容划分

问卷中的问题按内容可分为事实问题和态度问题两大类。

(1) 事实问题：指那些曾经发生过的事件、客观存在的事实以及一些实际的行为。它又可以分为静态资料和行为资料。

①静态资料是指被调研者的个人背景资料，包括性别、年龄、文化程度、职业等事实问题。

例如：请问您的文化程度是：________

a. 小学毕业　　b. 初中毕业　　c. 高中毕业　　d. 大学及以上

②行为资料是指被调研者曾经发生过的实际行动、作为，是了解被调研者有关行为的重要数据。

例如：您经常网购生鲜品吗？　　(　　)

a. 是　　b. 不是

(2) 态度问题：指被调研者对有关问题的看法，包括意见、情感、动机、观念和人格等。它又可分为意见资料和态度资料。

①意见资料是指被调研者对某一事物表面和暂时的看法。对于这类资料，可对每个问题单独分析以了解趋势。

例如：您对××品牌牛奶买二赠一的促销手段的看法是　　(　　)

A. 非常赞成　　B. 赞成　　C. 无所谓　　D. 不赞成

E. 非常不赞成

②态度资料是指被调研者对某一事物、现象比较持久和稳定的认识。这类资料难以通过一两个问题就加以确定，所以尽管提问时也是一个问题一个问题地问，但不能单独分析，往往要通过一组问题并与其他变量作相关分析，才能使被调研者的稳定态度体现出来。

6. 调研问卷问题的措词

同样的问题，提问方式不同，所产生的效果也会不同。因此，要设计出意思清楚、便于回答、便于统计的问卷，必须注意提问时的措辞。

1）提问时尽量用短句，不用长句

问卷要求被调研者在很短时间内回答，因此在意思能表达清楚的前提下，尽量不用长句,要使问题尽可能地清晰、简短,使回答者很容易理解。

例如,将“假设您网购的农产品的物流速度远远慢于客服说的最慢速度,遇到这种情况,您脑子里会有一些什么考虑?”改为“网购的农产品的物流速度远慢于客服说的最慢速度,您会怎样解决?”

2) 用词要确切、通俗

(1) 使用含义明确的词语,问题的含义不要过于笼统。

对于有一些词,如“经常”、“一般”、“偶尔”等,不同的人会有不同的理解,在问卷设计中应尽量避免使用,应该使用对被调研者来说只有单一含义的词语。

例如:您上个月购买大米的频率如何?

从不	少于1次
偶尔	1~2次
有时	3~4次
经常	4次以上

具体设计问题时可按“6W”准则加以推敲。“6W”即Who、Where、When、Why、What和How,以此来推断问题是否清楚。当然,并不是每一个问题都必须同时具备“6W”。

例如:您购买什么品牌的大米?

在此例中,Who——您;What——大米的牌子;When没有,容易造成偏差,是现在还是过去?故而可改为:

您在最近一个月内购买什么品牌的大米。

又如:您认为金龙鱼大米怎么样?

在此例中,“怎么样”一词过于笼统,被调研者不知道要回答哪些方面的问题,应改为:“您认为金龙鱼大米的口感怎么样?”

(2) 使用通俗易懂的词语,避免使用专业术语。

在设计问题时尽量使用通俗易懂的词语,并且应该与被调研者的文化程度水平相适应,避免使用专业术语。

例如,将“您认为通过购物平台购买海外农产品的可获性好吗?”改为“您认为通过购物平台购买海外农产品方便吗?”

(3) 问题要有明确的时间、范围、态度等界限。

例如:您在哪个购物平台购买农产品?

在此例中存在两个疑问:如果被调研者使用过两家以上购物平台购买农产品该如何回答?调研人员到底想知道什么时候?上次、上周、上个月还是去年或过去的任何时候?

3) 不提双重含义的问题

双重含义问题是指在一个问题中询问了两件事情。一个提问不要包括两个或两个以上问题，否则会使被调研者不知所措。

例如：您分别通过下列哪一个平台看到"美国车厘子"和"智利车厘子"的广告？

a. 京东　b. 我买网　c. 天猫　d. 天天果园　e. 其他

避免这种错误的有效办法之一是检查一下自己设计好的问卷，看看是否存在带有"和"、"跟"、"同"、"与"、"及"、"或"等字眼的问题。如果有，就要注意避免双重含义。

4）避免诱导性提问

诱导性问题是指向被调研者暗示了答案的问题。

例如：消费者普遍认为牛奶海外直采，我买网做得最好，您认为呢？

人们在回答问题时很容易受到暗示，因此提问不能带有诱导性，应保持中立、客观。在问题和答案的用词上要注意保持中性原则，不要用贬义和褒义的词语。

5）不用否定形式提问

采用否定式方式提出问题，要求被调研者回答是与否，是很不清晰的。这种不清晰会导致被调研者猜测，从而导致测量误差。

例如：您是否赞成牛奶海外直采？

很多人往往容易漏掉"否"字的含义，并在这种理解的基础上作出回答。因为人们习惯肯定陈述的提问，否定式提问会影响被调研者的思维，容易导致相反意愿的回答或选择。因此应用肯定形式提问。

6）不直接问敏感性问题

对于敏感性问题（涉及私人生活的问题，如收入、家庭生活、个人习惯、政治与宗教信仰等）直接提问往往会导致被调研者拒答，因此要采取间接提问法。

(1) 用第三人称方法提问。

(2) 要求被调研者选出答案的类别而不是提供具体的数字。例如：

不要问：您的收入是多少？

改为：您的年收入水平属于下列哪一类？

a. 1万元级以下　b. 1～2万元　c. 2～3万元　d. 3万元以上

(3) 将敏感性话题放在问卷的最后。

7）避免假设性问题

诸如"假设"、"打算"、"可能"这类词语尽量避免，因为这种提问本身就已经假设所有对象已被告之，拥有必备的常识。这样往往不会产生精确的有用的回答。

例如：假设您要网购大米，您更愿意购买北大荒牌而不是金龙鱼牌。

这是很难回答的问题，需要知道两种大米的各种假设。

8）避免问题要求评价或概括

这类问题要求被调研者作出汇总性或综合性的回答，往往招致被调研者的抵制。

例如：您每周在粗粮上的花费是多少？

这本可以通过追踪客户日志得到精确答案。

7. 调研问卷问题的数目和顺序

一份问卷究竟应该包含多少个问题合适，主要由研究内容、样本性质、分析方法、拥有的人财物力等因素决定，没有统一的标准。但总的来说，问卷不宜太长，问题不宜太多，一般以被调研者能在30分钟内完成为宜。若调研内容是被调研者不熟悉的，采取的又是自填问卷的方式，则能使被调研者在20分钟内完成的问卷最好。

问题的前后次序及相互之间的联系会影响到被调研者对问题的回答。如何安排问卷中问题的顺序呢？一般有以下常用的规则：

(1) 被调研者熟悉的、简单易懂的问题放在前面。

(2) 能引起被调研者兴趣的问题放在前面。

(3) 开放式问题放在问卷的结尾部分。

(4) 按照行为—态度—个人资料的顺序排列。

(5) 按照时间顺序、难易顺序、类别顺序(询问同一事物的问题)等逻辑顺序排列。

表4.3列出了问卷中根据问题类型确定的问题顺序。

表4.2 问题类型与顺序

问题类型	问题所处位置	例子	理论依据
过滤问题	最早提出的问题	“在过去一个月中您是否在超市买过东西?”	用于选择符合调研要求的被调研者
热身问题	在过滤问题之后	“您经常买东西吗?”“您通常在一周的哪几天买东西?”	问题较为简单、有趣，使被调研者感到调研是轻松的
过渡问题	在主要问题前或变换一下提问方式	“在以后几个问题中，我要问您一些您家中看电视的习惯问题。”	将被调研者引入正题，或是提醒他接下来要变换一下提问方式
较复杂或难以回答的问题	一般位于中间，接近结束	“请按您的喜欢程度将下列品牌从1到7排列。”	此时被调研者已同意完成调研，并且剩下的问题不多了
敏感性问题(个人资料类)	最后	“您的最高学历是什么?”	一些关于个人的资料问题，应将这些可能令人不快的问题放在最后

8. 调研问卷答案的设计

答案是调研问卷中非常重要的部分。如何列举答案，关系到被调研者是否能够回答、是否容易回答，还关系到问卷资料价值的大小。因此答案设计有一些具体的要求。

1）答案应具有穷尽性和互斥性

一方面，所列出的答案要能包括所有可能的回答，不能有遗漏，不能使有的被调研者无答案可选（即没有一个答案符合他的情况）；另一方面，所列的答案相互之间又不能相互重叠或相互包含，不能使有的被调研者可以填多于一个的答案（即有两个以上的答案都符合他的情况）。

2）答案选择不应重叠

这一条适用于封闭式问题，提供多个答案要求被调研者从其中找出最合适的答案。

例如：您每月购物频率是　　（　　）

a. 2 次以下　　b. 2～4 次　　c. 4～8 次　　d. 8 次以上

此例中，因为各个答案选项均有重叠，可改为：

a. 2 次及以下　　b. 3～4 次　　c. 5～8 次　　d. 9 次及以上

3）正确使用“其他”

当对于有些问题的答案要将它们全部列出十分困难也没必要时，在设计答案时可列出几个主要答案，然后加上一项“其他”，这样问题的答案即可以做到具有穷尽性，又不至于太繁琐。

4）根据需要来确定问题的层次

弄清需要得到的是哪个层次上的信息，是类别信息，是顺序信息，还是等比信息？根据需要设计问题。例如，要了解人们每月的工资收入，可分为几种情况加以区别。

(1)要了解每一个被调研者相互之间的差别与比例关系，可采用填空形式。提问形式为：

您每月的工资收入是________元。

(2)要了解总体中个体在不同等级的分布情况，则使用顺序变量来测量。同样的问题可采用以下提问形式：

您每月工资收入处在下列哪个范围内？（在合适的答案编号上打√）

a. 1 000 元以下　　b. 1 000～2 000 元　　c. 2 001～3 000 元

d. 3 001～4 000 元　　e. 4 001～5 000 元　　f. 5 000 元以上

(3) 如果仅想了解调研总体处于全国平均水平的比例，则使用类别变量来测量。若全国月平均工资水平为 2 000 元，则提问形式为：

您的月工资水平属于下列哪一类?（在合适的答案编号上打√）

a. 2 000 元以下　　　　　　b. 2 000 元及以上

除此之外,还要注意版面设计的问题,问卷外观应清爽、整洁,四周留有足够的空白,行与行之间、列与列之间不应太紧凑;对于开放式问题应留有 3～5 行空白;所有的说明应用独特的字体以示与问题的区别。例如:“如果回答‘是’则回答问题3,否则跳到问题 17”这类说明性文字就应该采取与问题不同的独特字体。

4.3.2　量表的设计

1. 量表概述

量表是一种测量工具,它试图确定主观的(有时是抽象的)概念的定量化测量的程序。对事物的属性可以用不同的规则分配数字,这些数字反映了调研对象所拥有的某种属性的数量,因此形成了不同测量水平(又称为测量尺度)的测量量表。因此,必须注意调研目标、所测量属性的精确定义以及测量规则和属性之间的一致性。测量尺度可分为四种,分别是:定类尺度、定序尺度、定距尺度和定比尺度。与四种测量尺度相对应而制作的量表也有四种,分别是:类别量表、顺序量表、差距量表和定比量表。

1) 类别量表——目的是分类

类别量表是根据被调研对象的性质分类,它将数据分成各种相互排斥、互不相容的各种类别。这意味着任何一个数字都将适合于一类而且是唯一的一个类别。这些数字仅仅是用来分类或命名的,数字本身没有真实的意义,不能排序或做加减乘除运算,它们只是一种标签或识别符号。例如:

性别:1. 男性　2. 女性(　　)

地理区域:1. 城市　2. 农村　3. 郊区(　　)

类别量表得到的资料是各分类答案的数量,其平均态度值用众数表示,用来代表一组数据的多数水平。不能以算术平均数或中位数表示,但可计算各类答案的百分比以供比较。可供选择的统计方法有频数分析、比例分析、众数、部分相关分析等。

2) 顺序量表——目的是排序

顺序量表是表示各类别之间的顺序关系的一种量表。先在量表中列出若干答案,再由每个被调研者根据自己的态度来确定答案之间的顺序关系。一个对象具有比其他对象或多或少或者同样数量的属性。定序尺度暗含排序,第一位的对象大于或者小于排在第二位的对象,依次类推。数字之间既不暗含距离的属性,也不反映对象所拥有特征的重要程度。

例如:请对下列不同品牌的大米按 1 到 5 进行排序,1 表示最喜欢,5 表示最不喜欢。

北大荒　（　）
金龙鱼　（　）
福临门　（　）
葵花阳光（　）
苏垦　（　）

这里的1、2、3、4、5数字符号仅表示顺序，并不表明量的绝对大小，也不能表明两个数字之间的差距有多少。由于顺序量表的目的是排序，因此任何可以代表顺序关系的数字都可以接受。顺序量表常用于质量排序、社会经济阶层及职业地位的调研，测量人们的相对的态度、观点、感受和偏好，代表各类答案的数字不能做加减乘除运算，可用百分位数、中位数、序数等进行统计描述，可选择的统计方法有频数分析、百分比分析、平均分等。

3）差距量表

定距尺度数据反映的是一个对象拥有某种属性比其他对象多多少。差距量表就是表示各类别之间的顺序关系差距的量表。差距量表不仅能表示各答案之间的顺序，还可以测量各顺序位置之间的距离，但没有绝对的起点（零点）。将物体A、B、C、D定级为1、2、3、4或者33、36、39、42是等价的。使用差距量表得到的数据可以进行加减运算，但不能作乘除运算。常用的统计描述和分析方法有平均数、标准差和方差分析、回归分析、简单相关等。

同理，上例中如果北大荒得20分而金龙鱼得10分，不能得出结论说对北大荒的喜欢程度是金龙鱼的2倍。例如，按自己的喜爱程度对几种品牌的大米打分，若北大荒得20分，金龙鱼得15分，则可以说金龙鱼的得分比北大荒少5分。

差距量表的缺点是没有绝对零点，造成不同品类商品之间不好比较。

4）定比量表

定比量表除了有差距量表的全部特征外，还具有顺序、距离和统一起点的属性，即具有真正零点。定比量表中的零点是客观存在的，所列各答案之间具有类别关系、顺序关系、等距关系和比率关系。例如企业的销售额、广告费、受访者年龄、收入等的测量均可使用定比量表，月收入5 000元的人是月收入2 500元的人的2倍。定比量表常用几何平均数、调和平均数和变异系数等进行统计描述。例如，测量商品周转量时，用“销售金额”就可相互比较，因为“销售金额”的单位不但是定距的，而且有绝对零点，即销售为零。

在以上四种量表中，最常用的是类别量表和顺序量表。表4.3列出了四种量表的比较。

表 4.3　量表比较

量表类型	基本特性	数据示例	营销实例	描述性分析	推断性统计
类别量表	数字用于对物品的识别和分类	苹果、橙子、桃子	商店类型、性别分类	频数分析、比例分析、众数	部分相关分析、二项式检验等
顺序量表	数字代表物品的相对位置，但没有指明差距的大小	大包装、中包装、小包装	偏好排序、市场占有率排序、社会阶层	百分比、中位数、频数分析	序数相关、ANOVA、平均分
差距量表	物品之间可比较的差距，零点是任意定的	大包装净重是中包装的两倍；中包装净重是小包装的两倍	态度、观点、指数	全距、平均数、标准差	方差分析、回归分析、简单相关
定比量表	零点是固定的，可以计算尺度值的比	大包装净重 30 kg；中包装净重 20 kg；小包装净重 10 kg；	年龄、销售额、成本、市场份额	几何平均数、调和平均数	变异系数

2. 常用的测量方法

测量方法有很多种，这里只介绍几种简单的方法。测量主要使用量表技术设计量表，量表技术可分为比较量表和非比较量表两类，每类包括的具体技术方法如图 4.3 所示。

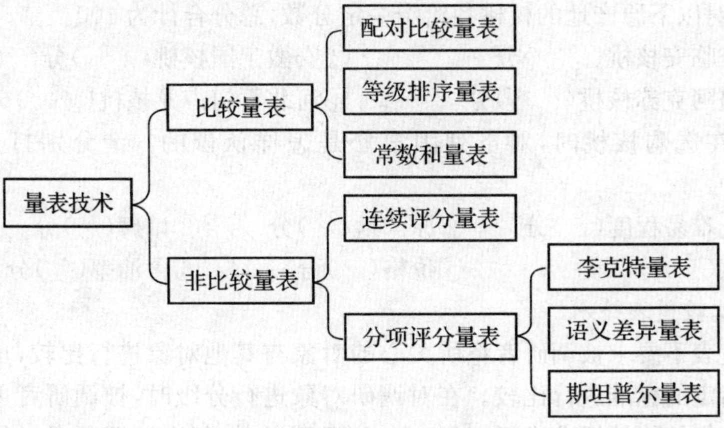

图 4.3　量表技术分类

1）比较量表技术

这类量表确保所有的调研对象都是以同一已知的参考点开始着手分级。

(1) 配对比较量表。给调研对象列出若干成对的答案，要求被调研者在成对的答案中二选一。简单的配对比较量表示例如下：以下两个产地的大米，从口感来说，您觉得哪个更好一些？东北大米（ ）；苏北大米（ ）。

比较复杂的配对比较量表如下：

网购木质家具的配对比较量表

以下是用来描述木制书桌的特点，请您指出，若您网购时，更加看重每组中的哪一个属性。

A. 中式风格（ ）；　　西式风格（ ）；
B. 桌面可调（ ）；　　桌面固定（ ）；
C. 清水油漆（ ）；　　环保油漆（ ）；
D. 实木材质（ ）；　　非实木材质（ ）。

(2) 等级排序量表。等级排序量表是一种相对值的评价方法，是调研人员向被调研者同时列举若干个不同因素，被调研者根据自己对这些因素的认识划分出等级的一种量表形式。

例如：下列5种原产地的螃蟹，请按您的喜爱程度分别给予适当的分数（顺序由1至5）。

阳澄湖（ ）；固城湖（ ）；微山湖（ ）；南湖（ ）；溱湖（ ）

(3) 常数和量表（固定总数量表）。常数和量表是由被调研者在固定数值范围内，根据标准（如偏好或重要性等）对所测的项目依次分配一定的数值，作为不同评价的一种测量表。这是调研中的常用量表之一。

例如：对以下原产地的核桃各给予一定分数，总分合计为100。

①浙江临安核桃（ ）分　　②安徽宁国核桃（ ）分
③新疆阿克苏核桃（ ）分　　④河北石门卢龙核桃（ ）分

又如：在选购核桃时，对下列因素您是怎样认识的？请分别打分，总和为100分。

①去壳难易程度（ ）分　　②原产地（ ）分　　③口碑（ ）分
④口感（ ）分　　⑤价格（ ）分　　⑥含油率（ ）分

2）非比较量表技术

这类量表不要求被调研者将所关心的对象与其他对象进行比较，也不要求其按照某些给定的标准进行比较。在对调研对象进行分级时，被调研者可以根据任何适合于该标的物的标准进行分级。在分配等级时，每个被调研者必须使用自己的标准，而不是调研人员提供的标准。

(1) 连续评分量表。连续评分量表是一种顺序量表，是市场调研中运用较为广泛的测量工具。人们对某种事物的态度可能很复杂，但不外乎在两种极端态度之间。调研人员根据被调研者的可能态度，拟定有关问题的答案量表。量表的两端是两种极端态度，在中间划分若干不同的等级，制定人们不同态度的位置，每个位置给定一个分数，从而把态度数量化。

连续评分量表在调研中的应用很广，它的形式有下列几种：

方式一：

非常不重要									非常重要
1	2	3	4	5	6	7	8	9	10

方式二：

完全不重要	不很重要	不重要	无所谓	重要	很重要	非常重要
1	2	3	4	5	6	7

方式三：

完全不重要						非常重要
−3	−2	−1	0	1	2	3

方式四：

在平均之下	在平均之上	稍佳	甚佳	最佳之一	最佳
□	□	□	□	□	□

前三种为平衡量表，有利答案数目与不利答案数目相等。表中分数的设计有两种方式，一种是按自然数列设计，最不利态度给 1 分，其次 2 分，依次类推，最有利态度得分最高，最高分的分数就等于所列答案的个数，这种量表又称为几分制量表；另一种是中性态度给零分，有利态度分值为正，不利态度分值为负，且相互对称设计，总分为零。

方式四是非平衡量表。如果调研之前已经掌握调研结果可能在有利态度方面时，由于整个量表中有利态度较多，可以使有利态度的答案设计更精确，这样结果更准确。

无论分数怎样设计，在调研资料汇总时，都可以计算总分和平均分，以平均分作为被调研者的态度平均值。

(2) 分项评分量表。分项评分量表中，向被调研者提供一个有数字量表和/或有关每个分类的简要描述，要求被调研者从给定的分类中选出一种，以量表位置的形式进行排序，该位置能最好地描述所调研的对象。这种量表可以采用不同的形式来反映所用分类的数字、词语描述的性质和程度、喜欢和不喜欢的分类数量、中点位置。这种量表可具有询问分类的任何数字，但控制因素与被调研者的辨别分类能力有关。分项评分量表常用于测量购买意向，购买者量表反映的是被调研者对产品或品牌的兴趣。

①李克特量表。李克特量表是一种被广泛使用的评分量表。它要求被调研者就关于刺激物体的一系列陈述中的每一项问题指出同意或不同意的程度,一般一个量表有5个反应类别。

例如:某消费者网购海鲜品对物流环节的一些叙述,请用数字1～5表明您对每种观点同意或反对的强烈程度。1=强烈反对;2=反对;3=既不同意也不反对;4=同意;5=十分赞同。

冷冻措施到位	1	2	3	4	5
外包装严密	1	2	3	4	5
发货速度快	1	2	3	4	5
派件员送货速度快	1	2	3	4	5

假设某被调研者选择的选项分数分别为4、3、4、2,则该消费者得分为4+3+4+2=13分。

还可以有第二种应用,即按确定的标准进行分类比较。

例如:

	完全不同意	不同意	不确定	同意	完全同意
网购的海鲜品未变味	□	□	□	□	□

结果可令完全不同意为-2,不同意为-1,不确定为0,同意为1,完全同意为2。

②语义差异量表。语义差异量表是一个7级评分量表,两端由极端词语或陈述描述评价的对象。如下例所示,每个两端对立的描述间由7级程度组成。为了消除任何位置偏差,赞成或不赞成的对立描述随机地分布在两端,被调研者在由两端成对的比较形容词组所形成的7个差异类别中,选出一个最能描述对研究事项看法的选项,所有正面的形容词组放一边,所有负面的形容词组放另一边。对7个差异类别赋予一定编号,通常用1～7进行赋值,不喜欢的形容词组为1,其对立端的形容词组为7,总分数是汇总每个形容词组的回答计算而得。

例如:在微商各种的网络推广方式中,您对微信推广的印象如何?请按照下面的问题,在您认为最合适的数字上画"○"。

1. 可信	1	2	3	4	5	6	7	不可信
2. 信息量大	1	2	3	4	5	6	7	信息量不足
3. 创意新	1	2	3	4	5	6	7	无创意
4. 引人入胜	1	2	3	4	5	6	7	无吸引力
5. 信息实时更新	1	2	3	4	5	6	7	不更新

③斯坦普尔量表(中心化量表)。斯坦普尔量表又称为中心化量表,它将单独一个形容词放在量表的中间,评分从-5到+5共有10个级别,没有中立点,同时测量应答者态度的方向和强度。这种量表通常垂直展示,要求被调研者选择一个

适当的数字作为每一项目对物体描述得精确或不精确的程度。在+5上画圈代表非常赞成,在-5上画圈代表持相反极端意见,可以对每个被调研者的分数进行加总,与其他被调研者的总分进行比较。

例如:选择一个你认为能精确描述本次森林旅游的分数,表达您的意见,你认为描述的精确度越高,就选择越大的正数;反之,选择一个你认为不能描述本次森林旅游的负数,表达您的意见,你认为描述的精确度越低,就选择越小的负数。

斯坦普尔量表

我们的森林旅游

+5	+5
+4	+4
+3	+3
+2	+2
+1	+1
高品质服务	糟糕的服务
-1	-1
-2	-2
-3	-3
-4	-4
-5	-5

中心化量表免去研究人员设计双向形容词的繁重工作,在态度测量时具有较高的分辨度。但是,描述性形容词难以精准确定(可能是中性的,也可能偏向肯定或否定),测量结果偏主观(形容词的选择影响测量结果和人们的反应能力)。

【案例分析】农产品网络调研

为了了解农产品网络购买意愿,设计一份以下的调研问卷,请分析其中的不妥之处。

农林生鲜品网络购买意愿调研表

尊敬的消费者:

您好!本调研问卷是为了了解消费者在网络上购买农产品的意愿。您的任何见解和意见对本次调研至关重要,敬请根据实情填写。本次调研采用匿名制,问卷内容只作为统计之用,不涉及填表人个人利益。问卷占用您的宝贵时间和精力,对此,我们向您表示衷心的感谢。请您选择您认为合适的选项,清晰标注,未特别说明时均为单选项。

第一部分:基本信息

1. 您的性别 ( )

A. 男　B. 女

2. 请问您的年龄是？（　）

A. 25 岁以下　B. 26～35　C. 36～45　D. 46 岁以上

3. 您的学历（　）

A. 初中(包括中职中专)　B. 高中(包括高职)

C. 大专　D. 本科

E. 研究生

4. 您的月均收入是（　）

A. 3 000 元以下　B. 3 001 元～6 000 元

C. 6 001 元～9 000 元　D. 9 001 元～12 000 元

E. 12 000 元以上

5. 当前，您的家庭人口（　）

A. 1 人　B. 2 人　C. 3 人　D. 4 人

E. 5 人　F. 6 人以上

6. 您的网龄（　）

A. 3 年以下　B. 3～6 年　C. 6 年以上

7. 平均每周上网时间（　）

A. 10 小时及以下　B. 10～20 个小时　C. 20 小时以上

第二部分：主体部分

1. 您认为农产品的市场价格合理吗？（　）

A. 合理　B. 一般　C. 不合理

2. 您希望吃到什么样的农林产品？(多选题)（　）

A. 无公害食品　B. 有机食品

C. 绿色食品　D. 原生态食品

3. 您对农林产品营养健康的态度是？（　）

A. 无所谓　B. 偏重营养健康　C. 很重视

4. 您家里网购农林生鲜品的频次（　）

A. 每天都有　B. 两三天一次　C. 四五天一次　D. 一周一次

E. 一周以上一次　F. 基本上不买

5. 您网购农林产品的时间一般是(不包括右边界时间)（　）

A. 6：00～8：00　B. 8：00～10：00

C. 10：00～12：00　D. 13：00～15：00

E. 15：00～17：00　F. 17：00～19：00

G. 其他

6. 您平时购买农林生鲜品会选择　(　)

A. 菜市场　B. 超市

C. 第三方网络平台　D. 垂直型网站

7. 网购农林商品时,您会优先选择品牌农产品　(　)

A. 是　B. 否

8. 在生活中,网络购物是您生活消费必不可少的一部分　(　)

A. 非常不同意　B. 不同意　C. 一般　D. 同意

E. 非常同意

9. 您通过网络购买农林生鲜品方便快捷　(　)

A. 非常不同意　B. 不同意　C. 一般　D. 同意

E. 非常同意

10. 网购农林商品时,您会选择规模大的购物网站　(　)

A. 非常不同意　B. 不同意　C. 一般　D. 同意

E. 非常同意

11. 网络购买农林商品时,您会选择信誉好的商家　(　)

A. 非常不同意　B. 不同意　C. 一般　D. 同意

E. 非常同意

12. 网络购买会让您有更多的品种可以选择　(　)

A. 非常不同意　B. 不同意　C. 一般　D. 同意

E. 非常同意

13. 您会比较注重网购农林生鲜品的产地　(　)

A. 非常不同意　B. 不同意　C. 一般　D. 同意

E. 非常同意

14. 网络购买能够让您买到更高品质的农林生鲜品　(　)

A. 非常不同意　B. 不同意　C. 一般　D. 同意

E. 非常同意

15. 通过网络购买农林生鲜品需要的私人信息太多,不安全　(　)

A. 非常不同意　B. 不同意　C. 一般　D. 同意

E. 非常同意

16. 网络购买看不见的农林生鲜品,担心质量问题,不放心　(　)

A. 非常不同意　B. 不同意　C. 一般　D. 同意

E. 非常同意

17. 对于网购生鲜品愿意接受哪种货款支付方式?(可多选)　(　)

A. 我愿意接受像淘宝那样的第三方支付的方式

B. 我愿意接受货到付款这样的支付方式

18. 对于送货时间您可以接受的最大限度是 ( )

A. 当天订货当天送到 B. 当天订货次日送到

C. 订货两天后送到 D. 订货三天后送到

19. 对于网购农林生鲜品的价格,您可以接受的最大限度是(此价格包含运费在内) ( )

A. 比采用传统方式购买的价格低

B. 与采用传统方式购买的价格一样

C. 比采用传统方式购买的价格高 0～10%

D. 比采用传统方式购买的价格高 10%～20%

E. 比采用传统方式购买的价格高 20%～30%

20. 您网购农林生鲜品最关注什么? ( )

A. 安全 B. 价格 C. 品牌 D. 包装

E. 营养

21. 您最喜欢网购哪些农林产品?(多选题) ( )

A. 禽蛋类 B. 水果类 C. 蔬菜类 D. 主食类

E. 杂粮类 F. 肉类 G. 水产品类 H. 林下作物类

22. 您会首先选择哪一种外包装的农林产品? ( )

A. 散装 B. 简装 C. 礼品装 D. 精装

23. 您是否浏览过天猫喵鲜生、顺丰优选、本来生活等主要经营生鲜农产品的网站或京东超市、1 号店等网站的生鲜食品板块? ( )

A. 是,并且购买过

B. 是,但没有购买

C. 否,但有所了解

D. 否,没有听说过这些网站或不知道这些网站上有生鲜农产品出售

24. 对于网购农林生鲜品的品质,您可以接受的最大限度是 ( )

A. 比我采用传统方式购买的品质好

B. 与我采用传统方式购买的品质一样

C. 比我采用传统方式购买的品质差 0～10%

D. 比我采用传统方式购买的品质差 10%～20%

E. 比我采用传统方式购买的口味差 20%～30%

本卷已完成

谢谢您的参与!

第五章　网络消费者购买行为分析

网络消费者的购买行为是影响网络营销的重要因素。传统营销活动中，消费者仅仅是商品和劳务的购买者，对于整个流通过程的影响往往只有在最后的阶段才能显现出来，而且影响的范围较小，主要是在家庭、朋友中间产生影响。而在网络营销中，每一个消费者首先是一个活跃在不断变化的虚拟网络环境之中的"冲浪者"，他一方面扮演着个人购买者的角色，另一方面则扮演着社会关系者的角色，起着引导社会消费的作用。所以，网络消费者的购买行为是个人消费与社会关系交织在一起的复杂行为。本章将深入探讨网络消费者的购买行为，为生产厂家和网络中介商提供决策的科学依据。

5.1　互联网时代消费者的转变与消费环境的特征

从 1969 年互联网起源于美国，直到 1995 年万维网（WWW）协议建立以及同年首个网络浏览器 Mosaic 诞生以前，互联网一直都只被用于科学研究。随后，互联网风暴席卷了全球。互联网的迅猛发展离不开消费者和企业等社会组织的积极推动，同时互联网的蓬勃发展也使得消费者和企业等社会组织的角色产生了巨大转变。互联网的不断发展，网上信息与产品的不断丰富与繁荣，促成了消费者在观念意识、消费心理和购买行为上的巨大转变。

5.1.1　消费者的转变

1. 消费者观念转变

传统营销中，消费者获取产品与服务相关专业知识的途径和渠道比较有限，同时这种专业知识的获取需要一定的成本，还会耗费大量的时间与精力，而且消化和吸收这些专业知识既是个难题，更多时候也显得没有必要。这些原因打击了消费者学习和掌握产品与服务相关专业知识的积极性，导致消费者对产品与服务相关专业知识的匮乏，促成了消费者被动的不利局面。随着互联网的不断发展，网上信息的开放性使消费者获取产品与服务相关专业知识的渠道更加广阔，上网费用的低廉极大降低了相关专业信息的获取成本，上网的快捷与全天候、跨地域等优势既提高了消费者收集信息的效率也克服了传统营销中的诸多不便。随着互联网上信息与产品的日益丰富与繁荣，消费者不再被动地等待和抱怨，而是积极、主动地参与到营销活动中来，主动地搜集、获取与商品有关的各种信息，积极地分析、比较和评价，减轻风险感，减轻和避免购后的后悔感并争取心理上的购物满足感与成就感。

2. 消费心理转变

在传统营销中，消费者总是被集群化服务，工业化和标准化的生产方式以及标准统一化的营销与沟通方式使消费者的个性被淹没和压抑。在如今的网络时代，消费者的个性化消费需求与消费行为开始冲击主流消费。社会物质产品的多样化和生产技术水平的不断提高为个性化消费提供了坚实的产品基础，同时消费者也渴望从个体心理愿望的角度挑选和购买商品与服务，消费者开始定制自己的准则并向商家提出要求。消费者还追求购物乐趣体验以排解压力，消遣时间，寻找生活乐趣，满足心理需求。

3. 消费者行为转变

互联网时代的消费者在行为方面有如下转变：

(1) 积极上网。互联网是一个庞大的数据库，网上信息极其广泛，包罗万象。消费者已经开始积极、主动地上网搜集所需要的各种信息。

(2) 个性化定制产品或服务。如在网上个性化订购木质家具、鲜花等。

(3) 积极体验各种新型的网上购物方式。

(4) 参与生产活动。消费者通过网络参与网商的生产活动与营销活动等，充当生产型消费者和销售型消费者。如消费者从种植端的网商那里认购一定面积的土地，种植的作物类型由消费者决定，消费者可以自行打理，也可以委托网商代为进行田间管理。从土地认购、种植到田间管理、产出物配送等均可以通过网络完成。

5.1.2 网络消费环境的特征

网络消费环境较线下消费环境具有以下特征：

1. 消费者认知能力较强

消费者在信息海洋中搜寻自己需要的信息时需具备一定的搜索能力。消费者不仅要能够将自己的需求提炼为关键词，而且要具备从搜索结果中筛选出特定内容的认知能力。消费者可以自由选择和管理信息，根据需求控制自己的网络搜索和网络信息认读的内容范围、时间和顺序等，具有信息控制权。这就要求网络消费者具备较高的认知能力。

2. 缺乏产品的经验型属性信息

市场交易产品的属性一般分为探索型属性、经验型属性和信任型属性。探索型属性是指即使没有使用该产品的经验，也能评价这一产品的效用。经验型属性是指在有过接触该产品的经验后，才能评价这一产品的效用。信任型属性是指即使有过使用该产品的经验，也很难评价这一产品的效用。

在网络环境中，消费者很难通过诸如触摸、嗅闻、品尝、试穿等直接经验来评价产品的品质，经验型属性信息的传达受到局限。于是在网络环境中，消费者在评价产品品质时更依赖探索型属性。在网络环境中如何克服由于缺乏经验型属性而在信息传达上造成的局限呢？克服方法一就是转变消费的推理过程，将经验型属性转变为探索型属性。因为探索型属性与经验型属性之间的区分并不是绝对的，它们依据消费者区分方式的不同而相互转化。即使是经验型属性，如果能为评价这些属性价值提供充分的信息，消费者也会将这些属性看作适合网络的探索型属性。克服方法二就是增加参考物权威性，将对参考物(银行信用、舆论领袖意见和认证标识等)的信任转移至目标产品，进而提升和补充使用者对目标产品的经验值，便于产品选择决策时的评价。

3. 通过超文本提供信息

网络消费者接触到的信息是超文本方式提供的。超文本是一种具有组织性的信息，它能够根据消费者的选择将相关内容快速切换。这些信息的实体又被称为链接或超链接。也就是说，在通过超链接提供信息的网络环境中，消费者无须根据已定的顺序处理信息，而是根据自己的目标或需要选择从属信息，自由地移动到链接网页。

通过超文本提供信息的方式并非完美无瑕，因为通过超文本实现的导航是十分复杂的认知活动，消费者必须在认知时投入大量精力。他们必须记住自己的位置，决定下一步的方向，同时还必须记住以前访问过的地址和内容，从而加重消费者认知上的负担。因此，由于认知上的负担，超文本也时常阻碍消费者有效地处理信息。

4. 网络体验更显重要

在网络环境中，体验不仅与购买的产品相关，还与网页信息的获得、内容产品的使用及感受等相关联。对网络环境下消费者感受的最佳状态，霍夫曼和诺瓦克(Hoffman and Novak，1996)用“沉浸”(flow)这一概念进行了说明。沉浸是指在使用网络过程中产生的主观经验，是用户与电脑相互作用后触发的连锁反应，是一种内在快乐、丧失自我、自我强化的状态。为了获得沉浸，消费者必须具备一定的能力和技术，以控制通过网络经历获得的信息，而且通过网络提供的内容必须是值得注意并具有一定挑战性。如果消费者控制信息的能力和技术水平非常高，经历的内容就有可能逐步变为免费的；反之，如果消费者的技术水平非常低，就不能充分利用网站上的内容，甚至会感到不知所措。因此，适当维持网站内容的难度与消费者技术水平之间的平衡是创造沉浸的关键。现有研究表明，学习、探索行为、积极的情感等要素能够为沉浸带来积极的影响。

5.2 农林产品网络市场概述

5.2.1 市场概述

1. 市场的概念

市场是一个具有多重含义的概念。市场是由一切具有特定欲望和需求并且愿意和能够以交换来满足这些需求的潜在消费者所组成的整体。市场包含三个要素:需要未满足的消费者、购买力和购买欲望。

(1) 消费者是市场的最基本条件。人类聚集区存在着各种各样的物质和精神方面的需要,这就可能存在市场。

(2) 购买力是消费者支付货币、购买商品或服务的能力。有支付能力的需要才是有意义的市场。

(3) 购买欲望是消费者主体购买商品或服务的动机、愿望或要求,是消费者把潜在的购买力变成现实购买力的驱动力。

市场三要素是相互制约、缺一不可的,只有三者结合起来才能构成现实市场,决定市场规模和容量。

2. 网络市场的概念

网络市场指对某种商品和服务具有特定欲望和需求并且愿意和能够通过互联网络来购买这些产品和服务的消费者的总和。网络市场包含四个要素:需要未满足的网络消费者、购买力、购买欲望和交易平台。这四个要素的关系可用公式表示为:网络市场=网络消费者+购买力+购买欲望+交易平台。

交易平台是网络营销活动的主要载体和场所。交易平台可以由企业自建、独立运营或由第三方托管,也可以在第三方交易平台完成营销活动。

5.2.2 网络市场现状及发展趋势

1. 移动网购市场规模扩大

网络零售市场随着人口红利日渐消失以及网络购物渗透率达到较高水平,我国网络零售市场日趋进入成熟期,网络零售市场整体增速下降。根据 Analysys 易观智库预测数据显示,2015 年中国网络零售市场规模将达到 38 351.7 亿元人民币,较 2014 年增长 33.9%。预计到 2018 年,中国网络零售市场规模将达到约 6.5 万亿元人民币(图 5.1)。但是,移动网购市场规模逐渐超出 PC 端交易规模。2015 年中国移动网购市场规模将达到 20 752.7 亿元人民币,增长 140.8%,其在网上零售市场中的占比将达到 54.1%(图 5.2)。移动端的重要性已超越 PC 端,成为网络零售市场中最重要的入口。

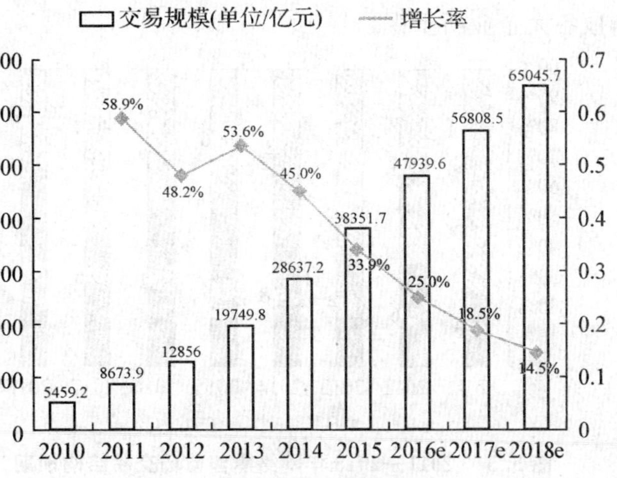

图 5.1　网络零售市场规模预期

数据来源：易观智库

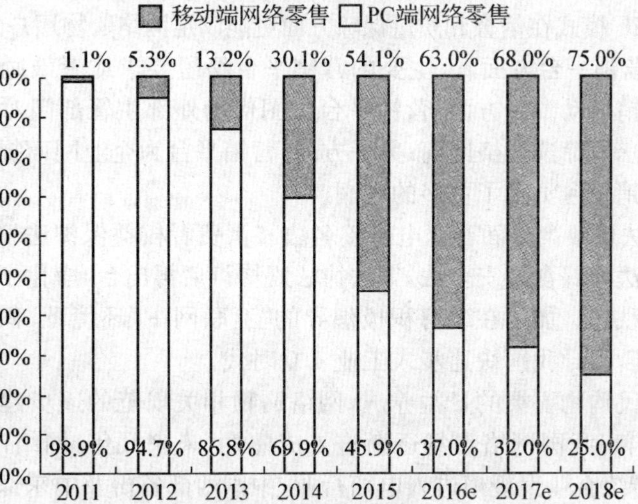

图 5.2　网络零售市场移动端交易规模占比预期

数据来源：易观智库

2. B2C 市场引领网络零售市场规模增长

艾瑞咨询数据显示，2014 年，我国网络零售市场中 B2C 交易规模达 12 882 亿元，占整体网络零售市场交易规模的比重达到 45. 8%（图 5. 3），较 2013 年的 40. 4%增长了 5. 4 个百分点。从增速来看，B2C 市场增长迅猛，2014 年我国网络零售 B2C 市场增长 68. 7%，远高于 C2C 市场的 35. 2%的增速，B2C 市场将继续成为网络零售的主要推动力，缘由主要为：

(1) 从企业方面看，除纯电商 B2C 网站外，传统企业也纷纷涉足 B2C 市场，

B2C 交易逐渐被各大企业所重视。

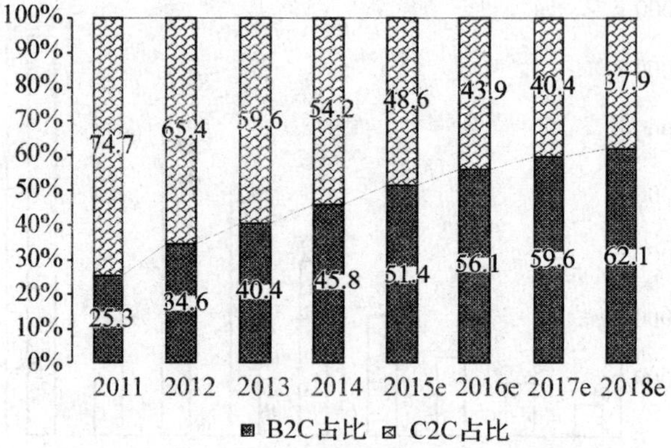

图 5.3　2011—2018 年网络零售市场交易结构预期

(2) 从消费者方面看，随着网络零售市场的逐步发展与成熟，网络购物用户的消费观念逐渐发生改变，对商品品质的诉求不断提升，对网商的要求日益提高。与 C2C 模式相比，B2C 模式在信誉和质量保障方面更能满足网络购物用户的消费诉求。

(3) 从营销平台方面看，主要的营销平台纷纷要求或者鼓励网商以企业形式从事网络营销活动。一方面，营销平台力图借助外部主管部门对企业进行行政许可审核、年检等，筛选合格网商；另一方面，营销平台为企业网商提供的增值性第三方服务为网销平台贡献了更多的利润。

(4) 从法规政策方面看，《电子签名法》《消费者权益保护法》《侵害消费者权益行为处罚办法》和《食品安全法》等法律法规修订后再出台，净化了网络营销环境和维护了市场秩序。加之在政府积极倡导的“互联网＋”环境下，积极促进了大众创业、万众创新，引导我国快速步入工业 4.0 时代。

随着网民购物习惯的日益养成，网络购物相关规范的逐步建立及网络购物环境的日渐改善，我国网络市场逐渐进入成熟期，未来几年，网络市场增速将趋稳。同时，随着传统企业大规模进入电商行业，中国西部省份及中东部三四线城市的网络购物潜力也将得到进一步开发，加上移动互联网的发展促使移动网络购物日益便捷，我国 B2C 市场还将继续推动网络零售市场规模增长。

3. *B2C 购物平台两极分化严重*

从市场份额来看，天猫、京东地位稳固，其他电商企业竞争激烈。2014 年，B2C 市场中，天猫的市场份额占比达 61.4%，京东的占比为 18.6%，合计为 80%（图 5.4），成为市场最大的寡占者。苏宁易购、唯品会、国美在线、1 号店、当当、亚马逊中国等分食剩下的市场份额，但是各自占比均在 3%之下。从自主销售（自营）为主的 B2C 市场来看，京东占比接近 49%，一支独大。苏宁易购 8.5%、唯品会 7.7%、国美在线 4.5%、1 号店 3.9%、当当网 3.6%、亚马逊中国 3.4%（图 5.5）成为自主销售第二方阵。因此，阿里巴巴、京东等综合性电商在进行多元化发展的同时，其他电商企业也纷纷在行业内寻找自己的生存空间，从供应链整合、产品拓展、品牌打造、服务优化等各方面持续发力，提升企业的核心竞争优势，网络市场分化演进格局仍将持续。

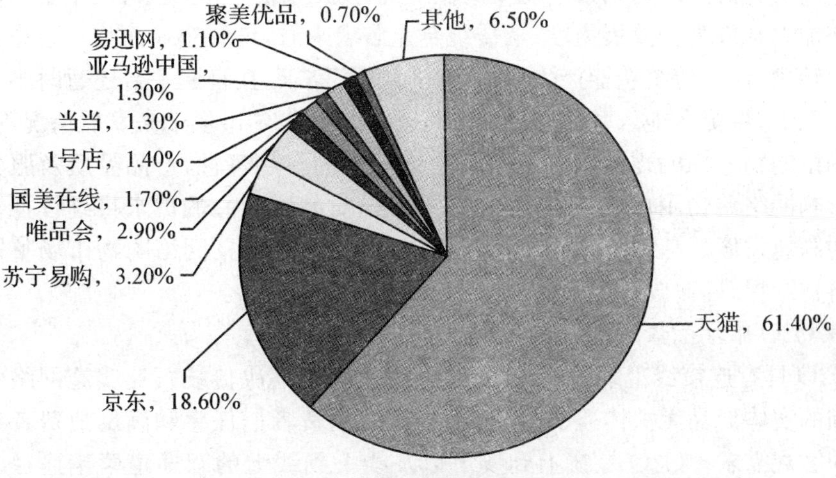

图 5.4　2014 年我国各 B2C 购物网站交易规模所占市场份额①

数据来源：艾瑞咨询

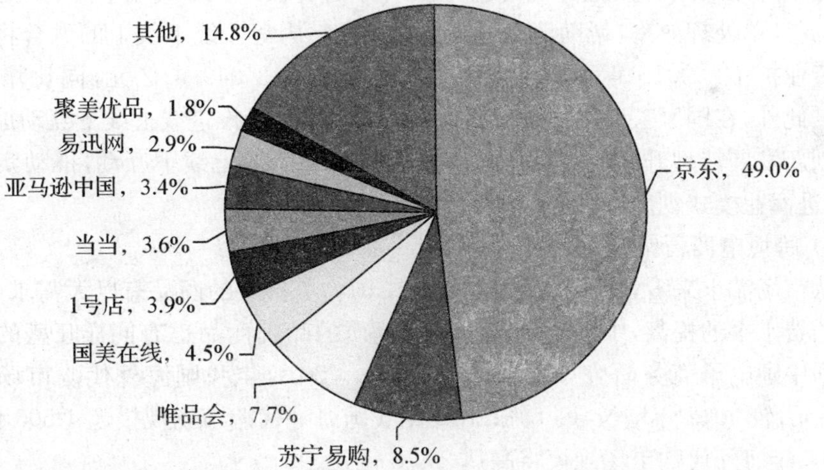

图 5.5　2014 年我国各自主销售为主的 B2C 网站交易规模所占市场份额

数据来源：艾瑞咨询

① 对 B2C 市场拥有复合销售渠道的运营商仅统计其与网络相关的销售额。

4. 发展趋势

1) B2C 市场继续扩大

随着 B2C、O2O 平台及跨境电商等风风火火的发展，相应的网络购物市场快速增长。B2C 平台营销成主流：从网络购物内部结构看，B2C 所占比重越来越高，企业网商是我国网络购物市场主要的供应商；从核心企业表现来看，主要的电商企业都在加大开放平台发展力度；从传统企业需求来看，传统企业面临竞争压力和传统产业转型，促使传统企业产生更迫切的“触网”需求，在自建平台还暂时不具备条件的情况下，将更多地入驻到开放的 B2C 平台；从 B2C 市场未来发展情况看，随着用户网络购物意识的逐渐成熟及网络购物行为的日趋理性，产品品质及服务水平成为影响网络购物用户购买决策的重要因素，对品质产品的诉求将继续推动 B2C 市场的高速发展。从网络购物市场整体来看，B2C 市场在网络购物市场整体中的占比将持续提升。

2) O2O 市场前景广阔

O2O 具有连接线上线下的天然特性，能很好地解决传统行业实施网络营销时所面临的实体商品无法体验的困境，增强网络消费者信任感和满足消费者对商品体验的客观需求。O2O 是线上到线下以及线下到线上的双通道营销途径。农林商品通过网络聚集人气、引导消费者进入实体店体验，打消网络消费者对农林商品特别是生鲜品质量的顾虑。同时也可以引导消费者采用 PC 端下单、鼓励手机下单，提高订单处理效率，帮助消费者节约时间和精力等。线下线上的融合将会向更多的行业扩散。2015 年上半年 O2O 市场规模达 3 049.4 亿元，同比增长高达 80%。此外，在国家宏观层面，2015 年 9 月 29 日《关于推进线上线下互动加快商贸流通创新发展转型升级的意见》印发，国家鼓励发展线上线下互动，推动实体店转型，促进商业模式创新。

3) 跨境电商营销日益完善

从市场需求来看，除了国外消费者对中国物美价廉的商品有巨大需求外，随着社会消费水平的提高，中国消费者对海外优质的品牌商品也有同样旺盛的购买需求。据中国电子商务研究中心监测数据显示，2013 年我国海外代购市场规模达 767 亿元，较 2012 年增长 58.8%；2014 年我国海外代购市场规模超 1 500 亿元，预计 2015 年海外代购市场规模将高达 2 478 亿元。

从政策层面来看，国家出台了一系列跨境电商促进政策，并先后批准上海、宁波、郑州等地开展跨境电商试点，为跨境电商提供政策支持。其中，上海自贸区跨境通平台是第一家经政府审批的海淘网，如图 5.6 所示。

从企业来看，除了既有行业内的大量外贸电商企业外，内贸电商企业也纷纷实施国际化战略，布局跨境电商业务。跨境电商已成为我国网络购物市场的“新宠”。

图 5.6　上海自贸区跨境通平台

目前，除天猫、京东、苏宁易购、亚马逊、1 号店等综合性网站加入跨境电商营销以及垂直型电商如洋码头、蜜芽宝贝等专业性跨境电商营销外，快递业也纷纷布局跨境电商营销，如韵达优递爱、顺丰海淘等。跨境电商营销有效降低消费者搜寻进口商品成本、降低进口商品国内售价，满足消费者对海外商品的强烈需求，有助于企业网商发展新的利润增长点。如我买网的牛奶海外直采促销活动，活动商品被国内消费者“秒杀”。我国跨境电商营销将形成一条涵盖营销、支付、物流和金融服务的完整产业链，产生更多的网络营销中间服务需求，完善网络营销生态。

5.2.3　农林产品网络市场特性

进入 21 世纪以来，我国农林产品的市场价格轮番上涨，累计涨幅大，一个重要原因是农林产品新需求与供应缺口扩大。消费者需求不断更新，而农林产品供应在总量、结构上均存在不同程度的不平衡，供不应求是导致农林产品价格持续上涨的主要原因。另外一个原因是，长期以来，我国工农业产品价格的剪刀差保障工业发展，现在价格上涨也是一种对农林产品价格的后期反补。农林产品网络交易持续火热。2014 年，据农业部估算，全国农林产品网络交易额超过 1 000 亿元，占全部农产品销售额的 3%；仅仅在阿里巴巴平台上完成的农产品销售额达到 483.02 亿元，较 2013 年增长 69.83%，占全国农产品网络交易额的比重超过 48%。农林产品网络销售不仅拓宽了农林产品销售范围，提高了农林产品流通效率，而且降低了交易成本，满足了消费者需求的多样性并且因削减流通中间环节而节约的费用转换为网商收益和提高了消费者让渡价值。网络销售的农林产品除了具备工业品的一般特性外，还有其自身特性。

1. 消费时限性

由于农林生产过程依赖于自然的光合作用过程和植物的生命周期过程，它的直接产品都是具有生命力的碳水化合物，具有易于腐败、不易保存的特点，具有一定的消费时限性。蔬菜、水果和林下经济作物等一经采摘收获如不及时消费，几天、几个星期之后产品就会腐败、变质，失去原有的使用价值，即使小麦、大米等储存时间比较长的产品在储存超过一定的时间之后也会腐败、变质。因此，一方面，农林产品生产者由于受保质期以及价格季节性下降的限制，出售产品压力增加，精明的消费者也会利用厂商的急于出售的心理压力，最大幅度地压低产品价格，结果在交易过程中网络卖家并未取得与消费者同等的价格决定主动权，在与买家的价格博弈中处于不利地位。另一方面，农林产品易腐败的特点不利于生产者通过排队方式解决市场局部非均衡问题。由于农林产品的生产周期长，易于腐败，如果大量储存这些产品不仅保存费用高昂，而且技术上也存在相当大的困难。因此，卖家所售农林产品具有高度的消费时限性。要想降低产品时限性造成的被动局面，要么进行技术处理延长产品保质期进行销售，要么选择易保存、档次较高、获利能力较大的农林产品，如干制品等。

2. 难标准化

工业产品可以根据标准化的设计方案并通过标准化与系列化的模具、夹具等定型而成，因此工业产品一般都具有标准化、系列化的特征。而农林产品的生产依赖于自然光照、土壤条件、养分以及碳氢元素在整个木本(草本)中的分布，因此它的产出物和制成品在客观上相对工业产品而言难于标准化，有大小、长短、轻重和新鲜与过时之分，存在成分、色泽、质地的不同。由于农林产品的生产过程标准化程度低，产品质量也就更加难以控制；在物流环节，因冷链物流、恒温物流监管不到位，特别是终端的“最后一公里”问题，使得农林产品的质量难以控制。

3. 质量隐匿性

消费者对于农林产品除了其外观品质(如大小、颜色、新鲜度等)可以直接观察到以外，有关营养品质与卫生品质的信息都不能直接获得。尽管化学分析手段可以满足这一需求，但消费者所需承担的这种分析成本昂贵且不便捷。对于农林产品的内在品质(如农药残留、亚硝酸盐含量、甲醛含量等)，即使消费者在购前品尝、嗅闻，多数情况下也难以判断。农林产品质量的这种隐匿性一方面使消费者不能低成本地获得有关产品质量的完全信息，或消费者要获得完全信息必须支付高昂的费用；另一方面使生产者容易产生“偷懒”行为，在确保产品质量而必需的投入环节上偷工减料、以次充好、大打折扣。农林产品的高度隐匿性增加了消费者网购农林产品的风险。

4. 效用滞后性

普通产品的使用效果大多可以迅速显现，而农林产品的效用需要较长期才能显现，例如食品食用后的营养或保健效果需要较长期甚至若干年后才可能显现。一般认为，食用被有毒物质或致癌物质污染的食品会产生慢性致病效果，这种致病效果有相当长的滞后期，以至于消费者不能确认是否是食品污染所致。即使是有些由食品传播的急性疾病发作，一些消费者也难以确认这种疾病真的与食品污染有关。农林产品效用的滞后性和不确定性导致消费者对农林产品的偏好降低，影响消费者的购买行为，同时也可能会使生产者放松对农林产品有害物和污染物的控制。

5. 价格有限性

农业产业效益远远低于其他产业，这是由农林产业再生产的特点决定的。农林产品再生产的重要特点就是经济的再生产与自然的再生产交织在一起。农林产品生产期间不仅包括劳动持续的时间，而且包括劳动时间以外自然力独立发生作用的时间。由于无需人类支出分文的无偿自然力在农林产品生产过程中的作用是不可估量的，从这个意义上说，农林产品的物质(使用价值)的生产率要比其他非农林产品高得多。但是，农林产品的价格也远低于其他产品的价格。由于农林产品属于上游产品，农林产品价格的提高总是带动以农林产品为原料的工业产品的价格上涨，结果无论怎样提高农林产品价格，经过工农林产品价格的轮番涨价后，农林产品价格依然处于价格底部。低价格使得农林产品的投入产出比低，这一方面不利于激发农户的种植、生产热情，另一方面可能增加生产者以次充好和生产假冒伪劣品的风险。

6. 测定毁灭性

如要确切了解农林产品某方面的特性，需要对其进行物理或化学分析，而农林产品的取样分析都是毁灭性取样。工业产品的内在质量(如清晰度、灵敏度等)可以通过购前试用或者仪器检测得到检验，在试用或者检测完后，产品使用价值不减，而如果想获得农林产品的农药残留量等质量安全性质时，对农林产品样品的测定是具有毁灭性的，也就是说测定完以后，样品也就失去了其使用价值。

7. 品牌塑造难度大

互联网时代的信息透明度提高，网络平台流量呈爆炸式增长，消费者网络社交辐射扩大，卖家若能够如实实现对产品品质的承诺，将赢得消费者青睐，赢得市场，也是增加产品差异化、推动企业和产品成名的有利机遇。借助于品牌形象的树立将大大增加商家的核心竞争力，不仅有助于商家拓展业务，更有利于培养消费者的品牌忠诚度，促进商家健康长久发展。但是，农林产品的网销体验度较低，因标准化难度大导致即使是同种产品也会出现内在质量差别大的现象，同时多数农户的品牌意识淡薄、财力有限等原因也导致品牌塑造难度大。

5.2.4　农林生鲜品网络营销发展

1. 发展历程

我国农林生鲜品网络营销起步较晚，2005 年才正式起步。但农林生鲜品网络营销发展迅速，从一城一域向外发展。生鲜品网络营销模式多样化：有自建平台发展生鲜品网络营销；有利用第三方平台营销生鲜品；有跨界(行业)进入生鲜品网络营销市场;有并购进入生鲜品网络营销市场(图 5.7)。

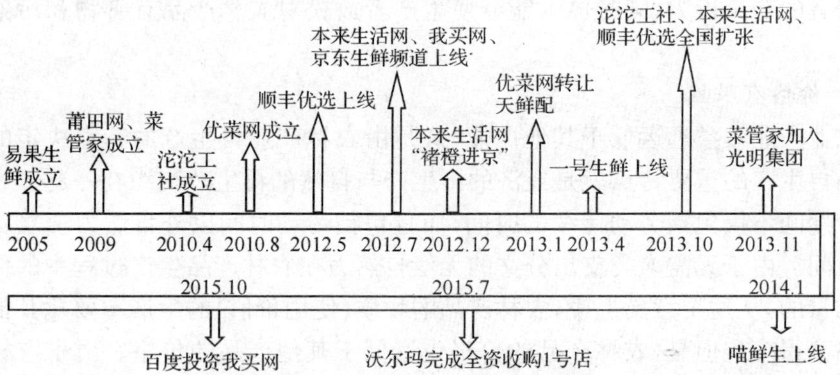

图 5.7 生鲜电商营销发展历程

1) 第一阶段:2005—2012 年

2005 年易果网成立,2008 年出现了专注做有机食品的和乐康及沱沱工社,这几个企业开始都是做小众市场。在这期间,国内频发食品安全事件,导致很多消费者产生了对品质高、安全性高的食材的需求,这使得很多企业看到了这个巨大市场,于是在 2009—2012 年之间涌现了一大批生鲜电商。过多的商家进入这个行业也导致了行业泡沫的产生,当时的市场需求并没有那么大,而生鲜电商营销模式也是原封不动地拷贝了普通电商营销模式,最终很多企业倒闭。

2) 第二阶段:2012 年底—2013 年底

当时刚成立一年的本来生活网凭"褚橙进京"的"事件营销"而一炮走红,随后又在 2013 年春挑起了"京城荔枝大战"。这期间,社会化媒体及移动互联网的发展也让生鲜电商营销多了更多模式的探索,一号生鲜上线,沱沱工社、本来生活网和顺丰优选谋求全国扩张。第二阶段明显比第一阶段更有生命力。

3) 第三阶段:2014 年至今

各个网商进行新一轮融资后上演了一场生鲜电商营销大赛。在这期间,B2C、C2C、O2O 等各种模式都被演绎得淋漓尽致,越来越强劲的移动互联网工具也为各商家提供更多的选择。这个阶段最显著的特点是生鲜电商营销从开始的小而美转变为大而全,几乎所有生鲜品类都有所涉及。消费者的生鲜品消费理念也在慢慢转变,巨大的商机不得不让互联网巨头们觊觎。2013 年底 2014 年初,天猫和京东也加入了这个阵营,沃尔玛完成全资收购 1 号店。如其他行业一样,只要有巨头参与就会有整合与并购的产生,生鲜电商今后将进入资源整合与格局变更的阶段。

2. 生鲜电商分类(图 5.8)

1) 垂直类生鲜电商

垂直类生鲜电商销售有限的单品种类,流量及用户数有限,价高质优,高端定位，普遍有雄厚资本支持，通常自建区域性冷链物流，部分已开展与线下实体店的合作。垂直类 B2C 生鲜电商在资金和冷链系统方面拥有较大优势，不容易被替代；对供应商的管控能力较低；通常以小区域性市场作为目标市场，如沱沱工社、踏歌、蜜蜂先生等。

图 5.8　生鲜电商分类

2）综合平台类生鲜电商

综合平台类生鲜电商拥有极大的流量和用户基数，以自营为主，入驻商家较少，集中在大型城市，冷链物流系统多采用外包形式，完整高效，资金实力雄厚。相对垂直类生鲜电商，综合平台类生鲜电商拥有的消费者规模更大，但用户黏性还取决于电商企业的服务质量和配送速度；综合平台类生鲜电商如我买网依靠沃尔玛和中粮集团，对供应商的管控能力更强，渠道管控权力大。通常面向全国市场，如我买网、天猫喵鲜生、京东生鲜馆等。

3）超市类生鲜电商

超市类生鲜电商具有一定用户基础，以生活类用品为主要经营品类，品种较为丰富，可以满足高中低目标客户的需求，真正实现同一平台上的一站式购物；物流体系比较健全，区域性超市电商采取自建物流渠道，全国性超市电商则与第三方物流公司组建战略联盟；对生鲜供货渠道管控权利较大；用户黏性大；多由实体超市电子化发展而来，如大润发的飞牛网、沃尔玛的 1 号店等。

4）跨界切入类生鲜电商

跨界切入类生鲜电商主要是由非电商的潜在进入者跨行业进入的，尤以物流（或运输类）公司跨界切入突出。物流公司跨界切入类生鲜电商发挥自身在流通环节的核心竞争优势；物流公司具有“重资产”特征，跨界经营生鲜品可以拓展物流设施的专用性资产的价值，获取新的利润增长点；物流公司跨界切入类电商需要新建生鲜品的供应渠道，供应渠道控制力较弱；用户黏性较弱。物流公司跨界切入类生鲜电商有顺丰优选、东航产地直达网等。

5.3 农林产品网络消费者概述

5.3.1 农林产品网络消费者内涵

1. 农林产品网络消费者的定义

从大众中可分离出真正消费者(或真实消费者)和潜在消费者。真正消费者是指关心商品,可能会购买该商品的消费者。潜在消费者是指普遍大众,暂时与商品无关,但今后一旦与产品发生交集,就有可能会直接或间接地成为消费者。

网络消费是消费者借助互联网满足自身需求的过程。农林产品网络消费者专指在互联网上进行农林产品购买活动的消费者。

2. 农林产品网络消费者的特征

1) 头脑冷静,理性分析

农林产品网络消费者以城镇高学历的中青年为主,不易受营销噱头和舆论左右,对农林产品宣传有着较强的分析判断能力。

2) 注重生活品质

农林产品网络消费者主要以已婚中青年群体为主,有良好教育背景,家庭月平均收入较高,重视食品安全,强调生活的个性化和健康的生活品质,较能正确认识人类与环境的关系,愿意为绿色消费支付较高溢价。

3) 女性消费者为主

我国传统观念中,已婚女性消费者大多是家庭的主要采购者。她们容易受宣传影响,爱赶时髦,对新鲜农林产品的消费欲望强烈。

4) 主动搜索信息

购物前产生大量的信息需求,消费者主动搜索信息,爱看购物评价,寻求消费的疑惑解答,缓解紧张情绪直至打消消费戒心。

5) 追求消费过程的方便和享受

网上购物除了能够完成实际的购物需求以外,消费者希望得到在各种传统商店没有的乐趣。今天,人们对现实消费过程出现了两种追求的趋势:一部分工作压力较大、紧张程度高的消费者以方便性购买为目标,他们追求的是时间和劳动成本的尽量节省;另一部分消费者由于劳动生产率的提高,自由支配时间增多,他们希望通过消费来寻找生活的乐趣。

5.3.2 农林产品消费者的需求

1. 农林产品消费者的需求特点

1) 普遍性

农林产品是每位消费者的生存必需品。无论何时何地,消费者对农林产品的需求都不会大幅度变化。因此,作为基本生产、生活资料的农林产品为每个消费者所广泛消费。

2）稳定性

农林产品属于居家生活必需品。消费者每天均要使用或消费一定量的农林产品，需求量不会发生显著波动。消费者对较小需求弹性的农林商品，尤其是用于果腹生存的粮食、果蔬等，每天的消费量几乎是稳定的。

3）零散性

多数农林产品的消费属于大众消费，消费者以自我零散购买居多。大部分农林初级产品具有保鲜期短、难储藏、占据空间等特性，加之农林产品消费对象多为家庭，家庭平均人口日趋小型化，因此多数消费者的农林产品的单次购买量不大，但是购买次数较多，属于少量高频购买。

4）多样性

由于地域、生活习惯、收入水平等差距，消费者对农林产品的需求存在着高中低档等不同层次，呈现因人而异的现象。农林产品消费具有多样性特点。

5）可诱导性

消费观更新、工作环境改变、广告宣传、网站安全性、网络社交等都会不同程度地使消费者的兴趣发生转移并不断产生新的消费需求。由于绝大多数消费者属于非专家型购买，即不了解农林产品内在质量、构成、安全性、使用注意事项等，在购买过程中需要一个收集有关信息的过程。因此，营销人员可通过向消费者传播知识帮助消费者识别和学习，引导消费需求发生和转移，将潜在需求变成现实需求，使微弱的购买欲望变成强烈的购买冲动。

6）季节性

农林产品的种植地点、品种、生长季节和周期、加工周期等各不相同，农林产品生产具有明显的季节性，如根据水稻生长期长短的不同，有早稻、中稻和晚稻三类；轮伐期短的速生林生长期为5年左右。季节性决定了消费者对农林商品的消费需求呈现明显季节差异。随着技术开发与创新，农林产品生长周期缩短、生长季节改变，一定程度上缓解了消费者需求的季节性波动。

7）地域性

农林产品消费者需求的地域性是由消费习俗、生活惯性、营养保健观念及便利性等决定的。同一地区消费者的需求有较大的相似性，不同地区消费者的需求差异性大。例如东北人喜爱吃米，中原地区消费者喜爱吃面。同种农林产品消费出现地区的集中性，不同品类的农林产品则各有各的主消费地。例如，2014年，在阿里巴巴零售平台上，甘肃在粮油米面方面的消费超过15%，安徽、江苏其次；云南最爱鲜花绿植，其次是重庆、江苏。

8）替代性

替代性是指一种需求增加导致另一种需求减少。农林产品品种繁多，不同品牌甚至同一品牌的不同品种之间往往可相互替代，导致购买力在不同品牌、不同商品或不同企业之间流动。

除了上述特点外，消费者需求还具有无限性、发展性、连带性等特点。

2. 农林产品消费者的需求类型

1）生存功能需求

民以食为天，农产品（水稻、小麦等）、食用林产品（林果等）和林下产品（菌类等）是食物的基本来源，为人体提供基本营养，解决人的生存性需求。

2）品质需求

在生存性需求得到解决后，随着收入水平提高，消费者往往追求更高品质的农林产品。农林产品的品质一般体现在营养成分、纯度、水分含量、口感、外观、新鲜程度、原始工艺和加工制造等多个指标上。

3）安全性能需求

近年来食用型农林产品屡屡发生质量安全问题，生活型林业加工品屡屡爆出胶黏剂等辅助用料危害身体健康等负面事件，农林产品质量安全问题普遍存在。消费者购买任何消费品时都倍加关注所使用的产品是否安全可靠，不危害身体健康。农林产品的质量安全已经成为影响当今消费者需求的主要因素，绿色鲜活的农林产品和环保林产品越来越受到青睐。

4）便利性需求

便利性包括购买过程的便利性和使用过程的便利性。在购买过程中，消费者希望网站布局简洁有序，便于快速导航找到期望商品的网页，下单支付快捷，配送高效及时，如网站推出的鲜活农产品售卖与配送业务；在使用过程中，消费者愿意使用方便的农林产品，以减轻体力劳动，减少占用时间，如配菜、薄皮核桃、标准化的自组装林产品、林木产品的使用培训与出新等。

5）外观需求

人人追求美好事物，消费者需求亦然如此。良好的外观给人以美感享受，会得到消费者青睐。消费者购物时会挑选外观较好的农林产品购买。

6）情感需求

在基本生存功能、品质、安全性等方面的需求得到满足后，消费者会考虑产品的情感功能，通过购买农林产品获得情感上的补偿或满足。如网购鲜花送给朋友，以增进关系；购买环保家具，希望长辈身体健康等。

7）社会象征性需求

由于社会地位的不同，部分消费者在选择农林产品时会考虑产品的社会象征，如有机蔬菜、红木家具等。消费者对于相对稀缺、价格高昂的农林产品的消费正是为了证实自己或对方的社会地位或社会身份，体现了对农林产品社会象征的需求。

8）服务需求

农林产品与服务已经成为一个不可分割的整体。消费者购买农林产品的同时还购买了与农林产品相关的服务。优质服务是所有消费者的期盼，尤其越是高端的农林产品，消费者对其相应的服务要求也越高。服务质量优劣已经成为消费者购买决策的主要依据之一。如农家乐旅游就是将服务与农业的种植、采摘等整合起来。

5.4　农林产品消费者的心理活动过程

消费心理学认为：一个人在一定的环境刺激下产生需要，需要产生消费动机，消费动机激发人的消费行为，而动机是推动消费者实施某些购买行为的心理层面的力量。消费者的心理活动过程是决定其行为的内在因素。通过研究消费者的心理活动过程，揭示出不同消费者心理现象的共性及其外部行为的共同心理基础。依照客观事物在消费者头脑中的动态反映的反映形式和性质的不同，心理活动过程可具体分为认识过程、情绪和情感过程、意志过程三个方面。

5.4.1　农林产品消费者心理活动的认识过程

消费者通过大脑对外部信息加以接收、整理、加工、储存，从而形成对农林产品的认知，这一过程即为消费者认识过程。诸如农林产品购买动机、购买偏好和比较选择等都是以农林产品的认识过程为先导，离开认识过程就不会产生农林产品消费行为。

认识过程不是单一的、瞬时的心理活动。农林产品消费者对网页上展示的农林产品的认识，通常先会对色彩、形状、种植环境、动漫广告等表层信息作出直觉反应，产生外部印象；然后集中注意力，进一步观察了解该农林产品的内在质量和性能的信息描述；最后还要运用已有的知识和经验，对已获得的农林产品信息进行分析、综合，去粗取精，去伪存真，在此基础上得出较全面、主观的认识和结论。由此可见，消费者的农林产品认识过程是通过一系列心理机能的活动共同完成的，构成认识过程的心理机能包括感觉、知觉、记忆、思维和想象等。

1. 消费者的感觉

感觉是人脑对直接作用于感觉器官的客观事物个别属性的反映。在农林产品网络消费活动中，当消费者与网页上的农林产品信息等发生接触时，会借助眼、耳等感觉器官感受农林产品的物理属性（如颜色、形状、大小、软硬、光滑、粗糙等），并通过神经系统传递至大脑，从而形成对农林产品的感觉。消费者通过感觉获得的只是对农林产品属性的表面、个别、孤立的认识。但是，感觉是消费者取得进一步认识农林产品的必要材料，形成知觉、记忆、思维、想象等较复杂的心理活动，从而获得对农林产品属性的全面认识。因此，感觉是农林产品消费者一切知识和经验的基础。

在网络营销活动中，消费者通过视听感觉获得对农林产品的第一印象，第一印象的好坏直接影响着消费者购买的态度和行为。对于网商而言，任何营销手段，只有更好地关注消费者的感觉才有可能达到预期目的。要有“先入为主”的意识和行为，充分利用多媒体技术对农林产品的色彩、大小、形状、质地、价格等方面精心策划，使其能牢牢抓住消费者的感觉，从而达到招徕客户和促销的目的。

2. 消费者的知觉

在认识过程中，消费者能将个别属性联系、综合起来，得到的整体反映结果就是知觉。消费者只有感觉到农林产品的颜色、形状、轻重等各方面属性，才有可能形成对该农林产品的整体知觉。感觉到的个别属性越充分、越丰富，消费者对农林产品的知觉就越完整、越正确。但是，知觉不是感觉数量上的简单相加，它是建立在个别属性内在联系基础上的事物的完整映象。知觉的形成与否决定消费者对农林产品信息的理解和接受程度；知觉的正误偏差制约着消费者对农林产品的选择比较；经知觉形成的对农林产品的认知是购买行为发生的前提条件。

在网络营销活动中，知觉的选择性有助于网络消费者在众多的信息中快速找到符合自己既定购买目标的信息和农林产品，同时排除那些与既定购买目标不符合的信息和农林产品；网商可以利用知觉的理解性与整体性提高农林产品广告宣传效果。

3. 消费者的记忆

记忆就是人脑对感知过的事物、思考过的问题或理论、体验过的情绪或做过的动作的反映。心理学研究表明，记忆过程包括识记、保持、回忆、再确认等几个基本环节。

1）识记

识记是一种有意识的反复感知，从而使农林产品的印迹在头脑中保留下来，成为映象的心理过程。识记是记忆过程的第一步。

2）保持

保持是过去经历过的或关注过的农林产品识记在头脑中得到巩固的过程。随着时间的推移和后来经验的影响，保持的识记在数量和质量上会发生某些变化。一般来说，随着时间的推移，保持量呈减少的趋势。此外，储存材料的内容、概要性、完整性等也会发生不同程度的改变。

3）回忆

回忆又称重现，是对不在眼前的、过去关注过或消费过的农林产品的印象在头脑中重新显现出来的过程。

4）再确认

对过去经历过的农林产品属性重新出现时能够识别出来，就是再确认。一般来说，再确认比重现简单、容易。

消费者在进行农林产品选择和采购时，就是通过识记、保持、回忆和再确认来反映过去的经历和经验。

在网络营销中，当消费者初步感知农林产品后，往往运用记忆把过去曾使用过的农林产品，体验过的情感、动作回想起来，进一步加深对农林产品的认识。因此，农林产品的命名、商标、包装、广告都是网商加深消费者记忆的关键点。特别是商标、企业 Logo 等是消费者识别、购买农林产品的最主要标志。

4. 消费者的思维

思维是人脑对客观事物概括的、间接的反映，是认识活动的高级阶段。它以感觉和知觉提供的表象材料为基础，通过综合分析、抽象概括、比较判别等环节而完成。

在网络营销中，消费者在选购农林产品时，常常借助有关商品信息，对农林产品进行分析、比较和判断等思维过程来决定是否购买。网商在销售农林产品时，必须借助多媒体形式充分描述农林产品信息，以便消费者在充分了解以后，经过认真的思考，决定购买哪种农林产品(这就是为什么要货比三家的道理)。例如，消费者阅读、观看了关于茶叶的网页上的信息描述后，从色、形、香、味推测茶叶类型、内在构成、制作工艺、内外质量以及推测茶叶使用效果，从而获得对茶叶更为深刻的认识。

5. 消费者的想象

想象是人脑在原有感知的基础上创造出新形象的心理过程，是思维的创造性发展。

在网络营销中，消费者在形成购买意识、选择农林产品、评价农林产品的过程中都有想象力的参与。网商通过综合运用各种方法来丰富消费者的想象力，在设计、构思网页信息描述形式和内容范围时，要考虑利用想象帮消费者寻找最合适的农林产品，设计出满足消费者心理要求的网络广告、包装、网页布局和色彩布置等，以达到促销目的。

5.4.2　消费者心理活动的情绪和情感过程

所谓情绪和情感是指在消费者判断商品和服务是否符合其需要时所产生的一种态度和内心体验。情绪是指短时间内的与生理需要相联系的一种体验形式，较低级、表层，如喜、怒、哀、乐等情绪形式。情感是指长时间内与高级社会性需要(社交的需要、精神文化生活的需要等)相联系的一种稳定的体验，较高级，具有较强的稳定性和深刻性，如与人交往的友谊感、道德感、理智感和美感等。情绪表现的形式是比较短暂和不稳定的，具有较大的情景性和冲动性，某种情景一旦消失，与之有关的情绪就立即减弱或消失。而在消费活动中，情感对消费者心理和行为的影响相对长久和深远。

在消费者购物活动中，情绪和情感影响着购物进程，大体可分为四个阶段：

1. 悬念阶段

这一阶段，消费者产生了农林产品购买需求但并未付诸购买行动。此时，消费者处于一种不安的情绪状态。如果需求非常强烈，不安的情绪会上升为一种急切感。

2. 定向阶段

这一阶段，消费者面对所需要的农林产品并形成初步印象。此时，情绪获得定向，即趋向喜欢或不喜欢，趋向满意或不满意。

3. 强化阶段

如果在定向阶段消费者的情绪趋向喜欢和满意，那么这种情绪现在会明显强化，强烈的购买欲望迅速形成，并可能促成购买决策的制订。

4. 冲突阶段

这一阶段，消费者对农林产品进行全面评价。由于多数农林产品很难同时满足消费者多方面的需求，因此消费者往往要体验不同情绪之间的矛盾和冲突。如果积极的情绪占主导地位，就可以作出购买决定。

5.4.3 消费者心理活动的意志过程

意志是指个体自觉自主地确定目标，根据目标调节和支配行动，努力克服困难，实现预定目标的心理过程。在购买活动中，消费者的意志过程分为作出决定、执行决定和体验执行效果这三个阶段。

1. 作出购买决定阶段

这是消费者购买活动的初始阶段。这一阶段包括购买目标的确定、购买动机的取舍、购买方式的选择和购买计划的制订。消费者从自身需求出发，根据自己的支付能力和农林产品的供应情况，分清主次、轻重和缓急，作出各项决定，即是否购买和购买顺序等。

2. 执行购买决定阶段

在这一阶段，消费者通过一定的方式和渠道购买自己所需的农林产品。当然，这一转化过程在现实生活中往往会遇到一些障碍而需要加以排除。所以，执行购买决定是消费者意志活动的中心环节。

3. 体验执行效果阶段

完成购买行为后，消费者的意志过程并未结束。通过对农林产品的使用，消费者还要体验执行购买决定的效果，如农林产品的性能是否良好、使用是否方便、是否健康安全、外观与使用环境是否协调、实际效果与预期是否接近等。在上述体验的基础上，消费者将评价购买这一农林产品的行为是否明智。这种对购买决策的检验和反省对今后的购买行为有重要意义，它将决定消费者今后是重复还是拒绝、是扩大还是缩小对该农林产品的购买。

通过上述过程，消费者完成了从认识、情绪和情感到意志的整个心理活动过程。如前所述，认识、情绪和情感、意志等心理活动过程以及感觉、知觉、记忆等心理机能存在于所有消费者的各种消费活动中，是一切消费行为活动共有的心理基础，因而体现了消费者心理的共性和一般性。

5.5　农林产品网络消费者的购买动机与购买行为

5.5.1　马斯洛需求理论

美国人本主义学家马斯洛认为：人作为一个有机整体，具有多种动机和需求，包括生理需求（Physiological Needs）、安全需求（Security Needs）、归属与爱的需求（Love and Belonging Needs）、尊重需求（Respect and Esteem Needs）和自我实现需求（Self-actualization Needs）。当人的低层次需求被满足之后，会转而寻求实现更高层次的需求。

1. 生理需求

生理需求是需求金字塔最低端、最基础的需求。每个人都有饥、渴、衣、住、行等方面的需求，这些是人类的最基本需求。如果这些需求得不到满足，人类的生存就成了问题。在这个意义上说，生理需求是推动人们行动的最强大的动力。马斯洛认为，只有这些最基本的需求被满足到维持生存所必需的程度后，其他的需求才能成为新的激励因素。而到了此时，这些已相对满足的需求也就不再成为激励因素。

2. 安全需求

安全需求是基于生理需求上的需求。马斯洛认为，整个有机体是一个追求安全的机制，人的感受器官、效应器官、智能和其他能量主要是寻求安全的工具，甚至可以把科学和人生观都看成满足安全需要的一部分。当然，这种需求一旦得到相对满足后，也就不再成为激励因素了。

3. 归属与爱的需求

归属与爱的需求是比安全需求更高一级的需求。当人满足了一些基础需求后自然而然会产生想与人交往和得到别人爱护的欲望。这一层次的需求包括两个方面的内容：一是友爱需求，即人人都需要伙伴之间、同事之间的关系融洽或保持友谊和忠诚，人人都希望得到爱情，希望爱别人，也渴望接受别人的爱；二是归属需求，即人都有一种归属于一个群体（如非正式组织）的感情，希望成为群体中的一员并相互关心和照顾。感情上的需求和一个人的生理特性、经历、教育、宗教信仰都有关系。社交需求受成长环境的影响比较大，它已经从生理上的需求变成心理上的一种需求。

4. 尊重需求

尊重需求是人希望外界对自己和自己对外界的态度的一种需求。尊重需求又可分为内部尊重和外部尊重。内部尊重是指一个人希望在各种不同情境中有实力、能胜任、充满信心、能独立自主。总之，内部尊重就是人的自尊。外部尊重是指一个人希望有地位、有威信，受到别人的尊重、信赖和高度评价。马斯洛认为，尊重需求得到满足，能使人对自己充满信心，对社会满腔热情，体验到自己活着的用处和价值。

5. 自我实现需求

这是最高层次的需求，它是指实现个人理想与抱负，发挥个人的能力到最大程度，完成与自己的能力相称的一切事情的需求。马斯洛指出，为满足自我实现需求所采取的途径是因人而异的。自我实现需求是在努力实现自己的潜力，使自己越来越成为自己所期望的人物，得到大部分人的支持。也就是说，人必须做与能力、理想等相匹配的活动，这样才会使他们感到最大的快乐。

需求层次理论是解释动机的重要理论，其提出个体成长的内在动力是动机(Motivation)，而动机是由多种不同层次与性质的需求(Need)所组成的，各种需求间有高低层次与顺序之分，每个层次的需求与满足的程度将决定个体的人格发展境界。

5.5.2 农林产品网络消费者的购买动机

1. 购买动机的概念

心理学将动机定义为引发和维持个体行为并导向一定目标的心理动力。购买动机(Purchase Motivation)是直接驱使消费者实施某种购买活动的一种内在驱动力量，反映了消费者在心理和感情上的需求。消费者的购买行为直接源于各种各样的购买动机。

2. 购买动机的形成

消费者的购买动机包含需要驱使、刺激强化、目标诱导三个要素。

1) 需要驱使

动机是在需要的基础上产生的，它是一种由需要引起的紧张状态，并以此作为一种内驱力，推动个体发起行为来满足需要。因此，动机是一种心理活动过程。例如，购买住房后，消费者存在选购家具的强烈渴望。为了心仪的实木家具，他会努力工作以赚更多的钱，或是节衣缩食。当完成家具购买以后，这种紧张状态随即消失，但随之还会产生新的需要。因此，动机过程是旧需要满足和新需要产生的循环往复的过程。动机过程如图 5.9 所示。

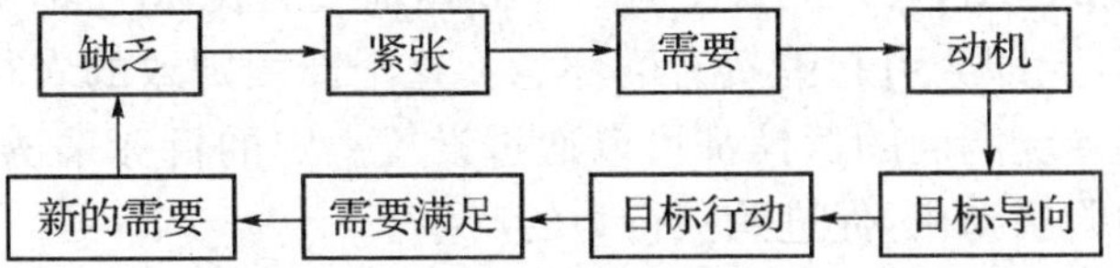

图 5.9　动机过程

2）刺激强化

消费者购买动机的形成从根本上来说是由于消费者个体的内部需要所引起的。但并不是说所有的动机都一定是需要这种内部刺激所产生的，形成动机的另一个直接原因就是外部刺激。比如，一个人浏览网页时，发现一副鲜亮的坚果图片(如三只松鼠牌坚果)，图片强烈刺激视觉感官，形成一种感知评价，调动思维和想象力在脑海中勾画食品的色、香、味、意、形，进而引起吃的欲望(也就是动机)。为此，消费者经历情绪和情感过程确定购买决心，再经意志过程下单购买、享用和评价。其实，身体内部并不特别需要这些坚果，而是在外界刺激下产生购买坚果的动机。这里消费者的动机是在他接受外界的刺激后产生的，正是由于外部环境的刺激激发了消费者的需要和购买动机。因此，网商应在营销活动中不失时机地给消费者更多的刺激强化。一般来说，刺激越多，诱因越强，消费者购买农林产品的概率越高。企业通过各种媒体宣传、多媒体的产品展示、产品故事、多样化的促销活动等都是卓有成效的刺激强化因素。农林产品的良好质量、美观造型、精致包装、实惠价格以及主动、热情、耐心、周到的在线交流也是诱发消费者购买动机不可忽视的因素。

需要是产生购买动机的动力源泉，但是并不是所有的需要都能转化为购买动机。需要产生以后，还必须具备能满足需要的对象和条件，才能产生购买动机。例如，一些消费者想购买某农林产品，但网络市场上数量极少或消费者自己囊中羞涩，这样就缺乏实现这种愿望、满足这种需要的条件，消费者的购买动机难以产生。

3）目标诱导

目标诱导是指在消费者所接受的众多刺激中对能够构成购买行为的目标的诱导。心理学研究表明，人的感觉取决于外界环境刺激的变化。在一个充满各种刺激的环境中，人的感觉会变得呆滞；相反，在一个只有微弱刺激的环境中，人的感觉则会变得灵敏。例如，网络消费者在网上浏览时，对突然弹出的网络广告几乎没有什么感觉，因为消费者对这种“不请自来”的广告已是司空见惯了；反之，消费者对于自己主动订阅的网络广告等会格外关注、认真阅读和深刻理解。根据心理学原理，企业在对消费者实施刺激强化策略时，要注意在刺激的系统环境中设置明确的目标，增强对消费者购买动机的诱导作用。比如在网页的农林产品陈列方面，若干个农林产品捆绑成一组，若产品组中有一个新颖别致的农林产品，必然会产生一种鹤立鸡群的效果，立即会引起消费者的注意。这个新颖别致的农林产品所起的作用就称为目标诱导。网商的营销都可以通过设置一定的目标来诱导消费者，形成和强化消费者的购买动机，促进购买行为的产生。

消费者动机的形成过程中，上述三要素缺一不可，其中尤以刺激强化更为重要。因为在通常情况下，消费者的需要处于潜伏或抑制状态，要有外部刺激加以激活。外部刺激越强，需要转化为动机的可能性就越大；否则，需要将维持原状。因此，如何给消费者以更多的外部刺激，是推动其购买动机形成乃至实现购买行为的重要前提。

3. 网络消费者购买动机的类型

在互联网这个虚拟的市场环境中，网络消费者分散、人数众多、需求各异，网络沟通只能通过文字、图片、视频等进行展示和利用即时通讯工具交流，网商需要了解各种网络消费心理和消费行为，了解购买动机尤为重要。网络消费者的购买动机是指在网络购买活动中，能使网络消费者产生购买行为的某些内在的驱动力。马斯洛曾指出，消费者的任何行动通常均有一个以上的动机。只有了解网络消费者购买动机才能预测网络消费者的购买行为，以便采取相应的促销措施。由于消费者需要与刺激因素的多样性，消费者的购买动机是极为复杂的。网络消费者的购买动机大致分为生理性购买动机、需求性购买动机、心理性购买动机和社会性购买动机（图 5.10）。

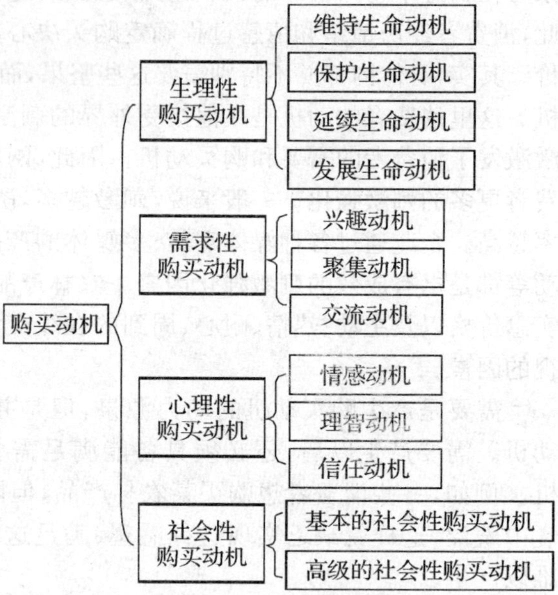

图 5.10　购买动机类型

1）网络消费者生理性购买动机

生理因素是引起消费者生理性购买动机的根源。消费者为了维持和延续生命，都有解除饥渴、寻求安全、御寒消热等生理本能，由这种生理本能引起的购买用于满足其生理需要的商品而形成的动机，即为生理性动机。生理性动机具体又可分为以下几种：

(1) 维持生命的动机。人们为了生存的需要，必然产生购买基本生活用品的动机，进而产生购买行为。消费者在饥时思食、渴时思饮、寒时思衣等维持生命的动机驱动下就会产生购买食品等的行为。

(2) 保护生命的动机。生命对每个人而言都是宝贵的，没有生命，一切都无从谈起。消费者为了保护生命安全而购买建筑材料修建房屋，为了防病治病而购买中医药品和保健品等购买行为均是在保护生命的动机作用下产生的。

(3) 延续生命的动机。消费者为了实现生命延续和满足性欲的需要而恋爱结婚，抚育儿女，并为此购买婴儿食品、生活必需品等均是在延续生命的动机驱使下产生的购买行为。

(4) 发展生命的动机。发展生命的动机是指消费者由于个体发展的需要而引起的购买动机。社会在不断地发展前进，人类也在不断地发展进步，具体到每一个个体，就是为了充分展现自我、发展自我，存在着各种发展需要。一般来讲，消费者的发展需要主要包括两个方面，即体力发展的需要和智力发展的需要，如强身健体、治疗疾病、提高文化素养、学习多方面技能等，由此激发广泛的发展生命动机。

生理性因素引起的购买动机是消费者本能的最能促成购买行为的内在驱动力，其购买的农林产品也是生活必需品，供求弹性比较小，一般具有稳定性、普遍性、重复性、习惯性和主导性特点。但是，随着生产力的提高和广大消费者物质生活、精神生活条件的改善，单纯受生理性动机驱使的购买行为在弱化，即使是购买食物充饥，往往也混合着非生理性动机，如对食品的色、香、味、形、意的要求就体现了消费者的表现欲、享受欲和审美欲等。

因此，网商在组织满足消费者生理性需要的农林产品时，要注意农林产品的实用价值，强调内在质量，力求物美价廉。

2) 需求性购买动机

信息网络的发展构成了一个虚拟的社会。从表面上看，这个社会一直在聚集信息以及其他媒体的资源。而实质上，这个社会是在聚集人，因为这个虚拟的社会提供了一种吸引人的环境。这种环境的维系靠的是人们的互相联系。从局部看，人与人之间的联系很多时候都只有一次；但从整体来看，单一的联系包含在一系列的广泛联系之中，并由此引导出一种相互信任和彼此了解的氛围。这种联系的基础是人们希望满足虚拟环境下的三种基本需要：兴趣、聚集和交流。由兴趣、聚集和交流需要引起的购买动机即为需求性购买动机。

(1) 兴趣动机

兴趣是消费者力求认识某种事物或从事某种活动的心理倾向，是对事物喜好或关切的情绪，它表现为消费者对某件事物、某项活动的选择性态度和积极的情绪反应。许多网络消费者之所以对网络活动抱有强烈、持续长久的热情和兴趣，主要可能出自探索的内在驱动力和获得成功的内在驱动力。网络世界给人们展示了一个前所未有的广阔世界。网络消费者自身具有探索新鲜事物的本性，互联网信息量大，各种新闻、虚拟社区、视频、音频、网络游戏等充斥其中，人们出于好奇的心理探究网络秘密，驱动自己沿着网络提供的线索不断地向前查询，希望能够找出符合自己预想的结果，有时甚至到了不能自拔的境地。当人们在网络上找到自己需求的资料、软件、游戏，或者进入某个重要机关的信息库后，自然产生一种成功的满足感。随着这种成功的欲望不断加强，对网络的依赖程度也在不断增加。新知识的吸引力和创造性思维的愉快感，使网络消费者完全出于内在的追求而久久停留在网络上。

(2) 聚集动机

互联网是一个虚拟的空间，人们可以在网络上突破时空进行交流。人类是以聚集而生存的群体。网络上的群体往往是因共同兴趣而聚集，有着宽松的氛围、平等的群体。他们在网上平等地交流着各自的看法和意见，人人畅所欲言。在现代社会中，由于工作强度的提高和工作范围的扩大，人们常常没有整块的时间在一起聚集，而通过这种方式可以缓解紧张状态，放松绷紧的神经，在网络虚拟空间遨游。

(3) 交流动机

聚集起来的网民自然产生一种交流需求。网络消费者在互联网上的各个论坛、网站、QQ 群、微信群等平台聚集在一起交流分享某些农林产品的购买、使用等信息和经验。随着这种信息交流频率的增加，信息量逐渐增加，交流的范围也在不断地扩大，从而产生示范效应，带动对某些种类的农林产品有相同兴趣的成员聚集在一起，形成农林产品信息交易的网络，即网络农林产品交易市场。这也是一个虚拟社会，而且是高级的虚拟社会。在这个虚拟社会中，参加者大都是有目的的，所谈论的问题集中在农林产品质量的好坏、价格的高低、库存量的多少、新产品的种类等等。他们所交流的是买卖的信息和经验，以便最大范围掌握农林产品信息，掌握从源头进入市场到退出市场的全过程信息。

3) 心理性购买动机

消费者个体心理因素是引起其心理性购买动机的根源。消费者由于认知、情绪和情感以及意志活动过程而引起的行为动机称为心理性动机。心理性动机比生理性动机更为复杂多样。特别是经济发展到一定水平，社会信息传播技术愈益现代化的条件下，消费者与社会联系日益紧密，激起人们购买行为的心理性动机就越占有重要的地位。心理性购买动机主要包括以下几个方面：

(1) 情感动机

情感动机是指网络消费者的情感和情绪两个方面所引起的购买动机，通常包括低级形态的情绪动机和高级形态的情感动机。情绪动机是由网民的个人喜好以及满意、好奇、快乐等喜怒哀乐情绪引发的动机，具有冲动性和不稳定性。影响情绪动机的外部因素很多，如网络广告、秒杀活动、聚划算活动和二维码优惠活动等。情感动机的产生比较复杂，它是由人们的审美感、道德感、群体感等引发的，在一定程度上反映了消费者的精神风貌，因此由它支配的购买行为具有深刻性和稳定性。如关注产品的绿色环保特征、精品包装等。

(2) 理智动机

消费者在对商品进行认真分析、比较的基础上所产生的购买动机称为理智动机。在消费者队伍中，有相当一部分消费者的购买行为是以理智为主，情感为辅的。他们在购买活动中喜欢根据自己的经验和对农林产品的认识，在作出购买行为之前收集农林产品有关信息，了解市场行情，进行周密的分析和思考，做到对农林产品的特性心中有数；而选择农林产品时，他们比较注重农林产品的品质，讲究实用、耐久、可靠、安全、健康、使用方便、价质相宜、设计科学、有效率和提供辅助服务等。正是理智的本质决定了有理智的消费者常常具有客观性、周密性和控制性的特点。如消费者网购正品红木家具时慎之又慎，在线上充分搜集信息、学习辨别真伪的方法，在线下具体体验和知识实践，精心选择网上卖家和深入沟通等。

(3) 信任动机(惠顾动机)

信任动机是消费者根据情感上和理智上的经验，逐步建立起对特定的网站、网上商品、网商和品牌等产生的特殊信任和偏好而形成重复地、习惯性地前往访问并购买的一种动机。这种动机具有明确的经常性。在这种动机的支配下，网络消费者往往对农林网站或产品品牌具有一定的忠诚度，价格敏感性不高，不仅能够克服同类网站、网商或产品的干扰，而且主动在网上给予好评，在社交圈进行宣传和影响，甚至在网商的商品或服务一时出现某种过失的时候也能予以谅解。如消费者经常光顾垂直型、区域性生鲜网站购买主流商品乃至新品类商品。

4) 社会性购买动机

社会性购买动机是指由于社会性因素引起消费者购买农林产品的动机。众所周知，每一个消费者都在一定的社会环境中生活，并在社会教育和影响下成长，其购买和消费农林产品必然受到所处地理环境、风俗习惯、阶层群体的影响和制约，都会产生激励其购买满足社会性需要的农林产品的动机。消费者的社会性购买动机是后天社会因素影响下形成的动机，一般分为基本的社会性购买动机和高级的社会性购买动机。由社会交往、归属、自主等意念引发的购买动机属基本的社会性购买动机，由成就、威望等意念引起的购买动机，属于高级的社会性购买动机。随着社会经济的不断发展，消费者经济收入和支付能力的逐步提高，社会性购买动机对消费者购买行为的支配作用也逐步明显，成为对某些消费者起主导作用的购买动机。

综上所述，消费者的购买动机复杂多样。各种购买动机并不是各自独立、互不相关的，在消费者的购买行为中，各种购买动机往往相互交错、相互制约。同一个消费者往往同一时间具有几种购买动机，但其中必定有起主导作用的动机。随着内在、外在条件的变化，主导动机和次要动机也会发生地位的变化，这就使得消费者内心的活动更为复杂，更难以把握。

5.5.3 农林产品网络购物情境与购买意愿

1. 农林产品网络购物情境

在传统线下购物情境中，农林产品特性、购物情境与消费者是直接面对面接触的，消费者可以触摸农林产品或经由销售人员以及周围购物情境产生交互作用。而在网络购物情境中，刺激内容经由网络传达到消费者，但因缺乏线下的直接传达效果影响了消费者的购买意愿。因此，针对消费者动机的刺激信息必须经由网络商店的经营策略与电子中间商的角色与功能来弥补因网络虚拟性造成的刺激内容传达弱化现象。网络购物情境是指对网络消费者购物行为产生示范性和系统化影响效果的各种刺激内容及其内容的表现形式。

1）农林产品购物情境的内容

(1) 一次购足网络购物情境：意在减少消费者搜寻农林产品的成本。

(2) 质量保证的网络购物情境：意在解决非完全信息对称的问题，降低买卖契约的风险。

(3) 隐私性网络购物情境：意在提高买卖双方议价的隐私权。

(4) 个性化网络购物情境：意在由网商、增值中间商和经纪商等提供个性化的农林产品或服务。

2）农林产品网络购物情境的形式

(1) 跨地域情境：结合农林产品地域特色，以异域风情吸引和构造出特色购物情境。

(2) 提供试用情境：在网站明确表明提供试用装，并详细列出试用产品内容。

(3) 时间情境：一方面满足消费者购物时间偏好，另一方面符合农林产品季节性特点。

(4) 隐私性需求情境：涉及隐私性需求的信息沟通，可通过沟通小窗口私聊，采用点到点形式。

2. 农林产品网络购买意愿

如果网络销售仅仅是将农林产品原封不动地由线下搬到线上，而不考虑通过互联网创造附加价值，则无法激发消费者通过互联网购物的意愿。因此，必须考虑以下因素：

1）产品使用价值与经验兼容性

网络信息的内容和表现形式不断扩展、创新和更新，如网上有关烹饪方法、食疗内容的信息远远多于线下，使得网络环境下的产品使用价值高于线下情境的使用价值。

网络购物应该是便利性与潮流的代表，购物支付与清算必须比线下过程与积累的经验在使用上更有效率。

2）操作与使用时的问题

网络购物界面必须易于操作，订购与取货流程必须比线下的更便捷。

3）认知风险

消费者无法直接接触农林产品，对农林产品质量存在不信任感，光靠超媒体的信息供给不一定能提升消费者的购买意愿。因此，网络购物中，从下单、支付款项到取货，每个步骤都要考虑安全性及隐私性。

4）相关产品与服务使用价值

相关产品与服务能补充和丰富主要产品功能与效用，为消费者创造出新的、更多的附加价值，提高消费者认知价值，如相生食材搭配、相克食材介绍等。因此，只有线上购买较线下购买产生了附加价值，消费者才会选择网络购物。

5.5.4　农林产品网络消费者的购买行为

消费者对农林商品的购买动机并非都会导致购买行为发生，购买行为是在购买动机驱动下，在当时各种因素相互作用下，经历购买决策过程做出的购买行为。

亨利·阿赛尔(Henry Assael)根据购买者的参与程度和品牌间的差异程度，将购买者的购买行为分为四种。在网络营销中，虽然营销环境发生变化，但消费者购买行为同样大致可分为四种(图 5.11)。

品牌差异 \ 参与程度	高	低
高	复合式购买行为：高度差异，高度参与	多样化购买行为：高度差异，低度参与
低	单一式购买行为：低度差异，高度参与	习惯性购买行为：低度差异，低度参与

图 5.11　购买行为类型

1. 复合式购买行为：高度差异，高度参与

复合式购买行为是指消费者在购买价格昂贵、非经常购买的农林产品而且不同品牌之间差异明显、具有一定风险的农林产品时所发生的购买行为。如消费者对有机农林产品等不了解，而且有机农林产品价格昂贵，不经常购买，消费者必然

需要一个参与度较高的过程，在网络或实体店搜集相关信息，详细了解有机农林产品的相关性能和特点，在网上、朋友圈内咨询意见，经历一个学习知识的过程，最后选择可信赖、可靠的网商/网店购买。这时，网商应该塑造强势品牌，销售品牌知名度高、美誉度高的商品，设计美好的购物情境，给网络消费者提供良好的购物体验，完善售前、售中、售后服务，让网络消费者建立起信任和信赖，从而实现购买。

2. 单一式购买行为：低度差异，高度参与

对于产品品牌之间差异度不大、价格昂贵、非经常性购买、具有一定风险的农林产品，消费者往往会作出参与度较高的购买行为。由于品牌差异度不大，网络消费者购买后往往会产生心理不平衡的感觉。此时，他们在网商继续搜集了解相关农林产品信息，比较网上所提供的相关信息与自己使用的产品的感觉是否吻合，并寻求各种理由来自我安慰、减轻和化解这种不平衡感觉，努力证明自己的购买决策是正确的。这时，网商应通过各种渠道、各种方式，如通过微博、博客、微信、网站等积极主动沟通消费者，提供各种资讯和完善的售后服务，提供有助于购买者对自己的购买行为感到心理平衡的信息和评价，以提高消费者满意度，增加消费者感知价值，使消费者相信自己作出了正确的决策。

3. 习惯性购买行为：低度差异，低度参与

对于产品品牌之间差异度不大、价格比较低廉、经常购买的商品，消费者通常实施习惯性购买行为。消费者对农林产品的喜好与兴趣是在以往使用该农林产品过程中建立起来的，消费者熟悉农林产品、习惯使用该品牌和型号、感知质量高、服务有保障，此时无需经过收集农林产品信息、评价信息等复杂购买决策过程即可购买。一般消费者不会轻易改变固有的购买习惯和方式。基于产品品牌差异度不大，消费者参与度较低的购买行为，网商可通过网络、传统媒体等继续发布广告，加深消费者印象和记忆，以价格优惠、销售促进等手段吸引消费者试用的方法，让消费者逐渐知晓、了解和熟悉农林产品，从而经常购买直至养成购买习惯。消费者对于低参与度的农林产品，不会主动搜集农林产品信息，只是被动地接受信息，从知晓到熟悉。网商通过增加消费者购买参与度，品牌差异化定位来吸引消费者购买，一般是采用针对目标消费者需求，在农林产品中增加属性和功能来实现。针对习惯性购买，网商可入驻流量大的网络购物平台进行网销。

4. 多样化购买行为：高度差异，低度参与

对于产品品牌之间差异度较大、价格不昂贵、经常购买的商品，消费者往往不愿意在购买决策上花太多时间和精力，即使对商品满意，为了追求变化、尝新，也会不断地转换所购买的产品品牌。互联网具有高效、及时、迅速的信息传递特点，人们可以在第一时间获得最新的市场、农林产品信息，加速了消费者商品意识的快速发展，如快消品概念。另外，网络信息量巨大，但消费者时间精力有限，无法获得较

多的有效信息。网商应根据目标客户的网络浏览习惯、偏好，以多渠道、多形式、多手段提供各种信息，满足消费者寻求多样化的购买行为的需求。

5.5.5　农林产品网络消费者的购买过程

网络消费者的购买过程早在实际购买之前就已经开始，并且延长到实际购买后的一段时间，有时甚至是一个较长的时期。网络消费者的购买过程可以粗略地分为六个阶段：网站吸引、引起需要、收集信息、比较选择、购买决策和购后评价。购后评价结果反馈于初始的网站吸引，引导和纠正下次购买决策。外部环境均对各个购买阶段产生影响，六个阶段的相互关系可以用图 5.12 表示。

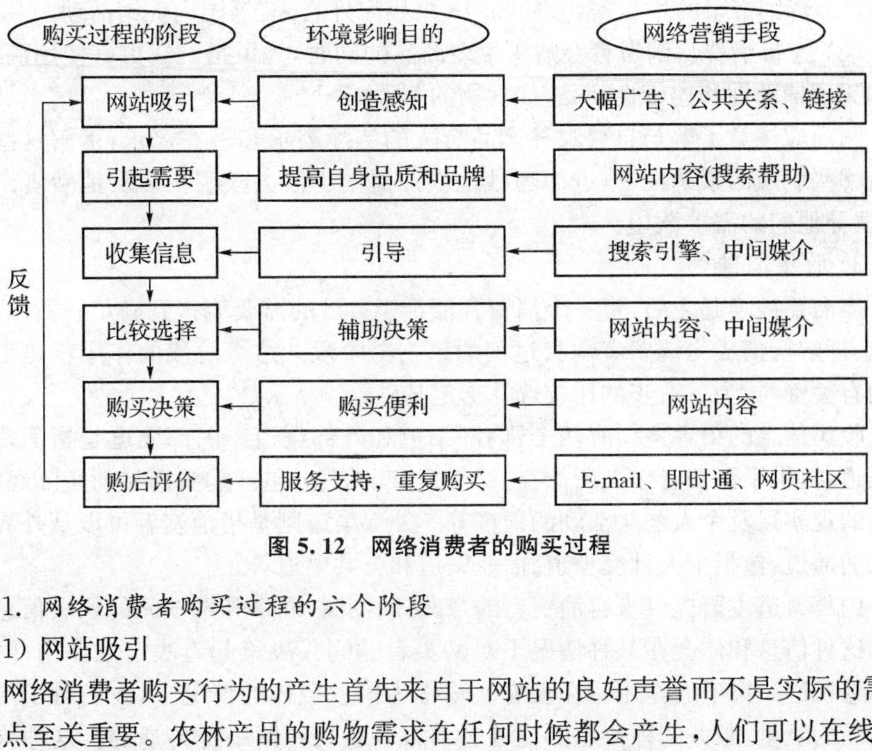

图 5.12　网络消费者的购买过程

1. 网络消费者购买过程的六个阶段

1）网站吸引

网络消费者购买行为的产生首先来自于网站的良好声誉而不是实际的需求，这一点至关重要。农林产品的购物需求在任何时候都会产生，人们可以在线下的任何卖场达成需求，而不必求助于网络。只有网站口碑日渐在大众中传播，逐渐被大众接受，人们才产生了网络购物的需求。因此，塑造良好的网站形象和大众口碑是吸引用户的第一步。

2）引起需要

当消费者对市场中出现的某种商品或服务产生兴趣后，才可能产生购买欲望。这是消费者作出消费决定过程中所不可缺少的基本前提。如若不具备这一基本前提，消费者也就无从作出购买决定。在网络购物过程中，诱发需要的动因只能局限于视觉和听觉，即文字的表述、图片的设计、声音和视频的配置是网络营销诱发消费者购买的直接动因。农林产品购买的内部动因包括：

(1) 产品缺乏是最常见和最主要的动因。因运输、保鲜、成本等因素，本地线下实体店里外来农林产品的丰足度不够，消费者转而利用便捷的网络，可以满足产品品类多样性需求。

(2) 生活水平提高提出新增需要和改善需要，消费者也能从便捷的网络找到满足物满足自我需求，如收入上升会增加对高端农林产品的需求。

农林产品购买的外部动因包括：

(1) 新产品出现会刺激消费者产生购买欲望。

(2) 营销带来的增量需要，如"6.18 牛奶海外直采"等国内促销活动。

(3) 连带消费。消费者在购买主要商品的同时，为了搭配或更好使用商品，附带购买了辅助性和连带性商品，如食物的荤素搭配。

网商应注意了解与自己农林产品有关的实际需求和潜在需求，了解这些需求是由哪些刺激因素诱发的，进而巧妙地设计促销手段去吸引更多的消费者浏览网页，诱导他们的需求欲望。

3) 收集信息

当需要被唤起之后，每一个消费者都希望自己的需要能得到满足。所以，收集信息、理解行情成为消费者购买过程的第三个阶段。这个阶段的作用就是汇集商品的有关资料，为下一步的比较选择奠定基础。

收集信息的渠道主要有两个：内部渠道和外部渠道。内部渠道是指消费者个人渠道，提供了消费者个人所储存、保留的市场信息，包括购买商品的实际经验、对市场的观察以及个人购买活动的记忆等。外部渠道则是指消费者可以从外界收集信息的通道，包括个人社交渠道、商业渠道和公共渠道等。

内部渠道主要提供来自消费者的亲戚、朋友圈、同事和网友圈的购买信息和体会。这种信息和体会在某种情况下对购买者的购买决策起着决定性作用，网商决不可忽视这一渠道的作用。在没有实物作为信息载体的情况下，人们对于网上农林产品的质量、服务的评价主要是通过语言和表情在网络上传递的。这种传递的范围可能是小范围的，如一个家庭、一个单位；也可能是很大的范围，如一个地区、一个国家甚至是全世界。所以，一件好的农林产品，一次成功的销售可能带来若干新的消费者；一件劣质农林产品，一次失败的销售可能使销售商几个月甚至几年不得翻身。

网络营销的信息传递主要依靠网络广告和检索系统中的产品介绍，包括在信息服务商网页上所做的广告、中介商检索系统上的条目以及自己主页上的广告和产品介绍。

网络上的信息收集带有较大主动性。在网络购买过程中，农林产品信息的收集主要是通过互联网进行的。一方面,网络消费者可以根据已经了解的信息,通过互联网跟踪查询;另一方面,网络消费者不断地在网上浏览,寻找新的购买机会。由于消费层次的不同,网络消费者大都具有敏锐的购买意识,始终掌握消费主动权。

4) 比较选择

消费者需要的满足是有条件的,这个条件就是实际支付能力。为了使消费需要与自己的购买能力相匹配,比较选择是购买过程中必不可少的环节。消费者对各条渠道汇集而来的资料进行比较、分析、研究,了解各种商品的特点和性能,从中选择最为满意的一种。一般来说,消费者的综合评价主要考虑产品的功能、可靠性、性能、样式、价格和售后服务等。通常,消费者对生活必需品较易选择,而对耐用、高档农林消费品的选择则比较慎重。

网络购物不直接接触实物,消费者对网上农林产品的比较依赖于厂商对农林产品的描述,包括文字描述、图片描述和视频展示等。网商对自己的农林产品描述得不充分,就不能吸引众多的消费者;如果对农林产品描述得过分夸张,甚至带有虚假成分,则可能永久地失去消费者,因为虚拟市场上的厂商和消费者可能是"早晚鸡犬相闻,老死不相往来"。对于这种分寸的把握,是每个网商都必须认真考虑的。

网络消费者对农林产品的判断大都建立在自觉和理性基础上,一般采用多目标下的多种选优方式进行评价,主要涉及:

(1) 产品属性。产品属性是指产品能够满足消费需求的特征,例如西瓜的防暑功能、解渴功能、补充维生素功能等。消费者并不把同一产品的所有属性视为同等重要。网商需要识别出农林产品具有哪些属性,不同消费者关注哪些属性,以便进行市场细分。

(2) 属性权重。属性权重是指消费者对农林产品有关属性所赋予的不同的重要性权数。产品属性在消费者心目中的顺序、地位各不相同,有特色、主流属性和非主流、边缘属性之分,并且随着使用用途变化,属性权重也将随之变化。如鸡蛋最重要的属性是食用安全,用于美容和消肿的属性权重则低于食用属性权重。

(3) 品牌信念。品牌信念是指消费者对某品牌的某一属性已达到何种水平的评价,对多个属性的总体评价则构成了消费者对品牌优劣的总的品牌信念。由于消费者个人经验、选择性注意、选择性扭曲以及选择性保留的影响,其品牌信念可能与产品真实属性并不一致。如某消费者一直消费某品牌鸡蛋,因该品牌在消费者那里口碑不错,进而持续重复消费;反之,其他消费者因一次购买中出现的臭蛋直接影响了产品评价,导致不再购买该品牌鸡蛋。

(4) 效用函数。效用函数是描述消费者期望的农林产品满足感随产品属性的不同而有所变化的函数关系。品牌信念是消费者对某属性的评价,而效用函数则表明消费者要求该属性达到何种水平才能接受。消费者采用效用函数对所选择的多个品牌进行分析比较，最终得到某品牌的效用值。例如对于普通农作物，只要能够安全食用消费者就会购买，而对于有机农作物，消费者则要求其口感好、有营养和纯生态种植。

(5) 评价模型。评价模型是消费者对不同品牌进行评价和选择的程序方法，如对于生活必需农林产品，有的消费者使用性价比评价方法，有的消费者使用体现社会地位的评价方法等。

5) 购买决策

网络消费者在完成了对商品的比较选择之后，便进入到购买决策阶段。网络购买决策是网络消费者在购买动机的支配下，根据评价结果从两件或两件以上的商品(两家或两家以上电子商铺)中选择一件满意商品的过程。网络消费者的购买决策有许多特点。首先，网络购买者理智动机所占比重较大，而情感动机所占比重较小。这是因为消费者在网上寻找商品的过程本身就是一个思考的过程。对任何一件线上农林产品，消费者很少担心买不到。他有足够的时间仔细分析农林产品的性能、质量、价格和外观，从容地作出自己的选择。其次，网络购买受外界影响较小。消费者常常是独自坐在计算机前上网浏览、选择，与外界接触较少，因而决策范围有一定的局限性，大部分的购买决策是自己作出的，或与家人、朋友商量后作出的。正是因为这一点，网络购物决策较之传统的购买决策要快得多。网络消费者在决定购买某种农林产品时，一般必须具备三个条件：第一，对网商有信任感；第二，对支付有安全感；第三，对农林产品有好感。所以，网商要树立企业形象，改进货款支付办法和提高配送可靠性。

6) 购后评价

消费者购买商品后，往往通过使用对自己的购买选择进行检验和反省，产生某种程度的满意感或不满意感，重新考虑这种购买是否正确，效用是否理想以及服务是否周到等问题。这种购后评价往往决定了消费者今后的购买动向。消费者的满意感(S)是农林产品期望值(E)和该产品可觉察性能(P)的函数。若 $E>P$，消费者不满意；若 $E\leqslant P$，则消费者满意。消费者从店铺评价、网络搜索、社交群、线下渠道处获得信息，形成农林产品期望。如果网商夸大农林产品优点，消费者切身感觉不能证实这种期望，将导致消费者不满意，$E-P$ 值越大，消费者不满意感越强烈。为了提高竞争力，网商应充分利用互联网工具，宣传那些容易提高满意度的产品亮点，有所保留地宣传农林产品优点，促进 E 大于 P 的状态出现。

消费者对购买的农林产品是否满意将影响到他们以后的购买行为。消费者在购买和试用某种农林产品后感到满意或很满意，他们就会重复购买这种农林产品，并且会对别人说这种产品的好话；反之，消费者在购买或试用某种农林产品后感到不满意或很不满意，可能放弃或退货直至以后不再去该店铺购买或放弃这种农林产品的网络购买。网商应采取措施尽量减轻购买者不满意的程度，因为过去的品牌选择对于未来偏好起着强化作用。

2. 农林产品网络消费者购买决策的影响因素

最终的购买决策是由个人作出的，因此个人的心理和行为特征对购买决策有着重大的影响。这里从影响购买决策的五个层面，即社会、网络购物环境、商品、个人和心理进行分析。

1）社会因素

人生活在社会之中，因而消费者的购买行为将受到诸多社会因素的影响。

（1）文化。文化通常是指人类在长期生活实践中建立起来的价值观念、道德观念以及其他行为准则和生活习俗等。文化是人类欲望和行为最基本的决定因素，对消费者的行为具有最广泛和最深远的影响。文化不仅影响人们对特定农林产品的购买（如宗教人士的饮食习惯），还作用于消费者的信息收集和价值判断，即文化以多种方式作用于个人购买决策。例如一种文化强调人与人之间的自由、平等、独立，另外一种文化认为集体重要性大于个人，这将导致有的消费者购买时强调自我感受，有的考虑群体接受程度。

任何文化都包含着一些较小的亚文化。亚文化是指某一文化群体所属的次级群体成员共同持有的独特信念、价值观和生活习惯等。它不仅包括与主流文化相通的内容，而且拥有自己独特的元素。亚文化包括：民族亚文化、宗教亚文化、地理亚文化等。亚文化对消费者购买决策的影响远大于主流文化。互联网的出现和发展形成了独具特色的新型亚文化：网络族群和网络文化，如宅男、宅女、微信和微博社交群等，这些亚文化网络群体拥有相同的网络价值观并且遵循相同的网络行为准则，正深刻影响着人们的生活和价值观念。随着网络营销纵深发展，网络消费者的结构变得较为复杂，网络文化出现丰富多样性特征，行为趋向于多样化，消费者所购农林产品组合多元化且丰富。

（2）社会阶层。社会阶层是指按照一定的社会标准，如收入、受教育程度、职业、社会地位等，将社会成员划分为若干社会阶层，每一阶层成员具有类似的价值观、兴趣爱好和行为规范。社会阶层通常分为上、中、下三层。不同阶层的消费者具有特定阶层的思维方式、购买习惯、购买动机和购买行为等差异性，例如在网站和电子商铺选择、网购倾向、购买商品类型、价格心态、品牌忠诚度等方面存在较大差异。网商应关注不同社会阶层的需求特性。如上层阶层在农林产品消费方面更注重安全、健康、营养，中层阶层可能关注方便快捷，下层阶层可能只要求满足最基本的温饱需求。

（3）社会角色与地位。社会角色是指消费者在群体、组织及社会中的地位和作用。消费者在其一生中会参与各种群体，在群体中扮演不同角色，所处地位也有所差别。社会地位、角色因不同群体、不同阶层和地理区域等因素发生变化而不同。社会地位、角色的不同在某种程度上影响着消费者的购买行为。例如，消费者选购农林产品作为礼物时，会考虑该产品是否符合双方的身份地位；用于家庭消费时，则关注该产品是否有利于身体健康。

(4) 家庭。家庭是消费者最基本的相关群体，家庭成员对消费者购买决策的影响显然最强烈。家庭购买决策大致分为三种：独自做主；一人做主，全家参与发表意见；全家共同决定。传统上，家庭主妇是农林产品的主要采购者。但随着知识女性事业心的增强，男子参与家庭和家务劳动风气的逐步兴起，出现了"奶爸"、"家庭主男"等，他们选购农林产品时也会参考家庭成员的意见。在农林产品选购上，上述三种情形均存在，只是选购农林产品的偏重不一。

2) 网络购物环境因素

网络消费者在购买时，会受到网商所塑造的购物环境的影响，如网站界面、品牌、购买便捷等(图 5.13)。

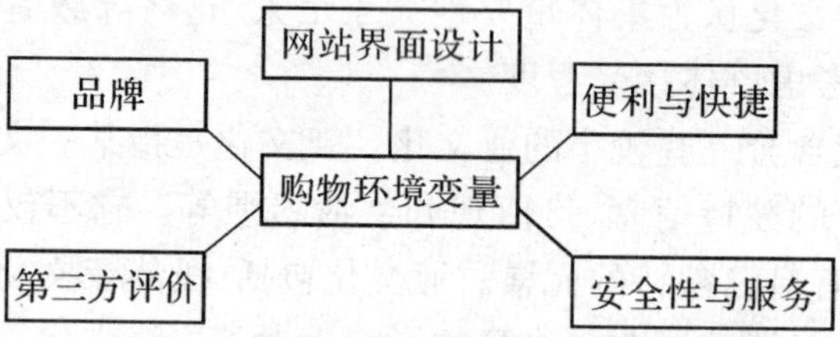

图 5.13　影响网络消费者决策的网络购物环境因素

(1) 网站界面设计。传统实体商店可以通过门面装潢来展示自己与众不同的形象，从而吸引消费者的光顾。对于网商来说，网站界面是网商与网络消费者相互交换信息和执行各种交互活动的媒介。一个成功的购物网站，其网页所传达的信息将深入影响消费者对此网站的信任与承诺，通过设计网页使所销售的商品体现其特质，可以强化消费者的认知、体验与购买动机。因此，网站界面设计的好坏将会对网络消费者的第一印象产生重要作用。

通常，网站界面设计的优良与否将会使网络消费者产生如下几种行为：

①立刻离开：当消费者访问某个店铺时，若网站界面设计与消费者的审美观严重相左，或者网站设计过分复杂导致出现严重的传输延迟现象时，消费者会毫不犹豫地离开。

②浏览：网站的界面设计引起了消费者一定的兴趣，但消费者仅仅在网络商店中浏览而没有发生购买行为，或者消费者浏览了后继的其他网站后重新又回到该网络商店发生购买农林产品的行为。

③浏览并购买：消费者在浏览网络商店的过程中，网站的界面设计刺激消费者

产生了某种需求并引起相应的购买行为。

一个有效率的网站界面设计应当能够促使网络消费者产生后两种行为，网上商店的优势就在于完全可以利用现有的信息技术达到这一目的。

(2) 品牌。由于网络消费风险较大，因此消费者会很谨慎地作出购买决策，尽力避免不必要的损失。为了降低风险，消费者会将大型网站、知名网站作为购物平台，选购大型企业的品牌商品，确保农林产品购买决策的有效性。在网络消费模式下，品牌对购买决策产生的影响更加显著。Khai Sheang Lee & Soo Jiuan Tan (2003)证明，很多消费者愿意在网上购买名气大的品牌，而不愿购买不知名的品牌。同时，消费者在知名度较高的网络商店有较高的购物意愿。

(3) 便利与快捷。购物便利性是消费者选择购物渠道的首要考虑因素之一。传统的零售服务业每天的营业时间也只有 10～14 小时，即早上 8:00 开门，晚上最迟 22:00 收档。同时，传统购物中的零售店与消费者存在空间距离，消费者有时为了买到称心商品还要奔赴异地。由于互联网上的农林产品营销突破了时间和空间地域的限制，虚拟商店全天 24 小时营业，网络全天候开放，消费者与网上商店实现跨时空零距离接触，可以半夜醒来买东西，购物极其便利。

如今网上商店里农林产品的种类、数量极为丰富，而且在种类、数量、款式、风格上还在保持高速增长，网上农林产品可供消费者选择的空间被大大扩展了。消费者可以通过网络方便而快速地搜索到相关农林产品的信息，进而比较、评估，从中选择自己满意的农林产品。同时，对于个性化消费需求，消费者可将具体要求以多种网络互动沟通方式告知商家，从与自己联系的商家中筛选符合要求的个性农林产品。

(4) 安全性与服务。网上购物一般需要先付款后送货，改变了传统交易的模式，这种购买的安全性、可靠性总让消费者担心与不安。网络消费者担心农林产品质量与宣传不符或差异过大，担心售后服务得不到保障，担心网商的信用与信誉，担心交易划账时信用卡的安全与个人信息的外泄，担心网商的订单处理速度、质量、送货费用和各项消费者服务等问题。随着国家相关法规出台，网商制度完善，农林产品市场的主导权逐渐转移到消费者手中，消费者被赋予 7 天后悔权，安全性与服务得到保障，加快了农林产品网销市场的扩大。

(5) 第三方评价。第三方评价是指有经验消费者对购物过程的评价。通常，交易型网站会鼓励消费者将自己亲身经历的产品使用感受写在网上，或者网站会提供一些独立的机构对产品作出评估。著名的亚马逊公司(Amazon. com)早在 1995 年就已经为消费者提供了能够自由发表评价的交流平台。国内的淘宝网、京东等网站除了提供消费者与商家的交流平台，还有来自已经购买商品的消费者对商品的第三方评价系统，为消费者网络购物提供重要的参考。消费者在网络购物时，除了了解农林产品的信息，通过交流平台与商家交流以大概地了解农林产品的情况以外，消费者更愿意通过第三方评价系统来多方面地了解农林产品的情况。因此第三方评价很可能左右消费者的购买决策。在这个信息泛滥的时代，消费者对商家广告越来越产生了一种抵触心理，对其广告、农林产品信息的相关描述表示怀疑，此时通过第三方评价系统有效地分辨，消费者对农林产品属性会有更深入的了解。

3）商品因素

（1）商品陈列。传统型商店可以通过不同的商品陈列方式达到展示商品和吸引消费者购买的目的，但是在虚拟的网络空间中没有了店堂货架的概念，取而代之的则是网页、商品分类目录和店内商品搜索引擎，所列出的也不再是商品的实体，而是有关该商品的说明介绍和图片等等，这必然也会影响到网络消费者的购买决策。

在网络商店中，农林产品实体和农林产品的说明介绍以及其他相关资料是分离的，消费者只能依赖于网络商店给出的文字说明和图片等信息，这些资料是否详细将极大地影响网络消费者的购买决策，一个文字说明太少而且图片模糊不清的农林产品是很难激发起消费者的购买欲望的。

（2）商品特性

农林产品相对于其他制造品或服务而言具有特殊性。由于多数农林初级产品具有鲜活与易腐特性，保鲜时间短，储存环境与条件要求苛刻，储存成本较高，使得该类产品的消费具有一定的时效性。对于物流与储藏环境要求较高，一般采用冷链物流、恒温物流等。

（3）商品价格。价格不是影响购买决策的唯一因素，但是它是一个重要影响因素。Reed（1999）认为，85%的消费者在网络购物时关注价格，有竞争力的价格是刺激消费者网络消费的重要因素。农林产品在传统渠道中的售价居高不下，田间收购价与终端价格差距可能高达10倍以上。网络营销由于没有传统店面昂贵的租金成本，没有传统营销中沉重的商品库存压力，低营销成本和可预期的低结算成本使网络营销在商品价格上比传统销售更具优势。农林产品价格一般呈周期性由高到低的循环，这与农林产品季节属性相关。上市之初或反季节农林产品因供给量小，价格高；随着上市量供给增加，价格快速下跌，直至退市。之后开始下一轮循环。

4）个人因素

消费者购买决策受其个人特性影响，特别是年龄与性别、职业与经济状况、生活方式、个性及自我观念的影响。

（1）年龄与性别。消费者的年龄与性别会对消费者行为产生明显影响。年龄通常是决定其需求的重要因素。人的生命周期历经婴儿期、儿童期、少年期、青年期、中年期和老年期，处于不同年龄段的消费者有着不同需求，不同的农林产品通常只吸引某个特定年龄段的人群。例如，老年人倾向于购买保健和延年益寿的农林产品，中年人倾向于购买安全、健康的农林产品。

性别差异导致不同消费行为，使得两性在农林产品购买决策方面存在显著差异。男性消费者比较理性，购物明确，有自己的主观选择，注重商品的质量、品质，追求快捷、简单的购物过程等。女性消费者比较感性，在网上购买商品时比较注重情感方面的选择，容易受他人影响，购物目的不明确，通常有更多的计划外购物，喜爱造型、包装等时尚可爱的农林产品。

(2) 职业与经济状况。不同职业的消费者有着不同的价值观和行为准则，对农林产品表现出不同的看法和购买意向，有着不同的消费习惯。例如机关单位的消费者倾向于购买较高价格的生态产品，特别是面对转基因之争，多数人倾向于选购非转基因产品。

消费者的经济状况对消费行为具有直接的影响，同时也决定着消费者的购买能力。消费者的经济状况是指消费者可支配收入、储蓄、资产和接待能力。经济状况是决定购买行为的首要因素，决定着能否发生购买行为以及何种规模的购买行为，决定着购买商品的种类和档次。

正常情况下，经济状况好的消费者除了正常的生理需求以外，他会有更强的购买有机、生态和低排放的农林产品的欲望；经济状况一般的消费者对价格敏感度高，对绿色、零污染的农林产品的购买欲望就较低。

(3) 生活方式、个性及自我观念。生活方式是指人们的衣、食、住、行、劳作、休息娱乐、社会交往、待人接物等物质生活和精神生活的价值观、道德观、审美观以及与之相关的各个方面。不同生活方式有着不同的购买需求。目前，较为完善的生活方式分类方法有两种：AIO 模式和 VALS 分类法。

AIO 模式通过描述消费者活动（Activity）、兴趣（Interest）、意见（Opinion）来度量其生活方式类型。VALS 分类方法按照自我导向和资源丰缺标准定义了 8 个类别的生活方式，将消费者细分为实现者、满足者、信念者、成就者、奋斗者、经历者、工作者和挣扎者。这种细分方法有助于细分市场、明确市场定位。网络购物的群体以城市居民为主，AIO 模式和 VALS 分类法所描述的消费者正是网络购物的主要力量。

个性是一个人区别于他人的、在不同环境中显现出来的、相对稳定的、影响人的行为模式的心理特征总和。每个消费者都有其独特个性，如自信、冒险、好奇等。消费者个性与农林产品选购有着某种联系。网络消费者越来越倾向于购买有独特性卖点、不同风格的农林产品彰显和维护自己的个性，乐意在网络社区中与网友分享自己的购物经历。有研究表明，个性可以解释 10%左右的消费行为变化，是购买决策的重要影响因素。

自我观念是指个体对自身特性的知觉、了解和感受的总和。不同的消费者对自己有着不同的认识，从而形成自己的理想自我观念、现实自我观念或社会自我观念。现实自我观念、理想自我观念与社会自我观念都会影响消费者的购买决策。三种自我观念的作用力均立足于品牌。消费心理学研究认为，人们可能从消费者所使用的品牌、他们对不同品牌的态度以及品牌对他们的意义等方面来判断他们的"自我"。消费者对自己具有明确的认知，在选择品牌时会考虑这个品牌是否适合自己的"自我形象"，越有价值的品牌，消费者就越能感觉满足自己的购物需求。

5）心理因素

消费者购买决策受购买动机、知觉、学习以及信念和态度等心理因素的影响。

(1) 购买动机。购买动机是一种驱使满足自己需要，引起购买商品或服务的愿望或意念的内在驱动力。当个体感受到某种生存或发展条件达到足够强度时才能诱发获取这些条件的欲望；当个体受到刺激时，内在需求被激活，内心产生的紧张状态和不安情绪将演化为一种动力；当市场上出现具体满足物后，才能形成真正的购买动机。因此，网商应抓住消费者心理的认识过程、情绪和情感过程以及意志过程，抓住消费者的真实需求，强化商品或服务的刺激强度，促成购买动机的爆发。

(2) 知觉。知觉是指消费者对事物传递或表现出的信息的一种综合反应。网络环境下的知觉主要包括视觉和听觉。消费者之所以对网站上的刺激产生不同知觉，缘于消费者的认识过程中要经历三种知觉过程：选择性注意、选择性曲解和选择性记忆。

①选择性注意。消费者面对丰富多彩、海量的网站信息时，只会注意那些自己感兴趣或对自己有意义的商品和信息。研究表明，消费者更多关注那些与自己当前需求相关的刺激物、期望刺激物或者差异较大的刺激物。例如，消费者习惯了西瓜瓤颜色要么是红色，要么是黄色，当网站上突然挂出一张双色瓤西瓜的图片时，他们会非常惊奇，立刻加以关注。

②选择性曲解。选择性曲解是消费者将接收到的信息加以扭曲，使之合乎自己期望或意愿的倾向。选择性曲解使得消费者对网站信息的理解偏离信息原貌。例如，青年消费者可能对双色西瓜表现出浓厚的兴趣，购买可能性高；而老年消费者则会认为这种西瓜不符合自然规律，不安全，因而拒绝购买。

③选择性记忆。选择性记忆是消费者倾向于保留、收藏那些能够支持其态度和信念的网站和信息，而忘却与自己信念不一致的信息。例如，消费者对购物不满意的网站的抛弃与忘却。

(3) 学习。学习是指由经验而引起的个人行为上的改变。一个人的学习是通过驱动力、刺激、暗示、反应和强化的交互影响而产生的。网站应该能够做到使用促成暗示或提供正面强化，使消费者对网页上陈列的商品描述形成强大的驱动力。消费者必须经过多方收集有关信息，加以识别、消化吸收，改变某些行为，作出购买决策。

(4) 信念和态度。学习使消费者获得了自己的信念和态度，而信念和态度又会反过来影响消费者的购买行为。信念是指消费者对特定对象所持有的确定性看法。消费者是根据自己的信念实施购买行为。如果信念妨碍了购买行为，网商则需要运用一些手段影响或修正这些信念。态度是指消费者对某些对象或观念长期持有的好与坏的认识上的评价、情感上的感受或行动上的倾向。消费者对购物网站、农林产品都有自己的主观评价，行为上表现出一定的倾向。

5.6　农林产品网络消费者的信息处理流程

农林产品信息可通过网页、博客、微博、微信、网络社区等新媒体，应用音乐、视频、文字、图片、Flash 等形式充分展示。根据威廉·麦奎尔(William McGuire)所提出的信息处理模式，网络消费者的信息处理流程分为五大步骤，如图 5.14 所示。

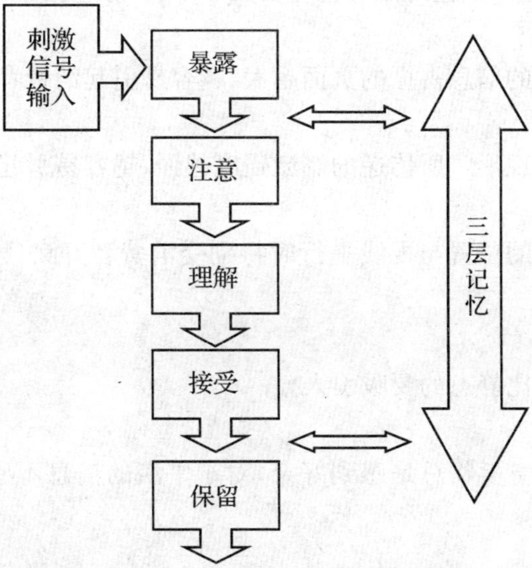

图 5.14　网络消费者的信息处理五大步骤

1. 暴露

暴露(Exposure)是指消费者很接近输入信息(或称为刺激信号)的情形。消费者多半是选择性接收信息的。对营销人员而言，必须想办法让消费者暴露在营销信息下，令营销信息可作用于消费者，方能接触到目标市场。下列因素影响信息的暴露：

1）门槛水平（Threshold Level）

门槛水平是指消费者能感受到信息刺激的最低能量或强度。营销人员的任务就是找到这个门槛水平，并且让营销规划符合门槛水平。

2）潜意识的说服（Subliminal Persuasion）

营销者可以利用潜意识的影响，达到营销说服目的。如网店滚动图片、背景音乐等塑造的购物情境对消费者产生潜移默化的影响。只不过这种刺激力度弱，花费成本也较高。

2. 注意

注意（Attention）是指消费者感官已在接收刺激信息。它是一种关于选择的心路历程。人们对收到的刺激信号的处理能力或处理容量有限，必须通过注意来筛选优先处理的对象。下列是可供参考的营销注意力选择的刺激因素：

1）颜色

一般而言，颜色越鲜艳越容易引起注意。但要注意，由于显示器的分辨率高低以及三基色原理，选择颜色时注意色差要柔和醒目，颜色搭配专业化和具诉求性。

2）尺寸

包括标题在内的信息占据的页面越大，越容易引起消费者注意。

3）强度

信息内容和表现形式所传递的刺激强度越强，越容易引起消费者注意。

4）位置

信息在页面上的位置与视线平行时特别受消费者青睐，特别是在网页正上方位置。

5）移动

动态的信息总比静态的要吸引人。

6）新奇

消费者对于新奇事物总是感到好奇，对于平淡的信息不感兴趣。新奇可以引起消费者注意。

7）背景变换

背景变换可以增加大脑的活动力，引起人的注意。但是过快的变化不易记忆。

3. 理解

理解（Comprehension）是指消费者解释这个刺激。它的影响因素如下：

1）语言影响

语言风格、句式和表现手法等会影响消费者对刺激的理解。如日常用语、网络语言较容易理解，否定式语句不易理解，被动句设置容易被误解等。

2）顺序影响

一般而言，排在最前或最后的刺激较为强烈，容易令人印象深刻，效果好。

3）外围情境

在消费者正在进行的事项过程中，穿插与该事项相关联的信息刺激，对消费者会产生外围情境影响。

4. 接受

接受(Acceptance)是指刺激形成了说服性影响作用，改变了消费者的信念或态度。消费者理解了信息并不意味着就会接受它。影响消费者接受程度的因素如下：

1）认知反应

依赖于消费者在理解阶段的想法，是持支持论调(Support Arguments)或反对论调(Counter Arguments)。

2）情感反应

对于营销沟通的说服力，除了理性的认知反应外，感性化的情感反应也具有影响力，即带给消费者什么样的感觉是很重要的。

5. 保留

保留(Retension)是指将刺激转移至消费者的长期记忆，即"是否仍然记得该信息"正是决定是否已达成"保留"的重要指标。根据记忆的多重存储理论，记忆包含下列三种存储系统：

(1) 感官记忆：对输入的刺激进行原始分析。

(2) 短期记忆：经比对后将信息赋予某种意义。

(3) 长期记忆：长期记忆可以无限量、永久地存储。

5.7　农林产品网络市场消费引导

5.7.1　农林产品网络市场消费引导内涵

对于市场消费引导要从消费引导和引导消费两个方面来理解。

所谓消费引导，即消费者引导网商，网商根据网络消费者的现实需求生产、销售农林产品，以满足消费者所需。根据消费引导理念，网络消费者占据主动地位，网商处于被动地位，网商的营销核心是提供农林产品来满足网络消费者的现实需求，认为营销就是满足需求的过程。常见于定制化和个性化消费。

所谓引导消费，即网商引导消费者，网商生产、销售创新农林产品或者消费者低关注度农林产品。网商必须想方设法引导消费、创造需求，将消费者脑海中未有的或者潜在的需求转化为现实需求。根据引导消费理念，网商占据主动地位，网络消费者处于被动地位。例如，来自海外的特色农林产品是国内消费者并不常接触的产品，经网商主动引导消费，从而激发强烈购物需求，产生丰硕的营销结果，如淘宝网上的“智利车厘子”全球购以及“舌尖上的中国”展示的中国地方特色美食（图5.15）。

图 5.15 “舌尖上的中国”——中国地方特色美食

5.7.2 农林产品网络市场消费引导方法

1. 宏观消费引导方法

1）经济手段

国家财政、税收、价格等部门可以根据网络消费的发展目标，制定相应的财政、税收和价格政策，引导网络消费发展。我国现在暂时对网络上的小微企业免征所得税；从财政上支持农村电子商务发展。

2）行政手段

国家采用计划、组织、制度和政策等手段引导网络消费发展。例如，制定各种促进电子商务发展的政策和消费政策，对网络消费进行监督，积极受理网络消费投诉等。

3）法律手段

法律是最有效的消费引导手段，可以规范网络经营与消费行为。应根据网络消费的特点，研究和开展网络立法和宣传教育，加大执法和司法力度，营造良好的网络司法环境，整治网络消费中存在的各种问题，不断提升网络消费的层次。例如，网络打假受理、网络110等。

2. 微观消费引导方法

1）深度沟通

（1）发布农林产品信息。互联网上的信息时刻在变动、信息储量时刻在倍增，但是消费者每天能够接收或获取的有效信息却是有限。消费者的“注意力”成了稀缺资源，网商与消费者之间产生严重的有效信息不对称和沟通不足。因此，营销的使命首先在于通过各种传播途径向消费者传递他们感兴趣的信息，吸引消费者的眼球。

(2) 增强与消费者互动交流。利用即时通信工具和社交工具等多媒体技术与消费者互动，倾听消费者反馈，分享网商的产品故事和员工工作体验等，提升消费者对农林产品和网商的满意度以及忠诚度。

(3) 进行消费者教育。消费者教育是网商针对目标消费者进行一种有目的、有计划、有组织的传授有关农林产品消费知识和技能，培养科学、正确的消费观和消费方式的活动。例如传授农林产品科学使用方法，以实现农林产品价值和功能最大化。消费者教育过程既是一个唤醒消费者潜在需求的过程，也是一个培养市场基础，争夺消费者的过程。

(4) 让消费者说写。由于网络的虚拟性、隐蔽性、发散性、渗透性和随意性特点，越来越多的网络消费者乐意通过 QQ、微博、微信、社区论坛、新闻跟帖、在线评论等方式表达自己的观点和意见，分享自己消费农林产品的感受和体验，这些将沉淀在网络空间，对后来消费者的购买决策产生影响。例如，互联网消费调研中心 ZDC 曾经开展的一项针对消费者的网络购物行为的调查表明，80％的消费者在网上购买商品前会看该商品的相关评论，进而影响购买决策。

2) 客户参与定制设计

消费者的个性化需求在一定程度上促进了生产技术革新、社会生活方式改变。越来越多的消费者根据自身需求状态向网商提出各种定制化农林产品需求。例如，消费者根据家庭装潢空间、风格等提出家居用品的具体尺寸、风格等。

3) 辅助消费者购买决策

网络环境下，农林产品种类的极大丰富容易导致消费认识过载。所以网站已推出消费者购买决策辅助系统，以支持消费者从信息搜寻、产品挑选、议价到配送、售后投诉的整个网络购买决策过程。

案例分析　淘宝客服售前之“买家网购心理学”

每个消费者在网购的时候都存在哪些心理活动？作为卖家和淘宝客服如何把握消费者心理活动所属范畴，进而采取对应方法提高售前转化率呢？

作为淘宝客服，一旦深知不同买家的心理活动，灵活运用应对方法，售前转化率将得到全面提升，在网店可持续发展中占据着无可撼动的地位。淘宝客服可以从六大因素来解析买家心理活动。

一、买家心理活动之“产品质量”

很多买家都会经常提到“一分钱一分货”。价格太低是否靠谱？是否有质量问题？随着网络市场的壮大，消费者对于产品质量的洞察力越发成熟，淘宝客服或者卖家如何正确引导客户呢?

应该坚持质量把关原则,然后允许7天退换货。

面对以下两种情况,客服或者卖家如何正确引导客户呢?

(1) 买家:你们家的竹制置物架卖的这么便宜,而且还包邮,这个质量不怎么好吧?

卖家:亲,您好,请问亲是看中我们哪个款式了呢?我们的置物架都是真材实料,在生产过程中经过严格检查才被允许摆上货架的哦。我们店铺现在是优惠促销哦,亲购买我们的楠竹置物架的话还送给亲运费险的哦,而且有质量问题7天(30天)内都可以包退(换)的哈。

(2) 买家:你好,我看到你们一款竹电脑桌,不会像我之前买的一款贴皮人造板电脑桌那样一个月就皮破了吧,看起来会这样子的。

卖家:您好哦,亲,这款竹电脑桌是用安吉竹乡三年生的楠竹为料,是我们店铺重磅推荐的一款哦。我们一直以诚信经营,长期发展为原则的呢。我们也给亲您买了运费险了哦,7天内有质量问题或者不喜欢都是可以退款的哦,相当于免费试用哦。

二、买家心理活动之"卖家信誉"

卖家信誉在买家考虑最终是否购买时有一定的影响力,一些消费者会在搜索的时候选择信誉靠前的卖家再根据自己的偏好来选择购买,消费者会觉得卖家信誉越高,越值得信任,越容易偏向成单。面对这一心理现象,作为淘宝客服,应坚持用心做产品原则,不追求短期的信誉暴升。

面对这一心理现象,作为淘宝客服,我们应该要用以下解释方式来正确引导消费者,比如针对买家的疑问,卖家可采取以下两种客服的回复方式:

买家:我觉得你们的宝贝还挺可以的,可是看到你们的信誉这么低,我是不敢买的了。

卖家A:您好亲,谢谢您的支持哦!我们一直是诚信经营,用服务来换取您的满意评价的,每个宝贝不同买家的评价不一样,只要亲购买我们宝贝,我们必将做好售后贴心服务,如果亲有哪些不满意的,亲退款退货也是可以的,就算买卖不成,有哪些需要咨询的也可以随时咨询我们哦。

卖家B:您好,信誉一直是我们经营的基本理念哦。相信亲也是经常喜欢网购的哈,评价好的不一定让您满意,价格便宜的也不一定是好货哦。我们的信誉目前可能是无法在短时间争取到大的突破,可是我们会决心为您提供满意的服务,我们有信心用您的满意来换取我们的每一个信誉哦。

三、买家心理活动之"产品评论"

产品评价是买家针对宝贝相符程度、卖家服务程度、快递及售后服务程度来综合给予店铺的评分，这是影响买家是否购买的重要因素。

如果有些买家提到因店铺存在的中差评而对宝贝望而却步的时候，作为淘宝客服，如何针对这一情况进行解释进而不流失客户呢？

(1) 客户看到关于产品描述不符的中差评而跟淘宝客服反映的时候，客服要坚持宝贝的质量原则，向客户说明我们的宝贝在生产过程中有时难免会出现一些小失误而导致跟实际产品的小误差，这个我们会继续完善，最大限度地争取做到完美。

(2) 客户发现收货时间偏长而懊恼的情况下，客服要坚持店铺服务的售后原则。有些中差评是由于快递的延迟而造成，针对这点，客服可以礼貌向客户表明实际运输距离所需要的天数，再而说明由于一些路面、天气等自然原因以及特殊情况运输过程造成产品送达时间推迟了，而且对于这种情况，店铺也是跟快递公司一直在协商为买家带来更高效率的收货体验，这样可以尽量消除买家因为个别中差评而降低实际购买欲。

四、买家心理活动之“产品说明”

宝贝的产品介绍或者说明很大程度上也是影响买家购买与否的因素之一，这类型的客户非常在意宝贝的主图和详情页面的介绍。

作为客服分析客户的这种心理活动时，应该要如何来进行好的引导呢？

(1) 善于发现客户认为不够清楚了解的产品信息，比如客户购买一件竹根雕摆件，而页面介绍没有模型的展示，卖家客服应该要主动提供一些具体存在的一些模型跟宝贝的照片，如果没有可以截取相关评价信息当中的买家使用产品后给予的好评来让买家参考。

(2) 主动向客户引荐宝贝突出和与众不同的细节介绍，例如一盏竹木皮灯，客服可以把灯的主辅材料、材质、产地、照射面积、适用空间以及光源类型等向客户清楚阐释。

五、买家心理活动之“客服沟通”

随着市场竞争的不断激烈，每个产品在市场中已经很难占有一席之地。客户在购买前跟客服之间的沟通体验会很大程度上影响到实际成单与否。

对于客户的这个心理活动客服要如何把握呢？而除了本身宝贝的综合竞争力外，客服的服务跟客户的沟通无论对于店铺的形象、店铺的生意状况还是店铺的老客户维护都起到不可小觑的作用。那么作为客服如何做好这一块让客户更加满意呢？

(1) 咨询时的主动营销

A：我喜欢你们店铺的风格，你可以为我推荐一件摆件吗？（无目的性）

B：您好，很乐意为您效劳，请问您是送给谁的呢？

A:我是给＊＊＊选摆件的。

B:那他喜欢木根还是竹根呢?

A:木根。

B:喜欢新潮前卫还是复古怀旧呢?

A:喜欢复古怀旧的东西多些。

B:有没有宗教信仰呢?

A:我也不清楚哦。

B:那他是自己做老板还是公司雇员呢?

A:他是开酒店的。

B:您看这款怎么样?(发送链接)根据他的偏好、风格和职业,我认为这款“一帆风顺”崖柏根雕摆件正好符合他的需求。在民间有“千年松,万年柏”之说,其中“万年柏”即指崖柏。柏之根,于悬崖峭石之中沉根托枝斧风霜,油性更盈,活力更足,仍在漫长的风霜岁月中蕴气而存,永不枯废。这款“一帆风顺”正是用被当今根艺界誉为“根中之宝”的崖柏根依自然形态而雕刻,自然之态寓意深远,并且国家正采取措施严控盗采,崖柏资源供应日渐稀少。每个摆件造型是唯一的,具有保值增值的功能。我估计您送给他,他一定会格外欣赏呢。

(2) 突发状况时的主动营销

A:请问这个“一帆风顺”崖柏根雕摆件还有货吗?(缺货)

B:您好,“一帆风顺”崖柏根雕摆件没有货了。不过我推荐您考虑下崖柏根雕其他摆件哦。

A:为什么没货了?我正要送人礼物,“一帆风顺”最合适。

B:因为“一帆风顺”崖柏根雕摆件刚刚被网友拍下,还没来得及下架。我们这的崖柏根雕摆件每款只有一件,它是依崖柏根自然形态雕刻出来的。我们这刚好来了件太行红肉陈化料的“热情拥抱”摆件(发送图片),您看下(发送链接)。

B:陈化料是崖柏中的“古董文物”,表层被充分风化,油脂沉淀,高密度,内质金黄或者褐红色,稍加打磨即显现油润包浆。陈化料香味醇厚,是相当理想的养生香料,其价值远高于那些生料活料。这件摆件实属罕见的宝贝,造型大气,鬼斧神工,妙手天成!放店堂可作风水摆设,将是一道奇特风景。

A:那我如果收到不喜欢怎么办?

B:这个您请放心,我们店铺是执行7天无理由退换货规定的,我建议您收到货后先摆放下,感受感受它的气息,然后再考虑是否喜欢,是否进行退换货。您说呢?

六、买家心理活动之“价格因素”

往往在买家进入店铺首页或者宝贝页面的时候,比较直观地会看到宝贝的价格,价格因素一直是影响买家购买动机最终能否成功转化为购买行为的因素之一。

作为淘宝客服,需要怎么样来挽留客户呢?

(1) 什么价格对应着什么样的产品质量或者服务。客服可以多向客户说明我们的质量都是货比三家的,这个价格虽然比其他店铺要高,可是我们都是正品保证,可以向客户表明如果产品质量有问题或者跟产品描述存在大的误差都是可以退换货的。

(2) 多向客户介绍宝贝存在的优势。

(3) 如果有相关赠品或者返利跟优惠券等好处给予客人,在向客人推荐产品优势和质量的同时,多提醒客人还可以得到额外好处进而提高买家的购买欲望。

作为淘宝客服或者卖家,如果可以把握客户这些心理活动,即使产品价格比同行高一些,只要是在消费者的心理承受范围之内,一样可以卖得非常好,甚至远远将那些低价的竞争对手甩在身后。因此,如果作为一名淘宝售前客服或者卖家,如果销售做得不好,不要总以为是别人的低价格造成的,其实是因为你没有足够理解淘宝买家的心理活动。

这是一门重要的心理学,当真正掌握这些买家网购心理活动之后,把需要完善处理的细节都优化合理,就可以价格比别人高,卖得比别人好,赚钱也自然而然地轻松了。

第六章　农林产品网络营销环境分析

6.1　网络营销环境因素概述

网络营销环境是指网络消费者作出购买决策和网商进行营销活动时所面临的各种影响因素的总称，包括宏观环境、微观环境和内部环境三部分。

为了制定基本的营销决策，网商需要收集并分析各种环境信息。网商进行环境分析之前需要梳理和检查环境因素(表 6.1)。宏观环境分析包括了经济、社会、政治法律、技术、物流基础设施、自然环境和人口因素分析等。微观环境分析包括竞争者、供应商、营销中介、社会公众和网络消费者分析。内部环境特指网商自身从事网络营销的条件分析，包括网络营销理念、信息化程度、农林产品本身特点、农林产品生命周期和企业资源。

表 6.1　网络营销环境分析

宏观环境分析	微观环境分析	内部环境分析
1. 社会因素 2. 经济因素 3. 政治法律因素 4. 技术因素 5. 物流基础设施因素 6. 自然环境因素 7. 人口因素	1. 竞争者分析 2. 供应商分析 3. 营销中介分析 4. 社会公众分析 5. 网络消费者分析	1. 网络营销理念 2. 信息化程度 3. 农林产品本身特点 4. 农林产品生命周期 5. 企业资源

分析环境就是将各种环境因素整理为有价值的、有利于制定农林产品营销策略的信息和知识。SWOT 分析法就是将这些信息进行系统化整理的常用方法(图 6.1)。

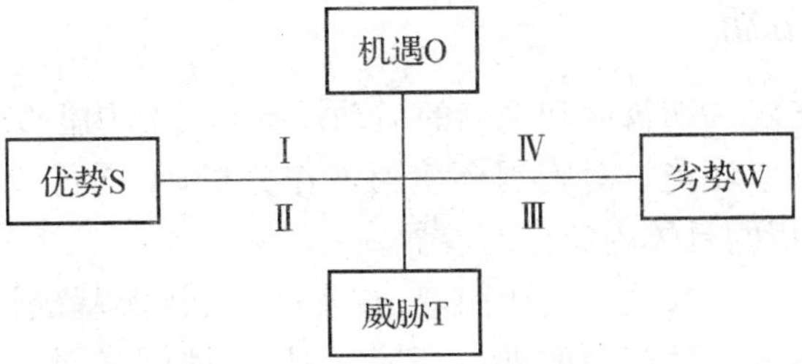

图 6.1　SWOT 分析结构

网络营销 SWOT 分析可用表 6.2 加以描述，可将网商面临的宏观环境、微观环境和内部环境联系起来，得到网商具体的最佳应对方案。

分析结果位于图 6.1 中第一象限表明今后市场的机遇与网商优势并存，网商应该充分利用环境机遇，制定可以最大限度地利用组织优势的进攻策略；位于第二象限表明市场的威胁与网商优势并存，网商应尽量发挥自身优势，克服威胁；位于第三象限表明威胁与网商劣势并存，是前景最悲观的情形，网商必须制定将劣势与威胁最小化的策略，如撤退策略；位于第四象限表明机遇与网商劣势并存，网商应制定尽可能扭转劣势、削弱威胁、发掘机遇的策略。

表 6.2　网络 SWOT 分析

组织	优势——S 现有品牌 现有客户基础 现有分销渠道	劣势——W 品牌市场占有率 中间媒介的使用 技术 渠道支持
机遇——O 交叉销售 新市场 新服务 联盟/品牌共建	SO 策略 通过杠杆作用影响优势，将机遇最大化，即进攻策略	WO 策略 通过发掘机遇降低劣势，即为进攻策略建立优势
威胁——T 客户选择 新进入者 新竞争性产品 渠道冲突	ST 策略 通过杠杆作用影响优势，将威胁最小化，即防御策略	WT 策略 降低劣势和威胁，即为防御策略建立优势

6.2　宏观环境分析

宏观环境是指对一切行业和网商的活动没有直接作用但又对其管理决策产生潜在影响的一般要素环境。对宏观环境因素作分析，不同行业和企业根据自身特点和经营需要，分析的具体内容会有差异。

社会因素、经济因素、政治法律因素、技术因素、物流基础设施因素、自然环境因素和人口因素构成农林产品的外部环境，并且这些因素对企业的作用力各不相同(图 6.2)。

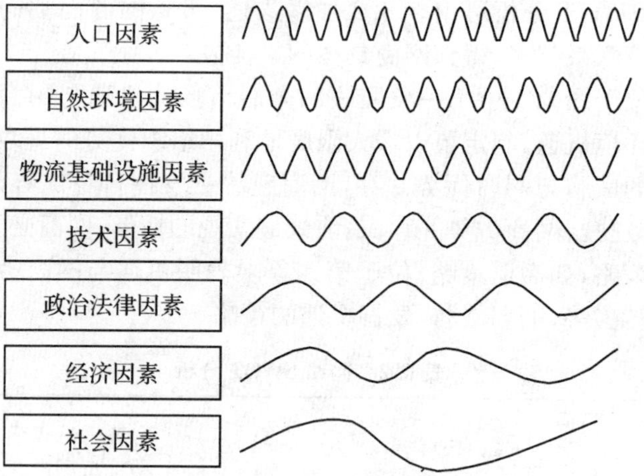

图 6.2　变化曲线：环境因素变化的周期

1. 社会因素分析

社会因素是指组织所在社会中成员的民族特征、文化传统、价值观念、宗教信仰、教育水平以及风俗习惯等因素。因此，制定农林产品网络营销战略时应考虑的社会因素包括不同的网络使用者角色、参照群体、家庭、社会阶层与地位、教育环境、社会对环境与健康的关注程度、人们价值观和消费观的变化以及文化变迁等。社会因素对网商经营战略的影响是间接的、潜在的和持久的。目前出现的“淘宝村”和“淘宝镇”热潮有力推动了农林产品网络营销的社会环境改善。但是，整个农林领域人才缺乏和流失，导致农林产品网络营销人才基础不牢，将动摇农林产品网络营销的发展势头。

2. 经济因素分析

经济因素是指一个国家的经济制度、经济结构、产业布局、资源状况、经济发展水平以及未来的经济走势等。经济因素是影响网商生存和发展的最重要的宏观环境，它在影响网商网络营销的众多因素中，是最直接、最根本的因素。网商在进行经营战略选择时，应密切关注经济因素变化，深入分析，并采取相应的措施，抓住机遇，避免危机，以适应不断变化的经济环境。例如，我国农林产品生产和营销主要面临小农户与大市场的矛盾。单家独户的生产经营方式已经越来越不能适应市场经济发展的需要，不仅生产效率低下，难以形成规模效应，而且农户在面对瞬息万变的市场供求信息时，往往会因生产结构调整不及时，造成供给与需求脱节。农林产品网上交易要求产品品质分级标准化、包装规格化以及产品编码化，形成国家、行业和地方三层标准体系。目前已经实施的标准并不少，但这些标准所涵盖的农林产品种类与全部农林产品种类相比仍旧不足，而且这些标准主要以行业标准为主，国家标准数量较少，不能满足发展农林产品网络营销的需要。“互联网＋”、大众创业、万众创新政策的推出是网商面临的重大的经济机遇，各地兴起了电子商务产业园建设高潮，各地纷纷与阿里巴巴等知名电商平台展开战略合作，有力地改善了经济环境。

3. 政治法律因素分析

法律政治因素是指对组织经营活动具有实际与潜在影响的政治力量和有关的法律、法规等因素。当政治制度与体制、政府对网商所经营业务的态度发生变化时，当政府发布了对网商经营具有约束力的法律、法规时，网商的经营战略必须随之做出调整。2004 年以来，中央一号文件都是农业主题，我国政府持续重点关注“三农”问题。1999 年，我国修订的《合同法》确立了电子合同的法律地位；2005 年通过了中国第一部真正意义上的电子商务法律《中华人民共和国电子签名法》。由此，实施网络营销的网商必须充分考虑纳税问题、网络消费者保护问题、网上支付安全问题、著作权保护问题、责任归属问题等多种政治法律因素。新修订的《食品安全法》的实施，强化了第三方平台的监督责任，实施食品生产者实名制，建立食品全程追溯等。

4. 技术因素分析

技术因素不仅包括那些引起革命性变化的发明，还包括与企业生产有关的新技术、新工艺、新材料的出现和发展趋势以及应用前景。例如创新性的纳米电机产品、石墨烯材料；食品中的各类添加剂以及苯甲酸等保鲜剂拓展了食用性产品的销售范围。因网络营销的技术属性，它更加强调技术因素的影响。技术创新和创新应用可以让网商赢得差异化效果，占据有利竞争态势。网商必须关注网络技术的应用程度和新技术的发展动向，如整合信息系统技术、交易支持技术、传递技术、内容表现技术、配送技术和跟踪技术等，这些技术有助于网商识别市场需求、扩大销售机会、提高运作效率、创造新需求等，例如终端配送中的无人机配送技术不仅可以提高配送效率，而且引发新的商业机会。但是创新的技术并不适用于所有网商，网商必须审视技术“是否能为网商营销能力和策略带来变革”、“网商的目标消费者群和竞争者对新技术的应用程度如何”等问题。例如，1993 年，政府组织实施了

"金卡工程",它是以电子货币应用为重点启动的各类卡基应用系统工程,旨在加强对经济的宏观调控、深化金融改革、加速金融商贸现代化建设。经过多年发展,支付技术安全水平不断提高,衍生出许多新型的电子支付工具,如网上银行、手机支付、第三方支付、微信支付以及最新的音频和脸部扫描支付等。同样,1994 年 12 月,多部门提出"金农工程",并积极推动农业信息服务网络的建设。

5. 物流基础设施因素分析

物流基础设施是物流各功能要素在参与物流活动过程中所需要用到的各种公用设施。它由各种不同的运输线路、运输线路的交汇与节点以及理货终端构成,主要包括铁路、公路、水运、空运、仓储以及车站、港口、码头、机场等相关附属设施。完善的基础设施是农林产品物流发展不可缺少的物质基础。农林产品除了工业加工品外,多数属于初级产品,网络营销需要借助冷链物流得以流转和完成最后的配送活动。冷链物流(Cold Chain Logistics)是物流基础设施建设的最后堡垒。农林产品冷链物流是指水果、蔬菜、林下产品、水产、肉类等物品在从生产、贮藏、运输、销售到消费前的各个环节中始终处于规定的低温环境下,以保证物品质量和性能的一项系统工程。它由冷冻加工、冷冻贮藏、冷藏运输及配送、冷冻销售四个环节构成(图 6.3)。冷链物流需要综合考虑生产、运输、销售、经济和技术性等各个要素,并协调好各要素间的关系,以确保易腐、生鲜产品在加工、运输和销售过程中保值增值。由于农林产品的易腐属性,要求冷链物流中各个环节的运作始终是和能耗成本相关联的,有效控制运作成本与冷链的发展密切相关。为了确保生鲜果蔬等在流通各环节中始终处于规定的低温条件下,必须安装温控设备,使用冷藏车或低温仓库,采用先进的信息系统等。农林产品冷链物流建设投资大,系统庞大复杂,其成本要比其他物流系统成本偏高。因此,网络营销需要考虑交易双方的快递公司可达性、冷链设施的完善性以及成本控制等问题。目前,社会性快递公司纷纷杀入冷链物流市场,积极抢夺"第一公里"市场,扩大了农林产品网络营销范围,扶持和解决农村信息服务与"最后一公里"问题。

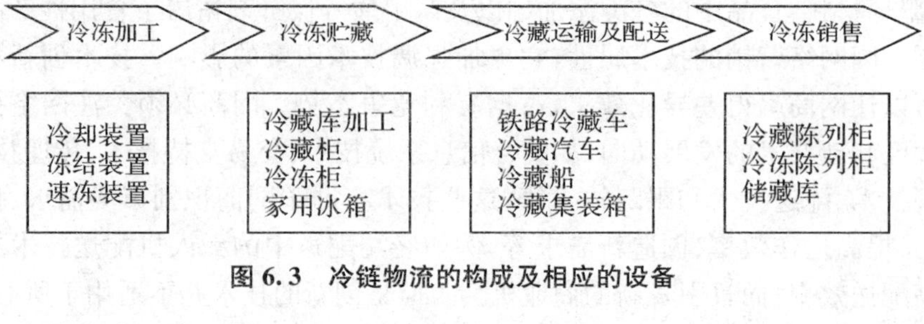

图 6.3 冷链物流的构成及相应的设备

6. 自然环境因素分析

自然环境因素是环绕人们周围的各种自然因素的总和,如大气、水文、动植物、森林、土壤、岩石矿物、太阳辐射等。这些因素对农林种植、采摘、加工、物流等各个环节构成影响。良好的产地自然环境是一种不可替代资源，不仅可以减少不必要的成本，提高产品价值，而且可以塑造产品的特色，形成差异化竞争优势。

随着自然环境恶化，消费者越来越关注农林产品生长的自然环境，对无公害、绿色食品、有机产品越来越情有独钟。如果农林产品所处的自然环境恶劣，产品基本质量得不到保障，如重金属超标等，使得农林产品失去价值。消费者也对农林产品的包装、运输、消费等环节加以关注，期望避免二恶英污染等事件发生。因此绿色营销应运而生。

7. 人口因素分析

人口因素是企业选择网络目标市场的一个因素，因为网络市场是由那些想从网上购物且具有购买力的人所构成的，网络市场的人数越多，网络市场的规模就越大。在网络人数一定的情况下，人们在网上购买力的大小就成为决定和影响网络市场规模大小的主要因素。网商应特别重视网络人口的增长状况以及网络人口在网上购物的欲望和结构。这就需要网商在选择网络目标市场时，应充分分析网络市场上不同层次人群的购买力水平，主要包括网络市场上消费者的收入水平和支出结构以及它们的变化趋势。庞大人口基数构成我国农林产品网络市场规模的基础。

网络购物市场的繁荣与社会、经济、法律政治、技术、市场结构、物流基础设施、自然环境和人口等因素密切相关。在“互联网＋”相关政策支持下，网络购物快速发展，带动其他行业升级转型。消费市场运行总体平稳，我国居民人均可支配收入稳步提升，为网络购物市场的繁荣发展提供了必要的基础保障。与此同时，随着中国经济正在由外需驱动向内需驱动转变，网络购物在实现消费拉动经济增长的过程中扮演着越来越重要的角色。近两年，即时通信、网络购物等应用积极贯彻落实政府的实名制要求，推出相关的行业自律公约、用户实名制认证等诚信举措，提升行业信任水平，助力形成多方参与的交易市场诚信体系建设。互联网技术的革新对网络零售业影响较大，多样化的移动支付方式重塑用户的消费习惯，智能手机和移动应用的发展将取代传统钱包。随着 3D 打印、无人机送货、虚拟现实等技术的研发和完善，更多技术应用不仅能够提升用户体验，而且有助于推动生产运输、物流配送、平台展示等运营模式的变革创新。

6.3　微观环境分析

网络营销的微观环境是指影响网商服务其客户的各种因素，主要包括竞争者、供应商、营销中介、社会公众和消费者等诸多因素。这些因素对网商、消费者的购买决策和购买行为产生直接和外显的影响。

6.3.1 竞争者分析

网商要获取竞争优势就必须针对竞争对手采取更多的优化方案与手段，向网络市场上提供能比竞争者更有效满足消费者需求和欲望的农林产品，使得自己的农林产品在消费者心目中形成明显的优势。在营销实践中，市场竞争策略往往是针对竞争对手做出的反应。因此，网商必须了解自己的竞争对手是谁，他们的目标是什么，他们具有什么优势和劣势，其现在采取和将来可能采取的竞争策略是什么等等，在此基础上，网商才能采取相应的对策有效地应对竞争，化解危机，赢得优势。竞争者分析一般包括以下五个步骤：

1. 识别竞争者

如何在众多的竞争网站中寻找出与自身利益有极大关系的竞争者呢？方法如下：

1）产品导向的竞争者识别

产品导向是指网商在产品的层面上把业务范围限定在经营某种定型产品。网商在产品导向下的主要市场营销活动是在不从事或很少从事产品更新的前提下去设法寻找和扩大该产品的市场。

据此可知，在产品层面上网商的产品和技术都是既定的，而购买这种产品的消费者群体和所要迎合的消费者需求却是未定的，有待于网商寻找和发掘。在产品导向下，网商业务范围扩大是指市场扩大，即消费者数量增多和所迎合需求增多，而不是指农林产品种类或花色品种增多。实行产品导向的网商把生产同一品种或规格的农林产品的经营者视为竞争对手，把这种同一行业以相似的价格向相同的消费者群体提供相同产品的竞争对手称为品牌竞争者。品牌几乎是区别产品的唯一因素。

2）技术导向的竞争者识别

技术导向是指网商在生产技术的层面上把业务范围限定为经营用现有设备或技术生产出来的产品，业务范围扩大是指运用现有设备和技术或对现有设备和技术加以改进而生产出新的产品种类或花色品种。技术导向的网商的生产技术类型是确定的，而用这种技术生产出何种产品、服务于哪些消费者群体、满足消费者的何种需求却是未定的，有待于根据市场变化去寻找和发掘。

技术导向把所有使用同一技术，生产同类产品的经营者视为竞争对手，把同一技术行业生产不同档次、型号、品种产品的竞争对手称为行业竞争者。

技术导向的营销战略是对产品的质量、样式、功能和用途加以改革，并利用原有技术生产出与原产品处于同一领域的不同阶段的产品。技术导向的网商未把满足同一消费者需求的其他大类产品的生产网商视为竞争对手，易于发生“竞争者近视症”。例如，实木质家具的竞争者包括人造板质、铁质、藤质、秸秆质、塑料质等，当满足同一需求的其他行业迅猛发展时，本行业产品就会被淘汰或严重供过于求，继续实行技术导向就难以维持企业生存。

3）需求导向的竞争者识别

需求导向是指网商在消费者需求的层面上把业务范围确定为消费者的某一需求，并运用可能互不相关的多种技术生产出分属不同大类的产品去满足这一需求。需求导向所迎合的需求是既定的，而满足这种需求的技术和所服务的消费者群体却是随着技术的发展和市场的变化而变化的。

根据需求导向确定业务范围时，应考虑市场需求和网商实力，避免过窄或过宽。过窄则市场太小，无利可图；过宽则力不能及。实行需求导向的经营者把满足消费者同一需求的企业都视为竞争对手，而不论他们采用何种技术、提供何种产品。把为满足同一需求而提供不同产品的竞争对手称为一般竞争者。

需求导向的竞争战略是新产业开发，进入与现有产品和技术无关但满足消费者同一需求的行业。

4）客户导向的竞争者识别

客户导向是指网商在客户群的层面上把业务范围确定为客户群体的需求，业务范围扩大是指发展与原客户群体有关但与原产品、技术和需求可能无关的新业务。客户导向所要服务的客户群体是既定的，但这一群体需求有哪些，满足这些需求的技术和产品是什么，则要根据外部条件加以确定。

实行客户导向的网商把涉及相同目标客户群的经营者作为主要的竞争对手，而不考虑竞争对手是用什么产品、什么技术来满足客户的何种需求。争夺同一个客户群其实就是争夺客户群拥有的资金。把为争取同一笔资金而提供不同产品的网商称为广义竞争者。

由此可见，竞争者的范围十分广泛，不能仅仅理解为提供同类产品和服务，以相似价格供给同一市场的竞争对手。只有分析四个层面上的各种竞争关系，才能真正把握与网商争夺消费者的竞争者究竟有哪些。从农林行业方面来看，网商的竞争者主要来自三个方面：现有厂商、潜在竞争者和替代品厂商。网商只有了解所在农林行业的竞争结构，才能识别网商所面临的现实或潜在的竞争者。

2. 判断竞争者目标

竞争者通常会有多个目标，如追求利润、投资报酬率、市场占有率、技术领先、服务领先、低成本领先、信誉领先等等。对于这些目标，不同网商在不同时期有不同的侧重点，形成不同的目标组合。对于网商而言，了解竞争者的侧重点非常关键，因为了解竞争者的侧重点，就可以预知竞争者的反应，进而可以采取适当对策进行防御或进攻。

3. 识别竞争者策略

竞争者的策略可以通过竞争者的市场行为反映出来。研究网络竞争对手的策略主要从其主页入手，一般来说，竞争对手会将自己的服务、业务和方法等方面的信息展示在其主页上。从竞争的角度考虑，应重点考察以下八个方面：

(1) 站在消费者的角度浏览竞争对手网站的所有信息，研究其能否抓住消费者心理，给浏览者留下好感。

(2) 研究其网站的设计方式，体会它如何运用屏幕的有限空间展示企业的形象和业务信息。

(3) 注意网站设计细节。

(4) 弄清其开展业务的地理区域，以便能从消费者清单中判断其实力和业务的好坏。

(5) 记录网站传输速度特别是图片下载的时间，因为速度是网站能否留住客户的关键因素。

(6) 查看在其站点上是否有别人的图片广告，以此来判断该企业在农林行业中与其他企业的合作关系。

(7) 对竞争对手的整体实力进行考察，全面考察对手在导航网站、新闻组中宣传网址的力度，研究其选择的类别、使用的介绍文字，特别是图标广告的投放量等。

(8) 考察竞争对手是开展网上营销需要做的工作，而定期监测对手的动态变化则是一个长期性任务，要时时把握竞争对手的新动向，在竞争中保持主动地位。

总之，每个网商都需要掌握、了解目标市场上自己的竞争者及其策略，力求扬长避短，发挥优势，抓住有利时机，开辟新的市场。

4. 评估竞争者的优势和劣势

对竞争者优势和劣势的评估是竞争者分析的重要内容，它主要包括三个方面：

1) 对竞争者资源的分析

竞争者资源条件的好与差只有在与网商的比较中才能确认。网商应将竞争者的每一项资源与自身一一对比，在财务实力、网商信誉、技术、组织管理、人员素质、产品、分销、促销、价格等方面指出竞争对手的强项和弱项。

2) 对竞争者竞争能力的分析

网商利用竞争者的弱点，在竞争者薄弱环节开发自身优势或者在竞争者强势领域进行迂回作战，最终使自己处于有利竞争地位。为了分析竞争者能力，需要收集有关竞争者的产品开发能力、生产能力、营销能力、财务能力、管理能力等相关数据并进行系统分析和研究。

3) 对竞争者假设的分析

每一个网商都有一套关于自己的市场假设，例如，他可能把自己看作行业的领导者,或者拥有最强的销售能力,或者认为"消费者欢迎价廉物美的产品",或者认为"消费者认为服务比价格更重要"等。竞争者的这些假设可能是准确的,也可能是不准确的。对竞争者假设的分析也就是识别其在认识环境时的偏见与盲点,以便捕捉到市场机会。

5. 判断竞争者的反应模式

网商需要进一步判断竞争者对网商策略可能作出的反应模式。竞争者的反应模式不仅受其目标和优势、劣势的制约,而且受企业文化、网商价值观念、网商经营观念等因素的影响。在竞争中,常见的竞争者反应模式有以下几类:

(1) 从容不迫的竞争者:它们对某一特定竞争者的行动没有迅速反应或者反应不激烈。原因可能是认为自己产品的消费者忠诚度高,或者是敏感度不高,没有发现对手的新举措,也可能是缺乏资金等等。

(2) 选择型竞争者:他们对竞争者某些方面的进攻作出反应,而对其他方面的进攻不加理会。

(3) 强烈型竞争者:他们对竞争对手的任何进攻都会作出迅速而强烈的反应。

(4) 随机型竞争者:他们不会表现出预知的反应行为,反应模式难以捉摸。

通过上述分析,网商就能选定较适应本网商的市场竞争方针和手段,争取处于比较有利的竞争地位,获得竞争优势。

一般来说,网商应采取同竞争对手有区别的营销策略。如果竞争对手是强有力的竞争者,实行的是无差异营销,则网商应实行差异营销,这样往往能取得良好的效果;如竞争对手也采用差异营销策略时,若网商仍实行无差异营销,则势必造成竞争失利,此时网商应在更为细分的市场上采用差异或集中营销策略,提高市场占有率。此外竞争者的多少也影响网商营销策略的选择,竞争者很多时,消费者对产品品牌的印象很重要,为了建立网商产品在不同消费者心中的良好形象,适宜采用差异或集中营销策略;反之,则应采用无差异营销策略。

6.3.2 供应商分析

供应商也称供应者,是指向网商及其竞争者提供生产上所需要的各种资源的企业和个人,包括提供农林原材料、产成品、设备、能源、劳务和资金的企业和个人等。

供应商这一环境因素对网商经营的影响很大,它所提供资源的价格和供应量将直接影响网商产品的价格、销量和利润。若供应短缺,可能影响企业按期完成交货任务。从短期来看,损失销售额;从长期来看,则损害网商在消费者中的信誉。因此,网商应从多渠道保障供应,而不应依赖于任何单一的供应商,以免受其控制或限制。网商可以在网络营销过程中广泛地接触各方面的供应商并进行比较、分析和选择,从而获得更优质的资源和更为优惠的合作条件,并努力地实现网商的价值。

现在,许多网商对供应商的重要性和影响力有一定的认识,并尽可能地与其保持良好的关系,开拓更多的供货渠道,甚至采取逆向发展战略,兼并或收购供应商企业。在网络时代,如何将供应链各松散部分紧密结合起来,以保持组织的灵活性,较好地适应市场因产品和技术周期缩短、竞争激烈所导致的动态发展要求?战略联盟是一种较好的选择。通过战略联盟,打破传统供应中严格的层级结构,组建网络化供应组织结构,发挥战略联盟的乘数效应,对联盟内资源进行有效组织,实现要素共享,从而保证从投入到产出全过程的有效"节约",实现网商对外部规模经济的积极有效利用。通过战略联盟,在共同利益面前,有利于各成员的自律性提高,有利于在相互协调、共同运作的基础上促进彼此的交流,增强共同防御能力和协同配合,提高网商对环境、技术和市场急剧变化的适应能力。

不管采用哪种模式,网商必须时刻与供应商保持密切联系,及时了解供应商的变化与动态,使资源供应在时间上和连续性上能得到切实保证,在农林产品的内在质量和售前、售中、售后服务上能得到有效落实,抓大放小,合理协调,心中有数,应变自如。

6.3.3 营销中介分析

营销中介是指在促销、销售以及把产品送到最终购买者手中的整个过程中给网商以帮助的机构,包括网络营销平台、渠道中间商、物流公司、网络营销服务机构(调研公司、网络服务商、咨询公司等)、金融中介机构(银行、信托公司、保险公司等)。它们都是企业经营不可缺少的中间环节,大多数企业的营销活动都必须通过它们的协助才能顺利进行。商品经济愈发达,社会分工愈细,服务愈专业,这些中介机构的作用就愈大。企业在网络营销过程中,必须处理好同这些中介机构的合作关系。

1. 网络营销平台

网络营销平台是指为企业或个人提供网上交易洽谈的平台。网络营销平台是建立在互联网上的进行商务活动的虚拟网络空间和保障商务顺利运营的管理环境,是协调、整合信息流、物质流、资金流有序、关联、高效流动的重要场所。网商、消费者可充分利用网络营销平台提供的网络基础设施、支付平台、安全平台、管理平台等共享资源有效地、低成本地进行网销活动。根据平台的独立性,网络营销平台可分为第三方平台和自建平台。第三方平台就是为各网商提供技术服务、信息搜寻、电子支付等公共服务的平台,各网商依赖于第三方平台开展自己的网销活动,如京东、淘宝网等。自建平台就是由网商自己出资建设、维护管理的平台,主要为自身的网销活动提供服务,如我买网。网商根据自身资金实力、技术力量、产品特性决定采用相应的平台方案。如今部分第三方平台自营日益壮大,如京东自营。

第三方平台利用自身的市场渗透性和平台，通过 OEM 生产，组织商品进行销售。

2. 渠道中间商

渠道中间商包括网上渠道中间商和网下渠道中间商。在网络营销发展的高级阶段，网上渠道中间商将日益重要。网上渠道中间商包括网上经销商、网上代理商和网上零售商店。

(1) 网上经销商：即在网上从事商品购销活动并发生商品所有权转移的网上渠道中间商。

(2) 网上代理商：即在网上从事商品购销活动但不发生商品所有权转移的网上渠道中间商。

(3) 网上零售商店：即在网上直接与网络消费者发生商品交易的网上渠道中间商。

3. 物流公司

物流公司即实体分配机构。物流包括包装、运输、仓储、装卸、搬运、库存控制和订单处理等环节。物流是网络营销的生命线，同样网络营销的现在和未来的发展都离不开物流的支持。物流调节了生产和消费之间的矛盾，弥合了产销时空上的分离，延伸了商品的时间效用和空间效用，以利适时、适地和适量地将商品提供给消费者。物流专业化既是市场营销的要求，也是网络营销的要求。

4. 网络营销服务机构

网络营销服务机构是指协助网商开展网络营销，维持和协助拓展网上市场的网络营销服务机构，如网络营销研究公司、网络广告公司、网络传播公司、网站平台技术公司等。网商可自设网络营销服务部门，也可委托外部专业网络营销服务机构代理网络平台搭建、网络研究、网上营销传播策划，并定期评估其工作绩效，以促进网络营销策划水准和网络营销执行力，优化产品和服务质量。

5. 金融中介机构

金融中介机构是指协助网络营销企业融资和保障货物、商品的购销、储运风险的专业中介机构，如银行、金融公司、消费信贷公司(如蚂蚁金服)、第三方支付公司(如支付宝)、信托公司和保险公司等。金融中介机构不直接从事商业活动，但对网商的经营发展至关重要。随着网络营销的发展，网上金融服务如网上银行结算、电子货币等都会影响和制约网络营销向高级阶段的发展。

6.3.4 社会公众分析

社会公众是指对网商实现其目标的能力具有实际或潜在利害关系和影响力的一切团体或个人。网商是一个开放的群体，他在经营活动中必然与各方面发生联系，因此必须处理好与各方面公众间的各种关系。互联网本身既是一个庞大的信息数据库，也是一个全天候跨越地域时空的超媒体。同传统营销一样，网商开展网络营销所面对的公众主要有以下几类：

1. 媒介公众

媒介公众主要是指报纸、杂志、广播、电视和互联网自身。网商既要与传统传播媒介建立良好的关系，更要与互联网上的媒介建立友善和广泛的合作关系，争取正面宣传，抑制和消除不利宣传，并将网上与网下的营销宣传予以有机整合。

2. 政府公众

政府公众是指负责监督网商营销行为的有关政府职能机构。在国家经济发展计划、产业政策、法律法规面前，网商的战略与营销计划必须与之保持方向一致，倡导遵纪守法，合法经营，同时网商要勇于反映行业实情，争取立法有利于产业的发展。

3. 社团公众

社团公众包括保护消费者权益的组织、环保组织及其他群众性团体等。社团公众活动的触觉遍布互联网，网商必须密切关注来自社团的批评和意见，并积极回应和予以吸收、解决。

4. 社区公众

社区公众指网商所在地邻近的居民与社会组织。网商必须重视社区关系，支持社区公益活动，为社区的发展贡献力量，以争取社区公众对企业营销活动的理解和支持。

5. 一般公众

一般公众指上述关系公众以外的社会公众。这些公众比较分散，一般不对网商经营活动采取行动，但不当的网商行为会影响他们的惠顾和产品购买。

6.3.5 消费者分析

随着网络普及，目标网络消费者的锁定也逐渐变得与非网络环境下相同，即所有的网民是潜在的客户。根据国家统计局发布的《2015 年中国网购用户调查报告》显示：网购促进居民消费明显，使用网购后 49.3%的网购用户增加购买量，53.7%的网购用户增加消费支出，86.4%的网购用户对网购体验表示基本满意或非常满意，满意度较高群体具有城镇居民、女性、高学历、中年、工作稳定以及中高收入等特征。网购正在逐渐改变人们的消费模式和习惯。截至 2015 年 12 月底，我国网民规模已经达到 6.88 亿，手机网民规模达 6.20 亿，网络购物规模分别达到 4.13 亿人和 3.40 亿人，占网民规模的 60.02%和 54.84%。因此网商的一切营销活动都要以满足消费者的需求为中心，从网民中找出网络消费者，了解他们的需求及购买行为。消费者是网商最重要的微观因素，因此网商必须要了解以下内容：

1. 谁(Who)

(1) 谁是消费者？

(2) 如何对消费者进行分类？

(3) 分类标准是什么？

2. 什么(What)

(1) 消费者用什么方式购买什么产品？

(2) 消费者在多大程度上关注购买决定，这一决定能持续多久？

(3) 在什么样的情景下有多少人关注？

(4) 消费者的购买动机是什么？

(5) 消费者的什么目的最重要？

(6) 消费者浏览网站抱有什么心态？

(7) 网站使用与购买决策之间是什么关系？

3. 什么地方(Where)

(1) 消费者收集的信息源自哪里？

(2) 消费者线上购买？线下购买？还是线上下单，线下取货？

4. 什么时候(When)

(1) 什么时候浏览网站？

(2) 网购的高峰是什么时候？

5. 为什么(Why)

(1) 消费者为什么关注网站？

(2) 消费者购买方式变化的原因？

(3) 什么原因改变了消费者目标？

(4) 消费者口碑为什么重要？

6. 万一……会怎么样？(How)

(1) 信息变化怎么引起消费者关注？

(2) 网站如何设计布局吸引眼球？

对消费者可以从不同角度以不同的标准进行分类。如按照购买动机和类别分类，整个市场可分为消费者市场、生产者市场、中间商(转卖者)市场、社会团体市场、政府市场和国际市场，每一种市场都有其独特的消费者群。网商的网络营销活动就是网商要认真研究为之服务的不同消费者群，研究其类别、需求特点、购买动机等，使网商网络营销活动能针对消费者的需求、符合消费者的愿望并提供良好的消费者服务。

6.4　内部环境分析

6.4.1　内部环境分析的目的与重要性

1. 目的

(1) 弄清企业现状，包括资源、能力、已有业绩和存在问题等，这些因素都是企业可自行控制的。

(2) 了解企业现已确定的将在战略规划期内实施的改革、改组、改造和加强管理的措施，并预测其成效(因这些措施在制定战略规划时都必须予以考虑)。

(3) 明确自身同竞争对手相比的优势和劣势。外部环境分析主要回答"企业可以做些什么"，而内部环境分析则主要回答"企业能够做些什么"。

2. 重要性

内部环境分析通过分析企业自身的优势和劣势，深入调查和评价企业面对的外部市场机遇和战略机遇，评价企业的市场竞争优势和劣势，审查企业先行整体战略和营销战略是否有效，分析企业和行业的战略性问题。

6.4.2 内部环境分析的内容

网络营销作为一种新兴营销模式，较传统营销模式具有无可比拟的各种优势，但网络营销对企业并非一劳永逸，企业内部影响网络营销开展的主要因素有：企业的网络营销观念、企业内部的信息化程度和产品或服务本身的特点等等。

1. 企业的网络营销观念

网络营销作为社会营销领域一大新的发展趋势和潮流，这种融网络技术与市场营销于一体的新型营销方式已被广为运用。随着网络消费者的迅猛增长和网络自身所独有的开放性交流、信息资源共享、互动性服务和成本低廉以及网络安全性的不断提高，企业网行天下已势在必行。但是，对于网络营销，企业必须客观、公正、科学地予以正确对待。

网络营销是一项交流工程，涉及企业各个部门、客户关系管理的各个方面和供应链的各个环节。成功的网络营销源自于良好的基础工作、正确的营销方向、快速互动回应加上持之以恒有效的努力。很多公司只将网络技术看作降低成本的手段，没有把网络营销作为企业保持消费者服务价值的新载体，而获得成功的公司则是充分运用网络技术提供的快捷平台，迅速而全面地去吸引消费者、了解消费者，通过建立大规模数据库锁定消费者群，培育忠诚消费者，并改善产品开发和服务能力。在网络营销交流中，更强调各部门各环节间的衔接与协调。

2. 企业内部的信息化程度

企业内部信息化即在企业内部建设内部管理信息系统。企业管理信息系统在组织中发挥收集、处理、存储和传递信息以及支持组织决策与控制的功能。企业管理信息系统最基本的系统软件是数据库管理系统 DBMS(Database Management System)，它负责收集、整理和存储与企业经营相关的一切数据资料。从职能上划分，企业管理信息系统分为生产、财务、会计、人力资源和销售信息系统。一般销售部门的销售管理信息系统主要处理消费者管理、订货管理、库存管理、往来账款管理、产品信息管理、销售人员管理以及市场信息收集与处理。根据组织内部不同组织层次，企业管理信息系统分为操作层、知识层、管理层、策略层四部分。

由于互联网上信息浩如烟海，互联网本身就是一个没有地域的庞大的信息数据库，企业可以利用它获得大量有价值的环境、商业原始数据和其他各种有用信息。面对庞大的下载信息与数据和网络营销信息反馈，如果缺乏有效的企业管理信息系统进行对应的信息加工、整理、分析与运用，企业的市场回应效率将下降，同时也背离了开展网络营销的初衷。

良好的企业信息化硬件系统还必须有各层次、各岗位适配的管理和操作人员。开展网络营销会导致企业在组织结构上的重大变革。组织机构中有些部门需要重新设立，有些部门要削减掉，有些机构要合并重整，相关的人员也必须进行系统的培训。

3. 农林产品本身的特点

随着网络技术的不断成熟，网络消费者的不断增长，上网企业的不断增多，互联网上提供的农林产品将日益丰富，这是必然的趋势。但在不同的发展阶段，开展网络营销的企业提供的农林产品与网络消费者接受的农林产品具有较大的产业差异。在功能相同或相似的农林产品类别中，产品同质化现象严重。产品的同质是指消费者感觉产品特征的相似程度。产品的同质性表明了产品在性能、特点等方面的差异性的大小，是企业选择目标市场时不可不考虑的因素之一。一般对于同质性高的农林产品，由于人的感觉及消费者无法测试，不会感觉到产品存在差异。对这类同质性高的农林产品，企业可采取无差异营销策略。对于同质性低或异质性农林产品，消费者感觉明显，则可采取差异或集中营销策略。

4. 农林产品生命周期

对产品因所处的生命周期的阶段不同而表现出的不同特点亦不容忽视，应采取不同的营销策略。农林产品处于导入期和成长初期，消费者刚刚接触新产品，对它的了解还停留在较粗浅的层次，竞争尚不激烈，企业这时的营销重点是挖掘市场对农林产品的基本需求，往往采取无差异市场营销策略。等农林产品进入成长后期和成熟期时，消费者已经熟悉农林产品的特性，需求向深层次发展，表现出多样性和不同的个性来，竞争空前的激烈，此时企业应适时地转变策略为差异市场营销或集中市场营销，以建立该产品在消费者心中的特殊地位。

5. 企业资源

企业资源是指企业的资金、技术、设备、人才、管理等综合资源的状况。资源实力雄厚的大企业，如拥有大规模的生产能力、广泛的分销渠道、产品标准化程度高、具备好的内在质量和品牌信誉等，可以考虑采用无差异或差异营销策略；对资源有限的企业，实力较弱的中小企业来说，适于集中力量进行集中营销策略。企业初次进入农林产品市场时往往采用集中市场营销策略，在积累了一定的成功经验后再采用差异市场营销策略或无差异市场营销策略以扩大市场份额。

第七章 农林产品网络营销市场分析

7.1 网络市场细分概述

网络营销中的市场选择，是网商进行网络营销时一个不可或缺的过程，它主要解决网商在网络市场中满足谁的需求，向谁提供产品和服务的问题。因为对于网商来说，只有在网络市场中选准了为谁服务这一目标，才能有效地制定网络营销策略，而这又是以网络市场细分、网络目标市场选择及网络市场定位为基础和前提。

7.1.1 网络市场细分的定义与作用

1. 定义

美国市场学家温德尔·史密斯(Wendell R. Smith)于 20 世纪 50 年代中期提出了市场细分概念。网络市场细分是指企业在调查研究的基础上，依据网络消费者的需求、购买动机与习惯爱好的差异性，把网络市场划分成不同类型的消费群体，每个消费群体就构成了企业的一个细分市场。这样，网络市场可以分成若干个细分市场，每个细分市场都是由需求和愿望大体相同的消费者组成。在同一细分市场内部，消费者需求大致相同；不同细分市场之间，则存在着明显的差异性。通过网络市场细分，每个网商可以根据网络细分市场中消费者的潜在购买力、网络购买行为和市场竞争状况，结合自身的实力，选择适当的细分市场为目标市场，并依此拟定本企业的最佳网络营销方案和策略。

2. 作用

网络市场细分可以为网商认识网络市场、研究网络市场，从而选定网络目标市场提供依据。具体说，网络市场细分有以下几方面的作用：

(1) 有利于分析网络市场，开掘新市场。在网络市场细分的基础上，网商可以深入了解网络市场消费者的不同需求，并根据各子市场的潜在购买数量、竞争状况及网商本身实力的综合分析，发掘新的市场机会，开拓新市场。

(2) 有利于集中使用网商资源，取得最佳营销效果。网商通过网络市场细分，分析网络细分市场的特征，并根据主客观条件的分析选定网络目标市场，将网商资源集中用于最有利的子市场，争取较理想的市场份额，以使有限资源得到较充分的利用，取得最佳营销效果。

(3) 有利于制定和调整营销组合方案，增强网商应变能力。在网络市场细分的基础上，比较容易认识和掌握各细分市场消费者需求的变化以及对营销措施的反应，从而相应地调整营销组合策略，制定最佳的营销策略。

7.1.2　网络市场细分的原则

实现网络市场细分，并不是简单地根据消费者需求相同或不同来划分就行了。因为网络市场细分在网商的市场营销活动中处于策略地位，直接影响到网商各种营销策略的组合，所以网络市场细分必然要遵循一定的原则，或者具备一定的条件。这些原则主要有：

1. 可衡量性

可衡量性是指表明消费特征的有关资料的存在或获取这些资料的难易程度，亦即细分出来的市场不仅范围比较明晰，而且能大致判定该市场规模的大小。细分出的市场能够容易识别群体人员共同的特征、表现出的类似行为、购买频率和购买力大小等。例如，以地理、消费者的年龄和经济状况等因素进行市场细分时，消费者特征很容易衡量，相关资料也比较容易获得；而以消费者心理因素和行为因素进行市场细分时，其特征衡量较困难，这就需要高级细分技术和测量技术。

2. 实效性

实效性是指网络目标市场的进入容易性及获利性值得企业进行开发的程度。一个细分市场是否大到可以实现具有经济效益的营销目标，取决于这个市场的人数和购买力。网络市场划分范围必须合理，细分市场的销售量，应考虑是否值得进行分开的营销活动。一个细分市场应是适合设计一套独立营销计划的最小单位。

3. 可接近性

可接近性是指网商能有效地集中力量接近网络目标市场并有效为之服务的程度。网商对所选中的网络目标市场更能有效地集中营销能力，开展营销活动。一方面网商能够通过一定的媒体把产品信息传递到细分市场的消费者；另一方面产品经过一定的渠道能够达到该细分市场。对于网商难以接近的网络市场进行细分就毫无意义。

4. 反应率

反应率是指不同的细分市场对网商采用不同营销策略组合所具有的不同反应程度。如果网络市场细分后，由于市场对各种营销方案的反应都差不多，则细分市场就失去了意义。例如，如果所有细分市场按同一方式对价格变动作出反应，也就无需为每一个市场制定不同的价格策略。

5. 稳定性

稳定性是指网络细分市场必须在一定时期内保持相对稳定，以便网商制定较长期的营销策略，有效地开拓并占领该目标市场，获取预期收益。若细分市场变化过快，网络目标市场有如昙花一现，则网商经营风险随之增加。同时，在实践中，除稳定性外，细分市场也并不是越细越好。因为如果分得过细，一则增加细分变数，给细分带来困难；二则影响规模效益；三则增大费用和成本。这时就应实施“反细分化”策略。它并不是反对市场细分，而是要减少细分市场的数目，亦即略去某些细分市场，或者把几个太小的细分市场集合在一起。在此情况下推行“反细分化”策略，有利于扩大产品的适销范围，降低成本和费用，增加销量，提高经济效益。

7.2 农林产品网络市场细分方法

7.2.1 农林产品网络市场细分的前提

市场产品供应多元化、市场需求差异性和消费需求相似性是市场细分的前提。

1. 农林产品供应多元化

众所周知，生产决定分配、交换和消费。因此，农林产品供应多元化是市场得以细分的最重要前提。在现代经济社会中，各个网商生产的各种农林产品都有某种程度的差异。这种农林产品供应上的差异化的原因很多，其中较重要的有以下几项：

(1) 网商差异大。在网络世界，网商销售的农林产品来源各不相同，有的直接来自采购平台转卖，如海外直采，有的自产自销，有的贴牌加工后销售；网商组织性不相同，有的是正式的公司化组织结构，有的是松散的组织结构，有的是家庭作坊式组织结构，有的是个体户；营销平台依赖性不同，有的网商依赖于自建平台，有的网商依赖于第三方平台。

(2) 各个网商所采用的生产设备、生产程序和生产方法不尽相同。即使生产的都是相同或类似的农林产品，各个网商实际推出的农林产品仍会有较大的差异。

(3) 各个网商都会拥有一些特殊的资源，如地理自然优势、文化独特资源等。

(4) 各个网商在产品的设计、发展、改良和革新等方面的进展总会参差不齐，有先有后。

(5) 各个网商对市场需求特点及趋势的估计差异性，导致农林产品供应的时节、数量、型号等不尽相同。

由此可见，即使各个网商都有意识地执行某种相同的营销方式，但他们向市场提供的农林产品之间仍然会有很大的差异性。

2. 市场需求差异性

农林产品的生产虽然决定着消费，但生产又必须依赖于消费。农林产品只有为消费者所接受，最后进入生活消费，其价值与使用价值才能最终实现，再生产才有可能继续。要使消费者真正愿意接受自己的产品，各个生产网商企业就有必要区分各种不同类型消费者的需求，分别采取相应的营销手段，生产和推销各有不同特点的产品。因此，市场需求差异性也是市场细分的基本前提。

市场需求差异性主要是由于消费者的个性、爱好、看法、动机、经济状况、生活方式、家庭以及生理等各有差异，从而表现出各种不同的主需求并派生出其他不同的衍生需求。因此，市场上任何一项农林产品如果拥有两个以上的消费者，这个市场便可以加以细分，划分为具有不同需求特点的购买群体。如根据消费者对原材料以及胶黏剂的担忧程度，可以把木制家具分为实木家具市场和人造板家具市场。为打进目标市场，网商企业在产品设计、分配路线选择、广告宣传、价格制定、促进销售的方法上，都要适应这些细分后的小市场的需要。

3. 消费需求相似性

在同一地理条件、社会环境和文化背景下的人们具有相对类似的人生观、价值观的亚文化群，他们的需求特点和消费习惯大致相同。正是因为消费需求在某些方面的相对同质，市场上绝对差异的消费者才能按一定标准聚合成不同的细分群体。所以消费需求的绝对差异造成了市场细分的必要性，消费需求的相对同质性则是使市场细分有了实现的可能性。

市场细分已是现代市场发展的要求，是社会经济发展的一种必然趋势。

7.2.2　农林产品网络市场细分的方法

根据市场细分详细程度的不同，市场细分有三种方法：完全细分、单一因素细分和多因素（两个或以上影响需求的因素）细分。图 7.1(a)为假设的一个拥有六个购买者的市场。按不同方法对这一市场细分的情况如下：

1. 完全细分

假设某市场有六个购买者，他们的需求完全不同，那么每个购买者都可能是一个单独的市场，完全可以按照这个市场所包括的购买者数目进行最大限度的细分，即这个市场细分后的小市场数目也就是构成此市场的购买者数目。图 7.1(b)就是这种彻底细分的极端情况。在绝大多数情况下，要把每一购买者都当作一个市场并分别地生产仅符合这些单个购买者需要的各种农林产品，从经济效益角度看是不可取的，而且实际上也是行不通的。因此，大多数网商还是按照购买者对农林产品的要求或对市场营销手段的不同反应，将他们作概括性分类。

2. 单一因素细分

单一因素细分即对某些通用性比较大，挑选性不太强的农林产品，往往可按其中一个影响购买者需求最强的因素进行细分，如可按收入不同划分，或按不同年龄范围划分。图 7.1(c)以 1,2,3 代表收入不同的阶层，将相同收入阶层的购买者归入同一个市场范围内,结果按收入因素原市场细分成三个部分。在本例中,第3部分收入阶层所包含的购买者最多。在图7.1(d)中,以a、b代表不同的性别,按性别将原市场细分成两个部分,每个细分市场的人数都相等。

3. 多因素细分

大多数农林产品的销售都受购买者多种需求因素的影响,如不同性别的消费者,因生理或心理的原因对许多农林产品都有不同的要求;同一年龄范围的消费者,因收入情况不同,也会产生需求的差异;同一性别和同一收入阶层的消费者,更会因年龄、居住地区及其他许许多多情况的不同而呈现纷繁复杂、互不相同的需求。因此,大多数农林产品都需要按照两个或两个以上因素进行细分。图7.1(e)是按购买者的收入及性别两个因素将原市场进行细分的情况,结果可把原市场区分为四个细分小市场,分别为a1和a3、b1、b2、a3和b3。当然以多个需求特征组合作为市场细分的根据时,如前所述,销售者可以更精确地划分目标市场,将增加细分市场的数目。如果销售者按照所有可能影响需求的因素组合来细分市场,那么又将回到图7.1(b)所示的完全细分情况,那时每个购买者都是一个细分市场。因此,本细分方法中所说的两个以上影响需求的因素并不是无限的。各个网商在具体运用市场策略时,还应根据不同的农林产品情况,适量控制一定的细分因素组合。

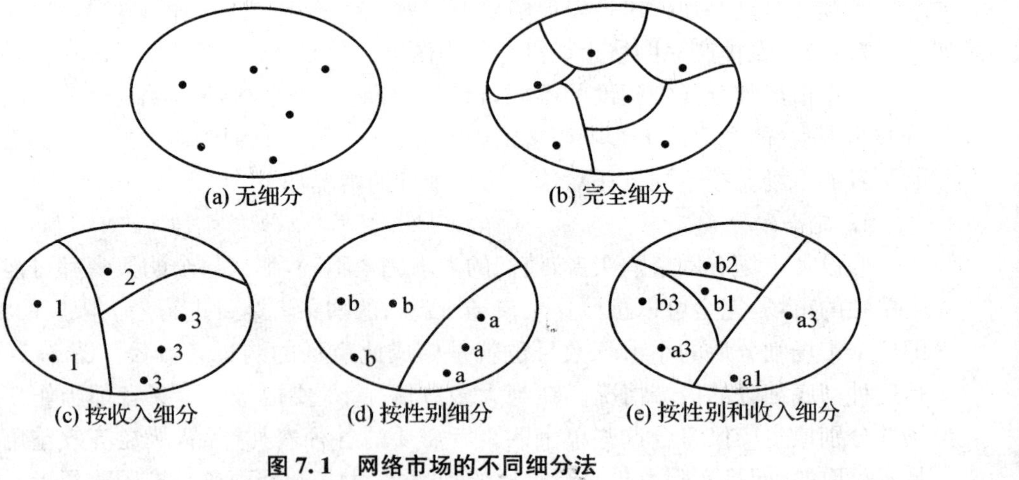

图7.1 网络市场的不同细分法

7.2.3 农林产品网络市场细分的标准

市场细分是根据一定的标准来进行,利用这些标准区别不同的需求。在现代社会中影响和造成消费者市场需求差异性的因素是极其纷繁复杂的,因此细分网络消费者市场就不可能有一个绝对正确的标准和方法或固定不变的模式。各网商可采取许多不同标准来细分,以寻求最佳的营销机会。根据长期以来细分消费者市场的实践经验，影响消费者市场需求的主要因素大致可分为五大类，即地理因素、人口因素、心理因素、行为因素和网络因素。

1. 地理因素

可根据消费者所处不同地理位置的气候、人口密度和城乡等情况，划分出不同的细分市场。例如，按区域划分市场，可将全国分为东北地区、华北地区、华南地区、华东地区、东南地区、西南地区和西北地区等。而按气候条件，热带季风气候分布在雷州半岛、海南岛、南海诸岛、台湾南部；亚热带季风气候分布在秦岭—淮河线以南，热带季风气候区以北，横断山脉 3 000 米等高线以东直到台湾；温带季风气候分布在我国北方地区，也就是秦岭—淮河线以北，贺兰山、阴山、大兴安岭以东以南；高山高原气候主要分布在青藏高原和天山山地；温带大陆性气候分布在广大内陆地区。由于地理条件不同，消费者对产品的需求也不一样。这种按地理状况细分市场的方法的优点是可把营销目标准确地集中到潜在消费者居住的地方，生产当地消费者需要的产品，有效地利用当地或地区的广告媒体，合理地设置销售机构和储运设施；其缺点是消费者的偏好往往与其居住地没有明显的联系，而经济因素、人口因素似乎对消费的影响更直接，而且按地理细分的市场都较大，不符合经济工作要愈做愈细的原则。如我国的东南地区，有沿海区域也有内陆区域，虽然还包括许多富有经济意义的次细分市场，但居住在这些地区的居民地理上的一致性往往会被其他影响消费者购买行为的因素所抵消。因此，一个地理细分市场中的成员要成为一个作为营销活动的目标市场，往往其差异性很大。较为重要的地理因素有：

(1) 地理区域。不同地区的消费者的消费习惯和购买行为，由于长期受不同的自然条件和社会经济条件等影响，表现出较为明显的差异。如我国的饮食习惯，素有南甜北咸、东辣西酸之说；我国南方人喜欢吃大米，北方人喜欢吃面食等。

(2) 气候。气候的差异也会引起人们需求的差异，如气候的干湿程度对人们的消费需求也有很大的影响。例如在气候干燥地区，去燥水果的消费量较大，而在气候潮湿地区则辣椒的消费量偏大。

(3) 城镇规模。如特大型城市、大城市、中型城市及小城市、县城与乡镇消费类型相对集中，消费量大。

一般来说，地理因素具有较大的稳定性，与其他因素相比，容易辨别分析。但是，生活在同一地理位置的消费者仍然会存在很大的需求差异。因此，进行市场细分时还必须同时综合考虑其他因素，方能选择目标市场。

2. 人口因素

人口因素指人口统计变量，历来是细分市场常用的重要因素。因为消费者的欲望、需求偏好和使用频率往往和人口因素有着直接的因果关系，而且人口因素较其他因素更易测量。一般地，人口因素主要包括以下几个方面：

1) 性别

男女有别，消费倾向也有别，网商应高度重视性别差异下的市场需求的变化和发展。

2) 年龄

不同年龄的消费者对商品需求的特征也有着明显的差异。一般来说，儿童需要安全和营养的食品；青年人则需要方便、快捷、新鲜的农林商品；老年人需要具有保健功能的农林产品如药膳等。按年龄细分市场有利于满足各年龄档次的消费者的特定的需求。因此，企业必须掌握市场上消费者的年龄结构、各档次年龄占总人口的比重及各档次消费者的需求特点。

3) 家庭生活周期

家庭生活周期指一个以家庭成员为代表的家庭生活的全过程，从青年独立生活开始，到年老后并入子女的家庭或死亡之时为止。一个家庭按年龄、婚姻和子女状况等，可划分为 7 个阶段，不同家庭生活阶段对商品的偏好也会有较大差别。

(1) 单身阶段：年轻、单身，几乎没有经济负担，他们是新消费观念的带头人，娱乐导向型购买为主。

(2) 新婚阶段：年轻夫妻无子女，经济条件比较好。他们的购买力强，对耐用品、大件商品的购买欲望强烈。

(3) 满巢阶段Ⅰ：年轻夫妻，有 6 岁以下子女，此时是家庭用品购买的高峰期。他们不满足现有的经济状况，注意储蓄，购买较多的儿童用品。

(4) 满巢阶段Ⅱ：年轻夫妻，有 6 岁以上未成年子女，经济状况较好。他们的购买行为趋向理智型，受广告及其他市场营销刺激的影响相对减少，注重档次较高的商品及子女的教育投资。

(5) 满巢阶段Ⅲ：年长的夫妇与未独立的成年子女同住，经济状况仍然较好，妻子或子女皆有工作。他们注重储蓄，购买冷静、理智。

(6) 空巢阶段：年长夫妇，子女离家独立，他们多购买老年人用品，如保健品。后期退休收入减少。

(7) 孤独阶段：单身老人独居，收入锐减。他们特别注重情感、关注等需求及安全保障。

4) 收入

不同收入的消费者对农林产品的需求也有明显的差异，因为收入水平是购买力形成的重要因素。按照消费者收入的不同，细分市场可以针对不同收入的消费者生产不同档次的农林产品，利用不同的渠道、不同的价格去满足各种需求。许多网商把市场区分为精品市场与大众市场，或者分为高收入者市场、中等收入者市场及低收入者市场。

5）职业

不同职业的消费者对农林产品的需求也有明显的差异。教师、职员、工人、农民、学生等不同职业者对农林产品的需求有着明显的差异，如工人注重温饱型消费，学生注重时尚型消费。

6）民族

我国除汉族外，还有55个少数民族，其人口约占全国总人口的6.7%，分布在我国50%的土地上。这些兄弟民族都各有自己的传统习俗，过着不同的生活，因而也呈现出各种各样的农林产品需求。在不同民族间，饮料和食品的消费更有显著不同，如我国西北少数民族人民饮茶较多，回族人民忌食猪肉。

7）教育水平

同属某一收入水平的阶层，其教育程度的不同也会使得个人需求产生某些差异。因为教育程度不同的人在志趣、生活方式、文化素养、价值观念等方面都会有所不同，影响到他们的购买种类、购买行为、购买习惯等。如高等院校毕业的人花在书报杂志上的开支就远比文化水平不高的人要多，他们的阅读内容也与没有受过高等教育的人有很大差异。至于家庭用具和摆设，往往也反映出主人所受教育的程度。因此，教育程度也是进行市场细分的一个独立客观因素。

3. 心理因素

心理因素是一个极其复杂的因素，消费者的心理需求具有多样性、时代性和动态性特点。网商可根据消费者所属的社会阶层、生活方式及个性特点等心理因素进行市场细分。

1）社会阶层

在一个社会中，社会阶层是具有相对的同质性和持久性的群体。每一阶层的成员具有类似的价值观、兴趣爱好和行为方式。一个人所处的社会阶层通常是教育、职业、收入和价值观等多种因素作用的结果。同一社会阶层的人要比来自两个社会阶层的人在行为上更加相似。因此，社会阶层是市场细分的重要心理因素。

2）生活方式

生活方式是人们生活和花费时间及金钱的模式。可根据消费者的不同生活方式划分出各种明显的细分市场。例如深居简出者，他们大都在家里度过闲暇时间，是以家庭为中心的人；时髦人物大都热衷于社交活动；事业心重的人则将大部分闲暇时间用在考虑工作上。这样，就可根据消费者所花时间从事的活动进行市场细分。

3）个性

个性指一个人特有的心理特征，它会导致一个对其所处环境作出相对一致和持续不断的反应。一个人的个性会通过自信、支配、自主、服从、交际、保守和适应等性格特征来表现。网商依据个性因素细分市场，可以为其产品赋予品牌个性，以期与相应的消费者个性相一致。

4）态度

一般而言，态度是潜在的，主要是通过人们的言论、表情和行为来反映的。根据消费者对网商及其产品的态度进行分类并采取相应营销措施。如对持中间态度的消费者（“我曾听说过某品牌，但我并不真正了解它”），应大力开展资料丰富的、有说服力的促销活动；对抱积极态度的消费者（“某品牌是市场上最好的产品”），应利用接连发出的广告与消费者签订合同的办法加以巩固；对持消极态度的消费者（“某品牌比另外某品牌大大低劣”），要改变其态度是较困难的，应在广告宣传上具体化，并改进产品质量，提高企业形象。一般说来，网商放弃持消极态度的细分市场是合适的，因为网商进行市场细分，并不是要网商利用一种营销努力来满足所有消费者群体的要求。

5）购买动机

消费者购买动机是多层次的，可根据购买动机层次性内容细分市场。如安全农产品市场根据购买动机进一步可细分为健康寻求者市场、时尚环保者市场和安全寻求者市场。

4. 行为因素

按消费者的行为将其细分成不同的群体是细分市场至关重要的出发点。

1）购买时机

消费者购买农林产品的时间习惯有时受农林产品的特性所影响。如有些农林产品是时令性商品（如果蔬类），有些农林产品是节日礼品或婚嫁特殊品，消费者购买时间有一定的规律性。许多网商往往通过时机细分市场，把握特定时机的市场需求，试图扩大农林产品的消费者的范围。

2）追求利益

依据消费者通过消费产品期望得到的主要利益进行市场细分。网商可以根据自身的条件，选择其中某一个追求某种利益的消费者群体作为目标市场，生产出适合该目标市场需要的农林产品，然后通过广告媒介，把这种产品的信息传递给追求这种利益的消费者群。如网商为了使大米适销对路，认识到购买大米的消费者具有不同的需求，为此可根据消费者追求的利益进行市场细分，并针对不同的细分市场的特点种植加工不同的大米，如按照无公害产品标准、有机产品标准、普通标准，在不同田地，采用不同的种植方式，收获后向市场销售，满足利益追求群体的需要。

3）使用者情况

有些农林产品市场可以按照使用者的情况分为未使用者、初次使用者、经常使用者、曾经使用者和潜在使用者等。一般来说，具有较高市场占有率的网商往往更重视把潜在消费者细分出来，以便使之成为现实消费者；而小规模网商则较重视经常使用者消费者群的开发，力图使自己的产品比竞争者更富于吸引力。

4）使用频率

根据消费者对特定商品的使用次数和数量，可以将其划分为大量使用者、中量使用者和少量使用者。大量使用者往往人数不多，但他们所消费的商品数量在商品消费总量中所占比重却很大，并往往具有某种共同的人口及心理方面的特征。中量使用者则是购买量和购买次数居中。少量使用者是使用者人数多，但是每次使用量较低。例如，生存类农林产品的终端消费者往往是少量使用者，组织购买者则是大量使用者。

5）忠诚程度

消费者的忠诚程度，包括对网商的忠诚程度和对品牌的忠诚程度等。以对品牌的忠诚程度为例，可以把消费者细分为四类不同群体：始终不渝地坚持购买某一品牌的坚定忠诚者，经常在几种固定的品牌中选择的弹性忠诚者，由偏爱某一品牌转向偏爱另一品牌的转移型忠诚者以及对任何一种品牌不忠诚的多变者。每个网商都包含了比例不同的这样四类消费者。网商依据忠诚程度细分市场，可以发现问题，采取措施改进市场营销工作。网商有必要利用忠诚程度来细分市场，通过识别出网商品牌的坚定忠诚者的特征，采取措施来满足他们的需要；通过研究弹性忠诚者，网商能认识到哪种品牌的农林产品是网商的主要竞争者，网商可通过改良网商自身的农林产品增强竞争能力，也可以用广告形式来说明网商的农林产品具有更大的优点，从而使弹性忠诚者转变为网商的坚定忠诚者；通过研究转移忠诚者，网商就能发现某些消费者为什么原来忠诚于网商的品牌，但现在转而忠诚于其他品牌的原因，找出网商市场营销工作的弱点，以便采取补救措施；而对于多变者，网商可以通过改良市场营销手段，促使他们热爱网商的产品。

6）待购阶段

网商可以把购买某种农林产品（特别是新产品）的消费者按待购阶段（即准备购买的阶段）分为不同的类型。如有的消费者不知道市场上已存在某种农林产品；有的消费者已知道这种农林产品而未作出是否立即购买的决定；有的消费者已经掌握了一定的信息，愿意购买使用；有的消费者愿意重复购买。根据购买者的待购阶段细分市场，网商可以针对处于不同待购阶段的消费者，采取相应的促销措施，如对于尚未知道市场上存在某种农林产品的消费者，网商应做介绍性广告，尽快让他们了解农林产品的信息；而对已经了解某种农林产品的消费者，网商要着重宣传该农林产品能为消费者带来的利益，促使他们采取购买行动；对愿意购买的消费者，则应通过促销激发购买行为；对重复购买者，应通过客户关系、会员优惠等支持其再购买。

5. 网络因素

除了上面传统的细分标准外，还可以按上网能力、上网时间、上网费用、上网的主要地点、拥有 E-mail 地址的平均值、平均每周收发的电子邮件数、知悉新网站的主要途径、使用语种等新的细分标准对目标消费者进行划分。

由于消费者的情况千差万别，任何市场都是由许多小市场组成的，这些小市场是根据一些影响消费需求的主要因素来进行细分。一般市场细分时，大致可以围绕下列问题来进行：

第一，细分小市场的位置在什么地方？

第二，这些细分小市场的消费者是什么人？

第三，他们购买什么农林产品？

第四，他们如何购买这些农林产品？

第五，他们为什么要购买这些农林产品？

由此可见，影响农林产品需求的因素是多方面的，这些因素非常复杂，实际上不可能按这些因素逐个来进行市场细分，往往把它们归纳为若干基本要素，然后使用多个细分标准对其进行细分。在实际应用时，网商应根据经营内容选择合适的标准来细分市场。同时，在细分市场时，往往要同时使用几个标准。表 7.1 以某茶商为例，运用多种标准细分茶叶市场，最后选择生活在城市、经济收入高、生活方式追求潮流、要求美容的女青年群体作为该茶商的目标市场。

表 7.1　运用多种标准细分茶叶市场

茶叶种类	茶叶来源	性别	年龄	地理位置	追求利益	经济收入	生活方式
花茶							
绿茶	进口	男	儿童		减肥	高	追潮
红茶		女	青年	城市	塑身	中	浪漫
黑茶			中年	郊区	美容	低	朴素
白茶	国产		老年	乡村			
黄茶							

7.2.4　农林产品网络市场细分的模式

按照消费者对农林产品的不同属性的重视程度划分，可形成同质偏好、分散偏好、集群偏好三种模式的细分市场。图 7.2 以鲜牛奶市场为例给出了三种模式的示意图。

1. 同质偏好

同质偏好是指所有消费者具备大致相同的偏好。这种市场不存在自然形成的细分市场，消费者对农林产品不同属性的重视程度大致相同，现有农林产品品牌基本相似，且集中在偏好点的辐射圈内。

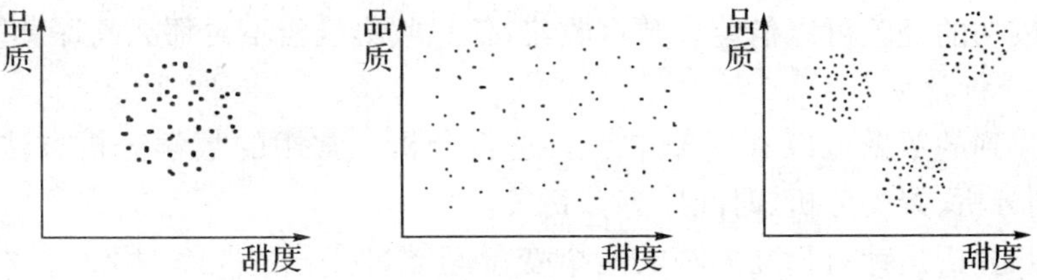

A. 同质偏好　　B. 分散偏好　　C. 集群偏好

图 7.2　鲜牛奶市场的细分模式

2. 分散偏好

分散偏好是指不同消费者对产品的不同属性表现出不同的偏好。如果市场上同时存在着几个品牌,则这些品牌可能定位于市场上各个空间,分别突出自己的差异性来满足消费者的不同偏好。

3. 集群偏好

集群偏好是指不同的消费群体有不同的消费偏好,但同一群体的消费偏好大体相同。这种市场也称为自然细分市场。

进入该市场的网商可以有三种选择:一是定位于偏好中心,来迎合所有的消费者,即无差异化营销;二是定位于最大的细分市场,即集中化营销;三是同时开发几种品牌,分别定位于不同的细分市场,即差异化营销。

7.2.5　农林产品网络市场细分的步骤

1. 了解基本情况

消费者对农林产品介入的程度有多深?消费者对这种农林产品或该行业了解多少?他们愿意而且能够讨论到何种程度?这是一种新产品还是现有产品?市场细分研究的目的是什么?是增加现有消费者对农林产品的忠诚度还是吸引新的消费者,或是将消费者从竞争对手那边吸引过来?市场细分研究是为短期规划服务还是为长期战略服务?网商对现有市场结构的看法如何?要进行市场细分,就必须先回答这些问题。

2. 确定基础变量

这是市场细分过程中最重要的一步。对消费者进行细分时,多步筛选定性变量和定量变量,如行为习惯、固定消费模式、购买频率、网络消费者规模等。对于不同农林产品进行市场细分时,必须根据其特点,以消费市场细分指标为基础并结合以往市场研究经验,重新构造细分变量指标。通常情况下,选择大约 20 个基础变量和行为变量进行分析研究。

3. 收集数据

市场细分研究对样本量有较高要求,成功样本应在 1 000 份以上。这对于网络营销者来说已经不是什么难事了,营销数据库可以解决很多问题,网上调查已经有很多成功的经验可以借鉴。数据收集、信息收集已经不再那么高深莫测了。

4. 分析数据

收集到的数据可以利用数学工具进行分析。常用的数学分析方法有回归分析、判别分析、聚类分析、时间序列分析等。

回归分析是针对相互关联的两个变量间数量变化的关系,用一个数学表达式进行估计或预测的统计方法。

判别分析是判别样本所属类型的一种多元统计方法,在市场调查研究中,调研人员可以根据调查数据判断产品是畅销、销量一般还是滞销。

聚类分析是将研究对象按照特征或属性,分为相对同质的群组的统计技术。在同一群组内的个体具有高的同质性,而群组之间具有高的异质性。

时间序列分析是根据系统观测得到的时间序列数据,通过曲线拟合和参数估计方法(如非线性最小二乘法)来建立数学模型的理论和方法。时间序列分析常用在市场细分研究方面。

需要指出的是,无论是哪种方法,都会因分析因子的不同而产生多种结果。这也正是市场细分研究的挑战性和吸引力所在,它不会产生是或否的答案,而只是给研究者提供了不同的视角。

5. 构建细分市场

一旦确定了能够代表真实市场的细分方案,即可再次征集关于细分的额外信息,对其进行进一步调查,比较和对照细分变量。例如,一个基于需求划分的细分市场,这些细分市场的人口特征是什么样的?他们是如何看待调查问卷上所列出的其他属性的?

通常这一步可以帮助确定细分市场,但有时也会发现结果恰恰相反,这时需要回到分析数据的步骤,重新确定细分方案。

6. 细分市场结构评估

对每个细分市场进行简单明了的归纳是必要的。一般包括以下内容:细分市场的名称、使细分市场产生差异化的重要因素、对细分市场中群体的简要描述和评估。

网商在评估不同的细分市场时,可从以下三个方面着手:

1) 细分市场的规模和增长程度

在选择目标市场时,网商首先要弄清细分市场的规模及增长程度是否恰当。当然所谓恰当的规模,也是相对而言的。大规模网商一般应选择销售量较大的细分市场,小规模网商则通常会避免选择那些大市场。究其原因,一是需要资源太大;二是这些市场对大规模网商太有吸引力,小不斗大。至于细分市场增长程度,本来各网商都希望自己的销售额和利润不断增长,但这样一来,竞争者会加速进入这一市场,反而使他们的利润降低,因此要辩证地来考虑这一问题。

2）细分市场的结构吸引力

一个细分市场，即使其规模和增长程度可能是恰到好处的，但从赢利性的观点看，还不一定就具有吸引力。分析市场结构时，可借鉴迈克尔·波特的五种力量模型(图 7.3)，有五种威胁有可能使细分市场失去吸引力，即：

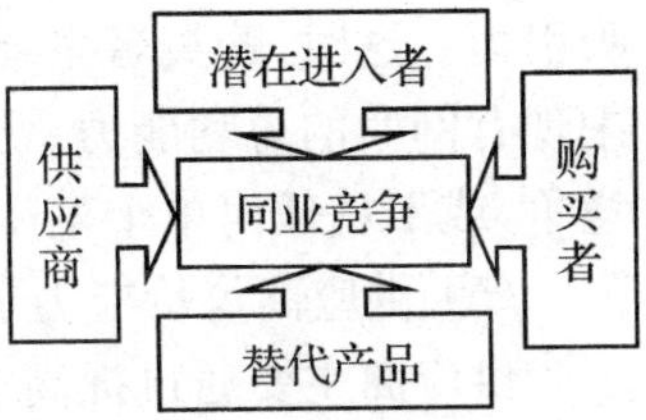

图 7.3　五种力量模型

(1) 同业竞争者的威胁

同业的竞争目标就是使网商自己获得相对于竞争对手的优势。现有网商之间的竞争常常表现在价格、广告、产品介绍、售后服务等方面，其竞争强度与许多因素有关。对于农林产品而言，由于农林行业进入障碍较低，竞争者囊括了从一人网店到大型规模的央企，参与者范围广泛；农林商品市场日趋成熟，普通农林产品需求的增量缓慢；价格战是常态；产品同质性高，消费者转换成本很低；企业网商退出障碍较高，即退出竞争要比继续参与竞争的代价更高。在这里，退出障碍主要有土地、库存、物流设施以及政府和社会的各种限制。如果细分市场的消费者转换成本低、退出障碍大、市场容量和增量空间有限、网商由轻资产转向资产重型化等，这样的细分市场将失去吸引力。

(2) 潜在进入者的威胁

农林产品特别是生鲜品的线上销售被视为最后的"蓝海"，吸引着潜在进入者。潜在进入者在给农林行业带来新生产力、新资源的同时，将打破现有市场的均衡格局，这可能会与现有网商发生原材料与市场份额的竞争，最终导致行业中现有网商盈利水平降低或者危及这些网商的生存，这样就使这个市场失去吸引力。

(3) 替代产品的威胁

两个处于同行业或不同行业中的网商可能会由于所生产的农林产品互为替代品，从而在它们之间产生相互竞争行为，这种源自于农林替代品的竞争会以各种形式影响行业中现有网商的竞争战略。首先，现有网商的农林产品售价以及获利潜力的提高，将由于存在着能被网络消费者方便接受的诸多替代品而受到限制；其次，由于替代品生产者的侵入，使得现有网商必须提高自身农林产品质量或者通过控制成本来降低售价或者使其产品具有独特性(如反季节销售)，否则其销量与利润增长的目标就有可能受挫；第三，农林产品的消费者转换成本高低的影响。总之，普通农林替代品同质性高、网销价格低、质量好、消费者转换成本低，对现有网商构成较强的竞争压力。如果某个细分市场现正存在着替代产品或有潜在替代产品，该细分市场便失去了吸引力。

(4) 购买者议价能力加强的威胁

如果某个细分市场中购买者的议价能力很强或正在加强，该细分市场就没有吸引力。这时,购买者主要通过压价与要求提供较高的农林产品质量来影响行业中现有网商的盈利能力。为达到这一目的,他们可能使现有行业内的生产者互相竞争,或不从任何单个生产者那里购买全部农林商品消费量。

(5) 供应商议价能力加强的威胁

供应商主要通过提高上游购买者的农林产品作为投入要素的价值与降低单位价值质量来影响上游企业网商的盈利能力与产品竞争力。供应商力量的强弱主要取决于他们所提供给购买者的是什么投入要素。当供应商所提供的投入要素价值占据了购买者产品总成本的较大比例、对购买者产品生产过程非常重要或者严重影响购买者产品的质量时,供应商相对于购买者的潜在讨价还价力量就大大增强。此种情形下,网商所在的细分市场就没有吸引力。

3) 网商的目标和资源

即使一个细分市场既具有适当的规模和增长速度,也具有结构上的吸引力,网商还必须与其目标和资源联系起来考虑。有些很有吸引力的市场,由于它们与网商的长远目标不吻合,也可能要被放弃。至于要考虑网商自身的技术和资源情况,那是很明显的。如果没有足够的资源以及比竞争者更高一筹的技术,生产出更优质的农林产品,那么网商也不能选择这一细分市场。

根据细分市场分析的结果,需要对各个细分市场的市场地位要素进行评估,结合各个细分市场的价值分析以及网商各方面的实际能力,综合评价、选择、排序,得到细分市场评估结果(表 7.2),便于后续的市场选择。

表 7.2 细分市场评估结果

市场地位要素	权重(%)	细分市场评估(得分为 1～5)				
		细分市场 1	细分市场 2	细分市场 3	……	细分市场 n
市场规模						
市场增长潜力						
市场行业利润情况						
资产回报情况						
竞争强度						
进入市场难度						
网商竞争地位						
细分市场吸引力评估总分						
细分市场吸引力评估顺序						

7. 明确准备进入的细分市场

明确准备进入的细分市场，数据背后的经验是不可缺少的。评估不同细分市场的吸引力需要考虑如下原则：

(1) 足够大。细分市场空间必须足够大以保证有利可图。

(2) 可识别。细分市场必须是可以运用人口统计因素进行识别的。

(3) 可达到。细分市场必须是网络可以接触到的。

(4) 差异性。不同的细分市场应该对营销组合有不同的反应。

(5) 稳定性。就其大小而言，各细分市场应该是相对稳定的。

(6) 增长性。好的细分市场应该具有增长的潜力。

7.3　农林产品网络目标市场选择

7.3.1　农林产品网络目标市场的含义和条件

目标市场是经营者期望开拓和占领的消费者群。网络目标市场是指网商打算进入的细分的网络市场，或者打算满足的具有某些相似需求的部分网络消费者群体。网商根据细分市场的评估结果，对具有不同需求的网络消费者群体进行取舍，挖掘和发现需求尚未得到满足或者不甚满足的群体，再根据自身能力和实力去开拓和占领细分市场。

理想的网络目标市场需要具备四个条件：第一，该网络市场有一定购买力，能取得一定的营业额和利润；第二，该网络市场要有足够的销量空间，即要有网商盈亏平衡点销量下的潜在和未满足的需求量，该条件对于散户、小型网商制约性不明显，对于较大规模的网商显得尤为必要；第三，网商要有开发这个市场的能力；第四，网商在这个农林产品网络市场具有竞争优势或竞争能力，能击败竞争对手，立足于市场。

7.3.2　农林产品网络目标市场范围策略

网商在市场细分后，就要选择目标市场，即选择最有吸引力的细分市场作为自己的服务对象。网商只有按照网络市场细分的原则与方法正确地进行网络市场细分，才能从中选择适合网商本身为之服务的网络目标市场。目标市场范围是指网商准备为之服务的农林产品和消费者细分群的组合。一般有五种策略可供选择：

1. 市场集中化

市场集中化是指网商集中力量只向某一细分市场提供某一类商品，实现专业化经营。它的条件是网商资金有限，只能在一个细分市场上经营，而且这个细分市场中可能没有竞争对手，这是促进细分市场发展的起点。较小的网商一般专门填补市场的某一部分，集中力量为之服务。集中化营销使网商深刻了解该细分市场的需求特点，采用针对的产品、价格、渠道和促销策略，从而获得强有力的市场地位和良好的声誉，巩固市场地位，获得经济效益。但应用此策略风险较大，如果市场出现一蹶不振的情况，网商则亏损严重。

2. 产品专业化

产品专业化是指网商集中力量于一种农林产品，并向多个细分市场的消费者销售这种农林产品。在面对不同市场消费者时，产品质量、价格、款式、包装等方面会有所不同。采用这种策略可使网商在某个产品方面树立起很高的声誉，扩大销售。但如果这种农林产品遇到被全新技术产品或者其他品牌产品所替代或消费者偏好转移时，网商将面临巨大的威胁。

3. 市场专业化

市场专业化是指网商向一个细分市场提供各种不同的农林产品，充分满足该市场上消费者的多种需求。网商提供一系列农林产品专门为这个消费者群体服务，可获得良好的声誉，容易打开产品的销路。但如果这个消费者群体的购买力下降，会减少购买产品的数量，就会产生销量滑坡的危险，网商要承担较大风险。

4. 选择性专业化

选择性专业化是指网商选择多个有着良好的营销机会和发展潜力的市场作为目标市场，提供不同农林产品满足多个市场的消费者需求。网商所选择的若干个细分市场在客观上都有吸引力，并且符合网商的目标和资源，但在各细分市场之间很少有或者根本没有任何联系，然而每个细分市场都有可能赢利。这种策略能分散网商经营风险，即使其中某个细分市场失去了吸引力，网商还能在其他细分市场盈利。此方法的前提是网商具有较强的能力和资源。

5. 市场全面化

市场全面化是指网商提供各种农林产品满足所有细分市场的消费者需求。一般只有实力强大的大规模网商为取得市场领导地位才能采用这种策略。

以上五种目标市场范围策略可归纳如图 7.4 所示。

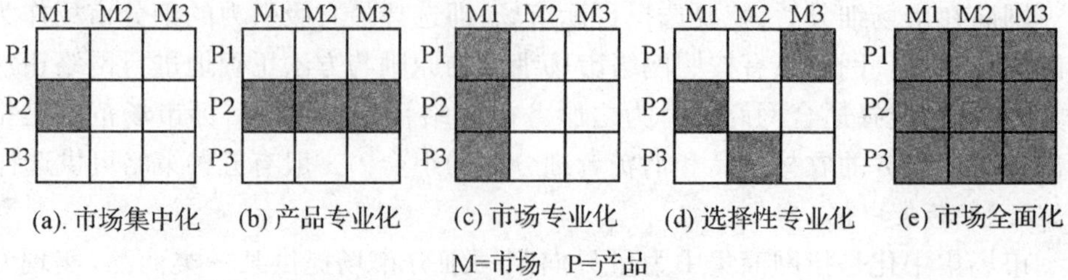

图 7.4 五种目标市场范围策略

7.3.3 农林产品网络目标市场进入策略

在选择好目标市场之后，就要选择目标市场进入策略。目标市场进入策略是指网商在所选目标市场范围内采取何种方式为目标消费者服务，即采取怎样的方式使自己的营销力量到达并影响目标市场。通常有三种目标市场进入策略可供选择：无差异化营销策略、差异化营销策略、集中化营销策略。除第一种策略外，后两种策略都是确定在细分市场的基础上的。

1. 无差异化营销策略

无差异化营销策略是指网商将整个网络市场当作一个需求类似的网络目标市场，营销活动只考虑消费者的共性需求，网商只推出单一的标准化产品，设计一种市场营销组合，通过无差异的大力推销吸引尽可能多的购买者。它凭借单一产品、统一包装、价格和品牌、广泛的销售渠道和大规模的广告宣传，树立该产品长期稳定的市场形象。这种策略重视消费者需求的相同点，而忽视需求的差异性，将所有消费者需求看作一样的，一般不进行网络市场细分(见图 7.5(a))。这种营销策略的优点在于经济性：由于经营品种少、批量大，单一的产品降低了生产、存货和运输的成本，统一的广告促销节约了市场开发费用，提高了利润率。但是，采用这种策略也有其缺点：一方面是引起激烈竞争，使网商可获利机会减少；另一方面网商容易忽视小的细分市场的潜在需求。它只停留在大众市场的表层，无法满足消费者各种不同的需要，面对市场的频繁变化显得缺乏弹性。例如，随着生活水平提高，消费者越来越注重鸡蛋营养，关注土鸡蛋和原生态养殖，这对传统的数量型规模养殖提出了挑战。如果经营者不具体分析消费者对鸡蛋的营养、口感、色泽等方面需求的差异性，将遇到消费者的大量流失。

2. 差异化营销策略

差异化营销策略与无差异化营销策略截然相反。差异化营销策略是在细分市场基础上，选择两个或两个以上乃至全部细分市场作为自己的目标市场，并为每个选定的市场制定不同的营销组合方案，多方位开展针对性营销活动(图 7.5(b))。这种策略的优点是能够满足不同消费者群体的需求，营销活动效果较好，而且选择多个目标市场可以使网商取得连带优势，提高网商知名度。消费者对异形异彩的农林产品需求形成了新的消费动向，如乌骨鸡、黑小麦、黑皮花生等农林产品，因为颜色特别，药用价值高，市场销路好，经济效益高。差异化营销策略的优点还表现在较高的适应能力和应变能力，网商经营风险也得到分散和减少。这种策略的不足在于目标市场多，经营品种多，管理复杂，增大了营销成本、生产成本、管理成本和库存成本、产品改良成本及促销成本，使产品价格升高，失去竞争优势，还可能引起网商经营资源和注意力分散，顾此失彼。因此，网商在采用此策略时，要权衡利弊，即权衡销售额扩大带来的利益大，还是增加的营销成本大，进行科学决策。

3. 集中化营销策略

集中化营销策略亦称密集性营销策略，是指网商集中所有力量于少数几个细分市场上，实行专业化生产和经营，以获取较高的市场占有率的一种策略(图 7.5(c))。这种策略主要适用于资源有限的小网商。这种策略的优点是由于目标集中，可以节约营销费用，增加盈利，又由于种植、生产、销售、促销的专业化，能更好地满足特定的消费者需求，易于取得优势的市场地位。例如乌骨鸡的原生态散养，不仅抓住了消费者对土鸡蛋的需求，也抓住了土乌骨鸡市场，使得绿色原生态养殖的土乌骨鸡和其鸡蛋供不应求。但是，集中化营销策略不足之处是网商将所有力量集中于少数几个细分市场，当市场消费者需求发生变化或者面临较强竞争对手时，网商的应变能力差，经营风险很大，网商可能陷入经营困境，甚至倒闭。因此，网商采用这种策略时，选择网络目标市场要特别注意，以防全军覆没。

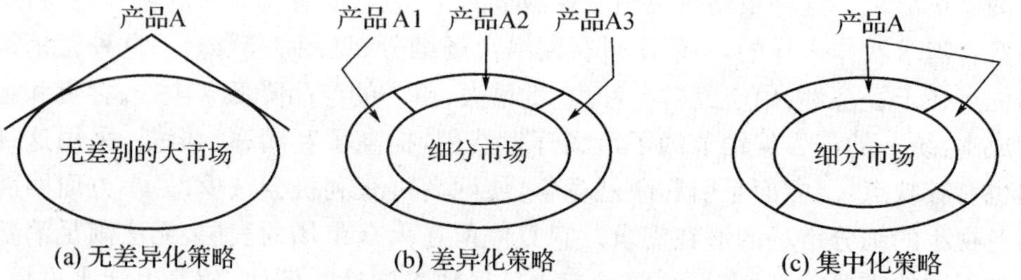

图 7.5 网络目标市场进入策略

7.3.4 选择农林产品网络目标市场步骤

选择目标市场一般包括三个步骤：

1. 估计目标市场的需求

目标市场的需求是指在既定的市场环境中，某一类网络消费者购买某种农林产品的总额。这种市场需求数量的变化取决于消费者对某种产品的喜好程度、购买能力和经营者的营销努力程度。如果某种农林产品确实为消费者所喜爱，并且消费者的购买能力不断提高，经营者的营销策略正确，就有可能增加需求数量。估计目标市场的需求时既要估计现实的购买数量，也要对潜在增长的购买数量进行估计，从而测算出最大市场需求量。网商要根据所掌握的最大市场需求量来决定是否选择这个市场作为目标市场。

2. 认真分析自己的竞争优势

市场竞争可能有如品牌、质量、价格、服务方式、人际关系等诸多方面的竞争，但从总的方面来说可以分为两种基本类型：一种是在同样条件下比竞争者定价低；一种是提供满足消费者的特种需要的服务，从而抵消价格高的不利影响。网商在与市场同类竞争者的比较中，应分析自己何处为长，何处为短，尽量扬长避短或者以长补短，从而超越竞争者占领目标市场。

3. 选择市场定位的战略

这是指网商在经营活动中要根据各目标市场的情况，结合自己的条件确定竞争原则。

7.3.5　选择农林产品网络目标市场时的多数谬误误区

1. 多数谬误的含义

选择目标市场的目的是为了使产品有销路，问题是并非凡有销路的市场都一定能成为网商理想的目标市场。如果出现多数谬误，网商就不可能实现预期的营销目标，还可能导致挫折和失败。多数谬误是指过多的网商都把同一个细分市场作为自己的目标市场，从而造成同一个市场上某一种产品的供给远远超过市场需求。在这种情况下，这些网商共同经营同一种农林产品，实际上就是共同争夺同一农林产品有限的消费者群。结果造成社会劳动和资源的浪费，也不能满足本来有条件满足的其他市场需求，大大提高了网商的机会成本，影响网商的经济效益，甚至造成网商的营销失败。在现实的经济生活中，多数谬误现象屡屡发生。

2. 多数谬误的原因分析

从网商市场营销实践来看，造成多数谬误现象的原因有：

(1) 网商均将市场容量最大、利润潜量最大的市场作为目标市场。许多网商只盯着市场的需求潜量和诱人的利润，认为只要市场有需求，重视产品质量，价格合理，加上推销工作，就一定能够扩大销售量，提高市场占有率，从而取得最大的利润。结果，竞争者太多，形成同步共振，造成损失。

(2) 网商经营者在指导思想上急功近利，只考虑当前利益，避难就易，而看不到长远利益，使经营陷入困境。这种情况是网商把最容易进入的市场作为目标市场。有些种植户看到某些农林产品畅销，而且投资小，见效快，市场容易进入，便产生了投资冲动。例如若一户因培育果树苗发了财，就会出现户户育，村村育，乡乡育，最后只能是果树苗当柴烧。类似事例，不胜枚举。更为严重的是现在仍有许多种植户还在重蹈覆辙。

(3) 抵挡不住外围市场一时走俏的诱惑。对市场细分，确定目标消费群，只能在自己的有效市场范围内进行，决不能放弃自己的优势，去追求所谓的“热”。俗话说：“庄稼活，不用学，人家咋做咱咋做。”这是一种盲从思想，很多种植户正是在这种习惯思维的引导下盲目发展，自觉不自觉地扩大同类农林产品的种植面积，结果谁也赚不了钱，这样的“合成谬误”已屡见不鲜，广大种植户深受其害。

(4) 对已经确定的目标市场缺乏精细的了解。信息不同于独得之密的情报，它的确是宝贵资源，但却是共有资源。当种植户从传媒得知某地某货奇缺价昂而进行生产时，将和四面八方获知同一信息而采取相同举措的众多种植户在市场上发生碰撞，奇缺变为过剩，抢购的俏货转眼之间变成卖不出去滞销货。一哄而上可称之为“市场过敏”。

(5) 对细分后的目标市场的变化没有足够的把握。市场细分的各项变量随着社会大环境的变化而不断变化，所以就不能用固定不便的观念去看待变化的市场，而应以变应变，具体问题具体分析，及时调整自己的营销策略。

选择目标市场时必须对多种因素进行综合考虑、科学论证、统筹规划，有计划、有步骤地进行。客观地讲，在商品经济生产中，多数谬误现象是很难完全避免的，问题是尽可能把多数谬误控制在最小的范围之内，要把它造成的损失降到最低限度。

7.4 农林产品网络市场定位

7.4.1 农林产品网络市场定位的定义

“市场定位”一词是由艾尔·里斯(Al Rise)和杰克·特劳特(Jack Trout)于1972年提出来的，他们所说的“市场定位”是针对潜在消费者心理进行的创造性活动。也就是说，将产品在潜在消费者的心目中确定一个适当的位置。

网络市场定位又称产品的网络市场定位，它是指网商根据网络目标市场的需求和竞争状况，对农林产品(服务)和形象进行设计，通过一系列的营销努力使其在目标消费者心目中占有一个独特的位置的行动。网商的任务就是创造农林产品的特色，使之在消费者心目中占据突出的地位，留下鲜明的印象。

随着网络市场上的农林产品越来越丰富，与竞争者雷同、毫无个性的农林产品无法吸引消费者的注意。为使自己的农林产品获得竞争优势，网商必须在消费者心目中确立自己的产品相对于竞争者的产品而言所具有的独特的品牌利益和鲜明的差异性。简单地说，就是要使消费者感到自己的农林产品与众不同，即与竞争者有差异，并且偏爱这种差异。从这个意义上来说，目标市场定位又是一种竞争性定位。因此，网络目标市场确定以后，网商必须进行市场定位，为网商自身以及农林产品在市场上树立一定的特色，塑造预定的形象，并争取目标消费者的认同。网商需要向目标市场说明，网商自身与现有的及潜在的竞争者有什么区别。这种勾画网商形象和所提供的价值，以使目标消费者理解和正确认识网商有别于竞争者的行为，就是市场定位。

在市场营销过程中，市场定位离不开产品和竞争，因此市场定位(Market Positioning)、产品定位(Product Positioning)与竞争性定位(Competitive Positioning)三个概念经常交替使用。市场定位强调的是网商在满足市场需要方面，与竞争者相比较，应当处于什么位置，使消费者产生何种印象和认识；产品定位是指就产品属性而言，网商与竞争对手的现有产品应在目标市场上各处于什么位置；竞争性定位则突出在目标市场上，和竞争者的产品相比较，网商应当提供何种特色的产品。三个术语在实质上是从不同角度认识同一事物。

7.4.2　农林产品网络市场定位的途径

网商进行市场定位，突出网商及农林产品的特色，在市场上树立鲜明形象，以求得与竞争者产品的差异。这种差异可以从以下四个方面去寻找、突出：

1. 产品特性差异化

农林产品的特性包括种源、原产地、生产技术、生产过程等方面，可作为农林产品市场定位的依据。如无公害、无甲醛、原生态等特性可能是竞争者在短期内无法成功模仿的，有助于竞争优势的塑造，这种市场定位能显著区别与竞争者的差异性，定位是有效的。

2. 服务差异化

现代营销观念下的产品是整体概念。除了对有形产品进行差异化外，网商还可以对服务进行差异化。当农林产品实体难以进行差异化时，竞争制胜的关键往往取决于服务。

1）在线体验

当前，农林产品的安全事件屡屡发生，企业缺乏自律、信息的不对称往往导致了消费者不信任，结果加强了消费者搜寻安全产品的欲望。充分的信息沟通和消费者参与体验非常重要。农户、农村合作社、企业等在网站上打造在线农场，进行瓜果蔬菜等农林产品的生长季、收获季的实时播报，便于消费者在线追踪、进行质量监督，让消费者可以随时随地了解自己所购买的农林产品的安全生长过程，进行消费引导、健康教育；网站同时也是消费者在线监督、信息交流与反馈的平台；另外，网商还可以发起活动，让消费者深入农田车间基地，现场体验绿色产品的采摘、收割、加工制造等环节的乐趣，逐渐培养消费者的忠诚感。

2）配送服务

服务差异化体现在线下直接配送与线上网络支持相结合，为消费者提供全程实时服务。消费者线上下单后，可以由快递公司的冷链、恒温等业务完成配送到户，也可以由消费者自主决定选择到线下实体店自提，逐渐培养消费者的农林产品购买习惯，增加消费者黏性。

3）定制化

农林产品的种植环节、加工环节等具有规模化优势，在销售终端则可以根据消费者个体需求组装、包装和配货等，满足单个消费者的需求。如小众家庭每天的农产品食用总量较少，对此可根据消费者需求推出小包装、少分量的规格产品；而对于林产品，可以根据消费者给出的尺寸完成加工制造，最终实现个体需求的满足。网商可以聚集大量的小众需求，形成规模化生产任务，形成规模化定制，消费者好感得到提升。

3. 渠道差异化

传统的线下农林产品交易方式分为两种:第一种是农户直接进场销售,交易量小;第二种是农林产品经营者或经纪人到田间或批发集散地市场批发后再运到超市等终端进行销售,走货量大,但是农林产品需要经历多个流通环节,多次集散,加大了农林产品的成本,最终形成终端价与田间价的天壤差价。传统交易方式既不能激发农户积极性,种植、生产出更好品质的农林产品,也加重了消费者负担。随着网络购物普及,网上农超对接、网上直销、网上的间接渠道以及线上和线下相结合(O2O),形成了渠道差异化。

4. 形象差异化

相同功能的农林产品在消费者心目中却有着不同的认识和形象。有的网商打出"安全、新鲜、特色、优质"的口号,有的网商打出"农林产品全产业链"的口号,有的网商则打出"基地直采"的口号,着力打造自己的形象。除部分品种外,多数农林产品品质上差异不大,只有加强品质管理和产品创新,重视产地效应,塑造专业独特的形象,才能形成独特的竞争优势。

7.4.3 农林产品网络市场定位的步骤

网络市场定位可分成四个具体的操作步骤:

1. 建立市场结构图

任何一种产品都有许多属性或特征,如价格的高低、质量的优劣、规格的大小、功能的多少等等,其中任何两个不同的属性变量就能构建起一个目标市场的平面图。以产品价格和质量分别作为横纵坐标变量建立一个坐标来分析目标市场是非常普遍的,因为任何产品的这两个属性特点都是消费者最关心的(图 7.6)。当然,网商可以根据不同的农林产品选择消费者关心的其他属性,如新鲜-规格组合可用于渔业市场分析,营养-重量组合用于水果市场分析等。

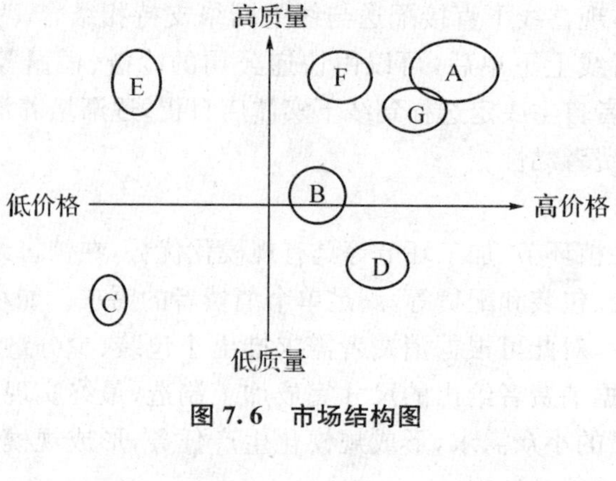

图 7.6 市场结构图

2. 描绘竞争状况

目标市场定位的第二步就是在市场结构图上标明现有竞争者的位置(坐标平面上的点)及其市场份额大小(圆圈的面积)。以图 7.6 为例，A、B、C、D 四个圆圈分别代表目标市场上已有的四个竞争者，圆心坐标反映其在目标市场中的实际定位，圆圈的面积大小则说明各个竞争者的销售额大小。A 是农林产品市场中颇有声望的网商，它生产的是优质优价的农林产品；B 网商生产的是质量中等的中档农林产品；C 网商占据着低档农林产品市场部分，提供低价低质的农林产品；D 网商以高价提供着质量低劣的农林产品。这四个网商中，A 网商的销售情况最好，市场份额最大。完成第二步工作，网商得到一张详细的“作战图”，对手的分布和实力都一目了然。

3. 初步确定定位方案

尝试着将代表网商自身的小旗插到“作战图”的不同位置，每一种位置意味着一种定位方案。分析、评价各种可能的方案后，选出最理想的作为初步的定位，经有关部门详细论证后，由决策层确定。

4. 修正定位方案和再定位

网商的定位是否准确是关系到网商成败的关键，所以在初步定位完成后，还应做一些调查和试销工作，及时找到偏差并立即纠正。即使初步定位正确，还应看到市场环境的动态变化，随时准备对农林产品进行再定位。

7.4.4 农林产品网络市场定位的策略

1. 针锋相对式定位

针锋相对式定位是网商把经营的农林产品定在与竞争者相似的位置上，同竞争者争夺同一细分市场。例如，有些网商在市场上看别人经营什么，自己也选择经营什么，如图 7.6 所示的 G 的位置。实行这种定位战略要求经营者具备资源、产品成本、质量等方面的优势，否则在竞争中可能失败。

除对竞争者的优点和弱点有清晰的了解外，网商采取针锋相对式定位还需要具备三个条件：首先，网商推出的产品在质量、功能或其他方面有明显优于现有农林产品的特点；其次，网商能够借助自己强有力的营销力量使消费者认同这些优越之处；第三，网商拥有足够的实力，其资源足以支持这种较量。

2. 比附定位

比附定位是指网商将自己的农林产品定位在现有的名牌竞争者的农林产品附近，攀附名牌来给自己的农林产品定位，以借名牌之光而使自己的品牌生辉，力争与竞争者满足同一个目标市场部分，即服务于相近的消费者群，如图 7.6 中的 F 的位置。比附定位策略并非向竞争对手发动猛烈进攻，而是一些实力不强的中小规模网商在农林产品定位时跟随现有的大规模网商行动，力求与对手和平共处。

网商施行比附定位需具备两个条件:第一,在网商意欲进入的目标市场区域中还有未得到满足的需求,即该区域除现有的供给外还具有能吸纳更多商品的能力;第二,网商推出自己品牌的农林产品时,应注意在各方面能与竞争产品媲美,又有自己的品牌特色,这样才能拥有自己的消费者。

3. 填空补缺式定位

填空补缺式定位是指网商不去模仿别人的经营方向,而是寻找新的、尚未被别人占领,但又为消费者所重视的经营项目。选择填空补缺式定位策略,大都因为该策略能避开竞争,获得进入某一市场的先机,先入为主地建立对自己有利的市场地位,如图 7.6 中的 E 所在的位置。例如有的网商发现在肉鸡销售中大规模网商占有优势,自己就选择经营饲养农家鸡,并采取活鸡现场屠宰销售的方式,填补大规模网商不能经营的这一空白。

在决定采取填空补缺式定位策略之前必须仔细分析空缺的性质和大小以及网商自身的实力特点。首先,这一空缺为什么存在,是因为竞争对手没有发觉、无暇顾及还是因为这里根本没有潜在的需求,不要低估竞争者,轻易地以为空缺的存在是前两种原因。其次,如果确实存在潜在的需求,那么要考虑这一空缺是否有足够大的空间,也就是说,该市场部分中是否存在着潜在的需求,而且这些尚未满足的需求是否有一定规模足以使网商有利可图。在得到肯定答案后,网商要思考的第三个问题是自己是否有足够的能力去开发和管理这个市场。如果网商不具备应有的技术开发、生产和管理能力,面对再好的机会也只好望洋兴叹。最后,网商还要判断填补这一空缺在经济上是否合算。网商是追求利润的经济组织,因此即使前面几个问题都有令人满意的答案,但获利情况不佳,例如因开发产品和启动市场的成本太高,网商收益无法弥补或弥补后只有微利时,是不应选择填空补缺式定位策略的。

4. 另辟蹊径式定位

网商在意识到自己无力与同行业有实力的竞争者抗衡时,可根据自己的条件选择相对优势来竞争。例如,有的经营果蔬的网商/农户既缺乏进入超级市场的批量和资金,又缺乏运输能力,就利用第三方网络交易平台,避开大市场的竞争,将果蔬销售给不能经常到市场购买的消费者。

5. 质量/价格定位

结合质量和价格来定位。产品的这两种属性通常是购买者在作购买决策时最直观和最关注的,而且往往是将两者相互结合起来综合考虑的。但对于这种综合考虑,不同的购买者在这两个方面会互有侧重。如某种农林产品的目标市场是中等收入的理智型购买者,则可将其定位为物有所值的产品,作为与高质高价或物美价廉相对立的定位。

7.4.5　农林产品网络市场定位的选择和执行

市场定位实质是突出差异化。在实施差异化定位过程中，应掌握如下要点：

1. 认识差异化

(1) 从消费者价值提升角度来定位。产品差异化的基础是消费需求的差异化，消费者也被农林产品的差异化所吸引。消费需求是农林产品差异化的前提，没有前者也就没有后者，网商不能为了差异化而差异化，每一个差异化定位首先要考虑消费者是否认可，是否使用网商自身的农林产品所获得的感知价值高于其他农林产品。因此，网商在定位时应重点把握定位的意义。

(2) 从同行网商特点的差异化来定位。同行中的每个网商都有它的特殊性，当一个网商的特点是其他网商所不具备的，这一差异化即可成为定位的依据。

(3) 差异化应该是可以沟通的，是消费者能够感受到的，是消费者有能力购买的，否则任何差异化都是没有意义的。

(4) 差异化不能太多，当某一农林产品所强调的特色过多，反而会失去特色，也不易引起消费者认同。

网商也必须避免以下四种主要的定位失误：

(1) 过度的定位。即有些品牌言过其实地鼓吹自己的功效或提供的好处，购买者可能觉得很难相信该品牌在产品特点、功效或制作上如其所宣称的那样有那么多好处。

(2) 混乱的定位。即有的网商对其品牌所作的诉求过多并且变动过于频繁，致使购买者对其品牌只有一个混乱的印象，很难弄清该产品的主要特点。

(3) 过宽的定位。有些农林产品定位过宽，不能突出产品的差异性，很难使该农林产品在消费者心目中树立明显的、独特的形象。

(4) 过窄的定位。有的农林产品本来可以适应范围更广的消费者的需求并成为他们钟爱的产品，但由于定位过窄，只着重宣传适于其中某部分人的需求而忽视其他也钟爱此产品的消费者，结果痛失良机，失掉了一大批可成为该农林产品忠诚者的消费者。

2. 应推广哪些差异化特点

虽然市场定位的核心是要使网商的农林产品与竞争者的农林产品有区别，但是并不是所有的差异化都是有意义和值得推广的。网商必须仔细选择令自己与竞争者有显著区别的差异化特点。

一般来说，值得塑造和推广的差异化应达到下列标准：

(1) 重要性。这种差异化应向目标消费者提供价值较高的利益。

(2) 独特性。这种差异化是竞争者没有提供的或网商能以更独特的方式提供。

(3) 优越性。这种差异化是优于消费者从其他方法获得的相同利益。

(4) 沟通性。这种差异化是易于向消费者通报并能为消费者肉眼看得见的。

(5) 排他性。这种差异化是竞争者不容易模仿的。

(6) 承担性。这种差异化是消费者在支付能力上能承担得起的。

(7) 赢利性。网商能有利可图地将这种差异化引入市场。

总之,在推广哪些差异化特点的问题上,首先要考虑所欲推出的差异化特点是否有实际意义,值不值得推广。至于在考虑应推广哪些具体的差异化特点时,则应考虑自己有哪些方面优于竞争者的差异化特点值得推广,值得树立其形象。具体的做法是,网商必须将和竞争优势相关的四种属性与主要的竞争者作比较,即在技术、成本、质量和服务这四项中,挑选自己的名次与竞争者的名次,互作比较,然后全盘考虑,看有哪些值得推出的差异化特点。

3. 如何宣传网商的定位

一旦网商选择了一个市场定位后,就必须采取有力的步骤向目标消费者宣传这一预期的定位。网商的所有市场营销组合工作应支持这一定位策略。如果网商决定将某种农林产品定位为最优质量和最优服务的农林产品,首先就必须将这种定位传达给目标市场,并制定相应的市场营销因素组合计划,拟出实现定位策略的战术性行动细节。因此,一个执行高质量定位的网商,知道自己必须制造出高质量的农林产品,制定较高的价格,并在高质量的媒体上做广告,在高流量和高口碑的网销平台销售。农林产品定位须随着经常变化的市场营销环境而逐渐加以演变。

第八章　农林产品网络营销产品策略

8.1　农林产品概述

8.1.1　农林产品相关概念

农林产品是指种植业、养殖业、林业、牧业、水产业生产的各种植物、动物的初级产品、初级加工品以及高级加工制造品，其产品种类复杂、品种繁多。

1. 初级农林产品

初级农林产品是指种植业、畜牧业、渔业产品，不包括经过加工过的这类产品。初级农林产品包括粮食、油料、肉、蛋、奶、棉、麻、烟、茧、茶、糖、畜产品、水产品、蔬菜、花卉、果品、干菜、干果、食用菌、中药材、土特产品、野生动植物原料、木材以及林下产品等。

2. 初级加工农林产品

初级加工农林产品是指必须经过某些加工环节才能食用、使用或储存的加工品，如消毒奶、分割肉、冷冻肉、食用油、饲料，桐油、橡胶等。

3. 高级农林加工制造品

高级农林加工制造品是指将原料改性和改型后再次进行加工制造，生产出的具有新的外形或新的使用用途的加工品。如制浆造纸、人造板家具、天然橡胶制品、藤、麻、草、苇、木、竹艺术品以及由红豆杉提取的抗癌物质紫杉醇等。

4. 名优农林产品

名优农林产品是指由生产者自愿申请，经权威机构根据相关规定程序，认定生产的生产规模大、经济效益显著、质量好、市场占有率高，已成为当地经济主导产业，有明确标识、有品牌的农林产品，产品种类涉及种植业、养殖业、林业、牧业、水产业和制造业的各类产品。

5. 转基因农林产品

转基因农林产品是指利用基因转移技术，即利用分子生物学的手段将某些生物的基因转移到另一些生物的基因上，进而培育出人们所需要的农林产品。如已经商业化的转基因木瓜、转基因玉米、转基因棉花以及尚未批准生产、仍处于实验阶段的转基因毛竹等转基因产品。

8.1.2 农林产品分类

按传统和习惯一般把农林产品分为粮油、果蔬及花卉、林产品、畜禽产品、水产品、农副产品和高级制造品七大类。

1. 粮油

粮油是对谷类、豆类、油料及其初加工品的统称。粮油产品是关系到国计民生的农产品，它不仅是人体营养和能量的主要来源，也是轻工业的主要原料，还是畜牧业和饲养业的主要饲料。

我国粮食有20多种，产地分布广泛，长江流域和长江以南是稻米的主要产区，黄河两岸是小麦主产区，东北、内蒙古和华北地区盛产玉米、大豆和杂粮，东北的水稻、玉米、大豆誉满全国。

按植物学科属或主要性状、用途可将粮油分为原粮(禾谷类、豆类、薯类)、成品粮、油料(草本油料、木本油料及非食用油料、食用油料)、油脂(食用油脂、非食用油脂)、粮油加工副产品、粮食制品和综合利用产品共7个品类。

2. 果蔬及花卉

1）果蔬的分类

果品和蔬菜，尤其蔬菜是人们日常生活中不可缺少的副食品，它们所含有的营养成分对人类有特殊的食用意义。新鲜果蔬含有丰富的维生素和矿物质，食用果蔬不仅使人体摄取较多的维生素来预防维生素缺乏症，而且大量的钠、钾、钙等矿物质的存在使果蔬成为碱性物质，在人体的生理活动中起着调节体液酸碱平衡的作用。果蔬中所含有的糖和有机酸可以供给人体热量并能形成鲜美的味道。果蔬中的纤维素虽不能被人们很好地吸收，但它们能促进胃肠蠕动，刺激消化液分泌，有助于人体的消化吸收及废物的排泄。很多果蔬还能调节人体生理机能，有辅助治疗疾病的作用。

我国地域辽阔，地跨寒、温、热三带，自然条件优越，气候、土壤和地形等自然环境条件适合于果蔬的生长发育，果树和蔬菜资源极其丰富，培育了许多优良品种。我国果蔬因种类多、品种全、品质佳而闻名于世界，如胶州大白菜、章丘大葱、四川榨菜、湖南冬笋；山东的苹果和大樱桃、辽宁国光苹果、河北鸭梨、吉林延边苹果梨、山东和辽宁的山楂、浙江奉化玉露水蜜桃、山东肥城佛桃、广东和台湾的香蕉和菠萝、广东和福建的荔枝和龙眼、重庆江津鹅蛋柑、江西南丰蜜橘、广西沙田柚等。这些果蔬风味各异，是享有盛誉的名果蔬。近年来，我国培育和改良了很多果蔬品种，同时引进了很多国外果蔬品种，丰富了国内果蔬资源，更加满足了市场需要。

果品按果实构造可分为：

(1) 仁果类：如苹果、梨、山楂。

(2) 核果类：如桃、枣。

(3) 浆果类：如葡萄、香蕉。

(4) 坚果类：如核桃、板栗。

(5) 柑橘类：如柑、橘、甜橙、柚、柠檬。

(6) 复果类：如菠萝、菠萝蜜、面包果。

(7) 瓜类：如甜瓜、西瓜。

果品按商业经营习惯可分为鲜果、干果、瓜类以及它们的制品四大类。鲜果是果品中数量最多和最重要的一类。为了经营方便又把鲜果分为伏果和秋果，还分为南果和北果。

蔬菜按食用部位可分为：

(1) 根菜类：如萝卜、豆薯。

(2) 茎菜类：如莴笋、竹笋、莲藕、芋头。

(3) 叶菜类：如小白菜、大白菜、大蒜、大葱。

(4) 果菜类：如茄子、黄瓜、菜豆。

(5) 花菜类：如黄花菜、菜花。

(6) 食用菌类：如香菇、木耳。

蔬菜按农业生物学可分为根茎类、白菜类、芥菜类、甘蓝类、绿叶菜类、葱蒜类、茄果类、瓜类、豆类、水生菜类、多年生菜类和食用菌类共12品类。

2) 花卉的分类

花卉中的"花"和"卉"是两个含义不同的字，花是高等植物繁殖后代的器官，卉是百草的总称。《辞海》中解释花卉是"可供观赏的花草"。随着科学技术的发展和人们审美意识的发展，已不仅限于欣赏花，因而花的概念也随之扩大。广义上的花卉是指所有花、叶、果的形态和色彩、芳香能引起人们美感的植物，统称为观赏植物。但对"花卉"一词人们已习惯，故仍可一并使用。

(1) 花卉根据其形态特征和生长习性可分为：

①草本花卉：可分为一年生草花(如一串红、鸡冠花等)、二年生草花(如金鱼草、石竹等)、多年生草花(如菊花、荷花、大丽花等)。

②木本花卉：可分为乔木花卉(如梅花、白玉兰等)、灌木花卉(如月季、牡丹等)、藤本花卉(如凌霄、紫藤等)。

③多肉类花卉：常见的有仙人掌科的昙花、令箭荷花、蟹爪兰，龙舌兰科的龙舌兰、虎尾兰，萝藦科的大花犀角、吊金钱，凤梨科的小雀舌兰等。

④水生类花卉：常见的有荷花、睡莲、王莲、凤眼莲、水葱、菖蒲等。

⑤草坪植物：常见栽培的有红顶草、早熟禾、野牛草等。

(2) 花卉根据其观赏器官可分为：

①观花类：如菊花、仙客来、月季等。

②观叶类：如文竹、常春藤、五针松等。

③观果类：如南天竹、佛手、石榴等。

④观茎类：如佛肚竹、光棍树、珊瑚树等。

⑤观芽类：如银柳等。

(3) 花卉根据其经济用途可分为：

①观赏用花卉：花坛用花，如一串红、金盏菊等；盆栽花卉，如菊花、月季等；切花花卉，如菊花、百合等；庭院花卉，如芍药、牡丹等。

②香料用花卉：如白兰花、水仙花、玫瑰花等。

③熏茶用花卉：如茉莉花、珠兰花、桂花等。

④医药用花卉：如芍药、牡丹、金银花等。

⑤环境保护用花卉：具有吸收有害气体、净化环境的花卉，如美人蕉、月季、罗汉松等。

⑥食品用花卉：有菊花、桂花、兰花等近百种。

3. 林产品

林产品是指森林资源产出物或简单加工品，包括木材、经济林产品及林副产品。

我国经济林分布广泛，从南到北、从东至西，各处都有，主要有乌桕、油桐、漆树、杜仲、毛竹、油棕、椰子、油橄榄、巴旦果、香榧、油茶、山苍子、青檀、五倍子等。经济林产品主要有：

(1) 木本油料：如核桃、茶油、橄榄油、文冠果油等木本食用油及桐油、乌桕油等工业用油。

(2) 木本粮食：如板栗、柿子、枣、银杏及多种栎类树种的种子。

(3) 特用经济林产品：如紫胶、橡胶、生漆、咖啡、金鸡纳等。

林副产品、林化产品种类更是繁多，如木耳、香菇、竹笋、干鲜果品、松香、栲胶、栓皮及各种药材、芳香油、纤维原料、编织原料、淀粉、食用菌等。此外，林区丰富的野生动物资源所提供的动物蛋白质、毛皮、药材等都有着重要的经济意义和科研价值。

很多林产品是机械、电器、化工、国防军工、医药、食品、日用品加工等工业部门的重要原料，而且有的还是我国传统的出口物质。

4. 畜禽产品

畜禽产品从广义上讲，主要是指肉、乳、蛋、禽、脂、肠、皮张、绒毛、鬃尾、细尾毛、羽毛、骨、角、蹄壳及其初加工品等。但从狭义上讲，即从我国商品经营分工的角度来看，肉、乳、蛋、脂、禽属食品和副食品范畴，皮张、绒毛、鬃尾、细尾毛、羽毛、肠属畜产品，而骨、角、蹄壳属废旧物资和中药材商品。

畜禽产品作为食品是人类动物蛋白的主要来源，为人类提供丰富营养。但这类食品由于富含蛋白质、脂肪、糖等，故易于腐败变质，人们若食用会发生中毒，并且患病动物还带有致人患病的病源。肉食品加工烹调不当，常使人的健康遭受严重损坏，故需要严格的卫生检验。近几年来，由于国民经济的迅猛发展，农业和运输业逐渐实现了机械化，促进了饲养业的发展，为畜禽产品资源开辟了广阔的道路。人们的生活水平必然向更高标准发展，对畜禽产品的需求量越来越大，对畜禽产品的质量也提出了更高的要求。

5. 水产品

水产品是指水生的具有一定食用价值的动植物及其腌制、干制的各种初加工品。水产品，特别是鱼、虾、贝类等，自古以来一直是人们的重要食物之一。随着人们生活水平的不断提高和对蛋白质需求量的不断增长，水产品作为动物性蛋白质的来源，其重要性日益显著。水产业是以栖息、繁殖在海洋和内陆淡水水域的鱼类、虾蟹类、贝类、藻类和海兽类等水产资源为开发对象，进行人工养殖、合理捕捞和加工利用的综合性社会生产部门。我国海洋鱼类约有 1 700 种以上，淡水鱼类有 800 种以上，其中有经济价值的有 250 多种，体型较大、产量较高的有 50 多种。我国发展水产业的方针是以养殖为主，养殖、捕捞、加工并举，因地制宜，重在保护。近年来我国采取了积极有效的措施，严格采取休渔制度，使我国的海水、淡水捕捞和海水、淡水养殖业持续稳定健康发展。

水产品按生物学分类可分为藻类植物（如海带、紫菜等）、腔肠动物（如海蜇等）、软体动物（如扇贝、鲍鱼、鱿鱼等）、甲壳动物（如对虾、河蟹等）、棘皮动物（如海参、海胆等）、鱼类（如带鱼、鲅鱼、鲤鱼、鲫鱼等）、爬行类（如中华鳖等）；按商业分类可分为活水产品（包括海水鱼、淡水鱼、元鱼、河蟹、贝类等）、鲜水产品（含冷冻品和冰鲜品，包括海水鱼、淡水鱼、虾、蟹等）、水产加工品（按加工方法可分为水产腌制品和水产干制品，包括淡干品、盐干品、熟干品；按加工原料分为咸干鱼、虾蟹加工品、海藻加工品、其他水产加工品）。

6. 农副产品

农副产品主要是指除粮油、果蔬及花卉、林产品、畜禽产品、水产品的主产品外的烟叶、茶叶、蜂蜜、棉花、麻、蚕茧、畜产品、生漆、干菜、调味品、中药材、野生植物原料等产品。

7. 高级制造品

这里高级制造品是指以农林原生态产品或初级加工品为原料加工制造出具有

新形态、新性质和新功能的产品，如纸张、秸秆家具、橡胶品和根雕品等。

8.2 网络环境下农林产品概述

产品是市场营销组合中最重要的因素，任何营销活动总是先从确定向目标市场提供什么产品开始的，然后才会涉及品牌、定价、促销、分销、物流和网销平台等方面的决策。所以产品策略是营销组合策略的基础。

8.2.1 农林产品整体概念

传统的市场观念认为，产品是指具有特定形态和一定用途的物品。这种观念反映了狭义的产品概念，即产品只是指有形的物品。“互联网＋”下的产品概念应从更广泛的角度理解。广义的产品概念也称为产品整体概念，这种整体概念把产品理解为由六个层次所组成的一个整体，如图 8.1 所示。

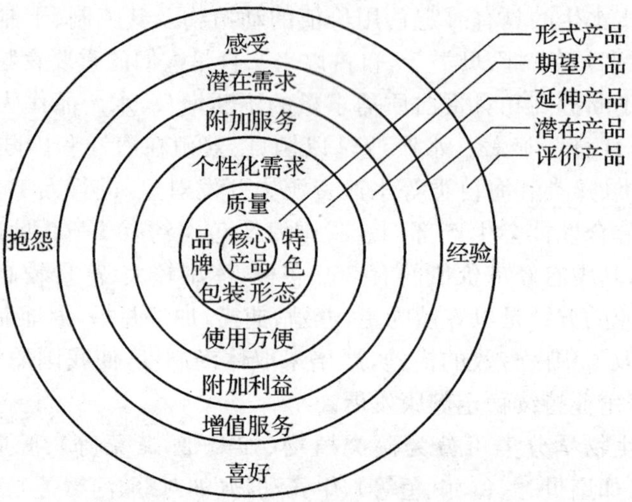

图 8.1 产品整体概念框架

1. 农林产品的核心层次（核心产品）

农林产品的核心层次是指消费者购买某种农林产品所追求的基本效用或利益，是消费者真正的购买目的所在。消费者购买某种农林产品并不是为了占有或获得产品的本身，而是为了满足某种需要。如人们购买鸡蛋是为了摄取其中的蛋白质，购买水果是摄取维生素等，这就是产品的核心内容。消费者之所以愿意付出一定的代价购买该农林产品，是基于农林产品所具有的能满足某种需要的效用，而不是基于该农林产品具有什么表面特色。网络营销是一种以消费者为中心的营销策略，企业在种植、加工和开发农林产品时应保障农林产品的核心利益的本质，即效用或利益。

增加核心产品内容应着眼于：

(1) 开发或引进新型的农林产品或创新服务。通过开发或引进新的农林作物或产品，扩充农林产品效用或利益范围。例如，引进国外高产农作物品种，实现国产化种植、销售，满足消费者的需求。2014 年，由安徽农民、浙江兴合电子商务有限公司和阿里巴巴聚划算平台等联合推出的首个“互联网定制私人农场”开始启动，简称为“耕地宝”。“耕地宝”是将百姓手中的“散钱”(闲散耕地)聚合起来进行再投资，投资者不仅可获得私人农场一年四季的无公害蔬菜，还可获得去当地旅游的免费门票和住宿等。

(2) 大规模定制或个性化产品(客户在产品的设计上扮演积极的角色)。例如定制家具、网络定制私人农场等。大规模客户化或个性化产品是迈向准专业化过程的一部分。

(3)使用互联网来改变产品范围或产品组合。例如沱沱工社从最初的农场直送新鲜果蔬等有机食物拓展到零食饮品、日常生活用品等，但是它仍然以战略主旨“有机”为核心，满足消费者对安全可靠农林产品的利益追求。

2. 农林产品的形式层次(形式产品)

农林产品的形式层次是指核心产品借以实现的形式，是农林产品效用或利益的物质承担者。农林产品效用或利益只有转变为有形的东西，才能卖给消费者。形式产品在市场上通常表现为质量、特征、形态、品牌和包装，其中质量是畅销与否的关键因素。例如五彩辣椒、双色西瓜和秸秆家具等产品的出现，打破了消费者对传统农林产品的认识，这些产品在外观、材料、形状等方面作出创新后，深受消费者欢迎，符合环保绿色消费潮流，尽管部分产品价格偏高，但销量却很好。

增加形式产品内容应该着眼于消费者所追求的实际利益，以求更完美地展现，更方便地使用，满足消费者的要求，从这点出发再去追求实际利益的实现形式，进行产品的设计。

3. 农林产品的期望层次(期望产品)

农林产品的期望层次是指消费者在购买农林产品时期望能得到的东西。这里，期望能得到的东西是指农林产品的一系列属性和条件。在网络营销中，消费者处于主导地位，消费呈现出个性化的特征，不同的消费者可能对产品的要求不一样。因此，产品的设计和开发必须满足消费者这种个性化的消费需求。消费者在购买产品前对产品信息的搜寻以及对所购产品的质量、使用方便程度、特点、产品认证、网站认证等方面的期望值，就是期望产品。

增加期望产品内容应着眼于将农林产品的个性化需求外显在形式产品的外在形态和使用上，引进各种网站认证、网络隐私认证和网站安全认证等，增强消费者满意度和网站信任度，例如小众家庭的分量、免洗大米、网站认证标识等。

4. 农林产品的延伸层次(延伸产品)

农林产品的延伸层次是指消费者购买形式产品和期望产品时所能得到的附加服务和利益。在网络营销中,农林产品的延伸层次主要表现为农林实体产品负载的服务,例如消费信贷、技术指导、送货、质量保证、退换货等。

增加延伸产品内容应着眼于扩充消费者购买、使用农林产品时所需要的帮助性服务。例如京东白条和淘宝花呗就是为消费者提供的一种消费信贷,它比银行的消费信贷方便快捷得多,门槛也低得多。

5. 农林产品的潜在层次(潜在产品)

农林产品的潜在层次是指在现有产品的所有延伸产品之外,所提供的能满足消费者潜在需求的产品层次。它主要是产品的一种增值服务,它与延伸层次的主要区别是消费者没有潜在层次仍然可以很好地使用消费者需要的产品核心利益和服务。例如,对于网络购买频率高或者购买频率低但购买金额大的消费者,京东白条和淘宝花呗会根据消费者购买行为和信用评价,在未来可能提高其授信额度。

增加潜在产品内容应着眼于扩充农林产品的免费基本服务范围,推荐增值性服务,如自动化精准推荐。

6. 农林产品的评价层次(评价产品)

农林产品的评价层次是指消费者网络购物后,对农林产品使用过程形成主观评价,消费者积极将感受、经验、抱怨、喜好等在网站论坛、网络社区、社交网站等表达出来与网友分享心得的一种心理需求。这是消费者在网络中存在的客观需求。消费者的网络社交圈较线下更加广阔,社交关系更加复杂,更加渴望虚拟空间交往和被关注,分享消费心得,阅读他人评价,帮助自己作出正确的农林产品选购决策。据调查,79%的人相信他人网购留下的好评。评价产品内容也是消费者购买决策重要的参考依据。

增加评价产品内容应着眼于设计和提供消费者发表评价的网络空间,如提供售后评价空间,链接社交工具或网站等。

8.2.2 农林产品组合营销

1. 农林产品组合的概念

农林产品组合是指网商经营的全部农林产品结构和经营范围,即全部产品线和产品项目的组合方式。产品线(Product Line),即产品系列或产品大类,是指一类相关的产品,这类产品可能功能相似,销售给同一客户群,经过相同的销售途径,或者在同一价格范围内。一条产品线由若干产品项目组成。产品项目是指某一品牌或产品大类下开列的每一个产品,由产品属性、营养搭配、价格、规格、外观及其他属性加以区别具体产品。如图 8.2 所示的沱沱工社主页显示:当前沱沱工社经营范围包括安心蔬菜、新鲜水果、肉类禽蛋、奶制品、冷冻冷藏品、海鲜水产、粮油副食、零食冲饮和生态日用品共计 9 个产品大类，即网销 9 个产品线，它们共同构成沱沱工社的产品组合。安心蔬菜产品线中的沱沱农场、有机蔬菜、特色蔬菜、菌菇类、速冻蔬菜类、加工蔬菜类、特惠组合、蔬菜礼盒就是产品项目。

图 8.2　沱沱工社首页

农林产品组合包括宽度、长度、深度和关联度（一致性）四个要素。

农林产品组合的宽度是指农林产品组合中包含的产品线的多少，包含的产品线越多，产品组合就越宽。例如，沱沱工社经营 9 个产品线，其产品组合的宽度就是 9（表 8.1）。

表 8.1　沱沱工社经营类别①

产品大类	产品项目
安心蔬菜	沱沱农场、有机蔬菜、特色蔬菜、菌菇类、速冻蔬菜类、加工蔬菜类、特惠组合、蔬菜礼盒
新鲜水果	有机水果、热带水果、葡萄类、梅子类、猕猴桃、苹果/梨、瓜类、桃李杏、柑橘类、冷冻水果、水果礼盒
肉类禽蛋	猪肉、牛羊肉、蛋类、家禽类、（肉类禽蛋）礼盒类
奶制品	牛奶、酸奶、黄油、奶酪、羊奶、烘培面包、豆奶、（奶制品）礼盒装
冷冻冷藏品	熟食、中西式料理、豆制品、涮锅丸类、冷冻面点
海鲜水产	鱼（精品、有机）、淡水鱼类、虾、蟹贝、参鲍、鱼丸类、其他水产、海产礼盒
粮油副食	基地直供、进口食品、大米、食用油、面粉面条、杂粮、南北干货、调味品
零食冲饮	休闲零食、饼干糕点、冲调滋补、饮料、茶叶、酒
生态日用品	环保纸、健康家纺、清洁用品、个人护理、健康家电

① 沱沱工社的信息采集时间是 2015 年 8 月 30 日。

农林产品组合的长度是指农林产品组合中所包含的产品项目的总数。例如沱沱工社经营的产品项目达到64个，即产品组合的长度为64。当然如果一个网商具有多条产品线，可以将所有产品线的长度加起来，得到网商产品组合的总长度，再除以产品组合宽度则可以得到平均产品组合长度。例如，沱沱工社的产品组合平均长度约为7(64/9，即用总长度除以宽度)。

产品组合的深度是指每条产品线包含的产品项目的多少，包含的产品项目越多，产品线就越深。例如，沱沱工社经营的安心蔬菜大类共计8个产品项目，其产品组合的深度为8。

产品组合的关联度是指各类产品线之间在最终用途、生产条件、销售渠道等方面相互关联的程度，不同的产品组合存在着不同的关联度。例如，沱沱工社核心业务是有机生鲜商品，围绕核心业务进行上下游全产业拓展，形成渠道、消费者群、物流系统、服务系统等共享的全产业链经营，所经营的产品大类存在较高的关联度。

2. 农林产品组合分析方法

产品组合决策是个复杂问题，首先需要对现有产品组合进行评价，然后再作出选择、调整，包括对产品组合的宽度、长度、深度和关联度等方面的决策。波士顿矩阵法是一种以销售增长率和市场占有率为依据进行评价的方法，可用于产品组合分析。这种方法是由美国著名的管理咨询企业波士顿咨询集团(简称BCG)于1970年首创。波士顿矩阵法又称为四象限评价法，如图8.3所示。网商的相对竞争地位(相对市场占有率)和销售增长率是经营农林产品组合的两个基本参数。横轴代表相对市场占有率，它以网商相对于竞争对手的市场占有率来表示。相对市场占有率决定了网商获取现金流的速度。如果网商的市场占有率高于竞争对手，就会有较高的利润率，获得较多现金流量。相对市场占有率可用如下公式计算：

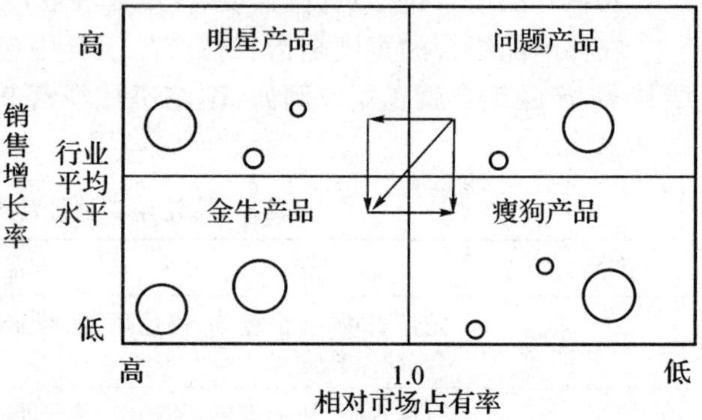

图8.3　波士顿矩阵法

$$相对市场占有率=\frac{网商的绝对市场占有率}{竞争对手的绝对市场占有率}\times 100\%$$

如果网商具有10%的市场占有率，竞争对手甲和乙分别具有12%和45%的市场占有率，则网商具有不同的竞争地位，相对市场占有率为83.3%和22.2%，表明网商较竞争对手甲更有竞争优势。该方法较绝对占有率方法更具合理性。

纵轴表示销售增长率，代表着市场对网商的吸引力，它决定着投资机会的大小。如果销售增长率较高，为快速收回投入、支付投资收益提供了机会。当然，销售增长率也需要资金支持，增长越快，所需资金越多，因而机会也带来相应的问题。销售增长率可用如下公式计算：

$$\text{销售增长率}=\frac{\text{考察期销售量(额)}-\text{基期销售量(额)}}{\text{基期销售量(额)}}\times 100\%$$

一般来说，高于10%被视为高销售增长率，销售增长率的高与低的划分界线是1.5倍，即一个经营单位的销售额是竞争对手的1.5倍及以上，则该经营单位被视为具有较高的销售增长率。但是这种划分不是绝对的，不同产品组合，不同产品属性，划分界限不一。

农林产品组合分析的具体步骤如下：

(1) 评价各产品的前景。

(2) 评价各产品的竞争地位。

(3) 标明各产品在BCG矩阵图上的位置。具体方法是以产品在二维坐标上的坐标点为圆心画一个圆圈，用圆圈的大小表示网商每个产品的销售额。

(4) 确定纵坐标“销售增长率”的标准线，将“销售增长率”划分为高、低两个区域。

(5) 确定横坐标“相对市场占有率”的标准线，将“相对市场占有率”划分为高、低两个区域。

根据上述步骤和指标分割销售增长率及相对市场占有率矩阵后，可得到农林产品的四种类型划分。

1) 问题产品

问题产品又称为风险产品，是指销售增长率高但相对市场占有率低的产品。它处于市场生命周期的成长期，未来具有前途而目前缺乏竞争力。农林产品网销一般都是从这类产品起步的，一般需要大量投资，如天使投资和以后的风险融资，添置土地、厂房、设备和人员，以适应迅速成长的市场需求并赶超竞争对手。这类农林产品理论上可向三个方向移动，即可能成为明星产品、金牛产品或瘦狗产品。网商应认真调研，分析原因，视市场状况和自身能力，针对问题产品慎重决策，如果向明星产品或者金牛产品转化，则采取发展策略；如果向瘦狗产品转化，则采取淘汰策略。

2) 明星产品

明星产品又称为拳头产品，是指具有较高销售增长率与较高相对市场占有率的产品。它是高成长市场中的领先者，但并不意味着能给网商带来多大利润。但是由于它处于市场生命周期的成长期，极有可能向金牛产品转化，也可能为市场所抵制。因此，网商常常需要投入大量资金维持销售增长率，抵御竞争者的进攻。这类农林产品是网商的希望所在，应采取积极发展策略，如改进和稳定农林产品质量、功能等，稳定和提高相对市场占有率，使之转化为金牛产品。

3）金牛产品

金牛产品又称为厚利产品，是指销售增长率低但相对市场占有率高的产品。处在这个区域中的产品产生大量的现金，但未来的增长前景是有限的。这类农林产品有很好的市场基础，销量大，是网商利润的主要来源。它往往处于市场生命周期的成熟期，是成熟市场中的领导者，是网商现金的来源。网商往往用金牛产品来支付账款。对于金牛产品，网商的工作重点是加强管理，设法延长其生命周期，防止早衰。一般应提供足够投资，保障资金周转通畅，力求产品改进，提高盈利水平。金牛产品适合采用稳定策略。

4）瘦狗产品

瘦狗产品又称为衰退产品，是指销售增长率和相对市场占有率均低的产品。该区域中的产品既不能产生大量的现金，也不需要投入大量现金，这些产品没有希望改进其绩效。一般情况下，这类产品常常是微利甚至是亏损的。瘦狗型业务应采用收缩战略，目的是出售或清算业务，以便把资源转移到更有利的领域。

3. *农林产品在线展示结构*

波士顿矩阵法分析了农林产品组合现状后，网商组织农林产品上架展示和销售。网商对电子商铺销售的农林产品，不论是品牌还是价格带，都应设置合理的结构。

1）专注“少”字诀

上架的爆款农林产品不是卖爆，而是要一直卖下去，是永久引流款，专注“少”字诀。这样的农林产品品种宜少，但是价格带要宽，属于金牛产品。其目的是为了留住主流客户，提高潜在消费者转化率和现实消费者重复购买率，单品购买成本最低，销售周期短，为整网产品营销创造最大现金流。

2）专注“精”字诀

上架的明星款农林产品不是卖得最好的那个款，而是口碑款，是镇店拳头产品，专注“精”字诀。这样的农林产品品种宜少，但是价格带要窄，属于明星产品。其目的是为了吸引个性化客户、特定客户群体、VIP 客户群体，一定程度上引入新客流；整体销量可能不大，但是利润贡献率高。

3）专注“稀”字诀

上架的形象款不是高值款，而是让一部分人感慨的款，专注“稀”字诀，要挖掘新鲜、产量低的农林产品。这种农林产品品种强调时间短暂性、应季性，农林产品品种不限，但是价格带要窄，销售时间短暂，属于问题产品。问题产品是整网产品的延伸补充，用于发现和培养新客户群体，发现和培养新的利润源，其未来可能会成为明星产品、金牛产品，也可能下架。

4）专注"黏"字诀

上架的尾品款不是高利润率或高价格的农林产品，而是长期以一个较低价格销售的农林产品，专注"黏"字诀。这样的农林产品品种宜少，价格带窄，属于瘦狗产品。瘦狗产品虽然利润下降，销量下滑，但是保证了客户黏度，保持了店铺最低的流量显示，在客户购买体验上不可或缺，同时也可以为处理库存、重要促销活动提供产品源。

因此，合理的农林产品组合结构应该为：30%明星产品＋50%金牛产品＋15%问题产品＋5%瘦狗产品。明星产品、金牛产品、问题产品和瘦狗产品选择标准如图 8.4 所示。

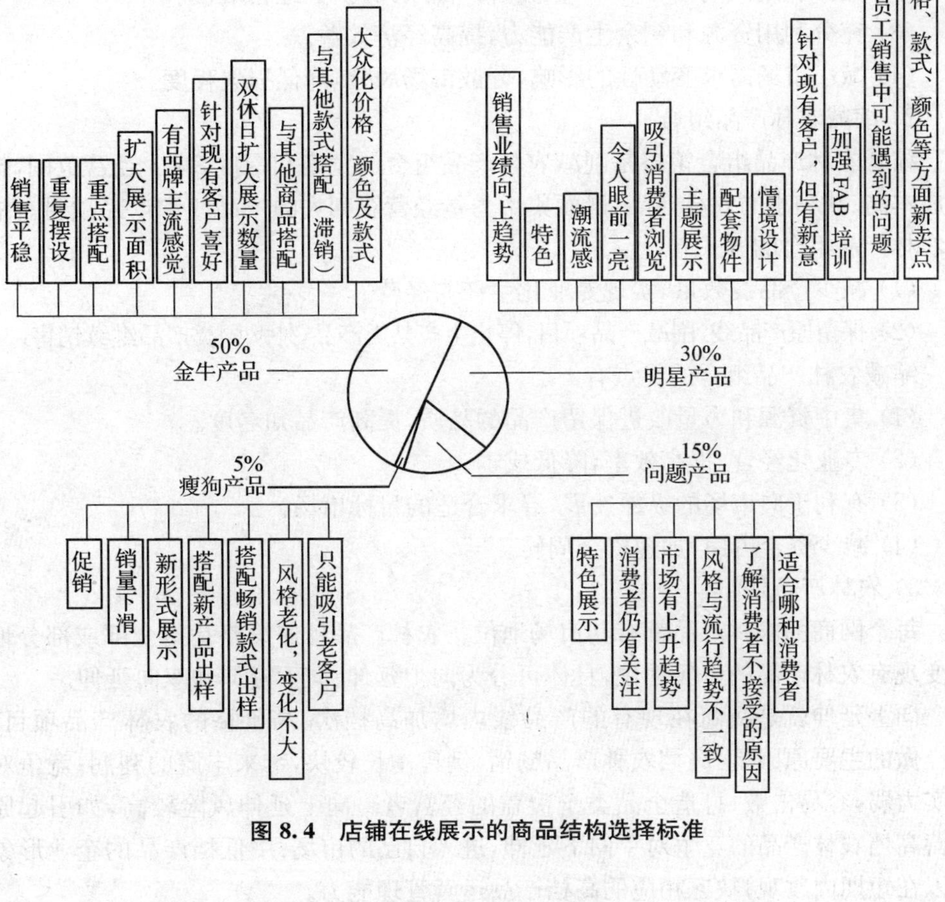

图 8.4　店铺在线展示的商品结构选择标准

4. 农林产品组合策略的类型

网商在调整农林产品组合时，可以针对具体情况选用以下农林产品组合策略：

1）扩大农林产品组合

扩大农林产品组合策略是开拓农林产品组合的宽度，即增添一条或几条产品线，扩展农林产品经营范围；加强农林产品组合的深度，即在原有的产品线内新增产品项目；增加产品组合关联度，即增加与主营产品相关的产品。具体方式有：

(1) 在维持现有产品品质和价格的前提下，增加同一产品的规格和包装。

(2) 增加不同品质和不同价格的同一种产品。

(3) 增加与现有产品相类似的产品。

(4) 增加与现有产品毫不相关的产品。

扩大农林产品组合的优点是：

(1) 满足不同偏好的消费者多方面的需求，提高农林产品的市场占有率。

(2) 充分利用网商信誉和口碑，完善产品系列，扩大经营规模。

(3) 充分利用资源和剩余生产能力，提高经济效益。

(4) 减小市场需求变动性的影响，分散市场风险，降低损失程度。

2）缩减农林产品组合

缩减农林产品组合策略是削减农林产品组合的宽度和深度，减少经营范围，排除成本高、获利小的农林产品，以便集中力量经营获利大的产品线和产品项目。缩减农林产品组合的方式有：

(1) 减少产品线数量，实现专业化生产与经营。

(2) 保留原产品线，削减产品项目，停止生产某类产品，外购同类产品继续销售。

缩减农林产品组合的优点有：

(1) 集中资源和力量改进保留产品的品质，提高产品知名度。

(2) 专业化经营，提高效率，降低成本。

(3) 有利于向市场的纵深发展，寻求合适的目标市场。

(4) 减少资金占用，加速资金周转。

3）农林产品延伸

每个网商的农林产品都有其市场地位。农林产品延伸策略是指全部或部分地改变现有农林产品的市场地位，具体可分为向上延伸、向下延伸和双向延伸。

向上延伸就是网商在现有的产品线内增加高档次、高价格的农林产品项目。这样做的主要原因是：高档农林产品畅销，销售增长较快，带来丰厚的利润；竞争对手实力弱，容易击败；打造全品类全覆盖的经营者。向上延伸风险较高，如引起原经营高档农林产品的竞争对手向下延伸，进入自己的市场；中低档产品的企业形象难以在短期内改观；缺乏相应的高档产品运营管理能力。

向下延伸就是网商在现有经营高档农林产品基础上增加中低档产品。这样做的主要原因是:高档农林产品销售增长缓慢,不得不向下延伸经营,增加盈利来源;高档农林产品竞争激烈,使用中低档产品反击竞争者;利用高档产品的生产经营能力和声誉,向下延伸容易成功。向下延伸将面临的风险包括:引起低档产品经营者的激烈反攻;高档农林产品的品牌形象受到损害;中低档农林产品利润单薄。

双向延伸就是原定位于中档农林产品市场的经营者掌握了市场优势以后,决定同时向产品线的上下两个方向延伸,一方面增加高档产品,另一方面增加低档产品,扩大市场覆盖面。对网商来说,产品是包括要出售的货物、各种服务、各种商业过程以及信息在内的整体概念。因此,双向延伸不仅仅是增加传统意义上的高档或低档产品,而且要在产品的各个层次中进行延伸,如网商可以为每个产品的客户制定一种相应的服务方案,包括送货服务方式、培训服务等,以增加服务价值;为所有客户提供一系列可增值的信息,如供应商的生产能力、产品前景预测、交易和送货条款等,通过这些延伸达到提高产品附加值和市场占有率的目的。采取这一策略的主要问题是,随着产品项目的增加,企业的营销费用和管理费用会相应增加。因此,采取此策略时要求网商对高、低档产品的市场需求有准确的预测,以使产品销售额在抵消费用增加后仍有利可图。

8.2.3　农林产品生命周期分析

1. 消费者分布

多数农林产品因季节性原因,使得其消费者分布表现出不同特征。新农林产品向目标市场传播过程中,最初通过广告或其他方式与消费者发生联系,然后用营销传播和口碑等方式与消费者发生联系。当某产品被越来越多的用户了解时,选用该产品的用户就会越来越多。这种联系和选用的过程发生于长短不一的时段内,取决于许多个人因素和产品因素。不同农林产品在不同阶段的使用者往往存在共性特点。罗杰斯(Rogers,1962)的研究结论指出存在五类使用者(图 8.5)。

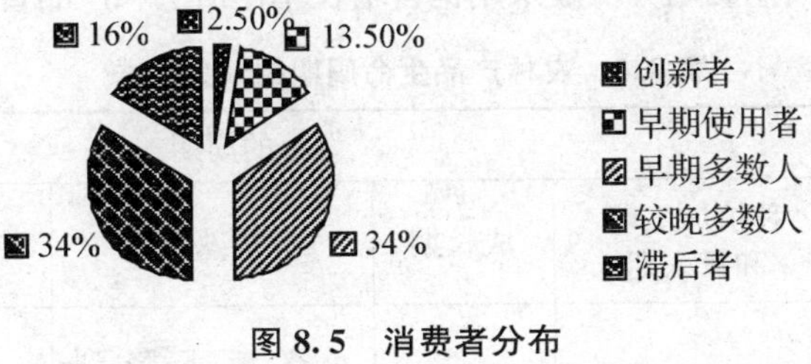

图 8.5　消费者分布

1) 创新者(Innovators)

创新者是购买某类产品或服务的消费者群中前 2.5%的人。他们是风险承担者,渴望尝试新产品,具有较高的教育水平和收入水平。他们自立,从专家或新闻界而不是从同辈处获取信息。在网络发展初期,几乎所有在线用户都是创新者。

2）早期使用者(Early Adopters)

早期使用者是创新者之后的13.5%的群体。这些人渴望购买新产品,但是他们比创新者更具备群体意识,因此往往与他人就产品交换意见。早期使用者往往是意见领导者——为他人提供有关产品和其他事物的建议的人。

3）早期多数人(Early Majority)

早期多数人是早期使用者之后的34%的消费者。这些消费者并不急于立即尝试新产品而是首先搜集信息或与意见领导者交谈,深思熟虑后再购买。对于不太复杂的新产品(异地农林产品、新面世产品),早期多数人虽然在购买前不会再三考虑,但他们会静观他人使用产品的情况。

4）较晚多数人(Late Majority)

较晚多数人是早期多数人位次更后的34%的消费者。这些群体持怀疑态度,通常在朋友购买后再购买,他们购买新产品是想与群体标准保持一致。这些消费者依赖口碑宣传而不是媒体广告。他们是网络批判者,把使用互联网视为浪费时间。

5）滞后者(Laggards)

滞后者是最后的消费者,只占总体消费者的16%。他们非常传统,社会经济地位较低,往往在更新的产品出现后才使用原先的产品。

2. 农林产品生命周期概述

农林产品在市场上的销售情况和获利能力并不是固定不变的,而是随着时间的推移发生变化。这种变化和生物的生命历程一样,也经历了诞生、成长、成熟和衰亡的过程。产品生命周期是乔尔·迪安(Joel Dean)于1954年提出的。农林产品生命周期是指农林产品从种植加工开始,成熟(成形)后进入市场,直到被市场淘汰为止所经历的全部时间。这里的产品生命指的是产品的物理生命、市场生命和经济生命。

农林产品生命周期的划分一般采用销售增长率比值法和产品普及率法(表8.2)。

表8.2 农林产品生命周期的划分方法

方法	划分的周期			
	种植加工期和投入期	成长期	成熟期	衰退期
销售增长率比值法	$\eta<10\%$	$\eta>10\%$	η 逐渐下降到0.1%～10%	$\eta<0.1\%$或者负值
产品普及率法	<5%	5%～50%	50%～90%	90%以上

销售增长率比值法使用销量的增量(Δy)与时间的增量(ΔT)相比($\eta=\Delta y/$

ΔT)得到的销售增长率来划分生命周期各阶段。

产品普及率法是根据农林产品在某一地区人口或家庭的平均普及率来判断该产品处于生命周期的哪个阶段。普及率越高，农林产品的市场潜力越小，农林产品的生命周期越趋于饱和。采用此方法，需要掌握大量的统计资料，并且要注意排除各种假象。

产品普及率的计算方法是根据历年的生产量或销售量的资料来计算社会平均持有量，就可以求得产品普及率，计算公式如下：

社会持有量＝历年生产累计量＋历年进口累计量－历年出口累计量－历年集团购买累计量

按人口平均普及率＝社会持有量/人口总数×100％

按家庭平均普及率＝社会持有量/家庭户数×100％

农林产品生命周期是以销售额和网商所获得的利润额的变化来衡量的。如果以时间为横坐标，以销售额和利润额为纵坐标，则农林产品生命周期表示为一条近似S形的曲线。农林产品处于种植加工期，即可以在网络上展开预售，获得一定的销售收入。当农林产品上市后，因处于试销或小批量销售阶段，成本较高，促销费用较大，有时成本高出市场价格。当产品进入成长期后，销量大幅度增加，分摊到单件商品的成本费用下降，开始盈利。当产品进入成熟期后，在达到拐点之前成本费用继续下降，达到拐点之后由于激烈的竞争、替代品大量出现，成本费用开始上升，直至产品进入衰退期被淘汰为止，成本费用一直增加。网络上的农林产品价格曲线呈先微升而后下降的趋势，导致了销售额最大化和利润额最大化的不同步性，因此要求在不同阶段采取不同的营销策略。

3. 农林产品生命周期与营销策略

一般农林产品生命周期划分为五个阶段：种植加工期、投入期、成长期、成熟期和衰退期(图 8.6)。

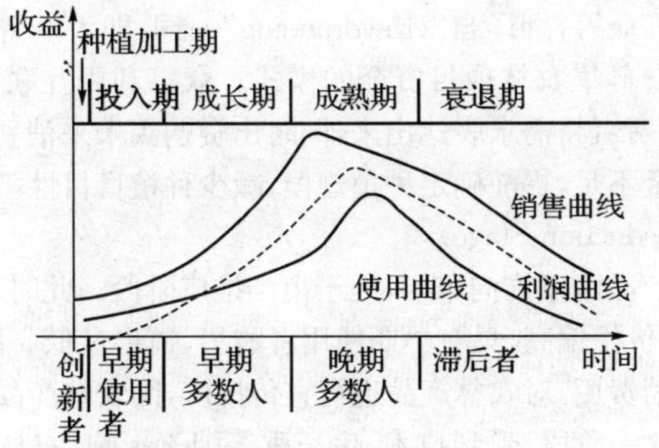

图 8.6　农林产品生命周期示意图

1) 种植加工期(Plantation & Assembly Stage)

种植加工期是农林产品尚在田间、车间,未成熟和未成形或种植与加工之前,在网络市场展开预售,提前锁定消费者,也可以根据消费者预订量预测农林种植面积或加工量。此时只有少数追求新奇的消费者购买,预售量低,而种植加工成本较高,使得此阶段利润亏损(表 8.3)。

表 8.3　农林产品生命周期的特点

特点＼阶段	种植加工期	投入期	成长期	成熟期	衰退期
销售额	低销售额	低销售额	销售额迅速增加	销售额达到高峰	销售额下降
成本	单件商品需要很高成本	单件商品需要很高成本	单件商品需要中等成本	单件商品需要很低的成本	单件商品需要很低的成本
利润	亏损	微利乃至亏损	利润上升	利润增长缓慢	利润下降
消费者	创新者	早期使用者	早期多数者	晚期多数者	滞后者
竞争	几乎无竞争	很少数量	增加数量	稳定并开始下降	数量减少

农林产品的种植加工期可采取以下营销策略:

(1) 预售策略。通过网络销售平台,提前锁定购买量,同时获得预付款资金的使用,减轻流动资金压力。

(2) 团购策略。团购是一种基于网络的商业模式,透过网站集合足够的消费者购买量,以优惠价格购买早期上市的农林产品。消费者得到优惠,节省金钱;网商可以根据团购订单集中的大量购买量组织种植加工。这种策略可以预估未来的销售量,提高种植加工量的精确性。

(3) 众筹策略。众筹,翻译自“crowdfunding”一词,即大众筹资,是指用“团购+预购”的形式,向网友募集农林项目资金的模式。众筹利用互联网和 SNS 传播的特性,让众多的现实消费者将需求表达出来,同时出资购买未来消费量。这种策略可以解决种植环节的资金不足,提前确定种植规模,减少种植盲目性。

2) 投入期(Introduction Stage)

投入期是农林产品刚刚推向市场,处于市场推广阶段。此时,消费者对农林产品还不了解,农林产品价格偏高,只有早期使用者购买,销售量低。网商为了打开销路,需要投入大量的促销费用,对农林产品进行宣传推广,因农林产品成熟量增加而不断提高市场供应量。这一阶段,受到技术、生长季等因素影响,农林产品不能大规模上市,平均到单件商品上的成本很高,销售增长也较慢,利润很少甚至亏损。

农林产品的投入期可采取以下营销策略：

(1) 迅速掠取策略。这是指高价格和高促销费用策略。高价格的目的是尽可能获取更多的赢利,而大量的促销费用是为了迅速推进销售量的增长。采取迅速掠取策略的条件是:潜在市场上的大部分人还不知道该产品;已经了解该产品的人急于购买,并愿意按卖主的定价支付;网商面临潜在的竞争者威胁,以高价优质赢得声誉,尽快培养消费者对本产品的品牌偏好。例如有机蔬菜、微型番茄等产品上市之初就应采用这种策略。

(2) 缓慢掠取策略。这是指高价格和低促销费用策略。其目标在于获取尽可能多的赢利。因为售价高,所以收入高,而降低促销水平又使成本费用减少。采取这种策略的条件是:农林产品市场规模较小;竞争威胁小,大多数消费者已了解该产品;消费者愿意支付高价。

(3) 迅速渗透策略。这是指低价格和高促销费用策略。这种策略的显著作用就是以最快的速度去占领市场,达到最大的市场占有率。采用这种策略应具备如下条件:农林产品市场容量大;潜在消费者并不了解该产品;大部分消费者对价格十分敏感;有强大的潜在竞争力量;随着生产规模的扩大和生产经验的积累,单位总成本会大幅度下降。

(4) 缓慢渗透策略。这是指低价格和低促销费用策略。低价格将使市场迅速接受该产品,同时又以低促销费用实现较多的利润,稳步前进。采用这种策略的条件是:农林产品市场容量大;市场上该产品已有较高的知名度;市场对价格敏感;存在一定的潜在竞争对手。

3) 成长期(Growth Stage)

成长期是农林产品已被市场接受,销量迅速增加的阶段。此时,早期多数者继续购买,其他购买者也开始跟着购买。农林产品开始大规模进入市场,成本相对下降,销售额开始迅速攀升,增长率超过10%,利润也迅速增长。由于盈利机会的吸引力,竞争者会进入市场,使同类农林产品增加,价格下降,销售收入逐渐达到高峰,网商利润增速逐渐放缓。

此时,营销重点是扩大市场占有率,树立农林产品和网商形象,可采取以下营销策略:

(1) 改进农林产品品质策略。例如改进农林产品质量,增加有机农林产品和绿色农林产品的品种,改进包装以适应市场需要。

(2) 进入新的细分市场策略。加强市场调研,细分市场,找到未满足的子市场。例如根据地理和气候因素,南果北运,北菜南运。

(3) 改变广告宣传的目标策略。广告促销由农林产品介绍转移到特色宣传、树立新形象、确立农林产品的知名度和品牌上来。

(4) 开辟新的销售渠道,扩充在其他平台的销售店铺。

(5) 根据竞争形势在适当时机降低价格以提高竞争能力并吸引新的购买者。

4) 成熟期(Maturity Stage)

成熟期是指农林产品在市场上已经普及,市场容量基本达到饱和,销量变动较少的阶段。成熟期市场需求趋于饱和,晚期多数购买者已经得到开发,潜在消费者较少,销售量和利润增长缓慢,甚至下滑、停止。这一阶段,竞争达到白热化,价格战非常激烈,促销费用增加。

已处于成熟期的产品可采取以下营销策略:

(1) 调整市场策略。调整市场策略就是发现农林产品新用途或改变营销方式,扩大农林产品销量。这种策略主要包括:开辟新的细分市场,把农林产品引入尚未使用过的市场;发现新用途,重点是发现农林产品的新用途,拓展新的应用领域,延长成熟期,例如,对于花卉除了观赏功能外,发现了诸如驱蚊虫、吸收有害气体等新功能;寻找能够刺激消费者、增加使用量或使用频率的方法,如土地租种,不仅满足消费者的田间劳作娱乐,而且可以收获原生态的农作物;市场重新定位,寻找潜在的新客户。

(2) 产品调整策略。产品调整是指处于成熟期的产品通过对产品自身的某种改进而吸引新的使用者,或者通过为现有使用者开辟新用途而使趋于停滞的销售量获得回升。产品调整常见的方式包括:

①质量改良。质量改良指提高产品质量,提高产品的耐久性、可靠性,增进使用效果,如提高产品美味程度或快餐性等均属于质量改良。

②特性改良。特性改良是指为提高产品的适用性、安全性或使用与操作上的简便性而做出的改进。

③形态改良。形态改良就是产品外形的改进。在家庭用品、包装食品方面,制造商经常应用外形和色彩的变化或包装的改进来扩大产品的销售量。

(3) 营销组合调整策略。营销组合调整就是对产品、定价、销售渠道、促销措施这四个影响销售量的营销组合因素加以改良,延长农林产品的成熟期。常用的方法为降价、增加广告、改善销售渠道及提供更完善的售后服务等。

5) 衰退期(Recession Stage)

因季节性因素,多数农林产品的销售最终会衰退。网商应放弃衰退较快的农林产品,释放资金、设备产能等,转移到其他当季农林产品的生产与销售。通常有以下几种策略可供选择:

(1) 继续策略。继续沿用过去的策略,仍在原来的市场营销,使用相同的销售渠道、定价及促销方式,直到这种产品完全退出市场为止。采用这种策略的网商需要解决货源问题,如采取海外采购国内销售的方式。

(2) 集中策略。把网商的资源集中使用在最有利的细分市场,最有效的销售渠道和最易销售的品种、款式上。概言之，缩短战线，以最有利的局部市场赢得尽可能多的利润。例如抓住当前热销的农林产品，减少其他品种的营销规模。

(3) 收缩策略。大幅度降低促销水平，尽量减少销售和推销费用，以增加税前利润。这样做可能导致产品在市场上的衰退加速，但又能从忠实于这种产品的消费者中得到利润。

(4) 放弃策略。对衰退比较迅速的产品应当当机立断，放弃经营。

8.3　农林产品开发

8.3.1　农林新产品概述

从营销角度来说，新产品是指市场上首次出现的或者首次向市场提供的，能满足某种消费需求的整体产品。新产品可分为：

1. 全新产品

这是指应用全新原理、全新技术、新材料、新结构制造的前所未有的产品，如转基因大豆、转基因木瓜、秸秆家具等。但这需要耗费巨大的人力、资金，是绝大多数网商无法承担的。

2. 换代新产品

这是指在原有产品基础上，部分采用新技术、新材料制成的，性能显著提高的新产品。例如，竹纤维制品就是棉毛、化纤制品的升级换代。

3. 改进新产品

这是指对原有产品在结构、包装或款式等方面做出改进的新产品。例如，用新鲜水果制成的干果。这种创新门槛低，竞争激烈。

4. 仿制新产品

这是指对市场上已有产品仿制后加上自己的品牌或商标后第一次面世的产品。例如，原来的番茄都是大形果，后来引进以色列“圣女”、“朱丽”等樱桃番茄小形果品种进行种植销售，深受市场欢迎。但是仿制需要付出一定的代价去购买专利。

8.3.2　农林新产品开发步骤

1. 寻求创意

产品创意就是网商希望提供给市场的一种可能的产品设想。有效创意越多，新产品机会越多。创意设想可来源于消费者、科技人员、竞争对手、内部员工、咨询公司、中间商以及实验室等。

2. 甄别创意

在新产品创意产生后，要采用一定标准进行筛选。筛选标准可为：产品名称、目标市场、竞争状况、市场规模、产品价格、开发时间和成本、种植周期、生产成本、投资回报率等。筛选目的是尽可能发现具有市场前途的产品或放弃错选创意。

3. 概念产品形成与检验

概念产品是以对消费者有意义的术语加以表述的详细产品创意,使之在消费者心目中形成一种潜在的产品形象。一个产品创意可以转化为多种概念产品。概念产品形成后,还要进行概念产品检验。可邀请潜在消费者和专家对概念产品进行讨论评价,最后通过实物模型或文字表达出来。

4. 营销规划

最佳概念产品确定后,制定该产品的引入市场的营销计划,并在未来发展阶段不断完善。营销规划包括:描述目标市场规模、结构、消费者购买行为、产品的市场定位、短期销量、市场份额预测;概述产品预期价格、分销渠道以及营销预算;阐述较长期的销售额、利润目标和投资收益率以及不同生命周期的营销组合策略。

5. 商业分析

对定型的概念产品进行论证,主要分析新产品的需求量、成本和利润,以便决定是否进入新产品开发阶段。成本分析包括生产成本分析和销售成本分析。需求量分析主要是测算市场需求量与销售潜量以及消费者购买能力与购买欲望,确定新品的目标利润下的盈亏平衡点销量,可参照如下公式测算:

$$M=(P-C)Q-F-J$$

得:

$$Q=(M+F+J)/(P-C)$$

式中,M 为目标利润,P 为预期价格,C 为单位变动成本,F 为固定成本,J 为销售费用。

6. 研制

研制是概念产品转化为实物产品的试制过程。这个阶段既要产出产品实物,也要设计商标及包装,检查可能存在的问题,判断概念产品在技术和商业上的可行性以便加以改进。

7. 试销

试销是将改进后的产品进行小批量生产,同时制定市场定位策略、广告策略、分销策略、定价策略、品牌策略、包装策略等一系列营销方案,选择目标市场进行试验性销售。通过试销了解消费者对新产品的反映,从而发现未来的销售潜力。

8. 商业化

新品试销成功,经进一步修改后,进入大批量生产和投放市场阶段。此时需要解决新品进入市场的时机选择、目标市场选择、渠道选择等问题。

8.3.3 农林新产品的市场扩散与采用

农林新产品的市场扩散与采用是指农林新产品进入市场后为广大消费者所接受的过程。消费者对新产品的采用过程客观上存在一定的规律性。美国学者罗杰斯认为消费者对新产品的采用一般表现为认知、兴趣、评价、试用和正式使用五个阶段。

1. 认知阶段

这是消费者获得新产品信息的初始阶段。新产品信息情报的主要来源是广告或者是消费者通过其他间接的渠道获得，如商品说明书、技术资料等。显然，消费者通过这些渠道获得的情报还不够系统，只是一般性的了解。

2. 兴趣阶段

兴趣是指消费者不仅认识了新产品而且产生了兴趣。在此阶段，消费者会积极地寻找有关资料并进行对比分析，研究新产品的具体功能，用途、使用等问题。如果消费者感到满意，将会产生初步的购买动机。

3. 评价阶段

这一阶段消费者主要权衡采用新产品的价值，将采用新产品获得的利益与可能承担的风险进行比较，从而对新产品的吸引力作出判断。

4. 试用阶段

试用是指消费者开始小规模地试用新产品。通过试用，消费者评价自己对新产品的认识及购买决策的正确性。对此网商应尽量降低失误率，详细介绍产品的性质和使用方法，提高流量转化率。

5. 正式使用阶段

消费者通过试用收到了理想的效果，放弃原有的消费产品，完全接受新产品，并开始正式购买、重复购买。

8.4 网络环境下农林产品营销策略

8.4.1 卖家视角下的农林产品分类

农林产业是最后一个触网的行业，特别是生鲜产品一直被誉为垂直型电商的最后一块蓝海。农林产品网络营销模式层出不穷，如 B2C(Business to Customer)、F2C (Factory to Customer 或 Family to Customer)、CSA (Community Supported Agriculture)和 O2O(Online To Offline 或 Offline To Online)等。

卖家可以使用四象限法对农林产品进行分类。四象限法是从两个属性来对产品进行划分:产品的附加值和网销难易度。产品附加值是指通过智力劳动(包括技术、知识产权、管理经验等)、人工加工、设备加工、流通营销等方式创造的超过原材料与辅材料的价值的增加值。网销难易度是指该产品是否适合做网络营销，比如是否适合通过网络来展示产品的特色，是否适合物流配送，是否容易通过网络建立信任(图 8.7)。

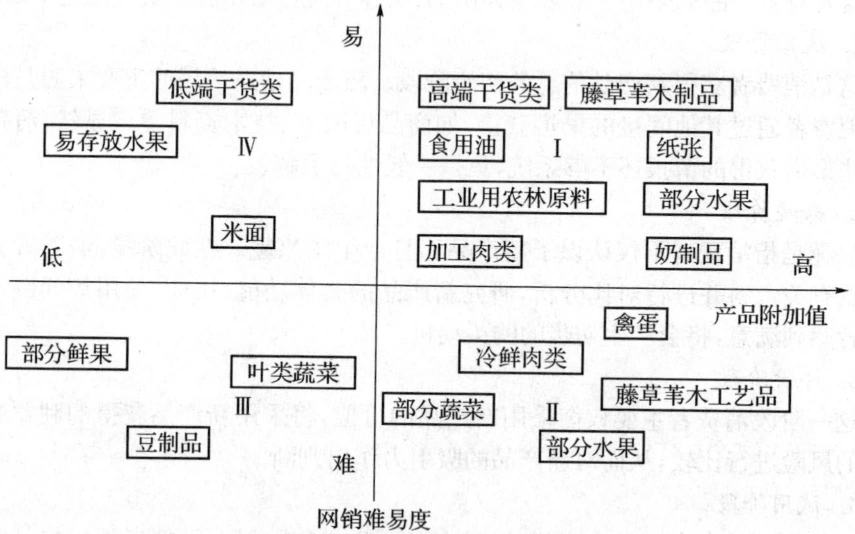

图 8.7　农林产品的四象限分类法

参考来源：爱生态网(ishengtai.com)，郑伦.

1. 第一象限：高附加值且易于网销的农林产品

此象限内的农林产品应该作为主打产品和主要盈利来源，主要是一些高端干货、食用油、水果、牛奶和一些加工后易于储存与运输的肉类以及农林制造品。这些产品一方面附加值比较高，另一方面比较容易储存和配送。例如，农人网主打干货、茶叶和一些容易储存配送的水果，和乐康主打美国进口有机牛奶。这个象限内的产品竞争激烈，为保障和加强竞争优势，网商可以参考以下一些做法：签署排他性总代理协议，从渠道上保住优势；专业化平台服务；精选农林产品等。

2. 第二象限：高附加值但不太易于网销的农林产品

此象限内的农林产品不太易于储存和配送，产品不易标准化，不太容易通过网络展示农林产品特性。但是可以通过创新活动和做法弥补产品属性的不足，包括采取预售模式以减少中间的仓储时间和成本；改进包装以便于冷链配送并防止碰撞；采取社区支持农业(CSA)模式让农林产品跟消费者更接近；加强互动。例如良食网在其B2C商城内提供微博，让多家供应商/农户跟消费者互动，增强了彼此的信任，也增强了消费者对产品的信任，抓住近距离的区域化市场。

3. 第三象限：低附加值且较难网销的农林产品

此象限内的农林产品一般不做网络营销，主要是叶类蔬菜、豆制品、水产品等。但是以下几种情况除外：附加值高且能够跟其他产品一起捆绑配送(单次仅配送有机蔬菜相对成本过高)或组合配送的有机蔬菜；不易储存且附加值低的豆制品可搭配销售；采用预售或者定期配送模式。

4. 第四象限:低附加值但易于网销的农林产品

此象限内的农林产品比较适合做微利多量销售(扩大市场份额和用户数)或者提升某些产品的附加值,比如一些干货类、米面(米面主要是因为物重,若采用网销的话物流费用高)。此类产品还包括一些易存放的根茎类蔬菜和水果。

四象限法的分类较为粗糙,因此可以将分类指标量化放宽到高、中、低和难、中、易,进一步细分农林产品类别,得到九宫格分类法(图 8.8)。

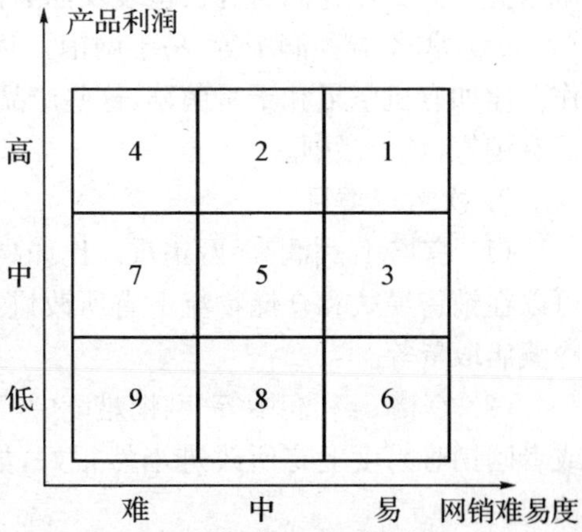

图 8.8　九宫格分类

九宫格分类法把农林产品大致分为 9 类:

(1) 利润高-易于网销:比如进口有机奶粉、高端水果。

(2) 利润高-网销难度中等:比如冷冻海鲜、进口牛肉。

(3) 利润中等-易于网销:比如坚果类、菌菇类。

(4) 利润高-网销难:比如鲜奶。

(5) 利润中等-网销难度中等:比如有机酱油、土鸡蛋。

(6) 利润低-易于网销:比如杂粮。

(7) 利润中等-网销难:比如一些叶菜。

(8) 利润低-网销难度中等:比如普通水果。

(9) 利润低-网销难:比如一些叶菜和豆腐。

对每一类产品在管理上应采用不同的策略,整体而言可以将 9 个宫格分为三大类:即重点类目——宫格 1、2、3;次重点类目——宫格 4、5、6;非重点类目——宫格 7、8、9。

1) 重点类目

(1) 宫格 1:利润高-易于网销。此类产品是网商的主打产品,在采购上应尽可能跟供应商签署独家代理协议,或者直接做源头产品;在推广上也应该将其作为主力推广。比如本来生活网的两款典型的热门产品"褚橙"和"潘苹"(潘石屹苹果),网商发掘产品的独特卖点以此来宣传推广,同时跟基地方签署独家代理协议。

(2) 宫格 2:利润高-网销难度中等。对于此类产品应该重点处理好在网络营销方面有难度的地方,比如淘宝聚划算做的四大鲜果(荔枝、樱桃、蓝莓、杨梅)预售,这四大鲜果都是高利润、有卖点的产品,但是这些产品在物流配送上有一定的难度,网商处理好了，能够得到消费者的满意；处理不好，反而给网商带来损失。另外，就是对于这类产品要在仓储、物流、包装及标准化方面多想一些创新的技术，降低网销难度。

(3) 宫格 3：利润中等-易于网销。对于此类产品应该提高运营效率，做好细节工作。比如有机坚果和干货菌菇，这些产品易于储存和配送，因此很多网销平台和网商都有销售，竞争激烈。

2) 次重点类目

(1) 宫格 4：利润高-网销难。比如高端鲜奶，保鲜及配送都很难。对于此类产品可以在销售模式和仓储物流上有所改进，比如预定模式、固定时间周期配送、线下的冷藏店取货等。

(2) 宫格 5：利润中等-网销难度中等。对于此类农林产品如果能够在提高利润或者网销难易度上有所改进当然很好，如果不能，不易在此类产品上花太多的管理精力。

(3) 宫格 6：利润低-易于网销。此类农林产品虽然利润不高，但是比较容易做网销。如果产品利润低但销量大，可以作为维持现金流的工具，也可以以此来获取更多的客户。

3) 非重点类目

宫格 7、8、9：对于此类农林产品，在网商没有一定的实力和规模时，建议不经营此类产品或者不将其作为工作重点。

在此划分基础上，可以进一步通过科学计算进行评价。公式如下：

$$K_p = M \times Q \times (1-R) = (P - C_T) \times Q \times (1-R)$$

$$K_i = K_{i1} + K_{i2} + K_{i3} + K_{i4}$$

其中，K_p 和 K_i 表示利润和网销难易度；M 为单位毛利润；Q 为销售量；R 为损耗率；P 为单价；C_T 为单位总成本（总成本包括变动成本和固定成本之和，例如采购成本和仓储物流成本等）；K_{i1} 为仓储难易度；K_{i2} 为运输难易度；K_{i3} 为包装难易度；K_{i4} 为标准化程度。

销量 Q 有多种预估方式，比如 $Q = TM * MS$，其中 TM 为市场总量，MS 为企业占有率。K_{i1} 可以用常温、低温、冷藏及相应的保质期作为衡量标准；K_{i2} 可以用常温、低温和冷冻作为衡量标准；K_{i3} 可以用是否易破损作为衡量标准；K_{i4} 可以用标准化的高低作为衡量标准。

一些小众农林产品因为销量不大，很难进入线下超市，但是在网上却可以实现销售目的。比如板栗粉，因市场狭小，销量低，难以在超市等实体店铺找到其身影，而互联网为其提供了便利和销售平台。因此，可根据实际情况补充相应的加分项，可以是产品的稀缺性、消费者黏度或者消费体验等。

8.4.2　买家视角下的农林产品分类

按消费者获得商品信息的途径，尼尔逊等人将商品分为三类：搜寻品、经验品和信任品。搜寻品是指购买前消费者已掌握充分信息的商品；经验品是指只有购买后才能判断其品质的商品；信任品是指购买后也不能判断其品质的商品。

1. 农林产品的分类

按照以上分类原则，农林产品也可以按照消费者获取信息的不同，划分为农林搜寻品、农林经验品和农林信任品。

农林搜寻品是指消费者在购买之前就可以直接从网站/网页上获悉其外在和内在特征信息的产品。外在特征包括商品品牌、标签、包装、价格和产地等；内在特征则包括颜色、光泽、大小、形状、成熟度、有无外伤、肥瘦、肉品肌理和新鲜程度等。

农林经验品是指消费者在消费之后才能够了解其内在特征的产品。这些内在特征包括鲜嫩程度、汁的多寡、味香、口感和烹饪特征等。

农林信任品是指消费者基于对某类品牌产品的偏好和信任，即使使用之后也没有能力了解有关产品属性的产品。这些产品属性包括涉及食品安全的激素、抗生素、胆固醇、沙门氏菌和农药残留量以及涉及营养与健康的营养成分含量和配合比例等。

市场机制在调节这三种不同类型的农林产品时存在巨大的能力差异。从整体上看，由于我国农林产品包装标识程度低，导致搜寻品的比例较低；由于农业生产者规模小、信用水平低，导致信任品的比例也较低；目前，我国农林产品在整体上属于经验品。

2. 不同类型农林产品的信息供给和需求特性

农林搜寻品、农林经验品和农林信任品具有不同的信息供给和需求特性。因此，消费者对农林产品的信息接受程度和政府对农林产品信息的管制方式随着农林产品属性的不同而有很大差异。

1）农林搜寻品

如果消费者不能在购买前获得与农林搜寻品特性相关的信息和知识，就不会为高质量、高安全性的农林产品支付更高的价格。与农林搜寻品特性相关信息的缺乏减少了消费者支出。

2）农林经验品

消费者在购买前获取与农林经验品特性相关信息的成本较高，但在消费后对该信息进行评估则成本较低。在这种市场信息条件下，市场机制是否有效取决于消费者能否在消费前以较低的成本从厂商或第三方机构那里获得有效的经验品信息，例如标签、广告、担保等。Grossman 认为，通过与消费者之间的信息传递，例如厂商提供的标签、广告以及政府发布的公共信息等，可以解决或减轻与经验品特性相关的信息获取问题。消费者能否从外部提供的信息中获益取决于信息的搜寻成本和他们对信息的接受程度。通过网商声誉机制、消费者之间的信息共享等方式，消费者可以在购买前提前获得经验品特性信息。因此，政府可以采取强制性信息披露、促进消费者信息交流以及鼓励第三方提供信息等手段，来促进信息的有效传递，解决或减轻农林产品市场上与经验品特性相关的信息问题。

3）农林信任品

如果消费者在使用前后都不能获得与农林信任品特性相关的信息，会导致在短期内很难确定某种特定农林产品的消费行为与农林产品使用结果的关联程度。由农林信任品特性所引起的农林产品风险只能在长期内被观察到。鉴于消费者在消费前后都不能对信任品特性进行评价，同时他们也不能在消费产品的时候利用自己或他人以前的经验，要获取与农林信任品特性相关的信息，无论在消费前还是消费后，其成本都很高。为保证市场上信息的有效性，农林信任品特性相关的信息必须由政府或其他可以信任的中介组织来提供。

8.4.3 农林产品的网络营销策略

1. 产品信息丰富度与媒体信息曝光度

1）媒体丰富度理论

Draft 与 Lengel 根据利用反馈、多种线索、语言多样性、个人化焦点这四项原则来区分媒体信息丰富度，将各种沟通媒体依其所能提供的媒体丰富度由高到低排序为：面对面沟通、电话沟通、个人文件、非个人文件、数据报表型文件。媒体丰富度是指沟通渠道传递信息的能力程度。“能力”是指媒体传递信息的数量，媒体传递给消费者的信息和线索越多，它的能力就越强，它就越丰富。Alba 观察到传统商店、电视购物、网络商店和目录销售等零售形式中，传统商店的媒体丰富度最高，因为几乎所有的店面均提供实物展示，消费者可以借助实体查看来了解商品是否符合需求，然后依次是电视购物和网络商店，目录销售的媒体丰富度最低，它主要经由图片和文字来描述商品。

当消费者欲购买需要高媒体丰富度来支持采购决策的农林产品时，传统商店与电视购物能提供丰富的信息，能有效降低消费者对农林产品认识的模糊性。对于只需查看文字说明或简单图片即可作出采购决策的产品而言，由于网络商店可以更完整地提供此类信息，因此反而较传统商店与电视购物更为有利。

2）产品信息丰富度

产品信息丰富度是指产品需要通过媒体传递和描述信息的程度。对于具有高产品信息丰富度的农林产品，消费者需要花费较多的时间来搜集与分析产品的相关信息，以降低购买该类产品的购买风险与搜寻成本，如有机农产品、定制化林产品等；反之，对于常规日用产品，消费者不需要花费太多时间来搜集与分析即可得知该类产品的信息，因此其购买风险与搜寻成本较低，消费者直接下单甚至不需通过网络就可轻易取得该类产品。总而言之，产品信息丰富度越高的产品，越需要消费者花费较多的时间来搜集与分析信息。互联网媒体提供了一个优越的产品信息比较机制，消费者会较愿意通过网络购物。但是产品信息丰富度高的产品通常风险程度也较高，消费者如果通过网络无法在购买前确知产品质量，就可能因为产品质量不确定性过高而降低其网络购物意愿。

3）媒体信息曝光度

媒体信息曝光度是媒体能够表达产品信息的程度。由于网络商店所销售的农林产品必须通过网络环境表达产品信息，消费者是否能够通过网络获取足够的产品信息，决定了其是否作出购买该产品的决策。通过提高产品在网上的信息曝光度，让网络商店具有强于实体店铺的展示效果，满足消费者亲身体验与互动的需求，同时具有优越的搜寻、比较产品信息的机制。

2. 网络商店的经营策略

根据产品信息丰富度和媒体信息曝光度高低，可将农林产品分为四种类型（如图8.9所示），形成四种经营策略。

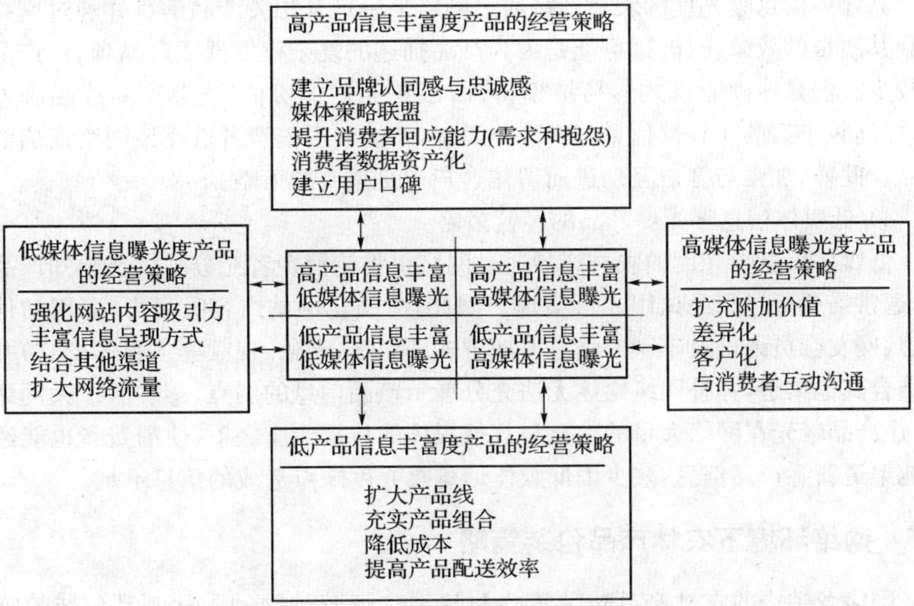

图8.9　网络商店在不同产品类型下的经营策略

1）高产品信息丰富度产品的经营策略

消费者对于高产品信息丰富度的农林产品需要多搜集产品信息，其搜寻成本与购买风险的认知程度较高。因此，建立消费者的品牌认同感与忠诚感会提高消费者网络购物的可靠度，降低搜寻成本与购买风险。其他策略如媒体策略联盟，即结合其他具有知名度与形象良好的媒体、自媒体、公众号等，可以增加消费者网络购物的信赖感。

消费者不仅在购买前而且在购买使用后对产品的关联信息需求仍然很大。因此，提升针对消费者需求、客户抱怨与售后服务等方面的回应能力并建立用户口碑与交流，是有效留住消费者甚至增加其重复购买行为的关键。对于一般高产品信息丰富度产品来说，消费者对信息的需求较为深入而且独特，因此如何有效利用网络浏览与购物行为建立消费者数据库并据此将消费者数据库资产化，关乎该类型产品的竞争优势。

2）低产品信息丰富度产品的经营策略

低产品信息丰富度的农林产品多为消费者不愿意花太多时间精力进行相关产品信息搜寻与分析的产品，多属于便利性产品。因此应不断扩充与更新产品、扩大产品线与充实产品组合来加强消费者重复浏览网络商店的动机，才能实现购买行为的发生。寻找低成本客户与提高产品配送效率，让消费者感到购物与取得货物的便利感以及一次购足产品时的成本降低，也是主要运用的策略。

3）高媒体信息曝光度产品的经营策略

高媒体信息曝光度的农林产品通过网络来呈现其相关产品信息并通过网络来检验其质量的效果较佳，这可能是因为产品描述的复杂程度低或产品项目、产品型号较少。但是该商业模式容易被模仿，所以扩充附加价值，强调产品或品牌差异化，提高较丰富的比较性信息与客户化需求，才能吸引消费者选择该网络商店购买商品。此外，加强与客户互动进而留住客户也是重要的策略。

4）低媒体信息曝光度产品的经营策略

低媒体信息曝光度的农林产品通过网络很难让消费者充分了解与感知产品质量，通常需要通过产品试用才可实现。因此，应强化网站内容吸引力，以网站信息内容、网友会员评价及丰富的信息呈现方式(图、文、音乐、视频等多媒体形式)并有效结合其他渠道，弥补网络媒体无法充分展示产品信息的弱点。此外，扩大网络流量，让产品曝光在网络大量的信息与其他媒体的传播效应之下，使消费者也能经由其他渠道获悉产品信息，减少因低媒体信息曝光度缺点造成的信息不足。

8.5 网络环境下农林产品包装策略

网络营销中的农林产品包装策略与传统市场营销中的农林产品包装策略类似。产品包装是大多数实体农林产品生产过程的最后一道工序。包装是产品策略的重要组成部分，是市场竞争的有力武器。

8.5.1 农林产品包装概述

1. 产品包装概念

产品包装是指将产品盛装于某种容器或包装物之内，以便运输、陈列、销售和消费。产品的包装一般有三个层次:内包装、中层包装和外包装。

1) 内包装

内包装是指与产品直接接触的包装,是盛装产品的直接器物。如与食品直接接触的包装袋,盛装中药材的玻璃瓶等。

2) 中层包装

中层包装是指用于保护产品和促进销售的包装物,即内包装外面的包装。

3) 外包装

外包装又称为储运包装,是便于储存和搬运的包装。

此外,包装上的标签、装潢等也属于包装范畴,是包装的一个组成部分,它是为了说明产品而贴在产品上的签条或印在产品包装上的信息。

2. 包装的作用

在现代营销中,包装以保护产品为主的传统观念已被打破,包装发展成为产品营销策略的重要内容,有着识别、便利、美化和增值的功能。包装的材料、色彩和设计图案都具有介绍产品的作用。英国一家市场调查公司统计,发现由媒体广告所招徕的购买者中,有33%的人在购买现场转而购买包装吸引人的品牌。如果忽视包装的作用,那么企业在媒体广告上的投资很有可能使竞争者受益。

具体来说,产品包装具有以下作用:

1) 保护产品

这是包装的基本功能。包装的基本目的就是要使产品在从生产者转移到消费者的过程中不致毁坏、漏失和变质等。同时,包装也为产品的运输、携带、储存和使用带来极大方便。

2) 促进销售

包装的促进销售作用有两方面。一方面,农林产品经过包装,尤其是加上装潢后,产品更加美化,而且产品本身会具有广告宣传的作用。产品的包装是无声的推销员,能引起消费者的兴趣,激发购买动机,从而促进产品销售。另一方面,不同的包装便于消费者携带和使用,消费者乐于购买,如核桃仁的独立小包装。

3) 增加利润

优良、精美的包装往往可以提高农林产品的身价,使消费者愿意付出较高的价格购买。此外,包装可减少农林产品损坏的发生,使网商减少损失,增加利润。

4) 指导消费

包装上一般都附加文字说明,介绍农林产品性能和注意事项,起到方便使用和指导消费的作用。如食品类产品的包装上都写有产品的组成成分、食用方法和注意事项等。

3. 产品包装设计的注意事项

包装设计的成功与否关系到产品的销售效果。因此，包装设计至关重要。设计时应注意以下问题：

(1) 选材经济适用，与农林产品价值和质量相符。既不能“金玉其外，败絮其中”，也不能“烂稻草包珍珠，自贬身价”。要做到恰如其分，能够起到美化、烘托、保护农林产品的作用即可。

(2) 包装设计要显示农林产品的特点，美观大方，要有独特的风格。包装设计显示农林产品特点的目的是让消费者能透过包装了解农林产品，方便消费者对农林产品的选择。而美观大方、风格独特的包装更能吸引消费者，增加消费者对农林产品的注意力，更好地树立产品形象和网商形象。

(3) 图案、色彩、数字及所用材料要符合广大消费者的风俗习惯和有关法律规定。网络营销是无国界的，它所面对的是世界上不同国家、不同地区和不同民族的消费者，而这些消费者对相同图案、颜色和数字的认同程度存在显著差异。因此，在包装设计时应充分注意这一点，尽可能使广大的消费者能在图案、颜色和数字方面接受包装设计，如英国在包装上不能出现白象、孔雀和山羊等图案；伊斯兰教信徒不喜欢红色纸包装。包装设计也应符合有关法律的规定，如有些国家法律规定禁止进口用玻璃器皿、陶瓷包装的产品等。如不考虑上述因素，网商将蒙受严重损失，甚至引起国际纠纷。

(4) 包装上要有简明扼要、通俗易懂的产品说明和条形码。得当的农林产品说明能增加消费者对农林产品的进一步了解和依赖，为消费者的使用提供方便。条形码是产品的身份证，是国际上通用的供机器识读的国际语言。目前许多国家规定包装上无条形码的产品不许进口或销售。

8.5.2 农林产品包装策略

在网商决定采用产品包装时，有以下策略可供选择：

1. 统一包装策略

统一包装策略也叫类似包装策略、产品线包装策略。它是指网商将其所生产的各种产品，在包装外形上采用相同的图案、近似的颜色、相似的外形、共同的特征，使消费者易于辨认或联想到是同一网商的产品。其优点是能节省包装设计成本，增强网商声势，提高网商声誉，加深消费者印象。特别是农林新产品上市时，能利用网商的信誉消除消费者对农林新产品的不信任感。但采用此策略的前提条件是农林产品质量水平相同，对于品种差异大、质量水平悬殊的产品则不宜采用此策略。

2. 等级包装策略

等级包装策略是指按产品等级的不同分别使用不同的包装，将高、中、低档产品区分开来,使产品价值与包装一致。由于消费者的经济收入、消费习惯、文化程度、审美眼光、年龄等存在差异,对包装的需求心理也有所不同。一般来说,高收入、文化程度较高的消费层比较注重包装设计的制作审美、品味和个性化,而低收入消费层则更偏好经济实惠、简洁便利的包装设计。因此,网商将同一产品针对不同层次消费者需求的特点制定不同等级的包装策略,以争取不同层次的消费群体,例如分为精品包装和普通包装。这种策略的优点是能突出农林产品的特点,与农林产品的质量和价值协调一致,并满足了不同购买水平的消费者的需求,但增加了包装设计成本。

3. 配套包装策略

配套包装策略是指网商依据人们消费的习惯,把使用时有关联的多种产品配套装入一个包装物中,同时出售。这种包装策略的优点是一物带多物,既方便了消费者购买、使用、携带和保管,又扩大了销路。

4. 复用包装策略

复用包装策略是指包装内的产品使用完后,包装物还有其他的用途,如空罐、空盒、空瓶可改作其他用具。这种包装策略可使消费者感到一物多用,从而引起其购买欲望,促进其重复购买,而且包装物的重复使用也起到了对产品的广告宣传作用。但是采用该策略时要避免因成本加大导致农林产品价格过高而影响农林产品的销售。

5. 附赠品包装策略

附赠品包装策略是指在包装物内附有赠品,利用赠品促使消费者重新购买。这是目前国内外市场上比较流行的包装策略。不同类别的产品所赠物品也不应相同。采用这种策略可以增加购买者的兴趣,吸引消费者重复购买。但要注意赠品的制作要精良,不可粗制滥造,否则不但起不到促销的作用,反而会影响农林产品形象或网商形象。

6. 差别包装策略

差别包装策略是指网商的各种产品都有自己的独特包装,在设计图案、色彩、风格、材料等方面各有明显差别。这种策略能区别农林产品,各种农林产品具有较强的独立性,避免因某一农林产品的销售失败而影响其他产品的声誉。

7. 改变包装策略

改变包装策略是指当网商的某种产品在市场上销路不畅,或包装技术、包装材料不断更新以及消费者的偏好发生变化,或一种包装采用时间较长而不利于产品销售时,改变包装设计的策略。改变包装包括改变包装材料、变化包装形式和图案设计、改进包装技术等。采用这种策略时必须使农林产品的内在质量与改变后的包装相适应。如果农林产品内在质量不好,即使改变包装也不会对销售产生积极的作用。当原产品声誉受损，销量下降时，也可通过改变包装遏制销量下降。

8. 分量式包装策略

分量式包装策略是指对一些称重产品，根据消费者的购买时间、购买地点和购买量的不同采用重量、大小不同的包装。对于一些价格较贵的农林产品，采用小包装给消费者以便利感、优惠感；对于一些农林新产品，为了让消费者试用而采用小包装，其目的在于给消费者以便利感、便宜感、安全感，如高端保健品多数以克为包装单位。

9. 礼品式包装策略

礼品式包装策略是指包装华丽，富有欢乐色彩，包装物上常冠以“福”、“禄”、“寿”、“喜”、“如意”等字样及问候语，其目的在于增添节日气氛和欢乐，满足人们交往、礼仪之需要，借物寓情，以情达意。

10. 绿色包装策略

随着消费者环保意识的增强，绿色环保成为社会发展的主题，绿色概念营销正成为网商营销策略主流。因此在包装设计时，网商选择可重复利用或可再生、易回收处理、对环境无污染的包装材料，容易赢得消费者的好感与认同，也有利于环境保护以及与国际包装技术标准接轨，从而为网商的发展带来良好的前景。如用纸质包装替代塑料包装。

第九章　农林产品网络营销定价策略

9.1　农林产品网络营销定价概述

随着网络普及率的提高,网络购物成为人们日常生活中常见的购买行为。网络能够及时发现农林产品供给与需求的余缺。网商可以借助互联网发布信息解决滞销问题,也可以发现需求量的大小,以此决定下期的生产量与供给量。消费者也可以借助互联网寻求自己的需求满足物,表达自己的需求信息。最终买卖双方的信息搜寻与共享拉近了彼此的信息差距,缓解需求端与种植端(加工端)的信息不对称程度。价格就是调节供给与需求的纽带。

9.1.1　农林产品网络营销价格

1. 价格定义

传统经济学指出,价格是一种从属于价值并由价值决定的商品与货币的交换比例关系。农林产品的网络营销价格是指网商在网络营销过程中与买方达成的农林产品与货币的等价交换关系。与传统营销一样,农林产品的网络营销价格由市场供求关系共同决定,但不局限于供求关系。

2. 价格组合

实体商店和网络电子商铺摆放相同功能或相同效用的农林产品时,农林产品价格不是单一化的,即使是同一类农林产品。这涉及农林产品价格组合问题。

1) 价格带

价格带是指同一类农林产品的最低价和最高价之间的区域。例如,飞牛网的5 kg规格的大米最低售价为43.9元,最高售价是129元,则5 kg规格的大米的价格带就是43.9～129元;同期天猫超市的5 kg规格的大米最低售价为24.9元,最高售价是199元,则5 kg规格的大米的价格带就是24.9～199元。价格带的三要素为宽度、广度、深度。

(1) 价格带宽度。价格带宽度就是价格带的差值。例如,飞牛网的5 kg规格的大米的价格带宽度是85.1元(129－43.9＝85.1),天猫超市的5 kg规格的大米的价格带宽度是174.1元(199－24.9＝174.1)。价格带宽度决定了该类别农林产品满足消费者的层次和数量的多少。天猫超市的5 kg规格的大米的价格带宽度是174.1元，远大于飞牛网同规格的大米的价格带宽度，因此天猫超市满足的消费层次多，数量多。

(2) 价格带广度。价格带广度体现在价格带中的品牌数。例如，飞牛网的5 kg规格的大米品牌包括福临门、金龙鱼、大润发(RT－Mart)、香满园、北大荒、岗子峪、金健、谷色米乡、禾下土、青丹香贵、金源、绿食坊、中储粮、蛙稻米、金象、响水、绿乡泉、石田、极北香稻、牯牛峰(GU NIU FENG)、印象东北、崇明岛、老农稻花香和十月江南共计24个。天猫超市的5 kg规格的大米品牌包括福临门、泰金香、金健、金龙鱼、十月稻田、谷怡斋、达米食代、柴火大院、雪龙瑞斯、孟乍隆、谷绿农品、裕道府、皇族金辉(泰国)、KOKO、跃兴旺、葵花阳光、南北通道、恒大兴安、见诚、Wonder Farm/香满园、德乌敦(泰国)、香纳兰、金清莱(泰国)、御香龙品、金苏吝(泰国)、金象、金泰象、金乌汶(泰国)、厨中宝和泉灌共计30个①。这说明天猫超市的品牌选择余地更大。

(3) 价格带深度(价格线)。价格带深度体现在价格带中的不重复销售价格的数量，每个不重复价格叫做一条价格线。例如，飞牛网的5 kg规格的大米售价有28.9元、29.9元、32.8元、33.9元、34.5元、36.9元、37.8元、37.9元、38.8元、38.9元、39.5元、39.9元、43.9元、44.6元、44.9元、45元、48元、49元、54.3元、55元、56.2元、56.9元、58元、59元、59.9元、61.8元、62.8元、63元、66.8元、69.8元、69.9元、75.8元、78元、78.8元、78.9元、79元、79.5元、81元、85元、88元、89元、97.3元、97.8元、98元、99元、102元、108元、108.8元、121元、126元、128元、129元、138元和139元，共计54条价格线。天猫超市的5 kg规格的大米售价有24.9元、27.9元、29.8元、29.9元、30.9元、32.9元、33.9元、34.9元、35.6元、35.9元、36元、36.8元、36.9元、37.8元、37.9元、38元、39元、39.9元、40.9元、45.9元、47.8元、48元、49元、49.9元、53元、54.9元、55元、55.8元、58元、58.8元、59.9元、60.9元、61.9元、63元、64.9元、65元、66.8元、69.9元、75元、78元、79.9元、80.9元、82.9元、84.8元、85.5元、86.9元、88元、89元、89.9元、99元、99.9元、115元、119元、120元、128元、168元和179元，共计57条价格线。这说明飞牛网的5 kg规格的大米有很多品牌的销售价格是重叠的，对消费者来说，选购5 kg规格的大米时，天猫超市的价格选择余地更大。

2) 价格点

价格点指在价格带中最容易被消费者接受的某一个价格。确定了某个类别农

---

① 5 kg规格的大米品牌数据的采集时间为2015年7月31日。

林产品的价格点后，在此价格点附近多准备些农林产品并且陈列丰满一些，可以使消费者产生农林产品丰富、价格便宜的感觉。这是一个很有效的技巧，很多人认为商品越多就代表商品越丰富，其实消费者看到的并不是品类下农林产品种类的多少，他们看到的只是价格点附近农林产品的多少，所以感觉丰富比实际农林产品丰富重要得多。例如在 2015 年 7 月 31 日 24 时，天猫超市的 5 kg 规格的大米销量最大的售价是 27.9 元，这就是天猫超市的 5 kg 规格的大米的价格点。

3）价格区

价格区是价格带中包含价格点的消费者主要购买的价格区间，这个区间远远小于价格带的范围。天猫超市在价格点附近销量大的大米售价为 39 元，则天猫超市的 5 kg 规格的大米的价格区为 27.9 元～39 元，远远小于 24.9～199 元这个价格带。

一个店铺可能有不止一个价格区，好的店铺会有一个主价格点和 1～2 个次价格点，每个价格点对应一个价格区是最优的方案。如果店铺的价格点和价格区没有重合，说明该店铺的陈列、产品引进等是失败的，因为主力消费群体较为分散。需要注意的是，价格区并不同于价格段，价格带是由几个连续的价格段组成，而价格区是特指主或次价格点附近的价格段。

价格是营销因素组合中最为关键、最为活跃的因素，它随市场变化而上下波动，协调着买卖双方的利益关系。网商如果能在定价决策过程中正确制定价格变动的幅度和价格变动的时间，就能在瞬息万变的市场竞争格局中居于十分有利的地位。随着物流系统完善和电子支付类型多样化，网络营销定价出现了新的特点和方法。

3. 网络营销定价特点

1）低价位化

第一，互联网成为网商和消费者交换信息的渠道，一方面可以减少印刷费用与邮递成本，免交店面租金，节约水电费与人工成本；另一方面可以减少由于多次迂回交换造成的损耗。第二，网络营销能使网商绕过许多中间环节和消费者直接接触，进而使网商的产品开发和营销成本大大降低。第三，消费者可以通过开放互动的互联网掌握产品的各种价格信息，并对其进行充分的比较和选择，迫使开展网络营销的网商以尽可能低的价格出售农林产品，增加了消费者的让渡价值。

2）价格水平趋于一致化

互联网市场是一个开放的、透明的市场。在这个市场中，消费者可以及时获得同类产品或相关产品的价格信息，对价格及产品进行充分的比较，迫使网商努力减少因时空等因素的不同而产生的价格差异，进而使价格趋于一致。

3）弹性化

方便快捷的互联网能够使消费者及时获取各种产品的多个甚至全部厂家的价格信息,真正做到货比多家,这就决定了产品的网上销售价格的弹性很大。因此,网商在制定网上销售价格时,应当科学量化每个环节的价格构成,制定出较为合理的定价策略。另外,随着消费者不断趋于理性化,网商在网络营销定价时要综合考虑各种因素,如消费者的价值观、偏好等。

4) 客户主导化

传统市场中,产品的价格是以生产成本为基准,加上一定的利润率,就构成市场价格。在互联网市场中,消费者能及时获取产品及其价格的各种信息,通过综合这些信息决定是否接受网商报价并达成交易。所以,在网络营销定价时,网商必须考虑消费者的心理特点和价格预期,以消费者为中心,根据生产成本和消费者心理意识到的产品价值综合定价,以赢得消费者的接受和认可,使消费者产生购买欲望,实现双赢。

9.1.2 农林产品网络营销定价目标

农林产品网络营销定价目标就是网商通过给农林产品定价所要达到的主要目的,它是确定定价策略和定价方法的依据。

1. 以维持生存为目标

在激烈的市场竞争中,如果网商将维持生存作为自己的主要目标,这时利润对网商来说就显得不十分重要了。网商会降低产品价格,也就是说产品价格只要能弥补变动成本和部分固定成本,网商就能维持生存。当然这种定价方法不可能是长期的,因为任何经营者都不可能将维持生存作为长期目标来追求,长期目标肯定是实现盈利,取得经营效益。

2. 以利润最大化为目标

许多网商喜欢制定高价格来快速取得市场利润,但这应该是在网商推出新产品的时候,而且应该制定一个能够让消费者感到物有所值的价格。当市场销售额下降时,应该迅速调整商品价格,以吸引一些对价格敏感的消费者,以薄利多销使总体利润增加。

3. 以销售增长率最大化为目标

销售增长率是指网商本年销售增长额与上年销售额之间的比率,反映销售的增减变动情况。一般情况下,销售额越大,单位成本就越低,经营者所获利润也就越高。以此为目标的网商一般采用低价格抢占市场,依靠扩大销售达到总的盈利目的。

4. 以产品高质高价为目标

温饱问题解决以后,人们更为重视农林产品的安全、口感、健康和环保。一些著名农业种植户和生产者生产的无公害农林产品、绿色农林产品、有机产品等,其质量过硬，安全有保障，价格也比一般产品定得高，但对消费者仍有巨大的吸引力，网商也因此创造了很好的经济效益。

5. 以扩大市场份额为目标

在竞争性市场上，网商用保持和扩大市场份额作为定价目标，有利于参与竞争。稳定占有某种(或多种)农林产品一定量的市场份额，获得绝对的市场定价权，可长久占有市场份额收益。

6. 以适应竞争为目标

大多数网商对于竞争者的价格都十分敏感，在定价之前要广泛收集资料，将自己的产品品质、规格与竞争者的类似产品作认真的比较，并主要以对市场有决定影响的竞争者的价格作为定价基础。以适应竞争为目标的定价方法有：一是制定与竞争者相同的产品价格；二是制定高于竞争者的价格，一般资金雄厚、技术条件好、资源优势突出和产品优良的网商经常采用此定价方法；三是制定低于竞争者的价格，规模小的网商或谋求扩大市场占有率的网商常采取此种定价方法。

7. 以稳定价格为目标

在市场竞争和供求关系比较正常的情况下，为了避免不必要的价格竞争，保持生产的稳定，以求稳固地占领市场，网商常常采取以价格稳定为目标的定价策略。这类网商通常是在同行业中举足轻重的大企业，这些大企业处于领导地位，左右着市场价格，其他网商往往采取跟随策略。

9.1.3 农林产品网络营销定价影响因素

1. 产品定位

产品定位从属于经营目标，是以满足市场需求和网商盈利为基础，它是网商经营目标实现的保证和手段，是确定定价策略和定价方法的依据。任何网商不能孤立地确定价格，必须按照网商目标市场战略及市场定位的要求来进行。农林产品网络营销定价亦是如此。例如，黑龙江北大荒农垦集团总公司致力于打造“绿色、阳光、生态”的形象，其农林产品业务中的大米产品的价格高于中小网商的产品，以树立品牌形象；同时避免价格过高，尽力贴近百姓生活水平，避免造成消费者对产品“利润空间大，暴利”的怀疑；飞牛网的北大荒牌 5 kg 规格的大米售价为 45 元，处于中等偏下位置。

2. 产品成本

近年来，诸如种子、农药、化肥、农膜、农机和农用柴油等生产资料涨价，水资源紧缺，农林服务涨价以及人力资本提高等，导致农林产品的种植和生产环节成本加大，只有清楚地了解农林产品成本结构，定价时才能胸有成竹。

农林产品总成本是指农林产品在种植、生产和网络销售环节的总支出。它等于固定成本和变动成本之和。固定成本是指农林产品种植、生产和营销过程中，不随生产量(业务量)变化而变化，相对固定不变的费用，包括农林设备折旧、土地承包租赁费、网销平台使用费(指固定不变的费用，如技术服务费、保证金等，不包括扣点费。例如天猫平台保证金 10 万元，平台使用费 6 万元；京东 POP 平台保证金 1 万元，平台使用费 6 000 元)；变动成本是指随生产量(业务量)变化而变化的费用，如农业生产资料费用、网销扣点费等。如果将当期所有费用分摊到每个农林产品上，构成单位农林产品的总耗费，即为农林产品的单位总成本。可用如下公式计算：

$$TC = c \times Q + F$$

$$TC_{per} = c + \frac{F}{Q}$$

式中，TC 是农林产品总成本，TC_{per} 是农林产品的单位总成本，c 是单位可变成本，Q 是销量(产量)，F 是固定成本。

农林产品的单位可变成本是农林产品网商短期经营的下限。如果预期价格不足以或者只能弥补单位可变成本，生产销售目的就变为在短期内利用不可转变的专用性固定资产；如果是初级产品种植，则会减少化肥、灌溉、劳动等追加性投入；如果是农林次级产业(如禽畜养殖等)，则会减少生产资料，或者转为生活资料，使得价格以单位可变成本为下限；如果是加工制造，生产者可依据单位可变成本下限保证产品的既定产量。当然，低于可变成本的价格在农林初级产品中可以见到，如生鲜品。因为生鲜品的季节性集中上市、鲜活特质和保质期决定了其必须尽快售完，低于可变成本的售价是最大限度减少损失的一种方法。农林产品常见的“增产不增收”，“谷贱伤农”就是这个意思。

3. 市场供求

成本决定了价格的底线，需求则是制定价格的“天花板”。市场需求随着产品价格的上升而减少，随着产品价格的下降而增加。农林产品定价过程需要了解市场供求关系和供求弹性。

1) 农林产品市场需求

营销中的需求是指有效需求，即消费者能够且愿意购买的产品数量。需求价格弹性是指单位价格变化引起的需求量的变化程度。需求量受价格变化影响大称为需求价格弹性大，或称为富有弹性；反之，则称为需求价格弹性小，或称为缺乏弹性。可用以下公式计算需求价格弹性系数：

$$\text{需求价格弹性系数} = \frac{\text{需求量变动}\ \%}{\text{价格变动}\ \%}$$

需求价格弹性系数一般有以下几种情况：

(1) 需求价格弹性系数等于 0，表示不管价格如何变化，需求量都不会发生任何变化。如贵重中药材，因为其稀缺性和不可替代的治疗作用，如果人生了病，无论价格多高也要买；如果人没有病，降价也没人要。此类农林产品的价格一般都定得比较高。

(2) 需求价格弹性系数等于1，表示价格变动百分比是多少，需求量变动百分比也是多少。此类农林产品的价格无论如何变化都不会影响盈利，比较稳定。

(3) 需求价格弹性系数小于1，表示需求量对价格的变化比较迟钝，提高价格对需求量影响不是很大。例如，对于作为生活必需品的大米，人们不会因为降价而增加消费，也不会因为提价而减少消费。此类农林产品宜采取稳定价格措施。

(4) 需求价格弹性系数大于1，表示价格变化对需求量的影响较大。价格发生较小的变化，就会引起需求量较大的变化。这类产品主要是高档农林产品，如高档茶叶，价格提高人们就减少消费，价格降低人们就增加消费。此类农林产品宜采取降价措施以扩大销售，增加利润。

(5) 需求价格弹性小于0，表示随着消费者收入提高，会减少该产品的消费。这类产品称作低档物品（劣质品），主要是低档农林产品。消费者随着收入提高就会转而消费品牌产品或高档产品。

因此，当需求价格弹性系数小于1时，农林产品一般是生存必需品，降低价格也难以做到薄利多销，提高价格亦难以减少需求量；当需求价格弹性系数大于1时，农林产品一般是追求生活品质的高档农林产品，在既定收入情形下，提高价格会减少销量，降低价格会增加销量，收入增加会使这类产品的需求量增加。

2) 农林产品市场供给

农林产品市场供给是指一定时间、地点和市场价格下，市场上可供销售的农林产品数量。市场上价格越高，供给或愿意供给数量就越多；反之，价格越低，市场处于低迷，供给数量就越少。农林产品供给价格弹性是指农林产品单位价格变化引起的供给量的变化程度，即某种农林产品的市场供给量对其价格变化反应的灵敏度。可用以下公式计算供给价格弹性系数：

$$\text{供给价格弹性系数} = \frac{\text{供给量变动}\ \%}{\text{价格变动}\ \%}$$

因农林产品生长周期较长，短期内生产设备、劳动力等生产要素无法大幅度增加，从而供给量无法大量增加，供给价格弹性小。长期来看，本期农林产品的价格会影响下一期的产量，农林产品供给价格弹性大。另外气候等自然因素经常构成农林产品价格的季节性扰动。

4. 市场竞争

农林产品网商在作价格决策时，需要考虑竞争者的成本、价格及对自身价格变动可能作出的反应。如果市场处于高度竞争的状态，农林产品的供应种类相似，农林产品网商想制定一个高于现行价格的价格将不会吸引太多购买者。因为如果价格太高，购买者就会转向其他经营者的农林产品。如果市场存在适度竞争，农林产品有较大的差异，则对产品定高价可以获得成功，因为消费者会认为其所供应的产品与众不同，有独特性。

1）竞争者的产品价格及质量

网商在农林产品定价时应了解竞争者的产品品质和价格。若两者的产品质量同质性高，则价格趋同；若自家产品的品质明显较好，则可以定较高价格。因此，农林产品品质有助于提高竞争力。具有绿色、有机、原产地的地理标识等标识的农林产品在市场竞争中具有明显优势。农林产品地理标识是表示农林产品来源于特定地域，产品品质和相关特征主要取决于自然生态环境和历史人文因素，并以地域名称冠名的特有农林产品标志。它代表一种品质保证，是优质象征，例如黑龙江五常大米、涪陵榨菜、西湖龙井等。

2）市场结构

市场结构是指一个行业内卖方和买方的数量、规模分布、产品差别程度和新网商进入行业的难易程度的综合状态。如果市场上卖者众，产品同质，则定价只能随行就市；如果卖者较多，产品存在差异，则有较大的定价空间和选择自由；如果市场只有少数卖者，产品差异小，则定价自由度相对较小。一般情况下，消费者会选择价格较低的商家；如果市场只有少数卖家甚至一个卖家，则会形成寡占直至垄断，在法律和政策允许的范围内形成寡占价格和垄断价格。

3）非价格竞争策略

价格制定体现网商的市场定位以及产品所处的生命周期属性。竞争分为价格竞争和非价格竞争。非价格竞争是指网商通过不断采用新技术、新工艺，提高管理水平，改进产品质量，改善包装和外观式样，加强服务，注重广告促销效果以及提高产品市场占有率，实现盈利目标。农林产品竞争越来越倾向于非价格竞争。

4）政府价格管制

农林产品关系到下游产业发展和居民生活状况与水平。如果价格波动较大，将带来一系列经济和社会问题。因此，农林产品价格往往受到政府高度关注和管制。政府价格管制分为政府保护价、政府指导价。政府保护价是政府主管部门按照法律规定，按照定价权限和范围制定农林产品相应的价格，往往是涉及国家民生的大宗农林产品，如粮食、棉花和油料等；政府指导价是政府主管部门根据法律规定，按照定价权限和范围规定基准价和浮动幅度，指导经营者制定的价格，一般涉及重要农林产品。

5）目标投资收益率

在正常情况下，每一个生产经营者都会追求一定的利润目标，这些目标通常是以投资收益率或资产收益率来评估的。农林产品生产经营者可选择的利润目标一般有三种：一是长期利润目标，此时农林产品经营者制定正常的行业价格，但却生产优质的产品，将来可渗透打入到竞争者的市场中去；二是最大当期利润目标，指农林产品经营者根据已知的需求和成本情况，制定一个在当季或当年可获得最大利润的价格；三是固定利润目标，农林产品经营者在投资前制定一个具体的利润目标，以保证获得固定的投资收益。

5. 消费者对产品的认知

消费者对产品所持有的认知价值对他们所能接受的价格有重大影响。当他们对农林产品的认知价值较高时，就能接受一个较高的价格；相反，则在价格高时他们会拒绝接受。一个产品的认知价值的建立需要经营者做好营销工作，只有建立其良好的产品形象，才能提升消费者对产品的认知价值。如寿光市在绿色蔬菜营销这方面的成功经验值得借鉴。

9.1.4　网络对农林产品定价的影响

1. 需求方视角

狭义价格是指消费者为购买商品或服务支付的货币数量，广义价格则包含了诸如消费者为得到商品所付出的搜寻、时间和精神成本、交易行为的签约与执行成本等。这些额外的费用统称为交易成本。显而易见，如果农林产品的交易成本太高，即使农林产品价格低，未必能达成交易。高昂的交易成本可能是因为消费者搜寻成本过高、发现价格成本过高、消费者没有足够时间和精力、消费者觉得交易签约和执行成本过高导致不安全等。

网络的兴起和相关技术的进步对交易成本的改变是革命性的，从很大程度上改变了消费者原先处于信息弱势和信息不对称的境地，大幅度降低了商品的交易成本。交易成本能否节约与消费者对网络和相关知识是否熟悉相关。如果网速慢或技术问题等导致消费者花费较长时间和精力，消费者会产生挫折感，增加心理负担，进而终止购买行为。

互联网的发展通过一站式购物和自助式服务节省了交易时间。互联网的发展也有助于消费者之间的合作与沟通并增强了消费者的议价能力和对消费全程的控制，从而有利于实现客户主导定价。

2. 供给方视角

在网络市场，由于网络技术的发展使市场资源配置向着最优方向发展，消费者能够理性判断欲购商品价格的合理性。

1）降低采购成本

在采购过程中之所以经常出现问题，是由于过多的人为因素和信息闭塞。通过互联网可以减少人为因素和信息不畅通的问题，在最大限度上降低采购成本。

(1) 利用互联网可以将采购信息进行整合和处理,统一从供应商订货,以求获得最大的批量折扣。

(2) 通过互联网实现库存、订购管理的自动化和科学化,可最大限度减少人为因素的干预,同时能以较高效率进行采购,可以节省大量人力和避免人为因素造成不必要损失。

(3) 通过互联网可以与供应商进行信息共享,可以帮助供应商按照网商生产的需要进行供应,同时又不影响生产和不增加产品库存。

2) 降低库存

利用互联网将生产信息、库存信息和采购系统连接在一起,可以实现实时订购,网商可以根据需要订购,最大限度降低库存,实现零库存管理。这样的好处是一方面可以减少资金占用和减少仓储成本,另一方面可以避免价格波动对产品的影响。正确管理存货能为消费者提供更好的服务并为网商降低经营成本,加快库存核查频率,减少与存货相关的利息支出和存储成本。减少库存量意味着现有的加工能力可更有效地得到发挥,更高效率的生产可以减少或消除网商和设备的额外投资。

3) 控制生产成本和菜单成本

利用互联网可以节省大量生产成本。一方面,利用互联网可以实现远程虚拟生产,在全球范围寻求最适宜生产厂家生产产品;另一方面,利用互联网可以大大节省生产周期,提高生产效率。使用互联网与供货商和消费者建立联系使网商能够比从前大大缩短用于收发订单、发票和运输通知单的时间。有些部门通过增值网(VAN)共享产品规格和图纸,以提高产品设计和开发的速度。随着互联网的发展和应用,通过扩大网商电子联系的范围,与不同研究小组和企业进行项目合作,将进一步减少产品生产时间。

互联网大幅度降低了菜单成本或标价成本以及商家改变定价时产生的费用。线下市场的菜单成本主要是对货品重贴标签的材料成本、印刷成本和人工成本等,每次的价格变动带来的利润至少要超过价格变动产生的费用,商家才愿意调整价格。而互联网上仅需修改数据库数据即可完成,成本极大降低,实现动态定价。

9.2 农林产品网络营销定价方法

9.2.1 农林产品定价程序

在选择合适的定价目标后,网商需要对农林产品的市场需求、成本、市场价格进行测定,然后确定最终价格。

1. 测定市场需求

主要测定目标市场上消费者对拟投放市场的农林产品价格的主观评价、不同营销变量组合对应的农林产品需求量、不同价格条件下农林产品的需求量和需求价格弹性，为后续定价的顺利进行提供依据。

2. 测算成本

根据成本类型，分析不同生产条件下生产成本的变化，估算不同营销组合下的农林产品成本，以此作为定价的依据之一。

3. 分析竞争者的产品与价格

通过调查消费者对市场上竞争者销售的农林产品的态度、价格等，重点调查分析同一产品的竞争者的产品质量、价格水平、消费者可能作出的反应、替代产品的生产等有关情况。

4. 选择定价方法，确定最终价格

获取上述资料后，产品价格区间就基本上可以确定下来。农林产品成本决定了农林产品价格的底线，竞争者的价格和替代产品的价格以及自己产品所独有的特色为估算其最高价提供了依据。农林产品价格上下限区间确定后，还需参考营销组合的其他因素，并且考察价格水平是否符合国家有关的政策法规以及对自身市场经营的影响，在此基础上最终确定价格。

9.2.2　农林产品定价方法

定价方法的确定一般要考虑网商农林产品的成本、市场需求情况和竞争情况三个因素。下面分别按照这三个因素介绍农林产品的定价方法。

1. 成本导向定价法

成本导向定价法是以产品的总成本为中心，分别从不同的角度制定对网商最有利的价格。成本导向定价法由于较为简便，是网商最基本、最普遍和最常用的定价方法。它可以分为以下几种：

1）成本加成定价法

成本加成定价法是以农林产品总成本为基础，估算出单位产品的平均成本，然后加上一定比例的预期利润来确定产品的售价。预期利润可以由网商根据市场环境及网商营销实力确定。定价公式如下：

价格＝单位产品的平均成本×(1＋预期成本利润率)

例如：某网商经营木制家具厂，主营实木家具。该工厂拥有每年加工制造5万件家具的生产能力，总固定成本为100万元，其每客单价的平均单位变动成本为500元，该网商要求的成本利润率为40％，则

单位产品的平均成本＝$500+1\times10^6/(5\times10^4)=520$元/件

价格＝$520\times(1+40\%)=728$元

此方法的优点是：简单易行，在市场环境诸因素基本稳定的情况下，网商和消费者的公平感强，引起价格战的可能性低，从而可保障生产经营的正常进行。缺点

是:忽视农林产品的供求情况,有可能与市场需求相脱节并难以适应竞争的变化。这是较典型的生产导向观念的产物,由于对产品销量很难预知,因此导致成本和价格的计算缺乏科学性,不太适合农林产品的实际运作。

2) 盈亏平衡定价法

盈亏平衡定价法是指在预测产品销售量和已知固定成本、变动成本的前提下,通过求解产品盈亏平衡点来制定产品价格的方法。

3) 目标利润定价法

目标利润定价法又称目标收益定价法,是根据网商预期的总销售量与总成本,确定一个目标利润率的定价方法。

目标利润定价法的要点是使产品的售价能保证网商达到预期的目标利润。网商根据总成本和估计的总销售量,确定期望达到的目标收益率,然后推算价格。

目标利润定价法的计算公式为:

产品价格=[(单位变动成本+单位固定成本)/(1-销售税率)]+[目标利润/(预计销售量×(1-销售税率))]

由于

目标利润=(单位变动成本+单位固定成本)×预计销售量×成本利润率

所以目标利润定价法的计算公式可变为:

产品价格=[(单位单位变动成本+单位固定成本)×(1+成本利润率)]/(1-销售税率)

目标利润定价法与成本加成定价法是有区别的。差别在于成本加成定价法计算公式中的成本只是制造成本,不包括期间费用;而目标利润定价法计算公式中的成本包括制造成本和期间费用。相应地,两个公式中的成本利润率也有所不同。

2. 需求导向定价法

需求导向定价法是以市场导向为指导,以消费者对产品价值的理解和认识程度为依据,虽然是同一种产品,但对不同类型的消费者和市场制定不同的价格。需求导向定价法主要包括理解价值定价法、需求差异定价法和逆向定价法。

1) 理解价值定价法

所谓"理解价值"是指消费者对某种产品价值的主观评判。它与产品的实际价值常常发生偏离。理解价值定价法是指网商以消费者对产品价值的理解度为定价依据,运用各种营销策略和手段,影响消费者对产品价值的认知,形成对网商有利的价值观念,再根据产品在消费者心目中的价值来制定价格。采用这种定价方法,显然需要网商能比较自己的产品与竞争者的产品在市场上被消费者理解的程度,从而作出恰如其分的估计。优质优价正是农林产品价格的发展趋势之一,取决于消费者对优质农林产品的认知和理解。在农林产品市场上,绿色食品价格高于普通食品价格 10%～20%，有机食品价格高于普通食品价格 50%以上至几倍，无公害农林产品价格一般略高于普通农林产品价格。

2）需求差异定价法

根据不同的市场需求制定不同的商品价格是极为普遍的一种定价法。这种定价的基础是消费者心理的差异、购买能力的差异、产品式样的差异、出售时间和地点的差异等。以这种方法定出的价格不一定很高，尤其是在竞争加剧和需求降低的情况下，价格更是富有弹性。此外，运用此法还可以为了获得最大利益，对不同的消费者制定不同的价格。例如，消费者差别定价、服务差别定价、时间差别定价等。通常学者们认为采用需求差异定价法的条件是市场要能够细分，同时不同的细分市场要能看出需求程度的差别，再根据各细分市场的成本、需求和利润目标来确定各细分市场的价格，但是差别价格不应引起消费者的反感。

3）逆向定价法

逆向定价法是指网商依据消费者能够接受的最终销售价格，计算出自己的经营成本和利润后，逆向推算出产品的价格。这种定价方法不以实际成本为主要依据，而是以市场需求为定价出发点，力求价格能为消费者所接受。由于价格是既定的，网商要获利，必须在节约成本、提高劳动生产率上下工夫。

3. 竞争导向定价法

竞争导向定价法是在竞争十分激烈的市场上，网商通过研究竞争对手的生产条件、服务状况、价格水平等因素，依据自身的竞争实力，参考成本和供求状况来确定商品价格。竞争导向定价主要包括：

1）随行就市定价法

随行就市定价法(Going-Rate Pricing)是一种简单的定价方法，其特点是把网商自己的产品的价格定得与市场上竞争者的同类产品的价格相近。当网商的产品特色不明显，又不打算以低价与竞争者竞争时，一般采用这种定价方法。网商可以根据自己的产品与竞争者的产品的差别来确定下一个略高于、略低于或相似于竞争者的产品价格的价格。随行市定价法是根据竞争者的价格定价，不怎么注意自己的成本或者需求，网商定的价格可以比竞争者的价格高或低或一样。这种定价法主要适用于需求弹性比较小或者供求基本平衡的农林产品，如大米、面粉、食用油等。

2）差别定价法

差别定价法就是通过努力促使同质同类农林产品在消费者心目中树立不同形象，通过形象差异，选取低于或高于竞争者产品的价格作为网商本身产品的价格。差别定价法的运用，首先要求网商具备较强的经济实力，产品具有一定的市场地位，消费者能够将产品与网商本身联系起来；其次网商要将市场上的竞争者产品与网商本身产品在性能、质量、成本、式样、产量等方面进行比较，制定高于、一致及低于竞争者产品的价格；最后跟踪竞争者产品的价格变化，及时分析造成价格差异的原因，相应调整自己产品的价格。

9.3 农林产品网络营销定价策略

农林产品定价策略是在定价目标的指导下，根据农林产品特征和市场条件，综合考虑影响价格的各种不同因素，运用具体的定价方法对农林产品进行定价决策。常用的定价策略有以下几类：

1. 渗透定价策略

农林产品的同一个品种具有较大的同质性，因此网商往往采取低价来吸引众多消费者。其理论根据是市场上存在一大群普通消费者，他们的购买行为相当理智，希望以较低的价格来获得较高的满足。低价是相对于产品品种和服务水平而言的。这种策略的优势在于低价低利能够有效地阻止竞争者加入，产品能较长时间地占领市场。这类策略主要包括以下三种：

1）高质中价定价策略

高质中价定价策略是指网商提供优质的产品和服务，但价格却定在中等水平上，以价格的优势吸引众多的消费者，使消费者感到花中等的价钱获得高品质的消费。

2）中质低价定价策略

中质低价定价策略是指网商以较低的价格向消费者提供符合一般标准的产品和服务，使消费者以较低的价格获得信得过的产品。这一目标市场的消费群体对价格敏感，但又不希望产品质量过于低劣。

3）低质低价定价策略

当产品没有质量优势，唯有价格优势。这一策略主要迎合一些低收入消费阶层。使用低质低价策略的条件是：能够通过销售量的增加使产品的生产成本下降，且目标市场的消费者对价格非常敏感。如果发现竞争加剧，经营者应考虑有更低成本的产品推出。

渗透定价策略适用范围是：农林新产品进入市场；农林产品市场规模大，市场竞争性较强；农林产品需求弹性较大，消费者对农林产品价格反应敏感，稍微降价就会刺激需求；大批量生产能显著降低成本；薄利多销的利润总额大于按正常价格销售的利润总额。

2. 撇脂定价策略

撇脂的意思是从牛奶表面逐层撇取奶脂。撇脂定价是指新品进入市场后网商有意识地把产品价格定得大大高于成本，使其能在短时间内把开发新品所投入的成本耗费和预定的利润迅速收回。采用这一策略的网商在促销时，产品价格定到什么程度不以成本为标准，只要能满足消费者的炫耀心理，能显示出产品的高品质、高附加值即可。这一策略的实施往往配合以强大的宣传攻势，将产品推向市场，使消费者尽快地认识和接受新品，在短时间内形成强烈的需求欲望和购买动机。当然，采取高价策略要有支持高价的产品特性，比如高价产品应该能突出显示消费者的地位和财富，意味着产品的高品质、高档次等。

3. 折扣定价策略

折扣定价策略指网商在消费者购买产品达到一定数量或金额时予以价格折扣。折扣定价策略包括以下几种：

1）现金折扣策略

现金折扣策略是指消费者在购物时，如果买方是重复购买或者 VIP 客户时，可以得到原定价格一定折扣的优惠。现金折扣策略主要是网商为了留住老客户而采取的一种价格促销方式，其不足是会减少现金流量。它有利于农林产品销售，减少农林产品库存，有利于培养客户忠诚度。

2）数量折扣策略

数量折扣策略是指网商为了鼓励消费者多购买，在消费者购买达到一定数量(或金额)时给予某种程度的折扣。这样的定价策略可以激励消费者从网商处购买更多产品。虽然折扣促使产品价格下降了，单位产品利润减少，但因销量增加，销售速度加快，使网商的资金周转次数增加，流通费用下降，成本也就下降了，导致总盈利上升。折扣形式有累进折扣和一次性折扣两种。

累进折扣是指消费者在一定时期内累计购买达到一定数量或金额时，网商给予其一定折扣，购买越多，折扣比例越高，目的在于鼓励消费者与网商间建立长久的固定关系，减少客户流失率。数量折扣的关键在于合理确定折扣起点、折扣档次及每个档次的折扣率。这种折扣策略适用于长期交易、大批量销售以及需求比较稳定的农林产品。

一次性折扣，也称为非累进折扣，是指当消费者一次购物达到网商要求的数量或金额时就会给予其折扣优待，目的在于鼓励消费者增大每份订单的购买量。这种折扣对于短期交易、季节性交易、零星交易的农林产品以及过时、滞销、易腐、易损农林产品的销售比较适宜。这种策略不仅可以鼓励消费者大批量购买，而且有利于节省销售、储存和运输费用，促使多销、快销。

3）季节折扣策略

季节折扣策略是指网商为了短期内销售完季节性农林产品，在农林产品大批量丰收上市时，给予购买者一定的折扣。农林产品，特别是初级农林产品的季节性强，集中上市，往往造成恶性的价格竞争。这时农林产品网商会适度降低价格，促进产品快销。例如水果的反季节销售价格与当季价格差别很大，当季价格远低于反季节销售价格。

4. 心理定价策略

每一件产品都能满足消费者某一方面的需求，其价值与消费者的心理感受有着很大的关系。这就为心理定价策略提供了基础，使得网商在定价时可以利用消费者的心理因素，有意识地将产品价格定得高些或低些，以满足消费者生理的和心理的、物质的和精神的多方面需求。通过消费者对网商产品的偏爱或忠诚，扩大市场销售，获得最大效益。心理定价策略是以迎合消费者的不同层次消费需求和不同购买欲望而制定价格的策略。

1）尾数定价策略

尾数定价策略是在对产品定价时，针对消费者的求廉心理，取尾数价格而不取整数价格的一种定价策略。据国外的市场调查显示，10 个数字在尾数定价中的使用频率从高到低依次为：5、8、0、3、6、9、2、4、7、1。一项针对中国的市场调查表明，76％的商品价格是以 8、9 结尾的；17％的商品价格是以 5 结尾的；只有 2％的商品价格是以 0 结尾的。尾数定价策略能给消费者带来一种真实感、信任感、便宜感，增强价格竞争力，起到薄利多销的效果。这种策略通常适用于基本生活用品，如 5 kg 规格的大米的标价为 27.9 元，比标价 30.00 元更能吸引客户。现在用得比较多的尾数还有 8，取“发财”中“发”的谐音。这种定价策略的使用较普遍。

2）整数定价策略

整数定价策略与尾数定价策略正好相反，是根据消费者的虚荣心理，网商有意将产品价格定为整数，以显示产品具有一定质量，满足消费者的虚荣心理的策略。整数定价多用于价格较贵的耐用品或礼品以及消费者不太了解的产品。对于价格较贵的高档产品，消费者对质量较为重视，往往把价格高低作为衡量产品质量的标准之一，容易产生“一分价钱一分货”的感觉，从而有利于销售。例如一盒人参礼品如果定价为 599 元，就不如定价 600 元为好，因为消费者心里感觉 599 元属于五百多元的档次，不如六百元的档次，心理上得不到满足，不易引起购买动机。

3）声望定价策略

声望定价策略是将产品的价格定得比产品实际成本、一般利润高得多，以吸引少数高消费者购买的一种定价策略。针对消费者“便宜无好货，价高质必优”的心理，对于在消费者心目中享有一定声望的产品，购买这些产品的人往往不在于产品价格，而最关心的是产品能否显示其身份和地位，价格越高，心理满足的程度也就越大。例如冬虫夏草的定价越是高，消费者就会产生产品质量越是优的心理认识。

4）习惯定价策略

有些产品在长期的市场交换过程中已经形成了为消费者所适应的价格，成为习惯价格。网商对这类产品定价时要充分考虑消费者的习惯倾向，采用“习惯成自然”的定价策略。对消费者已经习惯了的价格，不宜轻易变动，降低价格会使消费者怀疑产品质量是否有问题，提高价格会使消费者产生不满情绪，导致购买转移。在不得不提价时，应采取改换包装或品牌等措施，以减少消费者的抵触心理并引导消费者逐步形成新的习惯价格。

5. 分档定价策略

分档定价策略就是根据不同消费者、不同时间和不同场所，在经营不同品牌、不同款式和规格的同类产品时，不是采取一种产品一个价格，而是把产品分为几个档次，每一档次定一个价格。分档定价的形式有以下几种：

(1) 针对不同消费者群体定不同价格。如对会员消费者实行标明的折扣价格售货，而对非会员消费者则按原价售货。

(2) 同一产品按不同花色、样式和规格实行分档定价。如同为红富士品种的苹果按照大小分成不同的等级，每个等级确定一个价格；出售猪肉时，根据不同部位确定不同的价格。

(3) 按时间分档定价。如蔬菜在早上和晚上的价格不同，同样的新鲜蔬菜在元旦、春节期间的价格要比平时高出一倍甚至几倍。

分档定价可以使消费者感到产品档次高低的明显差别，为消费者选购提供了方便。但分档不宜太少也不宜太多，因为档次太多，价格差别太小，起不到分档作用；档次太少，价格差别太大，则容易使期望中间价格的消费者失望。

采用分档定价策略要注意以下几点：市场是可以细分的，且每个细分市场的需求强度不同；产品不可能从低价市场流向高价市场，不可能转手倒卖套利；高价市场上不存在削价竞争；分档定价不应引起消费者不满。

6. 拍卖定价策略

网络拍卖是目前发展比较快的领域，经济学认为市场要想形成最合理价格，拍卖竞价是最合理的方式。在信息技术支持下，拍卖出现了许多创新方式，常见有正向拍卖(Forward Auction)、逆向拍卖(Reverse Auction)以及双向拍卖(Two-way Auction)。

网络正向拍卖常见的有英式拍卖、荷兰式拍卖、集体议价和密封式拍卖。拍卖关键是购买权和成交价格。

1) 英式拍卖(English Auction)

英式拍卖是一种增价拍卖。在开拍期间，拍卖标的物的竞价按照竞价阶梯由低至高依次递增，当到达拍卖截止时间时，出价最高者成为竞买的赢家(即由竞买人变成买受人)，成交价格为竞拍时的最高出价。拍卖前，卖家可设定保留价，当最高竞价低于保留价时，卖家有权不出售此拍卖品。当然，卖家亦可设定无保留价。

2）荷兰式拍卖

荷兰式拍卖(Dutch Auction)是一种特殊的拍卖形式，亦称“减价拍卖”，它是指拍卖标的物的竞价由高到低依次递减直到第一个竞买人应价(达到或超过底价)时击槌成交的一种拍卖。网络荷兰式拍卖与线下荷兰式拍卖不完全相同。它的交易规则通常是出价最高者获得优先购买权，相同报价者出价时间在先者获得优先购买权，最后以所有合格出价者中的最低报价作为成交价格。例如卖家有 1 000 朵“蓝色妖姬”鲜花，必须在规定时间卖完，否则花就会谢了。首先，卖家设定最高价为每朵 100 元。假设现在有 5 人(A、B、C、D、E)参与竞价，竞价时间、竞拍报价和竞买数量如表 9.1 所示。根据荷兰式拍卖的交易规则，表 9.1 的交易结果为：优先购买权顺序为 A—C—D—B—E，即 A 可以买到 300 朵，C 可以买到 320 朵，D 可以买到 200 朵，B 只能买到 180 朵，E 无成交；最终成交价格为 A、C、D、B、E 中的最低报价：85 元，即 A、C、D 和 B 均按 85 元/朵支付价款。荷兰式拍卖适合于大量库存和时间性强的农林产品，如新鲜果蔬、鲜花等。

表 9.1 荷兰式拍卖竞价过程

竞价者	报价时间(8:00～12:00)	报价	竞拍数量
C	8:30	95	320
D	10:00	90	200
B	11:20	85	260
E	11:25	85	100
A	11:59	100	300

3）集体议价

集体议价多适用于 C2B 模式。网商将产品的基础价格(初始价)公布，然后开放给消费者报价和下订单，消费者的报价可以低于基础价格，但有一定限制，在某个购买期内销量越大，价格就越低，最后购买者以所有中标人的最低价格成交。这类似于数量折扣销售形式，使每个消费者享受到批发价、折扣价，是团购的一种变形。

4）密封式拍卖

密封式拍卖是指买主只有一次报价机会的拍卖，竞价者的报价不在网上公开，竞价者相互之间不知道对方的报价，也称为静默报价。报价最高者获得购买权，成交价格有两种模式：一种是以最高报价成交；另一种是以第二高价成交，又称为 Vickery 拍卖。例如，某网商有批农产品出售，现有 A、B 和 C 三人参与竞价，分别出价为 10 万元、9.5 万元和 8 万元，则最终 A 获得该批农产品的所有权。若以第一种模式成交，则成交价格就是 10 万元；若以第二种模式成交，则成交价格就是

9.5万元。这种密封式拍卖常用于大宗农林产品竞拍。

逆向拍卖相对于正向拍卖而言，是指消费者可以提供或发布自己需要的产品、服务需求和价格定位等相关信息，由商家之间以竞争方式决定最终产品和供应商，从而使消费者以最优性能价格比实现购买。逆向拍卖多用于 B2B 和 G2B 模式。

双向拍卖是一种特殊的拍卖方式，它是指由多个买主和多个卖主对同一标的物同时报价和询价，匹配时既考虑价格也考虑数量。这种拍卖在期货交易中常见。

7. 定制化定价策略

定制就是根据消费者的需求描述进行产品生产设计，满足消费者需求。许多网商根据消费者的个性化需要，为消费者提供定制化农林产品和服务，提高消费者所能感受的消费价值，极大地提高了经济效益。许多网商的管理人员都知道不同的消费者对同一产品的价值有不同的看法，然而他们却往往制定统一的价格，而不是根据消费者感觉中的消费价值向不同的消费者收取不同的价格。许多网商因此而失去了大量的潜在收益。

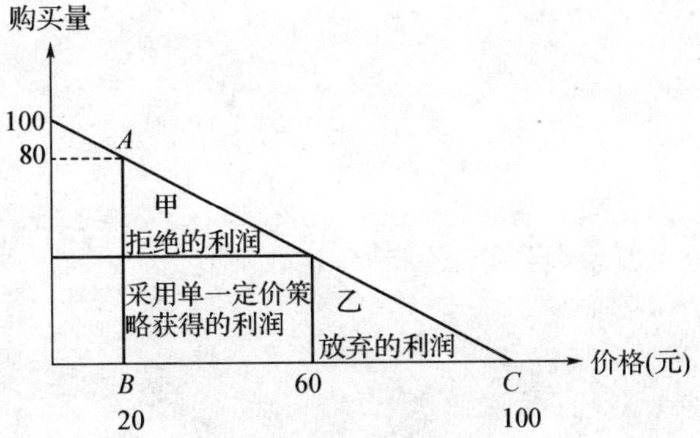

图 9.1　单一价格的缺陷

在图 9.1 中，消费者愿意按照他们感觉中的消费价值为某种产品支付最高的价格，$\triangle ABC$ 的面积表示网商能获得的潜在利润总额。在本例中，消费者感觉中的消费价值在 1～100 元之间，平均价值为 70 元。假定这种产品的单位成本为 20 元。如果网商采取单一定价策略，那么就需要在 20～100 元之间确定某一单一价格，以便获取最高的利润。网商可获取的利润额等于$\triangle ABC$ 中某个矩形面积。这个矩形之长等于单价与 20 元的单位成本之差，这个矩形之宽等于产品销售量。网商可制定较高的售价，扩大这个矩形的长度；也可制定较低的售价，增加这个矩形的宽度。在本例中，假设网商为这种农林产品制定 60 元的单价，可使这个矩形的面积最大化。然而，网商制定统一价格最多只能获得 50%的潜在利润。在图 9.1 中，网商会丧失两类潜在利润：一是放弃的利润——消费者愿意支付更高的价格，却按 60 元的价格购买产品；二是拒绝的利润——消费者认为这种产品的价值超过 20 元，但他们不愿按 60 元的价格购买这种产品。可见，如何获取图 9.1 中甲、乙两个三角形表示的利润，是网商管理人员在定价工作中面临的严峻挑战。

网商采用定制化定价策略，按照消费者愿意支付的价格向不同的消费者收取不同的价格，就可能获取这两类潜在利润。因此，网商应根据消费者感觉中的消费价值对市场进行细分，为优惠价格规定一系列的限制性条件，用“篱笆”将不同的细分市场隔离开来，既防止那些认为产品价值较高、愿意支付较高价格的消费者按优惠价购买产品，又吸引那些认为产品价值较低、只愿支付较低价格的消费者按折扣价购买产品。

第十章　农林产品网络营销品牌策略

10.1　品牌概述

10.1.1　品牌整体概念

1. 品牌的定义

根据美国营销协会的定义，品牌是用以识别一个（或一群）卖主的商品或服务的名称、属性、标识或设计及其组合，以区别于其他卖主或竞争者的商品或服务。故而品牌是由商标、名称、属性、标识或设计等一系列元素组合而成的集合概念，目的是有助于消费者在众多竞争者中识别出销售者的产品或服务。图 10.1 为品牌整体概念的示意图。

商标、名称和 Logo 是辨别品牌的核心要素。在法律意义上，品牌具有排他性，受到法律保护。但是品牌不完全等于商标，商标是品牌的一部分。在经济或市场意义上，品牌是可以用语言称呼的名称，是区分竞争者的“金字招牌”，如阿里巴巴的“Alibaba”。在文化或心理意义上，品牌是一种标志，能够快速为消费者所识别，但无法用语言文字表述，只能由消费者的感觉、认知和体验来诠释。可见，品牌表达着产品属性、利益、价值、文化、个性和使用者等多层次内容。

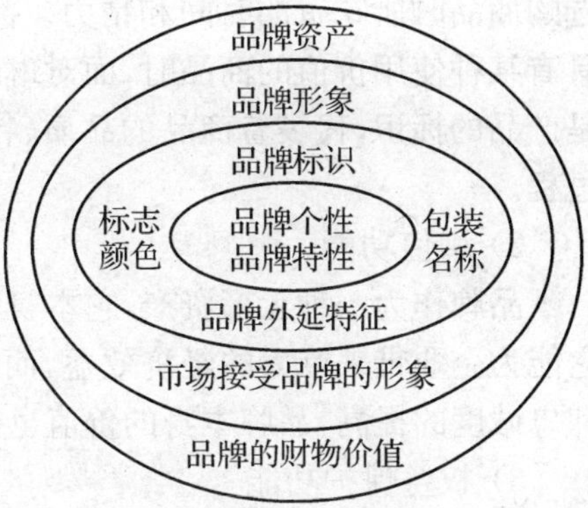

图 10.1　品牌整体概念

1）品牌个性和品牌特性

现代心理学把个性定义为一个人的整个精神面貌，即一个人在一定社会条件下形成的、具有一定倾向的、比较稳定的心理特征的总和。品牌个性就像人的个性一样，是品牌人格化后所显示出来的独特性，是品牌差异的最有力表现部分。

品牌特性是对一品牌作出定义并可将其与其他品牌进行区分的最知名的特

性。用一系列可明显识别的词汇来标注品牌特性是最常见的做法。品牌特性可通过品牌母体自我表达分析、消费者印象调查分析、品牌搜索方法获得。

2）品牌标识

品牌标识是指品牌中可以通过视觉辨别，能用语言描述，但不能用语言直接称呼的部分，如品牌的符号、图像、图案、色彩等。

3）品牌形象

品牌形象是指企业或其某个品牌在市场上、在社会公众心中所表现出的个性特征，它体现消费者对品牌的评价与认知。品牌形象与品牌不可分割，形象是品牌表现出来的特征，反映了品牌的实力与本质。品牌形象包括品名、包装、图案、广告设计等。形象是品牌的根基，所以企业必须十分重视塑造品牌形象。

(4) 品牌资产

品牌资产也称品牌权益，是指能够增加或减少企业所销售产品或服务的价值的一系列资产与负债，是产品在有品牌时与无品牌时的市场效益之差。它主要包括5个方面，即品牌忠诚度、品牌认知度、品牌知名度、品牌联想、其他专有资产（如商标、专利、渠道关系等），这些资产通过多种方式向消费者和企业提供价值。

2. 品牌的功能

1）识别功能

识别功能是指品牌能够尽快地帮助消费者找出他所需的商品，缩短消费者在选购商品时所花费的时间和精力。品牌是一种无形的识别器，能使消费者在购买具有某种使用价值的商品时，面对琳琅满目的商品，能很快作出选择。正因为品牌是产品的标识，代表着商品的品质、特色和承诺，所以缩短了消费者的购买时间和过程。

2）增值功能

品牌作为一种无形资产，它本身可以作为商品被买卖，在市场交流的过程中，它能为企业带来巨大的经济效益，而且随着企业规模的扩大，品牌知名度、美誉度和忠诚度的提高，品牌本身的价值也会不断增长。

3）权益保护功能

品牌具有保护企业及消费者权益的功能。品牌通过登记注册后，受到法律法规保护，禁止他人非法使用。如果质量有问题，消费者可以根据其品牌与企业进行交涉，依法向其索赔，保护自身的正当权益。

4）促销功能

品牌是企业赢得市场竞争优势的有力武器。由于品牌是产品品质、特色、档次的象征，易引起消费者的注意，满足他们的需求；易赢得消费者的选择和厚爱，实现扩大总销量的目的。

5）企业形象塑造功能

在消费者的心目中，品牌实力是与企业形象联系在一起的，品牌有利于塑造企业的形象，提高企业的知名度、信赖度，为企业多元化及品牌延伸打下坚实有力的基础。

3. 农林产品品牌的类型

1）产地品牌

产地品牌是指将具有深厚的区域特色的农林产品与该产品所属的品种类别联合起来形成的品牌，例如库尔勒香梨、泾县宣纸和西湖龙井等。

2）品种品牌

品种品牌是指农林产品的品种名称与该品种的特色组合起来构成的品牌，例如彩椒、糖心苹果等。

3）企业品牌

企业品牌是指将企业的名称注册成商标，作为农林产品的品牌，例如中粮集团的“中粮”、北大荒集团的“北大荒”等。

4）产品品牌

产品品牌是指特定的农林产品以单独注册的商标作为品牌，例如“好想你”把枣做成品牌，“东阿阿胶”把阿胶做成品牌。

10.1.2　网络品牌

1. 网络品牌的定义

根据美国 Cyber Dialogue 以及国际商标协会的调查，在网络使用者中，有 1/3 的使用者会因为网络上的品牌形象而改变其对原有品牌形象的印象，有 50％的网络购物者会受网络品牌的影响，进而在线下购买该品牌的产品。网络品牌差的企业，年销售量的损失平均为 22％。

网络品牌是指个人或团体以互联网为基础，由注册在通用网址的域名与网商名称、商标一起构成网商的品牌。网络品牌有两个方面的含义：一是通过互联网手段建立起来的品牌，二是互联网对网下既有品牌的影响。网络品牌两方面含义对品牌建设和推广的方式及侧重点有所不同，但目标是一致的，De Chernatony 认为互联网环境中的品牌价值组成要素和品牌战略与现实中的一模一样，都是为了企业整体形象的创建和提升。

农林产品的网络品牌新生代代表是“褚橙”、“潘苹”、“柳桃”和“任小米”，橙子、苹果、桃子和小米迅速在网络市场扎下跟，得到消费者广泛认可。

2. 网络品牌的特点

1）网络品牌是网络营销效果的综合表现

网络品牌建设和维护存在于网络营销的各个环节，从网站策划、网站建设到网站推广、客户关系和在线销售，无不与网络品牌相关，网络品牌是网络营销综合效果的体现，如网络广告策略、搜索引擎营销、供求信息发布以及各种网络营销方法均对网络品牌产生影响。

2）网络品牌价值只有通过网络用户才能表现出来

每一个强有力的品牌实际上代表了一组忠诚的客户，网络品牌价值意味着网商与互联网用户之间建立起来的和谐关系。网络品牌是建立用户忠诚感的一种手段，因此对维系客户关系有效的网络营销方法对网络品牌的打造同样是有效的，如集中了相同品牌爱好者的网络社区、网站的电子刊物、会员通讯等也是创建网络品牌的有效方法。

3）网络品牌体现了为用户提供的信息和服务

有价值的信息和服务是网络品牌的核心内容，网络消费者也因此对某个网络品牌的网络功能有所知晓、认可和满意。

4）网络品牌建设是一个长期的过程

与网站推广、信息发布、在线调研等网络营销活动不同，网络品牌建设不是通过一次活动就可以完成的，不能指望获得立竿见影的效果。从这个角度也说明，网络营销是一项长期的营销策略，对网络营销效果的评价用一些短期目标并不能全面衡量。

3. 网络品牌的三个层次

1）网络品牌要有一定的表现形态

一个品牌要为用户所认知，首先应该有其存在的表现形式，也就是可以表明这个品牌确实存在的信息，即网络品牌具有可被认知的、在网上存在的表现形式，如域名、网站（网站名称和网站内容）、电子邮箱、网络实名、通用网址等。

2）网络品牌需要一定的信息传递手段

网络品牌仅有表现形态并不能为用户所认知，还需要通过一定的手段和方式向用户传递网络品牌信息，才能为用户所了解和接受。网络营销的主要方法如搜索引擎营销、网络广告、网络社区、许可 E-mail 营销等都具有网络品牌信息传递的作用。网络营销的方法与网络品牌建设效果之间具有内在的联系，例如在进行网站推广的同时也达到了品牌推广的目的，只有深入研究其中的规律，才能在相同营销资源的条件下获得综合营销效果的最大化。

3）网络品牌价值的转化

建设网络品牌的最终目的是为了获得忠诚客户并增加销量。因此，网络品牌价值的转化过程是网络品牌建设最重要的环节之一。用户从对一个网络品牌有所了解到形成一定的转化，如网站访问量上升、注册用户人数增加、销售的促进效果等，这个过程也是网络营销活动的过程。

10.2　农林产品网络品牌塑造

网络品牌塑造七步骤是一个具有普遍适用性的网络品牌塑造方法。

10.2.1　网络品牌定位

网络品牌定位的主要内容是网络品牌的产品差异性确认、目标客户群定位及网络品牌的利益和价值定位。

1. 农林产品定位

随着科学技术的发展，只有在农林产品品质上建立差异性，才能建立起真正的农林产品网络品牌。

不同的农林产品品种，其品质有很大差异，主要表现在色泽、风味、香气、外观、口感和使用等方面，这些直接影响消费者的需求偏好。不同的农林产品品种决定了产品不同的有机物含量和比例，比如蛋白质、氨基酸、糖类、有机酸含量及其比例、其他风味物质和营养物质的含量及其比例等。当优质品种推出后，若得到广大消费者的认知，消费者就会尝试性购买；若得到认可，消费者就会重复购买；多次重复购买，消费者就会形成对品牌的忠诚感。农林产品品质的差异性主要基于人们的需求和农林产品满足消费者的程度，即从实用性、营养性、食用性、安全性和经济性等方面来评判。如对于水稻，消费者关心其口感、营养和食用安全性，水稻品种之间的品质差异越大，就越容易促使某种水稻以品牌的形式进入市场，得到消费者认可。农林产品品质的差异性是建立品牌的基础。

2. 目标客户群定位

网络品牌塑造要与目标客户的需求相一致。网商需要筛选消费者群体，找到消费者的最大需求，采取对应的品牌策略与消费者建立和发展良好关系。网络全体消费者不可能成为网商的总体目标客户群，事实上，适合某品牌产品或服务的目标客户只是其中的一部分。核心用户是总体目标客户群中对某品牌忠诚度最高的消费群体，是网商最有价值客户。总体目标客户是有着共同需求和偏好，适合某品牌的产品或服务的消费群体。潜在客户是处于总体目标客户外围，容易受到营销影响而转为购买者的潜在消费群体。全体网民是消费群体的最大范围和边界，是市场最大容量(图 10.2)。

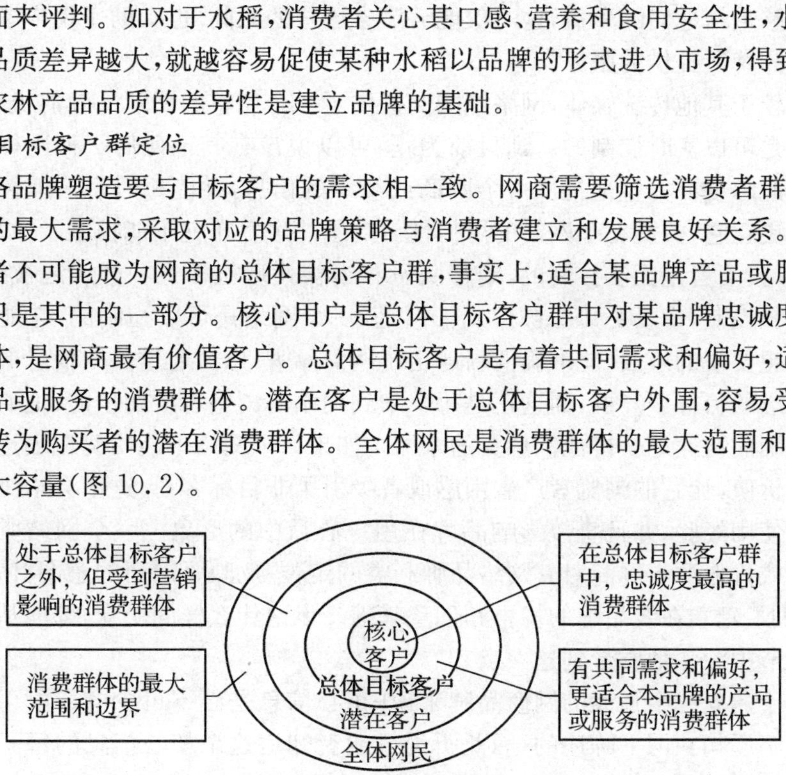

图 10.2　目标客户群定位模型

消费者教育也是品牌塑造不可缺少的环节。通过教育可以让目标受众理解品牌,基于受众对品牌的理解程度进而可以细分市场,依据消费者类型、喜好、需求特质,采取适当策略向消费者提供产品和服务,提高消费者满意度。

3. 网络品牌的利益和价值定位

在确定了网络品牌的目标客户群之后,需要进一步分析能向这些目标客户提供哪些有价值的信息或服务,这就是定位网络品牌利益和价值。

以客户为中心,奉行客户至上,这是重要的网络品牌规则。这个规则的核心要义就是要提供给客户想要的以及对他们来说最有价值的信息和服务。网商在采取网络营销行动时应时刻以此为准则,对采取的每一个网络营销行动都要分析一下,这是不是目标客户所感兴趣和需要。虽然网络空间无限,但随着人们对于网络应用得日益频繁和多样化,网络信息的极度丰富,网络用户对网络体验的要求越来越高,这要求网商永远牢记不要浪费客户宝贵的时间,要在第一时间给他们最完美的网络体验。换句话说,网络品牌需要有明确的消费者诉求或利益主张,并能够在第一时间向用户明确这种诉求或主张。如阿里巴巴旗下的 1688.com 是"全球领先的采购批发平台",沱沱工社是全产业链的农产品供应商,都明确给出了为消费者创造的利益和价值。一个有明确定位的网络品牌能够让接触它的网络用户很快明白它能够带给他们的利益,这不仅能够节省用户的时间,也有助于用户深入了解品牌以及品牌所提供的服务。

相较于其他传统媒体,网络给网商提供了一个完整的展示品牌的机会,并且这个展示是可以实时控制的。到目前为止,可以说没有其他任何一种途径或媒介能做到如此综合而完整地提供一个网商或组织的信息,并能每时每刻地控制其品牌形象并更正它,关键在于网络的可控性。广告一经发布就不能控制了,媒体是不能控制的,投资者是无法控制的,销售队伍和销售代理机构也一样无法被控制,消费者不能被控制,市场更无法被控制。但是,一个网站是可以控制的,它能确切地说出网商想要说的东西,能准确清晰地定位网商品牌,以至通过品牌信息的准确表达吸引精准的目标客户群,而这正是每个来到网站的浏览者所期望的,他们总是希望更加准确而快速地获得他们想要的东西。如果一个网站不能明确地表达它的核心信息或价值,让它的浏览者产生困惑或者吸引了非目标客户,这都会给浏览者留下不好的使用经验,并且直接影响品牌在用户心目中的形象。一个网站所表达的核心信息或价值源于网商对其网络品牌利益的定位,反映了网商的意图、使命以及目标,提供了建立在线品牌的构思和创意基础。无论什么样的受众,都能从网站的服务或细节中深深地感受到这一点。

对于建立一个强大的网商品牌来说,核心信息是必不可少的。由于核心信息不是逐字逐句在网上陈述的,因此听说过或者知道这个核心信息的每一个人都应当能在网站的视觉设计、导航系统及服务中看到其所反映的核心信息的内容。

对正处于打造品牌或网站建设过程的网商来说，有必要把总结网商即将在线提供的核心信息或价值作为项目的一部分，从而保证它能准确地在网站上描述出来。例如"三只松鼠"是以坚果、干果、茶叶等森林食品的研发、分装及网络自营的B2C品牌，产品定位为互联网时代的快销品。

对于一个已经在传统领域建立了一定的品牌影响力的企业来讲，将网络品牌定位为传统品牌的延伸是一个不错的选择。因为这既利用了传统品牌的影响力，又给受众识别品牌和服务带来了便利。例如沃尔玛通过并购1号店进入网销世界，将沃尔玛品牌的影响力和1号店结合起来，形成品牌合力。

对于一个尚未建立起品牌影响力的企业来讲（这当然也包括新兴的互联网公司），完全可以利用网络塑造一个全新的品牌形象，并可通过互联网的优势快速建立起品牌影响力，从而提升企业的竞争力。但是需要注意的是，企业应尽量保持其在品牌塑造及推广过程中的一贯性，网络只是品牌塑造的一个渠道。无论通过哪种渠道塑造品牌，品牌只有一个，认识到这一点，企业便把握了关于品牌塑造的最核心的动力。专业B2B电子商务网站阿里巴巴造就了很多的成功网商，他们中有传统企业，也有纯粹的互联网商户，他们通过互联网成功的经历充分说明了互联网作为品牌工具的强大作用。

一旦把握了准确的目标客户群，并能够最有效地向这些客户提供对他们来说最有价值的信息，品牌定位工作就完成了，接下来的工作就是怎样选择合适的品牌发展策略，以实现网络品牌认知度的推广。

10.2.2 了解目标客户群

网络品牌的塑造需要了解目标消费者在线上和线下的消费行为。通过收集网络消费者的在线行为和人口统计信息等大量数据，将消费群体基础信息进行分类，得出具体农林产品与消费者性别、年龄、地域等属性的相关性，圈出较小范围的群体，然后将筛选出来的群体再从兴趣爱好、消费行为、客户来源、接受价位等方面进行分析，确定最终的客户群。

10.2.3 了解竞争状况

如果需要向目标消费者提供卓越价值的话，竞争环境分析也是十分关键的。网络世界的竞争是非常激烈的。网商制定一个清晰的业务计划，其目的只是为了引诱竞争对手在其产品投放市场前出现。因此，了解现存和潜在的竞争对手并对其进行监视是十分关键的，必须在线上和线下两个环境下对竞争对手进行评估。线上环境有两个方面是与众不同的：首先，竞争强度不同于线下世界，这里特别指的是行业内和行业之间的新竞争对手的数量；其次，由于网络信息源的增多，对竞争对手的分析将更加容易。成功的网商非常强调对其竞争对手的了解。

10.2.4 设计引人注目的品牌意向

品牌意向(Brand Intent)是指品牌想要传递给客户的价值簇。网商期待的是品牌如何从客户视角来进行诠释,其意向应该既清晰(即容易理解)又引人注目(即产生积极的品牌关联)。尽管品牌意向在线上和线下环境都很重要,但是在线上环境下品牌个性化具有更大的机会。一般来说,在线下环境下品牌意向倾向于聚焦细分,而线上环境下品牌意向更个性化。但是过度的个性化导致品牌分割化,带给不同消费者截然不同的绩效水平或客户体验,消费者产生的品牌关联也会千差万别,就会破坏完整一致的品牌形象。为有效地创建品牌,关键的一点是品牌的一些至关重要的属性不能被个性化。

10.2.5 识别客户体验中的关键点

一个卓越的网络品牌还应时刻注意在第一时间给他们的目标客户群最完美的网络体验。识别客户体验中的关键点这一步骤要求网商从品牌意向的战略概念前进一步,到能触动客户的营销手段(即产品的价格、客户界面、线上和线下的传播整合等)的战术概念。其目标是以最有效的方式将品牌意向传递给消费者,引发消费者购买行为。消费者研究对于识别和评估哪些手段最能激发消费是十分必要的。

无论线上环境还是线下环境,消费者决策过程都涉及购前、购中和购后决策。由于网络提供了一个全方位的品牌展示空间,使品牌与消费者之间的接触更加密切和频繁,这也给品牌管理者提出了新的挑战,即必须重视品牌与消费者接触的每一个环节,都应该给消费者美好的体验。在网络环境下,营销人员应该充分考虑各种因素,尤其是影响客户消费行为的关键因素,为客户在购物全程创造愉悦的客户体验。品牌在消费者心目中的形象即是由这些点点滴滴的体验日积月累而形成的。从互联网 1.0 到互联网 3.0 的变革,不仅仅是改变了网络共享信息的模式,更重要的是创造更加全方位的人性化的互联网体验贯彻始终。

互联网使品牌与消费者的联系更加紧密,但同时也使网络品牌的塑造更具挑战性,因为品牌要在每一个与消费者接触的环节中给予消费者美好的体验。

事实上,互联网企业给人留下印象不佳的实例很多,例如企业主页被 Flash 或其他的技术应用搞得打开缓慢,而消费者可能是好不容易找到了它并热切地期望在这个主页上了解点什么;企业在主页上公布了很多让消费者与之联系的方式,但是消费者充满期待的邮件从未得到答复,在线客服不是没有在线就是在忙中,请客户无限等待,一些很知名的品牌也就这样让客户愤愤不平而流失掉客户;还有一些企业为了引起消费者的注意,把广告做到影响消费者正常浏览信息的程度;一些企业使用作弊的手段以占据搜索引擎的最佳位置,而从不关心所提供的信息是否对消费者有价值,诸如此类,不胜枚举。改善诸如上述这些种种不尊重消费者的品牌行为只是品牌创造美好客户体验的开始,品牌还必须时时关注消费者新的需求变化，为消费者创造更加超值的价值。对于网络品牌来说，无论技术如何发展，针对不同目标客户创造恰当、有效、愉快的客户体验这一基本原则始终是不变的。

10.2.6　实施网络品牌塑造策略

1. 网络品牌命名策略

好的品牌名称不仅可以引起消费者的独特联想，还可以准确反映品牌的特点，形成强烈的冲击力，刺激消费者的消费心理，增强消费者的购买欲望。对于网商而言，好的品牌命名还可以提升自己和产品的形象。品牌的用途已远远超过早期的识别范畴，成为消费者与商家沟通情感的纽带，成为增强网商竞争能力的重要手段。

网络品牌命名主要是指网商用于在网络上推广的品牌名称。品牌命名是实现品牌定位的重要环节，也是展开品牌推广工作的前提。一般来说，网络品牌的命名需要准确地针对网商所定位的网络目标客户群，准确把握网商所面向的网络目标客户群的特征、购买行为、消费方式等，建立真正符合消费对象需要的品牌名称，网商在网络品牌定位阶段需要完成上述关于目标消费者的分析，并把这些分析作为网络品牌命名的基础。

网商的网络品牌命名可遵循如下原则：

（1）注意与网商已有品牌名称的相关性。一方面，这样便于消费者识别品牌；另一方面，如果品牌已有相当的知名度，便可以借助已有品牌的影响力在网络空间获得品牌延伸。一般来说，网商的网站名称可以延用与传统品牌名称一致的名称，或者该名称可以令消费者产生关于网商品牌的相关联想。基于统一品牌策略的考虑，这种命名原则应是网商首要考虑的。

（2）选择独特的专有名而不是通用名作为品牌名称。给品牌起个独特的专有名比使用通用名有效。通用名一般是指称一类生物或一类事物中的任一个体的名词，比如“大米”就是一个通用名。专有名是指称一个特定生物或一个特定事物的名词，比如“五常大米”是一个专有名。通用名会使网络品牌显得缺乏个性和魅力，独特的专有名则不同，就像搜索的领先品牌，不是搜索网，而是百度。

（3）品牌名称应具有与目标客户群相似的特质。这是增强品牌亲和力的有效方式。可以说，网络空间聚集了一群对个性化需求更加强烈，更具有自主消费意识的群体，一个与目标客户群具有同样特质的品牌名称其实突显了品牌的消费者诉求和特色，更容易激发消费者的共鸣，吸引消费者的关注和兴趣。另外，一个网络品牌名称还必须时刻保持与时俱进，体现网络消费者独有的特征与时下的消费文化。

（4）品牌名称应尽量简洁，易于记忆和使用。据调查，品牌名称的字数对品牌认知有一定的影响，品牌名称越短越有利于传播；越简化的品牌名称，消费者的信息认知度越高。心理学家也曾做过试验,人们接收到的外界信息中,83%通过眼睛,11%借助听觉,3.5%依赖触摸,其余的源于味觉和嗅觉。由此不难发现世界上许多著名的品牌名称都很简洁醒目,容易引起消费者注意。这项调查同样也说明了品牌视觉识别设计的重要性。简洁的名称对于网络品牌比对网络外的品牌更为重要。因为用户通常需要在电脑上键入网商的品牌名称或者网址,所以一个简短和易拼写的名称更容易让用户记住和使用。

(5) 品牌名称最好能提示所属品类。能够做到这一点的品牌在虚拟空间的推广中应是非常具有优势的。快节奏和信息过量是网络空间信息传播的特征,一个能进一步提示所属品类的品牌名称无疑向消费者提供了关于品牌更进一步的线索,引导消费者进行品牌识别与选择。

(6) 品牌名称应该具有独特性,与众不同。品牌名称应尽可能保持独一无二,不只是在同行业里,这个原则应扩大到全部商业世界,重复的品牌名称会给品牌识别带来麻烦,这是所有的网络品牌命名应避免的。

(7) 品牌名称应该具有亲和力,有利于口碑传播。口碑传播是所有传播方式中最有效的,尤其是在更具交互性和开放性的网络空间,消费者对品牌的影响力日益增强,口碑传播正发挥着越来越重要的作用。因此,给品牌取个具有亲和力、易于为大众所接受、易于口碑传播的名字将更加有利于品牌的传播。

(8) 可以尝试让品牌名称具有突出的特色,产生震撼的效果。要想使消费者记住网络品牌,就要让品牌名称有震撼力。在互联网空间,最佳品牌战略之一就是立刻把有震撼力的名称同产品所在的品类和优点同时锁定在一起。比如沱沱工社以我国长江的发源地沱沱河命名,"公社"强调它的全产业链,突出产品质量安全可靠。

除了上述的品牌命名原则之外,企业还需要注意以下问题:

(1) 讲究品牌命名的国际性,注意不要与地域文化相冲突。网络导致了国际商务往来越来越频繁,品牌在命名时就应不仅考虑本国市场,还要考虑即将面临的国际市场,适应品牌的国际化发展,特别是品牌主要面向的不同地域的市场。要了解当地的环境和风土人情,避免品牌名称与当地文化冲突。

(2) 注意品牌命名的审美,不要取缺乏美感的品牌名称。品牌名称应给予消费者愉悦、美好的联想。品牌名称应力求具有独特的个性与风格,不易混淆,这样有利于发挥品牌独到的魅力,给消费者鲜明的印象和感受,经久难忘。许多品牌为了追求独特创新,起缺乏美感的名字,甚至取怪名,这种现象在网络上也很多见,不仅有哗众取宠之嫌,有的还不文明,甚至违反商标法,导致品牌商标得不到法律保护,损害网商形象,且很难给公众留下良好的印象。

另外,不同的时代人们有着不同的审美观念和审美准则,人们的审美观与所处的时代紧密相关。因此,一个好的品牌名称也应与时代合拍,体现与时俱进的审美观,从而带给人们美好的品牌名称体验。

(3) 从品牌保护的角度思考品牌的命名。这方面需要注意的问题主要是:一方面,品牌命名不要违反相关的法律、法规的有关规定;另一方面,网商应从品牌保护的角度来思考品牌的命名,使品牌的名称可以申请并受到法律的保护,这对品牌的发展至关重要。

2. 网络品牌视觉形象策略

一个网络品牌不仅需要响亮的品牌名称,还需要靓丽的视觉形象(品牌标志)。好的标志依赖于网商目标,最佳的标志是那些可辨认的和富有意义的,令消费者能产生积极感觉。高度可识别的标志是难以忘记的,因为其在某些方面具有独特性,这种独特性导致消费者不仅能正确识别标志,而且能将标志与品牌联系起来。由标志产生的积极感觉使消费者将情感转移到品牌上并影响消费者的品牌体验。

网络品牌的视觉形象包括了传统品牌的标志设计和专用造型,还有独特的网站主页设计风格。网络品牌的标志设计不单使用了强烈的色彩对比,还广泛应用了多媒体技术,如三维技术、动画技术,在表现空间上更加广阔,品牌形象传播手段更为有力。网站主页的设计风格也是网络品牌的一种体现,有些网站的标志设计比较简单,但是其网页设计有独特风格,令访问者印象十分深刻,也起到了品牌塑造的效果。另外,在设计技巧上,网络品牌带有强烈的数字时代特征。体现数字时代精神的快节奏使网络品牌标志的风格简练、视觉冲击强烈,使信息传递效率成倍提高。颜色也是网络品牌标志重要的构成要素,例如"三只松鼠"给消费者的感觉就是坚果王国,它的 Logo 以三只松鼠扁平化萌版设定为主体,突出企业动漫化。Logo 整体呈现三角趋势,图形下边缘有圆润的弧度,象征稳固而和谐的发展。三只松鼠中,小美张开双手,寓意拥抱和爱戴每一位主人;小酷紧握拳头,象征拥有强大的团队和力量;小贱手势向上的 Style,象征着青春活力和永不止步、勇往直前的态度。"三只松鼠"的标志视觉冲击强烈,传递信息明确,深受消费者喜爱。

3. 网络品牌立体化策略

在传统领域,实行多品牌战略是现代企业进行市场竞争的重要手段,面对消费者不断变化的需求,企业不得不尽量使自己的产品和服务诉求多样化,实行多品牌战略是必然的选择。

把品牌引向三维立体空间的是多媒体技术。随着社会的进步,富裕、机会、知识把人们推进到体验时代,以提高产品和服务需求来联系消费者是一种更有效的方法。颜色代表网商的态度,有助于在品牌视觉冲击过程中留下记忆痕迹,进而延长消费者浏览网页的时间,例如橙色代表着友情、活力,绿色代表天然等。音频是发展和革新企业识别和品牌识别计划的重要部分,已经成为激情的体验时代中全球性的语言,在与消费者的联系和沟通中发挥着积极的作用。英特尔公司专门为

"奔腾"系列产品设计了一个音频品牌，授权使用"奔腾"CPU的计算机厂商可以在其电视广告中使用，当观众在观看联想、金长城等品牌的产品广告时，随着Intel Inside标志的出现，耳边就会响起那段熟悉的旋律。多媒体技术的发展使品牌在表现上不再局限在平面，过程性品牌形象开始被广泛应用。品牌的这种现象实际上使品牌扩展在纵向和横向之后形成了立体化。在互联网上过程性品牌是相当普遍的，如一个网站以一只小鸡出壳的过程作为其网上品牌使用。虽然这种过程性品牌在法律上还没有定论，但是在商业社会尤其是互联网领域的广泛应用使其成为一种新型品牌的现实不容否定。

4. 网络品牌兼并策略

要抢占市场份额，采用常规的市场扩张手段的速度缓慢，最直接的方法就是兼并其他企业，把对方的市场份额直接纳入自己的范围，同时又消除了竞争对手。通过并购，企业可以迅速获得自己发展需要的技术、产品或某一个新的市场领域，拥有一个新的业务范围。网络企业的兼并实质上是一场品牌的兼并，通过兼并，品牌进行了重新组合，由于品牌的背后是可观的客户群，因此被兼并的品牌很少被雪藏，而是继续发挥着作用，形成品牌群体。例如，中国沃尔玛并购1号店作为其网上超市，没有改动1号店的Logo，继续发挥1号店的网络品牌效应。品牌兼并实质上是一场市场争夺战，在未来的互联网领域，谁拥有强有力的品牌，谁将获得市场份额并保持长久的竞争优势，立于不败之地。

5. 网络品牌变更策略

网络品牌变更大致有以下原因：

(1) 原品牌经营不善，无法继续生存，不得不放弃原有品牌而改弦换辙。每年市场上会出现数以万计的新品牌，但是激烈的竞争使其中的绝大部分中途夭折，只有一小部分才能生存下来，品牌的寿命平均只有几个月。当品牌显露疲态，经营者最明智的决策就是终止品牌的经营而改换新形象。

(2) 拓展新的经营领域。原有品牌由于形象定位方面的原因而不适宜未来的发展，网商必须选择新的品牌。

(3) 由于企业兼并等原因而变更。在企业发生兼并、市场进行重组时，原有品牌的市场价值也发生了变化，就会被新品牌或者兼并者的品牌取而代之。

(4) 为了适应消费者不断变化的需求而需要不断地更新形象。原有的品牌常常会被经营者变换，较多情况下是为了改变品牌形象，如品牌的视觉表现方式。但是当消费者由于时代的变迁而在行为方面发生了较大变化时，完全改变品牌就不可避免了。例如，百度旗下的网址导航龙头hao123为适应移动互联网下的年轻化的消费者群体，于2013年改版其Logo(图10.3)。新版Logo无论是色彩选择还是整体形象设计，都给浏览者留下"清新明了有深度，简约个性国际范"的感觉，突显网络品牌的“年轻化”策略，提升了网络品牌的识别与记忆作用。

图 10.3　导航龙头 hao123 的 Logo

6. 网络品牌合作策略

在互联网领域，为了取得竞争的优势，网商和其他经营者进行战略性合作的做法相当流行。合作方共享强势品牌优势，强强联合，实现网络品牌的倍增效应。例如，2015 年“褚橙”与淘宝天猫达成战略合作，在主打特色农产品的“喵鲜生”平台推出预售仅 6 个小时，销售量便达到了 130 吨，实现种植直接对接市场，开创了“褚橙”的新时代。

7. 网络品牌形象一致性策略

网络营销时代，为了适应二维空间的经营需要，品牌系统由线上品牌和线下品牌相互融合，构成企业整体品牌形象，其具体措施有：

(1) 统一企业的线上和线下品牌，最直接的途径就是将这二维空间的品牌标识统一起来，比如品牌名称与品牌网站、域名的统一，线下与线上品牌形象的统一等。

(2) 融合线上和线下业务。企业要把传统业务延伸到网络空间，充分利用传统资源发展网上业务。

(3) 保持企业线上和线下品牌发展的连贯性和品牌认知的一致性，避免品牌形象传播的不统一和品牌理念或者品牌承诺执行的不统一等。

8. 网络品牌传播策略

1) 网络品牌的广告传播策略

持续吸引公众注意和进行有效的广告传播是保持网络品牌生命力的两种主要途径。网络品牌迟早都会耗尽它们的公众潜力，所以广告传播就成了维持网络品牌生命力的有效手段。网络品牌在进行广告传播时，既可以在网络上进行，也可以在线下运作。在网络上的广告传播应遵循网络广告的一般原则，可以在门户网站、内容网站、商业网站或社区网站上运用适当的广告形式进行传播。

2) 网络品牌的公关传播策略

公关传播是树立组织的良好形象、协调公众关系的传播行为。网络品牌传播应利用公共关系的基本手段，遵循公共关系的基本原则，但网络品牌的公关传播也有基于网络的传播特点。一是网络品牌的公关传播可以绕过中间媒体，直接向目标受众传递信息，记者和传统媒体不再是网络品牌公关的焦点。二是网络品牌的公关传播必须向客户提供他们想要的信息，如关于创新产品的介绍、引导市场的潮流和可以使客户作出明智决策的公正信息。由于网络的互动性，不能满足客户需要的强迫性信息只能导致他们的躲避和厌恶。三是网络品牌的公关传播有效利用网络用户友好互动技术，加强企业与新媒体、自媒体、关系群体的情感链接和良好的私人关系。利用网络建立媒体通道或交互意见中心可以便于新闻媒体的主动参与；精选关键词，建立有效的链接路径会吸引并引导那些正在主动搜寻信息的客户顺利地接触到网络品牌；通过让关系群体或注册用户有偿或无偿进入网络社区、讨论组、在线新闻组和其他网站，可以形成热点话题并引发大众的热烈讨论。

3）网络品牌国际化传播的语言策略

网络品牌国际化传播首先要作的决策就是使用何种语言。有单语言策略与多语言策略可供选择。对于面向窄域市场的农林产品品牌，或迎合市场高层次需求的品牌，单一语言策略可能是有效的；对于面向广域市场的农林产品品牌，或对于那些符合大众市场需求的品牌，多语言策略则可能是有效的。在使用多语言策略时，英语的强势是一个不容忽视的客观现象，据统计机构 Statista 指出，全球共有 15 亿人在使用英文；有超过 80%的信息存储在电脑的英文系统中。

4）网络品牌国际化传播的文化策略

原创媒介理论家麦克卢汉的名言“媒体即信息”指出媒体不仅表达了它所承载的内容或信息，而且是改变人际关系和行为的一种力量。网络媒体的信息是全球化传播的，而全球化传播中的文化差异性是一个不能回避的课题。网络品牌国际化传播的文化策略有标准化策略、国家化策略和本土化策略三种。

标准化策略是指在网络品牌的国际化传播过程中，对所有的国家、地区或文化都采取同一种传播策略，不加以区分。标准化策略是将全球市场看成一个共同市场。这样既可以降低品牌传播的制作与宣传成本，又可以树立清晰、统一的网络品牌形象。当然这只对一些非常强势的网络品牌才有效。

国家化策略是网络品牌在国际化传播中采取国家身份的策略。如汉堡是带有美国身份的全球品牌。在这里，国家身份是这些品牌的标志，而不论它们是在哪里制造或在哪里销售。当然国家身份也是一把双刃剑，它既可能对网络品牌产生帮助，也可能损害网络品牌。采取国家化策略的网络品牌应把自己的产品或服务与目标受众对那个国家的看法结合起来。

本土化策略认为不同国家和地区都有着不同的国情和文化背景，即使在当今所谓的“网络时代”下，不同民族或文化背景下的消费者，其需求的差异性仍然很大。因此，在网络品牌的国际化传播过程中，只有采取因地制宜的方式，根据各国各地的不同消费习惯和文化心理，采取不同的传播策略，才能获得成功。如“.com”是一个通用的国际域名后缀，英国人却认为它是美国公司的域名后缀而加以排斥。他们认可“. co. uk”这样的域名后缀，认为这代表英国本土的可信赖的公司。所以面向英国的网络品牌在英国宣传时应强调“. co. uk”，并同时在网站上认可“. co. uk”和“. com”域名后缀。对于本土情结强烈的目标受众，面向他们的网络品牌的语言、业务或法律越本土化，网络品牌就越有黏度，越有影响力。当然网络品牌形象的一致性也是必须要考虑的问题。

10.2.7　建立反馈系统

建立反馈系统是为了更好地评价。品牌反馈系统有助于网商接收来自外部的信息和客户反馈，更好地管理品牌。多种形式的品牌审计可用于品牌健康评估，跟踪研究客户消费行为有助于品牌绩效考核。线下和线上的品牌塑造存在一定的差异性，如表 10.1 所示。

表 10.1　线下和线上网络品牌塑造的异同

品牌塑造步骤	线下	线上
网络品牌定位	受限于传统细分数量，防止传播不一致的广告	可以容纳大量的基于价值或兴趣而非人口统计学变量的细分
了解目标客户群	要求对环境、期望购买的商品和使用体验有全面了解	要求对期望购买的商品以及线上和线下环境下的使用体验有全面了解
了解竞争状况	要求对竞争对手的广告和活动进行监视	竞争对手的广告和一些活动可以在线直接观测
设计引人注目的品牌意向	设计的品牌意向旨在满足目标受众细分的需求和意见	对关键信息进行定制的机会更多
识别客户体验中的关键点	购买过程通常是具有静态关键点的客户细分行为的简化表示	购买过程可能更为动态和灵活
实施网络品牌塑造策略	创建强势、积极的品牌需要花费更长时间，通过多种线下媒体对品牌形象进行强化 营销战略包括在不断变化的客户需求基础上，品牌的程序化增长和调整的计划 创建品牌知名度要求巨额投资 建立品牌忠诚度在线下环境需要花费更多时间，特别是因为早期客户对品牌的接受能力难以评估（通常要进行市场研究）	在线交互带来了对于安全和隐私更多的关注 与线下品牌的密切关系有限，使得培育信任感更加困难 由于具有个性化定制能力，不同客户感知的品牌形象可能有异 多个市场细分的定制化需求，尽可能早地识别变化的客户需求，要求对品牌意向进行相应的定制 品牌具有更快的产生忠诚度的潜力
建立反馈系统	收集并分析客户反馈非常耗时，实时性差	有用于跟踪在线行为的软件工具，允许匿名、交互和更快的反馈

10.3 网络品牌推广

网络品牌推广就是通过网络塑造企业自身及产品品牌的形象，使广大消费者广泛认同的系列活动过程。网络品牌推广有两个重要任务：一是通过网络树立良好的企业和产品形象，提高品牌知名度、美誉度和特色度；二是最终要将有相应品牌名称的产品销售出去。

10.3.1 网站(网页)推广

企业网站(网页)是网络营销的基础，也是网络品牌推广的基础。网站(网页)推广是指在自建网站或在第三方平台上，积极塑造品牌形象的各项活动总称。在网页显著位置挂出品牌标识，通过细致周到的服务和高品质的产品营销，通过第三方网络认证标识和农林产品认证，赢得消费者信赖，留下良好的品牌形象。

10.3.2 网络广告推广

网商充分利用多媒体技术制作各种形式的品牌宣传广告，在搜索引擎、门户网站、专业网站等平台投放，推广产品，宣传品牌内涵，得到消费者理解和认可，最终扎根于消费者内心，引导消费者的消费方向。

10.3.3 网络软文推广

一篇很好的网络文章很可能拥有数万计的浏览量，而在文章中附带一些商业信息，比如某企业的名字或者产品，便是对该企业或者产品进行了一次宣传和推广。这些网络文章大多出现在大的行业网站、门户网站中。比如新浪网对某公司进行报道后，该公司的产品订单在一夜之间猛增了几倍。

10.3.4 搜索引擎推广

搜索引擎是网民最常用的网络工具，也是用户发现新网站的主要方式之一。用户在关键词搜索结果中看到的信息是企业/网站网络品牌的第一印象，用户会凭第一印象判定这一品牌的认知程度。搜索引擎推广是通过搜索引擎优化，搜索引擎排名以及研究关键词的流行程度和相关性，在搜索引擎的结果页面取得较高的企业名称、产品名称等品牌核心要素的排名的推广手段。可见，网站被搜索引擎收录并且在搜索结果中排名靠前，是利用搜索引擎营销手段推广网络品牌的基础。利用搜索引擎进行网络品牌推广的主要方式包括在主要搜索引擎中登录网站、搜索引擎优化、关键词广告等。这种品牌推广手段通常并不需要专门进行，而是在制定网站推广、产品推广的搜索引擎策略的同时，考虑到网络品牌推广的需求特点，采用“搭便车”的方式即可达到目的。

10.3.5 网络社交推广

网络社交推广是建立在微博、微信等网络社交工具的基础上，利用社交群体成员的广泛性和交叉性，以及成员需求的相似性、相互信任等特性以病毒式传播方式推广网络品牌。一旦社交圈中的一个成员对某网络品牌有了满意的口碑，将产生扩散效应，即基于信任、炫耀等因素，满意的成员在社交群中进行主动扩散，达到网络品牌推广目的(图 10.4)。

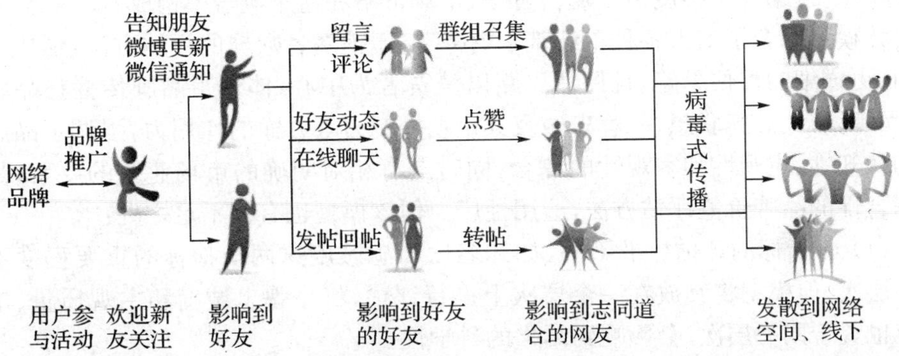

图 10.4 网络社交推广路径

10.3.6 网络炒作

网络炒作是将与品牌某个属性有关联的某个事件扩大化、广播化，吸引受众眼球。其实这是一种很有效果的方法，但是除非你的产品或服务足够好，经得起大众检验，那么选择网络炒作是绝对行之有效的，否则不要轻易使用该方法。

10.4 网络品牌价值评估

10.4.1 基于消费者概念的网络品牌价值评估

1. 网络品牌资产

网络品牌资产是指通过特定的网络品牌，网商可以获得的多种积极的营销效果，表现为客户的品牌忠诚度或较高的市场占有率等。

2. 网络品牌价值评估

网络品牌价值评估就是对网络品牌资产的价值评估。

这类评估方法主要依据消费者对品牌各方面属性的认知和感受进行评价，评估结果可以反映出消费者对品牌真实的感受，反映了现在品牌价值理论越来越重视品牌与消费者关系的发展趋势。这类评估方法中具有代表性的是：品牌价值十要素模型(Brand Equity Ten Model)和溢价法。

1）品牌价值十要素模型

Aaker 教授将品牌价值看作品牌力量，即衡量有关消费者对该品牌产品需求的状况。他研究了品牌价值的 5 个维度的 10 个要素。

品牌价值十要素包括忠诚度(价差效应、满意度/忠诚度)、品质认知/领导性(品质认知、领导性/受欢迎程度)、联想性/差异性(价值认知、品牌个性、企业联想)、知名度(品牌知名度)和市场状况(市场占有率、市场价格/通路覆盖率)。

这10项二级指标聚集于5个组别,形成5个一级指标(表10.2)。前4组代表消费者对品牌的认知,分别对应构成品牌价值的忠诚度、认知度、知名度、品牌联想度4个维度,第5个维度由市场占有率、市场价格和通路覆盖率构成。

该模型综合了前人各种单纯基于财务、基于消费者数据的评估方法,形成了更全面、更详细的评估思路,且评估思路以消费者为中心,体现了品牌传播在品牌知名、品牌认知、品牌联想、品牌忠诚及其市场控制力等方面的作用力,强调了品牌价值的认知性、主观性和客观性的综合,同时具有相对明确的市场业绩的要素,是一种综合性的品牌价值评估方法,适用性广。但该模型也有其不足之处:

(1) 各指标的评估标准不一,如知名度与忠诚度这两个指标的重要程度不在同一层次,但模型将其放在一个层次上进行评估,将品牌忠诚度和主观质量、市场反应也置于同一层次,会影响到结果的科学性。

(2) 没有重视行业差异。每个行业的品牌因其行业特性会导致其品牌价值由不同的要素构成,但该模型中没有就行业特性进行相关处理。

表10.2 品牌价值十要素

品牌价值十要素	
忠诚度	1. 价差效应 2. 满意度/忠诚度
品质认知/领导性	3. 品质认知 4. 领导性/受欢迎程度
联想性/差异性	5. 价值认知 6. 品牌个性 7. 企业联想
知名度	8. 品牌知名度
市场状况	9. 市场占有率 10. 市场价格/通路覆盖率

2) 溢价法

品牌价值的大小可以通过消费者选择这一品牌时愿意额外支付多少费用来加以衡量。在其他条件相同的情形下,如果消费者为选择某一品牌而愿意支付的额外费用越多,表明该品牌越有价值。这一方法一般通过对消费者进行调查,比较针对同一种产品,消费者对两种品牌所愿意支付的价格。此方法在可控的市场范围内进行计算实验,得出差价,将差价乘以品牌销量即为品牌的超额利润,再用超额利润除以品牌所在行业的平均利润率即得到品牌价值。

例如：如果某一品牌产品的市场价格为 100 元，销售量为 10 000 件，消费者不使用本品牌的话其可接受该产品的价格为 50 元，行业平均利润率为 20%，则该商品的品牌价值为多少？

$$品牌价值=(100-50)\times 10\,000/20\%=2\,500\,000 元$$

该方法的优点在于能对品牌造成的价格差异进行较为精确的衡量，不足之处就是未考虑品牌未来的盈利能力。

10.4.2　基于市场概念的网络品牌价值评估

市场概念体现了品牌对市场的影响力和品牌的延伸能力。市场要素主要包括市场表现、市场业绩和市场竞争力等，可用来反映的指标有销售额、利润和市场占有率等。国际上两种最著名的品牌评价方法 Interbrand 法与 Financial World 法都注重反映品牌的市场业绩和市场竞争力。

1. Interbrand 法

英国的 Interbrand 公司是世界上最早研究、评价品牌的机构，世界十大驰名商标就是由这一机构评选出的。当一种品牌在出售时，应有其确定的价格，品牌应作为一项无形资产被列在资产负债表上。根据这一思想，该公司设计出了衡量品牌价值的公式：

$$E=I\times G$$

其中，E 为品牌价值，I 为品牌收益，G 为品牌强度。

品牌收益为品牌给企业带来的年平均利润，其计算公式如下：

品牌收益＝销售额－(生产成本＋营销成本＋固定费用＋工资＋资本报酬及税收)

品牌强度决定品牌未来的现金流入能力，最大值为 20。

Interbrand 先后提出两套计算品牌强度的方法：四因子加权综合法和七因子加权综合法。

四因子加权综合法的 4 因子是比重(同类产品中的市场占有率)、广度(市场分布)、深度(客户忠诚度)和长度(产品延伸度)。

七因子加权综合法主要从以下 7 个方面评价一个品牌的强度：

(1) 市场性质。一般而言，成熟、稳定和具有较高市场壁垒的品牌，强度得分就高。像食品、饮料等领域的品牌通常较高技术和时装领域的品牌的强度得分要高，原因是消费者在选择后一类产品时，更多地受技术和时尚变化等方面的影响。

(2) 稳定性。较早进入市场的品牌往往比新近进入市场的品牌拥有更多的忠诚消费者，因此品牌强度得分更高。

(3) 市场地位。居于领导地位的品牌由于对市场具有更大的影响力，因此它较居于其他位置的品牌的强度得分更高。

(4) 行销范围。品牌行销越广,其抵御竞争者和扩张市场的能力越强,因而品牌强度得分越高。

(5) 品牌趋势。品牌越具有时代感,与消费者需求越趋于一致,就越具有价值。

(6) 品牌支持。获得持续投资和重点支持的品牌通常更具有价值。同时,除了投资力度外,投资的质量与品牌强度亦有密切的关系。

(7) 品牌保护。获得注册、享有商标专用权,从而受到商标法保护的品牌较未注册品牌或注册地位受到挑战的品牌的价值更高。另外,受到特殊法律保护的品牌较受一般法律保护的品牌具有更大的市场价值。

对于上述七个方面,Interbrand 分别规定了最高分值。表 10.3 列出了这些具体分值,也就是"理想品牌"应获得的分值。实际上,现实中的任何品牌都很难达到这些"理想品牌"的强度和地位。

表 10.3　Interbrand 评价品牌强度的七个方面及最高得分值

因子	权重分值
市场性质	10
稳定性	15
市场地位	25
品牌趋势	10
品牌支持	10
行销范围	25
品牌保护	15
合 计	100

下面举个简单实例来以 Interbrand 法进行品牌评估,假定:

(1) 净销售收入是用当前年度(即第 0 年)不变价计算的;

(2) 净销售额不包括自有品牌和无品牌产品的销售额;

(3) 有形资产包括固定资产与流动资产,均以第 0 年不变价计算;

(4) 有形资产的收益排除了通货膨胀的影响;

(5) 品牌所产生的未来收益按全部无形资产所创收益的 75%计算;

(6) 在对行业、市场和品牌进行分析基础上确定的贴现率为 15%;

(7) 第 5 年之后品牌收益增长为零。

从表 10.4 中可看出,被评估品牌到第 5 年所创造的累积收益的现值为 170.6 万元,第 5 年后品牌残值折合现值为 135.3 万元,因此,该品牌的总价值为 305.9 万元。

表 10.4　Interbrand 品牌评估法实例　　（单位：万元）

年　份	前年	去年	第 0 年	第 1 年	第 2 年	第 3 年	第 4 年	第 5 年
净销售额	440.0	480.0	500.0	520.0	550.0	580.0	620.0	650.0
营运收益	66.0	72.0	75.0	78.0	82.5	87.0	93.0	97.5
使用的有形资产	220.0	240.0	250.0	260.0	275.0	290.0	310.0	325.0
有形资产提取收益(5%)	11.0	12.0	12.5	13.0	13.8	14.5	15.5	16.3
无形资产收益	55.0	60.0	62.5	65.0	68.7	72.5	77.5	81.2
品牌收益（占无形资产收益的 75%）	41.3	45.0	46.9	48.8	51.5	54.4	58.1	60.9
税率	25%	25%	25%	25%	25%	25%	25%	25%
税后品牌收益	31.0	33.8	35.2	36.6	38.6	40.8	43.6	45.7
贴现率			15%					
贴现因子			1.0	1.15	1.32	1.52	1.75	2.01
现值现金流			35.2	31.8	29.2	26.8	24.9	22.7
到第 5 年时品牌所创造的价值			170.6					
第 5 年后的品牌残值			135.3					
品牌总价值			305.9					

2. Financial World 法

《Financial World》杂志每年度会公布世界领导的品牌评价报告，其所使用的方法（称为 Financial World 法）与 Interbrand 法相近，主要不同之处是 Financial World 法更多地以专家意见来确定品牌的财务收益等数据。

该方法强调品牌的市场业绩。首先从公司销售额开始，根据专家对行业平均利润率的估计计算出公司的营业利润，然后从营业利润中剔除与品牌无关的利润额，例如资本净收益（根据专家意见估计出资本报酬率）和税收，从而最终得出与品牌相关的收益。

Financial World 法借鉴 Interbrand 法的品牌强度七因子模型估计品牌强度系数，品牌强度系数的范围大致在 6 到 20 之间。

Financial World 的品牌价值计算公式为：

$$品牌价值=纯利润\times 品牌强度系数$$

表 10.5 中列出了以 Financial World 法进行品牌评估的实例。

表 10.5 Financial World 品牌评估法实例

步骤	项目	公式	万宝路	可口可乐
(1)	销售额		154 亿	90 亿
(2)	利润率	(行业)	22%	30%
(3)	利润	步骤(1)数据×步骤(2)数据	33.9 亿	27 亿
(4)	资本比率	(行业)	60%	60%
(5)	理论资本	步骤(1)数据×步骤(4)数据	92.4 亿	54 亿
(6)	一般利润	步骤(5)数据×5%	4.6 亿	2.7 亿
(7)	品牌利润	步骤(3)数据－步骤(6)数据	29.3 亿	24.3 亿
(8)	修正利润	三年加权(无修正)	29.3	24.3
(9)	税率	(行业)	43%	30%
(10)	理论纳税	步骤(8)数据×步骤(9)数据	12.6 亿	7.3 亿
(11)	纯利润	步骤(8)数据－步骤(10)数据	16.7 亿	17 亿
(12)	品牌强度系数	6 倍到 20 倍	19 倍	20 倍
(13)	品牌价值	步骤(11)数据×步骤(12)数据	317.3 亿	340 亿

注:以上数据以美元计。资料来源:艾丰主编的《中国品牌价值报告》。

Interbrand 和 Financial World 这两种方法发表了多年的品牌评估结果,在这一领域已形成了一定的国际性地位,具有较强的权威性和通用性,甚至在品牌收购等市场交易中也被用来作为参照。它们可用于任何产品类别或品牌,也适用于网络品牌。但这两种方法也存在不足:它们只提供品牌总体绩效指标,却没有揭示品牌资产内部的因果关联,对品牌管理指引不够;过于简单化,难以确定品牌资产中有多少价值来自母品牌,又有多少价值来自子品牌。

综上所述,可见准确把握所评价品牌的内涵及外延,选择合理的评价指标,运用科学的评价方法,是准确评价品牌价值的关键。

10.5 认证标志

10.5.1 农林产品品牌与认证标志的关系

品牌与消费者联系紧密,品牌价值基于消费者的认知,离开了消费者认可的品牌将没有价值可言。因此,品牌是企业的市场承诺,是消费者公认的结果,更是企业与消费者之间的关系性契约,其价值包含消费者的信任。品牌信任就是当消费者在面临风险的情况下,对品牌可靠性和倾向性的有信心的期望。信任机制包含了经验机制、计算机制和转移机制。转移机制是指施信方以第三方对受信方的信任作为受信方是否可信的基础。这表明信任可以由施信方所信任的证据源转移而来,即信任延伸。而Dawar和Parker(1994)认为,面对功能与质量都不确定的各种产品,消费者没有时间也没有完全信息和足够的能力去比较产品类别中的多个竞争品牌,只能利用一定的启发式线索作为度量产品质量的工具。启发式线索最重要的就是品牌所传递出来的信息。

在农林产品市场上,厂商提供的产品和价格最终是否被消费者接受是建立在消费者对相关信息判断的基础上。由于农林产品的信任品特征和消费者所进行的购买活动大多是非专家型购买,消费者实际消费前乃至消费以后都无法判断其质量状况,只能依靠价格标示和经验进行农林产品选择,其市场信息不对称状况较为严重。

由于农林产品质量优劣会影响到消费者的身体健康,因此消费者对农林产品质量的重视程度很高。但农林产品的经验品和信任品特征的存在,使得消费者处于信息劣势,消费者会采取较多的措施改善这种信息不对称状况,减少感知风险,增加购买决策信心,而最直接的方法是积极搜集相关信息。多数农林产品单价较低,占消费者生活总支出比例较低,这些因素决定了消费者难于安排较多的精力和成本进行信息搜集工作,甄别不同农林产品间的优劣,因此消费者倾向于利用外部线索解决信息搜集工作,这正是认证标志存在的一个契机。

为使消费者获得更多农林产品信息,区分产品质量,农林产品生产者效仿其他领域的生产者通过注册品牌、推广品牌向市场传递产品质量信号,期望改善农林产品市场信息不对称状况。引入第三方信任的认证标志这种更为简便的低成本识别手段成为弥补消费者和厂商罅隙、消除信息不对称状况的市场指引,成为较好的解决方案。

认证标志能够显著提升消费者对农林产品品牌的信任。农林产品认证是由第三方担保提供的质量安全信号,是将农林产品的信任品特征与经验品特征转化为消费者可信赖的搜寻品特征的主要形式。而消费者对质量信号的甄别与利用实质上是对不同农林产品的质量声誉和质量水平进行确认并加以理性选择的过程。在消费者眼中,认证标志证明了品牌农林产品的品质和能力表现。以认证标志作为购买依据的消费者认为认证标志可带来明显收益,说明农林产品质量安全认证能起到质量信号作用,可以为消费者判断农林产品品牌的品质、实力以及对消费者的善意提供参考,引导消费者的消费行为。

认证是由认证机构证明产品、服务或管理体系符合相关技术规范的强制性要求或者标准的合格评定活动。农林产品认证是认证体系的重要组成部分,农林产品认证的对象是农林业生产过程及其所生产的初级农林产品或加工产品,揭示的是农林产品在生产、贮藏、加工甚至流通过程中,从种植到使用的全过程链的“私有信息”。私有信息暗含的安全信号得到消费者的信任程度越高，消费者越有可能购买带有质量安全信号的农林产品。消费者对安全认证农林产品的认可程度和信任程度是决定其是否继续购买该产品的重要依据。

农林产品认证在消除信息不对称和传递市场信号方面非常有效。首先，农林产品认证可以节约市场中信息传输的成本，即把消费者识别质量信息的个体行为转变为认证机构鉴定质量信息的组织行为，是把独立、复杂的农林产品质量信息转变为消费者易识别的认证标志的信息的整合行为，由此产生集约效应，降低信息传输成本。其次，农林产品认证可以建立中介信用系统。认证机构通过将自身无形资产（信用）做抵押，在消费者和生产者之间建立信用中介，使消费者通过信用认证机构或认证标志最终信任农林产品质量和相关生产者。此外，农林产品认证还将政府授权信用、认证机构的市场信用以及认证产品的企业信用叠加成一个全新的、以认证标志形式出现的复合产品信用，形成被认证产品的信用增值，并被市场广泛认可。

10.5.2 农林产品认证体系

产品认证制度起源于20世纪初的英国。随着时代变迁，产品认证制度已成为国际上通行的、用于产品安全、质量和环保等特性的评价、监督和管理的有效手段。国际标准化组织（ISO）将产品认证定义为“由第三方通过检验评定企业的质量管理体系和样品型式试验来确认企业的产品、过程或服务是否符合特定要求，是否具备持续稳定地生产符合标准要求产品的能力，并给予书面证明的程序”。

1. 国外五大农产品认证体系

1）HACCP体系

HACCP是英文Hazard Analysis and Critical Control Point的缩写。美国食品药品监督管理局于1973年将HACCP体系引入低酸罐头食品加工的GMP规范之中。美国食品微生物标准顾问委员会在1992年正式明确了食品生产HACCP体系的7个基本要素：进行危害分析、确定关键控制点、设立临界值、确立监控程序、建立纠偏措施、制定核查程序、实施过程记录和保存归档。随后，美国政府相继在水产业、禽肉业、果蔬汁加工业实施HACCP规范。目前，美国食品零售业和乳品业HACCP规范正在进行制定和推行。与此同时，HACCP体系在欧盟、加拿大、澳大利亚和国际食品法典委员会（CAC）也得到了广泛的认可和推行。1997年新版《HACCP体系及其应用准则》被许多欧盟成员国所接受和采纳。

2）GAP体系

GAP是英文Good Agricultural Practice的缩写，其核心和实质是农产品规范化管理、标准化生产，以EurepGAP为典型代表。EurepGAP由欧洲零售商联合会所创立，其体系包括标准体系和认证体系两个部分。EurepGAP对农产品产地、生产控制、质量安全、环境保护等方面都有明确的规定和要求。在欧盟内部，除德国及法国外，所有成员国都在全面采纳和推行 EurepGAP 体系。

3）GMP 体系

GMP 是英文 Good Manufacturing Practices 的缩写。食品 GMP 于 20 世纪 60 年代诞生于美国。目前，美国已立法强制实施食品 GMP，日本、加拿大、新加坡、德国、澳大利亚等国政府也在积极推动。食品 GMP 详细规定了食品加工、贮藏、流通等各个工序中所要求的操作、管理以及控制规范，对人员卫生健康、建筑设施、加工工艺等软硬件都作出了详细的要求和规定。

4）On-Farm 体系

On-Farm 体系即田间食品安全体系（On-Farm Food Safety System）。该体系是为减少农产食品生产和加工过程中不安全因子产生的风险，确保农产食品加工和消费都能获得高质量的产品而采取的安全管理措施。该体系源于加拿大，目前已受到广大农产品生产者和消费者的关注与推崇。

5）SQF 体系

SQF 体系即食品质量安全（Safe Quality Food）体系。该体系专门用于食品加工行业的全程质量安全管理，1995 年诞生于澳大利亚。2003 年该体系的监管权被移交给了位于美国华盛顿的美国食品营销组织（FMI）。目前，SQF 体系已被有关方面推荐为最符合“从农田到餐桌”全过程监控的体系之一。

2. 我国农林产品认证

1）我国产品认证体系概述

我国目前开展的产品认证可以分为：国家强制性产品认证和非强制性产品认证。强制性产品认证，又名中国强制认证（China Compulsory Certification，简称 CCC，也可简称为“3C”认证），是我国实施的国家标准，是中华人民共和国国家质量监督检验检疫总局（AQSIQ）及中国国家认证认可监督管理委员会（CNCA）根据 2001 年 12 月 3 日公布的《强制性产品认证管理规定》（国家质量监督检验检疫总局令第 5 号）制定，由 CNCA 执行，于 2002 年 5 月 1 日起实施。非强制性产品认证是对未列国家认证目录内产品的认证，是企业的一种自愿行为，称为“自愿性产品认证”。除上述产品认证之外还包括体系认证。

2）我国农林产品认证内容

我国负责农林产品认证的管理部门主要是国家认证认可监督管理委员会（简称国家认监委）。我国农林产品认证包括无公害农产品认证、绿色食品认证和有机产品认证等，还包括加工制造业领域的质量认证和环境管理体系认证等。

认证标志中的“认证”二字是第三方依据程序对产品、过程或服务符合规定的要求所给予的书面保证。我国农林产品认证主要有以下类别：

(1) 强制性产品认证:如食品生产许可(QS)认证。

(2) 自愿性产品认证:如有机食品认证、绿色食品认证、无公害农产品认证、转基因认证、种子认证、饲料产品认证等。

(3) 自愿性体系认证:如危害分析和关键点控制点(HACCP)认证、良好农业规范(GAP)认证等。

目前,我国已基本建立了覆盖"从农田到餐桌"全过程,覆盖了种植、养殖、生产加工、储存、运输、销售等各个环节的食品、农林产品认证认可体系,逐步形成了"统一管理、共同实施"的工作格局。

质量认证可分为产品质量认证和质量体系认证。

产品质量认证的认证对象是特定产品,包括服务。认证的依据或者说获准认证的条件是产品(服务)质量要符合指定标准的要求,质量体系要满足指定质量保证标准的要求。获准认证的证明方式是颁发产品认证证书和认证标志。其认证标志可用于获准认证的产品上。产品质量认证又分两种:一种是安全性产品认证,它通过法律、行政法规或规章规定强制执行认证;另一种是合格认证,属自愿性认证,是否申请认证由企业自行决定。

质量体系认证的认证对象是企业的质量体系,或者说是企业的质量保证能力。认证根据或者说获准认证的条件是企业的质量体系应符合申请的质量保证标准即GB/T19001-ISO9001和必要的补充要求。获准认证的证明方式是颁发具有认证标志的质量体系认证证书,但证书和标志都不能在产品上使用。质量体系认证都是自愿性的。

ISO14001是环境管理体系认证的代号。ISO14000系列标准是由国际标准化组织制定的环境管理体系标准,是针对全球性的环境污染和生态破坏越来越严重,臭氧层破坏、全球气候变暖、生物多样性消失等重大环境问题威胁人类未来的生存和发展,顺应国际环境保护的发展需要而制定的。

不论是产品质量认证还是质量体系认证都是由第三方从事的活动,以确保认证的公正性。

3) 无公害农产品、绿色食品和有机产品的区别

无公害农产品、绿色食品和有机产品是依据不同标准生产出来的三个不同档次的农林产品,它们具有显著的区别。

(1) 在产品定义上,无公害农产品、绿色食品和有机产品是依据不同标准生产出来的三个不同档次的农林产品,它们具有显著的区别。无公害农产品是指有毒有害物质残留量控制在安全质量允许范围内,经有关部门认定,安全质量指标符合《无公害农产品(食品)标准》的农、牧、渔产品(食用类,不包括深加工的食品)。绿色食品是遵循可持续发展原则,按照特定生产方式生产,经专门机构认定、许可使

用绿色食品标志的无污染的安全、优质、营养类食品。有机产品是指来自于有机农业生产体系，根据国际有机农业生产要求和相应的标准生产加工的，并通过独立的有机食品认证机构认证的农副产品，包括粮食、蔬菜、水果、奶制品、禽畜产品、蜂蜜、水产品、调料等。

(2) 在市场定位上，无公害农产品是公共安全品牌，保障基本安全，满足大众消费；绿色食品是农业精品品牌，质量安全达到发达国家水平，满足国内大中城市和国际市场中高端消费者的需求；有机产品满足高端消费者和特定消费需要，主要服务于出口贸易。

(3) 在产品结构上，无公害农产品主要是老百姓日常生活离不开的“菜篮子”和“米袋子”等大宗初级产品；绿色食品以初级产品为基础、以加工产品为主体；有机产品则以初级和初加工产品为主。

(4) 在营养含量和安全等级上，无公害农产品是大众化产品，其营养一般高于普通的农林产品，安全等级属于最低等级；绿色食品的营养含量较高于无公害农产品，安全等级也较高；有机产品是最高标准的产品，营养含量和安全等级均高于其他农林产品。

(5) 在技术制度上，无公害农产品推行“标准化生产、投入品监管、关键点控制、安全性保障”的技术制度；绿色食品按照“从农田到餐桌”全程质量控制的技术路线，利用生态学的原理，强调产品出自良好的生态环境，建立了“两端监测、过程控制、质量认证、标志管理”；有机产品在生产加工过程中禁止使用农药、化肥、激素等人工合成物质，并且不允许使用基因工程技术。

(6) 在认证方式上，无公害农产品认证采取产地认定与产品认证相结合的方式，产地认定主要解决产地环境和生产过程中的质量安全控制问题，是产品认证的前提和基础，产品认证主要解决产品安全和市场准入问题；绿色食品推行质量认证与商标管理相结合的认证管理模式；有机产品注重生产过程监控，一般不做环境监测和产品检测。

(7) 在发展机制上，无公害农产品认证是为保障农林产品生产和消费安全而实施的政府质量安全担保制度，属于公益性事业，实行政府推动的发展机制，认证不收费；绿色食品认证采取政府引导与市场运作相结合的发展机制；有机产品认证按照国际惯例，采取市场化运作。

(8) 在标志管理上，无公害农产品标志是由农业部和国家认证认可监督管理委员会联合公告的，依据《无公害农产品标志管理办法》实施全国统一标志管理；绿色食品标志是质量证明商标，是经国家工商总局商标局注册的全国统一的、唯一的标识，依据国家《商标法》和《集体商标、证明商标注册和管理办法》来监督、管理；有机产品标志在不同国家和不同认证机构各不相同。

10.5.3 农林产品认证标志

1. 认证标志的定义

认证标志是指产品经法定的认证机构按规定的认证程序认证合格，准许在该产品及其包装上使用的表明该产品的有关质量性能符合认证标准的标志。认证标志作为一种质量标志，其根本作用在于向产品购买者传递正确可靠的质量信息，是一种信任转移。

2. 农林产品认证标志的类型

1) 无公害农产品标志

无公害农产品的标志主要由麦穗、对勾和“无公害农产品”字样组成，麦穗代表农产品，对勾表示合格，金色寓意成熟和丰收，绿色象征环保和安全（图 10.5）。标志图案直观、简洁、易于识别，涵义通俗易懂。

图 10.5　无公害农产品认证标志

无公害农产品标志是由农业部和国家认监委联合制定并发布，加施于获得全国统一无公害农产品认证的产品或产品包装上的证明性标志。无公害农产品认证是指认证机构根据认证、认可的规则和程序，对未经加工或初加工的食用农产品的产地环境、生产过程、产品质量等环节进行审查验证，向经评定合格的农产品颁发无公害农产品认证证书，并允许使用有无公害农产品标志。所有获证产品以“无公害农产品”称谓进入市场流通，均需在产品或产品包装上加贴标志。印制在标签、广告、说明书上的无公害农产品标志图案不能作为无公害农产品标志使用。

无公害农产品认证采取产地认定与产品认证相结合的模式。申请无公害农产品认证的产品的产地必须首先获得各级农业行政主管部门的产地认定，产品认证阶段由认证机构（即农业部农产品质量安全中心）具体负责组织实施。无公害农产品认证仅限于列入无公害农产品认证目录的产品。目前列入认证目录的农产品种类达 815 个，其中种植业产品 546 个，畜牧业产品 65 个，渔业产品 204 个。目前无公害农产品标志有多种样式，如加贴在无公害农产品上或产品包装上的刮开式纸质标志，主要应用于鲜活类和需要进行捆扎的无公害农产品上的锁扣、捆扎带以及揭露式纸质标志、塑质标志等。

标志的使用涉及政府对无公害农产品质量的保证和对生产者、经营者及消费者合法权益的维护，是国家有关部门对无公害农产品进行有效监督和管理的重要手段。区分普通农产品和无公害农产品的主要方法是看其在销售时是否加贴全国统一的无公害农产品标志。揭开全国统一的无公害农产品标志，产品或包装上留有 16 位防伪数码，可以通过以下方式查询该产品是否为无公害农产品：

（1）拨打全国统一电话 16840315 或 010—64451885 查询。

(2) 手机短信息查询，移动用户将16位防伪数码编辑短信发送到3315；联通用户将16位防伪数码编辑短信发送到93315。用户也可以将16位防伪数码编辑短信发到1066958878(三网合一的无公害农产品短信查询平台)。

(3) 通过互联网查询，登录中国农产品质量安全网查询，网址为 http://www.aqsc.gov.cn。

通过查询不但能辨别标志的真伪，而且能了解认证产品的生产厂家、产品名称、品牌等相关信息。

2) 绿色食品认证标志

绿色食品应具备如下的条件：

(1) 产品或产品原料产地必须符合绿色食品生态环境质量标准。

(2) 农作物种植、畜禽饲养、水产养殖及食品加工必须符合绿色食品生产操作规程。

(3) 产品必须符合绿色食品产品标准。

(4) 产品的包装、储运必须符合绿色食品包装储运标准。

绿色食品有如下显著特征：

(1) 强调产品出自最佳生态环境。绿色食品生产从原料产地的生态环境入手，通过对原料产地及其周围的生态环境因子严格监测，判定其是否具备生产绿色食品的基础条件，而不是简单地禁止生产过程中化学物质的使用。

(2) 对产品实行全程质量控制。绿色食品实行"从农田到餐桌"全程质量控制，包括产前环节的环境监测和原料监测，产中环节的具体生产和加工操作规程的落实，产后环节的产品质量、卫生指标、包装、保鲜、运输、储藏、销售控制，以确保绿色食品的整体质量，而不是简单地对最终产品的有害成分含量和卫生指标进行测定，因此在农业和食品生产领域树立了全新的质量观。

(3) 对产品依法实行标志管理。政府授权专门机构管理绿色食品认证标志，这是一种将技术手段和法律手段有机结合起来的生产组织和管理行为。绿色食品认证标志是一个质量证明商标，属于知识产权范畴，受《中华人民共和国商标法》保护。

绿色食品是产自优良生态环境、按照绿色食品标准生产、实行全程质量控制并获得绿色食品认证标志使用权的安全、优质的食用农产品及相关产品。绿色食品认证标志是由上方的太阳、下方的叶片和中心的蓓蕾构成(图10.6)。标志为正圆形，意为保护。整个标志图案描绘了一幅明媚阳光照耀下的和谐生机景象，告诉人们绿色食品是出自纯

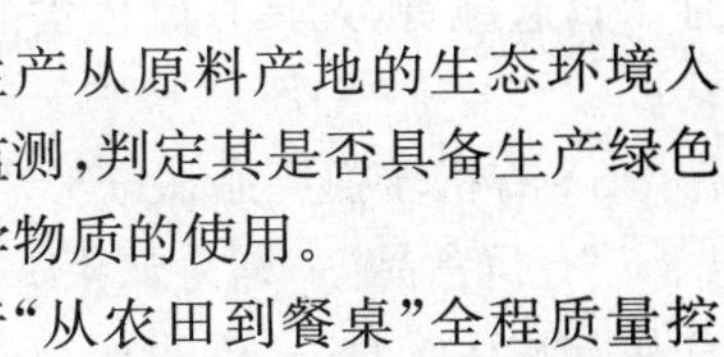

A级绿色食品标志　　AA级绿色食品标志

图10.6　绿色食品认证标志

净、良好生态环境的安全无污染食品，能给人们带来蓬勃的生命力。绿色食品认证标志还提醒人们要保护环境，改善人与环境的关系，创造自然界新的和谐。A级绿色食品指在生态环境质量符合规定标准的产地，生产过程中允许限量使用限定的化学合成物质，按特定的生产操作规程生产、加工，产品质量及包装经检测、检查符合特定标准，并经专门机构认定，许可使用A级绿色食品认证标志的产品。AA级绿色食品指在生态环境质量符合规定标准的产地，生产过程中不使用任何有害化学合成物质，按特定的生产操作规程生产、加工，产品质量及包装经检测、检查符合特定标准，并经专门机构认定，许可使用AA级绿色食品认证标志的产品。AA级绿色食品比A级绿色食品的安全标准要求高，它可与有机食品相媲美。

识别绿色食品应通过"四位一体"的外包装。"四位一体"是指图形商标、文字商标、绿色食品认证标志许可使用编号和绿色食品防伪标签同时使用在一个包装产品上。绿色食品认证标志是经中国绿色食品发展中心在国家工商行政管理局商标局注册的质量证明商标，用以证明食品商品具有无污染的安全、优质、营养的品质特性。绿色食品认证工作主要依据《绿色食品标志管理法》，该办法自2012年10月1日起施行，凡具有绿色食品生产条件的国内企业均可按本程序申请绿色食品认证。

3）有机转换产品认证标志和有机食品认证标志

"有机食品"一词是从英文"Organic Food"直译过来的，其他语言中也有"生态食品"或"生物食品"等叫法。

有机食品是来自于有机农业生产体系的食品。有机农业是指一种在生产过程中不使用人工合成的肥料、农药、生长调节剂和饲料添加剂的可持续发展的农业，它强调加强自然生命的良性循环和生物多样性。为促进食品安全，保障人体健康，防止农药、化肥等化学物质对环境的污染和破坏，由通过资格认可的注册有机食品认证机构依据有机食品认证技术准则、有机农业生产技术操作规程，对申请的农产品及其加工产品实施规定程序的系统评估，并颁发证书，该过程称为有机食品认证。认证以规范化的检查为基础，包括实地检查、可追溯系统和质量保证体系的实施。

有机产品认证标志分为两种：有机转换产品认证标志和有机产品认证标志。

一般来说一个种植户在申请有机产品认证后，要有1～3年的转换期才能正式获得有机产品认证，使用有机产品认证标志（图10.7(a)）。在这1～3年内种植户要完全按照有机认证标准的要求进行生产，但其产品不能叫有机产品，只能叫"有机转换产品"，在有机产品转换期内生产的产品或者以转换期内生产的产品为原料的加工产品，应当使用中国有机转换产品认证标志（图10.7(b)）。

这两个标志外围的圆形形似地球，象征和谐、安全，圆形中的"中国有机产品"

和“中国有机转换产品”字样为中英文结合方式，既表示中国有机产品与世界同行，也有利于国内外消费者识别。标志中间类似种子的图形代表生命萌发之际的勃勃生机，象征了有机产品认证是从种子开始的全过程认证，同时昭示出有机产品就如同刚刚萌生的种子，正在中国大地上茁壮成长。种子图形周围圆润自如的线条象征环形的道路，与种子图形合并构成汉字“中”，体现出有机产品植根中国，有机之路越走越宽广。同时，处于平面的环形又是英文字母“C”的变体，种子形状也是“O”的变形，意为“China Organic”。

(a) 有机产品认证标志　(b) 有机转换产品认证标志　(c) 德米特认证标志　(d) 中绿华夏有机食品认证标志

图 10.7　有机产品认证标志

最为严苛的世界有机农业最高标准当属德米特(图 10.7(c))。德米特标准在1928 年形成于德国，是世界有机农业运动中最早的生产质量体系标准。德米特认证的产品必须遵循生物动力(Bio-dynamic)农业农耕方法种植，从生产、加工到包装均有严格标准。只有通过德米特国际组织的综合认证程序，严格符合德米特的生产与加工标准的产品方可获得德米特认证。由于德米特标准严格到超过世界现有各国政府的规定，所以在以环保标准严苛而著称的欧洲，德米特标准是唯一获得欧盟免检的有机认证标准。现在，德米特国际组织为 43 个国家(生产项目涉及 64 个国家)的大约 4 300 多家有机农场或有机产品厂商与经销商共同构成的大型有机产业国际组织。同时，国际有机农业运动联盟(IFOAM)也以德米特标准为基础建立了其基本标准，其中引用了德米特标准的 2/3，而世界各国的有机标准又是以 IFOAM 标准为基准制定。由此可见德米特标准影响之深远。

图 10.7(d)是中绿华夏有机食品认证标志。该标志采用圆形构图，以手掌和叶片为创意元素，包含两种景象，一是一只手向上持着一片绿叶，寓意人类对自然和生命的渴望；二是两只手一上一下握在一起，将绿叶拟人化为自然的手，寓意人类的生存离不开大自然的呵护，人与自然需要和谐美好的生存关系。图案外围绿色圆环上标明中文“有机食品”及对应的英文。人类的食物从自然中获取，人类的活动应尊重自然规律，这样才能创造一个良好的可持续发展空间。

有机食品认证机构通过认证证明该食品的生产、加工、储存、运输和销售点等环节均符合有机食品的标准。我国目前的有机食品认证机构主要有中绿华夏有机食品认证中心、国家环境保护总局有机食品发展中心等。我国有机食品的目标定位为保持良好生态环境，人与自然和谐共生。

2004 年，国家认监委发布实施了试行标准《有机食品认证规范》，在全国范围内试点实施。经过一年的摸索和实践后，在《有机食品认证规范》的基础上，国家认监委正式发布实施有机产品的国家标准 GB19630.1－4－2005。至此，该标准成为了中国有机产品生产、经营、认证实施的唯一标准。

4）农产品地理标志

农产品地理标志是标识农林产品来源于特定地域，产品品质和相关特征主要取决于自然生态环境和历史人文因素，并以地域名称冠名的特有农林产品标志。此处所称的农林产品是指来源于大农业（农林牧副渔）的初级产品，即在农业活动中获得的植物、动物、微生物及其产品。

农产品地理标志图案由中华人民共和国农业部中英文字样、农产品地理标志中英文字样、麦穗、地球、日、月等元素构成。标志的核心元素为麦穗、地球、日月相互辉映，体现了农业、自然、国际化的内涵。麦穗代表生命与农产品，标志的颜色由绿色和橙色组成，绿色象征农业和环保，橙色寓意丰收和成熟（图 10.8）。图案整体体现了农产品与地球、人类共存的内涵。

图 10.8　农产品地理标志

根据《农产品地理标志管理办法》规定，农业部负责全国农产品地理标志的登记工作，农业部农产品质量安全中心负责农产品地理标志登记的审查和专家评审工作。省级人民政府农业行政主管部门负责本行政区域内农产品地理标志登记申请的受理和初审工作，由农业部设立的农产品地理标志登记专家评审委员会负责专家评审。

5）质量安全认证标志\企业生产许可认证标志

“QS”原是英文“质量安全”（Quality Safety）的缩写。原来的“QS”标志是食品市场的准入标志，由“质量安全”英文的首字母“QS”和“质量安全”中文字样组成，“QS”标志主色为蓝色，字母“Q”与“质量安全”四个中文字样为蓝色，字母“S”为白色（图 10.9(a)）。没有取得相关生产许可证的企业则不能生产食品，即不能使用这个标志。质量安全认证是国家从源头加强食品质量安全的监督管理，提高食品生产加工企业的质量管理和产品质量安全水平，使得具备规定条件的生产者才允许进行生产经营活动的一种行政监管制度。

根据《中华人民共和国食品安全法》规定，从事食品生产、食品销售、餐饮服务，应当依法取得许可。纳入国家食品质量安全市场准入制度的食品包括粮食加工品，食用油、油脂及其制品，调味品，肉制品，乳制品，饮料，方便食品，饼干，罐头，冷冻饮品，速冻食品，薯类和膨化食品，糖果制品（含巧克力及制品），茶叶及相关制品，酒类，蔬菜制品，水果制品，炒货食品及坚果制品，蛋制品，可可及焙烤咖啡产品，食糖，水产制品，淀粉及淀粉制品，糕点，豆制品，蜂产品，特殊膳食食品和其他食品，共计 28 大类。企业食品生产许可证标志是用“企业食品生产许可”的拼音(Qiyeshipin Shengchanxuke)的缩写“QS”表示，并标注“生产许可”中文字样。生产许可认证标志图案是在原“QS”标志的基础上进行改动，主要将原来的“质量安全”字样改为“生产许可”字样，其他部分保留（图 10.9(b)）。经过国家批准的食品生产企业强制性检验合格且在最小销售单元的食品包装上标注企业食品生产许可证编号并加印企业生产许可认证标志（QS 标志）后的食品才能出厂销售。没有 QS 标志的食品不得出厂销售。

(a) 质量安全认证标志　　(b) 企业食品生产许可认证标志

图 10.9　质量安全认证标志与企业食品生产许可认证标志

食品质量安全市场准入制度主要包括三项内容：

(1) 对食品生产企业实施生产许可制度。对于具备保证食品质量安全必备的生产条件、能够保证食品质量安全的企业，发放食品生产许可证，准予生产获证范围内的产品；未取得食品生产许可证的企业不准生产相关食品。这就从生产条件上保证了企业能生产出符合质量安全要求的产品。

(2) 对企业生产的食品实施强制检验制度。要求企业必须履行法律义务，未经检验或经检验不合格的食品不准出厂销售。不具备自检条件的生产企业必须实施委托检验。这项规定适合我国企业现有的生产条件和管理水平，能有效地把住产品出厂质量安全关。

(3) 对实施食品生产许可制度的食品实行质量安全市场准入标志制度。对检验合格的食品要加印(贴)市场准入标志——QS 标志，没有加贴 QS 标志的食品不准出厂销售。这样做，便于广大消费者识别和监督，便于有关行政执法部门监督检查，也有利于促进生产企业提高对食品质量安全的责任感。

6) 良好农业规范(GAP)认证标志

良好农业规范简称 GAP，是英文 Good Agricultural Practices 的缩写。从广义上讲，良好农业规范作为一种适用方法和体系，通过经济的、环境的和社会的可持续发展措施，来保障食品安全和食品质量。GAP 主要针对未加工和最简单加工(生的)后出售给消费者和加工企业的大多数果蔬的种植、采收、清洗、摆放、包装和运输过程中常见的微生物的危害控制，其关注的是新鲜果蔬的生产和包装，但不限于农田，包含从农田到餐桌的整个食品链的所有步骤。

我国的良好农业规范认证(China GAP)分为两个级别：一级认证与二级认证。一级认证要求所有产品应符合适用良好农业规范相关技术规范中所有适用的一级控制点的要求，并且至少符合所有适用良好农业规范相关技术规范中适用的二级控制点总数 95%的要求，不设定三级控制点的最低符合百分比；二级认证要求所有产品应至少符合所有适用模块中适用的一级控制点总数的 95%的要求，不设定二级控制点、三级控制点的最低符合百分比。我国一级认证与全球良好农业规范认证(Global GAP)要求一致，由国家认监委批准从事 GAP 认证的认证机构颁发的 GAP 一级证书将获得 Global GAP 的承认。

申请人在获得 GAP 认证证书后可以在非零售产品的包装、产品宣传材料、商务活动中使用认证标志，获得认证的产品及认证证书中覆盖了农产品处理范围的果蔬可以在零售包装上使用认证标志(图 10.10)。一级认证标志中使用 GAP^+，二级认证标志中使用 GAP。认证标志使用时可以等比例放大或缩小，但不允许变形、变色；在使用认证标志时，必须在认证标志下标注认证证书编号。

一级认证标志　　二级认证标志

图 10.10　中国良好农业规范(GAP)认证标志

GAP 认证具有以下益处：

(1) 通过 GAP 认证，能够提升农业生产的标准化水平，有利于提高农产品的内在品质和安全水平，有利于增强消费者的消费信心。

(2) GAP 认证是农产品进出口的一个重要条件，通过 GAP 认证的产品将在国内外市场上具有更强的竞争力。良好农业规范允许有条件合理使用化学合成物质，并且其认证在国际上得到广泛认可。因此，进行良好农业规范认证，可以从操作层面落实农业标准化，从而提高我国常规农产品在国际市场上的竞争力，促进获证农产品的出口。

(3) 通过 GAP 认证的产品，其销售价格高于非认证的同类产品，因此通过 GAP 认证可以提升产品的附加值，从而增加认证企业和生产者的收入。

(4) 通过 GAP 认证,有利于增强生产者的安全意识和环保意识,有利于保护劳动者的身体健康。

(5) 通过 GAP 认证,有利于保护生态环境和增加自然界的生物多样性,有利于自然界的生态平衡和农业的可持续发展。

7) 中国森林食品认证(CFFC)标志

中国森林食品认证(Chinese Forest Food Certification,CFFC)是中国林业生态发展促进会依据民政部核准的业务范围开展的一项认证工作。中国森林食品认证标志分为中文标志和英文标志(图 10.11)。通过对森林产品的认证和在林产品上加载标志的方式促进森林的可持续经营,带有中国森林食品认证(CFFC)的声明和/或标志的产品,向消费者传递了产品的原料源自于可持续经营的森林。

A. 中国森林食品认证标志(中文)　　B. 中国森林食品认证标志(英文)

图 10.11　中国森林食品认证标志

森林食品是指以森林生态环境下生长的植物、微生物及动物为原料生产加工的各类食品。森林食品应具备以下条件:

(1) 在产品范围上,森林食品是以森林环境为前提,对象是可食用林产品。

(2) 在产地环境上,森林食品来自山野,产于森林。

(3) 在技术规程上,森林食品生产以森林生态系统的能量和营养循环为理论,不使用化肥、农药及除草剂。

(4) 在产品质量上,森林食品达到国际标准和国内先进标准的质量安全要求。

森林食品的生产方式遵循森林可持续经营原则,符合人类自然、原生态、无污染的要求。森林可以调节温度、湿度,形成有利于各种动植物生长的环境,释放有益于动植物生长的各种物质,吸收和过滤有害物质的功能。树木中分泌的杀菌素能够杀死空气中的病菌和微生物,从而有效地保证了食品纯天然、无污染、健康营养的品质。

森林食品认证的产品有以下 12 类:

(1) 森林蔬菜类:指可作蔬菜食用的森林植物体(如香椿、蘑菇、木耳等)及其制品。

(2) 森林水果类:指森林环境下生长的各类水果(如蓝莓、荔枝、柚子等)及其制品。

(3) 森林坚果类：指森林环境下生长的各类坚果（如核桃、榛子、松子等）及其制品。

(4) 森林肉食类：指森林环境下生长的动物体（如畜类、禽类、鱼类等肉食品及蛋、奶等）及其制品。

(5) 森林粮食类：指能代替粮食食用的森林植物体（如板栗、枣、柿等）及其制品。

(6) 森林油料类：指含油脂丰富的森林植物体（如油茶、油橄榄、核桃油、油棕油等）及其制品。

(7) 森林饮料类：指以森林植物和动物体为原料加工制成的饮料及酒类（如杭菊、金银花、咖啡、竹叶青等）。

(8) 森林药材类：指具有医疗、保健用途的森林动植物体（如杜仲、人参、灵芝等）及其制品。

(9) 森林蜂品类：指蜂类的产物，包括蜂类的采制物（如蜂蜜、蜂花粉、蜂胶）、蜂类的分泌物（如蜂王浆、蜂毒、蜂蜡）、蜂类自身生长发育各虫态的躯体（如蜜蜂幼虫、蜜蜂蛹）等及其制品。

(10) 森林香料类：指以富含香、麻、辣气味的森林植物体（如花椒、胡椒、八角等）及其制品。

(11) 森林茶叶类：指森林环境下生长的茶树（如龙井、碧螺春、祁门红茶、铁观音、大红袍、普洱茶等）及其制品。

(12) 未列入上述范围的森林食品。

我国颁布的《中国森林食品认证管理办法》于 2015 年 1 月 21 日起实施。

8) 中国环境标志

中国环境标志于 1993 年 8 月由国家环保局正式颁发，俗称“十环”标志（图 10.12）。标志图案由中心的青山、绿水、太阳及周围的十个环组成。图案中心结构表示人类赖以生存的环境；外围的十个环紧密结合，环环相扣，表示公众参与，共同保护环境；同时十个环的“环”字与环境的“环”同字，其寓意为“全民联系起来共同保护人类赖以生存的环境”。中国环境标志是一种标在产品或包装上的标签，是产品的“证明性商标”，表明该产品不仅质量合格，而且在生产、使用和处理、处置过程中符合特定的环境保护要求，与同类产品相比，具有低毒少害、节约资源等环境优势。

图 10.12　中国环境标志

中国环境标志认证具有如下特点：

(1) 公开透明。主要指环境标志产品认证计划相关信息的可获得性。Ⅰ型环境标志产品认证计划的制订和实施的各个阶段都具有透明度，所有满足给定产品种类的产品环境准则和其他产品认证计划要求的申请者都必须有资格被授予环境标志许可证并被授权使用标志。

(2) 第三方认证。经独立的第三方认证机构严格履行 ISO14024 国际标准，按照“公正、公开、公平”原则进行严格审核。通过独立第三方制定标准和进行审核，消费者可以确信生产商的产品/服务真正有利于环境改善。

(3) 产品的规模效应。所有认证企业均具备较强的生产能力以及较大的生产规模，以确保认证产品的持续稳定性并维护消费者的利益。

(4) 其他国际通行标准。在国际标准框架下的通行标准可被直接借鉴引用于中国环境标志产品认证计划，以避免重复劳动并提高产品认证的效率。

(5) 明确的环境标志产品标准。对于Ⅰ型环境标志须预先制定产品的技术要求，以作为产品认证的技术依据。环境标志产品技术要求已经上升到国家环保标准的高度，更加体现其权威性。

实施环境标志认证，实质上是对产品从设计、生产、使用到废弃处理、处置，乃至回收再利用的全过程(也称“从摇篮到摇篮”)的环境行为进行控制。它由国家指定的机构或民间组织依据环境产品标准(也称技术要求)及有关规定，对产品的环境性能及生产过程进行确认，并以标志图案的形式告知消费者哪些产品符合环境保护要求，对生态环境更为有利。

发放环境标志的最终目的是保护环境，它通过两个具体步骤得以实现：一是通过环境标志向消费者传递一个信息，告诉消费者哪些产品有益于环境，并引导消费者购买、使用这类产品；二是通过消费者的选择和市场竞争，引导企业自觉调整产品结构，采用清洁生产工艺，使企业环保行为遵守法律、法规，生产对环境有益的产品。

根据企业生产特点、市场定位、产品属性等，可以同时申请若干项认证标志，从多角度强化信号强度，增强消费者信心，提高消费者对农林产品的支付意愿，促进农林生产者更加注重产品的质量安全。

10.5.4　网络认证标志

网络营销不仅涉及产品信任问题，还涉及互联网平台、企业网站、电子商铺、第三方支付等新型中间商信任问题。由此，消费者信赖急需一种信号参考，帮助消费者解决信息传递安全、隐私保护、网店口碑等信任考量问题。

1. VeriSign 的网站安全认证标志

VeriSign 公司是由 RSA Security 公司分拆出来的。RSA Security 公司是目

前世界上最重要的信息安全技术开发公司，它所开发的 RSA Secure ID 及 RSABSAFE 两套网络传输安全技术已被公认为世界性的标准。

VeriSign 所提供的安全认证服务种类非常多(图 10.13)，其中与网站安全认证有关的主要有两种：Global Site Service 及 Secure Site Service，这两种安全认证的主要差异在 SSL 的加密机制等级不同。Global Site Service 提供的是 128 位的加密，Secure Site Service 则提供 40 位的加密。VeriSign 为了突显网站安全认证机构的高规格安全等级并消除使用者的疑虑，特别委托国际四大会计师事务所之一的 KPMG 对该公司的安全服务进行查核。查核的过程根据美国会计师协会(AICPA)所发布的审计准则公报(SAS)第 70 号进行，该号准则专门规范会计师对提供信任服务的团体或机构进行认证。截至目前，网站安全认证机构中只有 VeriSign 公司通过了 SAS 70 号标准的严格查核。VeriSign 全球安全网站认证标志属于 VeriSign® SSL 服务的一部分。SSL 可协助网商提供一种既安全又方便的方法，让消费者能够透过互联网与商家互动。当网站上显示 VeriSign 全球安全网站认证标志时，消费者将会认可这个互联网上最受信任的安全标志，增强完成交易的信心。如在淘宝选购商品后进入支付页面，在页面下方有 VeriSign 等多个认证标志(图 10.14)，表示支付宝的支付安全。

图 10.13　VeriSign 的网站安全认证标志

图 10.14　淘宝支付页面的认证标志

2. BBB Online的网站安全认证标志

BBB Online是由美国Better Business Bureau(BBB)这个全国性的中小企业组织所成立的网站安全认证机构,它所提供的认证服务有Reliability Seal和Privacy Seal等(图10.15)。BBB Online所提供的认证服务项目都是安全宣示性质的,不像VeriSign通过本身的信息技术可实质提供数据传输过程的加密功能。

图10.15 BBB Online的网站安全认证标志

BBB Online是以法律(隐私权)、技术(互联网与内联网)、财务(征信)及用户友好(交易安全信息透明化)为基础,参考国际相关网络安全组织所制定的准则,研拟了一套网络安全评鉴标准,授予加入且愿意遵守Secure Online规章及评鉴合格的网站。

3. TRUST.e的认证标志

TRUST.e是一个以保护消费者在网络上的隐私权为宗旨的非营利机构,它所提供的认证服务有TRUST.e Program及Children's Privacy Seal Program两种。这两种认证服务都是强调对消费者隐私权的保护,其中Children's Privacy Seal Program特别强调对13岁以下的儿童隐私权的保护。要取得TRUST.e的认证标志,网站必须完整搜集消费者个人资料的方式及其保护措施(须符合TRUST.e的标准);若网站是以儿童为诉求对象,必须额外强调儿童输入资料时必须有父母同意的说明文字,并且必须通知父母及取得父母的同意函(通常以E-mail方式进行),才能进行资料的搜集或交易行为,符合这些规定,才能取得Children's Privacy Seal认证标志。因为TRUST.e是网络上第一个以保护隐私权为诉求的认证组织,而隐私权的保护又是网络上极重要的问题,因此TRUST.e的认证标志(图10.16)广受网站及消费者欢迎。

图10.16 TRUST.e的网站隐私安全标志

TRUST.e的认证服务与BBB Online的认证服务一样都是宣示性质的,消费者可通过网站上的标志超链接到TRUST.e的认证服务器,取得认证资料,但无实质的数据传输加密功能。

VeriSign、BBB Online 与 TRUST. e 三者的认证服务的区别在于 BBB Online 及 TRUST. e 分别强调网站的可靠度(Reliability)及对隐私(Privacy)的保护,但都是属于宣示性质的;VeriSign 则通过信息技术的运用,强调在有 VeriSign 的认证标志的网站上,消费者在传输个人机密资料给网站服务器时,传输过程可受到 SSL(Secure Socket Layer)加密的保护,具有实质的安全防护功能。因此,VeriSign 的认证标志最受消费者的肯定。

除了前面所说的网站安全认证标志之外,可能还有其他网站认证标志。因为每一种认证标志的内涵并不相同,消费者对不同标志的认知也有差异,所以网站同时取得不同认证组织的标志已经成为一种普遍的现象(图 10.17)。

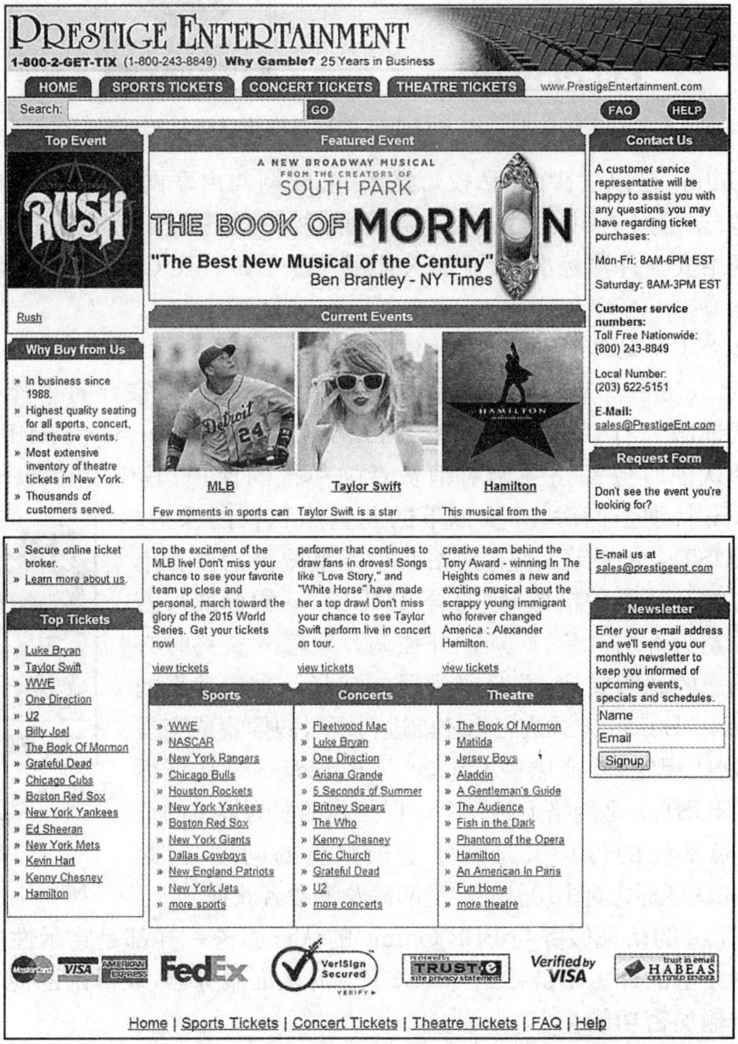

图 10.17 Prestige Entertainment 公司首页列出了获准使用的认证标志

4. WebTrust 认证标志

近年来，伴随网络购物和网上银行等应用，在网上输入身份证号、银行账号与密码等个人私密信息已经司空见惯，而各大公司为了加强信息安全防护水平，在涉及私密信息录入时纷纷启用服务器证书确保网上信息加密传输。但是安装了服务器证书并不等于绝对安全。服务器证书采用国际上通行的 SSL 加密传输技术，在网络用户电脑端和企业服务器端建立起专属的信息传输加密通道，可有效确保网上信息传输的安全，是网上支付指令信息、网络用户私密信息等重要信息实现安全传输的重要保障，同时也是国际上广泛采用的网站信息安全防护措施。除信息加密传输外，服务器证书的核心功能还包括：验证申请网站的真实性，通过证书中包含的认证信息，帮助访问者识别网站的身份。在该环节上，证书颁发机构当前主要有无身份认证、简单身份认证和严格身份认证三种做法。其中，严格身份认证是指证书颁发机构是经过国际 WebTrust 认证，实现浏览器信任，同时按照 WebTrust 标准，依据国情制定并执行严谨的验证流程，通过本地化方式对网站的域名所有权和真实身份进行验证，将服务器证书颁发给正确的网站，有效杜绝不法分子非法获得证书的风险，帮助网络用户辨明网站的真正身份。

WebTrust 认证(图 10.18)是电子认证服务行业唯一的国际性认证标准，起步于 1998 年初，由美国注册会计师协会(AICPA)、加拿大注册会计师协会(CICA)联合设立。作为一项规范 CA(Certificate Authority，认证授权)机构运营服务的国际标准，WebTrust 认证得到了国际上大多数 CA 的认可，成为微软等大厂商支持的标准，目前 VeriSign、EnTrust、IdenTrust 等国际大型 CA 机构以及发达国家和地区的认证机构大多数都获得了 WebTrust 认证。WebTrust 认证主要对互联网服务商的系统及业务运作的逻辑安全性、保密性等共计 7 项内容进行近乎严苛的审查和鉴证。通过认证后，意味着 CA 机构的运营管理和服务水平符合国际标准，并且有能力、有资质提供全球化认证服务，是可靠电子认证服务的有效证明。

图 10.18　WebTrust 认证标志

网站经营者在衡量成本效益后，多半认为购买认证标志的效益大于成本，所以有认证标志的网站也越来越普遍。WebTrust 认证是一项相当完整的认证服务，它包含了对网站的信息系统、信息及交易安全、企业经营实务的完整稽核，并且会发出一份稽核报告给管理部门。而 VeriSign 认证只重视网站的确实存在及数据传输的加密，BBBOnline 认证只重视网站的确实存及宣示性质的可靠性，TRUST. e 认证只重视网站的确实存在及隐私权的保障。相较之下，由会计师所做的 WebTrust 认证服务过程就繁复、详尽多了。WebTrust 认证服务是一项植根于 VeriSign 的服务器数字证书服务之上的加值型认证服务。AICPA、CICA 与

VeriSign 公司策略结盟，利用 VeriSign 公司的科技优势（目前市面上所使用的浏览器中 98％均内置了 VeriSign 的根节点公开密钥，能自动识别 VeriSign 签发的数字证书），让会计师的稽核结果可通过 VeriSign 的服务器数字认证系统以超链接方式做线上即时认证。国内“网址卫士”率先通过了国际 WebTrust 认证。

在众多的安全认证机构中，如何选择适合本身需求的认证服务是每个网站必须仔细评估的。基于不同认证标志代表不同的消费者认知，许多网站在评估过成本效益后，选择购买两个或以上的认证服务，以强化网站在消费者心中的信任度。VeriSign 和 TRUST. e 等常以不同组合的方式同时出现在网站上，显现它们彼此间既竞争又互补的态势。

5. 网站可信度认证标志

网站可信度标志是由网站向第三方独立审核机构申请，经域名注册信息、网站信息和企业工商或事业单位组织机构信息的严格交互审核来认证网站真实性，并利用先进的木马扫描技术帮助网站了解自身安全，网站通过严格审核后，可将认证标志张贴于网页，构成网站的“可信身份证”。常见网站可信度认证标志有可信网站认证标志和诚信网站认证标志。

可信网站验证服务（站点卫士）是由中国互联网络信息中心携手北龙中网联合颁发的验证网站真实身份的第三方权威服务。网站通过审核合格后，会得到可信网站验证标志（图 10.19）。该标志一般放在网站的醒目位置上，以一个图标的形式出现，用户点击这个图标可以链接到验证页面，查看该网站的验证信息及安全信息。如淘宝网提出申请，经审核通过后，淘宝网被授予可信网站认证，可以使用可信网站验证标志（图 10.20）。

图 10.19　可信网站验证标志

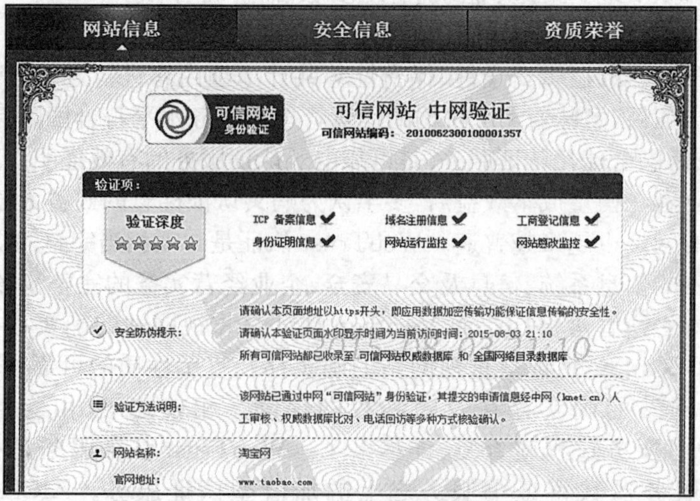

图 10.20　淘宝网被授予的可信网站验证信息

可信网站验证主要包括以下内容：

(1) 网站身份证明：通过对域名、申请单位资质(企业营业执照或组织机构代码证)、网站进行严格的鉴定、审核。

(2) 数据传输加密：对网站和客户端所进行的信息交互进行加密传输，防止数据有泄漏或被窃取的风险，使用户对网站的信赖度大大提高。

(3) 木马病毒监控：对网站部分页面进行定期的木马病毒扫描，帮助网站尽早发现木马或病毒，保证网站的安全性。

(4) 网页篡改监护：对网站的页面内容进行检测，一旦发现有改动，立即以邮件或短信的方式通知网站联系人，为网站内容的完整性和稳定性提供保障。

(5) 网站运行监护：对网站的运行进行监测，包括可用性、可用率、响应时间等数据的统计，尽快发现并定位网站故障，保证网站的运行性能。

诚信网站认证是另外一种网站可信度认证。申请诚信网站认证的客户为拥有工商营业执照的企业或拥有组织机构代码证的机关、事业单位、社团、组织等，诚信网站认证暂不对个人及境外机构开放。

诚信网站认证内容如下(图 10.21)：

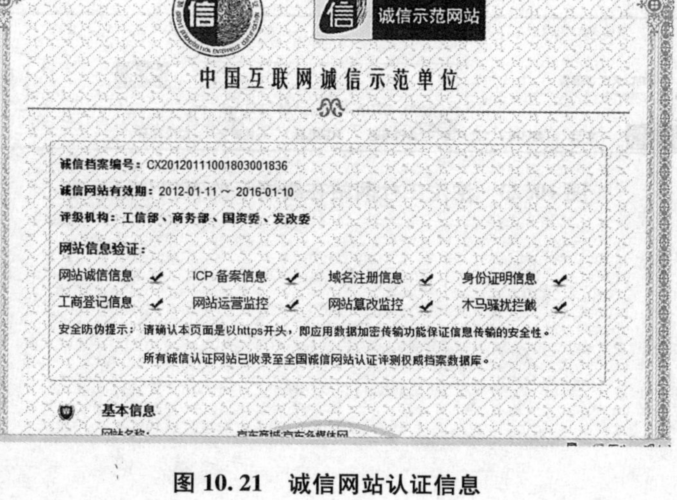

图 10.21　诚信网站认证信息

(1) 网站基础信息认证。

(2) 企事业单位及组织机构信息认证。

(3) 网站基本内容信息认证。

(4) 国际知名第三方权威华夏邓白氏认证。

(5) 用户信息安全保护。

6. 淘宝金牌卖家认证标志

作为第三方平台的淘宝网，为了向消费者展示具有良好口碑和信誉度的卖家，催生了金牌卖家认证服务。淘宝金牌卖家认证是对一段时间内成交好、服务好、口碑好的淘宝卖家的一种激励手段，淘宝网运用数据分析，通过给卖家打分的方式完成。合格的卖家可将金牌卖家认证标志(图 10.22)放置于店铺醒目位置，吸引浏览者。淘宝金牌卖家认证标志代表一种荣誉和认可，有助于降低消费者的购物决策成本，令消费者安心购物。

图 10.22 淘宝金牌卖家认证标志

淘宝金牌卖家认证标志将在搜索结果页、店铺列表页、店铺首页、宝贝详情页、旺旺买家端等多个场景穿透，不断加强买家的认知度，提升店铺信誉和潜在转化率。此外，淘宝金牌卖家还拥有同等条件下活动优先入选权和专属权等。

每个认证标志只代表产品或服务的某个方面符合规范，但是消费者对农林产品的需求多样化，关注的焦点不一，而网络营销的技术特征也需要认证。因此，两者结合有助于提高农林产品网销信任度和成功率。如沱沱工社就将有机认证标志张贴于首页，向消费者极力传递一种可信信号，一种业务特色信号，增强消费者的信心(图 10.23)。

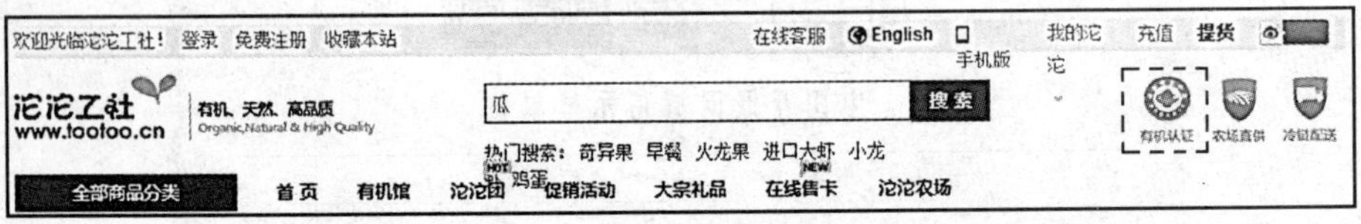

图 10.23 沱沱工社网站在线展示的有机认证标志

第十一章　农林产品网络营销渠道策略

11.1　农林产品线下营销渠道概述

11.1.1　农林产品营销渠道基础概念

农林产品营销渠道是农林产品营销学固有的内容，它伴随农林产品营销理论的发展而发展。尤其在我国农林产品买方市场的形成和农林产品市场的国际化背景下，农林产品营销发展迅速，已经从供给管理为导向的营销观念转向产品需求管理为导向的营销观念。

1. 农林产品营销渠道的定义

营销渠道（Channels of Marketing）又称为分销渠道（Channels of Distribution）。1960年，美国市场营销学会将营销渠道定义为："公司内部单位以及公司外部代理商和经营销商（批发和零售商）的组织结构，通过这些组织，产品和劳务才得以上市营销。"美国学者 Edwardw Cundiff 和 Richard R. Still 认为营销渠道是指"当产品从生产者向最后消费者和产业用户转移时直接或间接转移所有权所经过的途径。"该定义着重强调产品从生产者转移到消费者的分销过程。著名营销专家 Philip kotler 认为营销渠道是指"某种货物或劳务从生产者向消费者移动时，取得这种货物或劳务所有权或帮助转移其所有权的所有企业或个人。"该定义重点强调营销渠道过程中涉及的各类主体的权益关系。

以上三种定义分别从渠道成员的组织结构、产品流通路径以及产品在流通过程中成员间的交易关系等三个角度阐述了营销渠道的含义。

由于营销渠道不仅仅是产品从生产者向消费者移动的途径，更是表现在渠道各成员间在产品移动过程中所承担的营销职能及为承担这些职能而建立起的各种联系。正是这种职能变化和渠道成员关系的变化促使了营销渠道的不断发展。根据科特勒（Kotler）的营销思想，农林产品营销渠道是指一切为促使农林产品顺利被使用或被消费的一系列相互依存的组织或个人的集合，它包括供应商（如生产商等)、经销商(如批发商、零售商等)、代理商(如经纪人、销售代理等)、辅助商(如运输公司、独立仓库、银行、广告代理、咨询机构)等。

2. 农林产品营销渠道的作用

1) 促进生产,引导消费

农林产品只有通过市场交换,才能到达消费者手中,才能实现其价值,企业才能盈利。营销渠道就是完成农林产品从生产者到消费者的转移,连接种植、生产和消费,既是种植、生产的排水渠,又是消费的引水渠,起到桥梁作用。排水渠不通,农林产品不能及时销售出去,资金周转困难,农业再生产就无法顺利进行;引水渠不畅,农林产品就不能及时顺利地到达消费者手中,消费需求就得不到满足。因此,对于生产者来说,不仅要生产满足消费者需要的农林产品,还要正确地选择自己的营销渠道,做到货畅其流,发挥促进生产,引导消费的作用。

2) 吞吐商品,平衡供求

农林产品营销渠道是由一系列商业中间人连接而成的。这些商业中间人类似于大大小小的蓄水池,在农林产品供过于求或丰收集中上市的地区或季节,将农林产品蓄积起来,在供不应求的地区或季节销售出去,起到吞吐商品、平衡供求的作用。由于农林产品市场具有明显的地区性和季节性供求不平衡的矛盾,营销渠道上的商业中间人可以使这种矛盾得到缓和。

3) 加速商品流通,节省流通费用

一个生产企业依靠自己的力量出售自己的全部产品是不现实的,这要占用相当多的人力、物力、财力和时间,从长远观点和宏观经济分析是不合算的。选择合适的营销渠道,利用商业中间人的力量销售自己的产品,至少可以带来两方面的好处:一方面可以缩短流通时间,相应地缩短再生产周期,直接促进生产的发展;另一方面可以减少在流通领域中积压的商品和资金,加速资金周转,扩大商品流通,节省流通费用。

4) 扩大销售范围,提高产品竞争能力

农林企业仅仅依靠自己的力量直接向消费者出售产品,其销售范围和销售数量是非常有限的。如果选择合适的营销渠道,将产品交由商业中间人销售,则可以运输到很远的地方,从而扩大产品的销售范围。同时,一些商业中间人为了自身的利益也乐于为产品做广告,这样就有可能增加销售数量,从而提高产品的市场竞争力。

11.1.2 农林产品营销渠道模式

农林产品营销渠道的起点是农林产品生产者(包括种植企业和个体种植户等),终点是最终消费者。农林产品营销渠道连接着种植和终端消费,包括了从种植到餐桌、到最终使用的全过程。根据农林产品流通的参与角色划分,农林产品营销渠道有以下模式：

1. 生产者—消费者

这种模式是指农林产品生产者不经过任何中间商直接将产品销售给消费者，实现直接从田地到餐桌或最终使用，是最直接、最简单的渠道模式。这种模式一般发生在农林产地，距离消费者比较近。例如城郊农民在集市或城市摆摊设点出售自产农林产品，或者与大宗农林产品消费团体签署合同，按合同销售。这种模式的分销能力差，辐射范围小，产销量有限。

2. 生产者—零售商—消费者

这种模式是指农林产品生产者将产品销售给零售商，由零售商转卖给最终消费者，即生产者和消费者间增加了一道零售环节。例如农户将自己种植的瓜果蔬菜转卖给零售店，由零售店完成终端销售。农超对接就是属于这种模式。

3. 生产者—批发商—零售商—消费者

这种模式是指农林产品生产者将产品销售给批发商，批发商转卖给零售商，零售商再转卖给最终消费者，即生产者和消费者间增加了批发和零售环节。例如在山东寿光蔬菜生产基地，批发商大量收购蔬菜北上至消费地批发市场，在批发市场出售给零售商，零售商完成最终销售。我国大中城市消费者主要通过这种渠道购买蔬菜。

4. 生产者—收购商—批发商—零售商—消费者

这种模式中的收购商发挥着集货和散货作用。农林产品收购商分为三类：一类是由基层独立核算的收购站和供销社等，他们收购农林产品，然后转售给各地的批发商；一类是个体商贩，他们走村串户收购农副产品等，然后转卖给批发商；一类是农户自发成立的合作社承担收购职能，统一收购或者统一定价，转卖给各地批发商，再由批发商完成后续的流通。

5. 生产者—加工商—批发商—零售商—消费者

这种模式是农林产品生产者将农林产品出售给加工商，再经批发、零售环节完成销售过程。采用这种模式是农林产品原始形态不适合消费者直接消费，必须经过加工以转变形态、外观或属性，如纸张、家具等农林产品。此种模式中加工商是核心环节。

11.2　农林产品网络营销渠道概述

11.2.1　网络营销渠道基础概念

企业凭借着计算机媒介、网络工具的发展将与客户沟通的销售环节放到虚拟的网络世界，向目标市场提供农林产品和服务，构筑了农林产品网络营销渠道。

1. 网络营销渠道的定义

网络营销渠道是指借助互联网络，将生产者的产品或服务提供给终端消费者的流程、角色职能的全面信息化，具备多种功能的销售渠道。

网络营销渠道同时承担了沟通与分销功能，解决了传统营销渠道的距离、时间、地点、沟通、交易成本的滞后或过度考量问题。网络营销渠道可以帮助生产者利用网络快速完成商品的时空、权利转移，可以帮助消费者获取作出购买决策所需的信息，简化交易流程，加速交易速度。

2. 互联网对营销渠道的影响

互联网对营销渠道的影响主要体现在以下几个方面：

1）增加营销渠道

在互联网环境下，营销渠道不再仅仅是实体的，而是虚实相结合的，甚至是完全虚拟的。在线销售、网上零售、网上拍卖、网上采购、网上配送等新的营销形式使营销渠道呈多元化，营销渠道宽窄互变、虚实结合、单向静止与互动转换。虚拟渠道的一个主要表现形式就是网络商店。网络商店是网络交易发生的场所，是传统商店的在线版，代表了网络与商业的融合。与传统商店类似，网络商店为消费者提供最终的交易成交场所。

2）整合营销渠道

无所不及、超越时空，将渠道、促销、网络交易、互动服务以及市场信息收集分析与多种功能集于一体的互联网的出现，带来了营销渠道的革命，弱化了中间渠道的作用，甚至很多农林产品生产者完全可以无须借助各类中间商就可直接将产品出售给最终用户，从而使产销结合更加紧密，减少了大量的交易环节，销售渠道的扁平化也渐渐成为趋势。

3）细化营销渠道

通过互联网，生产者和中间商可以直接了解消费者的真实消费需求，可以直接向消费者提供产品，可以低成本地向消费者提供定制化服务，与消费者实现互动，即一对一营销。一对一营销的兴起和实现，使营销渠道由粗放型变成集约型，营销渠道的细化是互联网时代一个显著的渠道特征。由于互联网的发展，消费者的个性化需求逐渐得以满足。但是其前提是配送必须低成本、高效率，只有配送跟上来了，一对一营销才能真正实现。互联网对配送的高要求促使了第三方物流和生鲜物流的兴起。由此，网络营销渠道使新型网络中间商涌现出来。

互联网极大地促进了市场解构（Market Deconstruction），使营销渠道与通常执行它们的渠道参与者脱离并重新加以构建。它从两方面对市场渠道加以重构：其一，它促使一些传统中间商部分或全部地采用网络中间商的形式，传统中间商由于融合了互联网技术，大大提高了中间商的交易效率、专门化程度，产生了更大的规模经济，从而比某些企业通过网上直销更有效率；其二，网络营销产生了新的中间业务需求，如美工服务、第三方支付等，网络营销渠道使新型网络中间商涌现出来。

4）降低营销成本

营销成本的降低是互联网带来的最直接的利益，这主要表现在降低交易成本、降低沟通成本和减少流通成本。

首先，从生产者的角度来看，网络营销渠道降低了管理成本和营销费用。网络营销渠道的结构比传统的营销结构大大减少了分销环节，从而有效地降低了管理成本。通过网络的直接分销渠道销售产品，网络导购员可以从互联网上直接受理各地传来的订货单，然后直接把货物寄给购物者。这种方法所需的费用仅仅是网络导购员的工资和日益便宜的上网费用，人员的出差费用和仓库租赁费用都不需要了。网络商品交易中心通过互联网强大的信息传递功能，承担着信息发布商的责任。网络商品交易中心把中间商的数目减少到一个，从而使商品流通的费用降到最低限度。

其次，从消费者的角度来看，网上商品价格的公开化趋势使网上商品的价格向消费者愿意接受的较低价格方向发展，最终使消费者受益。一方面，网上商品有低价的可能性。这是因为网络营销直接面对消费者，减少了批发商、零售商等中间环节，节省了中间营销费用，降低了营销成本，所以商品的价格可以低于传统销售方式的价格。另一方面，网上商品有采取低价的必要性。网络上信息自由的特点使消费者对某产品的价格信息都有比较充分的了解，消费者很容易全面掌握同类产品的不同价格，消费者拥有消费主动权。互联网使营销渠道成本降低的功能越来越受到企业的重视，引入互联网已成了企业重构和再造的一个重要目标。

5）渠道透明化

传统的营销渠道对供应商来说，大多数情况下是不透明的，假如渠道中间阻塞了，也不知道问题出在何处，更不知道该从何处下手。但是在互联网时代，通过把互联网引入渠道，就可以使渠道透明起来。在互联网平台上，卖方可以及时管理、安排生产和出库，动态跟踪商品的流通情况；在商品的运输过程中，通过引入 GPS 全球定位系统，实时动态跟踪商品的在途情况，从而为商家的及时供货提供了保障。而买方有多个快递公司可供选择，可以指定自己喜欢的、适宜的快递公司，可以及时跟踪物流进展，随时可以退换货而不必等到收到货物。

3. 网络营销渠道的劣势

1）没有传统营销购物的乐趣

消费者在网上购物，面对的是冰冷的电脑，是没有情感的机器，没有商场舒适的购物环境，同时也欠缺了和好朋友一起购物的乐趣。消费者在传统营销渠道的购物环境中，可以感觉到被销售人员所尊重，哪怕是奉承，从内心会产生一种自我满足感。其实，有时候这种精神上的享受远远比物质上的享受更加重要。随着网络营销渠道的发展，网络营销渠道会越来越贴近消费者的心理，可以使消费者在上网购物时得到尊重，包括奉承的成分。但是，不论网络营销渠道作何种改变，仍旧改变不了人们面对电脑和面对人的感受不同这一状况。

2）缺乏安全与信任

消费者在购买商品的时候总是要亲眼看见，亲手摸到才放心，而在网上购物的时候人们看不到实物，没有亲手触摸到质感，只有图片、文字和视频所传递的信息。在传统营销渠道中消费者能够亲身体验商品，亲眼看到商品的形状、颜色和质量，有些商品甚至还可以试用。但是在网络营销渠道中，即使上网设备再好也无法还原出商品的真正形状和颜色。因此，传统营销渠道能提供给消费者对商品的真实感，而网络营销渠道只能模仿和说明，不能够让消费者亲身体验，缺乏安全信任感。

3）网上购物时间比较长

从消费者角度来看，网络营销渠道购物远远比传统营销渠道购物花费的时间要长。在传统营销渠道，因信息流动不畅、信息封闭等因素，消费者购买一件商品所花费的时间一般在几个小时。而在网络营销渠道中，消费者面临着海量的商品和信息，在不同平台间的跳转、搜寻信息，有效需求信息难以迅速得到，消费者处理信息的能力、时间精力有限，导致网络渠道购物耗费的时间反而比线下的要长。

4）索赔难

正规大型网站和购物平台已经能够执行国家有关网购退换货规定，如淘宝网，但是一些小微网商对于退换货进行推诿。此外，快递公司经常出现延迟送货、丢失包裹等现象，导致消费者权益受损却无法得到补偿，或者赔偿低，索赔难。

11.2.2 农林产品网络营销渠道模式

按流通环节的多少，可以将网络营销渠道划分为直接渠道、间接渠道、双渠道和 O2O 一体化渠道。

1. 直接渠道

直接渠道是指产品从生产领域转移到消费领域时不经过任何中间环节的营销渠道，如生产者—消费者模式的渠道。网络营销直接渠道也可称为网络直销。鲜活商品和食品等产业有着长期传统的直销习惯。

直接渠道有利于企业掌握市场状况与发展趋势。由于去掉了产品流转的中间环节，往往可降低产品在流通过程中的损耗，同时，企业的直接销售活动又是直接促进销售的活动。但直接渠道在生产集中、消费需求分散的情况下就不能胜任。生产企业缺乏销售方面的经验，若自己承揽商业责任，会加重企业的工作负荷，分散企业的精力。

网络直销的最大特点是供求双方直接线上沟通或见面，营销环节少、速度快、费用低。网络直销的诱人之处在于它能够有效地减少交易环节，大幅度地降低交易成本，从而降低消费者所购商品的最终价格。在网络直销模式中生产企业可以通过建立企业营销网站，让消费者直接从网站订货；通过与一些网络中间商务服务机构如网上银行合作，直接在网上支付结算，简化资金流转程序；在配送方面，可以根据产品的特性选择是自建物流业务或与一些专业物流公司进行合作，建立有效的物流系统(图 11.1)。如沱沱工社自建网站，建立自主运营的全产业链的食品销售渠道。但是，并不是每个企业都适合采用网络直销模式。一个企业在决定是否进行直接销售时必须认真考虑企业自身的市场优势、市场范围和产品品牌的知名度以及基础设施需要的投资。

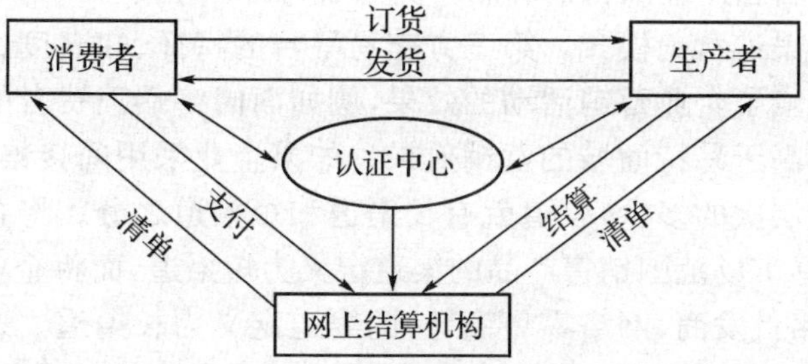

图 11.1　网络营销直接渠道

在确定是否采用网络直销模式时，一般要综合考虑以下一些因素：

1）目标市场的大小

通常，企业的目标市场范围越小，面对最终消费者进行网络直销的可能性就越大。因为市场范围小，采用网络直销可以用最少的投入获得最大的市场范围推广。

2）产品的特性

对于客单价高、种植生产要求高、周期长的产品可优先采用网络直销模式。

3）企业自身实力

如果企业实力强大，能够独立投资建立自己的网络销售系统，则可采用网络直销；反之，应选择利用中间商推销产品，这样可以省掉很多的费用。

4）物流配送环境

配送能力比较强的地区可以选择网络直销模式，特别是生鲜类产品对冷链物流配送要求高；反之，有可能因为配送成本太高，而导致网络直销无法进行。

5）传统渠道的影响

如果企业采用网络直销模式会对传统营销渠道构成影响，企业要慎重权衡利弊。

2. 间接渠道

由于网络是一个虚拟市场,交易双方都会考虑对方的诚信问题,买家担心出现对方拿钱不给货或以次充好,卖家担心拿货不给钱、随意或恶意退换货的问题,因而影响交易的进行。为了克服网络直销的缺点,网络商品交易中介机构(即网络交易平台商)应运而生。这类机构成为连接买卖双方的枢纽,使得网络间接销售成为可能。淘宝网、中国农产品交易中心等都是这类中介机构,同时出现了"支付宝"、"财付通"等第三方的支付手段解决电子支付安全问题。因此,网络间接渠道是指生产者通过融入了互联网技术的第三方交易平台和网络中间商把产品销售给最终用户,是产销分离的一种形式(图 11.2)。间接渠道的核心环节是第三方交易平台。第三方交易平台具有的聚集效应、业务经验、专业化和规模经济优势,通常会使企业获得高于自营所能取得的利润。例如"新农人"在淘宝网等平台自营自家产品就是采用间接渠道营销模式。第三方交易平台的特征、知名度、客流量、所能提供的服务直接影响了企业营销活动的效果,例如面向终端消费者的农特产品在淘宝网的营销效果高于易特商城的营销效果。如果企业采用间接渠道模式,按照经过的流通环节或层次的多少,渠道就有长渠道和短渠道之分。将企业只通过一个中间环节,在目标市场范围销售产品的渠道定义为短渠道,而将企业通过一个以上中间环节(有网络批发商、网络零售商等)的渠道定义为长渠道。这种划分有利于营销者集中考虑对某些中间环节的取舍,形成自己的营销长链或营销短链,甚至是长短结合的多种渠道组合。

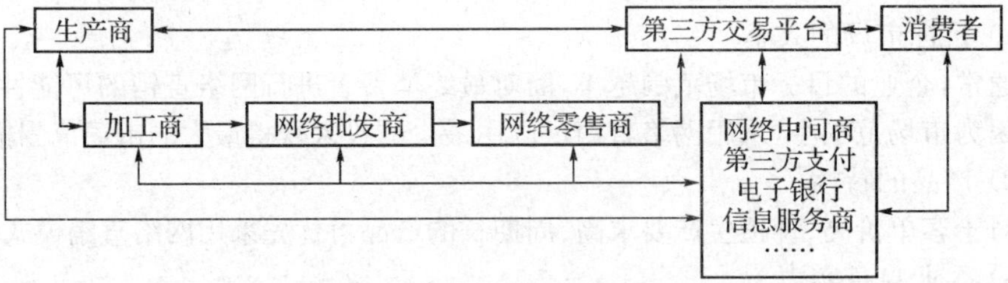

图 11.2 网络营销间接渠道

按各环节中间商数目的多少,间接分销渠道又可划分为宽渠道和窄渠道两大类型。渠道宽度取决于渠道的每个层次(环节)中使用同类型中间商数目的多少。企业选择较多的同类型中间商销售产品,则这种产品的分销渠道称为宽渠道,如"三只松鼠"营销平台有天猫店、京东店、1 号店、拍拍店、当当店和苏宁店共 6 个旗舰店;反之,则称为窄渠道。

3. 双渠道

双渠道又称双道法,它是指企业同时使用网络直销渠道和网络间接销售渠道,以达到销售量最大的目的。在买方市场条件下，通过两条渠道推销产品比通过单一渠道更容易实现市场渗透(图 11.3)。一方面，企业自建网站进行网络直销，有利于吸引消费者，产品品牌与企业形象同步塑造，避免客户流量受制于人；另一方面，企业在第三方平台开设旗舰店面向批发商、零售商或者直接面向终端消费者进行间接渠道的营销活动，有利于利用第三方平台的优势，突破市场壁垒，开拓新市场。例如，我买网既有自己的直接营销网站，也在天猫上开设了官方旗舰店。

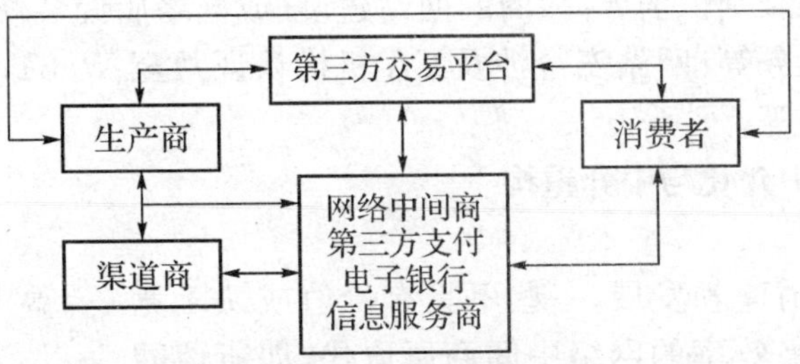

图 11.3　网络营销双渠道

4. O2O 一体化渠道

目前，许多电商企业是由传统零售商转型而来，如 1 号店成为沃尔玛的线上超市，也有许多纯电商开始纷纷落地建立实体店铺。O2O 模式既有传统的实体店铺销售优势，便于消费者线下体验，也可以将产品信息通过网络传递出去，将网络消费者吸引到线下实体店铺，或者消费者在网络上(移动网络，如微信、移动 QQ 等)完成程序性流程，如下单、电子支付、信息服务等，最后去实体店铺取货，避免了线下购物常遇到的排队现象，方便消费者选择适宜的方式完成网络交易，发挥线上线下渠道互补的作用(图 11.4)，例如水果零售商不仅有自己的实体店铺销售水果，而且积极利用微信、移动 QQ 等工具积极开辟线上营销渠道。

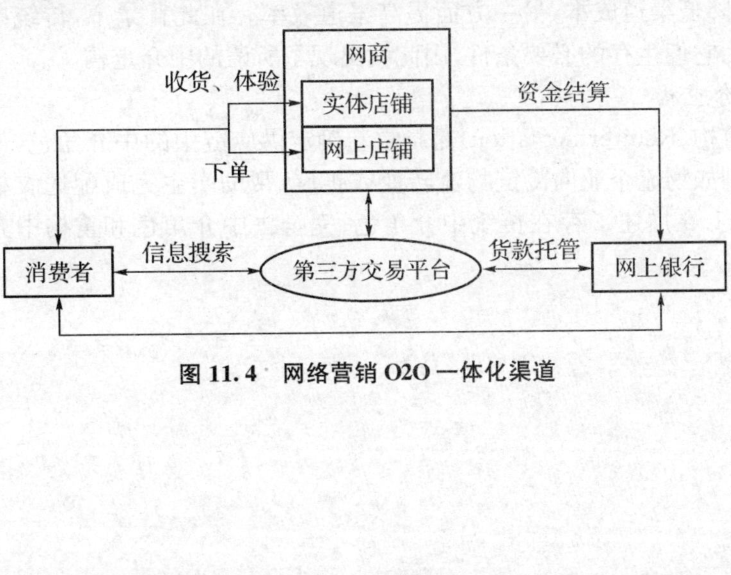

图 11.4　网络营销 O2O 一体化渠道

11.3　网络中间商

分销渠道实质上就是在正确的地点将正确数量的产品提供给目标市场的消费者，目的就是将时间效用、地点效用、拥有效用提供给目标消费者。在流转环节，农林产品会经过收购商、加工商、批发商、零售商以及相应的储存与运输等服务商；支付环节涉及第三方支付公司、电子银行等；消费者浏览网站环节涉及网站可靠性判断、电子商铺信用级别识别等；网商的网站建设（或网络店铺装修）环节涉及美工、流量计数、技术服务等；网站安全涉及 CA 机构认证乃至 WebTrust 和 BBBonline Privacy Seal 认证等。

11.3.1　去中介化与中介重构

1. 去中介化

随着网络营销蓬勃发展，一些不具有价值或缺乏竞争力的中间商被高效率的网络中间商所取代，即所谓的去中介化（Disintermediation）。去中介化威胁可用营销学者 Berthon 等人（2000 年）提出的系统化的“中间商消失威胁矩阵”来描述（图 11.5）。需要实体物流的程度越高，则中间商消失的威胁程度越低，如矩阵中的 A 和 B 象限；信息流复杂度越高，表示网商需要深入与消费者沟通与互动，则中间商消失的威胁程度越低，如矩阵中的 B 象限；需要实体物流的程度越低，即表示被网络取代的可能性越高，中间商消失的威胁程度越高，可再根据信息流处理的复杂程度来判断中间商消失的威胁程度，如矩阵中的 C 象限或 D 象限。因此，去中介化就是要在给定的供应链中，移除某些起中介作用的组织或业务处理层，一方面降低渠道成本，另一方面提高渠道效率。在此背景下，传统中介的角色重定位成为它们生存的必要条件，因此就出现了所谓的中介重构。

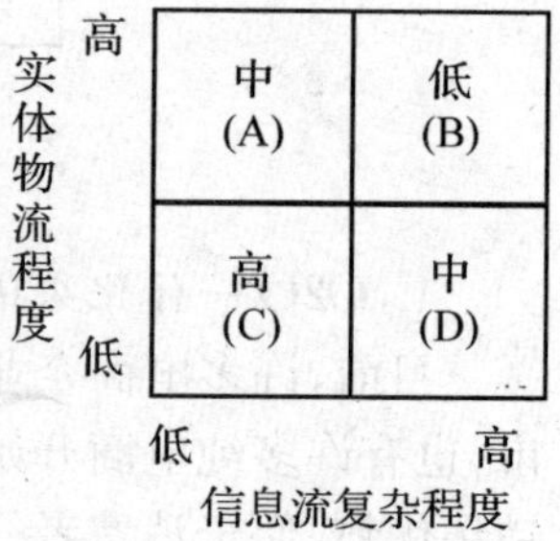

图 11.5　中间商消失威胁矩阵

2. 中介重构

中介重构（Reintermediation）是指重新确定供应链中的中介角色，使其提供增值服务。例如物流企业向冷链物流转变或扩展，帮助卖主完成配送农林产品给消费者。图 11.6 描述了存在传统中介角色、完全去中介角色和重构中介角色的供应链。

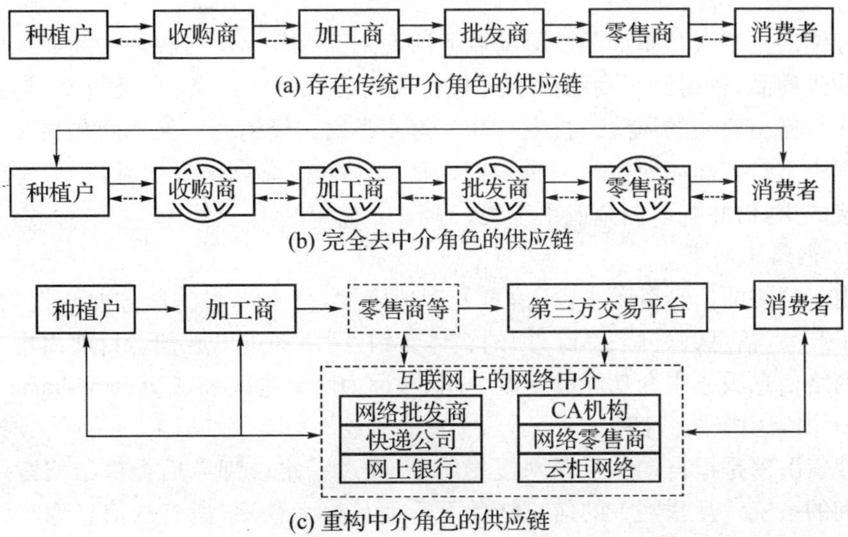

图 11.6　传统中介、完全去中介与中介重构的供应链

11.3.2　中间商类型

中间商是指在企业与消费者之间参与商品交易业务、促使买卖行为发生和实现、具有法人资格的经济组织和个人。随着互联网的发展和完善交易日益增多，越来越多的新型网络中间商产生出来，以满足基于网络的交易需要。新型网络中间商的产生起着方便生产者和消费者、降低交易成本、发挥规模经济、提高市场交易效率的作用。

1. 传统中间商

社会分工使商业从其他产业中独立出来，继而在商业（中间商群体）内部又分离出批发商和零售商，随后代理商又从批发商中分出。根据这一分离过程和中间商在商品流转过程中的基本职能的差异性，可将中间商划分成如下类别：

1）批发商与零售商

批发商是把产品卖给那些为转售的批发商、为购买的零售商的中间商。批发商的购进对象通常是企业或其他批发商，其售出对象多为零售商，也有生产性消费者或其他批发商。目前常见的大致上有商人批发商、代理批发商、企业的分销机构或办事处等三类批发商，在商品流通中主要起批购批销、分配编配、储运服务、沟通信息、融通资金和分担风险等作用。

零售商是指将产品直接销售给最终消费者或消费者的中间商。零售商的购进对象通常是个人消费者，也有企业，也包括生产性团体。零售商可分为商店零售商、无店铺零售商和零售组织三大类，其主要起广泛分销、销售服务、沟通信息和促进销售的作用。

2）经销商与代理商

经销商是指在从事商品交易的业务活动中拥有商品所有权的中间商。经销商一旦购进商品，就得到了商品的所有权。他们往往独立经营，自负盈亏，自然就承担着能否售出商品的风险。批发商和零售商都属于经销商。代理商是指在商品流转过程中不持有商品所有权的批发商。他们不承担商品交易的风险，只是组织买卖直接成交，借此赚取佣金或手续费。

2. 网络中间商

由于网络的信息资源丰富、信息处理速度快，基于网络的服务便于搜索产品，但对于产品（信息、软件产品除外）的实体营销，网络却难以胜任。目前出现了许多基于网络信息服务中介功能的新型中间商，称为网络中间商（Cybermediaries）。

1）搜索引擎服务商

搜索引擎是指自动从互联网搜集信息，经过一定整理以后提供给搜索用户进行查询的系统。互联网上的信息浩瀚万千而且毫无秩序，所有的信息像汪洋上的一个个小岛，网页链接是这些小岛之间纵横交错的桥梁，而搜索引擎为用户绘制了一幅一目了然的信息地图，供用户随时查阅。搜索引擎从互联网提取各个网站的信息（以网页文字为主），建立起数据库，并能检索与用户查询条件相匹配的记录，按一定的排列顺序返回结果。进行搜索的方式主要有 4 种：第一种是通用搜索引擎，如百度和搜狗等，可以提供网上不同类型的信息；第二种是搜索数据基于特定零售平台的搜索，即提供特定平台的各种零售产品服务信息的展示，如淘宝网、1 号店和我买网等；第三种是搜索数据来源于互联网各大网站、购物平台的零售数据的搜索，如一淘网定位于全网搜索，提供独立的搜索入口，搜索数据来源包括互联网、外部合作方和淘宝网等；第四种是搜索数据主要基于 B2B 销售平台的搜索，即提供特定平台的各种批量销售的产品服务信息的展示，如中国惠农网（图 11.7）和中国林产品交易网（图 11.8）等。

图 11.7　中国惠农网首页

图 11.8　中国林产品交易网首页

2) 信息发布服务商

互联网信息包罗万象，从普通种植户到央企都在网上进行自我宣传，商业信息发布是互联网的主要功能之一。对专门从事各类网上信息发布的平台一般是按照不同行业、产品类别、市场来进行划分，如提供行业的市场信息，提供生产不同类别产品的企业列表，提供包括企业介绍、产品和服务详情介绍等企业信息。企业还可以在网上信息平台发布广告以及供求信息等。例如定位于提供专业市场信息的中国水果网(图 11.9)等。

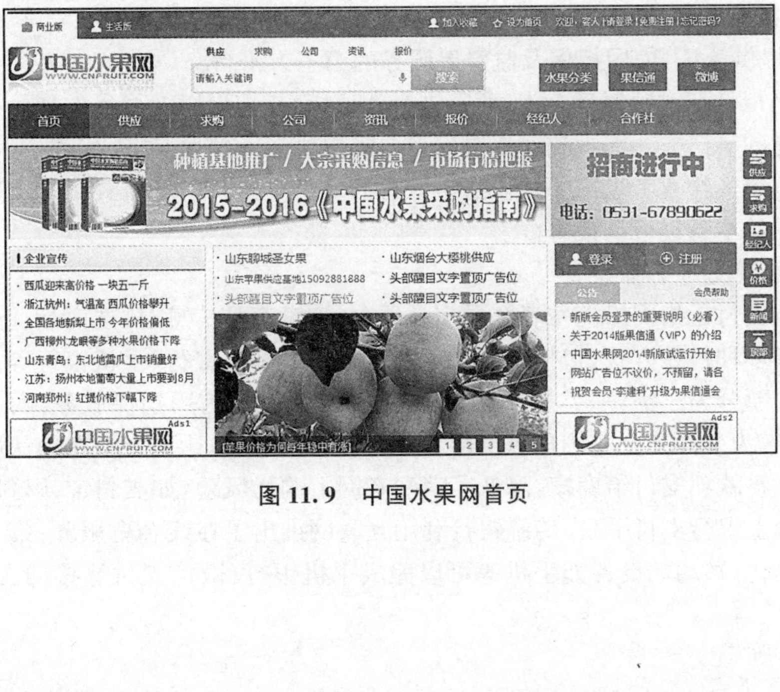

图 11.9　中国水果网首页

3）虚拟零售店

虚拟零售店拥有自己的货物清单并直接销售产品给消费者。通常这些虚拟零售店定位于某类商品，它们直接从企业进货，然后折扣销售给消费者，具有售前咨询、物流配送、售后服务等功能。虚拟零售商拥有自己的订货、销售、结算等功能的交易系统，如1号店和京东的自营店。由于互联网上进行营销的固定费用很少，虚拟零售商可以大幅度降低成本并让利给消费者，消费者也可以直接从网上选购，不用出家门就可以购物。虚拟零售店表明互联网可以建立有效低廉的中间商机制，提供低价优质服务，而不是采用相对麻烦的企业与消费者的直接交易。

4）第三方交易平台

第三方交易平台是指网络营销活动中，由买卖方之外的第三方建设、为买卖双方的网络交易进行撮合及提供相关服务的信息网络系统。按照商业模式第三方交易平台可分为第三方B2B平台、第三方B2C平台和第三方C2C平台。

第三方B2B平台是指由第三方投资建设与管理的，为买卖双方的网络营销活动提供的交易平台，如慧聪网等。该平台为买卖双方提供大量的服务信息、经营信息以及营销管理活动。

第三方B2C平台是企业针对个人开展的网络营销活动的平台，是指企业利用互联网对个人进行全部的网销活动，如信息流、资金流、商流和部分物流，如农特产品网上购销平台——易特商城。

第三方C2C平台是指独立于买卖双方，通过网站为买卖双方提供在线交易和配套服务信息的平台。如市场信息归集、宣传和信用评价，卖方发布待售物品信息，卖家宣传和促销，促进购买行为。

5）提供认证、信用担保及监督等服务的第三方平台

这是指具有对销售者个人、商家进行认证、交易担保以及商品的展示、交易、监督等功能的第三方。如天猫对入驻网商要求提供营业执照、法人代表个人信息等；淘宝网对个体经营者也需要提供身份证进行实名登记；提供诚信网站认证的网站，对交易网站本身进行认证等。

6）在线支付平台

在线支付是指网络消费者登录交易平台、搜索商品信息、挑选商品、下单，然后可以选择多种付款方式，包括邮政汇款、货到付款、网上银行、手机银行等。在线支付平台主要分为三类：一类是第三方支付，提供第三方信用担保服务、网上支付和收款服务，为个人和企业用户提供网上支付和收款服务，让买家可在确认所购商品满意后才将款项支付给商家，降低了消费者网上购物风险，如支付宝、财付通等；第二类是网上银行支付平台，传统银行利用互联网推出了在线金融服务；第三类是移动支付平台，移动端设备如手机等可以完成手机银行、微信支付等移动支付，方便

消费者随时随地解决支付问题。

7）消费导购网站

这类网络营销中间商对网络消费者常登录的购物网站进行对比，根据网站规模、实力、信誉、价格等进行排序，分类排序出热销商品或者信誉高的商家，辅助消费者作出选择决策，如大众点评网等。

8）网络投融资平台

随着第三方支付工具的完善，第三方支付形成庞大的资金池。资金池中的资金可用于集中投资理财，为客户提供保值增值的专业化理财服务，例如余额宝。中小企业尤其是网商的融资需求巨大，又难以得到传统银行的贷款，网络融资应运而生。它能突破地域限制，满足网商融资需求，手续便利、额度灵活、下款快。各个电商平台纷纷推出网络融资，开辟中小网商融资的利基市场。如蚂蚁金服为阿里旗下买卖双方都提供一定的额度的授信，以及面向终端消费者的京东提供的“白条”、阿里提供的“花呗”等消费信贷。

9）物流配送

物流行业能够提供完整物流服务，包括运输、配送、装卸搬运、仓储、流通加工、包装以及信息服务等。随着网络购物的发展，“四通一达”（申通、中通、圆通、汇通与韵达快递公司）民营物流以及“菜鸟”物流骨干网络得到快速发展。社会化物流商和自建物流商也纷纷进军农林产品冷链物流、恒温物流等细化市场，争夺农林产品网销所需的物流市场份额。

11.3.3　农林产品网络营销中间商

在现代化大生产和市场经济条件下，企业在网络营销活动中除了自己建立网站外，多数都是积极利用网络间接渠道销售自己的产品，通过中间商的信息服务、广告服务和撮合服务扩大企业影响，开拓企业产品的销售空间，降低销售成本。因此，对于从事网络营销活动的企业来说，必须熟悉、研究国内外网络中间商的类型、业务性质、功能、特点及其他有关情况，必须能够正确地选择网络中间商，顺利地完成商品从生产到消费的整个转移过程。在筛选网络中间商时，成本、信用、覆盖、特色、连续性五个方面的因素在考虑之列。这五个方面的因素是网络间接营销渠道的五大关键因素，称为“5C”因素。

1）成本（Cost）

这里的成本是使用中间商信息服务的支出。这种支出可分为两类：一类是在中间商网络服务站建立主页的费用；另一类是维持正常运行的费用。在两类费用中，维持费用是经常性的，不同的中间商之间有较大的差别。

2）信用（Credit）

这里的信用是指网络信息服务商的信用程度的高低。相对于其他基本建设投资来说，建立一个网络服务站所需的投资较少，信息服务商就有如雨后春笋般地出现。目前，我国认证机构对中间服务商的认证较为混乱。在选择中间商时，应注意选择由较为公认的认证机构给出良好信用评价的中间商。

3) 覆盖(Coverage)

覆盖是指网络所能够波及的地区和人数，即网络站点所能影响的市场区域。对于企业来讲，网络站点覆盖面是否合理、有效，是否能够最终能给企业营销活动带来经济效益是要点。

4) 特色(Character)

每一个网络站点都要受到中间商总体规模、财力、文化素质、服务态度、工作精神和网站规则的影响。网络站点在设计、更新过程中表现出不同的特色，吸引不同的访问群(即消费者群)。因此，企业应当研究这些消费者群的特点、购买渠道和购买频率，为选择不同的网络中间商打下一个良好的基础。

5) 连续性(Continuity)

网络发展的实践证明，网络站点的寿命有长有短。如果一个企业想使网络营销持续稳定地运行，那么就必须选择连续运营的网络站点，这样才能在消费者群中建立品牌信誉、服务信誉。为此，企业应采取措施密切与中间商联系，防止中间商把别的企业的产品放在经营页面的主要位置。

11.4 农林产品网络营销渠道建设与管理

11.4.1 农林产品网络营销渠道策略

供农林产品企业选择的网络营销渠道策略主要有密集型分销、选择性分销、专营性分销三种。

1. 密集型分销

密集型分销又称广泛分销，它是指生产企业广泛利用大量的线上销售商经销自己的商品。日常生活用品和标准化程度较高的商品比较适合采用这种策略，例如低价格弹性的中低档的米面、产量大的坚果类等。对于多品牌运营的农林产品，一般也会选择密集型渠道，可以在淘宝网上开设冠以不同品牌的同种商品的多家旗舰店，也可以运营淘宝C店，同时在京东、1号店等电商平台开设自己的店铺甚至自建网站。在国内多个电商平台上开售能使该产品得到充分的显露，既便利消费购买，也能帮助企业迅速、广泛地占领市场。但是采用这种策略时，企业要与众多中间商和电商平台发生业务联系，受到网上销售商和电商平台的采购、促销活动的影响，使得生产企业难以控制渠道。

2. 选择性分销

选择性分销是指生产企业从愿意合作的众多中间商中选择一些条件较好的批

发商和零售商以及网络中间商共同完成销售自身的商品。这种策略对于高档选购品或精选特殊品而言更为适宜，如有机农林产品、特定高档原料的林产品及衍生产品等。经挑选出来的中间商或者电商平台，其经营水平常高于行业平均水平，其信誉度较行业平均信誉度高。双方通过履行合同或协议，共担风险，分享利润，如类似天猫超市这样的线上超市销售渠道。企业不需在所有的销售点上去花费很大的财力与精力，可集中有限的力量在整体上促进商品的销售，也有利于企业对渠道中其他成员的控制。

然而，这种策略也存着弊端。首先，采用此策略的企业应能向中间商提供较优的推销条件和费用，或能向中间商提供货源，这样中间商（如电商平台自营模式）才会选中企业。而在现实生活中，企业要具备这样的条件，则需付出价格的较大让渡和艰苦努力。其次，受合约履行情况的影响。由于市场因素的不断变化，有时会导致一方经营受挫，丧失履行合约的能力，不仅会严重阻碍产销协作关系的发展，而且会导致产方或销方的巨大经济损失。

3. 专营性分销

专营性分销是指生产企业选择极少数量的中间商直至独家经销商品。这种策略通常适用于高档特殊品或者在极少数电商平台开设独家旗舰店营销的常规性产品。如“褚橙”的线上销售渠道仅仅包括两家，一家是本来生活网，一家是褚橙公司整合云南当地农产品资源的电商平台；新浪微博大 V 用户老榕仅在 6688 网（www.6688.com）推销新疆农林产品。因此，采用此策略，一方面在销售、储运、促销和销售服务等方面，生产商能够为经销商提供优良的经销条件和产品品质，使经销商取得可观的销售利润，也能对渠道实施有效的控制；另一方面，经销商也能够全力为生产商推销产品，有效地促进企业产品的销售。但是，采用这种策略风险较大。由于产销双方依赖性太强，一旦某中间商经营失误，往往使生产商蒙受巨大损失，甚至失去某一目标市场。

11.4.2　农林产品网络营销渠道模式

1. 农林产品网络营销渠道模式的种类

网络营销渠道有长渠道、短渠道、直销渠道、间接渠道等选择，农林产品网络营销渠道模式可分为以下几种：

1）农户＋网络平台模式

农户＋网络平台模式实际上是直销渠道。农林产品种植户自我生产，借助网销平台独立经营。这种模式撇开了传统的批发商、零售商等环节，由种植户在第三方平台上租赁网页或开设电子商铺，直接面向终端消费者。这种模式的优点是营销投入资金不高，不需要精通复杂的网络技术、计算机技术；缺点是营销规模小，依赖于第三方营销平台，得到的消费者流量少，消费者群不易确定，消费者信任水平低。这种模式适用于单个农户、小微农商或者刚起步的企业零售店以及产量或需求量比较低的小众型的农林产品。

2）公司＋农户＋网络平台模式

公司＋农户＋网络平台模式是以公司为核心。由于农户的知识和技术能力的限制，农户在该营销模式中并未直接参与网络营销，而是与公司进行接触，进入公司＋农户模式，提供初级农林产品。公司负责农林产品的再加工或者直接转售，在自建平台或者第三方平台上发布交易信息、处理交易订单等。公司将农林产品销售给消费者，而消费者利用网络银行将款项付给公司，完成交易。公司＋农户＋网络平台模式实际上是一种产地直采＋网络直销模式。它的优点是公司掌握供需的双向信息，将农林产品放置于网络平台进行24小时不间断地运营，扩大销售渠道让更多消费者掌握农林产品的供应信息，这也为公司带来更多、更好的市场信息，增加了销售的渠道，延长了交易时间，获取了更多的交易对象，给企业带来巨大的销售空间。农户不用亲自寻找市场，销路有保障，集中精力做好农林产品种植工作。这种模式的缺点是农户销路依赖公司，对产品价格没有主动权；公司无法把控农林产品质量，农户毁约成本低，给公司造成潜在的损失。

3）政府组织＋农户＋网络平台模式

目前在农业方面涉及的政府组织大致有农业部（农业厅）、林业局等行政管理部门以及农业科学研究院、农村专业合作社、农技站等服务协调部门。在电子商务发展的背景下，政府组织当然也可以借助新型的手段来推动农业的发展，推动农林产品的营销。政府组织推动农林产品营销的产物表现为各种园区的建设，包括电子商务产业园、交易市场、物流基地等，还有政府部门组织超市到田间采购的农超对接模式，最后由网络零售商在线完成销售。应用政府组织＋农户＋网络平台模式后，农户将各自的供应或需求信息告知政府的相关农林组织，由农林组织的工作人员负责将农户的供需信息发布到网络平台，向农户反馈市场动态信息，并负责撮合农户与采购商沟通、下单直至达成交易。政府组织在这里起到了承上启下的撮合作用。这种模式的优点是农林产品的产、销、物流等得到政府组织的有力帮助，可迅速解决销路问题。特别是农林滞销商品，政府组织常常冲锋在前，帮助农户解决实际问题。但是这毕竟是行政手段，最终还是需要依靠市场调节供需失衡，政府要做的事是解决信息传递的受阻、不对称问题。农户依赖于政府不是长久之计，必须依靠市场机制，充分利用网络优势，完成农林产品销售。

4）农林中介组织＋农户＋网络平台模式

政府的资源在一定程度上来说是有限的。随着市场经济的变化及农业的发展，政府组织将不能完全满足农户的需要。在这个情形下农林中介组织就可以很好地介入到农林产品网络营销中来，替代政府组织的部分功能。农林中介组织＋

农户＋网络平台模式即把农户集合到农林中介组织，由该中介组织提供技术支持、统一物流资源分配、统一包装入库、统一对外发布信息等，以此来帮助农户实现农林产品网络营销。农林中介组织可以是一个技术较好的、集网站开发和管理维护于一体的电子商务类企业，也可以是单一的应用型、管理型组织。

5）网络平台自营模式

网络平台，特别是第三方平台在网络市场上拥有较好的口碑和较高的市场份额，市场影响力大。这些网络平台常常充当收购商角色，利用网络收购农户的农林产品，然后以平台自身名义对外销售农林产品，这实际上是 OEM 生产方式的网络版。这种模式的应用在各个电商平台均属常见。

6）一体化渠道整合模式

渠道整合是将原来分离的独立生产、流通、消费等环节联合起来或者将线上与线下环节联合起来，形成一体化的营销渠道，保证营销目标的实现。常见的有前向、后向、双向以及 O2O 的一体化策略。这种模式实质上是将外部交易内部化，减少原渠道间的交易成本耗费，形成统一的产业链渠道，如沱沱工社采用的全产业链营销渠道模式。

7）自媒体模式

随着社交媒体普及化、移动化，人人是自媒体（We Media）。自媒体又称“公民媒体”或“个人媒体”，是指私人化、平民化、普泛化、自主化的传播者，以现代化、电子化的手段，向不特定的大多数或者特定的单个人传递规范性及非规范性信息的新媒体的总称。博客、微博、微信、百度贴吧、论坛/BBS 以及新兴的视频网站等构成了自媒体现存的主要表达渠道。自媒体平台包括但不限于个人微博、个人日志、个人主页等，其中最有代表性的托管平台是美国的 Facebook 和 Twitter，中国的 QQ 空间、新浪微博、腾讯微博、微信朋友圈、微信公众平台、人人网、百度贴吧等。

农户或农林组织通过自媒体模式，以自己为原点，向外病毒式扩散，吸引粉丝和关注者，传播农林产品信息，也能逆向聚合，精准、即时地获取市场和消费者等信息，从而构成一条双向的即时信息通道。自媒体模式将网络营销的“推”与“拉”融合在一起，依赖于电子信任和信任转移，将粉丝（消费者）的需求信息和农户的生产信息、产品信息匹配起来，实现快速、精准的农林产品销售，提高信息及时性、有效性和完整性，减少了网络消费过程中的部分环节，也能减少网络中间商的数量，扩大买卖双方的利益。

2. 农林产品网络营销渠道选择的影响因素

选择正确的网络营销渠道，要考虑农林产品经营者的主观条件和客观条件等诸多因素，其中关键的因素是目标市场的状况、产品的特点和经营者本身的资源状况。

1）目标市场因素

（1）目标市场类型。企业在销售农林产品时，应适当考虑农林产品不耐储存或不耐运输等特点，尽量减少流通环节。

（2）潜在消费者数量。如果潜在消费者的数量相对较少或总需求量低，企业可以考虑使用网络直销；相反，如果消费者数目多，可考虑使用间接销售。

（3）市场容量大小。对于一次性购买数量很大的用户，可直接供货；对于订单较小的用户，可通过间接渠道进行销售。

2）产品因素

（1）产品价格。产品价格越高，越宜于选择短渠道模式，因为多一次中间转手，就要加上一定的中间商利润，会影响销路。对于一些价格较高的农林产品，企业最好采用网络直销。

（2）产品耐久性。易腐产品或季节性短的农林产品的周转要快，营销渠道越短越好，而耐久性较好的产品则可以采用比较长的营销渠道。

（3）产品体积、重量。体积大、重量也大的商品宜采取短渠道销售，以减少流通费用。

3）经营者本身因素

（1）经营者的规模和声誉。实力很强、市场声誉高的经营者一般利用少环节渠道或直销渠道，而资金和条件有限的经营者多数要依靠间接渠道和网络中间商的力量。

（2）经营者的管理能力。管理先进的企业可以使用网络直销或者线下设立销售网点，使营销渠道缩短；缺乏销售经验和能力弱的农林产品经营者，则可依赖间接渠道和网络中间商销售。

（3）经营者控制渠道的愿望。有些知名品牌为了维护产品的声誉，控制产品的售价，宁愿花费较高的直销费用，采取短渠道销售；有的经营者只求卖出产品，不想控制销售渠道，则大多依赖间接渠道和网络中间商销售。

（4）经营者的成本与效益。可供经营者选择的营销渠道很多，但在选择过程中，经营者要考虑成本和效益情况，注意选择低成本、效益好的方案，以利于提高其利润水平与竞争能力。

11.4.3 农林产品网络营销渠道建设

农林产品网商为了提高网络营销渠道效率、降低成本，面临激烈的竞争，不断加强网络营销渠道建设，实现网络营销渠道的畅通、可靠和多样化。具体建设步骤如下：

1. 分析产品特性

不同农林产品属性不尽相同，运输、储藏、加工条件要求差异大。网商应根据所经营的农林产品大类与目标消费者特征，选择适宜的营销渠道模式和网络中间商(物流公司、网上银行等)等。

2. 选择渠道模式

网络渠道有宽窄、长短、直接和间接之分，各个渠道模式各有优缺点。不同网商的渠道选择策略不同。例如小型种植户可选择第三方平台展开直销，大型网商则可以自建网站或者在第三方平台开设旗舰店直销，也可以在类似 1688.com 这样的网站上进行批发销售。

3. 选择物流公司

根据目标消费者所在地，选择若干可以直达消费地的物流公司，签署物流协议，也可以委托、参股、控股物流公司乃至自建物流体系。

4. 合理设计网络渠道系统

一个完善的网络渠道系统应具备订货功能、结算功能和配送功能。网络渠道建设关键是订货系统，方便消费者购买；选择适宜的第三方支付公司、接通网上银行、引入手机银行等，方便消费者支付和结算；配送一般选择冷链、恒温配送，减少农林产品损耗，提高毛利率。

11.5 农林产品网络营销渠道冲突

11.5.1 农林产品网络营销渠道冲突原因

渠道冲突是指营销渠道中各个角色之间原本协同合作，但因彼此营销目标、运作模式和营销观念等差异造成各个角色的作业方式和行为不协调，阻碍了共同目标的实现，由此导致彼此关系的紧张。

1. 领域冲突

Webb 和 Hogan(1986)认为不同渠道的领域越相似，则多渠道冲突越激烈。线下渠道的各个成员往往在不同的销售区域运作，而以互联网为基础的网络营销渠道突破时间和区域的限制，使得农林产品销售区域扩大化，企业可以在全国范围或各销售区域内吸引其潜在消费者，市场覆盖面扩大，进而引发网络渠道与线下渠道间的领域冲突。

2. 渠道成员目标差异

渠道成员希望能通过组成渠道共同体，达到加快农林农产品的流通而获取更多利润的目的，但是在如何实现农林产品渠道目标或者渠道整个运作过程中，每个成员都有自己的看法，尤其当渠道成员的目标不相容时，渠道冲突就会发生。随着越来越复杂的网络环境和越来越精细的渠道管理要求，渠道成员不太可能独立完成各自的渠道目标，因此渠道成员变得更加专业化，为了实现渠道目标而实现合作。如果在合作过程中成员间的差异和矛盾处理不当，就会引发渠道冲突。渠道成员之间经常发生渠道冲突的导火线就是农林产品定价问题，农林产品生产商认为价格决策应该是他们的职能范围，而分销商则认为应属于自己分内的事。

3. 价格冲突

在网络营销环境下，不同渠道间的价格差异是诱发多渠道冲突的一个重要因素(Webb KL，1997)，而价格差异存在的深层次原因是不同渠道成员为获得利益最大化而对客户展开争夺。随着网络营销渠道的建立，一方面，为消费者购物提供了更多的选择余地；另一方面，市场参与者的增多使得竞争更加激烈。为了在激烈的市场竞争中取胜，渠道成员展开线上线下的竞争以获得消费者这一稀缺资源。通常，消费者会从提供最大客户让渡价值的渠道购买产品，因而提供更高的客户让渡价值就成为不同渠道取胜的关键所在。由于网络营销渠道的成本更低，企业可以为网上销售的产品制定相对较低的价格或者向消费者提供较高的折扣，从而降低消费者的货币成本，提供更多的客户让渡价值以吸引消费者。但是网络营销渠道使用的这种价格策略会造成线下渠道的客户流失，损害到线下渠道成员的利益，引起线下渠道成员的不满，进而采取过激的行为。从以上分析可知，价格冲突只是一种表象，其内在原因是市场参与者的增多会侵蚀传统营销渠道成员原有的利润，两条渠道的成员为获得利益最大化而对客户展开争夺，在争夺中频频采用价格战等营销手段导致了渠道冲突。

4. “搭便车”行为带来的冲突

网络营销渠道的建立还提高了“搭便车”这种机会主义现象出现的概率，损害了线下渠道成员的利益。当线下渠道和网络营销渠道都经营同样的产品，而网上公布的产品价格更具吸引力或有较高折扣时，消费者就会到线下零售店中去查看产品、向售货员咨询、试用产品，然后到网站上以较低价格订购相同的产品。在此情况下，线下渠道执行了促销、服务等渠道功能，承担了提供信息、教育指导消费者等任务，向消费者提供了服务价值，降低了消费者的购买风险，而购买行为却发生在网上，现金流向了网上企业、网上营销渠道成员。结果，传统渠道成员付出多，回报低，而网络营销渠道未向消费者提供相关服务却坐享其成，这会引起传统渠道成员的不满，导致多渠道冲突出现。“搭便车”行为不仅使传统渠道成员的利益受损，而且会挫伤其销售产品的积极性，影响到企业的市场份额。在多渠道冲突严重时，还会影响到传统渠道成员的信任感和忠诚度，传统渠道成员甚至会退出渠道系统，转而为竞争对手服务，向消费者推荐竞争者的品牌，贬低农林企业的声誉，使农林企业的企业形象和品牌形象受损。

11.5.2 农林产品网络营销渠道冲突类型

美国西北大学营销学教授 Coughlan 等人将这种新型渠道冲突分为三种形式：一是生产制造商自建电子网络直销渠道，与其原有的营销渠道相争；二是生产制造商通过原有渠道以外的网络中间商销售，即他的网络中间商渠道与他的传统渠道相争；三是生产制造商的产品被原有的某些中间商在网上销售，于是出现了传统中间商中使用网络渠道的成员与未使用网络渠道的成员之争。当然，三种形式还可能以组合的形式出现。我们将这三种形式的冲突称为垂直冲突、水平冲突和线上线下冲突（图 11.10）。

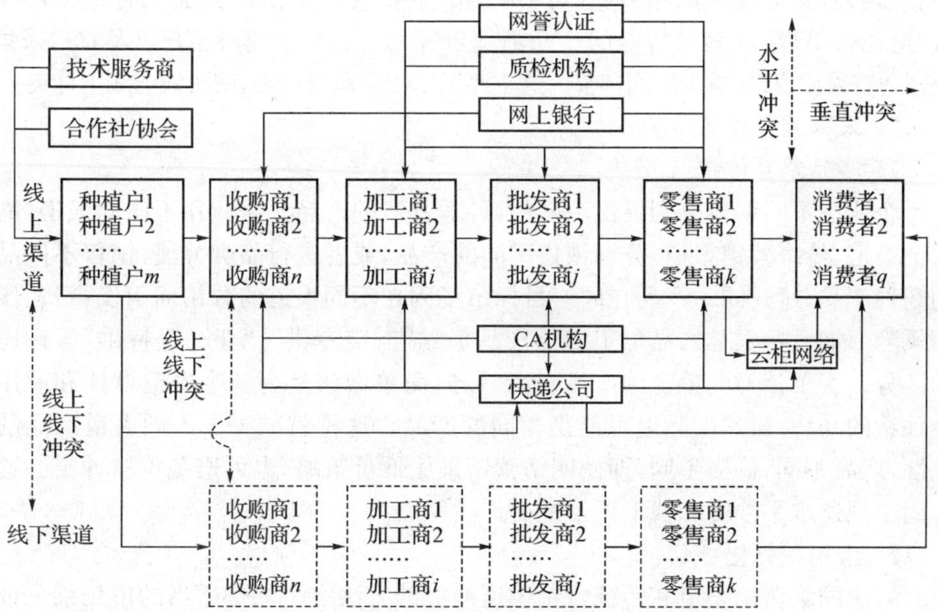

图 11.10　农林产品网络营销渠道冲突示意图

1. 垂直冲突

垂直冲突是指渠道供应链上下游环节之间的竞争与冲突，如种植户、收购商、加工商、批发商和零售商之间的冲突。可能因为货源、价格、费用、渠道管控力等原因造成供应链上下游环节之间的冲突。

2. 水平冲突

水平冲突是指渠道同一环节上的功能相同的成员间的竞争与冲突。如同一农林产品营销渠道中某一环节内的成员相互竞争，可能因为品质差异、上游安排的购销额度不一、客户重叠、中间服务商厚此薄彼等原因造成冲突，如“三只松鼠”的 6 个旗舰店在目标市场的潜在冲突。

3. 线上线下冲突

线上线下冲突是指网络渠道和线下渠道中各个渠道成员服务于同一目标市场时所产生的交叉冲突。它可能是线上成员集合与线下成员集合的冲突，可能是相同环节的线上个体成员与线下个体成员间的冲突，也可能是线上与线下不同环节成员间的冲突。

11.5.3 农林产品网络营销渠道冲突管理

1. 专注网络直销

企业采用B2C的网络直销模式，不建传统分销渠道，以自建网站或者第三方平台作为营销阵地，真正实现渠道的低成本运作。季节性农林产品、低产量农林产品和“轻公司”适合于网络直销。网络直销主要是由种植户或加工商直接在线销售，避免长渠道，以满足特定的小众消费者需求。比如松露种植户以及农户采集的松露适宜采用直销，减少中间环节。这主要用于规避垂直冲突，解决线上线下冲突。

2. 采取差异化策略

1）产品差异化

企业在不同渠道分别提供不同的、各适其所的产品。企业在不同的渠道（网络营销渠道、传统营销渠道）分别销售不同的产品，或者进行品牌分流，销售不同品牌的同种产品，避开同一产品在同一目标市场因在不同渠道的分销而引发窜货、压价等风险。如一些农林产品加工商给产品加贴“淘宝专供”、“亚马逊特供”等标志以示区分。为了让不同渠道的产品有所差异，简单做法是为各个渠道设计和使用一个独特的品牌，虽然实际上可能是相同的产品。这样就减少了不同渠道产品的可比性，产品不同，价格不同，即使网络营销采用低价策略，也可避免价格冲突。这主要用于规避水平冲突和线上线下冲突。

2）市场差异化

解决网络营销渠道和传统营销渠道冲突的方法之一就是适当的市场细分或者消费者群细分。细分分为自然分群和引导性分群。自然分群是指消费者在自身的生活和生产过程中，或者在搜集信息、比较决策、购买产品和服务、消费和应用过程中，自然地呈现出具有相同特征的客户群的聚类现象。比如根据人口统计特征、地域区隔形成的群体和有机食品市场、坚果市场、绿茶市场等。引导性分群是指厂商为了营销目的，在掌握消费者特点和需求的基础上，通过产品或服务设计、渠道设计、信息传播设计等营销手段来进行的消费者群体划分。在互联网时代，人们的生存和生活方式发生了深刻的变化，从而就出现了许多新的特征，使企业可以对用户进行新的划分，产生新的细分市场，而每一个细分市场又有与其相适应的渠道结构和形式。根据产品属性特征和消费者分群的匹配性，把一部分消费者留给传统营销渠道，另一部分划归网络营销渠道，使新旧渠道互相规避礼让，和谐共存。如将单位低价值、不易保存、不耐运输的新鲜果蔬留给传统市场，而高价值、易保存的农林产品则可以交由网络宽渠道、长渠道销售。

3）服务差异化

随着产品同质化，价格PK会迫使以卖农林产品为主的渠道商转向服务差异化以提升盈利空间，所以网络的去中介化也是在推动渠道服务差异化。

3. 建立高效的现代物流配送体系

农林产品与消费者的生活关系密切，其巨大的需求量要求有高效现代的物流配送体系作为发展基础。多数大众化农林产品本身的物理特性决定了货物价值一般较低，体积较大或物重较大。因此在物流配送过程中，完善的仓储系统既要充分利用运输的网络功能，也要在综合多种因素的前提下制定合理的存储量和存储时间。此外，装卸搬运是农林产品在流通过程中的一个重要环节。在这个环节中既要减少搬运次数也要最大程度上发挥专业机械设备的优势，增强物流配送的节奏和衔接性，进而提高整个产品流通过程的综合效率。物流配送中心等运输节点的设计要综合考虑产品特点、运输距离、客户对时间的要求、企业运输成本等因素。

4. 构建有效的信息沟通机制

营销渠道成员之间需要建立一种规范性、经常性信息共享平台，进而进行长期有效的沟通。渠道成员之间可以交流相关市场供求信息，合作过程中出现的问题，企业发展的宏观规划等信息，高级管理层进行互访，这种交流在很大程度上改变了渠道成员之间、渠道成员与消费者之间信息不对称的现状，消除了很多潜在的隐患与误解，保证了企业的营销渠道高效、正常的运转。

5. 合作与共赢

企业必须全面考察其所处的内外部环境，结合企业的发展战略、市场定位、目标客户的购买行为特点和偏好以及产品特性，改进渠道成员间的合作关系。

1）信息合作

渠道成员参与各方对有价值的信息进行共享。对于产品的市场需求信息，渠道成员可以就有价值的信息进行共享，使整体利润均值达到最大。

2）决策合作

对渠道成员的决策进行统一的规划和控制，减少不同渠道成员因决策差异而产生的冲突。

3）财务合作

主要通过改变渠道内成员之间支付的条款和条件以减少因财务纠纷而产生的冲突。

4）运作合作

渠道成员之间进行物质和人力资源共享，加强各方的了解和沟通。对于渠道成员的产品进行共享可以降低流通成本，而对人力资源进行共享可以使渠道成员加强相互间的了解，促进双方的长期合作。具体可以通过股权投资的一体化战略、合同期约等多种形式加强成员间的关系与合作，实现渠道内的成本节约，多方共赢。

6. 线上与线下整合

为了分摊农林产品营销风险，网商可采取线上与线下相结合（虚实整合）策略。

消费者可以同时通过线下渠道与线上渠道购买农林产品。但由此会引发线上与线下因产品定价不一及工作分配歧异(谁与消费者接触、保留消费者数据、接单、运送等事项)等而导致渠道冲突现象。虚实整合有助于提升交互作用、分享信息、便利消费者购物与提货、发挥杠杆作用及分散风险。Gulati & Garino(2000)提出了虚实整合光谱模型(图 11.11),由左到右依次为完全分离(Spin-off)、策略联盟(Strategic Partnership)、合资(Joint Venture)与内部分割(In-house Division)。越是靠近光谱右边,虚实整合程度越高,使得网商企业在线上与线下都能分享企业信息,并同时运用到采购杠杆及获得物流方面的节约与高效率。越靠近光谱左边,虚实整合程度越低,线上与线下的业务范围明显分离,此时的经营策略应专注于各自的核心业务,拥有更大的弹性和更多外部资金支持。表 11.1 展示了四种虚实整合策略的优缺点比较。

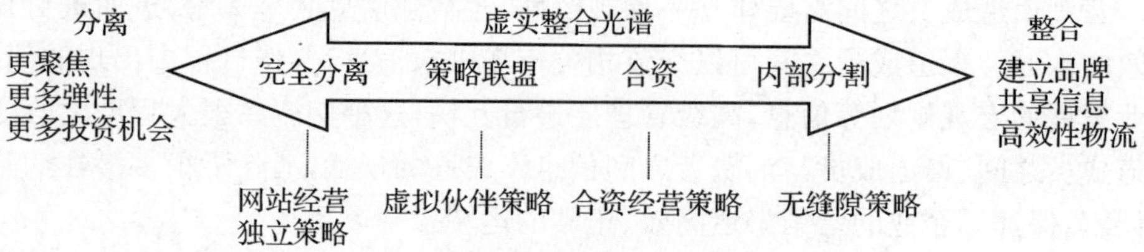

图 11.11　虚实整合光谱模型

资料来源:Gulati & Garino(2000)

表 11.1　虚实整合策略优缺点比较

策略	优点	缺点
无缝隙	品牌价值延伸 分析市场与消费者信息 获得杠杆作用的投资效益 分散风险 分享现有渠道资源	核心业务焦点会模糊
合资经营	节省投资时间和成本 避免核心业务焦点模糊	合资方企业文化冲突 作业层面的软硬件与信息技术的兼容问题
虚拟伙伴	快速拥有策略伙伴对现有消费者与市场的认识 立即获得策略伙伴品牌效应	与策略伙伴分享未来可能的市场与收益
网站经营独立	不需要调整现有组织架构 易于决策,保持高度弹性 创造另一个企业文化 较大的弹性 较大的与其他企业结盟的机会	丧失原有品牌市场占有率的优势 丧失市场的关注

综上所述，面对渠道冲突，可采取以下解决办法：

(1) 渠道成员的选择要按照经济性、适应性和控制性的原则不断优化。

(2) 及时了解和反馈成员间的动态和信息，预警可能的冲突源，在爆发前予以控制解决。

(3) 因时因利调整渠道策略，加强调控。

(4) 建立协调机制，加强合作。

(5) 严肃合同和游戏规则，由企业监督和仲裁。

(6) 删除和重建渠道成员。

花道家网络花店(图 11.12)是台湾最大的网络花店。为了在网上卖包装花束，创业初期花道家深入了解该产业，先并购虚拟花店，且与近 60 家实体店合作，掌握虚实渠道。花道家的产品有八成是自行设计制作，不但有专业摄影棚，也有专属的花艺设计师，创造独一无二的鲜花设计款，甚至让礼物帮消费者说出绵绵情话。推出盒装的花样礼品类，消费者只要点击想要的商品，订单就会自动传送给负责该产品或该地区的设计师。专属配件由花道家宅配送出，但易毁损凋谢的花束产品则由近 60 家的合作实体花店就近制作，再直接于指定时间送到指定地点。花道家的成功关键在于掌握产业关键资源，虚实整合及专业分工。

图 11.12　花道家网络花店首页

11.6　网络营销物流策略

物流在企业营销策略中又叫实体分配，就是渠道内发生的产品实体的移动及其经营管理。著名的营销学家菲利浦·科特勒在《市场营销管理(亚洲版)》中对物流的定义为："物流是指计划、执行与控制原材料和最终产品从产地到使用地点的实际流程，并在盈利的基础上满足消费者的需求。”

11.6.1 网络营销中的物流

在社会化大生产和经济高度发展的条件下，商流与物流的分工是必然趋势。在流通过程中，产品通过买卖而发生的价值形式的变化和所有权的让渡，叫做商业流通，简称商流；随着所有权的转移，在大多数情况下，还要发生运输、储存、装卸等活动，这叫做实体流通，简称物流。商流和物流是同一产品运动相互依存的两个方面，一方面表现为价值形式的运动，另一方面表现为物质形式的运动。商流是实现物流的前提，物流是实现商流的保证。没有商流就没有物流，购销(商流)是产品实体运动的前提，是起主导作用的环节；没有物流，商流也不能实现，实体运动是产品购销的必要条件，物流是商流派生的但又是必不可少的因素。商流与物流既可互相结合，又可互相分离。商流与物流的起点和终点是结合的，但中间允许分离，流通路线可能不一致。因此，流通过程是产品所有权的转移和产品实体的运动统一的过程。如果产品实体不能以适当的批量、适当的时间与地点，从企业那里转移到消费者手中，整个营销活动就将落空。

与传统营销渠道一样，以互联网作为支撑的网络营销渠道也应具备传统营销渠道的功能。

1. 物流与网络营销的关系

一个完善的网络营销渠道应有三大功能：订货功能、结算功能和配送功能。而在具体建设网络营销渠道时，关键就是建立完善的配送体系。消费者只有看到购买的商品到家后，才真正感到踏实，因此建设快速有效的配送服务系统是非常重要的。

1）物流是网络营销的基石

生产是商品流通之本，而生产的顺利进行需要各类物流活动的支持。生产的全过程从原材料的采购开始，便要求有相应的供应物流活动，以将所采购材料转移到指定位置，否则生产就难以进行；在生产的各工艺流程之间，也需要原材料、半成品的物流过程，以实现生产的流动性；部分余料、可重复利用的物资的回收，就需要所谓的回收物流；废弃物的处理则需要废弃物物流。可见，整个生产过程实际上就是系列化的物流活动。合理化、现代化的物流通过降低费用从而降低成本、优化库存结构、减少资金占压、缩短生产周期，保障了现代化生产的高效进行；相反，如果缺少了现代化的物流，生产将难以顺利进行，网络营销将是无米之炊。

2）物流是网络营销概念模型的基本要素

物流是网络营销实施以“顾客为中心”理念的最终保证，是网络营销不可缺少的环节。一般的产品都需要配送，发到客户手中，物流承上启下，完成商品的流通。网络营销促进着物流业的发展，同时物流又对网络营销提供大力的支持。物流是网络营销概念中重要的构成要素。

3）物流是实现网络营销的保证

在商流活动中，商品所有权在购销合同签订的那一刻起便由供方转移到需求方，而商品实体并没有因此而移动。在网络营销中，消费者上网购物，通过点击鼠标下单时即完成了商品所有权的交割，即实现了商流。但网络营销的活动并未结束，在这个流程中，揽件、装卸、搬运、库存、运输、分派、派件、产品接收是实现网络营销的重要环节和基本保证，只有商品和服务真正转移到消费者手中，网络营销活动才告以终结。

从以上的论述中可见，物流是网络营销重要的组成部分。大力发展冷链、低温、恒温物流，进一步推广农林产品网络营销。

2. 网络营销物流的特点

网络营销时代的来临给全球物流带来了新的发展，使物流具备了一系列新特点。

1）信息化

网络营销时代，物流信息化是网络营销的必然要求。物流信息化表现为物流信息的商品化、物流信息收集的数据库化和代码化、物流信息处理的电子化和计算机化、物流信息传递的标准化和实时化、物流信息存储的数字化等。因此，条码(Bar Code)、数据库(Data Base)、电子订货系统(Electronic Ordering System, EOS)、电子数据交换(Electronic Data Interchange, EDI)、快速反应(Quick Response, QR)及有效的消费者反映(Effective Customer Response, ECR)、企业资源计划(Enterprise Resource Planning, ERP)、电子溯源系统(Electronic Traceability System, ETS)和冷链物流(Cold Chain Logistics, CCL)等技术与观念在我国的物流领域中得到普遍的应用。信息化是一切的基础，没有物流的信息化，任何先进的技术设备都不可能应用于物流领域，农林产品网络营销对物流提出的快速、准确、集成、低成本的要求就无法满足。

2）自动化

自动化的基础是信息化，其核心就是机电一体化，外在表现是无人化，效果是省力化。物流的自动化可以扩大物流作业能力、提高劳动生产率、减少物流作业的差错等。物流自动化的设施非常多，如条码/语音/射频自动识别系统、自动分拣系统、自动存取系统、自动导向车、货物自动跟踪系统等。这些设施现在已普遍用于物流作业流程中。

3）网络化

物流领域网络化的基础也是信息化，这里的网络化有两层含义：一是物流配送系统的网络化，包括物流配送中心与供应商或制造商的联系要通过计算机网络，与下游消费者之间的联系也通过计算机网络通信，比如物流配送中心向供应商发出订单这个过程就可以借助于增值网（Value Added Network，VAN）上的电子订货系统（EOS）和电子数据交换技术（EDI）来自动实现，物流配送中心通过计算机网络收集下游消费者的订货过程也可以自动完成；二是组织的网络化，即完善的物流信息管理系统能即时安排物流过程。由于物流信息能够即时甚至提前于物流过程在相关环节中传递，使得系统可以收集到足够的信息，提前测算并模拟出最佳的物流线路，指导实际的物流过程，使得货物的实际输送过程变得相对自动化，甚至是精确，消除了无效物流和冗余物流，缩短了等待时间，加上自动化的操作水平和即时的响应速度，使得“按需生产、零库存、短在途时间、无间隙传送”成为网络物流的理想状态。比如，农林产品的生产分散、销售集中，这一过程需要有高效的物流网络支持。物流网络化是物流信息化的必然，是网络营销下物流活动的主要特征之一。

4）智能化

这是物流自动化、信息化的一种高层次应用。物流作业过程大量的运筹和决策，如库存水平的确定、运输（搬运）路径的选择、自动导向车的运行轨迹和作业控制、自动分拣机的运行、物流配送中心经营管理的决策支持等问题都需要借助于大量的知识才能解决。在物流自动化的进程中，物流智能化是不可回避的技术难题。目前专家系统、决策支持系统、机器人等相关技术已经成熟，为物流现代化的水平提高奠定基础。

5）柔性化

柔性化本来是为实现“以消费者为中心”理念而在生产领域提出的，但要真正做到柔性化，即真正能根据消费者需求的变化来灵活调节生产工艺，没有配套的柔性化物流系统不可能达到目的。国际生产领域已纷纷推出弹性制造系统（Flexible Manufacturing System，FMS）、计算机集成制造系统（Computer Integrated Manufacturing System，CIMS）、制造资源计划（Manufacturing Resource Planning，MRP）、企业资源计划（ERP）以及供应链管理等理念和技术。这些理念和技术的实质是要将生产、流通进行集成，根据需求端的需求组织生产，安排物流活动。因此，柔性化物流正是适应生产、流通与消费的需求而发展起来的一种新型物流模式。它要求物流配送中心要根据消费需求“多品种、小批量、多批次、短周期和定制化”的特色，灵活组织和实施物流作业。

6）专业化

因农林产品本身属性的差异性，对物流有冷链、恒温、常温等不同要求，由此形成不同农林产品的专业化物流。不仅要求仓库、运输工具、终端投递设备等应满足产品属性要求，而且也要求改革和创新物流手段、周转方式、方法等以适应农林产品属性特征。如生鲜海产品从捕捞起急速冷冻、全程低温运输、低温包装投递；而海产品的干货品选择在保证防潮条件下的普通物流方式即可。

11.6.2　网络营销中的物流模式

网络营销物流模式有多种选择。

1. 自营物流

从企业竞争战术的角度来考虑，最重要的决策变量有两个：一是能否提高企业运营效率，二是能否降低企业运营成本。是否采用自营物流取决于社会物流企业的服务是否能够满足企业所要求的物流服务标准。

1）自营物流的优势分析

自营物流可以使企业对供应链有较强的控制能力，容易与其他业务环节密切配合，全力专门地服务于本企业的运营管理，即自营物流可以使企业的供应链更好地保持协调、简洁与稳定。

(1) 协调。供应链的协调包括利益协调和管理协调。利益协调必须在供应链组织结构构建时将链中各企业之间的利益分配加以明确。管理协调则要求适应供应链组织结构要求的计划和控制管理以及信息技术的支持，协调物流、信息流的有效流动，降低整个供应链的运行成本，提高供应链对市场的响应速度。

(2) 简洁。供应链是物流链、信息链，也是一条增值链，它的构建并不是任意而为。供应链中每一个环节都必须是价值增值的过程，非价值增值过程不仅增加了供应链管理的难度，增加了产品/服务的成本，而且降低供应链的柔性，影响供应链中企业的竞争实力。因此，自营物流在设计供应链的组织结构时，可以根据企业内部财务资料，严格分析每一环节是否存在真正的价值增值活动，简化供应链。

(3) 稳定。供应链是一种相对稳定的组织结构形式，影响供应链稳定的第一个因素是具有优势的环节，即供应链中的各个环节是具有优势的业务单元，要有竞争力。自营物流可以保障物流服务质量，形成竞争优势。第二个因素是供应链的组织结构，如供应链的长度，供应链的环节过多，信息传导中就会存在扭曲信息，造成整个供应链的波动，稳定性就差。自营物流使企业对供应链有更多的监控与管理能力，可以更容易地保持供应链的稳定。第三个因素是信息安全问题。很多企业有不少内部机密信息，自营物流可以使企业保证自己的信息安全，避免内部物流与外部物流交叉过多造成企业机密的泄露。采取自营物流模式，企业物流部门锻炼了一支队伍，人员素质在供应链管理、信息管理、物流管理、团队协作等方面都会有较大的提升。

2）自营物流的劣势分析

自营物流除了上述的优势外，也有很多的缺陷，主要表现在：

(1) 规模与投入。网络营销企业自营物流所需的投入非常大，建成后对物流规模的要求很高，大流量才能降低成本，否则将会长期处于不盈利的境地。而且投资成本较大、时间较长，对于企业柔性有不利影响。

(2) 物流管理能力。对于这样一个庞大的物流体系，建成之后需要工作人员具有专业化的物流管理能力，否则的话只有物流硬件，也是无法经营的。

2. 物流联盟

物流联盟指货主企业选择少数稳定且有较多业务往来的物流公司形成长期互利的、全方位的合作关系。货主企业与物流企业优势互补，要素双向或多向流动，相互信任，共担风险，共享收益。物流联盟一方面有助于货主企业的产品迅速进入市场，提高竞争力，另一方面使物流企业有了稳定的资源。当然物流联盟的长期性、稳定性会使货主企业改变物流企业的行为变得困难，货主企业必须对今后过度依赖于某个物流企业的局面作周全考虑。

3. 第三方物流

第三方物流(Third Part Logistics，TPL)是指供应链上的核心企业及其合作伙伴通过整合和合理分配企业之间的物流功能，把供应链上的物流业务外包给第三方物流服务提供者，企业将自己的时间和精力放在自己的核心业务上，从而提高整个供应链运作的效率。

1) 第三方物流的优势分析

(1) 成本节约。一般来说，第三方物流企业承接各类网商的物流委托，充分发挥第三方物流企业设备资产专用化作用，突出规模化优势，大幅度降低物流成本。

(2) 服务改进。现代的消费者要求提供消费品的前置时间越来越短。为此，供应链通过种植户、加工企业内部、外部及流通企业的整体协作，大大缩短了产品的流通周期，加快物流配送的速度，并将产品按消费者的需求生产出来，快速送到消费者手中。网络营销企业与第三方物流企业进行供应链的优化组合，使物流服务功能系列化。在传统的储存、运输、流通加工服务台的基础上，增加了市场调查与预测、采购及订单处理、配送、物流咨询、物流解决方案的选择与规划、库存控制的策略建议、货款的回收与结算、教育培训等增值服务。这种快速、高质量的服务必然会塑造企业的良好形象，提高企业的信誉、消费者的满意程度。

(3) 增加灵活性。第三方物流可能为企业提供更大的灵活性，例如地理分布上的灵活性。销量不断上升的网商需要迅速补充货源，因而要有地区仓库。通过利用第三方物流企业的仓储服务，企业就可以满足客户需求，不必因为建造新设施或长期租赁设施而调拨资金并在经营灵活性上受到限制。

2) 第三方物流的劣势分析

第三方物流降低了雇主企业对物流的控制能力；雇主企业的经营信息有外泄的危险；第三方物流企业可能没办法提供某些满足雇主企业个性化需要的物流

服务。

11.6.3　农林产品物流的主要模式

目前我国农林产品物流的主要模式有三种，分别是以农林产品中介组织为核心，以农林产品批发市场为核心和以农林产品物流园区为核心的模式(图 11.13)。

1. *以农林产品批发市场为核心的物流模式*

以农林产品批发市场为核心的物流模式的原始状态是由交换者直接进行交换，商品的多种交易和商品的多头交易逐步推动了农林产品批发市场的形成。农林产品批发市场主要分为产地市场和销地市场。目前我国主要是以销地市场为主要交易模式并引导农林产品物流。由于我国的农林产品生产主要模式是以家庭组织为主体进行自主生产，专业化和规模化的生产还不成熟，因而首先要将分散的农林产品汇聚起来，形成汇聚物流到产地市场，然后经销售渠道到达销地市场，由销地市场再分销到消费者手中，通常称之为“双市场”的三段式物流模式。这种模式的物流中间环节较多，每一次物流的转化都伴随着产品的装卸、存储等物流活动，转换的效率低且转换成本高，导致农林产品运送效率不高，损耗较大。

2. *以农林产品中介组织为核心的物流模式*

以中介组织为核心的农林产品物流模式通常称为产销两段式物流模式或中心市场两段式物流模式。这种模式采用规模化、专业化生产组织方式(比如农业合作生产组织)，替代了产地批发市场的部分职能，直接进入销地批发市场、加工企业等下一个环节。这样的农林产品在流通过程中减少了汇聚物流和产区市场交易这样一次转换。产品可以从生产领域直接通过主渠道物流进入销地批发市场，交易环节和物流转换的减少使得交易成本和物流成本都大大降低，物流效率也大大提高。目前采用这种物流模式的前提主要是通过农业合作组织来整合分散的农业生产者，使其具备规模化生产组织的条件。这样可以使农民以更高的组织形式和主体进入市场，克服小生产与大市场、大物流之间的矛盾。但是以中介组织为中心的物流模式只是农林产品物流的生产和流通环节的整合，不是整个农林产品物流系统的整体优化。

3. *以农林产品物流园区为核心的物流模式*

现代农林产品物流的较先进的模式是农林产品物流园区发展模式。可以认为农林产品物流园区发展模式是一种以第三方物流企业为主导的发展新模式，它是基于将农林产品物流集约化、一体化的思想而提出的。农林产品物流园区是由拥有多种类型物流服务和物流设施的第三方农林产品物流企业在空间上集中而形成的场所。现代物流不但包括物流、信息流、商流和资金流四个基本要素，还包括物流加工、包装、仓储、运输、分销等诸多物流活动，更重要的是包括改善和提高物流技术和物流管理水平。因此，结合农林产品批发市场的集散功能和农林产品中介组织的集约功能，建立农林产品物流园区，从而实现农林产品物流集约化、一体化、规模化，进一步促进农林产品现代物流发展。农林产品物流园区是营造农林产品物流优良环境的一个区域，具有系统性和综合性等特征，也是现代农林产品物流技术、信息、设备、人才、管理、资源和客户的集中地。入驻农林产品物流园区的企业按专业组织农林产品物流活动，由于空间上的集中和整体管理，从而可以达到依靠整体优势和互补优势，形成一定的综合效应和规模效应，进而促进农林产品物流一体化、集约化的发展。不但在物流流程上实现农林产品物流的一体化，在综合管理上实现管理集约化，在产业集群上实现规模化，而且在存储、运输、装卸、加工、信管、中介等领域进行有机结合和集成，从而在园区内形成了一个社会化的高效农林产品物流体系。

目前我国农林产品物流处于这几种物流模式共存的状态，但是很显然，以农林产品物流园区为核心的物流模式更加适合中国农业经济未来的发展。目前我国农业生产还是分散的小农经济居多数，但是未来的发展趋势是分散农户朝着联合的规模化生产方向发展，因而以物流园区为核心的物流模式更加适合农林经济的发展，政府应鼓励和扶持农林产品物流园区的建设和发展。物流园区的建设应首先根据服务地区的需求认真调研，分析出所需物流园区的功能，根据不同的功能需求，建设适应地区发展的不同功能的农林产品物流园区。

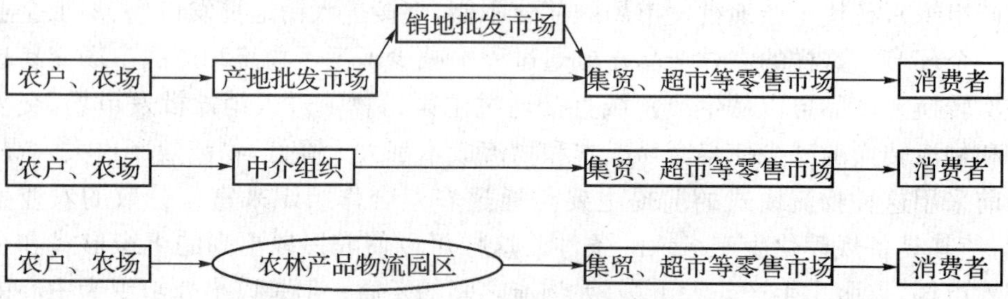

图 11.13　我国农林产品物流的三种主要模式

11.6.4　影响企业的网络营销物流模式选择的因素

当前，国内企业将部分物流功能采取外协方式的做法较普遍，如“菜鸟”打造物流骨干网络，“云柜”为物流快递公司提供了“派件最后 100 米难题”的解决方案。对于投身于网络营销的企业，在物流模式方面除了采取传统的自营方式之外，还可考虑逐渐规范的外协模式，或寻找理想的物流企业建立物流联盟。不同企业到底选择何种物流渠道模式，需综合考虑以下几方面的因素：

1. 企业规模和实力

资金充裕的大中型企业有能力建立自己的物流配送体系，量体裁衣制定合适的物流需求计划，保证物流服务的高质量。同时，过剩的物流网络资源还可外供给其他企业。而小型企业则受资金、人员及核心业务的限制,物流管理效率难以提高,更适宜把物流管理交由第三方专业物流公司。如京东、当当等网站的自营业务多数采用自营物流。

2. 核心与非核心业务

按照供应链的理论,将不是自己核心业务的物流管理外包给从事该业务的专业公司去做,这样从原材料供应到生产,再到产品的销售等各个环节的各种职能,都是由在某一领域具有专长或核心竞争力的专业公司互相协调和配合来完成的,这样所形成的供应链具有最大的竞争力。

3. 物流对企业成功的影响程度

如果物流对企业战略有着关键作用,企业适宜采用自营物流或寻找较为可靠的第三方物流代理商,建立长期稳定的物流联盟。自营物流保证了企业的关键业务不受外界因素的影响,而与可靠的第三方物流代理商合作,可以使企业在物流设施、运输能力、专业管理技巧上获益颇丰,降低了成本及风险。

4. 目标消费者的空间分布

一般营销活动的有形销售网点资源都是按销售区域来配置的,每一个销售点负责一个特定区域的市场,设立一个配送中心,负责向若干个销售网点送货,销售点向配送中心订货和补货,配送中心则在规定的时限内将订货送达。但是,由于网络营销的目标消费者可能在地理分布上是十分分散的,要求送货的地点也不集中,致使企业无法经济合理地组织送货。因此,目标消费者的空间分布就决定了网络营销必须对不同区域采取不同的物流模式。

5. 产品的特性

不同的产品具有不同的消费特点和流通特点,需要有不同的物流模式,如新鲜品、干货品和加工品等需要的物流模式不尽相同。

6. 物流成本的控制与管理

农林产品网络营销的物流更加具有多品种、小批量、多批次、短周期的特点,很难单独考虑物流的经济规模,因而会有较高的物流成本和耗损率。因此,企业必须通过扩大在特定的销售区域内的销售规模、提高专业设备投入、向终端消费者收取物流费等方式以降低物流成本,而能不能有效降低物流成本,就成为了选择网络营销中物流模式的重要指标和主要影响因素。

第十二章　农林产品网络交互式营销沟通与网络促销策略

12.1　信息沟通概述

网络空间维度与网络站点数量正以日新月异的速度变化。网络站点大量膨胀,网络空间传播的信息严重超载,每个网站又有许多网页,每个网页都竭力吸引浏览者的眼球,但是网络受众的在线行为日益呈现出明显的个性化与多样化。为了使网络促销有效吸引消费者关注,需要使用在线促销和离线促销,促使优质访问者访问网站;使用网上沟通向访问者传递有效的信息以提高流量转化率。因此,交互式信息沟通是网络促销的关键。

1. 信息沟通模型

信息沟通是发布者把主客观的信息通过一定渠道传递给接收者,针对各自需要的信息进行共享与多次往返交换。图 12.1 所示的信息沟通模型解释了信息的共享、传播和交换整个过程。模型由发送者、接收者、传播媒介等角色要素组成,由编码、发送、接收、反应/反馈和噪声等功能要素闭环构成信息传播系统。在信息沟通中,发送者和接收者由于认知领域上的经验和知识等差异,会导致信息沟通不畅、沟通结果不佳或者只选择与已有关或感兴趣的信息接收,对全面完整理解信息产生偏差。同时,外部噪声实时对信息传递和理解的干扰影响信息接收和理解的准确性。此外,信息沟通中消费者的个人习惯、动机、行为和期望等因素,对沟通过程及效果也会产生重要影响。

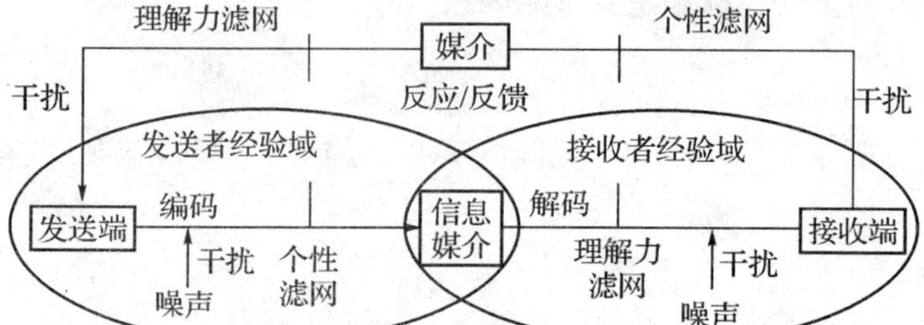

图 12.1　信息沟通模型及要素构成

2. 信息沟通模式

信息沟通模式分为三种：广播方式下的一对多信息传播模式（单向），如通过平面媒体（报纸、广播、电视等），企业向众多消费者发布营销消息；基于网站的一对一交互式信息传播模式（双向），如企业通过自建网站或第三方平台搭建的网站与消费者、与企业内部员工的双向交互式信息传播；通过互联网媒介的多对多交互式信息传播模式（双向），如企业、消费者、员工、网络冲浪者以及线下主体等均是信息发送方，亦是信息接收方，形成自媒体模式，包括微博、微信、百度贴吧、论坛/BBS等网络社区（图12.2）。

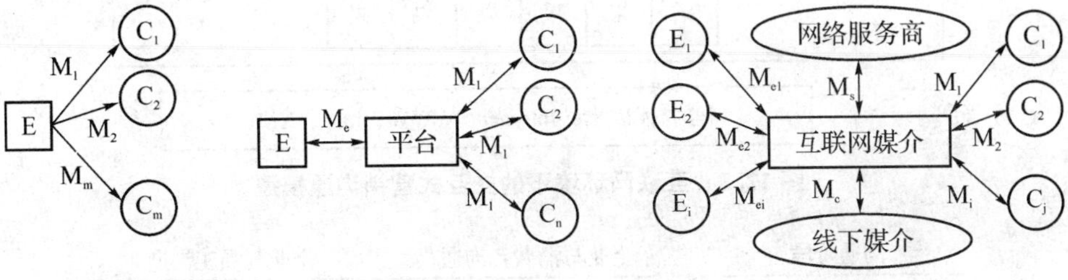

图 12.2　信息沟通模式

12.2　农林产品网络交互式营销沟通

12.2.1　网络交互式营销沟通概述

1. 网络交互式营销沟通的定义

营销沟通也称为营销传播，是指营销方为创建品牌和销售产品，向消费者传播营销信息并与其交流的过程。在人人为媒体的自媒体时代，信息发送方不一定是企业，信息接收方不局限于消费者。发送方通过视觉、听觉、符号、图片、视频、音频和平面媒体等载体发布信息。就本质而言，营销与沟通是不可分割的：营销就是沟通，沟通就是营销。

网络交互式营销沟通是通过网络平台，运用信息系统和在线沟通工具，实现企业内部人员、企业与企业、企业与消费者的文本、音频和视频等多媒体信息的双向交互式沟通。

沟通的主体、客体、对象、沟通工具和方法及其作用关系的要素组合成营销沟通模型，如图12.3所示。该模型实现了内外的双向开放式沟通，环境因素也通过网络交互式营销沟通平台嵌入沟通过程。沟通效果可通过广告效果、竞争效果、销售效果、服务效果、公关效果和财务绩效加以衡量。沟通过程经历接触、交互、交易、关系维系四个阶段，图12.4描述了四个阶段中企业与消费者、企业与员工的沟通任务。

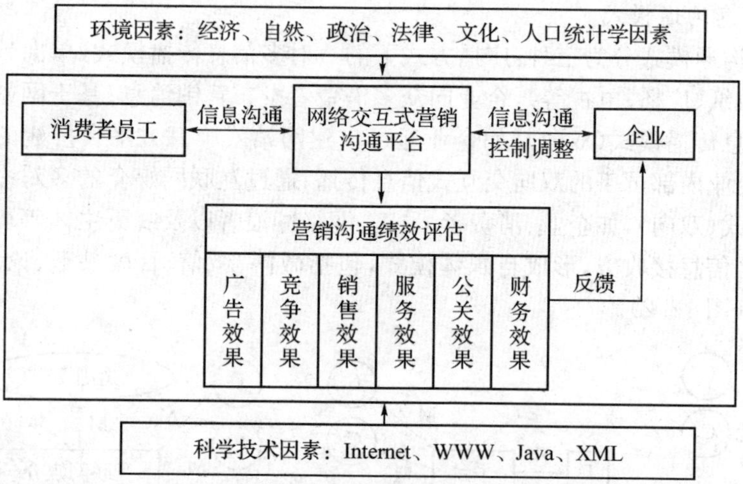

图 12.3 互联网环境下的交互式营销沟通模型

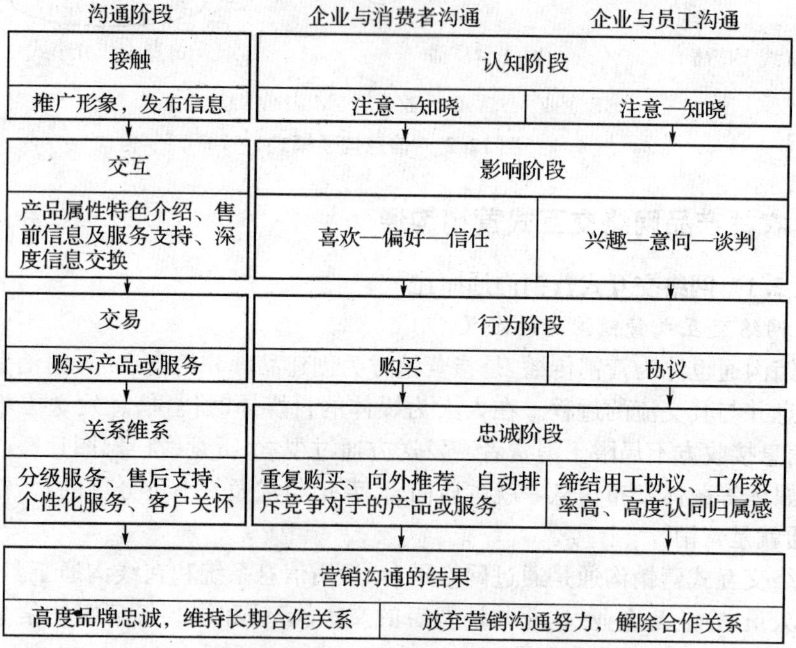

图 12.4 互联网环境下的交互式营销沟通过程及任务

解释、沟通的目的是认知影响行为和忠诚。消费者和企业员工在各自的内外部影响因素作用下，经由网站平台完成与企业的营销沟通，如图 12.5 所示。

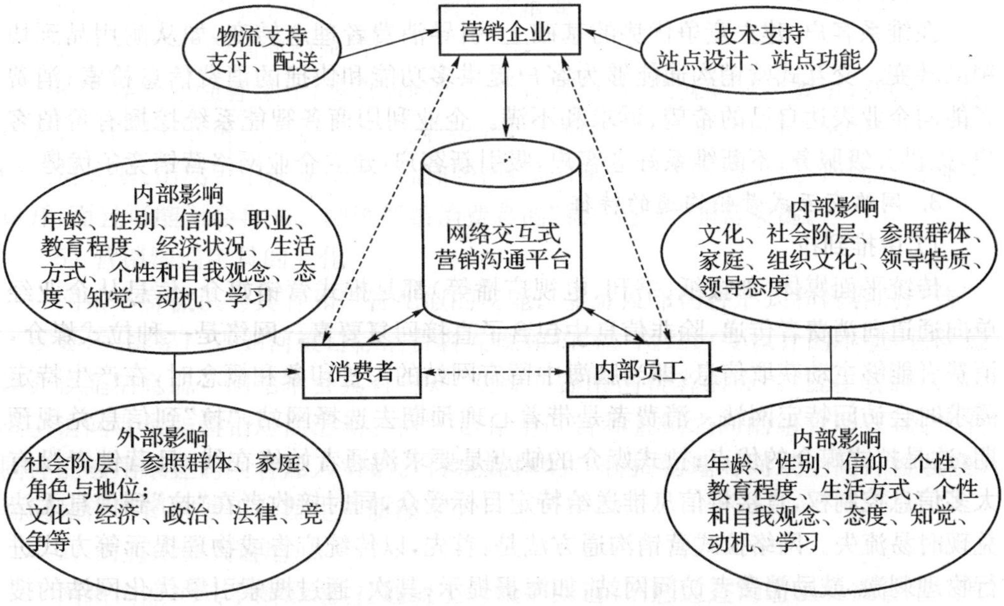

图 12.5　互联网环境下的交互式营销沟通模型影响要素

2. 网络交互式营销沟通的目标

企业作为发送方，在告知、劝说、激励、提醒和引导消费者时，传播信息的目的在于：

1）创建品牌

企业在营销沟通中展现品牌及其产品的内涵和特性，在消费者中建立辨识企业品牌与竞争对手的差异的辨识能力，树立品牌及企业形象，扩大企业及品牌知名度和影响力。向消费者传递企业品牌理念及价值，培养消费者的品牌认知，引导消费者信息搜索方向和未来购买行为，最终获得消费者青睐，并能转化为销售行为。

2）销售产品

通过交互式营销沟通培育市场，消弭市场的不确定性，维持和扩大市场份额。通过向消费者传递产品信息和销售信息，使消费者尽快对产品熟悉，解除焦虑的犹豫状态，由知晓向认知、接触和试用迅速转变。此时沟通任务是转变潜在消费为现实消费，激励消费者作出购买决策，而沟通效果就是销量和销售额的提高。

3）维系客户

通过交互式营销沟通挖掘潜在消费者需求和价值，获悉消费者对新品开发、老产品改进、服务改善等方面的看法和意见，发现新的市场机会，并与客户建立长久的关系。

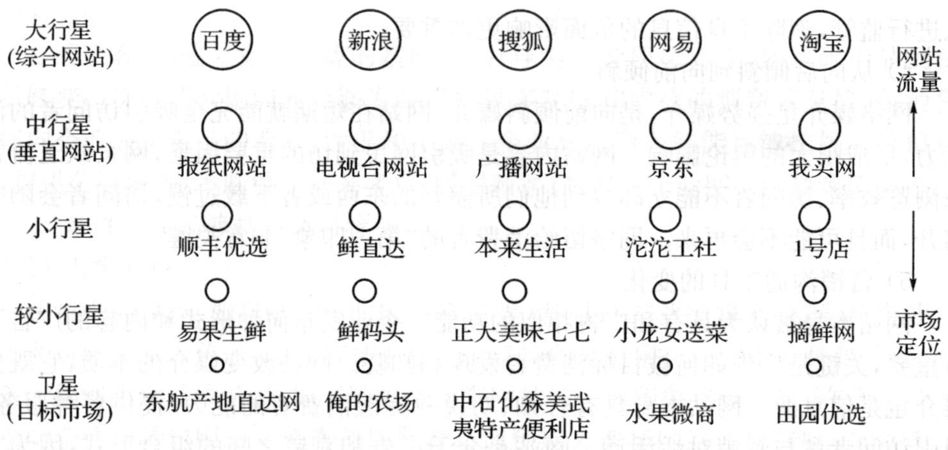

图 12.6 不同网站的行星分析图

12.2.2 常见网络交互式营销沟通方法及形式

传统媒体除电话外,基本都是单向沟通的。互联网沟通是双向交互的,再与传统媒体整合,形成交互式营销沟通的效用最大化。常见的营销沟通方法及形式见表 12.1。

表 12.1 常见的营销沟通方法及形式

方法	表现形式
广告	印刷及广播广告、外包装、随包装广告、邮件广告、产品目录、影视广告、印刷宣传品、广告牌、陈列招牌、购买时点广告、网站广告、网络工具载体广告(如 QQ、微博、博客、微信等)
直复营销与互动营销	直接邮寄、产品目录、电话销售、区域销售员、电视购物、赞助活动、网站营销、微型网站、搜索广告、旗帜广告、弹出广告、特殊网站的广告和视频、联盟、网络社区、电子邮件、移动营销
实践营销和体验	运动、娱乐、节目、艺术、公共实践、工厂参观、网站产品展览、社区活动
公共关系	出版物、赞助、新闻、演讲、研讨会、慈善捐助、社区关系、游说、形象媒体、公司杂志、标志媒介
人员推销	销售提示、销售会议、刺激项目、销售员用的样本、博览会和展览会、样本试销
销售促进	样品、优惠券、现金返还、特价包装、奖品(礼物)、购买次数计划、奖励(竞赛、抽奖、游戏)、回馈奖励、免费试用、产品担保、捆绑销售、交叉销售、购买现场展览和演示、以旧换新、积分、搭售
口碑营销	蜂鸣营销、病毒营销、意见领袖、博客、微博、网络社区

12.3　农林产品网络促销形式

网络促销是以现代营销理论为基础,通过互联网等信息技术手段和方法,在虚拟市场上发布、传递有关产品和服务的信息,激活消费需求,激起消费者购买欲望,产生购买决策和购买行为。传统营销的促销形式分为:广告、销售促进、宣传推广(公共关系)和人员推销。网络促销形式分为:网络广告、网络销售促进、站点推广和网络关系营销。

12.3.1　网络广告

网络广告主要借助网上知名站点(ISP、ICP 等)、免费公开的交互站点(BBS,社交网站的自定义讨论板块)、网络沟通工具等发布产品或服务信息,对企业产品、品牌、形象进行宣传推广。

1. 网络广告的特点

网络广告除具有传统广告的特点外,还具有传统广告无法比拟的优势。

1) 覆盖范围广

互联网联结着世界范围内的计算机,它是由遍及世界各地大大小小的各种网络按照统一的通信协议组成的一个全球性的信息传输网络。因此,通过互联网发布广告信息的范围广,不受时间和地域的限制。从广告角度看,作为广告媒体,其传播信息的范围越广,接触的人越多,广告效应越大。从广告消费者市场看,消费者市场遍及世界各个角落,即使是一家小企业,通过网络都有可能一夜成为国际性公司。

2) 信息容量大

在互联网上企业提供的信息容量是不受限制的。企业或广告代理商可以提供相当于数千页计的广告信息和说明,而不必顾虑传统媒体上以每分每秒增加的昂贵的广告费用。

网络上一个小小的广告条后面,企业可以把自己的公司以及公司的所有产品和服务,包括产品的性能、价格、型号、外观形态等有必要向自己的受众说明的一切详尽的信息在内制作成网页放在自己的网站或网页中。可以说,费用一定的情况下(在别的网站上存放广告而交的费用),企业能够不加限制地增加广告信息。这在传统媒体上是无法想象的。

3) 强烈的交互性与感官性

网络广告的载体基本上是多媒体、超文本格式的文件,只要受众对某样产品感兴趣,仅需轻按鼠标就能进一步了解更多更为详细、生动的信息,从而使消费者能亲身"体验"产品、服务与品牌。如能将虚拟现实等新技术应用到网络广告,让消费者如身临其境般地感受商品或服务,并能在网上预订、交易与结算,将大大增强网络广告的实效。

4）实时性与持久性的统一

网络媒体具有随时更改信息的功能，企业可以根据需要随时进行广告信息的改动，企业可以 24 小时调整产品价格、商品信息，可以及时将最新的产品信息传播给消费者，并且网络媒体也可以长久保存广告信息。企业建立起有关产品的网站，可以一直保留产品信息，随时等待消费者查询，从而实现了实时性与持久性的统一。

5）投放目标准确

网络广告的准确性包括两个方面。一方面是企业投放广告的目标市场的准确性。网络广告受众实际是由一个一个的团体组成的，这些组织成员往往具有共同爱好和兴趣，无形中形成了市场细分后的目标消费者群。企业可以将特定的商品广告投放到有相应消费者的站点上去，目标市场明确，从而做到有的放矢，而信息受众也会因广告信息与自己相关而更加关注此类信息。另一方面体现在广告受众的准确性上。上网是需要耗费时间、精力和金钱的，消费者浏览站点的时候只会选择真正感兴趣的广告信息，所以网络广告信息到达受众方的准确性较高。

6）非强迫性传送信息

众所周知，报纸广告、杂志广告、电视广告、广播广告、户外广告等都具有强迫性，都是要千方百计吸引你的视觉和听觉，将信息强行灌输到浏览者的脑中。而网络广告则属于按需广告，具有报纸分类广告的性质却不需要消费者彻底浏览，它可让消费者自由查询，将消费者要找的信息集中呈现给消费者，这样就节省了消费者的时间，避免无效的、被动的注意力集中。

7）可跟踪和可衡量效果

广告主通过监视广告的点击率、浏览量等指标，快速掌握广告受众的规模、受众的兴趣点、浏览时间分布等广告反应，衡量网络广告效果。

8）可重复性和可检索性

网络广告将声音、文字、图片等结合起来供用户主动检索、点击，用户可以根据自己的喜好重复观看，而传统广告一旦错过，就得不到广告信息。网络广告检索容易，传统广告的检索费时、费事。

2. 网络广告的类型

网络广告具备先进的多媒体技术，拥有灵活多样的广告投放形式，包括旗帜、文本链接、通知栏、按钮、弹出窗口、文字推广、专题制作和推广、悬停、全屏、对联、竖状、流媒体、画中画、翻卷、频道及栏目冠名、屏保、富媒体以及网络流行语广告等。

1）品牌图形广告

品牌图形广告是网络硬广告最常见的表现形式之一，并且也是占市场份额最大的网络硬广告形式。它主要投放在综合门户网站、垂直型专业网站上，其作用是增强品牌广告的曝光率，与传统媒体时代的"广告标王"延续着同样的思路。品牌图形广告主要包括按钮广告、鼠标感应弹出框广告、浮动标识/流媒体广告、画中画广告、摩天柱广告、通栏广告、全屏广告、对联广告、视窗广告、导航条广告、焦点图广告、弹出窗口广告和背投广告等形式。

(1) 按钮广告。按钮广告是从旗帜广告演变过来的一种广告形式，是表现为图标的广告，通常广告主用其来宣传其商标或品牌等特定标志。按钮广告与标题广告类似，但是面积比较小，而且有不同的大小与版面位置可以选择，最早是网景公司用来供用户下载软件之用，后来这样的规格就成为一种标准。按钮广告能提供简单明确的信息，而且其面积大小与版面位置的安排都较具有弹性，可以放在相关的产品内容旁边，是广告主建立知名度的一种相当经济的选择。按钮广告是一种小面积的广告形式，这种广告形式被开发出来主要有两个原因，一是可以通过减小面积来降低购买成本，让小预算的广告主能够有能力购买；二是更好地利用网页中比较小面积的零散空白位。常见的按钮广告有 125×125，120×90，120×60，88×31四种尺寸。在进行购买的时候，广告主也可以购买连续位置的几个按钮广告组成双按钮广告、三按钮广告等以加强宣传效果。按钮广告一般容量比较小，常见的格式有 JPEG、GIF、Flash 三种。

(2) 通栏广告。通栏广告是指和一个整版宽度相同但面积不到半个版的广告。通栏广告以横贯页面形式出现，该广告形式尺寸较大，视觉冲击力强，能给网络访客留下深刻印象。在网页上，广告置于整个页面的上部或中部，可以在媒体网站的首页和频道页面刊登。由于被放置在网站的黄金版位上，一方面广告的含金量增加；另一方面，由于广告位置的缘故，访客在浏览页面下端信息时势必接触广告，从而提高广告的有效曝光率。这种广告不仅仅是版幅较大，如果在推出的广告中配上一些信息单元(Messaging Units)，这些广告就如同一个小型网站，利用普遍流行的 Flash 技术创建几个生动的画面，这些画面将被用在这些信息单元中，从而使得用户直接在广告上通过鼠标点击就可以直接观看更多的信息，从而避免了链接到其他地方的麻烦。该广告特别适合活动信息发布、产品推广和庆典等。

(3) 插播式广告。插播式广告又称为弹出式广告，是指访客在请求登录网页时强制插入一个广告页面或弹出广告窗口。插播式广告有各种尺寸，有全屏的也有小窗口的，而且互动的程度也不同，从静态的到全部动态的都有。浏览者可以通过关闭窗口不看广告(电视广告是无法做到的)，但是它们的出现没有任何征兆。

广告主很喜欢这种广告形式，因为它们肯定会被浏览者看到。只要网络带宽足够，广告主完全可以使用全屏动画的插播式广告，这样浏览者的屏幕上就没有什么能与广告主的信息"竞争"了。但是，插播式广告有点类似电视广告，都是打断正常信息浏览的进程，强迫观看，可能引起浏览者的反感。为避免这种情况的发生，许多网站弹出式广告只有 1/4～1/8 屏幕的大小，当浏览者的屏幕处于空闲状态时，如在浏览者下载软件的过程中弹出广告，这样可以避免引起他们的反感，因为这不会打断浏览者的浏览，反而能给他们在无聊的等待过程中带来一点消遣。

(4) 旗帜广告。旗帜广告是以 GIF 和 JPG 等格式的图像文件定位在网页中，大多用来表现广告内容，同时还可使用 JavaScript 等语言使其产生交互性，用 Shockwave 等插件工具增强表现力。旗帜广告通常置于页面顶部，最先映入网络访客眼帘，当访客单击时，鼠标就会将他们带到广告主的网站或缓冲页中。旗帜广告可用于品牌识别，对建立并提升客户品牌形象有着不可低估的作用，可给网站带来更多的流量，从而带来更多的销售。根据西雅图的新型媒体评估公司 AdRelevence 的研究，大约有 97%的网站在网页上半段都有标准的旗帜广告。旗帜广告可以分为三种基本类型：静态、动态和交互式。静态旗帜广告就是在网页上显示一幅固定的图片，它也是早年网络广告常用的一种方式。它的优点就是制作简单并且被所有的网站所接受。它的缺点也显而易见，在众多采用新技术制作的旗帜广告面前，它就显得有些呆板和枯燥。事实也证明，静态旗帜广告的点击率比动态的和交互式旗帜广告的低。动态旗帜广告拥有会运动的元素，或移动或闪烁。它的原理就是把一连串图像连贯起来形成动画。大多数动态旗帜广告由 2 到 20 帧画面组成，通过不同的画面，可以传递给浏览者更多的信息，也可以通过动画的运用加深浏览者的印象，它们的点击率普遍要比静态的高。而且这种广告在制作上相对来说并不复杂，尺寸也比较小，通常在 15k 以下。交互式旗帜广告的形式多种多样，比如游戏、插播式、回答问题、下拉菜单、填写表格等，这类广告需要更加直接的交互，比单纯的点击包含更多的内容。

(5) 漂浮广告。漂浮广告是指漂浮在网站首页或各版块等页面的漂移形式的广告，可以是图片、Flash 文件等。首页、各版块、帖子页面都可以是独立的广告位，漂浮广告可以自动适应屏幕分辨率，不被任何网页元素遮挡，同时可以支持多个图片漂浮。该类型的广告通常是为了达到宣传网站的效果，所以经常被各大论坛用到。漂浮广告就像永不消失的幽灵，在浏览者浏览网页的时候，它会一直沿着设计好的路线漂移，设计路线不好的漂浮广告会分散浏览者的注意力，影响正常的浏览，更有甚者把广告置于账号登录的入口，必须点击广告才可以使之关闭。

2) 电子邮件广告

电子邮件广告(E-mail Advertising)是指通过互联网将广告发到用户电子邮箱的网络广告形式，它的针对性强，传播面广，信息量大，其形式类似于直邮广告。调查表明，电子邮件是网民最经常使用的互联网工具，只有不到 30%的网民每天上网浏览信息，但却有超过 70%的网民每天使用电子邮件。电子邮件广告具有针对性强(除非肆意滥发)、费用低廉的特点,且广告内容不受限制。它可以针对具体的某一个人发送特定的广告,为其他网上广告方式所不能及。电子邮件广告一般采用文本格式或 HTML 格式。文本格式就是把一段广告性的文字放置在新闻邮件或经许可的 E-mail 中间,也可以设置一个 URL,链接到广告主公司主页或提供产品、服务的特定页面。HTML 格式的电子邮件广告可以插入图片,和网页上的网幅广告没有什么区别,但是因为许多电子邮件系统是不兼容 HTML 格式的,HTML 格式的电子邮件广告并不是每个人都能完整地看到,因此把电子邮件广告做得越简单越好,文本格式的电子邮件广告的兼容性最好。在提到电子邮件广告的时候,人们往往容易联想到垃圾邮件(Spam)。垃圾邮件就是相同的信息在互联网中被复制了无数遍,并且一直试图强加给那些不乐意接受它们的人群。大部分垃圾邮件是商业广告和诈骗信息,如“迅速发财”诀窍或准合法性质的服务。发送垃圾邮件会引起收件者的不满,是一种极其危险的市场策略。电子邮件广告在直复营销方面应用得最为广泛。

3) 文本链接广告

文本链接广告是一种对浏览者干扰最少,但却最有效果的网络广告形式。整个网络广告界都在寻找新的宽带广告形式,而有时候,需要最小带宽、最简单的广告形式的效果却最好。在新浪网首页,其中用笔勾出来的地方就是文本链接广告。文本链接广告位的安排非常灵活,可以出现在页面的任何位置,可以竖排也可以横排,每一行就是一个广告,点击每一行都可以进入相应的广告页面。

4) 视频贴片广告

视频贴片广告指的是在视频片头、片尾或插片播放的广告以及背景广告等。作为最早的网络视频营销方式,贴片广告可以算是电视广告的延伸,其背后的运营逻辑依然是媒介的二次售卖原理。现在每个视频网站上都有这种贴片广告,有超过 60 秒或不超过 20 秒不等规格。对于视频网站来说这是它们很大的利润来源,但是对于用户来说这种带有强迫性硬塞的视频只会增加反感,因此对于投放广告的商家来说无疑是一种浪费,甚至会影响消费者对商家的印象。现在有些视频网站在播放贴片广告的时候有一个“跳过”按钮,如果访客不想看这个广告可以直接跳过,比如优酷,但是这种跳过是收费制的。仍有很多视频网站是没有“跳过”按钮的。

5) 搜索引擎广告

搜索引擎广告是指广告主根据自己的产品或服务的内容、特点等,确定相关的关键词,撰写广告内容并自主定价投放的广告。当用户搜索到广告主投放的关键词时,相应的广告就会展示(关键词有多个广告主购买时,根据竞价排名原则展示),并在用户点击后按照广告主对该关键词的出价收费,无点击则不收费。在搜索的时候,用户需求已经通过关键词表现出来,搜索引擎根据用户需求给出相应结果,因此广告投放完全是精确匹配,直接针对有需求的用户。好的搜索引擎可以提供广告的数据资料,由此生成完整的报告,方便广告主掌握广告投放效果,及时调整相应的营销战略。广告主可以实现灵活自主的广告投放,可以自由地选择投放的区域、时段,还有每天、每月的最多消费金额等,当达到消费限制之后广告就会停止。搜索引擎广告的投放过程非常快捷,大大提高了投放广告的效率,例如对广告展示内容的调整非常方便,可方便修改广告的标题、内容摘要、链接 URL 等信息。当购买了关键词广告服务之后,搜索引擎服务商会为广告主提供一个管理入口,广告主可以实时在线查看推广信息的展示、点击情况及广告费用信息,经常对广告效果统计报告进行记录和分析,这对于积累搜索引擎广告推广的经验,进一步提高推广效果具有积极意义。

6）富媒体广告

随着技术进步以及消费市场成熟,出现了音频、图像、动漫、文字等多种媒体技术组合的多媒体形式,称为富媒体,以此技术设计的广告叫做富媒体广告。富媒体广告是基于富媒体技术之上的一种新的互联网广告形式,它的特点就是利用富媒体技术把大尺寸、大容量的广告文件(视频广告片、Flash 广告等)在大流量的门户网站上流畅地播放,且具有网络强互动的优势,从而达到一种强曝光、高点击的效果。

7）网络流行语广告

网络流行语是伴随着网络的发展而产生的一种网络特有的语言文体表达方式,是网民们约定俗成的一种意思表达方式。网络流行语代表了一个时代的特征,可分为网络流行词和网络流行体。网络流行语广告就是使用网络流行语宣传产品的一种广告形式。网商可以使用网络流行体(淘宝体、凡客体、甄嬛体等)的结构和典型代表词句(duang、土豪、众筹、高大上、且行且等)表达产品内容、品牌形象,消费者易于接受网络流行语。例如,以下淘宝体常见用语及结构:

亲,……哦!

举例:亲!!!

亲,熬夜不好哦!!! 亲,包邮哦!!!

农林产品广告使用网络流行语时,应选择与自身农林产品相适应的网络流行语、流行词,抓住其轰动效应。网络流行语流行期(时效性)较短,农林产品网络流行语广告也要避免使用过气的网络流行语。

8）其他形式

除了上述广告形式外,新型的广告随着网络工具涌现和应用创新,不断被创造出来,如翻页广告、祝贺广告、论坛版块广告、微信广告等。

3. 网络广告的计价方式

1) CPM

网络广告收费最科学的办法是按照有多少人看到广告来收费。按访问人次收费已经成为网络广告的惯例。CPM(Cost Per Thousand,千人成本)是指广告投放过程中,听到或者看到某广告的每人平均分担到多少广告成本。传统媒介多采用这种计价方式。在网上广告,CPM 取决于"印象"尺度,通常理解为一个人的眼睛在一段固定的时间内注视一个广告的次数。比如说一个旗帜广告的单价是 1 元/CPM 的话,意味着每 1 000 人次看到这个旗帜的话就收 1 元,以此类推,10 000 人次访问的主页就是 10 元。CPM 收费方式对广告站点比较有利。

2) CPC

CPC(Cost Per Thousand Click-Through,每千人点击成本)以实际点击的人数为标准来计算广告费用。它以 1 000 次点击为单位,如一则广告的单价为 40 元/CPC,则表示 400 元可以买到 10×1 000 次点击。这种计价方式直接反映了网民对广告内容是否有兴趣,因此其成本与收费比 CPM 的高。

3) CPA

CPA(Cost Per Action,每行动成本)按广告投放实际效果,即按回应的有效问卷或订单来计费,而不限广告投放量。CPA 计价方式对于网站主有一定的风险,但若广告投放成功,其收益比 CPC、CPM 大很多。广告主为规避广告费用风险,只有当网络用户点击旗帜广告,链接到广告主网页后,才按点击次数付给广告站点费用。

4) CPR

CPR(Cost Per Response,每回应成本)以浏览者的每一回应计费。这种广告计费方式充分体现了网络广告的及时反应、直接互动、准确记录的特色。但是,这个显然是属于辅助销售的广告模式,对于那些实际上只要亮出名字就已经有一半满足的品牌广告要求,大概所有的广告站点都会予以拒绝,因为得到广告费的机会比 CPC 还要渺茫。

5) CPP

CPP(Cost Per Purchase,每购买成本)方式是广告主为规避广告费的风险,只在网络用户点击旗帜广告并进行交易后,才按出售笔数付给广告站点费用。

6) 按时长计费

这种计价方式以广告发布位置、广告形式为基础对广告主按时长征收固定的费用,而不是与显示次数和访客行为挂钩。在这一模式下,广告主可以按照自己的需要来选择合适的广告时长,新浪、网易、搜狐等综合门户网站的广告主要采用这种计价方式,通过把网络频道划分成不同的等级,然后按照不同等级频道的位置和广告形式计费。

7）关键词竞价

关键词竞价排名是一种按效果付费的网络推广方式。企业在购买该项服务后，通过注册一定数量的关键词，其推广信息就会率先出现在网民相应的搜索结果中。关键词竞价排名完全按照给企业带来的潜在用户访问数量计费，没有客户访问不计费，企业可以灵活地控制推广力度和资金投入，使投资回报率高。

8）其他计价方式

（1）CPL(Cost Per Leads)，以收集潜在客户名单多少来收费。

（2）CPS(Cost Per Sales)，以实际出售产品数量来换算广告收费。

4. 网络广告策略

网络广告策略是实现网络广告目的的方法和手段。制定网络广告的策略是一项创造性活动，策略的成败决定着网络广告的成败。

1）网络广告的定位策略

网络广告定位就是网络广告宣传的主题定位，这是确定消费者诉求的重点，或者说是制定商品的卖点、企业的自我推销点。如果说网络广告创意与表现解决的是"怎么说"的问题，那么网络广告定位解决的就是"说什么"的问题。其实就网络广告定位实质而言，定位策略就是网络广告宣传的产品、服务或企业形象的市场定位，就是产品、服务或企业形象在目标客户心目中占据一定的特殊位置，定位的结果就是成功创造消费者的价值主张，即目标市场之所以购买产品、服务的理由。常用的广告定位策略主要有抢先定位、比附定位、空隙定位、品牌形象定位和企业形象定位等。

（1）抢先定位。指的是企业在进行网络广告定位时，力争使自己的产品品牌第一个进入消费者的心目中，抢占市场第一的位置。经验证明，最先进入人们心目中的品牌平均比第二的品牌在长期市场占有率方面要高得多，而且这种关系是不易改变的。

（2）比附定位。指的是企业在网络广告定位中，不但明确自己现有的位置，而且明确竞争者的位置，然后用比附的方法设法建立或找到自己的品牌与竞争者的品牌、自己想要占据的位置与竞争者已占据的位置之间的关系，使自己的品牌进入消费者的心目之中，或用比附的方法在消费者心目中开拓出能容纳自己品牌的位置。

（3）空隙定位。指的是企业在进行网络广告设计时，根据自己产品的特点，寻找消费者心目中的空隙，力求在产品的大小、价位和功能等方面独树一帜。

（4）品牌形象定位。指的是企业在进行网络广告定位时，着眼于扩大和宣传品牌上。企业之间的竞争就在于品牌的竞争。谁抢先树立了自己的品牌，就抢先赢得了商机。消费者有时购买商品就是选择自己所喜爱的品牌。

（5）企业形象定位。指的是企业在进行网络广告定位时，通过注入某种文化、某种感情、某种内涵于企业形象之中，突出企业的形象。

2）网络广告的时间策略

网络广告的时间策略包括发布广告的时机、时序和时限等策略。

（1）时机策略。时机策略就是抓住有利的时机，发起网络攻势的策略，一些重大的赛事、文体活动，例如奥运会、亚运会等都是举世瞩目的大好时机。订货会、展览会、重要纪念日等都能成为网络广告宣传的良机。

（2）时序策略。为了实现网络广告的宣传进行时间安排，让更多的目标受众浏览。例如上班族习惯工作时间上网，学生喜欢假日上网，大学老师喜欢晚上上网等。

（3）时限策略。确定网络广告宣传的时间长短以及如何使用既定的网络广告时限的策略。主要有两种策略：集中速决型和持续均衡型。

①集中速决型是在短暂的时间里大量投放广告，广告刊播的频率高。信息密集对目标受众的刺激强，适用于农林产品新上市或下市以及新品上市的广告投放。

②持续均衡型是不断地给目标受众以信息刺激，以保持消费者对产品的记忆，适用于产品的成长期和成熟期。但是长时间采取这种策略会引起消费者的逆反心理，企业应慎重。

3）网络广告的导向策略

网络广告的导向策略指的是网络广告诱导公众接受网络广告信息的方式。具体有以下几种：

（1）利益导向策略。指的是抓住消费者自身利益的特点，注重所宣传的产品能给消费者带来的好处。

（2）情感导向策略。网络广告宣传侧重于调动消费者的某种情绪，以实现网络广告宣传的目的。

（3）生活导向策略。指的是网络广告宣传生活化，广告应有自然、亲切、可信之感。

4）网络广告的设计策略

网络广告在设计过程中需要充分利用互动性，综合使用多媒体技术。网络广告的设计任务就是使企业产品的品牌、广告形式、诉求内容适合目标受众的要求、习惯。最关键的是创意，包括内容、形式、视觉表现和诉求以及技术方面的创意。

5. 制定网络广告策略的步骤

1）分析竞争者资料

调查竞争者广告定位，不仅要了解竞争者主页上的相关信息，也要了解子页面

行为的次数看作转化次数。

(3) 对比分析法

无论是旗帜广告还是电子邮件广告，由于都涉及点击率或者回应率以外的效果，因此除了可以准确跟踪统计的技术指标外，利用比较传统的对比分析法仍然具有现实意义。当然，不同的网络广告形式，对比的内容和方法也不一样。

对于电子邮件广告来说，除了产生直接反应之外，利用电子邮件还可以有其他方面的作用。浏览者没有点击电子邮件并不意味着不会增加将来购买的任何可能性或者增加品牌忠诚度。从定向角度考虑，较好的评价方法是关注电子邮件营销带给人们的思考和感受。

对于标准标志广告或者按钮广告，除了增加直接点击率以外，调查表明，其广告效果通常表现在品牌形象方面，这也是许多广告主不顾点击率低的事实而仍然选择标志广告的主要原因。当然，品牌形象的提升很难随时获得可以量化的数据，不过同样可以利用传统的对比分析法，对网络广告投放前后的品牌形象进行调查对比。

(4) 加权计算法

所谓加权计算法就是在投放网络广告后的一定时间内，对网络广告产生效果的不同层面赋予权重，以判别不同广告所产生效果之间的差异。这种方法实际上是对不同广告形式、不同投放媒体或者不同投放周期等情况下的广告效果进行比较，而不仅仅反映某次广告投放所产生的效果。加权计算法要建立在对广告效果有基本监测统计手段的基础之上。例如，假设甲企业在A网站投放一个月的旗帜广告的效果是销售产品150件，点击6 000次；同时乙企业在B网站投放一个月的旗帜广告的效果是销售产品180件，点击3 000次。为了测量两个广告的效果差异，分别为产品销售和点击赋予权重，每100次点击形成2次实际购买，那么实际购买权重可以设为1，每次点击的权重为0.02，由此计算出甲、乙两企业所获得的广告价值如下：

甲企业的广告价值为：$150\times1+6\ 000\times0.02=270$

乙企业的广告价值为：$180\times1+3\ 000\times0.02=240$

可见乙企业的现实效果高于甲企业(乙销售180件，甲销售150件)，但是从长期来看，甲企业的价值更大。因为网络广告除了促成直接购买外，对品牌形象、用户认可度同样重要。

权重设计需要建立在大量统计数据分析的前提下，准确统计浏览者的浏览量与实际购买之间的比例。

12.3.2 网络销售促进

网络销售促进就是在网络市场利用销售促进工具刺激消费者购买农林产品和

消费使用。

1. 网络销售促进的目标

1）消费者

鼓励和促进消费者对农林产品或服务进行购买和使用，吸引潜在消费者的注意和试用，争取竞争产品的消费者。

2）中间商

鼓励中间商对农林产品或服务进行销售、进货和储存，建立中间商对农林产品的忠诚度。

3）销售人员

鼓励销售人员大力开展销售工作，寻找和发现更多的潜在消费者，极力推销积压、即将下市的农林产品。

2. 网络销售促进的形式

一般而言，网络销售促进主要有下面几种形式：

1）折价促销

折价亦称打折、折扣，是目前网络营销中最常用的一种促销方式。农林产品网络销售的价格一般都比传统方式销售时要低，以吸引人们购买。由于网络销售农林产品不能给人全面、直观的印象，消费者也不可试用、触摸等原因，再加上农林产品配送成本较高和付款方式的复杂性，造成消费者网上购买农林产品的积极性不高，而幅度比较大的折扣可以促使消费者进行网络购物的尝试并作出购买决策。目前大部分网络销售产品都有不同程度的价格折扣。

2）样品或赠品促销

样品或赠品促销目前在农林产品网络销售中应用得不算太多。一般情况下，新产品推出、产品更新、对抗竞争品牌、开辟新市场的情况下使用样品或赠品促销。样品或赠品促销具有提升品牌和网站的知名度，激励人们经常访问网站以获得更多的优惠信息，能根据消费者索取赠品的热情程度来总结分析营销效果和产品本身的反应情况等优点。样品或赠品促销可以达到比较好的促销效果。

3）网络抽奖促销

消费者总是喜欢免费的东西。如果站点开展抽奖活动，将可以产生非同寻常的访问流量。抽奖促销是以一个人或者数人获得超出参加活动成本的奖品为手段进行产品和服务的促销。在利用互联网进行有奖促销时，要注意充分利用互联网的交互功能，充分掌握参与促销活动群体的特征和消费习惯以及对产品的评价，这样在网络促销的同时也完成了一次很好的购买行为调查，而且完成这些调查也是非常容易的。比如，记录访问者的访问时间、关心的产品特性，必要时可以设计一些简单问卷让参与活动的消费者填写。网络抽奖活动主要附加于调查、产品销售、扩大用户群、推广某项活动等目的。

4）积分促销

积分促销在网络上的应用比起传统营销方式要简单和易操作。网络积分活动很容易通过编程和数据库等技术手段来实现，并且结果可信度很高，操作起来相对简便。积分促销一般设置价值较高的奖品，消费者通过多次购买或多次参加某项活动来增加积分以获得奖品。积分促销可以增加用户访问网站和参加某项活动的次数，可以增加用户对网站的忠诚度，可以提高活动的知名度等。

5）拍卖促销

网络拍卖市场由于快捷方便，吸引了大量的用户参与网上拍卖活动。我国的许多电子商务公司也纷纷提供拍卖服务。拍卖促销就是将产品不限价格地在网上拍卖，通过网上拍卖，获得更好的收益。

6）线上线下联合促销

由线上和线下的商家联合进行的促销活动称为联合促销，联合促销的产品或者服务可以起到一定的优势互补作用，相互提升自身价值。如果应用得当，联合促销可以起到相当好的促销效果，如农家乐、乡村体验活动的线上推广与线下实体服务相结合。

7）预售促销

预售是指在农林产品还没成熟或成形时提前展开的销售行为。预售可以提前锁定消费者购买力，提前确定了销量，保障农林产品能及时完成销售，缩短中间环节等待时间，发挥规模优势降低成本。例如阳澄湖大闸蟹的旺季一般是从每年 10 月份左右到元旦，商家通常提前 3 个月在网上展开预售。

8）电商节促销

电商节促销的本质是节庆促销。它是指利用人为设置的电商节日，如“双 11”、“双 12”、“618”等特殊时点开展营销，以吸引大量客流前来购物。电商节促销一般提前公布促销内容、产品介绍，引起人们的普遍关注，然后组织货源以低价销售。

9）红包促销

红包俗称电子优惠券，它是指以各种电子媒体（包括互联网、彩信、微扑、短信、二维码、图片等）制作、传播和使用的促销凭证。电子优惠券有别于普通纸质优惠券的特点主要是制作和传播成本低，传播效果可精准量化。目前国内已有的电子优惠券应用形式主要分为用手机短信搜索下载、二维码扫描、互联网搜索下载和终端机打印纸质优惠券四种，以二维码扫描和手机短信搜索下载最为方便。同时，通过利用新型的信息传输工具和通道的微扑（wepull）技术（微扑包含了对网络内容的实时扑(捕)取以及将内容实时传输到移动终端的两大主要功能),可以实现电子优惠券简单、快捷的传输使用,是当下比较新颖的应用模式。电子优惠券按计价形式分为两种:一种是打折券,一般指消费(或购买)发生时,消费者(或购买者)可以凭打折券证在商家公开的清单价格的基础上,按打折券证所规定的比例折扣计价,比如2折优惠就是在清单价格的基础上打20%的折扣;另一种是代金券,一般指载有一定面值的促销券证,比如一百元代金券指的是消费(或购买)时使用该券证可以抵用100元现金。电子优惠券的目的是帮助商家在一定的短时期内,对消费者(或购买者)以让利形式进行促销。

10) 参加购物平台促销活动

网商在购物平台上有了自己一席之"店"后,根据自身实力和实际需要,参加购物平台主题性的促销活动,不仅可以实现销售目的,也可以打造出网上品牌效应,如淘宝网的聚划算。

11) 免费促销

许多网商为吸引消费者购买其他款产品,在消费者订购的商品以外,免费附赠一些商品供消费者使用、体验,如消费者网购茶叶时,经常收到高一档次的茶叶包,在品尝后再决定是否购买。

采用免费农林产品促销时要注意:

(1) 首先要考虑提供免费农林产品的目的是什么。有的是为形成媒体作用,有的是为扩大访问量形成品牌效应。

(2) 其次要考虑提供什么样的免费产品。目前网上免费资源非常丰富,只有提供有特色的农林产品或服务才可能成功,否则不能吸引访问者,因为网上的信息是开放的,访问者肯定是要访问最好的,这就是网络赢家通吃原则。

(3) 最后要考虑网商的收益是什么。世上没有免费午餐,只要在允许范围之内,访问者是愿意付出一点的,当然不能是金钱,因此网商的收益只能是通过访问者的访问从广告中获取收益,或者通过访问者的访问扩大网商的品牌知名度,或者通过访问者的访问扩大营销收入。

当然利益有短期和长期的,有现金和无形的,这都是需要综合考虑的,毕竟免费资源对网商来说不是免费的。

3. 制定网络销售促进方案的步骤

1) 确定销售促进的目的

销售促进方案须有预先确定的目标,才能有的放矢地安排后续活动。

2) 确定参加销售促进的条件

确定销售促进的目标销售群体,并能区分出不同群体的共性需求,进而导出农林产品销售促进的预选群体的范围。

3）决定促销活动的配送工具

决定促销活动的配送工具类型，并解决工具的发放和传递，考虑配送方法的不同成本及涵盖范围。

4）确定促销活动时间的长短

若促销活动时间太短，消费者可能因事无暇购买而丧失机会；若促销活动拖延太久，则失去新鲜感，降低抢购热潮。促销活动频率要适宜，活动期需足够的时间。

5）确定促销活动的时机

拟定促销活动的时程表，时程要能与生产、销售及物流部门相配合。若发生冲突，应采取非计划的紧急促销活动。

6）估算销售促进的总预算

在确定促销活动内容后，估算各个活动的耗费，包括管理、印刷、邮寄等活动，以及赠品与折扣成本和回收率，并把预期销售量考虑在内，判断成本与收益的差距。

12.3.3 站点推广

网络营销站点作为企业在网络市场进行营销活动的阵地，站点能否吸引大量流量是企业开展网络营销成败的关键，也是网络营销的基础。站点推广就是通过对企业网络营销站点的宣传吸引用户访问，同时树立网上企业形象，为企业的营销目标实现打下坚实的基础。

1. 站点推广的原则

站点推广是一个系统性的工作，它与企业营销目标是相一致的。站点推广与传统的产品推广一样，需要进行系统安排和计划，需要注意的几个原则：

1）注意效益成本原则

注意效益成本原则就是比较每增加一千个访问者带来的效益与成本费用，当然效益包括短期效益和长期效益，要进行综合考虑。

2）稳妥慎重原则

稳妥慎重原则强调宁慢勿快，在网站还没有建设好而且不够稳定时，千万不要急于推广网站。第一印象是非常重要的，网民给企业网站的机会只有一次，因为网上资源太丰富了，这就是通常所说的网络特有的“注意力经济”。

3）综合安排实施原则

网络推广手段很多，不同方式可以吸引不同的网民。因此，必须综合采用多种方式以吸引更多网民到企业网站上来。

2. 站点推广的方法

1）搜索引擎推广

根据调查显示网民在找新网站时主要是通过搜索引擎来实现的。因此在著名的搜索引擎进行注册是非常必要的，而且在搜索引擎进行注册一般都是免费的。统计表明，50％以上的自发访问量来自于搜索引擎。有效加注搜索引擎是网站推广的必备手段之一。加注搜索引擎既要注意措辞和选择好引擎，也要注意定期跟踪加注效果，并作出合理的修正或补充。

搜索引擎推广是指利用搜索引擎、分类目录等具有在线检索信息功能的网络工具进行网站推广的方法。搜索引擎推广可以分为多种不同的形式，常见的有登录免费分类目录、登录付费分类目录、搜索引擎优化、关键词广告、关键词竞价排名、网页内容定位广告等。

从目前的发展趋势来看，搜索引擎在网络营销中的地位依然重要，并且受到越来越多企业的认可，搜索引擎营销的方式也在不断发展演变，因此应根据环境的变化选择搜索引擎营销的合适方式。但是需要注意以下几点：

(1) 增加搜索引擎排名优先级。搜索引擎排名优先级标准有时也被称作“可能相关分数”(Probable Revelance Scoring)。搜索引擎主要是通过 Spider 程序或用户提交的申请来增加自己的数据库(即索引)的。当用户访问百度、搜狗或其他的搜索引擎时，只要输入搜索的关键词，就可以简单地进行数据库查询。为了确定是哪一个文档或网站返回了这个特定关键词搜索，每一个搜索引擎必须有自己规定的文档优先级的标准。

(2) 增加搜索引擎注册的广告效果。增加搜索引擎注册的广告效果，主要是使访问者在使用搜索引擎时能在显著位置找到企业站点。搜索引擎使用方式有两种，一种是分类目录式查找，另一种是按关键词检索查找。对于第一种方式，在网站注册时就要使网站排名在最前面，如通常说的 Top10 和 Top20，一般说来在搜索结果页首的网站的访问率比后面的要高，这就要求在搜索引擎注册时要了解搜索引擎是如何排名的，如搜狐网的搜索引擎排名是按照网站名称的字典序来进行排列的，即根据网站名称在计算机内编码大小排序的。对于第二种情况，一般说来就是提供足够多的关键词，以便于访问者在访问时能检索到网站；同时还要了解网站的检索排序算法，尽量采用按搜索引擎的算法来排列关键词。不过许多搜索引擎的排序算法是不公开的，所以需要不断尝试。

(3) 注册多个搜索引擎。根据国外研究，搜索引擎能够检索的网站还不到所有网站的 30％，因此企业为推广网站一般要在多个搜索引擎进行注册。在多个引擎进行注册时，首先要确定选定哪些搜索引擎进行注册，一般说来能同时在 8 个最重要的搜索引擎进行注册就足够了，注册过多搜索引擎一方面时间代价比较大，另一方面大多数搜索引擎的使用者少，网民主要集中使用少数搜索引擎。在多个搜索引擎注册时，可以利用专业软件代理注册，也可以利用专业服务公司代理注册。

2) 电子邮件推广

电子邮件推广是以电子邮件为主要的网站推广手段，常用的方法包括电子刊物、会员通讯、专业服务商的电子邮件广告等。

根据许可电子邮件营销所应用的用户电子邮件地址资源的所有形式，电子邮件营销可以分为内部列表电子邮件营销和外部列表电子邮件营销，或简称为内部列表和外部列表。内部列表也就是通常所说的邮件列表，是利用网站的注册用户资料开展电子邮件营销的方式，常见的形式如新闻邮件、会员通讯、电子刊物等。外部列表则是利用专业服务商的用户电子邮件地址来开展电子邮件营销，也就是以电子邮件广告的形式向服务商的用户发送信息。许可电子邮件营销是网络营销方法体系中相对独立的一种，既可以与其他网络营销方法相结合，也可以独立应用。

电子邮件推广分为广告邮件和电子杂志两种。前者通过广泛发布邮件信息获得第一注意力；后者通过用户许可，每周给网站注册者发送电子邮件通讯(E-mail Newsletter)，获得定期、定向宣传效果，起到事半功倍的效果。电子邮件通讯可以提供农林新产品的新闻、行业信息、预期产量等，并链接回农林产品企业网站。每月制作电子杂志，免费向会员的电子邮箱发送，同时放到各类电子杂志网站让网友免费下载阅读。切记，电子杂志的内容质量是关键，不然会被当作垃圾邮件的。

3）资源合作推广

每个企业网站均可以拥有自己的资源，这种资源可以表现为一定的访问量、注册用户信息、有价值的内容和功能、网络广告空间等，利用网站的资源与合作伙伴开展合作，实现资源共享、共同扩大收益的目的。在这些资源合作形式中，交换链接是最简单的一种合作方式，调查表明交换链接是网站推广的有效方式之一。交换链接或称互惠链接，是具有一定互补优势的网站之间的简单合作形式，即分别在各自的网站上放置对方网站的 Logo 或网站名称并设置对方网站的超级链接，使得用户可以从合作网站中发现自己的网站，达到互相推广的目的。交换链接的作用主要表现在获得访问量、增加用户浏览时的印象、在搜索引擎排名中增加优势、通过合作网站的推荐增加访问者的可信度等方面。一般来说，每个网站都倾向于链接价值高的其他网站，因此获得其他网站的链接也就意味着获得了合作伙伴和一个领域内同类网站的认可。通过网站交换链接、交换广告、内容合作、用户资源合作等方式，在具有类似目标网站之间实现互相推广的目的。

4）信息发布推广

将有关的网站推广信息发布在潜在用户可能访问的其他网站上，利用用户在这些网站获取信息的机会实现网站推广的目的，适用于发布这些信息的网站包括在线黄页、分类广告、论坛、博客网站、供求信息平台、行业网站等。

5）SNS推广

SNS是Social Network Software的缩写，译为社会性网络软件。SNS推广就是利用社会化网络软件，如微信、在线社区、微博、百科和视频分享等，进行宣传推广，从而达到提升品牌知名度、促进产品销售等目的的推广活动。

6）网络广告推广

网络广告在网络品牌宣传、产品促销、网站推广等方面均有明显作用。网络广告存在于各种网络营销工具中，只是具体的表现形式不同。将网络广告用于网站推广，具有可选择网络媒体范围广、形式多样、适用性强、投放及时等优点，适合用于网站发布初期及运营期的任何阶段。

7）发布新闻

及时掌握具有新闻性的事件（例如新业务的开通），并定期把这样的新闻发送到行业站点和印刷品媒介上，将站点在公告栏和新闻组上加以推广。互联网使得具有相同专业兴趣的人们组成成千上万的具备很强针对性的公告栏和新闻组的用户。比较好的做法是加入这些讨论，让邮件末尾的"签名档"发挥推广的作用。

8）加入友情链接联盟

加入友情链接联盟最大的一个好处就是不仅可以提高网站在互联网上的曝光率，提高网站的反向链接数量和PR（PageRank，网页级别）值，还因为注册友情链接联盟留下了网站的信息，并为自己生成了一个自助化的友情链接系统，这样可以在不通知网民的情况下使网民加入友情链接，使加入友情链接变得更加轻松。

在友情链接联盟网站上同样注册了一些不入流的网站，所以在做友情链接的时候一定要看准对方网站的价值，看准加了这个友情链接对自己的网站的流量是否有好处。

9）使用传统的促销媒介

使用传统的促销媒介来吸引网民访问站点也是一种常用的网站推广方法。这些媒介包括直接信函、分类展示广告等等，应当确保各种卡片、文化用品、小册子和文艺作品上包含公司的网站链接。对小型工业企业来说，这种方法更为有效。

10）综合网站推广

除了前面介绍的常用网站推广方法之外，还有许多专用性、临时性网站推广方法，如有奖竞猜、在线优惠券、有奖调查、针对在线购物网站推广的比较购物和购物搜索引擎等，有些甚至采用建立一个辅助网站的方式进行推广，有些网站则可能采用有一定强迫性的方式来达到推广的目的，例如修改用户浏览器默认首页设置、自动加入收藏夹，甚至在用户电脑上安装病毒程序等。真正值得推广的是合理的、文明的网站推广方法，应拒绝和反对带有强制性、破坏性的网站推广手段。

12.3.4 网络关系营销

1. 关系营销的概念

德克萨斯州 A&M 大学的伦纳德·L·贝瑞(Leonard L. Berry)教授于 1983 年在美国市场营销学会的一份报告中最早对关系营销作出了如下的定义:“关系营销是吸引、维持和增强客户关系”。巴巴拉·本德·杰克逊(1985)认为“关系营销就是指获得、建立和维持与产业用户紧密的长期关系”。美国学者摩根和亨特(1994)从经济交换与社会交换的差异来认识关系营销,认为关系营销是“旨在建立、发展和维持成功关系交换的所有营销活动”。伦纳德·L·贝瑞于 1996 年又给出更为全面的关系营销定义:“关系营销是为了满足企业和相关利益者的目标而进行的识别、建立、维持、促进同消费者的关系,并在必要时终止关系的过程,这只有通过交换和承诺才能实现”。关系营销是把营销活动看成一个企业与消费者、供应商、分销商、竞争者、政府机构及其他公众发生互动作用的过程,其核心是建立和发展与这些公众的良好关系。关系营销的核心是保持与消费者的良好关系,为消费者提供高度满意的产品和服务价值,通过加强与消费者的联系,提供有效的客户服务,保持与客户的长期关系,并在与客户保持长期的关系的基础上开展营销活动,实现企业的营销目标。实施关系营销并不是以损伤企业利益为代价的。根据研究,争取一个新客户的营销费用是维护一个老客户的费用的五倍,因此加强与客户关系并建立客户的忠诚度是可以为企业带来长远利益的,它提倡的是企业与客户双赢的策略。

2. 关系营销的特征

关系营销的本质特征可以概括为以下几个方面:

1) 双向沟通

在关系营销中,沟通应该是双向而非单向的。只有广泛的信息交流和信息共享,才可能使企业赢得各个利益相关者的支持与合作。

2) 合作

一般而言,关系有两种基本状态,即对立和合作。只有通过合作才能实现协同,因此合作是双赢的基础。

3) 双赢

关系营销旨在通过合作增加关系各方的利益,而不是通过损害其中一方或多方的利益来增加其他各方的利益。

4) 亲密

关系能否得到稳定和发展,情感因素也起着重要作用。因此关系营销不只是要实现物质利益的互惠,还必须让参与各方能从关系中获得情感需求的满足。

5）控制

关系营销要求建立专门的部门，用以跟踪客户、分销商、供应商及营销系统中其他参与者的态度，由此了解关系的动态变化，及时采取措施消除关系中的不稳定因素和不利于关系各方利益共同增长的因素。

此外，有效的信息反馈也有利于企业及时改进产品和服务，更好地满足市场的需求。

3. 关系营销的中心、构成与模式

1）关系营销的中心——客户忠诚

在关系营销中，怎样才能获得客户忠诚呢？发现正当需求—满足需求并保证客户满意—营造客户忠诚构成了关系营销中的三部曲。

企业要分析客户需求。客户需求满足与否的衡量标准是客户满意程度：满意的客户会给企业带来有形的好处（如重复购买该企业产品）和无形利益（如宣传企业形象）。有营销学者提出了导致客户全面满意的7个因素及其相互间的关系，即欲望、感知绩效、期望、欲望一致、期望一致、属性满意、信息满意，而欲望和感知绩效生成欲望一致，期望和感知绩效生成期望一致，然后生成属性满意和信息满意，最后导致全面满意。

由此可以看出，期望和欲望与感知绩效的差异程度是产生满意感的来源，所以企业可采取提供满意的产品和服务、提供附加利益、提供信息通道等方式来取得客户满意。

市场竞争的实质是争夺客户资源，维系原有客户，减少客户的叛离，维系要比争取新客户更为有效。维系客户不仅仅需要维持客户的满意程度，还必须分析客户产生满意感的原因，从而有针对性地采取措施来维系客户。

2）关系营销的构成——梯度推进

贝瑞和帕拉苏拉曼归纳了三种建立客户价值的方法：一级关系营销（频繁市场营销或频率营销），该方法维持关系的重要手段是利用价格刺激对目标公众增加财务利益；二级关系营销，该方法在建立关系方面优于价格刺激方法，增加社会利益，同时也附加财务利益，主要形式是建立客户组织，包括客户档案和正式的或非正式的俱乐部以及客户协会等；三级关系营销，该方法增加结构纽带，同时附加财务利益和社会利益。与客户建立结构性关系，它对关系客户有价值，但不能通过其他来源得到，可以提高客户转向竞争者的机会成本，同时也将增加客户脱离竞争者而转向本企业的收益。

3）关系营销的模式——作用方程

企业营销的最终目标是使本企业在产业内部处于最佳状态，能够抗击或改变竞争者的威胁和消费者的影响力。作用力是指决策的权利和行为的力量。营销方和被营销方的影响能力可用下列三个作用方程表示："营销方的作用力"小于"被营销方的作用力"、"营销方的作用力"等于"被营销方的作用力"、"营销方的作用力"大于"被营销方的作用力"。引起作用力不等的原因是市场结构状态的不同和占有信息量的不对称。在竞争中，营销作用力强的一方起着主导作用，当双方力量势均力敌时，往往采取谈判方式来影响、改变关系双方作用力的大小，从而使交易得以顺利进行。

4. 网络关系营销概述

网络关系营销是指企业借助联机网络、计算机通信和数字交互式媒体的威力吸引用户与企业保持密切关系，培养客户忠诚度、提高企业收益率的一种网络促销形式。它是一种以消费者为导向、强调个性化的营销方式，适应了定制化时代的要求；它具有极强的互动性，是实现企业全程营销的理想工具；它还能极大地简化客户的购买程序，节约客户的交易成本，提高客户的购物效率。网络化营销更多地强调企业应借助于信息网络，在全球范围内拓展客源，为企业走向世界提供基础。现代企业应充分发挥互联网的互动优势，灵活开展网络营销，促进企业的持续发展。

互联网作为一种有效的双向沟通渠道，企业与客户之间可以实现低费用成本的沟通和交流，它为企业与客户建立长期关系提供有效的保障。这是因为：

首先，利用互联网，企业可以直接接收客户的订单，客户可以直接提出自己的个性化需求。企业根据客户的个性化需求利用柔性化生产技术最大限度满足客户的需求，为客户在消费产品和服务时创造更多的价值。企业也可以从客户的需求中了解市场、细分市场和锁定市场，最大限度降低营销费用，提高对市场的反应速度。

其次，利用互联网，企业可以更好地为客户提供服务以及与客户保持联系。互联网的不受时间和空间限制的特性能最大限度方便客户与企业进行沟通，客户可以借助互联网在最短时间内以简便方式获得企业的服务。同时，通过互联网交易，企业可以实现对从产品质量到服务质量的全程质量控制。

再次，通过互联网，企业还可以实现与相关的企业和组织建立关系，实现双赢发展。互联网作为最廉价的沟通渠道，它能以低廉成本帮助企业与企业的供应商、分销商等建立协作伙伴关系。

5. 关系营销中留住客户的三个基本途径

关系营销中留住客户的三个基本途径：

1）加强关系营销

提供客户满意的产品和服务，建立坚实的客户忠诚度，紧紧抓住客户的心。关系营销的目的就是要经由持续改进对客户服务的水平，让客户满意，来留住客户。

2）提高客户转换品牌成本

如通过网络控制与开发专属规格的产品等方式，让客户不容易买到竞争者的产品或者必须付出非常高的成本才能完成品牌转换。

3）进行价值区隔

市场区隔是以消费者的偏好为区隔的基础，而价值区隔则以客户对企业的价值或利润贡献度来区隔消费者。因为根据 80/20 法则，企业 80%的利润来源大多集中在 20%的客户身上，因此不仅要留住现有客户，而且更要留住那些为企业贡献 80%的利润的黄金客户。

12.4　农林产品网络促销策略的实施

12.4.1　确定农林产品网络促销目的和对象

农林产品网络促销的第一步就是要明确网络促销所要面向的对象以及要取得的效果。企业促销活动主要面向虚拟市场上能接收到促销信息、能产生购买行为的消费者群体、对传递的信息感兴趣的群体。面向最终消费者的促销目标包括提高目标消费者的品牌认知、记忆和偏好等，刺激和激发目标消费者更多、更频繁购买和使用产品，吸引潜在消费者试用产品，鼓励网络用户参与网络交互活动，更多地获取消费者信息等。

随着网络的迅速普及，农林产品消费群体不断膨胀，主要包括四部分人员：农林产品使用者、农林产品购买者、农林产品购买决策者、农林产品购买影响者。

1. 农林产品使用者

这里指实际使用或消费农林产品的人。农林产品的使用者虽然不一定是产品的购买者，不一定是直接实施购买行为的人，但是正是农林产品使用者对产品的实际需求构成了购买行为的直接动因。抓住了这一部分消费者，网络销售就有了稳定的市场。企业在网络促销中应该分析农林产品使用者的需求特点，结合其特点加以宣传、打动使用者，促进农林产品的购买。

2. 农林产品购买者

这里是指实际购买农林产品的人，直接实施购买行为的人。产品的购买者会对整个购买的决策以及购买行为的实施起到一定的影响作用。

3. 农林产品购买决策者

这里指作出购买决策的人。网络消费者大多是具有一定经济收入和独立的决策能力的人，在许多情况下，农林产品的使用者、购买者、决策者是一体的，而在另外一些情况下，农林产品的购买决策者和使用者则是分离的。所以，网络促销应充分考虑受众特点，针对不同的农林产品购买行为，设计、确定促销内容和传播方式。

4. 农林产品购买影响者

这里指对最终的购买决策可能产生一定影响的人。农林产品购买影响者虽然不直接进行购买决策,但是其在看法或建议上对最终购买决策可以产生一定影响。在感性产品的购买决策、冲动型购买决策中,产品购买影响者的影响力比较小,但在高价理性产品的购买决策、理智型购买决策中,产品购买影响者的影响力较大。因为越是高价产品,购买往往越是复杂的购买行为,所购买的不是经常购买的产品,购买者需要更多信息进行比较,广泛征求意见后再作出决定。

总之,企业搜集目标受众的信息,确定重点促销对象,深入了解目标受众的人口统计特征、网络行为特点、偏好和接触媒体方式等,才能使网络促销更具有针对性,取得预期效果。

12.4.2 设计网络促销内容

网络促销的最终目标是希望引起购买。这个最终目标是要通过设计具体的信息内容来实现的。消费者的购买过程是一个复杂的、多阶段的过程,促销内容应当根据产品所处的生命周期的不同阶段设计促销活动内容。

1. 农林产品生命周期不同阶段的促销重点

在农林新品刚刚入市的时候,目标消费者对产品、品牌比较陌生或产品上市量稀少,企业网络促销的内容应定位于产品用途、功效的宣传,以激发消费者需求。在产品成长期,消费者已经认识、了解或已经购买了该产品,企业的网络促销应侧重于品牌塑造,初步建立品牌的良好形象,进一步激发消费者的购买欲望。在产品成熟期,竞争愈发激烈,企业促销活动应扩大影响力,树立品牌形象,增加与消费者的沟通与互动,建立消费者的品牌忠诚度。在产品衰退期,企业的网络促销活动应侧重于加强与网络消费者的沟通和情感交流,通过销售促进和关系营销,延长农林产品生命周期。

2. 网络促销活动内容

网络促销活动首先应明确活动的主题和表现形式,使目标受众容易接受、乐于接受,而且促销活动内容应符合产品的特性、品牌的定位和促销目标。促销活动内容围绕促销主题来进行,先行构思,设计文案,再考虑技术实现方式和手段。促销活动内容的表现形式包括文字、图片、音频、动漫、视频等,应综合运用多媒体工具。

12.4.3 决定网络促销组合方式

网络促销活动主要通过网络广告、网络销售促进、站点推广和网络关系营销展开。但由于企业的产品种类不同,销售对象不同,促销方法与产品种类和销售对象之间将会产生多种网络促销的组合方式。企业应当根据这些方法各自的特点和优势,根据自己产品的市场情况和客户情况,扬长避短,合理组合,以达到最佳的促销效果。网络广告和网络销售促进主要实施"推战略",其主要功能是将企业的产品推向市场，获得广大消费者的认可。站点推广主要实施“拉战略”，其主要功能是将客户牢牢地吸引过来，保持稳定的市场份额。网络关系营销则是“推”“拉”相结合。决定网络促销组合方式应基于以下几点：

1. 促销目标

如果企业是为了激发农林产品购买，扩大销售，提高产品市场占有率，网络广告、网络销售促进是常见方式。如果是为了提升品牌知名度，那么通过站点推广和网络关系营销，提高消费者知晓度，扩大与客户的互动是常见方式。

2. 产品类型

农林产品类别不同，购买差异就很大，各种促销方式的效果也不同，不同类别的农林产品应采取相应的促销策略。对于快速消费品，消费者往往是冲动型消费，网络广告、价格变动能刺激消费者购买，因此网络广告和网络销售促进是主要促销方式；如果是理智型消费者，则企业希望与客户保持长期稳定的关系，定期与消费者交流互动，因此站点推广和网络关系营销是主要促销方式。

3. 产品生命周期

农林产品导入期和成长期，企业一般会侧重采用网络广告进行促销，使受众通过网络广告充分了解产品用途、功能、性能、特点等；在产品成熟期，企业通过官方网站、博客/空间、微博微信等密切联系目标消费者，加强与客户的主动互动，促进用户的品牌忠诚度形成。结合产品生命周期各阶段的产品及目标客户特点，企业应采取不同的促销方式组合以便更有效地促进销售。

12.4.4　制订网络促销预算方案

1. 网络促销预算概述

在网络促销实施过程中，令企业感到最困难的是促销预算方案的制订。

网络促销预算是企业在计划期内反映有关网络促销费用的预算。促销支出是一种费用，促销费用过低影响促销效果，促销费用过高又影响正常利润。网络促销预算即为了某一特殊目的，把特定的一段时间、时期内的网络促销所需要开支的费用详细罗列出来。

首先，必须明确网络促销的方法及组合的办法。选择不同的信息服务商，宣传的价格可能悬殊极大。企业应当认真比较各信息服务商的服务质量和服务价格，从中筛选适合于本企业的、质量与价格匹配的信息服务商。

其次，需要确定网络促销的目标。目标是树立企业形象还是宣传产品？围绕这些目标再来策划投入内容的多少，包括文案的数量、图像的多少、色彩的复杂程度、投放时间的长短、频率和密度、广告宣传的位置、内容更换的时间间隔以及效果检测的方法等。这些细节确定好了，对整体的数额就有了预算的依据，与信息服务商谈判时也有了一定的把握。

第三，要明确网络促销的影响对象。就是需要明确希望将企业的产品信息传递给哪个群体、哪个层次。因为不同的信息服务商有不同的服务对象、不同的服务费用。企业促销人员应熟知自己产品的销售对象和销售范围，根据自己的产品选择适当的促销形式。

因此，促销活动目标和内容、实施需要具备的条件、促销活动预期持续时间、促销方式所针对的受众、促销方案的传播方式以及实施促销的时间切入点等均是制定促销预算需要考虑的问题。

2. 制定网络促销预算的方法

1) 销售百分比法

销售百分比法是指根据特定销售额(当期或预测数)为基准乘以一定的百分比来决定网络促销预算的数额。

如果是根据销售总额(绝对值)确定促销预算金额需求，则计算过程如下：

(1) 确定销售百分比。

(2) 计算预计销售额下的资产和负债。

(3) 计算预计留存收益增加额，公式如下：

留存收益增加额＝预计销售额×计划销售净利率×(1－股利支付率)

(4) 计算外部融资需求，公式如下：

外部融资需求＝预计总资产－预计总负债－预计股东权益

如果是根据销售增加量(相对值)确定促销预算金额需求，则计算过程如下：

融资需求＝资产增加额－负债自然增加额－留存收益增加额
＝(资产销售百分比×新增销售额)－(负债销售百分比×新增销售额)－[计划销售净利率×预计销售额×(1－股利支付率)]

使用销售百分比法确定促销预算的主要优点是促销费用可以因企业财务承受能力的差异而变动，促使企业管理者依据销售成本、产品售价和销售利润之间的关系去考虑企业经营管理的问题，有利于保持同类企业之间竞争的稳定性。但是销售百分比法没有考虑竞争因素，若加入竞争因素，这种方法就显示出其不足之处。

2) 量入为出法(Affordability Budget)

量入为出法是指根据企业的财务状况和广告预算，确定企业促销费用投入的多少。这种方法简便易行，但并不合理。因为此方法忽略了促销与整个企业销量的关系，且企业每年财力不一，促销预算波动也就较大，这使长期规划很困难。

3) 竞争对抗法

竞争对抗法是根据市场上竞争者的促销费用投入的多少来确定企业的促销费用预算，以保持竞争优势。竞争对抗法有如下具体方法：

(1) 市场占有率法。这是先计算竞争对手的市场占有率和促销费用，求得单位市场占有率的促销费，再乘以预计的本企业市场占有率，便得到本企业的促销预算。

例如，竞争对手的市场占有率为25%，它的促销费总额为500万元，则其每1%的市场占有率花费促销费为20万元。本企业下年度预计的市场占有率为30%，则促销费用应为600万元。

(2) 增减百分比法。将竞争企业本年促销费比上年促销费增减的百分比作为本企业促销费增减的百分比参考数。事实上，公司的声誉、资源、机会和目标有很大的不同，因此将对方的促销预算作为标准并不科学。

4) 目标任务法

该方法要求经营人员靠明确自己的特定目标，确定达到这一目标必须完成的任务，估计完成这些任务所需要的工作费用，从而决定促销预算。

目标任务法具有较强的逻辑性和成本节约性，这是预算中使用较为广泛的一种方法，管理层需要制定沟通的目标，然后决定获取沟通目标所必要的任务以及因此所需要的成本。因此，目标任务法可以用于建立促销组合。

12.4.5　实施网络促销过程管理

企业在网络促销活动实施过程中，要加强对网络促销整个过程的控制，实行科学管理，不断进行协调，与企业相关部门和人员保持密切、及时的沟通，随时对偏离预期促销目标的活动予以及时处理和调整，以保证促销活动能够按照既定的目标和计划实施，取得预期效果。

12.4.6　评估网络促销绩效

企业在实施网络促销活动之后，必须按既定的促销目标和各项具体指标，对网络促销活动效果进行评价，评估网络促销活动是否达到预期目的。企业对网络促销效果的评估主要通过两方面进行：第一，根据企业的销量、利润以及与促销成本的变化关系，评估网络促销活动是否取得预期效果；第二，利用统计软件或者第三方提供的评价服务，获得能够反映促销效果的数据，例如网站访问量、注册人数、网站访问转化率、网络广告浏览次数等，不仅评估自身促销效果，还可以和竞争对手作比较。

第十三章 农林产品营销网站建设

13.1 营销网站建设概述

创建和维护有效的在线展示是网络营销的关键组成部分。网站作为在线展示的载体,不仅向访问者提供信息,更重要的是与访问者交互,获取访问者的信任。一个好的网站总是以用户为导向。了解用户是谁?用户怎么样运用网站购物?竞争对手是谁,他们如何在线操作?优秀的网站为访问者提供愉快的在线体验过程。消费者网络购物时需要的网站是快速下载、结构良好、轻松导航的网站。因此网站设计是网络营销核心。网站设计需要考虑更多的实际问题,不局限于技术层面,还包括交互、情感层面等消费者浏览网站时的体验(图 13.1)。

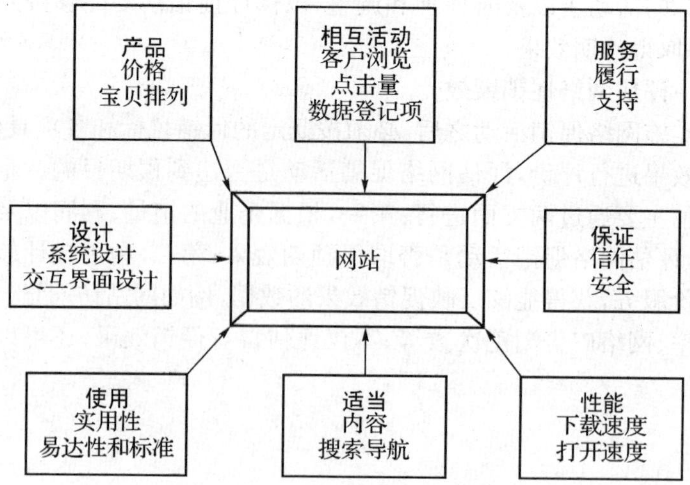

图 13.1 网站设计考虑要素

13.1.1 营销网站概述

1. 网站概述

网站是由网页集合而成的,而访问者通过浏览器所看到的画面就是网页。网页实际上是一个 HTML 文件，是万维网中的一"页"。网页要通过网页浏览器来阅读。网页是构成网站的基本元素，是承载各种网站应用的平台。文字与图片是构成一个网页的两个最基本的元素。可以简单地理解为：文字，就是网页的内容；图片，就是网页的美观。除此之外，网页的元素还包括动画、音乐、程序等。

2. 网站分类

按照不同依据，网站形成不同分类，常见如下：

(1) 根据网站所用编程语言分类：例如 ASP 网站、PHP 网站、JSP 网站、ASP.NET 网站等。

(2) 根据网站的用途分类：例如门户网站（如综合网站）、行业网站、娱乐网站等。

(3) 根据网站的功能分类：例如单一功能网站（如企业网站）、多功能网站（如网络商城）等。

(4) 根据网站的持有者分类：例如个人网站、商业网站、政府网站、教育网站等。

(5) 根据网站的商业目的分类：营利性网站（如企业网站、论坛）、非营利性网站（如政府网站）。

(6) 根据主营商品所在的行业分类：例如农产品网站、林产品网站、纸制品网站等。

3. 营销网站定义

营销网站是指以现代网络营销理念为核心，基于企业营销目标进行站点规划，具有良好搜索引擎表现和用户体验、完备的效果评估体系，能够有效利用多种手段获得商业机会，提高产品销售业绩和品牌知名度的企业网站。营销网站是企业和用户交流及沟通的交互窗口，是企业展示其产品和服务的基础设施和信息平台，是企业体现其企业形象和经营战略的载体。

营销网站是网络营销工具中最基本、最重要的一个。营销网站建设可分为自建网站和第三方营销平台。

13.1.2　营销网站建设原则

1. 客户体验原则

营销网站最终面对的是潜在客户与现实客户以及利益相关人。客户体验是营销网站必须考虑的重要因素。客户体验在现代营销中无处不在。客户在营销网站的体验实际上是一种消费体验，包括浏览体验、感官体验、情感体验、交互体验和信任体验。营销网站建设应考虑到网站建设的标准化、网站可信度、网站沟通性，重视细节。

2. 系统性原则

营销网站建设不是孤立的，是网络营销策略的基本组成部分。网站建设不仅影响着网络营销功能的发挥，也对多种网络营销方法产生直接和间接的影响，因此在网站策划和建设过程中应该用系统的、整体的观念来看待企业营销网站。

3. 完整性原则

与一般的信息传递渠道相比，企业营销网站是可以包含最完整内容的网络营销信息源，应该为用户提供完整的信息和服务，这也是网络营销信息传递的一般原则所决定的。营销网站的完整性包括：网站的基本要素合理、完整，网站的内容全面、有效，网站的服务和功能适用、方便。

4. 友好性原则

归根结底，企业营销网站是为了更好地发挥其网络营销价值，友好性是以网络营销为导向的企业营销网站优化思想的体现，包括三个方面：对用户友好，满足用户需求、获得用户信任；对网络环境友好，适合搜索引擎检索、便于积累网络营销资源；对经营者友好，网站管理维护方便、工作效率提高。

5. 简单性原则

简单是营销网站专业性的最高境界。从网络营销信息传递原理来看，简单也就是建造最短的信息传递渠道，使得信息传递效率最高、噪声和屏障影响最小。简单性没有具体标准，是相对于复杂性而言的，往往在不同的方案对比中才能分辨出简单和复杂。比如用最少的点击次数获得有效信息而不是将信息隐藏在多级目录之下，就是简单的表现。

6. 适应性原则

网络营销是一项长期的工作，不仅网站的内容和服务在不断发展变化，营销网站的功能和表现形式也需要适应不断变化的网络营销环境。随着经营环境和经营策略的改变，对营销网站进行适当的调整是必要的，否则会阻碍网络营销的正常开展。当经营环境发生重大变化时，比如对网络营销提出更高层次的需求时，还需要对营销网站进行全新的升级改造。

13.1.3 营销网站建设阶段划分

营销网站建设是一个系统开发和建设工程。它是营销与技术结合的产物，所以在网络营销应用的全过程中，都必须充分兼顾这营销和技术两个方面的因素，以科学、合理的程序展开系统设计、建设和应用工作。如果按阶段划分，营销网站建设大致需要经过下列五个阶段：

1. 营销分析阶段

这是实现网络营销应用计划的第一步。这一阶段的工作主要是进行充分的营销分析，主要包括需求分析（包括企业自身需求、市场需求以及消费者需求等）和市场分析(包括市场环境、消费者分析、供求分析和竞争分析等)。

在网络经济条件下,市场范围扩大,创新速度加快,竞争的压力越来越大,竞争的频率越来越高,因此必须对拟建的网络营销系统在未来可能面临的竞争尽可能作出分析,最大限度地避免竞争失利。此外,还要对企业自身状况进行分析,包括对企业组织、管理、业务流程、资源、未来发展的分析等。要结合网络营销的特点,从供应链的角度重新审视企业组织、管理与业务流程,寻找与网络营销的最佳结合部。

2. 规划设计阶段

在完成上述营销分析的基础上,在掌握网络营销最新技术进展的情况下,充分结合营销和技术两方面因素,提出营销网站总体规划,提出营销网站的系统角色与总体格局,亦即确定营销网站的营销模式以及与营销模式密切相关的网上品牌、网上商品、服务支持和营销策略四个要素。网络营销系统设计工作可以由此展开,也即从子系统、前台、后台、技术支持、系统流程、人员设置等各个方面全面构架营销网站系统。此阶段的工作完成得好坏,将直接关系到后续营销网站建设和将来营销网站系统运行和应用的成功与否。

3. 建设变革阶段

这个阶段的工作分为两条线:一条线是按照营销网站系统设计,全面调整、变革传统的组织、管理和业务流程,以适应网络营销运作方式的要求;另一条线是按照网络营销系统设计,全面进行计算机软硬件配置、网络平台建设和网络营销系统集成,完成网络营销系统技术支持体系的建设,从技术上保障网络营销系统的正常运作。

4. 整合运行阶段

上述建设变革阶段完成后,就可以将经过变革的组织、管理和业务流程与已经建好的网络营销技术平台整合起来,进行网络营销系统的试运行。再经过必要的调整、改进以后,实现网络营销应用的工作就可以进入整合运行阶段,开始网络营销应用。

企业营销网站系统不是一旦建成就可以一劳永逸的,必须在系统应用的过程中,根据企业营销和网络技术等各个方面的变化,不断进行创新、改进、完善,确保和提高企业网络营销系统的竞争能力。

13.1.4　营销网站建设目的与功能

1. 目的

1) 宣传推广企业及产品,提升企业形象

企业网站就是企业在互联网上的名片。一般而言,企业网站建设完成后,短期内不会给企业带来新客户、新生意,也不大可能马上大幅度提升企业业绩。企业网站的作用类似于企业在报纸和电视上所做的企业宣传片，不同之处在于企业网站容量更大，企业几乎可以把任何想让客户及公众知道的内容添加到网站，如企业简介、产品介绍等。不仅如此，企业网站建设的成本也比其他广告方式要低很多，一般的企业网站一年的维护费用仅为 3 万～4 万，远低于报纸、电视等媒体上的广告方式。

2）加强企业与用户的沟通，让用户更了解企业

在企业网站上，可以增加留言板、在线客服、IM 客服入口（如 QQ 客服）等多种方式的沟通渠道，让用户和企业的沟通更加方便快捷。此外，企业还可以通过调查功能了解用户的需求，还可以在企业网站上发布企业最新的动态，宣传最新的活动，让用户第一时间了解企业的第一手资讯。

3）增强销售力

销售力是指产品的综合素质优势在销售上的体现。现代营销理论认为，销售即是传播。销售的成功与否，除了决定于能否将产品的各项优势充分地传播出去之外，还要看目标受众从中得到的有效信息量的多少。由于互联网所具有的"一对一"的特性，目标受众能自主地选择对自己有用的信息。这本身已经决定了消费者对信息已经有了一个感兴趣的前提，使信息的传播不再是主观加给消费者，而是由消费者有选择地主动吸收。同时，产品信息通过网站的先进设计，既有报纸信息量大的优点，又结合了声、光、电的综合刺激优势，可以牢牢地吸引住目标受众。因此，产品信息传播的有效性将大大提高，同时亦提高了产品的销售力。

4）开发潜在客户，服务现有客户

开发潜在客户是企业网站的重要功能之一，这也是国外企业非常重视网站建设的根本原因。企业采购部或采购商积极利用网络寻找新的产品和新的供应商，可以查找到更多的供货商信息，沟通效率更高。企业在第三方平台上营销产品，引流一个客户的成本大概是 150 元左右，成本高昂。所以，企业网站就成为企业推介自己的非常重要的平台。企业网站的建成实际上可以提高对客户服务的效率。它可以回答大多数潜在客户经常提出的问题，可以让潜在客户上 Web（FAQ）去了解他们所关心的问题。非常规性问题则可以用人工方式解决。企业应积极维护现有客户，满足现有客户的需求，解决客户抱怨。

5）提高附加价值

消费者购买产品不仅买的是那些看得见的实物，还有那些看不见的部分。这就是产品的附加值。产品的附加值越高，在市场上就越有竞争力，就越受消费者欢迎。因此，企业要赢得市场就要千方百计地提高产品的附加值。在现阶段，传统的售后服务手段已经远远不能满足消费者的需要，为消费者提供便捷、有效、即时的 24 小时网上服务，是一个全新体现产品附加值的方向。消费者在任何时刻都可以

通过网站浏览自己需要的资料，在线获得疑难的解答，在线提交自己的问题。

2. 功能

1）产品介绍

企业可以利用网站充分发布产品的图片、文字信息，甚至通过 3D 和网络视频技术，向客户介绍产品、服务和使用过程的详细信息。

2）信息发布

企业可以发布企业新闻、企业组织结构、新产品开发、对外合作、市场渠道、人员招聘、采购、促销等多方面的信息。

3）客户服务

通过网站，企业可以为客户提供不同的服务，有自助的 FAQ 在线咨询、400 免费电话等方式。

4）在线销售

通过特定的网络销售系统，可以实现商品选购、在线洽谈、在线支付等功能。

5）网上调研

企业可以通过在线调查工具和客户提供的 E-mail、论坛等工具，主动征求客户对企业、产品和服务方面的意见和评价，了解客户的购买习惯、企业品牌形象等方面的信息。

6）网络推广

通过网站的论坛、在线活动等方式，企业可以广泛建立网络联盟，扩大影响，拉近与客户的关系，强化客户对企业的好感，培育客户忠诚度。

7）业务管理

通过网站统计软件、在线客户关系管理系统等工具，企业可以实现网络营销管理，了解网站运营、客户管理方面的相关信息。

13.2　建设农林产品营销网站前的需求分析

13.2.1　农林产品营销网站概述

网络市场是农林企业高度重视的市场，企业纷纷触网销售农林产品。从销售端来看，以阿里巴巴为例，截至 2014 年，全国年销售额突破亿元的县域超过 300 个，阿里巴巴平台上，经营农产品的卖家达到 76.21 万个，完成农产品销售额 483.02亿元。从中央政府到地方政府都在大力倡导“互联网＋”，推进农林产品网络市场开发，各地纷纷开工建设电子商务园，截至 2015 年 3 月，全国电子商务园区数量超过 510 个，遍布于 29 个省、市、自治区、超过 110 个城市。各地政府建立具有本地特色的农林产品信息交流网站，特别是吉林、浙江、上海和广东等地区的政府农业网站提供的信息丰富、功能齐全，大大促进了当地农林产品销售。2015 年，山东、广东、甘肃、天津、陕西等省、自治区、直辖市与阿里巴巴签署战略合作，进一步拓宽农林产品营销窗口。

我国农林网站大致分为四类：一是各级农业政府部门建立的农林信息网站，主要是针对本地区的农林发展进行宏观指导，提供农林实用技术、市场信息，宣传农林政策法规，介绍农林招商引资项目等信息，具有信息权威性、服务综合性、辐射区域性特点；二是农林科研和教育部门建立的农林信息网站，主要提供农林科技信息，具有专业权威性；三是企业的网销平台，包括涉农频道的综合型平台和专业化农林营销平台，一般以营销为目的；四是农林合作社或者农林品类的行业网站，主要为会员提供服务，向外传递信息，向内介绍市场，合理安排适度规模种植，提供种植技术培训、网销培训等。

13.2.2　农林产品分析

网络销售的农林产品按照产品属性特征大致分为生鲜品类、干货类、加工制造类和服务品类(如农家乐、森林旅游)。

1. 生鲜品类

生鲜品类按照加工程度和保存方式不同分为初级生鲜品和冷冻冷藏生鲜品。

(1) 初级生鲜品。指的是新鲜的、未经烹饪等方式热加工的农林产品，包括蔬菜和水果；家禽和家畜；水产品中的鱼类、贝类；林产品中的林下产品，如菌菇类、中药材、鲜笋等。

(2) 冷冻冷藏生鲜品。指的是经简单处理后在冷藏、冷冻或常温陈列架上贩卖的商品，包括冷冻品和冷藏品两类。冷冻品是指以农、畜、水产原料加工调理，急速冷冻及严密包装在－18 ℃以下储存及贩卖的商品。冷藏品是指以农、畜、水产原料加工调理，急速冷却及严密包装在 7 ℃以下储存及贩卖的商品。

2. 干货类

干货类是指用风干、晾晒、烟熏等方法去除了水分或水分较少的初级产品的统称，包括农产品、水产品、畜产品和林下作物等产品的干货。常见的干货如去除了水分的木耳、紫菜、香菇、红枣、桂皮、辣椒等。

3. 加工制造类

加工制造类是指经过物理手段、化学手段等加工制造的用于非机体生存的产品品类，如木质家具、藤条座椅和工艺品、纸张等。加工制造类产品经工业化的生产加工，具有改变形态、有较长保质期和使用期的特点。

4. 服务品类

服务品类是指网商利用互联网，向用户提供各种服务活动或服务产品。具体分为两种：一是产品效用服务，主要是指为使用者提供农林产品使用方面的信息，消费者不仅注重产品本身的效用，同时还有其他信息需求，如农林产品种植、安全性、营养性、使用方法等信息；二是产品延伸服务，它是指通过网络进行交互沟通，基于某种农林产品生产、种植、环境等衍生出的新的服务产品，例如采摘体验与游玩的结合，森林培育与旅游的结合等形成新型的旅游项目。

农林产品也可以按照行业差异性，分为农产品、水产品、牧业品和林产品。

13.2.3　农林产品市场分析

1. 影响农林产品市场供给的因素

农林产品市场供给是指在一定价格水平下所有生产经营者愿意并有能力生产和出售的某种农林产品总量。具体影响因素包括：

1）农林产品成本

农林产品成本是指包括生产成本、运输成本、储存成本、销售成本等在内的总成本，成本越高，供给量越小。

2）农林产品价格

在成本条件不变的前提下，农林产品售价越高供给量越大，反之亦反。

3）相关农林产品的价格

相关农林产品的替代性和互补性是农林产品价格的影响因素。当替代品和互补品价格提高，农林产品供给就增加，反之亦反。

4）农林产品生产技术

农林产品的生产技术水平提高，将会因降低生产成本或增加产品产量而使生产者利润增加，这样就会刺激农林产品生产者增加产品供给量。

5）生产者或销售者的目标

如果生产经营者的目标是扩大农林产品销售额或提高自己产品的市场占有率，则在相同价格条件下，农林产品供给量大于追求利润最大化目标下的供给量。

6）政府的税收和补贴政策

如果政府对某种农林产品减税或给予补贴，则会因农林产品售价降低刺激需求而引起供给增加；相反，如果政府实行增税或取消补贴，则农林产品供给量会减少。

2. 影响农林产品市场需求的因素

农林产品市场需求是指市场上所有消费者在一定价格水平下愿意并有能力购买的某种农林产品总量。具体的影响因素有：

1）消费人口

人口越多，农林产品需求量越大。

2）收入水平

一般而言，收入水平越高，农林产品需求量越大。但是，对于劣质农林产品，随着人们收入水平的提高，其需求量反而降低。

3）价格水平

一般而言，价格降低需求量会增加。但对于属于生活必需品的农林产品，由于价格需求弹性较小，价格对其需求量的影响并不大。

4）替代品和互补品价格

农林产品的需求量一般与替代品价格呈正向波动，与互补品价格呈反向波动。

5）消费者的生活习惯与偏好

消费者不同的生活习惯以及由此引起的对特定农林产品的偏好程度，使收入水平等条件相同的消费者对同一农林产品的需求量存在较大差异。

6）消费者对农林产品价格的预期

如果消费者预测他所需的某种农林产品的价格会上涨，他可能会多买些这种产品供以后使用，使农林产品的短期需求增加。

13.2.4 农林产品消费者市场购买行为分析

农林产品作为满足消费者吃、穿、用等基本生活需要的物质资料，其消费者市场购买行为同样受到文化因素、社会因素、个人因素和心理因素的影响。我国有丰富多彩的饮食文化，如北京烤鸭、金华火腿等地方名品不胜枚举。因此，农林产品消费中所体现的历史文化传统、社会阶层与个性心理更为明显。随着市场经济的不断发展，我国的社会结构和文化特征不断地变迁与发展，农林产品的消费者市场购买行为也呈现出许多新的特点和发展趋势。

(1) 消费者对农林产品的消费需求已开始从追求数量满足转向追求品质满足。如对食品，消费者已由以前的要求“吃饱”转向追求“吃好”，提出诸如营养、健康、安全等要求。

(2) 消费者对农林产品的消费需求日趋个性化和多层次化。消费者更强调产品的口味、外观、特殊功能及心理满足等方面的偏好，消费的个性化需求较强，消费日趋多层次化。

(3) 消费者对方便型和无公害绿色农林产品的需求日益增长。方便，既包括使用方便又包括购买方便，目的是节省农林产品消费者的精力和时间。为此出现了如对袋装灭菌鲜奶、清洗蔬菜及大量加工型农林产品的需求。近年来，无公害绿色农林产品也大受消费者欢迎。

(4) 消费者对农林产品的品牌消费观念逐渐增强。随着生活水平的提高，消费者购买农林产品时对品牌的注意度越来越高。按品牌购买、购买名牌已逐渐成为消费者选购农林产品的基本要求。

13.2.5 竞争对手分析

竞争对手分析就是从企业竞争对手的角度分析网络营销需求，了解竞争对手网络营销的开展状况、运作效果如何，是否对本企业的业务构成威胁，是否已成为本企业开展网络营销的障碍，对其中效果良好的内容是否可以借鉴。网络营销领域的竞争对手分析可以按以下步骤进行：

1）确认竞争对手

竞争对手大致分为：

（1）直接竞争对手。直接竞争对手是指生产经营同品类、同品种产品或服务，与本企业角逐共同目标市场，消费者很容易转而购买其产品或服务，与企业构成直接竞争关系的企业。直接竞争对手主要来自同行企业，表现为全方位的正面竞争势态。对手的强弱不仅直接影响到市场的需求状况，并且直接影响到本企业的市场占有率。因此，他们是最激烈的竞争对手。

（2）间接竞争对手。间接竞争对手主要是指那些生产经营具有替代性的产品或服务的企业，营销依旧锁定同一目标市场。这些竞争对手通常以主体企业的市场为目标，有着相同或相似的价值评价，但销售不同的产品。由于间接竞争对手最容易被忽视，所以具有很大的威胁性。

（3）未来竞争对手。未来竞争对手是指那些潜在的随时准备进入的企业。一旦市场开发成功，获得赢利，将刺激他们迅速进入市场，变成直接竞争者。

寻找竞争对手最有效的方法是搜索引擎。查找前，首要任务是确定查找的关键词。确定关键词要考虑以下因素：网上开展的业务性质、浏览者在网上查找这类业务时常用的关键词等。一般要确定 5 至 10 个关键词或词组。在各搜索引擎上分别检索会得到大量的检索结果，从中查找与企业自身业务相近的竞争对手。

2）分析竞争对手网站

通过对竞争对手的网站设计、网站价格、功能和性能、网站流量、用户体验、购买流程设计、促销流程设计、支付及推荐方式等全面考察其网站建设的各项指标，从而为自身网站建设提供参考。当然，从用户的角度来说，重复出现的网站缺乏新鲜感，用户喜欢新奇有创意的站点。因此，网站建设不能一味模仿竞争对手的网站，觉得好的地方就直接拿过来用，而是应该结合自身企业的特点，琢磨能够吸引用户的体验设计，创造更优秀的网站。

3）分析竞争对手产品

通过对产品质量、功能、价格、支付方式、最低零售价、主要产品线构成及价格、附属产品构成及价格、运费等方面的考察，了解竞争对手的产品销售具有什么特点和优势，从而制定自己网站的产品销售体系和特色。同时，除非有十足的把握，否则在网站刚上线时，应避开与主要竞争对手的成熟产品线之间的直接交锋，这样更容易在短期内积累自己的用户群。

4）分析竞争对手服务

网站建设需要特别关注客户服务，包括呼叫中心、在线客服、物流配送、个性化定制、售后服务、退换货条款、积分奖励等，通过比较和提高网站的服务质量，才能有效提高网站的重复购买率和维护良好的客户关系。

5）分析竞争对手营销

通过对竞争对手历史营销活动、营销计划、投放渠道、投入分配、投放效果、主推产品、主力客户群和促销策略等方面的考察，分析对手的营销策略，借鉴其成功营销推广经验。

6）分析竞争对手商务模式

商务模式其实就是关于“做什么，如何做，怎么赚钱”的问题。商务模式的比较对于网络营销网站的成功设计与建设是非常重要的，也是很复杂的。通过仔细研究竞争对手的网站就可以发现竞争对手的大量信息，可以研究他们的信息政策，了解他们的服务内容或者对于首次访问者的特别介绍，如果实施会员制的话，还可以查看他们的会员程序，研究他们在哪里做广告，如何做广告，调查公司的背景，找出谁是投资人，核查他们的客户服务政策等。通过分析比较，可以了解到本行业内的竞争状况以及自己的商务模式的竞争优势和劣势。

7）分析竞争对手整体实力

对竞争对手的整体实力进行考察和评估包括生产、资金、营销、管理等方面的基本能力、应变能力和坚持能力的考察评估。

经过认真考察，将从网上搜索出来的信息加以归类，网站设计人员会对网上同行的情况有一个比较清楚的了解，还需要总结分析结果，包括：竞争对手都在做什么，怎么做的，每个站点都有哪些特点，产品或服务价格的行情等。再根据这些信息与自己的网站设计和策划进行比较，看看有哪些方面是没有考虑到，在别人的强项方面是否还有可为的地方，怎样才能做到推陈出新，出奇制胜。

考察竞争对手是开展网络营销前要做的工作，而定期监测对手的动态则是一个长期性任务。每个竞争对手都在发展，同时别人也在研究分析自身，时时把握对手的新举措，从中汲取好的地方，发展自己的特点和与众不同的地方，是在竞争中保持主动的关键。

8）竞争对手分析要点

(1) 建立竞争对手分析档案并进行系统分析。

竞争对手分析档案可做成一张表格，信息量大、言简意赅。如表 13.1 所示，第一列是农林产品网商的竞争对手名单，第一行是反映竞争对手同质性和异质性的一组判别准则。这样得到的本企业与竞争对手的市场竞争地位等信息一目了然，可帮助企业进行比较分析。

表 13.1　生鲜品电商分析档案

网站	域名	成立时间	网站类型	经营范围	会员系统	网页设计	站内搜索	冷链物流	跨界经营	跨境直销
本来生活网	benlai.com	2012 年 7 月	电商网站	食品、生鲜水果	会员制	简洁	有	自建	否	有
沱沱工社	tootoo.cn	2010 年 4 月	网上超市	有机水果蔬菜、海鲜、零食饮料、鲜肉等	会员制	精美醒目	有	自建	否	无
顺丰优选	sfbest.com	2012 年 5 月	生鲜网站	水果等生鲜品类	会员制	精美醒目	有	自营	是	有
优菜网	yoocai.com	2011 年 6 月	网上大型超市	新鲜绿色有机果蔬	会员制	一般	有	自建	否	无
我买网	womai.com	2009 年 8 月	食品类 B2C 电子商务网站	视频综合网站	会员制	复杂	有	自建	延伸	有
沃尔玛 1 号店	yhd.com	2012 年 8 月	网上超市	生鲜品类、蔬菜	会员制	精美	有	自营	被并购	有

(2) 了解竞争对手网络营销的战略和所开展的主要网上业务。

企业可以通过对竞争对手网站、年报、证券公司、政府部门、搜索引擎等进行全面浏览、测试与研究，分析竞争对手的网络营销战略、网上市场定位以及在网上的主营业务。

(3) 研究竞争对手网站的设计结构与运行效果。

主要研究内容包括竞争对手网站功能、信息结构、网站设计风格、网站信息更新频率、竞争对手提供的产品种类与服务特色、竞争对手的商业模式、业务流程和客户服务效率等，发现他们成功的原因和存在的不足，帮助自身构建自己的商业蓝图，发现市场机会。

通过竞争对手分析可以明确企业在竞争中的地位，以便制定本企业具有竞争力的发展战略。

13.2.6　营销网站开发方式

网络营销系统的开发和建设要涉及企业很多部门和环节，因此系统的开发和建设必须借鉴成功的开发方式。

1. 购买通用商用系统

购买通用商用系统是企业营销网站建设的捷径。采用这种方式有以下优点：

见效快、费用相对较低、系统质量较高、安全保密性较好、维护有保障。但是，商用系统也有其自身的局限性，如不能一步到位地满足企业管理的需求，企业在购买后往往要针对自身的特点进行某些设定或增补开发，企业适应期长、学习难度较大，而且系统维护具有较强的依赖性。对于小型企业或特殊要求不多的大中型企业来说，采取购买商用系统的方式比较合适。

2. 自行开发

如果企业本身具有一定的技术能力，有一批开发网络营销系统所需要的复合型人才，往往希望自行开发系统。这种方式具有针对性强、能够最好地满足企业经营管理需要、便于维护、设计的系统易于使用和升级等优点。但采用这种方式也有其自身的缺陷：对企业自身的技术实力要求较高，设计的系统的应变能力较弱。这种方式适于有比较稳定的开发维护队伍的企业。

3. 委托开发

大多数企业不具备自行开发网络营销系统的能力，这时可以考虑委托外单位开发系统。这种方式的优点是：针对本企业的营销特点和管理需求开发的系统可以弥补本企业技术力量不足的缺陷；由于是专用软件，比较容易为使用者接受。这种方式存在的缺陷是：开发费用较高，软件应变能力不强，维护费用高。这种方式比较适用于本企业开发力量不足而又希望使用专用系统的企业。

4. 合作开发

企业与外单位合作开发系统的方式同时具备自行开发与委托开发两种方式的优点。这种方式也存在开发费用高、软件应变能力较弱等缺陷，但从成本/效益的角度考虑，不失为一种较好的开发方式，因此在实际工作中得到普遍运用。

13.3 营销网站建设可行性分析

13.3.1 技术可行性分析

新技术不断面世有利支持着网络营销的应用。技术可行性分析包括技术先进性分析、成熟性分析、支持度分析和衔接度分析。

1. 网站常用技术

技术可行性分析是从技术角度出发，确定产品的技术指标、结构方案、工艺方案与现有网络技术基础的差距，并评估其先进或适用程度、开发的规模及实现的可能性，使网站得到可靠的技术保证。技术可行性分析主要任务是对网站实施涉及的硬件、软件及相关技术进行分析，从总体上鉴别和选择能满足项目需求的技术系统，论证是否具备项目实施所必需的技术条件，并给出技术上是否可行的结论。网站涉及的技术主要包括以下几类技术：

1) 网络技术

自 ARPANet 转为商业化运营以来，网络技术助推网站涌现。网络技术是网络营销应用中最基础、最底层的技术，包括 TCP/IP 协议、超文本标记语言等。

2）数据库技术

网络营销离不开数据库的全面支持，从底层的数据基础到上层数据应用都涉及数据库技术，包括 Web 数据库技术、数据仓库（DW）技术、联机分析处理（OLAP）技术、数据挖掘（DM）技术和商务智能（BI）技术等。

3）电子数据交换技术（EDI）

电子数据交换技术是由国际标准化组织（ISO）推出使用的国际标准，它是一种在贸易伙伴间传输订单、发票等电子文件的技术手段。它是计算机通信和现代管理技术相结合的产物，在网络营销中占据重要地位。随着 WWW 技术的发展，EDI 也得到更广泛应用。

4）万维网技术

万维网（World Wide Web，WWW）技术可以让 Web 客户端（常用浏览器）访问 Web 服务器上的页面。万维网技术采用超文本、超媒体的信息链接方式，允许互联网用户从一个页面跳到另一个页面，信息形式多样化。万维网技术广泛应用于信息检索、浏览、发布、处理和网络营销平台构建。

5）网络营销安全技术

安全技术是保证网络营销系统安全运行的最基本、关键的技术，主要包括防火墙、入侵检测技术、虚拟专用网、加密技术、身份认证技术、SSL 协议和 SET 协议。

6）物流信息技术

物流信息技术是现代信息技术在物流各个作业环节中的综合应用，是现代物流区别于传统物流的根本标志，也是物流技术中发展最快的领域，尤其是计算机网络技术的广泛应用使物流信息技术达到了较高的应用水平。物流信息技术主要包括条形码技术、射频识别技术、地理信息系统、全球定位系统等。

2. 技术先进性和技术成熟性分析

营销网站建设要同时兼顾技术先进性和技术成熟性。技术先进性是指系统设计应当立足先进的技术，采用最新的技术成果，使系统具有一个较高的技术起点。因技术更新速度快，系统建设需要一定时间，只有技术具有先进性才能保障系统建成之时技术不落后。当然，选择技术时不是越先进越好。一方面先进技术相对于网站本身需求过于超前导致费用升高，另一方面技术越先进意味着越不稳定和不成熟。

技术成熟性是指营销网站建设所选用的技术符合标准或者受到市场欢迎并广泛认同。营销网站建设是一项复杂系统工程，如果选用的技术不注重标准化，将难以保证系统运行的可靠性和与其他系统衔接的兼容性，可能给企业带来不利影响，乃至失败。

企业营销网站建设在技术上应坚持先进性和成熟性并举的原则，一方面选择先进的技术，在满足功能需求的基础上适度超前并具备良好的可扩展性，以保证系统建成后的性能先进性和应用周期；另一方面，选择成熟技术以确保系统即时可实现性以及日后系统运行的可靠性。

3. 技术支持度分析

营销网站的功能需求所要求的技术支持度是不同。技术支持度分析包括两个方面：一是网站建设的技术支持度分析，要分析满足应用功能需要使用哪些技术以及这些技术的可得性。在技术的选择上要充分考虑对系统功能实现的支持程度，要选择能够充分支持功能需求的技术。建设营销网站可能需要配备包括数据库服务器、邮件服务器与认证服务器、中间组件等在内的软硬件，还需要开发商务应用系统，即平台构建与应用系统开发两大部分。二是网站运行的技术支持度分析，要分析网站建成后，企业是否具备足够的技术力量维持系统的正常运行。例如以网上销售为主要目的的企业网站，其建设方案从性能、开放性方面考虑选择小型机和 Unix 系统。如果企业缺乏配套的 Unix 运行维护人才队伍，一旦系统运行将遇到系统更新与故障解决等问题。在这种情形下，企业要么调整技术以满足技术支持需求，要么建设与系统相匹配的技术支持体系，如 Unix 维护人员培训或者服务外包。

4. 与原有技术或资源的衔接度分析

很多企业已经建立了生产和管理信息系统，积累了一定的资源，故而在考虑技术选择时优先选择与企业原有技术衔接程度高的技术，有助于节省大量人财物方面的支出。如果企业准备建设在线销售网站，原先的内部信息系统是基于 Microsoft 家族的操作系统，那么在性能和功能满足要求的基础上，网站建设应优先选择支持 Microsoft 家族的系统架构，以便充分利用现有技术资源并方便日后的系统集成。

13.3.2 经济可行性分析

营销网站建设的经济可行性分析是指对将要开发与运营的网站进行投入成本估算和产出效益评估，分析网络营销系统所带来的经济效益是否能超过开发和维护成本，并给出经济上是否可行的结论。

1. 投入成本估算

营销网站在整个生命期的概念、规划、实施和验收各个阶段以及建成后的运营过程中需要投入大量人力、物力和财力，期间人员、技术、设备和材料等投入构成营销网站成本。根据信息系统成本分析方法，营销网站的成本可分为规划建设费用和运行管理费用，如表 13.2 所示。

表 13.2　营销网站的投入成本

规划建设费用	系统规划费用	调查分析费用
		方案设计费用
	系统建设费用	软硬件购置费用
		ISP 服务费用
		系统开发费用
运行管理费用	运行费用	网站推广费用
		人员费用
		耗材费用
		域名、通信线路等费用
		安全费用
	管理费用	系统完善费用
		系统纠错费用
		数据更新费用
		岗位培训费用

2. 产出效益评估

企业可以从直接经济效益和间接效益两方面分析营销网站获得的效益。

1) 直接经济效益

直接经济效益是营销网站建成运行后产生的经济效益，主要包括：

(1) 降低管理成本。网络营销通过电子交易、电子货币等方式大大降低管理的书面形式的费用。

(2) 降低库存成本。高库存意味着大量流动资金被占用。营销网站系统中的库存模块可以有效管理库存品种和数量。

(3) 降低采购成本。利用网络采购可以提高采购效率和降低采购成本。

(4) 降低交易成本。相对于线下的交易方式，网络营销可将交易成本大大压缩。

(5) 时效效益。网络营销加快商务周期，加快资金回笼，提高资金周转频率，从而增加年利润。

(6) 扩大销量。网络营销打破时空限制，扩大市场空间和交易机会，增加销售量，获取更多利润。

(7) 销售广告版位。营销网站可以出售广告版位来增加利润来源。当然这需要网站知名度提高。

2）间接效益

间接效益是指营销网站通过对相关业务的积极影响而获得的收益，主要包括：

（1）提高工作效率和管理水平带来的综合效益。

（2）提高企业品牌知名度带来的综合效益。

（3）实施网络营销后，因信息迅速准确传递获得的收益。

（4）通过互联网为客户提供技术支持，不仅节约客户服务费用，而且提高客户满意度。

3．评估方法

1）静态评价方法

静态评价方法是利用项目正常生产年份的财务数据对项目财务效益进行分析，忽略资金的时间价值和项目的经济寿命。常见方法包括投资收益率法和投资回收期法。

（1）投资收益率法。投资收益率 R_K 是项目投资后获得的年净现金收入（或利润）R 与投资额 K 的比值，计算公式如下：

$$R_K=\frac{R}{K}$$

投资收益率法的优点是计算简单；缺点是没有考虑资金时间价值因素，不能正确反映建设期长短及投资方式不同和回收额的有无等条件对项目的影响，分子、分母计算口径的可比性较差，无法直接利用净现金流量信息。只有投资收益率指标大于或等于无风险投资收益率的投资项目才具有财务可行性。

（2）投资回收期法。投资回收期 T 是项目运行后每年的净收入（或利润）抵偿项目全部投资所需要的时间，是投资收益率的倒数，其计算公式如下：

$$T=\frac{K}{R}$$

它是反映项目真实偿债能力的重要指标，投资回收期越短，表明项目盈利能力和抗风险能力越强。

营销网站建设项目评价原则：投资收益率 R_K 越大，或者投资回收期 T 越短，经济效益越好。不同项目都有其所在行业的标准，只有 $R_K \geqslant R_{标}$，$T \leqslant T_{标}$ 时，项目才是可行的。

2）动态评价方法

动态评价方法考虑到了资金在不同时点上价值大小不一。同等数量的资金处于不同的时间而产生的价值差称为资金时间价值。为了保证项目生命期内不同时点发生的费用和收益具有可比性，必须根据资金时间价值将不同时点的现金流量折算成相同时点的具有可比价值的现值（或终值）。

（1）现值。将未来资金按照一定的折现率换算成现在价值称为贴现，即未来资金的现在价值称为现值，计算公式如下：

$$P=\frac{F}{(1+i)^n}$$

例如：某企业从银行获得利率为10％的商业贷款700万元用于大型营销网站建设。根据测算，营销网站可使企业在5年后获得纯利1 200万元，那么该项目是否值得投资？

首先计算5年后纯利1 200万元的现值 P：

$$P=\frac{1\,200}{(1+10\%)^5}=\frac{1\,200}{1.610\,6}=745.1(\text{万元})$$

然后与700万元进行比较：

$$745.1(\text{万元})>700(\text{万元})$$

所以该营销网站在正常情况下投资是值得的。

(2) 净现值(NPV)。净现值是按行业基准收益率或设定的目标折现率(i_0)，将各年的现金流出(投资费用、经营成本等)和现金流入(各种直接收益)折现到建设起点的现值之和。计算公式如下：

$$NPV=\sum_{t=0}^{n}(B_t-C_t)\frac{1}{(1+i_0)^t}$$

式中，B_t 表示第 t 年收入额，C_t 表示第 t 年支出额，n 是寿命期，i_0 是投资收益率或折现率。

例如：某平台对零食/坚果/特产类目的农林产品收取技术服务费年费30 000元/年(不考虑年费返还)，实时技术服务费费率为2％(按收益额计征)。假设某个体网商在今后3年没有达到该平台要求的返回部分年费的销售额。该网商估计未来3年的销售额分别为60 000元/年、100 000元/年和150 000元/年，相应的产品生产成本分别为20 000元/年、30 000元/年和50 000元/年。如果年利率是10％，那么这3年的网商收益的净现值是多少？

$$NPV=\frac{60\,000-60\,000\times2\%-20\,000-30\,000}{1+10\%}+\frac{100\,000-100\,000\times2\%-30\,000-30\,000}{(1+10\%)^2}+\frac{150\,000-150\,000\times2\%-50\,000-30\,000}{(1+10\%)^3}$$

$$=80\,000+31\,405+50\,338=89\,743(\text{元})$$

即该网商未来3年收益的净现值为89 743元。

NPV 指标的评价准则：当折现率取基准收益率 i_0 时，若 $NPV\geqslant0$，说明项目的获利能力达到或超过了基准收益率的要求，该项目是可行的；$NPV<0$，则说明

该项目是不经济的。在多方案比选中，取净现值最大者为优。

(3) 内部收益率(IRR)。内部收益率是指项目在整个计算期内各年净现金流量现值累计等于零时的折现率，计算公式如下：

$$NPV = \sum_{t=0}^{n}(B_t - C_t)\frac{1}{(1+IRR)^t} = 0$$

它的经济含义是在项目终了时保证所有投资被完全收回的折现率，反映项目对占用资金的一种补偿、报酬和恢复能力。

内部收益率计算步骤如下：

①在计算净现值的基础上，如果净现值是正值，就要采用这个净现值计算中更高的折现率来测算，直到测算的净现值正值近于零。

②再继续提高折现率，直到测算出一个净现值为负值。如果负值过大，就降低折现率后再测算到接近于零的负值。

③根据接近于零的相邻正负两个净现值的折现率，用线性插值法求得内部收益率。

内部收益率评价准则：若 $IRR \geqslant i_0$，则项目可行；若 $IRR < i_0$，项目就不经济。若对多个方案进行比较时，IRR 高的方案优于 IRR 低的方案。

13.3.3　实施可行性分析

实施可行性分析是指对实施网络营销而采取的业务流程重组、人力资源调整、利益分配等方面因素进行分析，从而得出在业务实施方面项目是否可行的结论。

1. 内部管理可行性

确定企业是否在内部管理方面具有营销网站开发和运行的基础条件，可考虑的因素包括企业领导、部门主管态度、企业现行业务流程是否规范、各部门的利益调整、企业管理人员和业务人员的网络营销应用能力和认可程度。

2. 外部环境可行性

外部环境可行性分析可考虑的因素包括：国家的相关法律法规、政府及行业的规范、网上客户的满意度和企业合作伙伴是否支持。

13.4　域名

13.4.1　域名概述

1. 域名与 IP 地址

网络是基于 TCP/IP 协议进行通信和连接的，在区分所有与之相连的网络和主机时，均采用了一种唯一的、通用的地址格式。为了保证网络上每台计算机的 IP 地址的唯一性，用户必须向特定机构申请注册，被分配 IP 地址。网络中的地址方案分为两套：IP 地址系统和域名地址系统。这两套地址系统其实是一一对应的关系。IP 地址用二进制数来表示，每个 IP 地址长 32 比特，由 4 个小于 256 的数字组成，数字之间用点间隔，例如 100.10.0.1 表示一个 IP 地址。由于 IP 地址是数字标识，使用时难以记忆和书写，因此在 IP 地址的基础上又发展出一种符号化地址方案来代替数字型 IP 地址。每一个符号化地址都与特定的 IP 地址对应，这样网络上的资源访问起来就容易得多了。这个与网络上的数字型 IP 地址相对应的字符型地址就被称为域名(Domain Name)。在互联网上，所有主机都有一个名字-地址的映射，完成这一映射的系统叫域名系统(DNS)。访问一个主机可以采用 IP 和域名两种方式。因此，域名是用字符表示的计算机网络地址，它可以解决 IP 地址难以记忆的问题。

2. 域名类型

互联网协会曾规定机构性域名有 7 类，即网站的性质与域名的后缀有关；地理性国别域名也有对应的国别后缀。域名可分为不同级别，包括顶级域名、二级域名、三级域名和注册域名。

1) 顶级域名

顶级域名(Top Level Domain，简称 TLD)又分为两类：一是国家顶级域名(national Top-Level Domain names，简称 nTLD)，200 多个国家都按照 ISO3166 标准的国家代码分配了顶级域名，例如中国是 cn、日本是 jp 等。二是国际顶级域名(international Top-Level Domain names，简称 iTLD)，例如表示工商企业的 com，表示网络提供商的 net，表示非营利组织的 org 等。

大多数域名争议都发生在顶级域名 com 下，因为多数企业建设营销网站的目的都是为了赢利。为加强域名管理，解决域名资源的紧张，互联网协会、互联网分址机构及世界知识产权组织(WIPO)等国际组织经过广泛协商，新增加了 7 个国际通用顶级域名：firm(公司企业)、store(销售公司或企业)、web(突出 WWW 活动的单位)、arts(突出文化、娱乐活动的单位)、rec(突出消遣、娱乐活动的单位)、info(提供信息服务的单位)、nom(个人)，并在世界范围内选择新的注册机构来受理域名注册申请。

2) 二级域名

二级域名(Second Level Domain，简称 SLD)是指顶级域名之下的域名。在国际顶级域名下，它是域名注册人的网络名称，例如 amazon、ebay 等；在国家顶级域名下，它是表示注册企业类别的符号，例如 com、edu、gov、net 等。

中国在国际互联网络信息中心(Inter NIC)正式注册并运行的顶级域名是 cn，这也是我国的一级域名。在顶级域名之下，我国的二级域名又分为类别域名和行政区域名两类。

类别域名共有 6 个，依照申请机构的性质依次分为：

(1) ac——Academic,科研机构。

(2) com——Commercial organizations,工、商、金融等企业。

(3) edu——Educational institutions,教育机构。

(4) gov——Governmental entities,政府部门。

(5) net——Network operations and service centers,互联网络、接入网络的信息中心(NIC)和运行中心(NOC)。

(6) org——Other organizations,各种非盈利性组织,如中国木材网域名 www. chinatimber. org。

行政区域名是按照中国的各个行政区划划分而成的,其划分标准依照原国家技术监督局发布的国家标准而定,共有 34 个,适用于中国的各省、自治区、直辖市。

3) 三级域名

三级域名由字母(A～Z,a～z)、数字(0～9)和连接符(—)组成,各级域名之间用实点(.)连接,三级域名的长度不能超过 20 个字符。如无特殊原因,建议采用申请人的英文名(或者缩写)或者汉语拼音名 (或者缩写)作为三级域名,以保持域名的清晰性和简洁性。

整个域名由两个或两个以上部分组成,各个部分之间用英文句点“. ”分隔。在完整的域名中,最右一个“. ”的右边部分称为顶级域名或一级域名,最右一个“. ”的左边部分称为二级域名,二级域名的左边部分称为三级域名,三级域名的左边部分称为四级域名,依此类推。每一级域名控制它下一级的域名分配。如图 13. 2 所示,中国香菇网的一级域名“cn”是国家顶级域名,二级域名“org”标识网站性质,三级域名“mushroom”标识网站名称,四级域名 “www”标识网络应用的主机名称。目前大多数站都使用“www＋域名”作为主域名。一个网站可能有多个子域名或者二级域名,但其主域名一般是不会变动的,并且多数主域名还做了 301 定向,例如输入“baidu. com”则会自动跳转到 www. baidu. com。

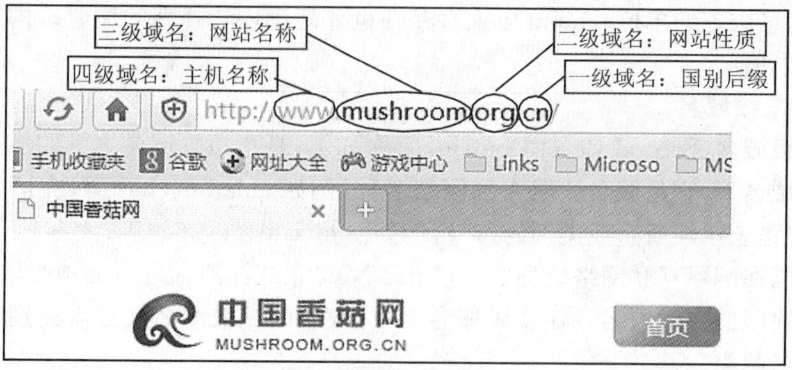

图 13. 2　中国香菇网域名构成

"中国"域名同英文域名一样，是互联网上的门牌号码。"中国"域名在技术上符合 2003 年 3 月份 IETF 发布的多语种域名国际标准（RFC3454、RFC3490、RFC3491、RFC3492）。"中国"域名是全球互联网上代表中国的纯中文顶级域名，与"cn"域名一样，同为我国域名体系和全球互联网域名体系的组成部分，全球通用和唯一。2009 年 4 月 27 日至 5 月 10 日，中国互联网络信息中心（CNNIC）与新浪网及所有中文域名注册服务机构、网络接入服务商联手，启动"中国"域名解析情况全国公开测试活动。截至 2015 年 12 月底，我国"cn"域名总数为 1 636 万个，占我国域名总数的 52.8%，"中国"域名总数为 35 万个。2014 年 6 月 18 日，中文国际顶级域名"商城"正式开通。此次中文国际顶级域名"商城"的开通主要是为了电商行业的发展，更符合中国人的使用习惯。该域名主要面对中小型企业，而不是大型如阿里、京东等电商平台，除了中国电商企业可采用外，国外的企业也可采用。国际顶级中文域名"网址"于 2011 年被列入 ICANN 首批中文域名申请名录。2014 年 8 月 6 日，国际顶级中文域名"网址"全球正式开放注册。"网址"具有易记、易传播、易输入的特点，市场前景被普遍看好。

域名是一种有价值的资源，域名所具有的商业意义已远远大于其技术意义，成为企业在新的科学技术条件下参与国际市场竞争的重要手段。它不仅代表了企业在网络上的独有位置，也是企业的产品、服务范围、形象、商誉等方面的综合体现，是企业无形资产的一部分。同时，域名也是一种智力成果，它是有文字含义的商业性标记，与商标、商号类似，体现了相当的创造性。在域名的构思选择过程中，需要一定的创造性劳动，使得代表自己企业的域名简洁并具有吸引力，以便使公众熟知并对其访问，从而达到扩大企业知名度、促进经营发展的目的。可以说，域名不是简单的标识性符号，而是企业商誉的凝结和知名度的表彰，域名的使用对企业来说具有丰富的内涵，远非简单的"标识"二字可以穷尽。从时间角度看，域名一经获得即可永久使用，并且无需定期续展；域名在网络上是绝对唯一的，一旦取得注册，其他任何人不得注册、使用相同的域名，因此其专有性也是绝对的；另外，域名非经法定机构注册不得使用。

3. 域名功能与价值

互联网的商业应用将传统的以物质交换为基础的交易带入以信息交换替代物质交换的虚拟交易世界，由原来的具体物理层次上的物质交换上升为基于数据通信的逻辑层次上的信息交换。这种基于信息交换的网络虚拟市场同样需要交易双方进行协商和参与，同样需要双方选择交易对方，只是实施的载体发生变化，减少双方选择和协商的交易成本而已。因此网络市场虚拟交易主体双方选择和协商等行为依然存在，并且随着互联网上的商业发展，交易双方识别和选择的范围增大，彼此交易的概率随之减少。互联网上同样存在如何提高被识别和选择概率的问题。

根据美国市场营销协会(AMA)的定义,商标是名字、术语、标志、符号、设计或者它们的组合体,用来识别某一销售者或组织所营销的产品或服务,以区别于其他竞争者。商标从本质上说是用来识别销售者或生产者的一个标识,依据商标法,商标拥有者享有独占权,单独承担使用商标的权利和义务。商标还携带一些附加属性,它可以给消费者传递使用该商标的产品所具有的品质,是企业形象在消费者心理定位的具体依据,可以说商标是企业形象的化身,是企业品质的保证和承诺。

由于域名与 IP 地址对应,具有唯一性,域名成为企业站点的联系地址,是企业被识别和选择的对象。对比商标的定义,域名则是由个人、企业或组织申请的独占使用的互联网上的标识,并对提供的服务或产品的品质进行承诺和提供信息交换或交易的虚拟地址。从域名的内涵和商标的范畴来看,可以将域名视为从以物质交换为基础的实体环境下延伸到以信息交换为基础的网络市场虚拟环境下的一种商标,是商标功能在新的虚拟交易环境中的一种新的形式和变种,是企业商标外延的拓展和内涵的延伸,是适应新的商业环境的需要而产生的。在虚拟环境下,域名还可以起到引导、宣传、代表等标识性功能。目前域名已经成为互联网品牌、网上商标保护必备的内容之一。

域名不但具有商标的一般功能,还提供互联网上进行信息交换和交易的虚拟地址。通过域名地址,人们可以在网络上找到所需的详细资料。域名是上网单位和个人在网络上的重要标识,起着地址性作用,用于在数据传输时标识计算机的电子方位,用于识别和检索某一企业、组织或个人的信息资源,从而更好地实现网络上的资源共享。域名在互联网上可以说是企业形象的化身,是在虚拟网络市场环境中商业活动的标识。域名具有商标特性,域名效应具有商业价值,使得某些域名已具有潜在价值,因此必须将域名作为一种商业资源来管理和使用(图 13.3)。

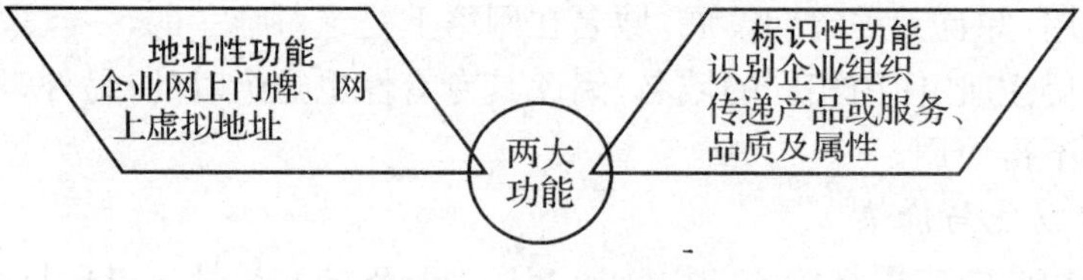

图 13.3　域名功能

正因域名的潜在商业价值,许多不法之徒抢先注册一些著名域名,用一些著名公司的商标或名称注册为自己的域名,并向这些公司索取高额转让费,由此引起法律纠纷,如美国的 Dennis Toppen 抢注域名案以及英国的首宗域名抢注案。所谓抢注,可简单地划分为两种意义上的抢注:一种是指一个从未被注册过的域名的抢注,这种情况下,一般是域名的注册者预见到该域名潜在的价值,在其他人想到之前把该域名注册下来，包含一些对知名品牌、知名团体或个人的名称、知识产权等进行抢注；另一种是指一个曾经被注册过的域名如果未能够在有效期结束前及时续费，则会在一段时间后被删除，然后重新被注册，而在被删除后的第一时间内抢先注册到该域名的行为被视作抢注。2009 年，PPlive 以 180 万元人民币高价收购域名 pptv.com，原拥有者只用 3 800 美元拍得，一转手价格翻了近 70 倍。2011 年，与“京东”拼音相同的域名 jingdong.com 就被京东商城花 300 万元巨资揽入囊中。出现如此严重的域名抢注问题，一方面是一些谋取不当利益者利用这方面的法律真空和规章制度不健全钻空子，更主要的是企业还未能认识到域名在网络市场商业模式中类似商标的作用，域名不仅仅是互联网交换信息的唯一标识，还是企业在网络市场中进行交易时被交易方识别的标识，企业必须将其纳入企业商标资源进行定位设计和管理使用。

4. 域名命名规则

1）域名字符

域名中只能包含以下字符：

(1) 英文域名可由 26 个英文字母、数字“0”到“9”和英文中的连字符“-”构成，但连字符不得用于开头及结尾处。

(2) 中文域名可由 2 到 15 个汉字组成的字词或词组、26 个英文字母和数字“0”到“9”构成。

2）cn 顶级域名下的域名命名规则

(1) 遵照域名命名的全部共同规则。

(2) 只能注册三级域名。

(3) 在域名中字符的组合也有一些限制，包括：

①在域名中不区分英文字母的大小写。

②中文域名不区分简繁体。

③空格及符号如?、∧、;、:、@、#、$、%、^、~、_、=、+、,、.、。、<、>等都不能用在域名中。

④英文域名长度限制在 2 到 46 个字符。

3）限制性规定

不得使用或限制使用以下名称：

(1) 注册含有“CHINA”、“CHINESE”、“CN”、“NATIONAL”等内容的域名须经国家有关部门(指部级以上单位)正式批准。

(2) 公众知晓的其他国家或者地区名称、外国地名、国际组织名称不得使用。

(3) 使用县级以上(含县级)行政区划名称的全称或者缩写须经相关县级以上(含县级)人民政府正式批准。

(4) 行业名称或者商品的通用名称不得使用。

(5) 他人已在中国注册过的企业名称或者商标名称不得使用。

(6) 对国家、社会或者公共利益有损害的名称不得使用。

(7) 经国家有关部门(指部级以上单位)正式批准和相关县级以上(含县级)人民政府正式批准是指相关机构要出具书面文件表示同意 XXXX 单位注册 XXX 域名。

5. 域名交易流程

国际域名允许转让,如域名 www.business.com 的转让价格高达 750 万美元。当前,我国也允许域名合法交易。2005 年 2 月 4 日,CNNIC 正式发布实施《域名交易服务规则》,规定了域名交易涉及三个方面:

(1) 域名交易的主要形式:转让、许可和合作。

(2) 域名交易的合同形式:口头、书面和其他形式。

(3) 域名合同的主要内容:当事人名称或姓名和住所、标的、数量、质量、价格或报酬、履行期限、地点和方式、解决争议的方法等。

具体交易流程如下:

1) 交易准备

交易服务机构提供交易平台及其他相关交易准备等;交易服务机构对买方会员进行身份认证。

2) 交易请求

卖方同意接受相关交易条款,卖方提出交易申请,并将该域名状态由"不可交易"状态置为"正常"状态;交易服务机构接受请求后,该域名状态由"正常"置为"交易等待验证"状态。

3) 验证请求

交易服务机构对卖方身份、交易域名的有效性及交易时间的有效性进行验证;卖方进行 E-mail 和域名密码验证,验证通过后,域名状态由"交易等待验证"置为"交易进行中"。

4) 锁定域名

从域名状态置为"交易进行中"到交易域名被锁定,在此期间该交易域名的任何信息均不能被修改。

5) 进行交易

买卖双方按照交易服务机构制定的交易流程进行议价。议价在有效时间范围内完成,进入下一步骤。

6) 交易确认

交易时间结束,卖方、买方及交易服务机构三方签署交易协议;交易服务机构确认交易完成,域名状态由“交易进行中”置为“交易确认中”。

7) 交易码

域名交易管理机构收到域名交易服务机构提交的交易完成确认信息后,通过中心数据库向其传送交易码。

8) 验证请求

交易服务机构按照注册服务机构要求提交用以确认卖方变更注册者信息的必要审核材料及交易码,经其验证成功后(15 日内完成验证),服务机构更改域名密码,并修改相关注册者信息;交易服务机构将域名密码发放给买方。

9) 解除锁定

注册服务机构交易码验证完成后,域名状态由“交易确认中”置为“不可交易”,域名锁定解除。

10) 结束

域名交易至此结束。

13.4.2 域名管理

1. 域名的分类

根据域名命名来源,域名分为以下几类:

1) 依附式域名

依附式域名是指企业在某个第三方电子商务平台申请一个网上店铺,实质上就是申请该平台域名下的子域名,域名是由电商平台分配而来,该子域名的效应一定程度上依附于第三方平台的品牌效应。如天猫旗舰店的域名效应在一定程度上就是依附于天猫的品牌效应,旗舰店在消费者心目中的地位高于淘宝 C 店。

2) 自建式域名

自建式域名是指企业或其他组织在自行建设网站时,自拟域名,并向域名主管部门申请注册使用。如 china-fruit 就是中国果品流通协会为其自建的网站所取的域名。

3) 内涵式域名

内涵式域名是指根据企业战略定位,取其战略内涵作为域名,域名对应的网站可能是依附第三方平台的电子商铺或者自建网站。如亚马逊旗下的域名 yummy77 是取自“美味七七”的谐音,向消费者传递出该网站主营生鲜食品;沱沱工社的域名 tootoo(沱沱)取自长江正源沱沱河,暗示了沱沱工社的有机食品的全产业链,保障食品安全性和有机性。

2. 域名的选取

域名的选取和命名是以英文字母为基础进行的,由于英文字母的有限性,加之域名越短越容易记忆和使用以及顶级域名的国际标准规定,导致域名的选择是具有很大的局限性的。同时由于申请者的广泛性，使域名选择重复和类似的概率非常高，企业还面临域名被抢先使用或类似使用的障碍。针对这些善意抢注或类似注册，企业必须采取相应策略予以解决。

如果单考虑域名的标识功能，一般认为域名的选择只要符合国际标准和惯例，便于记忆使用即可。考虑到域名的商标资源特性，还应考虑到下面几个方面：

1）按照国际标准选择域名

一般来讲，将域名分为地区域名和国际域名。从功能上讲，这两类域名没有任何区别。在注册费用上，国内域名收费要比国际域名收费低50%左右。从实际使用的角度来讲，到底注册哪类域名取决于企业开展业务涉及的地域范围、目标用户的居住地以及企业业务发展长远规划涉及的区域等因素。如果企业的业务大部分都是跨国界的，就应该考虑注册国际域名，或者同时注册国际域名和国内域名，这样就可以保证国内、国外用户都能较容易地通过互联网获得企业及其产品的信息。网站一级域名后缀（适合面向国际市场）中. com 最佳，. net 次之，其他更次；二级域名后缀（面向国内用户）中. cn 最佳，. com、. cn 次之；新域名. cc、. biz 不断升温，将有很好的发展空间。

2）与企业已有商标或企业名称具有相关性

从塑造企业网上与网下统一的形象和网站的推广角度来说，域名可以采用企业名称、品牌名称或产品名称的中英文字母，这些既有利于用户在网上与网下不同的营销环境中准确识别企业及其产品与服务，也有利于网上营销与网下营销的整合，使网下宣传与网上推广相互促进。

3）简单、易记、易用

域名不仅要易读、易记、容易识别，还应当简短、精炼，便于使用。这是因为用户上网通常是通过在浏览器地址栏内输入域名来实现的，所以域名作为企业在互联网上的门牌，应该便于用户直接与企业站点进行信息交换。简单、精炼、易记、易用的域名更便于用户选择和访问企业的网站。如果域名过于复杂，很容易造成拼写错误，无形中增加了用户访问企业网站的难度，会降低用户使用域名访问企业网站的积极性与可能性。

4）申请多个域名

由于域名命名的限制和申请者广泛，极易出现申请类似的域名，从而减弱域名的识别性和独占性，导致消费者的错误识别，影响企业的整体形象。因此企业一般要同时申请多个类似相关的域名以保护自己。

5）国际性

由于互联网的开放性和国际性，用户可能遍布全世界，只要能上网的地方，就可能会有人浏览企业的网站，就可能有人对企业的产品产生兴趣进而成为企业潜在的用户。所以域名的选择必须能使国内外大多数用户容易识别、记忆和接受。域名最好用英文，而网站内容则最好能用中英文两种语言。

6）域名要及时注册

按照国际惯例，域名申请注册遵循“先申请，先服务”的原则，所以设计好域名后应立即申请注册，以防止被别人抢注的风险发生，保护自己的未来收益。域名和商标相比具有更强的唯一性。

3. 域名的注册方式

域名的申请注册必须向授权组织申请。在注册域名时可以自己直接到域名管理机构进行注册，这种方式直接但需要自己准备有关材料，而且也不是很专业；另外一种方式是比较常用的委托专业公司代理注册，只需要交纳一定代理费用即可，专业公司不但可以提供注册服务，还可以帮助企业推广注册的域名，扩大企业在网上的知名度。

对于国际域名注册（注册 com、net、org 域名），一般需要委托注册。国际域名注册由一个来自多国私营部门人员组成的非营利性民间机构——国际域名管理中心（Internet Corporation for Assigned Names and Numbers，简称 ICANN）统一管理，具体注册工作也是由其认证授权的各代理机构执行。对于国内域名注册，可以直接到 CNNIC（http://www. cnnic. net. cn）进行注册，也可以委托其他专业公司注册，如国内第一代理注册公司创联（http://www. net. cn）。

域名注册费用一般是国内域名 300 元/2 年，国际域名 700 元/2 年，以后只需要缴纳一定的管理费用即可。耳熟能详的 com 和 cn 这两个在中国最流行的域名，其收费分别是 139 元/年和 99 元/年。收费最高的是将作为宽频时代的主流域名的媒体域名“tv”，费用是一年 500 元。

如果企业情况发生变化，可以申请对域名进行变更，通过互联网直接要求域名管理机构或者代理机构对域名进行转移、修改，或者办理域名过户手续将域名转交给他人。

4. 域名商标的管理

域名商标的管理主要是针对域名所对应站点内容的管理，因为消费者识别和使用域名是为了获取有用信息和服务，站点的页面内容才是域名商标的真正内涵。站点必须有丰富的内涵和服务，否则再多的访问者可能都是过眼云烟，一视即消，难以真正树立域名商标的形象。要保证域名的使用和访问频率高，必须注意下面几点：

1）信息服务定位

域名作为商标资源，必须注意与企业整体形象保持一致，提供的信息服务必须和企业发展战略进行整合，避免提供的信息服务有损企业已建立的形象和定位。

2）内容的多样性

丰富的内容才能吸引更多消费者，才有更大的潜在市场。一般可以提供一些与企业相关联的内容或站点地址，使企业页面具有开放性，还必须注意内容的多媒体表现，以生动活泼的形式提供信息，如声音、文字和图像的配合使用。

3）时间性

页面内容应该是动态的，要经常变动的，因为对固定页面访问一次就可以了，没有回头访问的必要。这一点对于开发新客户是非常重要的。

4）速度问题

由于互联网发展过于迅猛，使得通信成为一个制约瓶颈，消费者的选择机会很多，因此对某站点的等待时间是极其有限的几秒钟，如果在短短时间内企业未能提供信息，消费者将毫不犹豫选择另一域名站点，如“两秒定律”。因此，企业的首页一般可设计简洁些，以便消费者可以很快有内容查看，不致感觉等待太久。

5）国际性

由于访问者可能来自国外，企业提供的信息必须兼顾国外消费者。一般对于非英语国家应提供两个版本，一个版本是母语的，另一个版本是英语的，供国外消费者查询时选择使用。

6）消费者审计

加强对域名访问者的调查分析，针对特定消费者提供一对一的特殊服务，如采取 Cookie 技术对消费者进行记录和分析，以提高与消费者交互的质量，提高消费者对域名的忠诚度。必须注意的是不能强行记录消费者有关个人隐私的信息如姓名、住址和收入等，这是目前上网者最担心的问题。

5. 企业域名品牌发展

提高站点内容的丰富性和服务性，还须重视域名及站点的发展，以尽快发挥域名的商标特性和站点的商业价值，避免出现影响企业形象的域名和站点的有关问题。创建网络域名品牌其实与建立传统品牌的手法大同小异。

1）多方位宣传

域名是一个符号和标识，企业在开始进入互联网时其域名还鲜为人知，这时企业应善用传统的平面与电子媒体，并舍得耗费巨资大打品牌广告，让域名利用大小机会多方曝光。此外，还可通过建立相关链接扩大知名度。

2）通过产品本身的品质和消费者的使用经验来建立品牌

这一点对网站品牌格外重要。两大网上顾问公司 Jupiter Communications 和 Forrester 都不约而同地指出，广告在消费者内心激发出的感觉，固然有建立品牌的功效，但却比不上网友上网站体会到的整体浏览或购买经验。

3）利用公关造势建立网上品牌

这对新兴网站非常重要，可以在较短时间内树立起品牌形象。

4）遵守约定规则

遵守互联网规则，未经允许不能随意向消费者发布消息，因为这可能引起消费者反感。

5）持续不断塑造网络品牌形象

一些年轻的网商可以飞快建立起品牌，但没有一家公司能够违背传统营销的金科玉律：永垂不朽的品牌不是一天造成的。在瞬息万变的网络世界之中，只有长久不断的努力与投资才能掌握住这个不变的定律，才能建立起永续经营的基石。

13.5　农林产品营销网站设计

13.5.1　网站运行环境设计

营销网站的开发、运行和管理维护都是在一定的软硬件平台基础上进行的，运行平台性能直接影响到网站的实施性能。

1. 硬件环境

网站运行的硬件环境一般应考虑客户机、服务器和网络接入设备三方面。

1）客户机

客户机是使用资源的计算机。这里的客户机由计算机群组成，主要的作用是网页编辑、图形处理、文字处理、多媒体制作、网络管理等。制作好的网页等内容通过网络（局域网、PSTN、DDN 等）传到服务器上供访问者浏览。

2）服务器

服务器是在网络上提供资源并对这些资源进行管理的计算机，它是一切 Web 服务器软件、商务应用软件运行的硬件基础。服务器可分为 WWW 服务器、E-mail 服务器、数据库服务器，DNS 服务器等几种。服务器必须具备一定的通信处理能力、快速访问能力和安全容错能力。选择 Web 服务器时一般要考虑以下几个方面：性能、所支持的并发用户数、响应能力、Web 服务器软件系统对标准和应用的支持、安全性、管理的难易程度和技术支持等。

3）网络接入设备

网络接入设备包括网络传输介质和网络连接器。常用的网络传输介质有双绞线、光纤（光导纤维）和无线通信等。常用的网络连接器有调制解调器、集线器（HUB）、路由器、交换机和网关等。

2. 软件环境

网站运行的软件环境主要包括：网络操作系统、应用服务器软件、网络数据库系统和网站安全建设。

1）网络操作系统

网络操作系统(Net Operation System,NOS)是使网络上各计算机能方便而有效地共享网络资源,并为网络用户提供所需服务的软件和有关规程的集合。Windows类系统配置在整个局域网配置中是最常见的,一般用在中低档服务器中。高端服务器通常采用UNIX、Linux或Solairs等非Windows操作系统。

2) 应用服务器软件

应用服务器软件是营销网站系统的心脏。营销网站中可以有多种应用服务器软件,如Web服务器软件、E-mail服务器软件、FTP服务器软件等,但Web服务器软件是一个营销网站所必须具备的最基本的服务器软件。

3) 网络数据库系统

网络数据库是在网络上运行的数据库,它是为满足网络的互动要求而设计开发的。一个用途广泛的动态网站必须依靠数据来支持。网络数据库的数据存储量大、修改方便,能够进行动态数据组合,是为营销网站提供交互式服务的主要工具。目前大多数商业应用都依赖于关系数据库。关系数据库是一种功能完善、运行可靠的数据库系统。

4) 网站安全建设

为建设一个高效的、可靠的Web商业服务网站,必须事先制定一套全面的Web服务安全策略和措施。如果采用虚拟主机方式建设网站,大部分安全问题(尤其是物理安全问题和黑客攻击问题)可以由虚拟主机提供商负责;如果采用独立服务器方式建立网站,那么所有安全问题必须由企业自己来操心了。但不管采取哪种形式,对网站的内容安全、人员的操作管理都必须高度重视。

从技术层面上讲,网站的安全问题可以归结为两个大的方面:网络安全和数据安全。网络安全是指网络系统的安全,包括组成网络硬件的安全和防止非法用户进入网络。数据安全是指存放在网络中的数据的安全,常用的数据安全保护技术包括身份验证、权限控制、数据加密等。

从营销网站运作情况来看,70%～90%的安全问题来自内部,来自管理的漏洞。所以加强网站安全管理制度的建设,加强对网站工作人员的监督,对于保证网站高效、正常运作具有极为重要的意义。

13.5.2 网页设计

1. 网页设计原则

网页实际上是与客户沟通的平台,是信息交互的渠道。浏览者在网页上游走,主要通过视听感官追求信息。因为人在视知觉中,总是有一种追求事物结构整体性的特点。因此网页设计需要遵循五大原则:

1) 统一

统一是指设计作品的整体性和一致性。网页界面的整体效果是至关重要的,在设计中切勿将各组成部分孤立分散，那样会使页面呈现出一种枝蔓纷杂的凌乱效果。

2）连贯

连贯是指要注意页面相互关系。设计中应利用各组成部分在内容上的内在联系和表现形式上的相互呼应，并注意整个页面设计风格的一致性，实现观者视觉上和心理上的连贯，使整个页面各个部分极为融洽，犹如一气呵成。

3）分割

分割是指将页面分成若干小块，小块之间有视觉上的不同，这样可以使观者一目了然。在信息量很多时，为使观者能够看清楚，就要注意将页面进行有效分割。分割不仅是表现形式的需要，换个角度来讲，分割也可以被视为对页面内容的一种分类归纳。

4）对比

对比是通过矛盾和冲突，使页面设计更加富有生气。对比手法很多，例如多与少、曲与直、强与弱、长与短、粗与细、疏与密、虚与实、主与次、黑与白、动与静、美与丑、聚与散等。在使用对比时应慎重，对比过强容易破坏美感，影响统一。

5）和谐

和谐是指整个页面符合美的法则，浑然一体。如果页面设计仅仅是色彩、形状、线条等元素的随意混合，那么页面不但没有“生命感”，而且也根本无法实现视觉设计的传达功能。和谐不仅要看结构形式，而且要看页面所形成的视觉效果能否与人的视觉感受形成一种沟通，产生心灵的共鸣。这是页面设计能否成功的关键。

2. 导航设计

站点导航是方便访问者在访问网站某一个页面的同时，可以方便地通过站点导航链接直接访问和了解网站其他相关的页面。为方便访问者访问使用，更是满足访问者需求，留住访问者，最好每个页面使用格式相同的导航方式。

1）导航的作用

网站导航的最终目的就是帮助用户找到他们需要的信息，其作用可以概括如下：

(1) 引导用户完成网站各内容页面间的跳转。这个作用是最常见的，全局导航、局部导航和辅助导航等都是为了引导用户浏览相关的页面。

(2) 理清网站各内容与链接间的联系。即对网站整理内容的一个索引和理解，最常见的应用就是网站地图和内容索引表，展现了整个网站的目录信息，帮助用户快速找到相应的内容。

(3) 定位用户在网站中所处的位置。这个作用在面包屑导航中得到了充分的体现,它帮助用户识别当前浏览的页面与网站整体内容间的关系及其与网站中其他内容的联系和区分。

2）导航的设计原则

(1) 设计简单。导航无需一连串的类别,避免长菜单、添加子类别以及其他东西等。化繁为简,保持简单几乎是任何网站建设遵循的原则之一。

(2) 突出信息。首页导航要清晰、突出,而网站内页的导航都应如此。如果用户很难找到导航,那用户就会离开,这个网站就不能算个用户体验度好的网站。

(3) 链接有条理。如果网站上的链接杂乱无序,那么用户会感到困惑,不知道如何下手使用,所以确保网站链接按照重要性顺序优先组织链接。

(4) 保持一致性。在不同地方设置同一个图标并使用相同的顺序、色彩、设计和字体,以确保用户不会混淆。

(5) 尽量减少点击次数。以简单友好的方式为用户提供信息是网站建设的主旨,遵循"3 次点击原则",无需过多的下拉菜单、内容、链接源文字。

(6) 用户友好性。从用户角度考虑,网站导航的层次结构以一种有条理的方式清晰展示,并引导用户很容易地找到并管理信息,达到有效传递。一个好的导航应该架构清晰明了且操作简单高效。

3）导航的信息架构

确定信息架构是导航设计的第一步,可以说信息架构决定了导航的定性。在设计之前整理清楚信息架构,才能最大限度地发挥导航梳理网站结构、有效传递信息的功能。比如说信息结构一共有多少层？是否存在上下级关系？标签之间的关系是并列关系还是包含关系？子类项是否存在同类项？要避免单纯地按照逻辑关系,甚至业务关系把导航细分到 3 级甚至 4 级,或者产生一些和用户认知极为不符的标签。因为每增加一级导航就增加一个认知维度,使得整个导航系统的复杂度增加数倍,而用户的操作数也将成倍增加。

一般来说,导航设计的广度比深度的效果要好。在深度架构的各级别间进行选择更容易迷失方向,甚至可能迷路。但也不要在广度上铺得过广,任何时候把太多内容展示出来都会吓退用户,让他们被迫患上了"选择综合征"。如图 13.4 和图 13.5 所示,就能清楚地看到相同数量页面的不同放置方式给用户带来不同的体验。

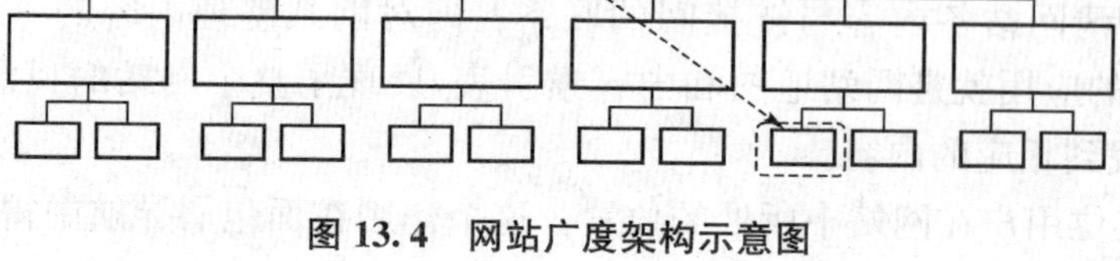

图 13.4　网站广度架构示意图

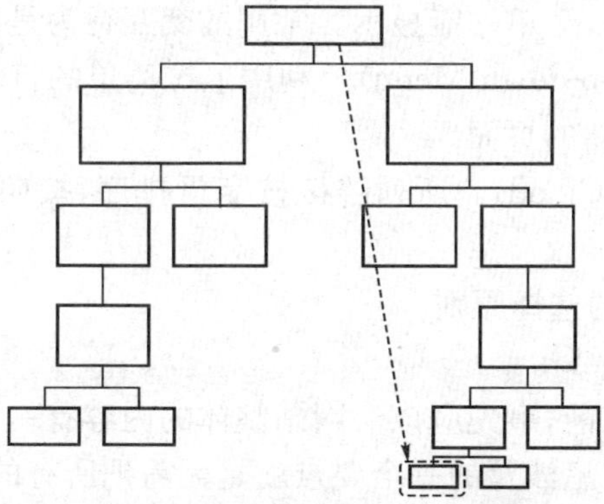

图 13.5　网站深度架构示意图

4）导航的交互样式

在确定好网站的信息架构后，应当按需选取适当的导航样式。一些常用导航样式如下：

(1) 分步导航(Step Navigation)。通常由文字标签和箭头组成，也要有伴随着向后退的链接，适用于环环相扣的页面流程，如向导、支付、在线阅读等页面，为访问一个接一个的页面提供便利。

(2) 分页导航(Paging Navigation)。经常出现在搜索页中，一次可展现的结果数目通常有限制，超出限制的结果将在新页面展现。最简单的分页导航就是带页码的分布导航。

(3) 面包屑(Breadcrumb Trail)导航。展示用户访问网站的路线，由一大串的元素和节点组成。每个节点都与指向先前访问过的页面或父级主题相连，节点间以符号分隔，通常是大于号(>)、冒号(:)或者竖线(|)。

(4) 树状导航(Tree Navigation)。允许针对层级结构的访问，往往用包含加号和减号或小箭头的小图标来展开和收起下级节点。

(5) 网站地图(Site Map)。为网站提供了自顶向下的迅速总览，适用于有大量内容和广泛用户群体的网站。因而网站地图应该比较简单且易于扫视，其中的标签要与页面中的标题相符。在搭建网站地图时需要考虑其颗粒度，一般来说只需展现网站结构中的两到三级，提供到页面的链接。

(6) Tab 式导航(Tabbed Navigation)。相当于导航条＋Tab。导航条最简单的形式就是把超链接连成一行，有时用竖线分隔开来。而 Tab 式导航将 Tab 控件结合到导航条上，使得网站内容结构化、多重化。

(7) 垂直菜单(Vertical Menu)。通常是置于网站的左边或者右边的一列链接。垂直菜单较横向的导航更灵活，易于向下扩展，且允许的标签长度较长。

(8) 动态菜单(Dynamic Menu)。也叫浮出菜单、下拉菜单或者弹出菜单。用户须与其产生交互行为，菜单才能显示。常用的交互行为是鼠标悬停或点击。

(9) 下拉菜单(Drop-down Menu)。利用下拉菜单的特性，当选定某一项或多个选项，即将用户带到新的页面。

(10) 标签云(Tag Cloud)。所列链接按字母排序，按照标签热门程度确定字体的大小和颜色。

5) 导航交互样式的选择原则

(1) 符合网站内容结构

在设计网站导航之前，事先应该对网站整体的内容有一个全面的了解，并且将网站内容进行归类。这里涉及的一个要点就是无需把所有的板块都在导航上一五一十地展现出来。网站普遍有两个导航，分别是总导航和分类导航。总导航一般出现在网站头部，分类导航一般出现侧边。

总导航会比较笼统地展示网站商品，而分类导航则会比较详细地展示。若总导航的内容过多，无论在体验还是视觉上，都会有拖泥带水的感觉。如图 13.6 所示，顺丰优选首页的总导航就显得简洁，左侧分类导航则比较详细。

图 13.6　顺丰优选首页的总导航与分类导航

导航中显示的内容应该与网站内容是紧密相关的，这也体现了导航与内容的匹配度。这其中牵涉到了导航中或导航周围出现的广告，正如顺丰优选首页所示，导航周边融入一些广告无可厚非，运用得恰当不仅不会遭到用户的反感，相反还能提升用户的满意度，但需要注意的是应该尽量避免与本站内容无关并且广告成分过于明显的一些内容，过量的无关内容势必会让用户感觉在购物时受到干扰。

(2) 结合网站业务目标

首页中的导航就是网站整体的一个缩影，用户通过导航就能大概地了解到网站销售哪些商品。因此，导航很有必要随着网站主营商品的变更或是商品销量的变化而变化，让呈现在用户面前的导航始终与网站本身内容以及时下热门很贴合，有效减少用户思考的时间，让用户在最短的时间内为自己的点击作出决定。如图 13.7 所示，在美菜网的网站首页，以醒目的食材图片作为主要信息载体，结合二维码，搭配简单的文字描述，向浏览者传递美莱网致力于打造安全、可靠、移动化的农产品移动营销平台的讯息。

图 13.7　美莱网首页的图片信息展示

(3) 遵从用户使用习惯

根据用户的使用体验和感受来设计网站是必然的。在做导航设计的时候，应该把使用对象都看成新用户或没有耐心的用户，在第一时间就要满足用户的需求，尽量削弱导航的学习性，比如鼠标悬停的分类打开方式就可以在很大程度上降低用户的学习成本。用户在页面停留的时间都是按秒来计算的，因此导航必须一目了然，让用户产生依赖感。当网站改版时，导航尽量不要做很大的改变，因为导航是整个网站中比较重要的组成部分，也是用户相对比较依赖的一个模块，一旦导航有了很大的变化，会让用户在无形中产生一种陌生感和距离感，应将新的技术只用在无关痛痒的地方。如图 13.8 所示，京东网的食品、酒类、生鲜和特产信息的展示内容较全面、展示速度快。

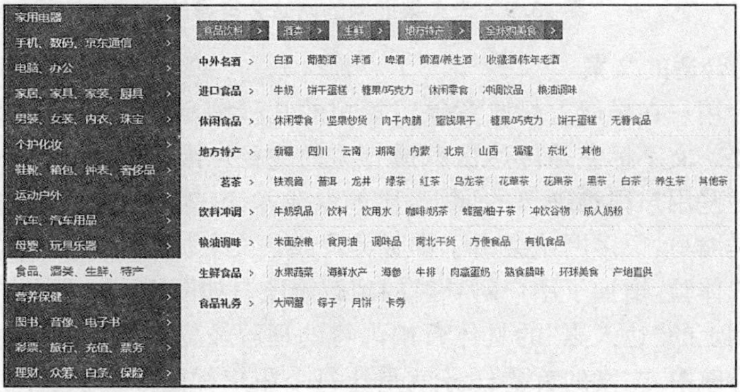

图 13.8　京东网的食品、酒类、生鲜和特产信息的展示结构

(4) 避免重复的分类

在导航的设计过程中首先要对网站的整体运营内容有一个全面的了解,了解之后才能拟定出具体的板块,而首页导航的作用就是对这些板块作出详细的分类,在清楚导航的目的和重要性之后,把类似的板块拼凑在一起,形成一个整体,这也就是主导航了。在主导航的左下或右下方会有一个比较全面完整的分类导航,称之为局部导航。在一些较为知名的电商网站中,局部导航的使用率可能更高于主导航,这两者之间其实有一种微妙的递进关系,要尽量避免内容重复。无论是文字还是图片,重复性内容会很容易让用户产生倦怠感。如图 13.9 所示,天天果园网的网站分类导航中出现的“全部鲜果”与“进口鲜果”、“国产鲜果”有重复,并且与“鲜果区”在字义上很相近,点击“全部鲜果”标签后进入的页面与“鲜果区”标签所链接的页面是同样的,这样的重复性内容会明显降低有针对性需求用户的购物体验。

图 13.9 天天果园网的网站分类导航

(5) 使用合适的文案

为了迎合用户在导航上只愿意停留短短的几秒钟,导航文字内容的可用性就变得至关重要。文字标签是传达信息最有力的途径。因此,导航中出现的文案应该避免使用一些用户很难理解的词汇,比如专业术语、缩写和个性化语言等,其中最常见的就是缩写,很多网站会由于排版美观或是文字长度上的限制而选用缩写,从而牺牲用户体验,增加了用户对导航的理解难度。如图 13.10 所示,浏览者对东航产地直达网上的“达人惠”的具体营销内容的理解较为困难,实际上它就是定制化。在网站导航中,文案的首要任务就是让每个用户都能准确快速地理解相关信息。清晰明了的表达是美观的前提,任何交互项目的最佳状态就是实现透明化。

图 13.10　东航产地直达网的网站导航

（6）清晰的视觉体验

从视觉角度上来说，用户只用几秒钟的时间扫视网站，所以导航的视觉设计必须符合逻辑，用色彩给用户提供一种指引，成为用户点击的向导。可点击的部分尽可能地明显一些，减少用户对其的猜测。在色彩的使用上应避免大片亮色，这会间接地降低导航文字的可识别度，与此同时，网站面向的是所有的消费者，因此在导航与导航文字内容的色彩搭配上也要考虑到一些色彩障碍者。如图 13.8 所示，京东网站在这一点上做得还是比较好的，每一个层级的导航颜色由深及浅，让用户有一种循序渐进的感觉。整个导航区域的色彩搭配也很恰当，无论鼠标悬停在任何地方，所在的位置都能体现一个比较舒适的页面。

（7）为用户提供反馈

当用户对导航中的某一个元素有了动作之后，导航项都应该对此作出相应的反馈，比如当用户在分类导航上悬停或点击某些文字内容后，文字应该做出一些改变，可以是字体的大小、颜色的变化，或是任何其他合适的效果。关于这一点，国内的大部分网站都做得比较到位。如图 13.11 所示，本来生活网的网站二级导航就有很恰当的反馈信息，一整个选中的板块都被不刺眼的色彩所填充了，让用户很清楚地知道自己目前所在的位置，而展开的三级导航中选中后的商品信息被标注下划线、颜色改变以及突出鼠标停留的商品类别，与其他商品明显区别开来。

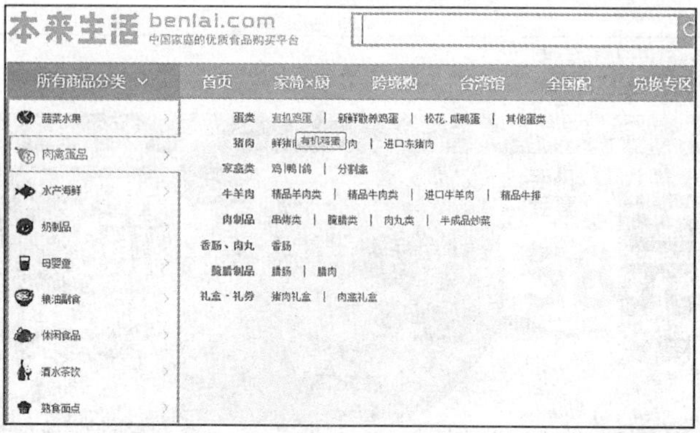

图 13.11 本来生活网的网站二级导航

(8) 导航符合网站整体风格

导航与网站整体风格的搭配要区分为视觉和内容两个部分。从视觉上来说，网站首页中只有导航既需要迎合网站的整体风格又同时主导着网站风格。从内容上来说，导航的内容与网站的点击量甚至商品销量都有着密切的关系。一旦用户无法通过导航找到自己想要的商品，就意味着商家丢失了一位客户，而如果能在导航中推荐一些商品给用户，也许能促进网站商品的销售。如图 13.12 所示，中国海鲜网的网站导航符合网站整体的风格，同时在页面显著区分消费者入口和商家入口，便于不同使用者直接找到自己的入口。这样做的目的主要是减少用户的页面跳跃感，尽量避免用户因为页面跳转的原因而产生的思考和反应。同时，这样做对网站的整体美观程度也有一定的好处。

图 13.12 中国海鲜网的网站导航

(9) 利于搜索引擎优化

搜索引擎的优化是几乎所有初创网商都会选择的推广方式，导航是营销网站最主要的入口。基于此，有很多栏目的导航并不利于搜索引擎的抓取。在内容的设置上，应该将主要内容一目了然地展现出来，这样的设计不仅利于用户查看，也让搜索引擎能顺着导航目录层层深入。所以，在导航栏中尽量使用文字，这样在减少用户思考时间的同时利于搜索引擎的优化，而按钮和图片会阻碍到搜索引擎的访问和抓取。例如，春播网的网站导航就显得特别简洁。主导航上只有几个主要的模块，既让用户能快速地了解到网站的主营项目，也有利于搜索引擎的优化（图 13.13）。

图 13.13　春播网的网站导航

（10）趋于专业化的导航

商业化和专业化对营销网站尤为重要。时下有很多网站的导航看起来比较凌乱，在色调和布局上也过于幼稚，这样的导航会让用户对整个网站的风格基调产生截然不同的看法。农林产品营销网站若需要体现出严肃简洁的特点，就应该尽量避免过多的运动效果。作为导航栏名称，应比其他标题栏具有更高的简洁清晰度。

良食网是一个提供高端有机食材的网站，它抓住菜、肉、鸡和蛋作为餐桌主要食材的特性，以菜、肉、鸡和蛋作为分类导航栏目，直接明了，突出专业化，背景色就是正规正统的绿色，突出产品的自然有机特色，能在一定程度上增加用户对网站的信任感（图 13.14）。

图 13.14　良食网首页的导航信息

6）网站导航的评估分析

通过分析用户使用网站导航功能的情况，可以评估网站各导航功能设计上的优劣。这里主要从导航的利用率、实现度、有效性和符合度4个方面进行分析。

(1) 利用率

网站导航的利用率即用户使用各类导航功能的情况。最直观的分析方法就是使用点击热图，也可以使用页面覆盖图(Overlay)。通过比较各导航页面的指标，可以分析得到用户对导航功能的整体使用情况以及对各导航的使用比例或使用偏好。

(2) 实现度

当用户试图使用导航功能时，有多少用户真正点击导航中的链接或者有多少用户进行了下一步操作？这就需要分析各导航页面的点击转化率(CTR)，即用户在导航页中的点击次数/导航页面被浏览的次数。其实页面覆盖图直接给出了页面中每个可点击对象的点击转化率，可以将它们汇总起来，就是整个页面的点击转化率，也可以查看导航页面各链接的点击转化率。另外一种分析导航功能实现度的方法就是通过离开率(Exit Rate)这个指标，如果一个用户进入了导航页面后直接离开了网站，那么导航的功能就没有实现(当然如果用户返回了上层页面或者回到首页，导航功能同样也没有实现，这些操作无法体现在离开率上)。

(3) 有效性

与网站的内容页面不同，导航页面的目标是让用户更快地找到想要的信息，不需要用户过久地停留在导航页，所以对于导航页面而言，页面平均停留时间(Avg Time on Page)越短，则该导航页面的质量就越高(当然用户要有点击才行)。

(4) 符合度

符合度或者称为导航的效果，用于考察用户在使用导航功能找到相应的页面后，是否对该页面提供的信息感兴趣，或者说这些是不是他们想找的信息。假设用户在使用导航功能后找到了需要的信息或者完成了预期的任务，那么行为可能表现为在使用导航后继续在网站停留了一段时间，或者用户最终到达了任务的成功页面或网站的目标页面(如用户完成注册、在营销网站下单或购物成功等)。所以可以使用导航的后续停留时间、任务完成度、目标转化率这些分析度量来衡量导航的实现效果到底如何。

3. 功能模块设计

1）网站前台

网站前台是面向网站访问者的，通俗的说也就是给访问网站的人看的内容和页面。网站前台访问可以实现浏览公开发布的内容，如产品信息、新闻信息、企业介绍、企业联系方式，以及提交留言等操作。网站前台常见功能如下：

(1) 产品展示功能：热销展示、用户推荐展示、新品展示、产品故事或产品种植介绍以及农林产品溯源等。不同类型的农林产品展示结果是不同的。

(2) 搜索排序功能：用户输入关键词，搜索框自动提示关键词（也可以设置成产品关键词），包含此关键词的产品全部展示在搜索结果页，并且提供多种排序、产品对比，让用户直观地挑选产品。

(3) 提供用户浏览产品历史信息：记录用户最近浏览的产品，方便用户查找。

(4) 收藏产品：以便用户下次购物时对产品进行快速定位。

(5) 购物车：用户选中的产品放入购物车，统一结账。

(6) 订单生成管理：会员选择包装方式、送货时间、送货地址、联系人电话、送货方式、付款方式、产生订单。

2）网站后台

网站后台，也称为网站管理后台或网站后台管理，是指用于管理网站前台的一系列操作，如产品、企业信息的增加、更新、删除等。通过网站管理后台，可以有效地管理网站供浏览者查阅的信息。网站的后台通常需要账号及密码等信息的登录验证，登录信息正确则验证通过后可进入网站后台的管理界面进行相关的一系列操作。网站后台常见功能如下：

(1) 订单管理：审核订单、通过订单、通知用户修改不合格订单、删除订单。

(2) 统计：对订单涉及的商品、金额等信息进行统计、分析，辅助经营人员作出决策。

(3) 网上留言管理：可在后台管理用户留言，如执行修改、删除、锁定、隐藏留言等操作，并可锁定某会员的留言权限。

(4) 新闻资讯发布管理：新闻发布、上传图片、在线编辑、在线删除、支持HTML、统计数管理、信息位置推荐、热点新闻、按时间排序。

(5) 网页内容管理：产品信息上传和更新、产品故事描述、价格信息管理、促销信息管理、快递管理、电子支付方式选择等。

(6) 网页布局管理，包括：

①标题字体格式设置：重点信息标题加粗、以特殊样式显示，或加“HOT”和“NEW”样式的图标，以突出显示。

②布局设置：根据网站风格和产品定位，选择适宜的网页布局框架，选择导航模式等。

③频道管理：菜单栏样式、分类展示。

(7) 交互式沟通管理：沟通工具选择、实时在线、客服安排。

(8) 查询管理

①产品查询：提供店铺或全网查询。

②库存查询：农林产品入库、出库、储存的记录查询与统计、库存预警等。

③OA 管理:网站业务往来的明细查询,包括合同、网站收款明细等。

④溯源查询接口:提供农林产品追溯平台数据库的查询接口或超级链接,多种形式推送查询结果。

(9) 设置管理:登录系统、配置用户权限、修改密码、提供帮助信息。

4. 网站的版式设计

网页设计作为一种视觉语言,要讲究编排和布局,虽然网页的设计不等同于平面设计,但它们有许多相近之处,应充分加以利用和借鉴。版式设计通过文字与图形的空间组合表达出和谐与美。多页面站点的页面编排设计要求把页面之间的有机联系反映出来,特别要处理好页面之间和页面内的秩序与内容的关系。为了达到最佳的视觉表现效果,应讲究整体布局的合理性,使浏览者有一个流畅的视觉体验。

5. 网站设计要素

1) 场景

场景就是消费者对网站页面的观感(Look-and-Feel)。场景可以按照功能或美学进行分类。

(1) 面向美学的站点

面向美学的站点关注页面的艺术特点,焦点集中于视觉特征,例如颜色、图片、字体选择以及其他面向视觉的特征。例如果酷网以新鲜、健康、时尚为主导发展方向(图 13.15),让消费者避免因水果放置时间过长不新鲜、搭配不合理而不能实现最大营养价值以及因为需要清洗、削皮等繁杂工作造成的时间浪费。快餐式鲜切水果产品提倡一种文明时尚的生活方式,同时这也符合都市人快节奏、高效率的工作状态。果酷网的经营理念是极致和体验,把水果当作艺术品来对待,不断挖掘和创新水果产品,给大家提供极致的产品,同时加强整体服务流程的改造,让每一位消费者从购买到食用均享有优秀的体验。

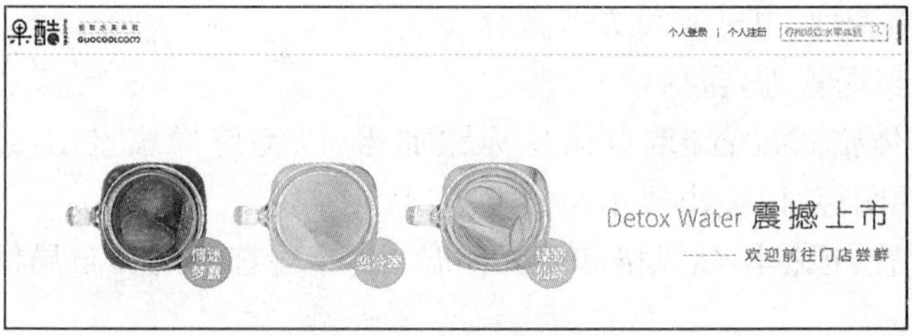

图 13.15　果酷网首页

(2) 面向功能的站点

面向功能的站点关注页面的实际可用,提供切实明确的信息,焦点集中于视觉特征,例如颜色、图片、字体选择以及其他面向视觉的特征。例如 FreshDirect(生鲜直达)网为纽约市及周边地区提供生鲜在线订购服务(图 13.16)。FreshDirect

网为消费者提供有机食物及当地所产食物而受到欢迎，其也提供大量的犹太教食物，同时被 Marine Stewardship Council 认证为可持续海产品供应商。

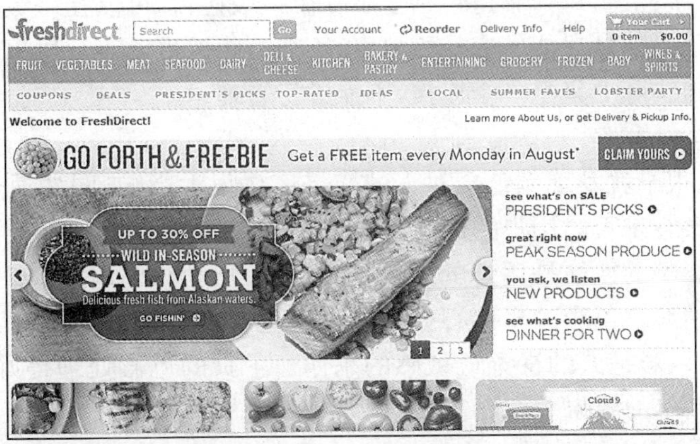

图 13.16　FreshDirect 网的首页

(3) 面向美学与功能的站点

面向美学与功能的站点力求注重美学与功能实用的平衡。如图 13.17 所示，家事易网以实惠的价格、快捷的方式、优质的服务，用信息化技术构建便捷、省心的家庭生活即时通道，为追求健康、品质生活的家庭提供优质生鲜配送服务和专业饮食导购服务，实现全新生鲜购买体验，创造“鲜滋味、鲜营养、鲜生活”的家庭生鲜消费“三重鲜”体验，将消费者繁琐的家务时光变成家庭的享乐时光。

图 13.17　家事易网首页

2) 分类或频道

站点包含太多信息，无法在一个页面全部呈现出来，这些庞大信息需要有条理地呈现给浏览者。网页扮演着导游的概念，为使用网站的人绘制了该网站的法制脉络，使得产品和服务一目了然，方便浏览者正确选择需要的功能。网站的内容需要进行分类，各种信息的分类叫频道，也叫版块。一般一个网站的内容分为几个频道。频道实际上是一类功能相同的模块，比如产品类、新闻类、公司介绍类等。一个网站包括许多频道，每个频道包括至少一个一级栏目，可以在一级栏目里建二级栏目，依次类推。信息只能发表在栏目里，不能在频道里发表。这里指的都是内部频道，外部频道实际上只是一个连接，不能进行管理。

3）色彩

研究人员很早就发现颜色会对人的心灵产生很大影响，网站通过不同的配色方案，可以观察它是否对用户的访问有吸引力，特别是新用户。而且更重要的一点是，网站颜色影响的往往是用户的潜意识。通过颜色可以让用户产生烦躁、快乐、兴奋、无聊等情绪。色彩的直接心理效应来自色彩的物理光刺激对人的生理发生的直接影响。色彩是人的视觉最敏感的东西。主页的色彩处理得好，可以锦上添花，达到事半功倍的效果。

(1) 色彩总的应用原则

色彩总的应用原则应该是“总体协调，局部对比”，也就是主页的整体色彩效果应该是和谐的，只有局部的、小范围的地方可以有一些强烈色彩的对比。在色彩的运用上，可以根据主页内容的需要，分别采用不同的主色调。因为色彩具有象征性，例如嫩绿色、翠绿色、金黄色、灰褐色就可以分别象征着春、夏、秋、冬。不同的颜色会给浏览者不同的心理感受。例如红色是一种激奋的色彩，具有刺激效果，能使人产生冲动、愤怒、热情、有活力的感觉（表 13.3）。每种色彩在饱和度、透明度上略微变化就会产生不同的感觉。以绿色为例，黄绿色有青春、旺盛的视觉意境，而蓝绿色则显得幽宁、阴深。

表 13.3 颜色的心理感受

颜色	心理感受
红色	一种激奋的色彩，具有刺激效果，能使人产生冲动、愤怒、热情、有活力的感觉
绿色	介于冷暖两类色彩的中间，具有和睦、宁静、健康、安全的感觉。它和金黄、淡白搭配，可以产生优雅、舒适的气氛
橙色	一种激奋的色彩，具有轻快、欢欣、热烈、温馨、时尚的感觉
黄色	具有快乐、希望、智慧和轻快的感觉，它的明度最高
蓝色	最具凉爽、清新、专业感的色彩。它和白色混合，能体现柔顺、淡雅、浪漫的气氛
白色	具有洁白、明快、纯真、清洁的感觉
黑色	具有深沉、神秘、寂静、悲哀、压抑的感觉
灰色	具有中庸、平凡、温和、谦让、中立和高雅的感觉

(2) 常用的配色方案

①暖色调。即红色、橙色、黄色、赭色等色彩的搭配。这种色调的运用可使主页呈现温馨、和煦、热情的氛围。例如美国数字营销公司 Hubspot 曾经做过一场 A/B Testing 实验，用于测试不同颜色对于用户点击率造成的差异。两个测试面在内容上完全一致，唯一不同的是按钮的颜色。在超过 2 000 人次的样本测试后，最终红色方案的点击率超过绿色方案的点击率足足 21%。这与预期正好相反。因为凭直觉，绿色代表通行、准许通过的意思，红色倾向于警告、阻止的意思。

②冷色调。即蓝色、绿色、紫色等色彩的搭配。这种色调的运用，可使主页呈现宁静、清凉、高雅的氛围。例如 HTML 语言里超链接的默认颜色是蓝色的，因为蓝色是从灰色底色中脱颖而出的最佳色调。

③对比色调。即把色性完全相反的色彩搭配在同一个空间里，例如红与绿、黄与紫、橙与蓝等。这种色彩的搭配可以产生强烈的视觉效果，给人亮丽、鲜艳、喜庆的感觉。当然，对比色调如果用得不好，会适得其反，产生俗气、刺眼的不良效果。这就要把握"大调和，小对比"这一重要原则。

最后，还要考虑主页底色（背景色）的深、浅。底色深，文字的颜色就要浅，以深色的背景衬托浅色的内容（文字或图片）；反之，底色淡，文字的颜色就要深些，以浅色的背景衬托深色的内容（文字或图片）。这种深浅的变化在色彩学中称为"明度变化"。有些主页，底色是黑的，但文字也选用了较深的颜色，由于色彩的明度比较接近，读者在浏览时就会感觉眼睛很吃力，影响了阅读效果。当然，色彩的明度也不能变化太大，否则屏幕上的亮度反差太强，同样也会使读者的眼睛受不了。

(3) 网页色彩的搭配

网页的色彩是树立网站形象的关键之一，网页的色彩搭配却是令人感到头疼的问题。对于网页的背景、文字、图标、边框、超链接等，应该注意它们的色彩间的搭配，突出信息意图。

①网页色彩搭配的原理如下：

- 色彩的鲜明性。网页的色彩要鲜艳，容易引人注目。
- 色彩的独特性。要有与众不同的色彩，使得观者的印象强烈。
- 色彩的合适性。色彩和网页表达的内容气氛相适合。如粉色体现女性用农林产品的柔性。
- 色彩的联想性。不同色彩会令人产生不同的联想，蓝色想到天空，黑色想到黑夜，红色想到喜事等，选择色彩要和网页的内涵相关联。

②网页色彩搭配的技巧包括：

- 尽量使用网页安全色，也就是自然界中存在的颜色，而非显示器合成的非自然颜色。

● 网页背景颜色与文字对比度要高，一般来说白色背景常会选择黑色字体。当然这也不是绝对的，如深蓝色、灰色也是网页文字常用的色彩。

● 避免蓝色与红色、蓝色与黄色、绿色/蓝色与红色这几类颜色同时出现，因为这样会很容易让人感觉视觉疲劳。

● 颜色使用要始终具有同一性，研究表明 5 种颜色是网页的极限，一般不要使用超过 5 种颜色。

● 尽量少用细小的字体或蓝色表格。

● 有些颜色本身是很枯燥的，比如灰色，但配合橙色或一些亮色就会产生完全不同感觉。

● 可以利用留白来平衡网页中的颜色刺激。

● 要始终保持颜色统一，这也是保证网页可读性的重点。

③网页色彩搭配应注意以下几点：

● 限制同时显示的颜色数。一般同一画面不宜超过 4 种或 5 种颜色，可用不同层次及形状来配合颜色，增加变化。

● 画面中活动对象应颜色鲜明，非活动对象应颜色暗淡。对象颜色尽量不同，前景色宜鲜艳一些，背景色应暗淡。

● 尽量避免不兼容的颜色堆放一起，如黄与蓝、红与绿，除非对比使用。

● 若用颜色表示某种信息或对象属性，要使用户懂得这种表示，且尽量用常规准则表示。

④网页最常用的流行色包括：

● 蓝色——蓝天白云，沉静整洁的颜色。

● 绿色——绿白相间，雅致而有生气。

● 橙色——活泼热烈，标准商业色调。

● 暗红色——宁重、严肃、高贵。

⑤网页使用的颜色有以下忌讳：

● 忌脏——背景与文字内容对比不强烈，灰暗的背景令人沮丧。

● 忌纯——艳丽的纯色对人的刺激太强烈，缺乏内涵。

● 忌跳——再好看的颜色也不能脱离整体。

● 忌花——要有一种主色贯穿其中。主色并不是面积最大的颜色，而是最重要，最能揭示和反映主题的颜色。

● 忌粉——颜色浅固然显得干净，但如果对比过弱，就显得苍白无力了。

● 蓝色忌纯，绿色忌黄，红色忌艳。

⑥有如下几种固定颜色搭配：

● 蓝、白、橙——蓝色为主调。白色底，蓝色标题栏，橙色按钮或图标做点缀。

● 绿、白、蓝——绿色为主调。白色底,绿色标题栏,蓝色或橙色按钮或图标做点缀。

● 橙、白、红——橙色为主调。白色底,橙色标题栏,暗红色或橘红色按钮或图标做点缀。

● 暗红、黑、灰——暗红色为主调。黑色或灰色底,暗红色标题栏,文字内容背景为浅灰色。

4) 页面关键词选择规范

(1) 页面关键词只涉及当前页面的内容,而不去涉及整个网站、所在频道等内容。

(2) 在关键词选择上,可以采取"具体关键词+主关键词"的形式,在某些情况下,标题也可以作为一个比较具体的关键词。

(3) 站在受众角度考虑,结合用户的一些搜索习惯,使用适当的关键词。

(4) 不同关键词用英文状态下的逗号隔开,关键词以 3～5 个为宜。

5) 内容

(1) 提供物组合(Offering Mix)。站点内容包括产品、信息和服务。

(2) 吸引力组合(Appealing Mix)。吸引力组合是指对浏览者产生影响的促销和传播的信息集合。吸引力包括认知吸引力和情感吸引力。认知吸引力的焦点在于提供物的功能方面,包括价格低廉、可靠性、可用性、客户支持以及个性化程度。情感吸引力强调对产品或品牌的情感共鸣,以价值定位来体现,包括幽默、新颖性、热情。

(3) 多媒体组合(Multimedia Mix)。多媒体组合是指纳入到网站的各种媒体形式,包括文字、图像、动画、音频和视频等。在表现概念和刻画细节时可用文字媒体。图像是人们非常容易接受的信息媒体,人们所接受信息的 83%来源于视觉,图像的最大特点是形象、生动、直观,擅长表达思想轮廓及蕴含于大量数值内的趋向性信息。动画可用来突出整个事物发展过程,特别是表现静态图像无法表现的动作和动态信息。视频适合于表现其他媒体难以表现的来自真实生活的事件和情景。音频能使对话信息突出,特别是在影像、动画集合时传递大量信息。

6) 定制

定制是一个站点为每一位用户服务的能力。定制随处可见,例如用户可以更改网站背景颜色、首页模板;商家收集用户购买习惯和行为,通过购买历史进行个性化分析等。为了更好地满足用户需求,页面可以由用户自由选择和自定义。

部分站点允许用户确定在内容选择、场景选择和个性化工具上的偏好,或者在产品上提供定制化服务,如颜色选择、商品包装等。个性化的产品设计和服务能满足用户更大的需求,争取更多的用户群。

站点量身定制是站点根据每个用户偏好或特征为用户呈现不同内容、不同布局。站点量身定制主要基于以下两种方式：基于用户以往的消费搜索习惯和行为量身定制，基于具有类似偏好的用户量身定制。这样，一方面企业会强化精准营销；另一方面企业会按照用户需求提供定制服务，给用户带来专属服务的感受和认可。

7）沟通

网站应提供丰富的沟通工具。企业与用户间存在单向和双向的沟通。

单向沟通表现为广播、大众邮件、FAQ、E-mail 简讯等。其中广播是一个单向地从企业到用户的信息传播工具，是瞄准相对广泛的受众进行信息传播。FAQ 即常见问题解答，对经常涉及的问题进行总结，统一将解答放于网上，供浏览者阅览。E-mail 简讯是通过定期发送简讯，向邮件订阅者传递有关站点、特卖品、企业新闻等信息。

双向沟通是交互式沟通，分为及时沟通和非即时沟通。

8）链接

链接是指给定站点通过超文本链接跳转到其他站点或通过超链接从一个 Web 页面跳转到另一个 Web 页面。这些链接嵌入到 Web 页面之中，常见方式是带下划线或加亮显示的词句、图片或图形。链接分为两种，一种是业务链接，即链接到上下游企业的站点，彰显产品品质优异；另一种是友情链接，即链接到相关企业网站，相互吸引。网页中添加相关网站的超链接，不仅提供了相关搜索，更体现了网站品味，用户在浏览网页的过程中增加了访问网站或激发需求的可能性。

9）商务

商务是指一个站点的交易能力。具体包括：

(1) 注册：用户进行注册，允许网站储存用户的银行卡号、物流地址和偏好等信息。

(2) 购物车：用户可将商品放到个人的虚拟购物车中。商品可以立即购买或存在那里待用户下次访问站点时再购买。

(3) 安全：通过密码技术（例如 SSL）和认证技术（例如 SET），站点保障交易和相关数据的安全性。

(4) 配置技术：在配置软件辅助下，用户能够将产品或服务以各种组合形式集合在一起，从而允许对性能/价格的权衡、系统内复杂组件间的互操作以及普通商品对品牌产品的替代性分析。

(5) 订单跟踪：用户可以检查自己所购买产品的交付状态。

(6) 交付选择：用户可以选择其期望的交付速度和成本。

(7) 产品商情：将农林产品的市场行情、产量或者预售规模等信息及时传递给会员消费者，提醒消费者及时作出购买决策。

6. 设计网站主页时应考虑的问题

网站由众多的网页组成，这些网页设计的好坏直接影响到这个站点能否受到消费者的欢迎。下面是设计网站主页时应考虑的问题：

(1) 提供联系地址。联系地址包括 E-mail 地址、电话号码、传真号码和通信地址等。

(2) 加强网页内容针对性。一个站点上的每一个网页都应该完成某一项工作。

(3) 注意网页色彩协调。在设计网页时应尽量避免选择使网页难以阅读的背景颜色，网页内容的色彩应该与背景颜色协调一致。在编写一个主页后，要事先将其放到各种操作系统、各种浏览器环境中去试用。

(4) 注意网页的通用性。由于 Internet 是开放式的，许多不同类型的计算机和软件都可以在 Internet 上使用，因此设计主页时应充分考虑到不同型号计算机和不同软件都可以访问到网站。为保证通用性，最好是不要采用非标准技术。

(5) 按 Web 格式设计网页。许多站点由于直接使用了其他格式的数据，因此有些数据无法用浏览器查看。要浏览这种格式的文件，消费者就不得不先将它们下载，然后使用专门的处理程序进行浏览，这无法令消费者满意。

(6) 注意网页图片使用。一是避免使用雷同的图片；二是放到主页上的图片应该尽量小一些，这样可以节省消费者的下载时间；三是上传的图片应该加上 ALT 属性(ALT 属性是一个用于网页语言 HTML 和 XHTML、为输出纯文字的参数属性。它的作用是当 HTML 元素本身的对象无法被渲染时，就显示 ALT(替换)文字作为一种补救措施)，并且 ALT 属性符合图片本身内容，同时尽可能包含网页关键词；四是每幅图片下配有适当的文字说明，文字说明也包含页面关键词。

(7) 注意网页质量。网页设计中经常出现的错误是拼写和语法错误，避免这类错误的发生，将有利于保持网站良好的形象。

(8) 注意网络礼仪。

7. 网站风格

风格(Style)是指站点的整体形象给浏览者的综合感受。这个整体形象包括站点的 CI(标志、色彩、字体、标语)、版面布局、浏览方式、交互性、文字、语气、内容价值、存在意义、站点荣誉等诸多方面，而每一项都是有关联性的。

(1) 色系：网页的底色、文字类型、图片的色系、颜色等。

(2) 走向：对于网站的未来规划、网站整体内容走向等。

(3) 窗口：窗口效果，例如全屏幕窗口、特效窗口等。

(4) 排版：表格与框架的应用、文字缩排、段落等。

(5) 特效：让网页看起来生动活泼的各种应用，如 Flash、JavaScript、Java Applet、DHTML 等。

(6) 程序:网页互动程序,例如 ASP、PHP、XML、CGI 等。

(7) 内容:网站主题、整体实用性、文件关联性、内容切合度、是否有不必要的档案等。

(8) 架构:目录规划、层次、菜单应用浅显、易懂、易用。

以上这些都与网页风格有密切的关系,想要达到完美的网站风格设计,需要各方面的配合应用,这样网站就有整体感。

13.5.3 网站设计技术

1. Web 服务器建设

企业建设自己的 Web 服务器时需要投入很大资金,包括架设网络、安装服务器,运转时需要投入很大资金租用通信网络。因此,一般企业建设 Web 服务器时,可以采取服务器托管、虚拟主机、租用网页空间、委托网络服务公司代理等方式进行的。采用这些方式,一些目前没有条件或暂时没有建立网站的企业也可以马上开展网络营销。这里主要介绍常用的几种费用低廉的形式。

1) 服务器托管

这种方式是企业建设自己的网站,拥有自己独立的网络服务器和 Web 服务器,只不过服务器托放在网络服务供应商(ISP),由 ISP 代为日常运转管理。企业维护服务器时,可以通过远程管理软件进行远程操作。服务器可以租用 ISP 提供的服务器,也可以自行购买。采取这种方式,企业既可以拥有自己独立的域名,又可以节省企业架设网络和租用昂贵的通信网络的费用。

2) 虚拟主机

一般来说,企业要在网上用自己的独立域名建立网站,必须投资一台价格不菲的服务器,而且要架设专线、专人维护,对于一些中小企业来说,往往难以一步到位。虚拟主机是使用特殊的软硬件技术,把物理电脑主机分割成多个的逻辑存储单元,每个单元都没有物理实体,但是每一个逻辑存储单元都能在网络上工作,具有单独的域名、IP 地址(或共享的 IP 地址)以及完整的 Internet 服务器功能,用于放网页程序,供用户访问。虚拟主机的硬件费用、网络维护费用、通信线路费用较独立服务器大幅度降低,网站服务器管理简单,诸如软件配置、防病毒、防攻击等安全措施都由专业服务商提供;同时也不必为使用和维护服务器的技术问题担心,更不必聘用专门的管理人员,被中小型网站普遍采用。

3) 租用网页空间

和虚拟主机类似而更为简单的方法是租用网页空间,甚至不需要申请正式域名,只要向网络服务商申请一个虚拟域名,将自己的网页存放在 ISP 的主机上,企业可自行上载、维护网页内容,自行发布网页信息。一般来说,租用网页空间的费用较虚拟主机更为低廉。

4）委托网络服务商代理

如果企业缺乏网络营销的专门人才，最简单的方法就是把产品或服务的网络推广委托专业公司代理。在选择代理人的时候要慎重，类似的网络服务公司有很多，服务内容和收费方法也有很大差别。

2. 网页制作工具

1）FrontPage

FrontPage 是由微软推出的“所见即所得”的网页编辑器。通过它用户可以在网页的任何位置精确地放置每一个元素，可以为网站设定专业的、谐调的外观，也可以方便地输入和编辑 HTML 源代码，而这一切都不需要编写任何程序。用户只需完成网站的基本框架，FrontPage 提供的网站样板主题功能就可帮助用户安排每个网页的标题、网页导航等页面组成元素，无需 Java Applet 或 JavaScript 编辑就能实现漂亮的动态导航按钮。由于程序是在服务器端执行的，因此执行速度也较其他下载到浏览器后再执行的方式大大加快了。目前 FrontPage 已被 SharePoint Designer 所替代。

2）网页三剑客

顾名思义，它们是一套强大的网页编辑工具，是由 Dreamweaver、Fireworks、Flash 三个软件组成，俗称“三剑客”。

Flash（被 Adobe 公司收购后称为 Adobe Flash）主要用于设计和编辑 Flash 文档。附带的 Macromedia Flash Player 用于播放 Flash 文档。

Adobe Fireworks 可以加速 Web 设计与开发，是一款创建与优化 Web 图像和快速构建网站与 Web 界面原型的理想工具。Fireworks 不仅具备编辑矢量图形与位图图像的灵活性，还提供了一个预先构建资源的公用库，并可与 Adobe Photoshop、Adobe Illustrator、Adobe Dreamweaver 和 Adobe Flash 软件集成。在 Fireworks 中可将设计迅速转变为模型，或利用来自 Illustrator、Photoshop 和 Flash 的其他资源，然后直接置入 Dreamweaver 中轻松地进行开发与部署。

Dreamweaver（现成为 Adobe Dreamweaver）是集网页制作和管理网站于一身的“所见即所得”网页编辑器，它是一套视觉化网页开发工具，可以轻而易举地制作出跨越平台限制和浏览器限制的充满动感的网页。

网页制作三剑客目前分工如下：

（1）Dreamweaver（网页制作）：主要用于动态网页的开发。

（2）Flash（动画制作）：主要用来制作动画。

（3）Fireworks（矢量图形制作和图像处理）：主要用于对网页上常用的 JPG、GIF 文件的制作和处理，也可用于制作网页布局。

3. 静态网页制作技术

静态网页是指没有后台数据库、不含程序和不可交互的网页。静态网页更新起来比较麻烦，适用于一般更新较少的展示型网站。实际上静态网页也不是完全静态，它也可以出现各种动态的效果，如GIF格式的动画、Flash、滚动字幕等。

1）超文本标记语言

超文本标记语言（Hypertext Markup Language，HTML），是用于描述网页文档的一种标记语言。HTML之所以称为超文本标记语言，是因为文本中包含了所谓“超级链接”，就是一种URL（统一资源定位符）指针，通过激活（点击）它，可使浏览器方便地获取新的网页。这也是HTML获得广泛应用的最重要的原因之一。由此可见，网页的本质就是HTML，通过结合使用其他的Web技术（如脚本语言、CGI、组件等），可以创造出功能强大的网页。因而，HTML是Web编程的基础，也就是说万维网是建立在超文本基础之上的。一个网页对应于一个HTML文件，HTML文件以“.htm”或“.html”为扩展名，可以使用任何能够生成TXT类型的源文件的文本编辑器来产生HTML文件。标准的HTML文件都具有一个基本的整体结构，即HTML文件的开头与结尾标记和HTML的头部与主体两大部分。图13.18～图13.20所示是中国水果网首页与对应的部分HTML代码。

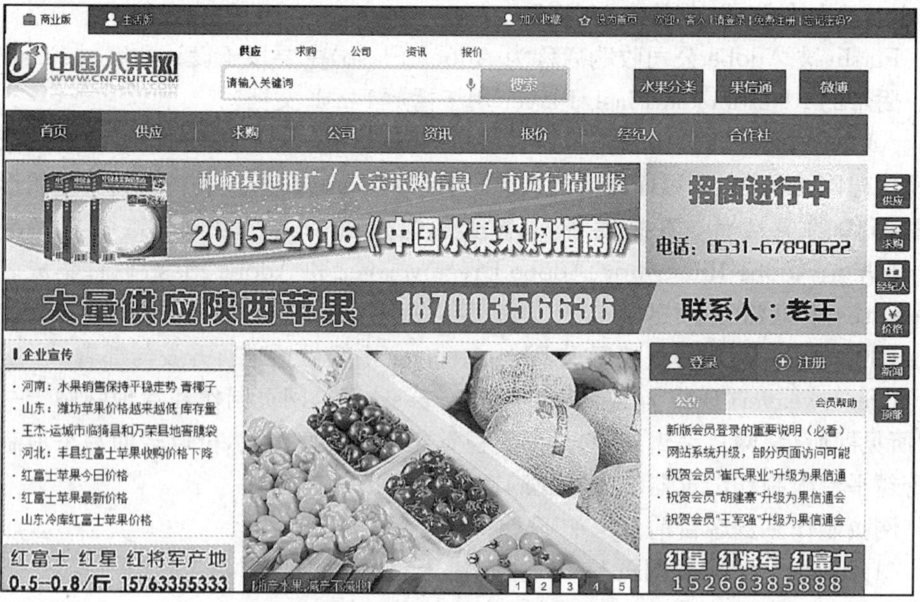

图13.18　中国水果网首页

```html
<!DOCTYPE html PUBLIC "-//W3C//DTD XHTML 1.0 Strict//EN" "http://www.w3.org/TR/xhtml1/DTD/xhtml1-strict.dtd">
<html xmlns="http://www.w3.org/1999/xhtml">
<head>
<meta http-equiv="Content-Type" content="text/html;charset=UTF-8"/>
<title>中国水果网|免费中国水果交易平台|CNFRUIT.COM</title>
<meta name="keywords" content="水果,水果网,中国水果网,水果价格,水果供求,水果交易,fruit,红富士苹果,烟台苹果,大樱桃,烟台大樱桃,西瓜"/>
<meta name="description" content="中国水果网是目前中国最大的水果网上交易平台，为水果经纪人、水果批发商、水果种植基地以及水果行业各企业提供水果新闻、水果价格、水果商机.中国水果网一直以：致富果农、助力中国果业发展为己任，用专业的服务为水果从业者提供帮助。"/>
<meta http-equiv="mobile-agent" content="format=xhtml; url=http://m.cnfruit.com/">
<meta http-equiv="mobile-agent" content="format=html5; url=http://m.cnfruit.com/">
<meta name="generator" content="中国水果网 - www.cnfruit.com"/>
<link rel="shortcut icon" type="image/x-icon" href="http://www.cnfruit.com/favicon.ico"/>
<link rel="bookmark" type="image/x-icon" href="http://www.cnfruit.com/favicon.ico"/>
<link rel="archives" title="中国水果网|免费中国水果交易平台|CNFRUIT.COM" href="http://www.cnfruit.com/archiver/"/>
<link rel="stylesheet" type="text/css" href="http://www.cnfruit.com/skin/2014Style/css/style.css"/>
<script type="text/javascript">window.onerror=function(){return true;}</script><script type="text/javascript" src="http://www.cnfruit.com/lang/zh-cn/lang.js"></script>
<script type="text/javascript" src="http://www.cnfruit.com/file/script/config.js"></script>
<script type="text/javascript" src="http://www.cnfruit.com/file/script/jquery.js"></script>
<script type="text/javascript" src="http://www.cnfruit.com/file/script/common.js"></script>
<script type="text/javascript" src="http://www.cnfruit.com/file/script/page.js"></script>
<script type="text/javascript" src="http://www.cnfruit.com/file/script/jquery.lazyload.js"></script>
<script type="text/javascript">
var searchid = 5;
</script>
<script type="text/javascript">
//手机跳转
if ((navigator.userAgent.match(/(iPhone|iPod|Android|ios)/i))) {
location.replace("http://m.cnfruit.com/")
}
</script>
<base target="_blank" />
</head>
<body>
<div class="gTop mb" id="head">
<div class="w clearfix">
<ul class="colL">
<li class="bSite hover"><a href="/">商业版</a></li>
<li class="lSite"><a href="#">生活版</a></li>
```

图 13.19　中国水果网首页的 HTML 头部代码

```html
<li mid="5" class="item" onclick="setModule('5','供应')"><a href="javascript:void(0);">供应</a><b class="arrow"></b></li><li mid="6" class="item" onclick="setModule('6','求购')"><a href="javascript:void(0);">求购</a><b class="arrow"></b></li><li mid="4" class="item" onclick="setModule('4','公司')"><a href="javascript:void(0);">公司</a><b class="arrow"></b></li><li mid="21" class="item" onclick="setModule('21','资讯')"><a href="javascript:void(0);">资讯</a><b class="arrow"></b></li><li mid="23" class="item" onclick="setModule('23','报价')"><a href="javascript:void(0);">报价</a><b class="arrow"></b></li></ul>
<div class="md bshadow">
<form id="destoon_search" action="http://www.cnfruit.com/sell/search.php" onsubmit="return Dsearch(1);">
<input type="hidden" name="moduleid" value="5" id="destoon_moduleid"/>
<input type="hidden" name="spread" value="0" id="destoon_spread"/>
<input name="kw" id="destoon_kw" type="text" class="ipt fl" value="请输入关键词" onfocus="if(this.value=='请输入关键词') this.value='';" onkeyup="STip(this.value);" autocomplete="off" x-webkit-speech speech/>
<input class="btn fl fa_yhei" type="submit" value="搜索" />
</form>
</div>
<div class="tips" id="search_tips" style="display:none;"></div>
</div>
<div class="tools fa_yhei fs_16">
<div class="item speitem fl" id="topDropCatBtn">
<span class="tit">水果分类</span>
<div class="dropWrap">
<div class="cats">
<div class="cataItem">
<h3 class="sub f_green fa_yhei"><a href="http://www.cnfruit.com/sell/pome/">仁果类</a></h3>
<ul class="items clearfix">
<li class="item"><a class="f_white" title="哈密瓜" href="http://www.cnfruit.com/sell/hamigua/">哈密瓜</a></li>
<li class="item"><a class="f_white" title="梨" href="http://www.cnfruit.com/sell/li/">梨</a></li>
<li class="item"><a class="f_white" title="木瓜" href="http://www.cnfruit.com/sell/mugua/">木瓜</a></li>
<li class="item"><a class="f_white" title="苹果" href="http://www.cnfruit.com/sell/pingguo/">苹果</a></li>
<li class="item"><a class="f_white" title="枇杷" href="http://www.cnfruit.com/sell/pipa/">枇杷</a></li>
<li class="item"><a class="f_white" title="山楂" href="http://www.cnfruit.com/sell/shanzha/">山楂</a></li>
<li class="item"><a class="f_white" title="甜瓜" href="http://www.cnfruit.com/sell/tiangua/">甜瓜</a></li>
<li class="item"><a class="f_white" title="西瓜" href="http://www.cnfruit.com/sell/xigua/">西瓜</a></li>
<li class="item"><a class="f_white" title="羊奶果" href="http://www.cnfruit.com/sell/yangnaiguo/">羊奶果</a></li>
</ul>
</div>
<div class="cataItem">
<h3 class="sub f_green fa_yhei"><a href="http://www.cnfruit.com/sell/berry/">浆果类</a></h3>
<ul class="items clearfix">
<li class="item"><a class="f_white" title="葡萄" href="http://www.cnfruit.com/sell/268/">葡萄</a></li>
<li class="item"><a class="f_white" title="草莓" href="http://www.cnfruit.com/sell/269/">草莓</a></li>
<li class="item"><a class="f_white" title="醋栗" href="http://www.cnfruit.com/sell/270/">醋栗</a></li>
<li class="item"><a class="f_white" title="猕猴桃" href="http://www.cnfruit.com/sell/271/">猕猴桃</a></li>
<li class="item"><a class="f_white" title="树莓" href="http://www.cnfruit.com/sell/272/">树莓</a></li>
<li class="item"><a class="f_white" title="杨桃" href="http://www.cnfruit.com/sell/273/">杨桃</a></li>
```

图 13.20　中国水果网首页的 HTML 主体部分代码

2）CSS

CSS 就是层叠样式表(Cascading Style Sheet)。层叠样式表是一种用来表现 HTML 或 XML(标准通用标记语言的一个子集)等文件样式的计算机语言。CSS 是能够真正做到网页表现与内容分离的一种样式设计语言。相对于传统 HTML 的表现而言,CSS 能够对网页中的对象的位置排版进行像素级的精确控制,支持几乎所有的字体、字号样式,拥有对网页对象和模型样式进行编辑的能力,并能够进行初步交互设计,是目前基于文本展示的最优秀的表现设计语言。CSS 能够根据不同使用者的理解能力,简化或者优化写法,使网页针对各类人群都有较强的易读性。

3）JavaScript

JavaScript 是一种属于网络的脚本语言,主要用来向 HTML 页面添加交互行为。JavaScript 代码可以直接嵌入 HTML 页面,但写成单独的 JS 文件有利于结构和行为的分离。JavaScript 已经被广泛用于 Web 应用开发,常用来为网页添加各式各样的动态功能，为用户提供更流畅美观的浏览效果。JavaScript 可以在多种平台下运行（如 Windows、Linux、Mac、Android、iOS 等），支持绝大多数浏览器。

4. 动态网页技术

网络技术日新月异，许多网页文件的扩展名不再只是“. htm”，还有“. php”、“. asp”等，这些文件都是采用动态网页技术制作出来的。

1）PHP

PHP 即 Hypertext Preprocessor（超文本预处理器），是 Internet 上最为火热的脚本语言，其语法借鉴了 C、Java、Perl 等语言，但只需要很少的编程知识就能使用 PHP 建立一个真正交互的 Web 站点。它与 HTML 语言具有非常好的兼容性，使用者可以直接在脚本代码中加入 HTML 标签，或者在 HTML 标签中加入脚本代码从而更好地实现页面控制。PHP 提供了标准的数据库接口，数据库连接方便，兼容性强，扩展性强，可以进行面向对象编程。

2）ASP

ASP 即 Active Server Pages，是微软开发的一种类似 HTML（超文本标记语言）、Script（脚本）与 CGI（公用网关接口）的结合体，它没有提供自己专门的编程语言，而是允许用户使用许多已有的脚本语言编写 ASP 的应用程序。ASP 在 Web 服务器端运行，运行后再将运行结果以 HTML 格式传送至客户端的浏览器。ASP 最大的不足就是安全性不够好。ASP 的最大好处是可以包含 HTML 标签，也可以直接访问数据库及使用无限扩充的 ActiveX 控件，因此在程序编制上要比 HTML 方便而且更富有灵活性。

3）JSP

JSP 即 Java Server Pages，它是由 Sun Microsystem 公司于 1999 年 6 月推出的新技术，是基于 Java Servlet 以及整个 Java 体系的 Web 开发技术。JSP 和 ASP 在技术方面有许多相似之处，不过两者来源于不同的技术规范组织，JSP 可以在 85%以上的服务器上运行，而且基于 JSP 技术的应用程序比基于 ASP 的应用程序易于维护和管理，所以被许多人认为是未来最有发展前途的动态网页技术。

4）. NET

. NET 是 ASP 的升级版，也是由微软开发，但是和 ASP 却有天壤之别。. Net 是网站动态编程语言里最好用的，不过易学难精。从. NET2. 0 开始，. NET 把前台代码和后台程序分为两个文件管理，使得. NET 表现和逻辑相分离。. NET 网站开发跟软件开发差不多。. NET 开发的网站是编译执行的，效率比 ASP 开发的高很多。. NET 在功能性、安全性和面向对象方面都做得非常优秀，是非常不错的网站编程语言。

案例分析

颜色的魅力——茶叶包装的色彩

茶叶包装的色彩选择是一种美学＋艺术的体验活动。曾有实验如下：将同品质的绿茶分别倒入红、绿、蓝、棕色的茶罐中，然后请人饮用以茶罐中的茶叶泡制的茶水。结果表明：

80％的人认为：红色茶罐里的茶叶气味较浓郁，回味持久，茶叶档次较高。

87％的人认为：蓝色茶罐里的茶叶味有酸涩感，风味不佳。

92％的人认为：棕色茶罐里的茶叶气味浓郁、醇厚，回味持久，品质纯正，是陈茶。

96％的人认为：绿色茶罐里的茶叶气味清新、香醇，品质纯正，茶水颜色清澈，是新茶。

为寻找茶叶包装色彩更直觉的印象，设计师和摄影师等在对茶叶包装进行设计或者拍摄效果图时，需要深刻认识到颜色的魅力以及颜色给消费者的感官刺激，设计或拍摄出令消费者产生良好心理反射的包装效果图。

第十四章　农林产品网络营销管理

14.1　网络营销效果评价管理

网络营销行业普遍存在着一个"漏斗现象":企业花大把钱筹建网站和推广营销,但吸引来的80%的访问者来一次就流走了,有15%的访问者访问多次后却不留下任何信息,有4%的访问者留下信息却不主动联系,只有不到1%的访问者最终与企业完成交易(图14.1)。

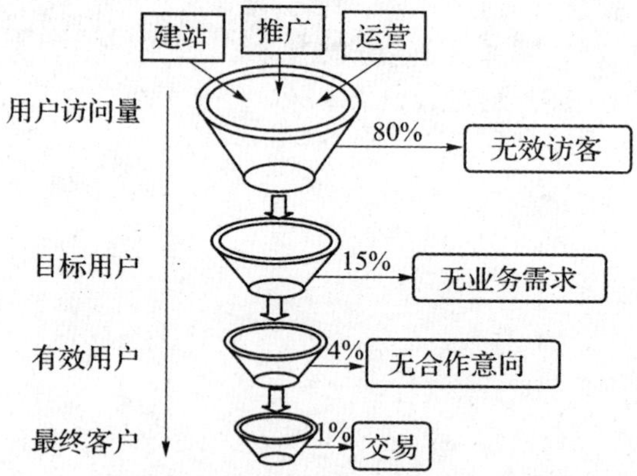

图14.1　网络营销的漏斗现象

这种现象需要引起网商重视。多数网商不懂得分析网站访问统计数据,从而无法相应调整、改进营销策略。网商寄希望于搜索营销带来的访问流量,甚至于耗费资金购买搜索流量,却不知如何将流量转化为销量。根本问题是网商不知道如何对网络营销进行管理,不清楚如何识别客户,主动接近和管理客户,对网络营销管理的决策建议不能及时跟进。网络营销管理贯穿于整个网络营销活动,内容繁多,每一项网络营销职能均包含多种具体的网络营销管理内容。在不同阶段,网络营销管理的任务和实现手段会有差别。网络营销管理的重要性是不言而喻的。

14.1.1　网络营销效果评价目的及意义

尽管网络营销效果评价标准和评价体系不统一，但是其实施效果评价的目的和意义是一致的。

1. 网络营销效果评价的目的

(1) 方便企业各个部门根据量化的指标制定相应的行动计划。

(2) 将效果考核指标告知员工，使员工绩效考核与组织考核结合起来，激励员工为完成企业网络营销目标而努力。

(3) 检查营销实施状况与理想标准之间的差距，随时纠偏，以取得满意营销效果。

(4) 扩大企业及其营销网站的品牌知名度和价值，提升品牌和产品的竞争力。

(5) 找出企业在网络营销中发现和存在的问题，为下一阶段营销活动提供改进意见。

2. 网络营销效果评价的意义

1) 网络营销效果评价是开展网络营销的需要

正如管理活动的反馈一样，网络营销也应包含反馈环节。企业开展网络营销要实现其初衷，需了解每轮的营销计划、营销活动的成效如何，哪些方面需要改正，哪些方面需要继续坚持，所有这些都依赖于对营销效果的评价。只有正确地评价过去，才能改进现在的工作，才能建立预测未来的能力和条件，才能更好地指导现在和未来。因此，网络营销效果评价是实施有效网络营销的关键环节之一。

2) 网络营销效果评价是创建品牌、提高企业知名度的需要

网络营销目的之一就是创建品牌，树立企业形象，提高企业知名度。正确合理地评价企业网络营销效果不仅有利于企业宣传，通过在知名的专业网络营销效果评价网站上靠前的排名，还能树立企业的良好形象。借助于开展网络营销的第三方机构的力量来宣传企业，能收到直接宣传所达不到的效果。

3) 网络营销效果评价促进后续绩效水平提高

所有管理活动都要有分析、计划、执行、检查工作和反馈，网络营销效果评价和反馈能够使企业总结营销管理经验，找出管理问题以改进工作，知道现在和未来营销管理工作的重点。

4) 网络营销效果评价促进企业服务水平提高

作为网络评价的原始数据中很大一部分是从消费者那里反馈回来的，这些数据直接地反映了消费者的愿望，直接指明了开展网络营销的方向。网络营销效果评价指标体系的设定，最大限度地体现了企业服务消费者的愿望。要提高企业服务水平，开展网络营销效果评价是必不可少的环节。

14.1.2　网络营销效果评价指标体系

1. 网络营销效果评价指标体系建立原则

效果评价指标是评价企业网络营销运营是否有效的相关指标集合。有了效果

考核指标，企业能够适时调整，保证目标的实现。本章在讨论农林产品网络营销效果评价指标时，综述最新的研究成果，给出较为科学、可实施的评价标准和指标体系的范例。建立网络营销效果评价指标体系的原则如下：

1）目的性原则

建立评价指标体系的目的就是要能客观、准确地反映网络营销的综合效果，为企业提供可用的决策信息。不同的目的决定了所提供信息的有用性。

2）科学性原则

评价指标体系应能客观并且准确地反映网络营销的实际情况。指标体系的构建要做到结构合理、层次分明；指标体系层次和评价指标不宜太繁杂，否则会降低评价的精度；保证所收集的资料与评价对象之间存在着必然的联系。通过指标体系的核算和综合评价，真实反映企业与竞争对手的差距，使评价指标体系成为企业自我诊断、自我完善的有力工具。

3）系统性原则

所建立的评价指标体系应能够完整地多角度、多层次反映企业网络营销的效果，不但要有进行纵向比较的指标，也要有进行横向比较的指标。

4）独立性原则

评价指标体系中各项指标都具有独立的信息，同一层次的指标应能从不同方面反映网络营销效果的特征，相互不能代替。

5）可测性原则

网络营销效果评价指标的含义必须明确具体，数据资料要容易收集并且计算简单，应尽可能地选取可测得的、接近客观真实的指标，使决策者能根据指标体系作出清晰准确的判断。

6）实用性原则

所设计的指标要有明确含义，指标的核算应以现有统计数据为基础，且指标设计要突出重点，尽量简化，从而使评价指标体系在实际中易于操作，切实可行。

7）定性与定量相结合原则

指标尽量采用定量指标，但并不否认定性指标作用。定性分析就是对研究对象进行“质”的方面的分析，对获得的各种材料进行思维加工。定量分析是对社会现象的数量特征、数量关系与数量变化的分析，其功能在于揭示和描述社会现象的相互作用和发展趋势。定量分析必须建立在定性分析的基础上，二者相辅相成，定性是定量的依据，定量是定性的具体化，二者结合起来灵活运用才能取得最佳效果。

2. 网络营销效果评价指标体系具体内容

网络营销效果评价指标体系包括三个维度：网站效果、网络营销效率和网络营销效益，如表 14.1 所示，合计 12 个二级指标，44 个三级指标。

表 14.1　网络营销效果评价指标体系

一级指标	二级指标	三级指标	一级指标	二级指标	三级指标
网站效果	网站设计	域名选择	网络营销效益	竞争效果	客户渗透率
		检索功能			客户选择性
		更新频率			价格竞争力
	网站性能	安全性			品牌知晓度
		交互能力			客户满意度
		主页下载速度		服务效果	响应速度
		链接有效性			客户抱怨率
	网站推广	网站在搜索引擎的地位		安全效果	营销安全率
		注册用户数量			网上交易安全性
		链接数量		公众效果	消费者影响力
		网站社会知名度			社区影响力
		网站用户忠诚度			竞争者仿效率
	网站流量	每个访问者的页面浏览数		财务绩效	销售增长率
		用户访问网站平均停留时间			速动比率
		用户在每个页面的平均时间			资产负债率
网络营销效率	销售效率	市场扩大速度			存货周转率
		订单转化率			净资产收益率
		消费转化率			
		客户开发平均成本			
		获得市场份额的费效比			
	配送效率	库存平均水平			
		交货准时性			
		每单位销售额的运输成本			
	广告效果	广告曝光率			
		点击率			
		网页阅读次数			
		广告转化率			

1）网站效果类指标

尽管网站设计风格、功能和视觉效果存在差异，但是针对网站本身效果进行评价有一些通用性评价指标,包括网站设计、网站性能、网站推广和网站流量等方面,反映了网站对企业网络营销系统的支撑效果。它又包含了 15 个三级指标。

(1) 网站设计指标。包括:

①域名选择:域名与企业名称、商标及其主营业务的关联性越强,越简洁易记,域名选择就越成功。

②检索功能:网站内容结构设计是否成功,表现在能否使浏览者准确快速找到需要的信息。

③更新频率:网站内容和页面设计要不断更新,以提高网站提供的信息资源质量,同时提高网民对网站的信任度,最好注明最后一次更新的时间。该指标可以使用单位时间内的更新次数表示。

(2) 网站性能指标。包括:

①安全性:网站不得携带病毒和有害程序,不强制安装插件,运行安全可靠。

②交互能力:从论坛、留言板、邮件列表、微博、博客、即时通信工具以及 FAQ 等能够促进网站和用户交流的功能的建设情况来测评。

③主页下载速度:网站自动侦测用户访问网站时的网络带宽,自适应调整用户下载主页的内容,以提高下载速度。

④链接有效性:链接有效性涵盖内容链接有效性和用户链接有效性。内容链接有效性是指错误的和无效的页面链接次数越少越好;用户链接有效性是指网站是否提供详尽的便于用户联系的连接方式,包括在主页和其他链接地方提供企业的地址、邮编、联系人姓名以及电子邮件、电话、在线即时通信工具等,方便用户随时建立联系。

(3) 网站推广指标。

网站推广力度反映企业主动推广营销站点的积极性。这些指标主要有:

①网站在搜索引擎的地位:一般来说,登记的搜索引擎越多,对增加网站访问量越有效果。同时,搜索引擎的排名也很重要,一些网站虽然在搜索引擎注册了,但排名在几百名之后,同样起不到多大作用。

②注册用户数量:用户数量是一个网站价值的重要体现,在一定程度上反映了网站的内容为用户提供的价值,而且用户也就是潜在的客户。因此,注册用户数量直接反映了一个网站的潜在价值。

③链接数量:在其他网站所做的链接的数量越多,对搜索结果排名越有利,而且访问者还可以直接从那些链接进入企业自己的网站。实践证明,在其他网站做链接对网站推广起到重要作用。

④网站社会知名度:网站的知名度越高,表明网站推广的效果越好,它在某种程度上反映了网站的地位和它对企业的影响力。

⑤网站用户忠诚度：即在一定时间段内相同用户访问某网站的次数占访问同类型网站次数的比值，这个指标反映了网站对用户的吸引力，用户忠诚度越高，网站经营得越成功。

(4) 网站流量指标。包括：

①每个访问者的页面浏览数：即在一定时间内每个访问者浏览页面总数的合计与所有访问者数量相除的平均数。这一指标表明了访问者对网站内容或者产品信息感兴趣的程度，如果大多数访问者的页面浏览数仅为一个，表明用户对网站内容或者产品显然没有多大兴趣。

②用户访问网站平均停留时间：即所有用户在网站的停留时间合计与所有访问者数量相除的结果，访问者停留时间长短反映了网站内容对访问者的满足程度。

③用户在每个页面的平均时间：即访问者在网站停留总时间与网站页面总数之比，这个指标表明了网站内容对访问者的吸引力大小。

2) 网络营销效率类指标

网络营销效率类指标包括销售效率、配送效率和广告效果 3 个二级指标和 12 个三级指标。

(1) 销售效率指标。包括：

①市场扩大速度：指企业市场占有率增减幅度，反映企业市场行情变动情况。

②订单转化率：指实际完成下单的消费者与已开始下单操作的消费者的比率，反映有购买意愿的消费者转化为实际购买者的程度。但有部分消费者在下单过程中消失了，可能的原因有：消费者主观终止下单操作；消费者在网站内“迷路”了，几经周折未能找到想要的信息或页面；下单操作流程繁琐；突发网络故障等。

③消费转化率：指一定时间内，网络消费者的总数与网站的访问者总数之比，反映的是访问者中有成为消费者的倾向的比例。

④客户开发平均成本(每获得一个访问者的平均成本)：指在网站营销的总成本的函数中，争取访问者的总的成本与访问者总数之比，反映企业争取新客户的成本。

⑤获得市场份额的费效比：指争取到的市场份额所带来的营业收入与市场开发成本之比，反映企业网络市场开拓的实际效果。

(2) 配送效率指标。包括：

①库存平均水平：指年度销售产品成本与当年平均库存产品总值之比。

②交货准时性：指按时发货次数与需要发货总次数之比。

③每单位销售额的运输成本：指销售额与运输成本之比。

(3) 广告效果指标。包括：

①广告曝光率：指网络广告所在的网页被访问的次数与网站所有页面被访问

的次数之比。

②点击率(CTR):点击次数除以广告曝光次数就可得到点击率。点击率是网络广告最基本的评价指标,也是反映网络广告效果最直接、最有说服力的量化指标,因为一旦浏览者点击了某个网络广告,说明他已经对广告中的产品产生了兴趣。

③网页阅读次数:浏览者在对广告中的产品产生了一定的兴趣之后进入广告主的网站,在了解产品的详细信息后,他可能就产生了购买的欲望。当浏览者点击网络广告进入了介绍产品信息的主页或者广告主的网站,浏览者对该页面的一次浏览阅读称为一次网页阅读,而所有浏览者对这一页面的总的阅读次数就称为网页阅读次数。这个指标从侧面反映了网络广告的吸引力。

④广告转化率:网络广告的最终目的是促进产品的销售,转化次数就是由于受网络广告影响所产生的购买、注册或者信息需求行为的次数,而转化次数除以广告曝光次数即得到广告转化率。

3. 网络营销效益类指标

网络营销效益类指标包括竞争效果、服务效果、安全效果、公众效果和财务绩效 5 个二级指标和 17 个三级指标。

(1) 竞争效果指标。包括:

①客户渗透率:指具有相同或相似消费需求的消费者群体中,在某网站购买商品的人数占所有同类型网站购物总人数的比例,反映企业在目标市场上占有的客户量。

②客户选择性:反映企业网上消费者的购买量相对于标杆企业网上消费者的购买量百分比。

③价格竞争力:反映本企业产品的价格对于竞争对手的同类产品或可替代产品的价格的相对优势。价格竞争力的计算公式如下:

价格竞争力=同类产品平均价格/竞争对手产品价格

④品牌知晓度:反映企业品牌在市场上的知晓程度。

⑤客户满意度:表示客户对于企业产品、服务、经营理念、企业形象等的满意程度。客户满意度的计算公式如下:

客户满意度=满意的客户数/调查客户总人数

(2) 服务效果指标。包括:

①响应速度:指企业对客户投诉等要求作出反应的时间间隔。

②客户抱怨率:指购买商品后产生不满意感的消费者数量与总的消费者数量之比。

(3) 安全效果指标。包括：

①营销安全率：反映营销活动盈利的安全性。营销安全率的计算公式如下：

营销安全率=(实际销售额－盈亏平衡点销售额)/实际销售额

②网上交易安全性：反映在网上交易过程中，交易货物的数量、质量与电子合同相符的状况，交易双方的身份能够得到正确确认的状况，交易双方的银行账号、信用卡账号、密码、交易款项等商业信息能够保证不被非法盗用或中途拦截等状况，可用年度内安全交易次数与总交易次数之比得到。

(4) 公众效果指标。包括：

①消费者影响力：指企业的营销活动对消费者的消费观念、商品知识、思想意识、消费行为等所产生的影响。

②社会影响力：指企业营销活动对生态环境、社会资助等方面所作的贡献。

③竞争者仿效度：指企业所采取的网络营销手段被竞争者对手效仿的可能性。

(5) 财务绩效指标。

网站的财务绩效反映了农林产品在流通、盈利、营运等方面的财务效果。选取的指标如下：

①销售增长率：销售增长率是评价企业成长状况和发展能力的重要指标。其计算公式为：

销售增长率=本年销售增长额÷上年销售总额

=(本年销售额－上年销售额)÷上年销售总额

②速动比率：多数网商具有"轻资产"特征，可用速动比率描述网商的资产运营效果。速动比率是指速动资产对流动负债的比率。它是衡量企业流动资产中可以立即变现用于偿还流动负债的能力。速动资产包括货币资金、短期投资、应收票据、应收账款，可以在较短时间内变现。

③资产负债率：资产负债率是指负债总额与资产总额的比率。这个指标表明企业进行网络营销时负债水平的情况，用来检查企业的财务状况是否稳定。

④存货周转率：又称存货周转次数，是衡量和评价企业购入存货、投入生产、销售收回等各环节管理状况的综合性指标。其计算公式为：

存货周转次数=销货成本/平均存货余额

⑤净资产收益率：又称股东权益收益率，体现了投入企业的自有资本、风险投资等权益资本获取净收益的能力，突出反映了投资与报酬的关系，是评价企业经营效益的核心指标。该指标反映权益资本的收益水平，指标值越高，说明投资带来的收益越高。其计算公式为：

净资产收益率=税后利润/净资产×100%

14.1.3 网络营销效果评价方法

1. 网络营销效果评价方法选择原则和分类

不同企业或同一企业在不同时期，评价网络营销效果的动机和目的不尽相同，采用的评价方法也各不相同。因此，在选择网络营销效果评价方法时，应理解评价要求和评价对象性质，科学合理地选择评价方法，通常遵循以下原则：

(1) 选择评价者熟悉的方法。

(2) 选择具有坚实理论基础的方法。

(3) 所选方法应简洁明了，尽量降低算法复杂度。

(4) 所选方法能够正确反映评价对象和评价目的。

按照网络营销效果评价与数据特征的关系，可将网络营销效果评价方法分为基于数据的评价、基于模型的评价、基于专家知识的评价以及基于数据、模型、专家知识的综合评价。

下面简单介绍基于数据、模型、专家知识的综合评价——层次分析法。

2. 层次分析法(Analytic Hierarchy Process, AHP)

层次分析法是美国著名数学家萨蒂在20世纪70年代提出的一种新的定性分析与定量分析相结合的系统分析方法。它将人的主观判断用数量形式表达，从而便于在数学上进行处理和分析。层次分析法把复杂问题分解成各个组成因素，又将这些组成因素按支配关系分组成递阶层次结构，通过两两比较的方式确定各个因素的相对重要性，然后综合决策者的判断，确定决策方案相对重要性的总排序。

1) 建立指标层次结构图

根据指标体系构建的原则，设计较完整的网络营销效果评价指标层次结构图，选取影响网络营销效果的主要指标，以保证最终评价结果的客观准确性。整个结构图分为4个层次，有3大类共44个指标值，如图14.2所示。

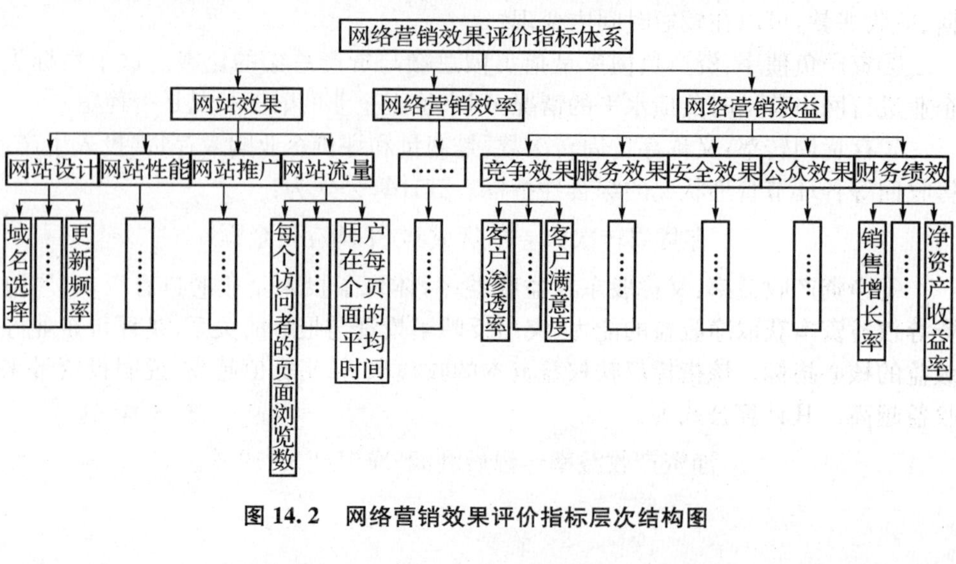

图14.2 网络营销效果评价指标层次结构图

2）指标值的确定和规范化

为了保证指标值的准确性和可靠性，应由专门机构负责收集整理资料，对相关的各项指标值进行汇总。对于定量指标，可参照企业财务报表、企业管理部门和销售部门的统计资料并结合网络调查等方法获得；对于定性指标，可以通过用户反馈、采访、经验推断来获得，如客户满意度可通过网上调查获得，网站知名度可通过咨询相关权威专家获得。

由于各项指标的含义、测量量纲以及取值优劣标准不尽相同，为了能够对评价对象进行多指标的综合评价，要将各指标值转化成相对统一的尺度。又由于各个指标的量纲不同，功能也不尽相同，需要进行无量纲化处理得到无量纲的指标值 y_i。处理方法很多，如阈值法、标准化法、比重法等。

3）建立成对比较判断矩阵

对于两个指标间的重要程度可采用两两比较法，然后按九分位比率排定各评价指标的相对优劣顺序，依次构造出评价指标的判断矩阵。比较第 i 个元素与第 j 个元素相对上一层某个因素的重要性时，使用数量化的相对权重 a_{ij} 来描述。设共有 n 个元素参与比较，则 $\mathbf{A}=(a_{ij})_{n\times n}$ 称为成对比较判断矩阵。

成对比较判断矩阵中 a_{ij} 的取值可参考 Satty 的提议，按下述标度进行赋值。a_{ij} 在1～9 及其倒数中取值：

(1) $a_{ij}=1$，元素 i 与元素 j 对上一层次因素的重要性相同，当且仅当 $i=j$ 时。

(2) $a_{ij}=3$，元素 i 相较于元素 j 略重要。

(3) $a_{ij}=5$，元素 i 相较于元素 j 重要。

(4) $a_{ij}=7$，元素 i 相较于元素 j 重要得多。

(5) $a_{ij}=9$，元素 i 相较于元素 j 极其重要。

$a_{ij}=2n$，$n=1,2,3,4$，元素 i 与 j 的重要性介于 $a_{ij}=2n-1$ 与 $a_{ij}=2n+1$ 之间，满足：$a_{ij}>0$；$a_{ji}=\dfrac{1}{a_{ij}}$。

将上述标度作为矩阵的元素，列出各层次需要比较的指标的判断矩阵（表 14.2）。

表 14.2　成对比较判断矩阵

$\mathbf{A}$	$\mathbf{A}_1$	$\mathbf{A}_2$	…	$\mathbf{A}_n$
$\mathbf{A}_1$	1	a_{12}	…	a_{1n}
$\mathbf{A}_2$	a_{21}	1	…	a_{2n}
…	…	…	…	…
$\mathbf{A}_n$	a_{n1}	a_{n2}	…	1

4）层次单排序以确定各层指标的权重

求出上述判断矩阵的特征向量即得到了各指标在各自层次上的权重。设下层对上层的权重为 $w_i=(w_{i1},w_{i2},\cdots,w_{ij})^{\mathrm{T}}$，其中 i 为下层的元素个数，$j=1,2,\cdots,m$ 为上层的元素个数。

5）一致性检验

定理：n 阶互反矩阵 $\boldsymbol{A}$ 的最大特征根 $\lambda\geqslant n$，当且仅当 $\lambda=n$ 时，$\boldsymbol{A}$ 为一致矩阵。

从理论上分析得知：如果 $\boldsymbol{A}$ 是完全一致的成对比较判断矩阵，应该有 $a_{ik}\cdot a_{kj}=a_{ij}$，$1\leqslant i,k,j\leqslant n$。

但实际上在构造成对比较判断矩阵时，要求其满足上述众多等式是不可能的。因此退而要求成对比较判断矩阵有一定的一致性，即可以允许成对比较判断矩阵存在一定程度的不一致性。

由分析可知，对完全一致的成对比较判断矩阵，其绝对值最大的特征值等于该矩阵的维数。对成对比较判断矩阵的一致性要求转化为要求 $\boldsymbol{A}$ 的绝对值最大的特征值和该矩阵的维数相差不大。

检验成对比较判断矩阵 $\boldsymbol{A}$ 的一致性的步骤如下：

（1）计算衡量一个成对比较判断矩阵 $\boldsymbol{A}$（$n>1$ 阶方阵）不一致程度的指标 CI：

$$CI=\frac{\lambda_{\max}(\boldsymbol{A})-n}{n-1}$$

（2）从有关资料查出检验成对比较判断矩阵 $\boldsymbol{A}$ 一致性的标准 RI 值。RI 称为平均随机一致性指标，它只与矩阵阶数 n 有关（表 14.3）。

表 14.3　*RI* 参考值

n	1	2	3	4	5	6	7	8	9
RI	0	0	0.58	0.90	1.12	1.24	1.32	1.41	1.45

RI 是这样得到的：对于固定的 n，随机构造成对比较判断矩阵 $\boldsymbol{A}$，其中 a_{ij} 是从 1，2，…，9，1/2，1/3，…，1/9 中随机抽取的。这样的 $\boldsymbol{A}$ 是不一致的，取充分大的子样得到 $\boldsymbol{A}$ 的最大特征值的平均值。

（3）按下面公式计算成对比较判断矩阵 $\boldsymbol{A}$ 的随机一致性比率 CR：

$$CR=\frac{CI}{RI}.$$

判断方法如下：当 $CR<0.1$ 时，判定成对比较判断矩阵 $\boldsymbol{A}$ 具有满意的一致性，或其不一致程度是可以接受的；否则，调整成对比较判断矩阵 $\boldsymbol{A}$，直到其具有满意的一致性为止。

6）效果值计算与比较

确定各层指标的加权值：$v_{i-1}=y_i \cdot w_i$，逐级加权，最后得到总的效果值。为了动态评价效果变化，可以设定基期，计算出基期的效果值；然后用目标期的效果值与之比较，分析效果变化以及其中变化的指标造成的影响。

3. 国外常用的网络营销效果评价方法

1）BizRate网络营销评价法

BizRate成立于1996年，号称是第一电子商务门户网站（其主页如图14.3所示），有3 600多家在线商店参与收集消费者每次购买后的直接反馈信息，所有资料全部来自在线调查，由此得出的评比结果被认为是消费者满意度的标准。该网站不断收集数以百万计的网上购物者的直接反馈信息，因此掌握了哪些商业网站好，好在什么地方以及每天的服务如何变化等信息，可以根据网上消费者的特殊需求找出最适合的网站。而且如果消费者注册为会员，从BizRate网站开始进入所有链接的商业网站，还可以获得特殊服务的机会——包括最高达25%的折扣。对于参与评比的商业网站来说，同样可以获得有益的价值：根据需要免费使用消费者的意见、每月一期免费的详细网站市场研究、免费使用BizRate的消费者鉴定奖章做营销宣传、免费出现在BizRate网站的列表、免费热点电子商务研究。因此，BizRate在网站评价领域大获成功。

图14.3　BizRate网站主页

目前，BizRate对13大类的营销网站进行评比，每类网站又可分为几十个小类，它通过对刚刚完成网上购物的消费者的调查来评比商店的表现，调查内容有10个方面：

（1）网站导航及外观：是否有错误链接，版面质量、图片、网站速度。

（2）产品选择：提供产品的种类、规格和数量。

（3）容易订购：下订单方便、快速。

（4）产品信息：信息的数量、质量及相关性。

（5）产品价格：相对于同类网上商店的价格。

（6）准时送货：预期收货日期与实际收货日期是否相符。

(7) 产品运输和操作:包装和运输是否合适。

(8) 产品表现:描述的产品与实际收到的产品是否相符。

(9) 个人信息政策:个人信息的保护和承诺。

(10) 消费者支持的水平和质量:处理消费者投诉和解决问题的状况。

BizRate 的评价是完全建立在大量购物者调查的基础之上,其评价结果具有相当的权威性。然而由于一些商业网站不参与评价,对于不参与 BizRate 的评价计划的网上商店,由 BizRate 网站在线调查频道通过超过 10 万人的实际在线购买的会员进行评价,这些信息的准确性或者被调查者身份的可信度对于评价结果将产生直接影响。

2) Forrester 强力评价法

Forrester 强力评价法(Forrester PowerRanking)采取专家实际购物评价与消费者调查资料相结合的方式。为了让直接消费者浏览商业网站,Forrester 请求浏览 Forrester 网站的消费者参与调查,同时也与 Greenfield Online 形成伙伴关系,对 40 万在线样本会员进行调查,Forrester 监控在线消费者的投票以确保没有欺骗性事件发生。收集到网上消费者资料后,Forrester 对从在线调查中得到的统计资料进行一系列评价,Forrester 的专家购物实验对商业网站进行全方位评价,这种评价对所有被评价商业网站都以同样的标准严格进行。最后,Forrester 的专家购物经历和消费者资料两类数据结果被汇合形成整体评价结果 PowerRanking(以百分制表示),其中,专家的购物资料权重为 1/3,而消费者的资料权重为 2/3。Forrester PowerRanking 是专家公正分析与在线消费者调查的结果,这种独特的组合为商业网站提供了一个全面的评价。Forrester 是一家独立的研究咨询公司,PowerRanking 为消费者提供客观研究调查以为他们选择领先的网站提供较好的决策,而对于商业网站来说,得到了市场地位的公正评价。Forrester PowerRanking 显然在评价方法上更加准确一些,然而对两类数据结果所赋予的权重究竟在多大程度上接近实际情况?对于权重的设置会为评价结果的准确性带来一定的疑问。

3) Gomez 积分卡评价方法

Gomez 积分卡用于测量商务网站的质量。积分卡的评价标准由 150 多项标准组成,这些标准由 Gomez 专家制定,用来获取某个领域的互联网货物配送以及服务方面的信息。

为判定一家公司是否满足特定的标准,Gomez 专家使用多种数据收集方法,包括:

(1) 对一个网站进行彻底的直接检查。

(2) 安全以及非安全页面性能监测。

(3) 产品价格水平。

(4) 通过电话和互联网的客户交互服务。

(5) 每个公司填写的调查表。

Gomez 为每个参与评比的商务网站制定 150 到 250 个定量指标,包括容易使用、客户服务、个人信息、网站资源、关系服务以及总成本等方面。

(1) 容易使用:这类最佳公司的网站将内容、功能、有用的演示以及多方面在线帮助集成为一体。大约有 30～50 个评价指标。

(2) 客户服务:这类领先者经营的网站具有较高的可信性,并提供高质量和安全保证。大约有 30～50 个评价指标。

(3) 网站资源:这类领先的公司不仅为网上带来大量的产品和服务信息,而且通过电子账号、交易、工具和信息查询等方式提供这些产品和服务的深度服务。大约有 30～50 个评价指标。

(4) 关系服务:公司应该建立个性化电子客户关系,因而客户能够在线发出服务请求和查询,建立客户忠诚和社区服务。大约有 30～50 个评价指标。

(5) 总成本:Gomez 利用一套为客户定制的服务来检查网站所有者的总成本水平。

Gomez 积分卡评价方法制订了非常详细的指标,而且综合了专家评价和消费者调查等多种数据收集方法,但是评价标准显然偏重于网站的功能、外观以及与顾客的关系,排名结果领先的网站说明其拥有良好的公共关系,只能在一定程度上意味着良好的业绩。

对于评价网站,建立科学的评价标准,并保持自身的公正形象至关重要。但是由于每个人都可能成为评价人,而各人的经历、偏好有所不同,对每种标准的判断就会有差异,无论在线调查还是专家评价,都摆不脱主观因素的影响;无论定量分析还是定性描述,各种评价方法都存在一定的缺陷。尽管各种方法都存在一定的缺陷或片面性,而且评价结果并不能真正反映商业网站的实际价值,这些方法也无法完全推广到其他类型的网站,但是作为一种新兴的互联网商务模式,可以预见,专业评价网站将以快速发展。这对于网络营销评价机制的建立与完善将起极大的推进作用。

14.2　农林产品供应链管理

14.2.1　农林产品线下供应链结构

1. 以农林产品批发市场为核心的农林产品供应链

以农林产品批发市场为核心的农林产品供应链的市场覆盖范围小,专用性资产投资少,组织程度低,运作效率差,流通成本高,交易环境差,容易形成二次污染,信息化程度低，产品供需信息传递性差，导致农户盲目生产，以个体交易为主，抗风险能力差(图 14.4)。

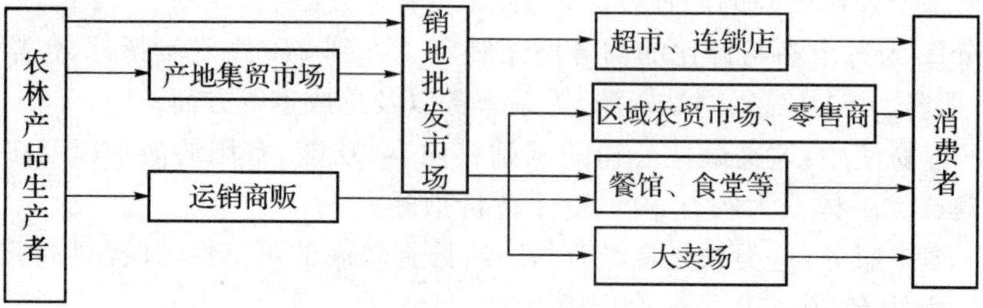

图 14.4　以农林产品批发市场为核心的农林产品供应链结构

2. 以农林产品加工企业为核心的农林产品供应链

以农林产品加工企业为核心的农林产品供应链实现了订单农业，避免了生产的盲目性，一定程度的产品加工实现了产品的价值增值，但其订单契约违约率居高不下，企业介入生产，运营成本太高(图 14.5)。

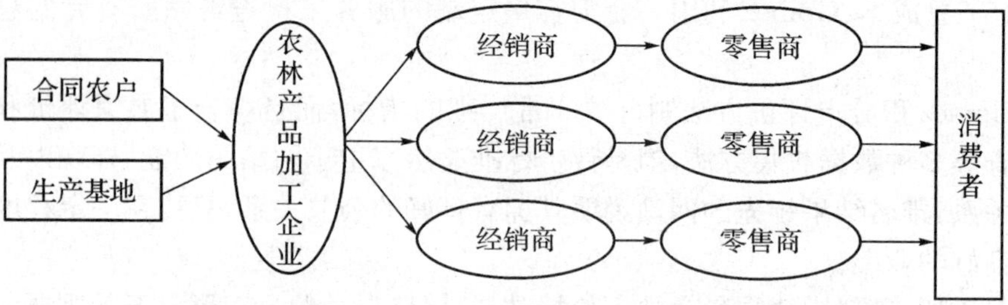

图 14.5　以农林产品加工企业为核心的农林产品供应链结构

3. 以零售企业为核心的农林产品供应链

以零售企业为核心的农林产品供应链采取合同供货、自有配送模式，产品质量安全得到有效提升，交易环境改善，与农贸市场价格差距大，专用性资产投资加大，专业分工进一步明确(图 14.6)。

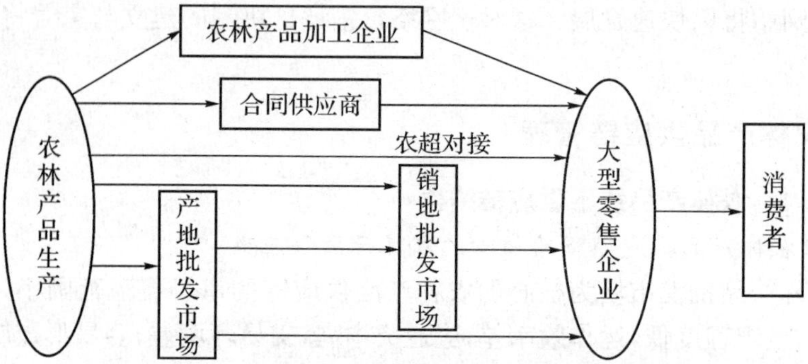

图 14.6　以零售企业为核心的农林产品供应链结构

4. 以农林产品物流中心为核心的农林产品供应链

以农林产品物流中心为核心的农林产品供应链采购源多元化，但是货源质量管理难度大；充分发挥物流自身优势，价格较零售市场具有优势，能够获取流通加工增值收益，但是专用性资产投资大(图 14.7)。

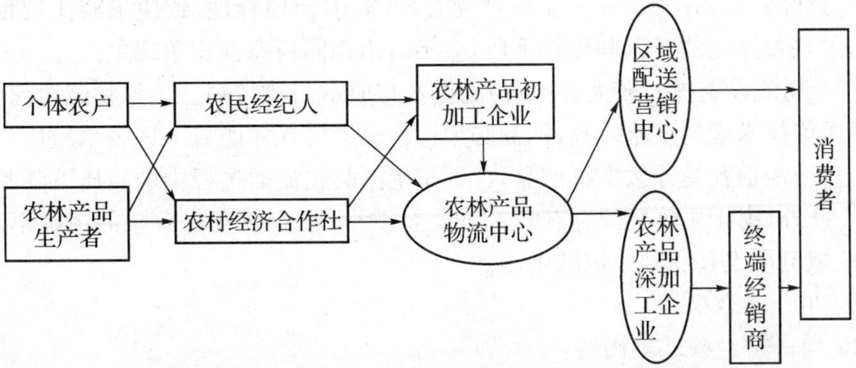

图 14.7　以农林产品物流中心为核心的农林产品供应链结构

14.2.2　网络环境下的农林产品供应链模式

1. 生产外包模式

1）生产外包模式的内容

该模式是将生产环节外包，销售、物流等环节均自营。这类企业一般从农林产品生产基地、私人农场等生产商处采购农林产品，然后送到自营的物流配送基地对产品进行加工、包装等，再由自有的配送车队、配送人员送货上门。例如北京的鲜直达，在接到订单后鲜直达每天下午都会派冷鲜车从北方的 8 个蔬菜基地采购新鲜蔬果，在夜晚将其运送到库房后经过分拣、包装和装载，再于第二天清晨通过专用三轮车将蔬果派送到消费者手中。从下单到送货上门一般不超过 24 小时。

2）生产外包模式的优势

(1) 无生产成本，产品品类多样化。企业无需在产品生产方面投入过多精力和财力，这样可以避免增加生产成本。同时通过和供应商建立合作，企业可以根据需要拓展自己的产品品类，以满足不同消费者的需求。

(2) 有利于控制物流环节，提升供应链效率。网络营销企业可以通过网络营销平台及时掌握消费者的需求情况，这样有助于提高供应链对市场的响应速度，缩短交货期，保障农林产品质量安全。

(3) 直接面对消费者，有利于形成品牌忠诚度。网络营销企业自营的物流模式可以通过为消费者提供差异化、高效的服务，提高服务的附加值，提升消费者的品牌忠诚度。

3）生产外包模式的劣势

(1) 生产商的选择和管理难度较大。该模式的网商首先要面临的是对生产商的选择问题:是选择农林产品生产基地,还是私人农场? 另外,如何管理数量庞大的农户,做好农户与消费者的对接也是网商面临的难题。

(2) 农林产品品质不稳定,产品质量控制难度较大。产品采购主要是靠采购人员根据经验作出决策,没有需求预测管理、需求计划管理,致使采购比较粗糙和随意;欠缺差异化的经营和促销手段,会不时出现同行恶性竞争现象。

(3) 物流设施投入较大,冷链物流技术与成本门槛较高。生鲜物流对保鲜、冷藏、通风等技术措施要求较高,网商必须进行较大投入才能将上述技术应用到配送车辆上,否则很容易导致农林产品,特别是生鲜品在流通过程中的品质下降和产品损耗。此外,由于生鲜物流存在较高的资金壁垒,在企业资金有限的情况下,其配送的区域范围也会受到一定的限制。

2. 单一平台模式

1) 单一平台模式的内容

该模式是将生产和物流环节均采取外包形式,企业仅进行营销平台的运营和维护。这类企业从农林产品生产基地、私人农场、农林产品批发市场等生产商处采购农林产品,通过第三方物流公司进行配送,将产品送达消费者手中。例如淘宝网通过搭建淘宝生态农业频道电商平台,吸引农场主和代理商入驻,生产环节由农场主和代理商负责。为了保障产品质量,淘宝网引入了具有有机认证资质的第三方机构对产品进行审核与实地监督,同时还对农场产品进行信息管理,根据销售量与评价对农林产品进行排名,择优在平台上进行推荐,生产商在接到订单后包装加工再由第三方物流进行配送,将产品送达消费者手中。

2) 单一平台模式的优势

(1) 充分发挥网商平台的专业化和规模化优势。网商企业可以有效发挥自身专业化特长和规模优势,为农林产品供求双方提供信息对接平台,是商品物流、资金流、信息流的枢纽。在此模式下,网商平台在整个农林产品供应链中承担着核心企业的角色。

(2) 降低生产和物流成本。由于采取生产和物流环节外包模式,网商无需在生产和物流环节投入,这对于刚进入农林产品市场的网商而言,可以有效降低经营风险。一旦经营出现问题,可以及时撤离,不会给企业带来巨大损失。

3) 单一平台模式的劣势

(1) 生产商管理难度较大,农林产品质量不稳定,难以有效控制。

(2) 物流服务水平有差异,农林产品损耗大,退货风险高。由于物流环节采取外包模式,企业对物流环节难以进行有效控制,容易导致物流建设缺乏统一规划,布局不够合理,规模普遍偏小,货品仓储和交易设施不够齐全,卫生环境差,服务水平达不到要求等诸多问题。在生鲜物流对保鲜、冷藏、通风等技术措施要求较高的情况下，极易造成生鲜类农林产品品质下降，从而增加客户退货风险。

3. 纵向一体化模式

1）纵向一体化模式的内容

该模式下的企业经营范围包括了产、供、销等供应链的各个环节。这类企业通常拥有一支专业化的队伍负责农林产品从种植、采摘、检验、加工、包装到配送的全套工作，形成集农林产品种植和采摘、分拣和加工、仓储和配送于一体的供应链，最后以电子菜箱等方式配送，节约配送时间，保障农林产品质量。例如沱沱工社的全产业链模式实际上就是一种纵向一体化模式，公司负责包括产品前期种植、采摘、包装、配送和销售等在内的整条产业链。全产业链模式要求企业向上渗透到基地，中间控制物流，末端抓住用户群。全产业链模式在源头上需要自营农场，这在集中生产和管理上可以极大程度地保障产品质量与食品安全，统一生产管理也会降低生鲜的基础成本。沱沱工社在北京平谷拥有一个自营农场，全国遍布 8 个联合农场，这一数字随着公司的扩张还在不断变化。所有农场的运作都由沱沱工社直接掌控，从育种、施肥到病虫害防治，每一个环节都有严格标准，目的是保证产品质量。沱沱工社拥有自己的官方销售平台渠道，消费者可以在此平台完成采购、支付。与此同时，沱沱工社还进驻了天猫、京东等第三方平台的有机频道。目前沱沱工社还是以自营平台客户为主，进驻第三方平台的主要目的是为了扩大知名度和渠道占位，也就是说其广告意义要大于销售意义。沱沱工社在北京和上海都建有仓储中心，目前有两种主流配送方式：一种是沱沱工社自营配送，另一种是委托顺丰速运、圆通速递、宅急送等第三方物流公司配送。为了保证物流配送的安全与品质，沱沱工社投入大量资金，构建了自己的冷链配送体系。沱沱工社采用冷藏专车进行配送，并配合各种冷藏保鲜器具，确保最后一公里物流配送的食品安全。自营配送在压缩成本、提高服务质量等方面有着不可比拟的优势。自营冷链甚至可以集中配送生鲜产品直达用户，有效减少中转环节，减少产品损耗。采用自营配送，消费者也可以选择更为精准的配送时间，但是这种精确的要求对沱沱工社的物流提出了更高的挑战。目前，沱沱工社自营配送仅限于北京市区。在物流方面，集中配送、统一调配使得生鲜品在运输过程中尽可能少地周转，大大降低生鲜品的损耗，保障产品品质，提升配送效率，将购物体验尽可能做得更好。在消费终端，企业可以通过消费者的信息反馈，迅速指导农场生产方向和品类，减少不必要的投资风险。沱沱有机农场为了让消费者能够真切地体验到产品，会组织各种线下采摘、种植、试吃、参观活动，和消费者进行各种线下互动。用户和市场的第一信息反馈可以及时指导农场调整种植计划，将投资风险降到最低，令沱沱农场在其产品定价上掌握更多的主动权。实际上，沱沱工社的全产业链模式是一条闭环供应链。

2）纵向一体化模式的优势

（1）产供销一体化，农林产品标准得以保障。网商企业参与产品生产、加工可以有效保障货源的质量稳定、数量充足和标准化，提高农林产品的附加值和档次，延长产品销售期，达到增值、增效目的。

（2）有利于控制物流环节，提升供应链效率。

（3）直接面对消费者，有利于形成品牌忠诚。

3）纵向一体化模式的劣势

（1）生产环节投入大，产品品类有限。企业需在生产环节投入较多精力和财力，导致企业优质资源的分散。同时如果网商的规模有限，加工和销售的能力有限，一旦产品销售不出去，会给企业带来巨大损失。此外，由于受到资金等条件的限制，这类网商供应的产品比较单一，不能满足消费者多样化的需求，也难以发挥范围经济优势。

（2）物流设施投入较大，冷链物流技术与成本门槛较高。

4. 横向多元化模式

1）横向多元化模式的内容

该模式是指企业既从事农林产品的线上交易，同时也拥有自己的实体店铺。企业一般从农林产品基地、私人农场等生产商处采购产品，然后送到自营的物流配送基地进行加工、包装等，再由自有的配送车队、配送人员进行配送，但不是送货上门，而是先送往实体店，再由消费者自取。例如任我在线网上商城接到订单后，首先从生产商处采购生鲜产品并将其配送到自营的物流配送基地，然后对生鲜产品进行简单的加工、包装，再经由配送车队配送至任我在线在小区内开设的体验超市进行暂时保存，最后由消费者自提。同时任我在线的小区体验超市也进行生鲜产品的零售业务。此外，除了线上网站下单和线下实体店购买，任我在线还提供电话订购的方式，以最大限度地符合不同类型消费者的购买习惯（图 14.8）。

图 14.8　任我在线首页

2）横向多元化模式的优势

(1) 无生产成本，产品品类多样化。

(2) 有利于控制物流环节，提升供应链效率。

(3) 充分发挥线上与线下相结合的规模经济优势，降低配送成本。

3）横向多元化模式的劣势

(1) 生产商管理难度较大，产品质量不稳定，难以控制。

(2) 要进行实体店选址、设计与管理，经营成本较高，且直接参与到与蔬果店和超市等实体商店的竞争。

14.2.3　网络环境下的农林产品供应链整合

1. 农林产品供应链存在的问题

1）供应链管理未能充分挖掘网络优势

仍然是以批发市场为核心再到销售终端，环节多，周转周期长，造成农林产品供应链是一条断裂的短链。

2）供应链成员之间信任不足，缺乏合作的战略伙伴

供应链的各参与成员是具有不同经济利益的实体，当日现货交易机制中只能存在竞争关系。

3）物流效率低下

我国农林产品供货商和零售商各自为营，导致物流设施设备重复建设，同时物流设施设备利用率低，大多数自营平台很少利用第三方物流。此外，冷链保鲜物流技术低下，农林产品损耗率高。数据表明，我国水果、蔬菜在采摘、运输、储存等环节上的损失率在25%～30%，而发达国家的果蔬损失率则控制在5%以内，美国的果蔬在物流环节的损耗率仅有1%～2%。我国物流环节的损耗极为严重。

4）信息支撑技术应用不足

条形码技术已在终端广泛使用，但在流通中间环节仍应用不足；二维码、物流跟踪、物联网等技术应用不够，信息平台建设不够，利用率不高。

5）供应链各环节存在严重信息不畅和时效性差现象

各个企业的信息化程度不一致和缺乏信息统一共享的平台，极易出现“牛鞭效应”，是造成此问题的主要原因。由于信息沟通不畅，难以实现在市场信息指导下组织农林生产和精确配送；由于信息准确性和及时性不够，在实际物流配送中有许多无效配送，造成严重浪费和市场价格的波动。目前农林产品市场上仍存在一些卖者找不到买者、买者找不到卖者的情况。另外，销售终端的消费信息采集、分析、反馈的迟钝和不准确，也导致供应链缺少组织化的新产品开发和农林产品经营的持续发展。

6）追溯系统覆盖面窄

消费者无法实现对自己所购买产品是否符合购前期望进行评价,无法知晓产品从种植、加工制造到物流等环节是否符合相应的标准,无法验证自己所购农林产品是否安全与货真价实。现有的追溯系统覆盖面窄,主要集中在食品领域,且没有与网络营销平台衔接,消费者要么不知道追溯系统,要么使用不方便。

2. 网络环境下的农林产品供应链整合模型

1) 整合模型结构

基于信息网络的供应链信息平台,将农林产品的生产、加工、流通、消费等环节有机地结合起来,农林产品生产者、供应商、经销商通过信息平台形成农林产品产、供、销一体化运作,各个环节之间实现无缝衔接。农林产品的生产监管机构、检疫机构、市场监管机构等也可以通过信息平台对农林产品的生产加工、市场准入、质量安全直接进行监管,同时在信息平台上发布农林产品最新的国际、国内标准来指导生产。消费者则可以通过信息平台的网络终端对所购买的农林产品的质量安全进行查询,并可追溯产地或生产者和经销商等,切实保证了消费者的权益,同时也有利于农林产品品牌的创建和保护。由第三方物流配送中心完成农林产品供应链的物流配送功能,使整个农林产品流动过程高效、协调、有序,从而减少损失,节省费用。农林产品供应商根据网络信息平台上经销商和零售终端提供的需求信息,向其上游的农户发布采购信息,生产加工企业、中介组织通过订单向农户收购农林产品,这样减少了农户生产的盲目性,同时为农林产品的销路提供了保证,不仅降低了农林产品物流的成本,减少了农林产品的损耗,而且提高农林产业化水平。农林产品供应链还可以通过信息平台实现直销、网上拍卖等先进的交易方式,如果涉及跨境交易,连接到海关或银行网站,可以实现网上支付等操作(图 14.9)。

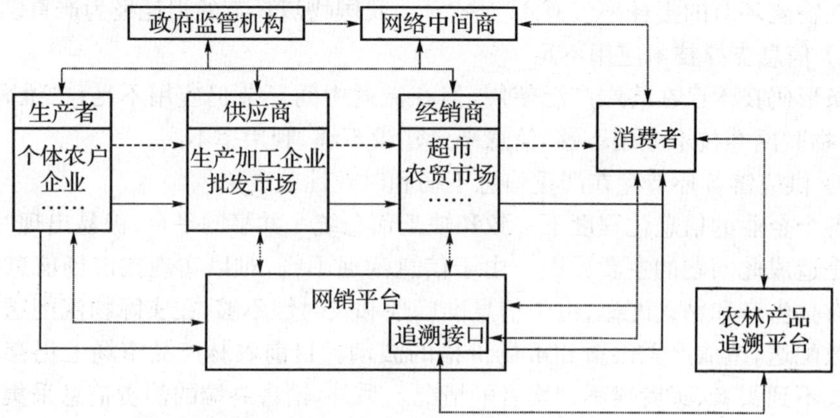

图 14.9 网络环境下的农林产品供应链整合模型

2）整合模型特点

（1）供应链信息充分共享，供应链全程可视。农户、农林产品供应商及农林产品经销商之间的信息系统实现无缝衔接，提高了供应链管理的柔性，使农林产品在从田间到餐桌的这一过程中始终处于一种透明和可控制的状态，农林产品质量安全得到有效保障。通过协调供应链上的信息流，降低农林产品流通环节的交易成本。

（2）通过信息共享，农林产品供应链各结点企业对整个农林产品的流通过程进行协同整合，降低农林产品在流通中的损耗，缩短了农林产品的生产周期，减少了物流成本，更重要的是增加了农林产品的保值期。

（3）农林产品种植者、供应商和经销商都获得更大的利润。农林产品供应链节点企业因信息共享，能够精准、及时、有效地安排生产任务，减少盲目性，降低成本和损耗，有助于扩大各节点企业的利润。

（4）提升服务质量，改善客户关系。整个农林产品供应链完全根据消费者需求进行协同管理，优化服务流程，提高工作效率，提升客户满意度和忠诚度，建立长期客户关系，提高企业品牌美誉度。

3. 追溯系统

1）追溯系统概述

由于农林产品事关消费者身体健康，安全因素不容忽视。如图 14.10 所示，消费者可通过手机扫描二维码、PC 端输入编码等，通过网销平台提供的追溯接口进入追溯平台或者直接链接到追溯平台，快速获悉商品的生产、加工等环节的质量信息，解决消费食品的安全需求。因此，建立一个独立于网销平台的第三方追溯平台，供消费者和卖家实时追溯产品信息，特别是在食品安全公共事件爆发之际，追溯平台建设显得尤为迫切。

QR贴牌与销售追溯服务　　电子包装数据库服务　　二维码业务现场服务

图 14.10　追溯方式

积极引进传感技术，从田间到餐桌等多个环节配置传感器收集数据，打造一个农林产品物联网体系。物联网前端数据收集、后台数据库构建及数据挖掘等为农林产品赋予“电子履历”，对产前、产中、产后、储存、加工、配送、营销等各个环节全程监控，形成一体化的农林产品追溯系统。图 14.10 所示为目前常见的追溯方式。

如图 14.11 和图 14.12 所示，追溯系统应由独立于交易各方以外的第三方提供相应服务。卖家与追溯服务提供商合作，由追溯服务提供商进行全程信息采集、分析，出具卖家评价结果，并向消费者提供在线展示和查询。买家通过网销平台可以查询所购商品的有关信息，愿意相信追溯结果。第三方追溯服务提供商为买卖双方提供多种服务，全方位覆盖影响农林产品安全的各个环节。

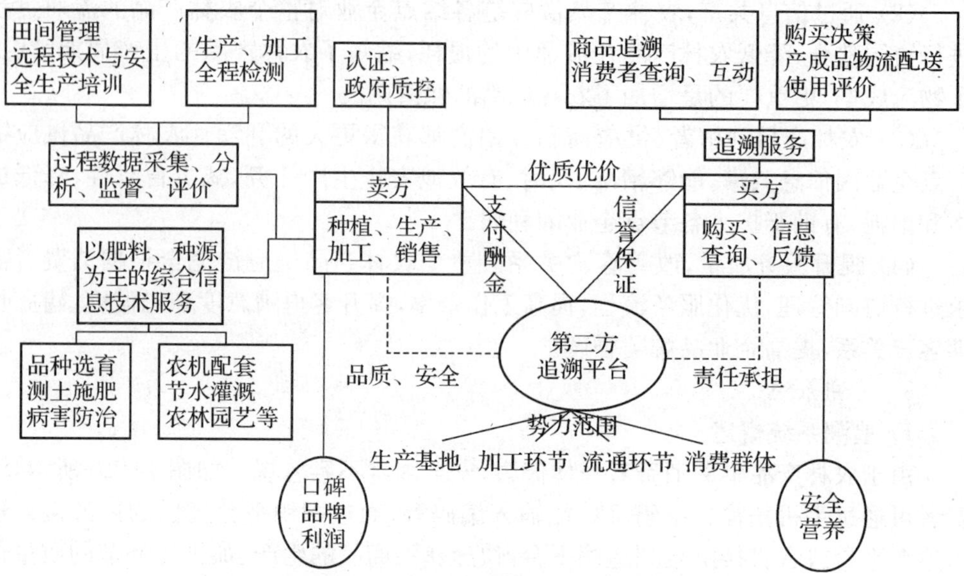

图 14.11　第三方追溯平台的功能结构

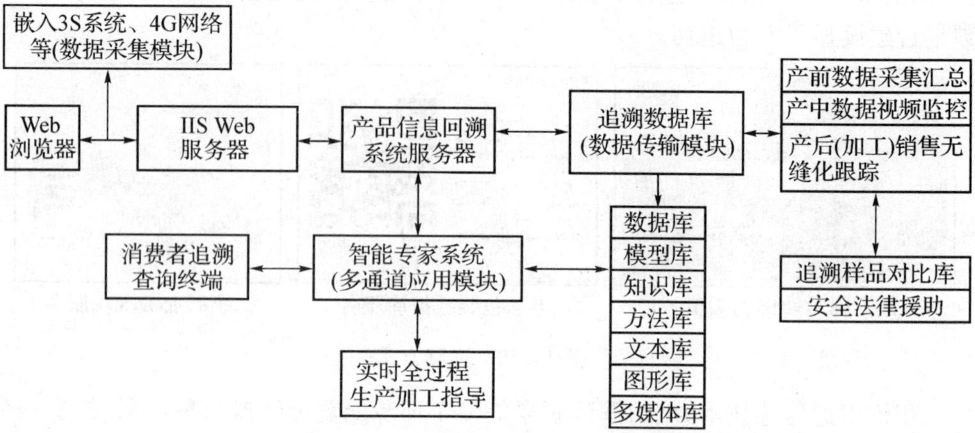

图 14.12　追溯系统逻辑结构

如图 14.13 所示，追溯系统需要采用多种技术来提供多种追溯相关的服务。

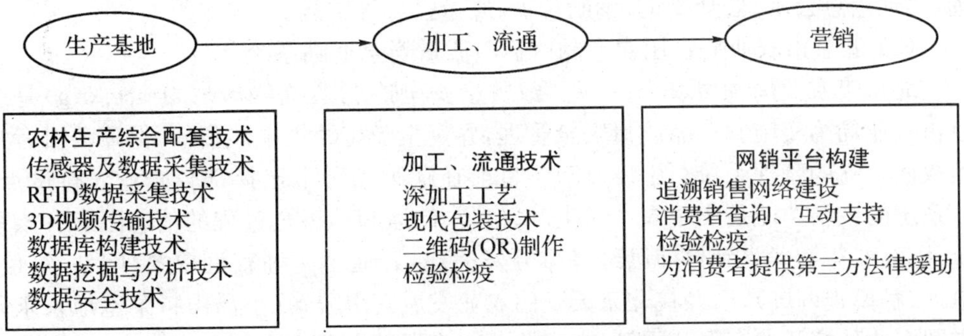

图 14.13　物联网技术的追溯系统构成

(1) 在生产种植环节，追溯系统可以使用传感器及数据采集技术、RFID 数据采集技术、3D 视频传输技术、数据库构建技术、数据挖掘与分析技术和数据安全技术进行源头的数据采集、存储、分析，为后续环节提供原始数据和分析结果。

(2) 在加工流通环节，研发新型的深加工工艺，减少营养损失、有害物的添加和使用，使用现代包装技术，制作二维码(QR)，加强加工和流通环节的全过程检验检疫。

(3) 在营销环节，构建网销平台时，考虑到追溯需求，建设追溯销售网络或者引入追溯服务，方便消费进行追溯查询，同时提供有关的检验检疫报告，为消费者提供第三方法律援助等。

2) 常见的追溯系统

(1) 国家食品(产品)安全追溯平台

国家食品(产品)安全追溯平台(http://www.chinatrace.org)是国家发改委确定的重点食品质量安全追溯物联网应用示范工程，主要面向全国生产企业，实现产品追溯、防伪及监管，由中国物品编码中心建设及运行维护，由政府、企业、消费者、第三方机构使用(图 14.14)。国家平台接收 31 个省级平台上传的质量监管与追溯数据；完善并整合条码基础数据库、QS、监督抽查数据库等质检系统内部现有资源(分散存储、互联互通)；通过对食品企业质量安全数据的分析与处

图 14.14　国家食品(产品)安全追溯平台

理，实现信息公示、公众查询、诊断预警、质量投诉等功能。

(2) 北京市农业局食用农产品(蔬菜)质量安全追溯系统

北京市农业局食用农产品(蔬菜)质量安全追溯系统(www. atrace. org)是北京市农业局为实施农产品质量安全管理，界定生产与经销主体责任，保障消费者知情权而建立的管理系统(图 14. 15)。目前在蔬菜品种上选择部分企业先行试点。该系统的主要功能是实现农产品生产、包装、储运和销售全过程的信息跟踪。该系统从 2006 年初确立到目前已经基本开发完成，开通了 4 种查询模式(网站、短信、电话、触摸查询屏)，已经在北京天安门农业发展有限公司(小汤山特菜基地)、东升方圆农业种植开发有限公司等 40 家蔬菜加工配送企业内进行了推广应用，覆盖生产基地面积 12 万亩，其中有 5 个生产基地可实现生产过程查询，供应带有追溯码的蔬菜品种 120 多个，产品销往超市、便利店、食堂等 170 多家。另外，为了方便消费者查询，在华堂商场亚运村店、美廉美超市北太平庄店、易初莲花通州店、沃尔玛石景山店等多家超市内安放了触摸查询屏。

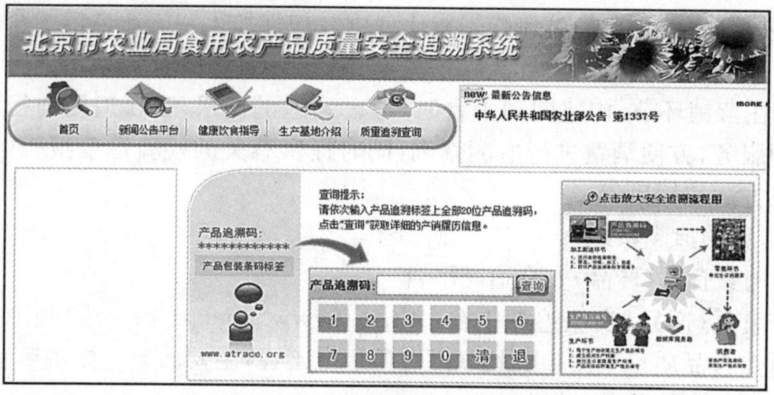

图 14. 15　北京市农业局食用农产品(蔬菜)质量安全追溯系统

3) 食品安全监管、追溯与召回公共服务平台

目前在食品安全追溯领域已经形成“一个平台，多套系统”的格局。一个平台是指食品安全监管、追溯与召回公共服务平台(www. safefood. gov. cn)，多套系统是“从田间到餐桌”的果蔬、禽肉、水产、深加工农林产品和特色农产品等质量安全追溯系统及市场终端追溯管理系统，并且以上的每套系统都包含内销企业版和外销企业版，同时根据企业规模的大小提供网上 B/S 版和 C/S 版两种系统架构形式(图 14. 16)。该平台主要由企业端管理信息系统、食品安全质量数据平台和超市端查询系统三部分组成，消费者通过互联网、电话、短信、超市终端查询机即可查到产品信息以及企业的相关认证信息，从农田到餐桌全过程保障食品安全。

图 14.16　食品安全监管、追溯与召回公共服务平台

14.3　营销网站管理

14.3.1　网站文件管理

网站文件管理是指对构成网站资源的文件应用层进行的文件管理，包括文件组织管理、支持企业与客户之间数据信息往来的文件传输管理、电子邮件管理、网站数据备份、网站数据恢复、网站垃圾文件处理等。网站文件组织管理的关键是网站的目录结构。

14.3.2　网站内容管理

网站内容管理作用在网站业务应用层，它主要是指面向网站营销活动中的具体业务而对输入输出信息流的内容管理。它包含的内容很广泛，具体可以分为对两类信息的管理：一种是对外部流入的数据和信息的管理，包括客户信息管理、供应商管理、反馈信息管理、在线购物管理、交易管理等；另一种是对网站内部本身业务信息的管理，如产品管理、新闻管理、广告管理、企业论坛管理、留言板管理、邮件订阅管理、网上调查管理、在线技术支持管理等。

1. 客户基本信息管理

客户基本信息管理包括客户注册管理、忘记密码查找、注册客户群分析及客户信用分析和管理、客户消费倾向分析等内容。由于在网络营销活动中，营销网站对于客户通常是采取会员制，让客户注册为会员，以保留客户的基本资料，所以在营销网站的管理中，简单的客户信息管理基本上是等同于会员资料管理。这类管理能够帮助企业收集目标客户的资料，为企业网站营销提供分析资料，并可以考察网站的使用频率及对目标消费者的吸引程度，在以后的网络营销中，这些注册会员是相当准确的目标客户。

2. 反馈信息管理

客户反馈信息管理是管理从网上获取各种客户反馈信息，客户反馈信息管理系统几乎是所有网站必备的工具。目前大部分网站的客户反馈信息是以邮件的形式直接发送到管理者邮箱中，这种形式反馈的信息是散乱的；以留言板、交互式沟通系统、社交公众平台等反馈的信息，常因高速刷屏而沉底，容易忽略掉。结果管理者无法对反馈信息进行分类存档、管理、查询及统计。所以对于一个基于数据库开发的网站，提供具备强大的客户信息反馈系统是十分必要的。

3. 在线购物管理

在线购物管理可以分为系统账号管理、产品信息管理、购物车管理、订单管理等内容。

1）系统账号管理

该管理系统提供超级用户的管理权限控制。系统账号管理根据不同的用户进行不同的管理列表控制，设定和修改企业内部不同部门用户的权限，限制所有使用营销网站管理系统人员的权限。超级用户可根据要求管理所设定的相应的管理功能，对订单、产品目录、历史信息、用户管理、次目录管理、功能列表控制、购物车管理等执行添加、删除、修改等一系列操作。

2）产品信息管理

产品信息管理系统使得网站管理员根据企业产品的特点在线进行产品分类，建立相应的数据库，并将产品按照不同层级进行分类展示；可以提供产品动态增减、修改等功能，可以批量更新数据，保证用户浏览到的永远是最新的产品信息；同时可以随时更新最新产品和畅销产品以及特价产品等，方便日后产品信息的维护，提高企业的工作效率。

3）购物车管理

购物车管理对用户正在进行的购买活动进行实时跟踪，从而使管理员能够看到用户的购买、挑选和退货的全部过程，并实时监测用户的购买行为，纠正一些错误或阻止不当事件的发生。

4）订单信息管理

这是网络销售管理的一个不可缺少的部分，它用于对网上全部交易产生的订单进行跟踪管理。管理员可以浏览、查询、修改订单，对订单/合同进行分析，追踪从订单发生到订单完成的全过程。只有通过完善的、安全的订单管理，才能使网络营销活动顺利进行，达到预期的效果。

4. 网站新闻发布管理

网站新闻发布管理是将网站上的某些需要经常变动的信息，如新闻、通知和业界动态等信息进行集中管理，并通过信息的某些共性进行分类，最后系统化、标准化地发布到网站上的一种网站管理手段。新闻发布管理的主要内容包括在线新闻发布、新闻动态更新与维护、过期新闻内容组织与存储、新闻检索系统的建立等。

5. 广告发布管理

广告发布管理系统应具有操作简单、维护方便的特点，能综合管理网站广告编辑、播放等功能，可以轻易实现统计、分析每个页面广告播放的情况，并且可以指定某页面的广告轮播。广告发布管理具体包括广告申请、广告管理（申请查询、申请删除、申请发布、发布查询、发布作废）、用户广告计数统计分析等内容。

6. 企业在线支持管理

企业在线支持管理包括在线帮助管理、企业论坛管理、留言板管理、网上调查管理、在线技术支持管理。

14.3.3　统计管理

1. 网站统计管理

网站统计管理是指跟踪用户访问情况，对访问情况进行统计分析，生成全面的网站统计报告，从而更好地改进网站服务。具体统计内容包括网站类型、浏览器、操作系统和屏幕分辨率、日报表、时段报表、每日访问量、当前排名、访问者来源分析、访问者 IP 地址分析、地域分析等。

2. 服务器使用统计

1）Web 页面使用统计

具体包括：网站总体使用情况统计，网站的图形资源使用情况统计，网站的各级子网页使用情况统计，网页被各类浏览器访问情况统计，系统日志文件下载与统计。

2）FTP 站点使用统计

具体包括：统计产生时间、时间跨度、连接次数、请求次数、不同的文件数、传输总字节数、传输的文件名称及其百分比，FTP 日志文件下载与统计。

3）E-mail 使用统计

具体包括：产生时间、时间跨度、邮件总数、邮件来源、邮件字节总数的统计，各类地址来信百分比情况统计，以企业名发送的 E-mail 数量统计，E-mail 日志文件下载与统计。

4）磁盘空间使用统计

具体包括：站点空间总体使用情况统计，企业、个人空间使用情况统计等。

14.3.4　网站安全管理

网站安全是网站可靠运行并有效开展网络营销活动的基础和保证，也是消除客户安全顾虑、扩大网站客户群的重要手段。网络营销网站是利用计算机网络的信息交换来实现营销活动的目的和内容,所以凡是涉及计算机网络的安全问题,对于网络营销网站而言无疑都有着重要的意义。营销网站安全要素包括:数据信息有效性、数据信息机密性、数据信息完整性、数据信息可靠性、数据信息不可抵赖性、数据信息审查能力。提高网络营销安全的措施或技术主要有:加密技术、数字签名、安全协议及防火墙技术等。

14.4　网络信用管理

从经济背景来看,失信给整体经济带来的负面影响不可小视。据专家测算分析和保守的判断,我国市场交易中由于缺乏信用体系,使得无效成本占国内生产总值的比重至少为10%至20%。从国际背景来看,西方发达国家的交易中90%都是采用信用交易,而在我国,虽然诚实守信始终是几千年传统文化的主流,是备受推崇的美德,但由于多种原因,现在我国真正的社会信用关系十分淡薄。

网络信用问题已经成为全社会关注的焦点,也是影网络营销发展的重要障碍。各个平台服务商也积极推出各种信用服务,包括终端消费信贷如花呗、白条等,中间环节的网商信贷如阿里小贷等。

14.4.1　网络信用概述

经济学角度下,"信用"是指采用借贷货币资金或延期支付方式的商品买卖活动的总称。社会学角度下,"信用"是指对一个人(自然人或法人)的履行义务能力尤其是偿债能力的一种社会评价。对于百姓大众,信用常被理解为遵守诺言,实践成约,从而取得别人的信任。网络信用是指网络营销参与主体之间各种基于契约的交易关系、服务关系等得到遵守和践行。

网络营销活动和其他经济活动一样,参与者的关系往往是以契约关系而存在,网络交易双方、网站与其会员、网站与网络中间商、网络中间商之间都有契约关系。契约关系的建立和维系是建立在双方信用的基础之上,信用缺失只能导致关系破裂,更谈不上营销活动。网络营销活动参与各方的信用是网络营销活动发展的基础条件。网络营销活动的成功与否很大程度上取决于营销活动参与者的诚信状况。网络的跨时空性、网民人数的急剧增长为网络企业提供了广阔的市场发展前景。但网络的虚拟性、营销活动参与各方无需见面和无法感知的信息沟通方式,使人感到网络营销活动并不那么真实,而且也为参与各方的失信行为提供了潜在的条件。

14.4.2　网络营销中的信用缺失

网络的虚拟性、远程性以及记录的可更改性使网络营销信用缺失普遍存在,既存在于卖方,又存在于买方。

1. 卖方的信用缺失

卖方的信用缺失主要表现于：

(1) 信息问题。一是产品信息不真实，由于通过网络只能提供产品的文字和图片介绍，给不诚实的卖方提供了虚构产品信息的条件，为了吸引、取悦网民，卖方提供实际没有的或优于产品现实状况的产品信息。二是促销信息不真实，网上修改信息非常方便，又缺乏必要的监督，卖方提出各种极具吸引力却又难以实现的促销信息以吸引买方。三是信息安全问题，通过网络营销的交互活动，卖方可以掌握一定的买方信息，卖方违背诺言出卖或利用买方信息牟取利益，或疏于技术防卫而引起信息丢失或被盗窃。

(2) 产品质量问题。消费者只能看到产品的文字和图片介绍，无法触摸、试用产品，通过文字和图片所获得的感知未必完整，消费者只能处于获取产品信息的劣势地位，难以购买到合意的商品。

(3) 网上支付问题。网上支付手段已有了很大发展，但支付的安全问题依然存在。先付款后发货的方式缺乏有效的机制约束卖方，可能出现收款不发货的网络欺诈现象；电子签名可以确认卖方身份，但无法确切地知道卖方的信用状况；信用卡支付则由于卖方的诚信问题始终存在安全隐患；第三方支付虽然在一定程度上缓解了卖方信用缺失所带来的问题，但又出现了第三方的信用问题。第三方支付信用问题包括是否获得第三方支付牌照，能否及时从第三方支付公司的资金池足额划转给卖家等。

(4) 配送问题。网络营销中的农林产品、促销的赠品以及试用品等都需要通过配送系统送达消费者。这一环节出现的信用问题也很突出：一是配送不及时，使消费者不能在承诺的时间内收到订购的商品；二是配送商品出现破损，尤其是一些隐性破损，使消费者蒙受损失。

(5) 服务问题。网上竞争日益激烈，许多企业认为服务是竞争取胜的法宝，于是提出了许多服务承诺，但由于缺乏监管或欠缺资源，服务承诺不能兑现，消费者无法获得预期服务。

2. 买方的信用缺失

买方的信用缺失主要表现于：

(1) 信息问题。既包括买方购买信息的真实性问题，也包括通过网络提供给卖方的私人信息和其他网上调查信息的真实性问题。由于对购买信息确认的不完备，买方可能出现抵赖现象，让卖方蒙受损失。又由于担心自己的私人信息为卖方所利用，在网上提供虚构的私人信息，或有意无意地提供虚假的调查信息。不真实的消费者信息将给网络企业的营销决策带来更多的不确定性和风险。

(2) 购买者的身份确认问题。网上支付问题比较多的是买方的身份认证，网上支付难以避免所有安全漏洞,有些买方会想尽办法去钻这些漏洞。

14.4.3 网络营销信用模式

目前,我国较为典型的网络营销信用模式主要有四种,即中介人模式、担保人模式、网站经营模式和委托授权模式。

1. 中介人模式

这种模式将营销网站作为交易中介人。但这里的中介人不是普通意义上的"介绍",而是以中立的身份参与到交易的全过程之中。这种信用模式试图通过网站的管理机构控制交易的全过程,以确保交易双方能按合同的规定履行义务。这种模式虽然能在一定程度上减少商业欺诈等商业信用风险,但却需要网站有较大的投资来设立众多的办事机构,而且这种通过第三人进行中介交易还有交易速度和交易成本问题。从信用模式来说,它要求以网站的信用为基础,也就是交易双方必须以信任网站的公正、公平和安全为前提。可事实上,网站进入到交易过程,这完全有可能因为网站及其办事机构的过失而给消费者造成经济损失。

2. 担保人模式

这种信用模式是以网站或网站的经营企业为交易各方提供担保为特征。有些网站,比如中国粮食贸易网就规定,任何会员均可以中国粮食贸易网上的交易合同向中国粮食贸易公司申请提供担保,试图通过这种担保来解决信用风险问题。这种将网站或网站的主办单位作为一个担保机构的信用模式的最大好处是使通过网络交易的双方降低了信用风险。但是要完成一个担保行为,也有一个核实谈判的过程,无形中增加了交易成本。因此在实践中,这一信用模式一般只适合用具有特定组织性的行业,而对那些交易主体具有开放特性的营销网站并不适用。

3. 网站经营模式

许多网站都是通过建立网上商店的方式进行交易活动的。这些网站作为商品的经营机构,在取得商品的交易权后,让购买方将购买商品的款项支付到网站指定的账户上,网站收到购物款后才给购买者发送货物。这种信用模式是单边的,是以网站的信誉为基础的,它需要交易的一方(购买者)绝对信任交易的另一方(网站)。而对于网站是否能按照承诺进行交易,则需要社会的其他机构(如消费者协会、工商行政管理部门)来进行事后监督。这种信用模式一般适用于从事零售业的营销网站。

4. 委托授权模式

这种信用模式是营销网站通过建立交易规则,要求参与交易的当事人按预设条件在协议银行建立交易公共账户,网络计算机按预设的程序对交易资金进行管理,以确保交易在安全的状况下进行。这种信用模式最可取的创新是营销网站并不直接进入交易的过程,交易双方的信用保证是以银行的公平监督为基础的。由新疆华夏益农网络有限公司兴办的中国农副产品交易市场采用的就是委托授权经营模式。但要实现这种模式必须有银行的参与，而要建立全国性银行委托机制则不是所有的企业都能够做到的。

14.4.4　网络信用控制机制

网络营销的信用缺失问题不仅将损害营销活动参与各方的利益，也必将给整个网 5 络市场带来损失。因此，建设网络营销信用体系非常必要。网络营销信用控制体系建设应包括基础层面、教育层面、信息层面和技术层面。

1. *基础层面*

基础层面是信用体系的基础部分，包括政府网络信用管理体系和网络信用法律法规体系。

1）政府网络信用管理体系

政府网络信用管理体系是网络营销信用体系的组织保障。与网络营销信用体系建设相关的部门包括各级信息产业部门、工商、税务、银行、质量监督部门等。这些部门在网络营销信用体系建设中的主要作用是：

（1）制定网络企业的信用评估的标准，建立网络企业信用评估体系，对网络企业的信用实行分类管理。因网络企业的构成比较复杂，有独立的企业网站，也有包括成千上万网上商店的网络平台，其信用评估的标准和方法应有所区别。对于独立的营销网站和网络平台可由中国互联网络信息中心（CNNIC）负责信用评估，对于网络平台内部的零售商店则可由所属网络平台进行信用评估。

（2）实现信用信息共享。我国社会信用信息大部分分散于政府机关的各个部门，应依法整合和公开信用信息，实现信用信息共享。

2）网络信用法律法规体系

网络信用法律法规体系是网络营销信用体系的制度保障。目前，我国网络信用法律法规体系还相当不完善，对网络进行规范的法律法规散见于各个法律法规之中，主要包括《中华人民共和国合同法》《商用密码管理条例》《计算机信息系统保密管理暂行规定》《中国互联网络域名注册暂行管理办法》《中华人民共和国电子签名法》《电子商务认证机构管理办法(信息产业部征求意见稿)》等，对网络活动作了初步规定。有关网络信用的法律法规则更少，《计算机信息系统安全保护条例》《计算机信息网络国际联网安全保护管理办法》《中华人民共和国电信条例》等在宏观上为网络的安全构筑了框架，也为网络信用制度建设构筑了最基本的法律法规框架。针对网络营销信用，现在急需出台如《网络营销信用管理条例》《网络信用信息共享管理办法》《网络企业信用管理条例》《个人网络信用管理条例》等法律法规，同时还应抓紧时间对已有法律法规中涉及信用问题的条款进行修改。

2.教育层面

教育层面以网络信用培育为宗旨,建立网络信用学校教育、社会教育相结合的网络信用教育体系和网络失信惩罚机制,规范人们的信用行为。

1) 信用教育

信用教育是树立信用意识的基本途径。网络信用教育体系可由以下3个主要部分及其辐射的外围部分组成。

(1) 网络宣传系统。这是网络信用教育体系基础的部分,各大门户网站、企业营销网站及信用网站应肩负起信用教育的责任,利用各种网络平台传递信用信息,开展信用教育。

(2) 传统媒体宣传系统。报纸、杂志、电视、广播等大众传媒在社会公众中有很大的影响,应充分利用这种影响力开展社会信用教育,树立公民的信用意识。

(3) 学校教育系统。信用意识要从小培养,信用教育应纳入学校教学内容中,甚至还可以在大学的某些专业中,如法律专业、电子商务专业、金融专业等,增设信用研究课程。

2) 网络失信惩罚机制

网络失信惩罚机制是规范信用行为的外部约束力,可由以下5个系统组成:

(1) 政府信用管理平台的惩罚系统。各级政府应在各级政府网站的基础上组建信用管理平台,在平台上定期公开失信"黑名单",但要公正执法,不泄露商业秘密。

(2) 政府专业管理部门的惩罚系统。工商、税务等部门对相关的失信行为设立惩罚办法。

(3) 司法部门的惩罚系统。对于严重违法的失信问题,由司法部门做出司法性惩罚。

(4) 市场性惩罚系统。由金融部门、商业机构、行业协会等负责建立和实施。

(5) 网络联盟或网络平台的惩罚系统。网络联盟或网络平台有责任对所属会员网站及会员进行信用管理,在制定信用管理细则的基础上,对守信的会员网站及会员进行奖励,对失信的会员网站及会员进行惩罚。

3. 信息层面

信息层面以数据库的形式向人们提供企业和网民的信用信息,从而实现信用信息的共享,包括网络企业信用数据库和网民个人信用数据库。

1) 网络企业信用数据库

我国信用信息分散于工商、税务等政府部门,银行、保险等金融部门及其他各种社会组织中,呈严重分散状态,同时大部分政府部门对信用信息严格屏蔽。这种状态使得所有社会组织的信用状态对其他社会公众而言是不透明、不可知的,信用信息的不对称必将导致信用缺失现象的出现，所以必须对信用信息资源进行整合。可以地区的形式建立集政府部门、金融部门、企业的信用信息资源于一体的网络企业信用数据库，在必要的保护隐私信息的基础上公开网络企业的信用信息，实现信用信息共享。

2）网民个人信用数据库

网络营销活动模式具有多样性，可以是 B2B 模式、B2C 模式，也可以是 C2C 模式，这使网民角色也呈现出复杂性。不同于传统市场的公众，网民既可以是买方，也可以是卖方，还可以是营销活动的影响者，因此网民的个人信用也是网络营销活动应重视的问题。网络营销的虚拟性也带来了网民个人信用的种种缺失现象，如擅自取消、否认定单，盗用他人信息、账号，欺骗其他网友等，因此建立网民个人信用数据库具有现实的迫切性。网民个人信用数据库应建立网民个人档案，记录网民的私人信息，如 lP 地址、电子邮箱等，以及网民参与网络营销活动的信用情况，并根据这些记录对网民进行信用评价。网民信用评价方法应根据各种网络营销活动的特点制定。如针对网上拍卖活动竞买方个人信用，可以从基础评价和竞买历史记录两方面进行评价。基础评价主要从保证金和网友担保等方面对竞买方进行信用评价；竞买历史记录则是从累计成交金额、违约次数、网友评价、参拍次数、成交次数、联系方式等方面进行竞买方的信用评价。不同的网络营销活动的特点不同，应采用不同的网民信用评价方法。

4. 技术层面

技术层面是强调网络安全。网络安全应重点解决两个问题：一是物理安全问题，主要是指系统设备及相关设施受到物理保护，免于破坏、丢失等；二是逻辑安全问题，这是网络安全的核心，要采用先进的密钥加载技术、数字签名技术、身份标识技术、防火墙技术，严格遵循安全电子交易，建立 CA 机构等。具体体现在以下几方面：

1）主体安全

要保证网络活动中主体的确定性，一个必需品是认证中心（Certification Authority，CA）颁发给他们的数字证书。数字证书由某个有公信力的认证中心（CA）签发，认证中心（CA）以其信誉保证所签发证书的可信性，确保数字证书所对应的是真实消费者实体。数字证书相当于消费者的数字化身份证，其中包含着消费者的基本信息和公开密钥，消费者在通信时将数字证书出示给对方，证明自己的身份，同时提供公开密钥使对方可以解密由数字证书拥有者加密的传输数据，保证信息传输过程中的数据保密性、数据交换的完整性。在网络活动中，数字证书是企业证明身份、进行交易的证件，也是保证交易安全的工具。

2）数据的安全

为了保证数据的安全，必须采用先进的技术手段，如防火墙、信息加密等技术，在技术层面上尽量防止数据泄密、丢失及篡改等情况的发生。

14.5　网络营销系统

14.5.1　农林产品网络营销系统概述

农林产品网络营销平台是一个基于 Internet 的开放性工作平台，为农林产品物流各方提供农林产品物流信息发布、信息交流、信息共享、协同工作的环境，通过个性化的用户界面和用户权限设置，为地域上广泛分布的物流各方提供一个安全、高效的信息沟通和协同作业环境；通过网络连接生产资料供应商、生产商、种植户、批发商、零售商，促成农林产品物流供应链的建立；共享信息资源，增加信息透明度，减少信息不对称导致的价格差别；及时管理与调整物流计划，通过网络把农林产品交易市场推向世界；优化农林产品物流流程，降低运作成本，增加规模效益，提高农林产品物流的运作效率，提升农林产品物流的整体竞争力。农林产品网络营销平台如图 14.17 所示。

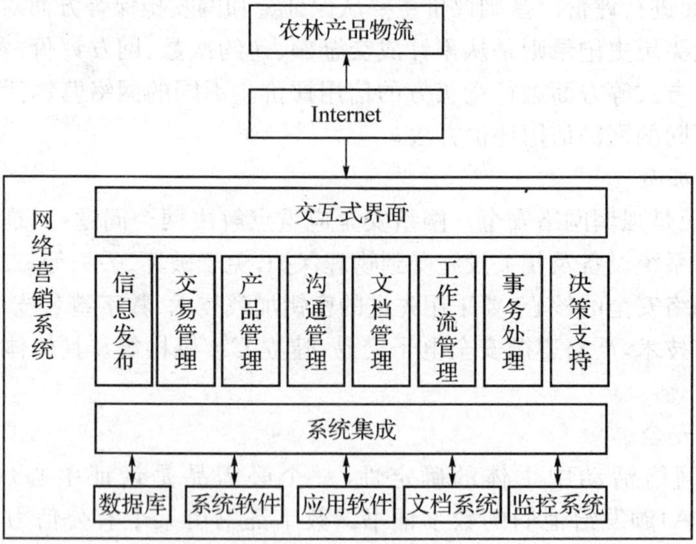

图 14.17　农林产品网络营销平台

14.5.2　网络营销系统的基本框架

从总体上说，整个网络营销系统可分为三个层次：接口信息处理层、事务逻辑层、支持层(图 14.18)。接口信息处理层是网络营销系统获取或输出信息的接口，可划分为数据接口和用户接口。事务逻辑层是由实现网络营销系统基本功能的各个子系统构成，包括品牌管理子系统、营销沟通子系统、网上销售子系统、客户关系管理子系统、营销效果评价子系统。各子系统包含若干业务，这些业务构成业务层，业务层之间是有顺序的。支持层是指网络营销系统所用的数据库管理系统、网络操作系统及应用软件支撑平台、网络及计算机硬件基础设施平台，是保证整个网络营销系统正常运作的基础。

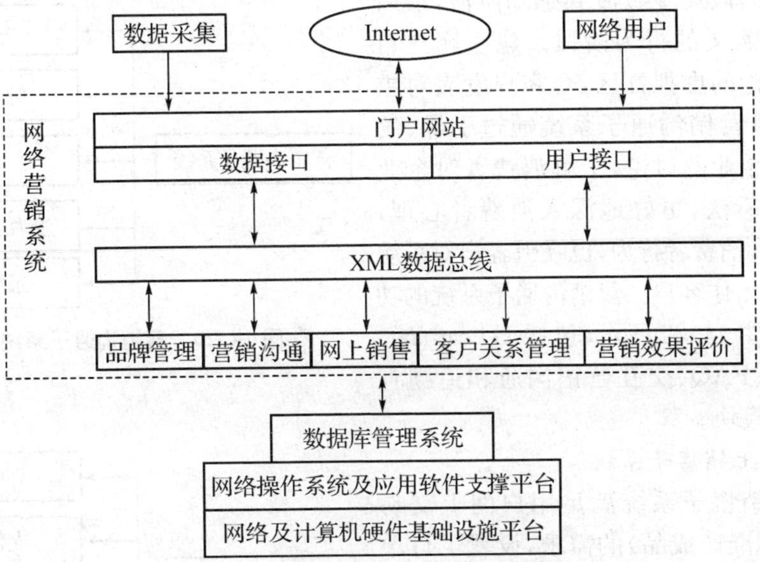

图 14.18　网络营销系统的基本框架

1. 品牌管理子系统

拥有市场的唯一办法就是拥有占据市场主导地位的品牌。企业建立网络营销系统的任务之一就是在网上建立并推广网络品牌。网络品牌是通过域名、功能性子系统、门户网站或第三方平台等建立起来的，通过一系列推广，实现客户和公众对网络品牌的认知和认可。

品牌管理子系统完成宣传介绍品牌的功能，通过企业介绍、产品介绍以及服务规范、品牌宣传，使客户充分了解企业产品及服务、企业现有政策和活动，使得客户获得大量的信息与知识，培养客户的信任感、认知感。企业利用此子系统达到宣传企业形象、树立产品品牌的意图，并通过详细的企业品牌目录、产品目录和品牌策划达到吸引客户的目的。品牌管理子系统具体包括商标标识管理、品牌宣传管理、危机及声誉管理、品牌评估管理等功能模块（图 14.19）。

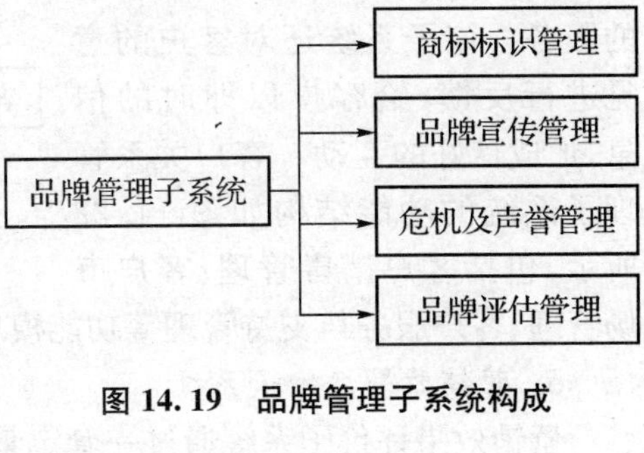

图 14.19　品牌管理子系统构成

2. 营销沟通子系统

互联网的最大特点是可以进行双向沟通，设置营销沟通子系统，主要是企业通过选择有效的信息沟通渠道，把广泛的、迅速的和连续的信息传达给客户，促使客户从认知阶段逐步过渡到感知阶段，最后推向准备购买的行为阶段。建立客户自由参与讨论的虚拟社区，令客户发表对主题的看法，营销沟通子系统通过引导、发起客户对企业的讨论，了解消费者对企业及产品的看法，更好地深入消费者心理，研究市场和消费者行为，也吸引客户对系统的参与性，留住客户。营销沟通子系统的功能结构如图 14.20 所示，包括 E-Learning、呼叫中心、FAQ、交互营销沟通和追溯查询等功能模块。

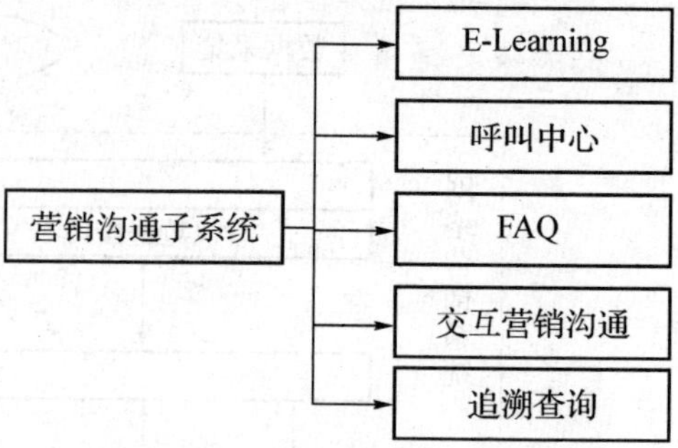

图 14.20　营销沟通子系统构成

3. 网上销售子系统

网上销售子系统满足用户网上交易(物品为标准产成品)的需求，设置了订单处理、支付处理、物流处理和售后服务等功能模块(图 14.21)。

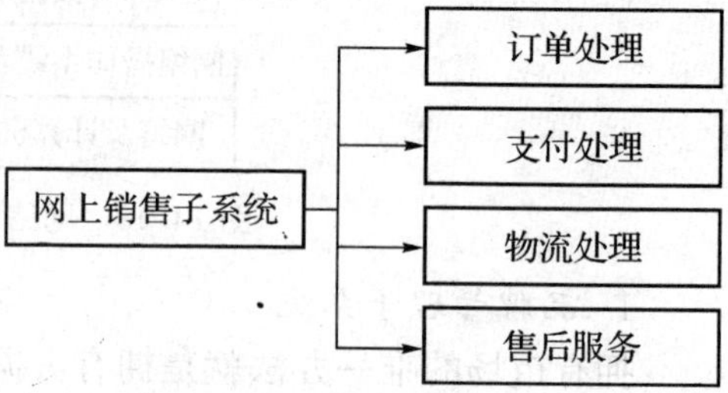

图 14.21　网上销售子系统构成

4. 客户关系管理子系统

通过客户关系管理子系统实现对客户销售、市场、服务与支持的全面管理。该子系统能够实现对客户基本数据的记录和跟踪，对客户订单的流程追踪，对客户市场的划分和趋势研究，对客户服务数据的分析，进行数据挖掘和在线联机分析以提供决策支持，在一定程度上实现业务流程的自动化，并将客户信息进行统计分析、分类，给不同的客户提供相应的服务。该子系统还对客户的意见进行反馈，给客户以即时的信息，形成良好的互动。客户关系管理子系统的功能结构如图 14.22 所示，包括客户销售管理、客户市场管理、客户服务与支持管理等功能模块。

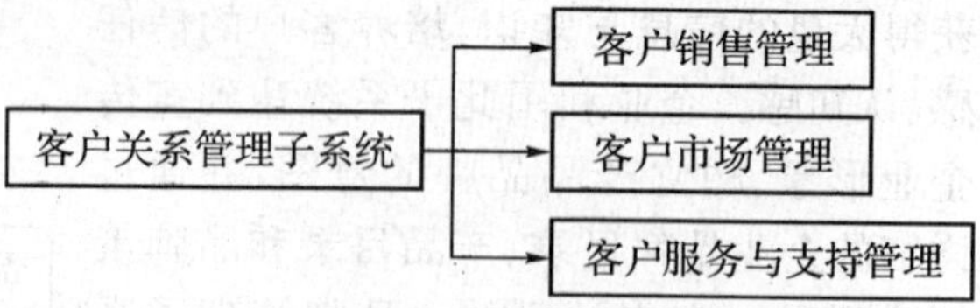

图 14.22　客户关系管理子系统构成

5. 营销效果评价子系统

营销效果评价子系统通过一套定量化和定性化的指标体系，对开展网络营销的企业从各个方面(包括营销理念、网站访问量、客户服务等)进行客观、科学的综合评价。通过对企业网络营销效果进行评价，掌握企业网络营销的运行状况，了解企业网络营销的运行效果，为企业的网络营销决策提供科学的依据。如图 14.23 所示，营销效果评价子系统由网站效果评价、营销效率评价和营销效益评价等功能模块构成。

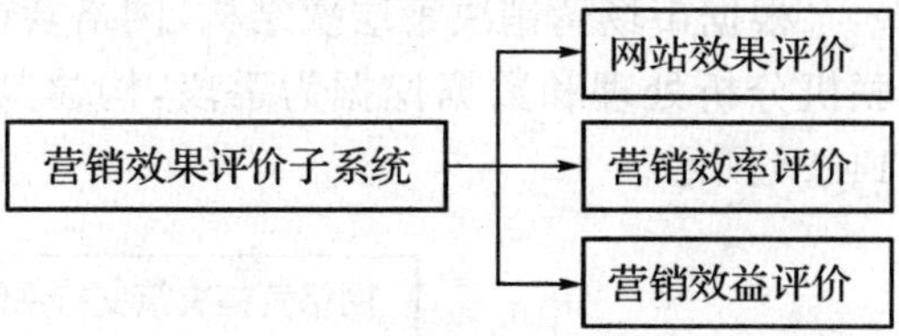

图 14.23　营销效果评价子系统构成

6. 数据库及支撑平台

网络营销系统的数据库及支撑平台主要是为各子系统提供一个性能良好、使用可靠、开放的和易于扩充的支撑环境。随着 Internet 技术、计算机硬件技术、软件技术的迅猛发展以及新一代企业级计算机网络系统的建立，企业对数据库软件的新要求使得数据库分布式应用技术进入了一个全新的发展阶段。

14.5.3　网络营销决策支持系统

1. 网络营销决策信息

“营销正日益成为一场基于信息而非销售力量的较量。”

——科特勒

网络营销中的决策信息是指同营销决策相关的商业信息、情报、数据、密码和知识等。互联网为企业提供了极为丰富的信息，网络营销决策支持系统的目的就是要将高质量的信息在需要的时候送给决策者。

2. 网络营销决策支持系统的功能

网络营销决策支持系统有效地收集信息与分析信息，为企业的营销决策提供支持。网络营销决策支持系统提供目标利润预测与决策、销售预测与决策、产品价格决策、促销决策、物流决策、销售税金决策和盈利分配决策等功能(图 14.24)。

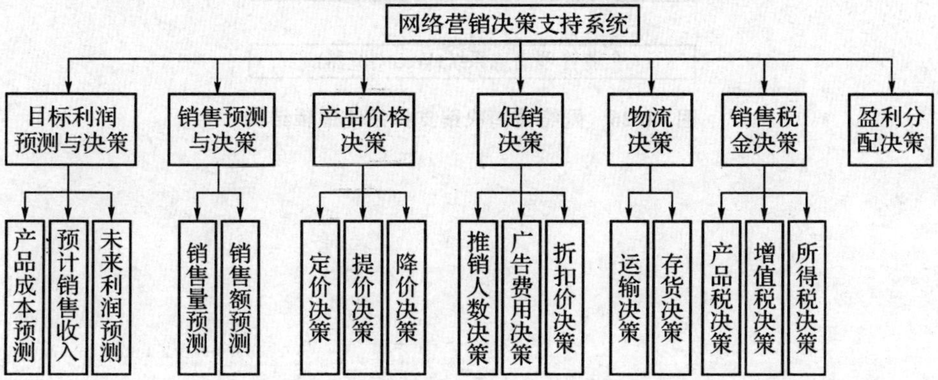

图 14.24　网络营销决策支持系统的功能结构

3. 网络营销决策支持系统的结构

根据市场营销决策层次结构,网络营销决策支持系统应以数据仓库为中心,以联机分析处理和数据挖掘为手段,构建其系统结构和逻辑结构,如图 14.25 和图 14.26 所示。

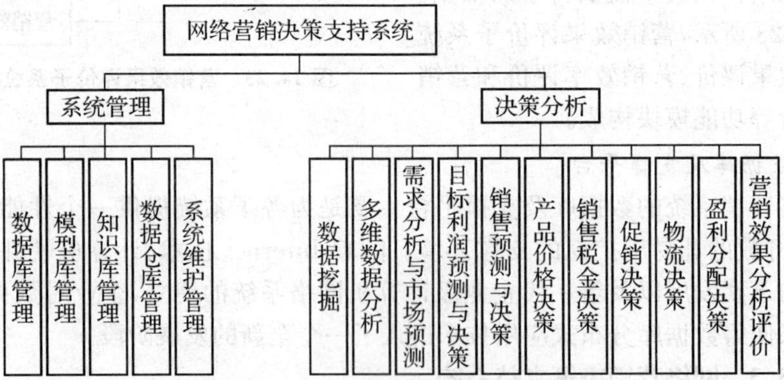

图 14.25 网络营销决策支持系统构成

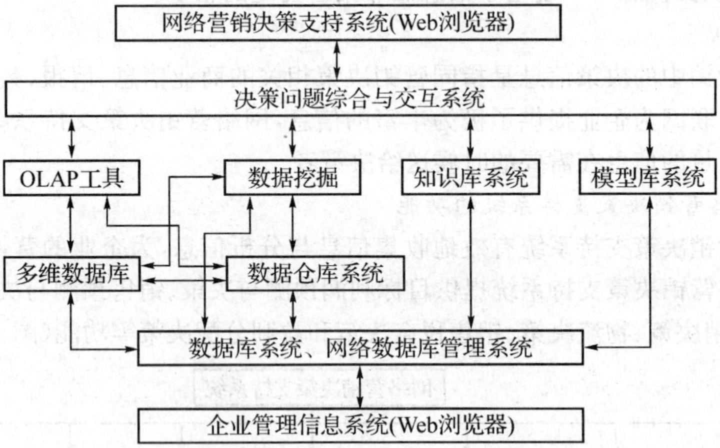

图 14.26 网络营销决策支持系统逻辑结构

参考文献

[1] ALBA J. , WOOD S. Interactive Home Shopping: Consumer, Retailer, and Manufacturer Incentives to Participate in Electronic Markets[J]. Journal of Marketing, 1997, 61(3): 38-53

[2] ATKINSON R. C. , SHIFFRIN R. M. Human Memory: A Proposed System and its Control Processes[J]. Psychology of Learning and Motivation, 1968 (2): 89-195

[3] BERTHON P. , HOLBROOK M. B. , HULBERT J. M. Beyond Market Orientation: A Conceptualization of Market Evolution [J]. Journal of Interactive Marketing, 2000, 14(14): 50-66

[4] CASWELL J. A. , PADBERG D. I. Toward a More Comprehensive Theory of Food Labels[J]. American Journal of Agricultural Economics, 1992, 74(2): 460-468

[5] DARBY M. , KARIN E. Free Competition and the Optimal Amount of Fraud [J]. Journal of Law & Economics, 1973, 16(1): 67-88

[6] DAWAR N. , PARKER P. Marketing Universals: Consumers' Use of Brand Name, Price, Physical Appearance, and Retailer Reputation As Signals of Product Quality[J]. Journal of Marketing, 1994, 58(2): 81-95

[7] DELGADO-BALLESTER E. Development and Validation of a Brand Trust Scale[J]. International Journal of Market Research, 2011, 45(1): 335-353

[8] DONEY P. M. , CANNON J. P. An Examination of the Nature of Trust in Buyer-Seller Relationships[J]. Journal of Marketing, 1997, 61(2): 35-51

[9] GROSSMAN S. J. The Informational Role of Warranties and Private Disclosure about Product Quality[J]. Journal of Law & Economics, 1981, 24 (3): 461-83

[10] GULATI R. , GARINO J. Get the Right Mix of Bricks & Clicks. [J].

Harvard Business Review,2000,78(3):107-14,214
[11] HAIDER A. ,BIRLEY S. The Role of Trust in the Marketing Activities of Entrepreneurs Establishing New Ventures [J]. Journal of Marketing Management,2010,14(7):749-763
[12] HOFFMAN D. L. , NOVAK T. P. Marketing in Hypermedia Computer-mediated Environments:Conceptual Foundations[J]. Journal of Marketing, 1996, 60 (7):50-68
[13] JONATHAN W. P. Electronic Commerce in Retailing:Differences Across Retail Formats[J]. The Information Society,1997,13:75-91
[14] KEVIN L. , WEBB PhD and MBA and BS. Understanding Hybrid Channel Conflict:A Conceptual Model and Propositions for Research[J]. Journal of Business-to-Business Marketing,1997,4(1):39-78
[15] LEE K. S, TAN S. J. E-retailing versus Physical Retailing: A theoretical Model and Empirical Test of Consumer Choice [J]. Journal of Business Research,2003,56(1):877-885
[16] LIEBOWITZ S. J. ,MARGOLIS S. E. Network Externality: An Uncommon Tragedy[J]. Journal of Economic Perspectives,1994,8(2):133-150
[17] KATZ M L. , SHAPIRO C. Network Externalities, Competition, and Compatibility[J]. American Economic Review,1985,75(3):424-440
[18] NELSON P. Information and Consumer Behavior [J]. Journal of Political Economy,1970,78(2):311-329
[19] NOVAK T. , HOFFMAN D. New Metrics for Web Media: Toward the Development of Web Measurement Standards[J]. World Wide Web Journal, 1996,2(1):213-246
[20] REED M. Going beyond the Banner Ad[J]. Marketing April, 1999, 29(4): 25-26
[21] RICHARD D. L. ,LENGEL R. H. Information Richness:A new Approach to Managerial Behavior and Organizational Design. [J]. Research in Organizational Behavior,1984(6):191-233
[22] STRUB P. J. , PRIEST T. B. Two Patterns of Establishing Trust: The Marijuana User[J]. Sociological Focus,1976,9(4):399-411
[23] WEBB K. L. ,HOGAN J. E. Hybrid Channel Conflict:Causes and Effects on Channel Performance[J]. Journal of Business & Industrial Marketing, 1986 (17):338-356

[24] AAKER D. A. Building Strong Brands[M]. New York: The Free Press, 1996

[25] CUNDIFF E. W. , STILL R. R. Basic Marketing: Concepts, Decisions and Strategies[M]. Upper Saddle River: Prentice-Hall, 1971

[26] MCGUIRE W. Constructing Social Psychology [M]. Cambridge: Cambridge University Press, 1999

[27] MOHAMMED R. , FISHER R J. , JAWORSKI Bernard J. , PADDISON G. Internet Marketing: Building Advantage in a Networked Economy [M]. 2 edition . New York: McGraw-Hill/Irwin, 2003

[28] TOFFLER A. Future shock[M]. New York: Bantam Books, 1971

[29] 陈果. 农产品微信营销的途径分析与研究[J]. 中国内部审计, 2014(10): 86-89
范新河. 网上蔬菜超市营销渠道模式选择探析[J]. 中国市场, 2012(22): 7-9

[30] 方成民, 李玉清. 农产品网络营销发展对策研究[J]. 中国商贸, 2011(11): 13-14

[31] 冯忠泽, 李庆江, 任爱胜. 中国农产品及农产品市场特点分析[J]. 中国农学通报, 2008, 24(9): 99-104

[32] 郭承龙. 农村电子商务模式探析: 基于淘宝村的调研[J]. 经济体制改革, 2015(5): 110-115

[33] 郭承龙, 杨加猛. 一体化视角下的林业低碳产业链共生机制研究[J]. 林业经济, 2014, 36(10): 12-16, 25

[34] 郭承龙, 郭伟伟, 郑丽丽. 认证标识对电子商务信任的有效性探讨[J]. 科技管理研究, 2010(3): 100-103

[35] 郭承龙. 重塑网络消费者初始信任: 网誉认证理论探讨[J]. 图书情报工作, 2012(10): 124-130

[36] 郭燕, 周梅华. 基于共赢理念的双渠道冲突管理研究[J]. 中国流通经济, 2012(4): 81-85

[37] 何坪华, 凌远云, 刘华楠. 消费者对食品质量信号的利用及其影响因素分析: 来自 9 市、县消费者的调查[J]. 中国农村观察, 2008(4): 41-52

[38] 胡开炽. 论农产品网络营销体系的构建[J]. 中国集体经济, 2009, (10): 76-77

[39] 季芳. 国内企业建立网络营销渠道引发的渠道冲突及管理策略[J]. 经济与管理, 2008(1): 26-28

[40] 纪香清, 赵婴. 发展农业电子商务优化农业产业结构, 促进农业经济发展[J]. 中国市场, 2010, (12): 7-9

[41] 李金阳. 微博互动对关系质量和受众行为意愿的影响研究[J]. 图书馆学研究, 2015(10): 26-33

[42] 陆娟.品牌发展的国际经验及其对我国农产品品牌发展的启示[J].财贸研究,2003,14(05):114-116
[43] 孙研.企业品牌策略中的几个误区[J].合作经济与科技,2005(20):9-10
[44] 唐学玉,李世平.基于消费动机维度的安全农产品市场细分研究:以南京市为例[J].农业技术经济,2012(1):109-117
[45] 王锋,张小栓,穆维松.消费者对可追溯农产品的认知和支付意愿分析[J].中国农村经济,2009(3):68-74
[46] 王俊勇,王冀宁.消费者引导下农产品质量安全演化博弈研究[J].食品工业,2015(8):231-235
[47] 王晓霞.我国农产品认证制度的主要问题及对策[J].农业质量标准,2006,3(1):31-34
[48] 吴鹏跃,孟贇,熊伟清.企业微博粉丝量对营销效果的影响[J].企业经济,2015(9):63-66
[49] 肖志勇.农产品质量安全消费心理和行为分析[J].农产品质量与安全,2013(6):62-64
[50] 谢刚,李治文,戈琪,顾桂芳.消费者微信营销接受度影响因素的实证研究[J].管理现代化,2015,35(3):96-98,101
[51] 杨珩.基于"互联网+"的生鲜电商品牌网络营销策略研究[J].商业经济,2015(08):100-101.
[52] 杨燕,王伟.从消费者角度看特色农产品电子商务发展[J].山西农业大学学报(社会科学版),2011(1):68-71
[53] 张磊.企业形象设计的特例:电视媒介频道的视觉形象设计辨析[J].经济技术协作信息,2006(32):66-66
[54]周琼婕."互联网+"第三方冷链物流对生鲜农产品网络营销研究[J].中国商论,2015(27):56-58
[55] 郭建恩.网上购物情境下消费者的感知风险及动机过程模型研究[D].杭州:浙江大学,2005
[56] 焦旭萍.网络环境下营销渠道冲突及管理研究[D].青岛:青岛大学,2007
[57] 杨颖.生鲜农产品网购意愿影响因素的实证研究[D].蚌埠:安徽财经大学,2015
[58] 余金森.基于消费者行为的农业企业微信营销效果评估研究[D].海口:海南大学,2015
[59] 周辉.基于感知风险视角的网络购物从众行为研究[D].杭州:浙江大学,2014
[60] 曹芳华,张瑞.网络为王:网络时代的品牌建设策略[M].厦门:厦门大学出版

社,2010
[61] 曹修源,林豪锵. 网络营销与案例解析[M]. 北京:清华大学出版社,2009
[62] 查菲 D,埃利斯-查德威克 F. 网络营销:战略、实施与实践[M]. 5 版. 马连福,等,译. 北京:机械工业出版社,2015
[63] 科特勒 P,阿姆斯特朗 G. 市场营销学[M]. 11 版. 赵占波,译. 北京:机械工业出版社,2013
[64] 高武国,李鲁涛,徐耀辉. 农产品电子商务与网络营销中国[M]. 北京:农业科学技术出版社,2015
[65] 阿塞尔 H. 消费者行为和营销策略[M]. 6 版. 韩德昌,等,译. 北京:机械工业出版社,2000
[66] 凯利 K. 新经济,新规则[M]. 刘仲涛,译. 北京:电子工业出版社,2014
[67] 李国才. 农产品市场定位与营销[M]. 武汉:崇文书局,2011
[68] 李洪心,王东. 电子商务网站建设[M]. 2 版. 北京:电子工业出版社,2015
[69] 丽瞻. 网络营销[M]. 北京:清华大学出版社,2013
[70] 廖媛红. 农产品市场营销[M]. 北京:中国农业科学技术出版社,2012
[71] 刘业政,何建民. 电子商务概论[M]. 2 版. 北京:高等教育出版社,2012
[72] 刘业政,姜元春,张结魁. 网络消费者行为:理论方法及应用[M]. 北京:科学出版社,2011
[73] 约瑟夫 B. J,吉尔摩 J H. 体验经济[M]. 更新版. 毕崇毅,译. 北京:机械工业出版社,2012
[74] 屈云波. 市场细分[M]. 北京:企业管理出版社,2010
[75] 海斯 T,马隆 M S. 湿营销[M]. 曹蔓,译. 北京:机械工业出版社,2010
[76] 普罗克特 T. 营销调研精要[M]. 3 版. 吴冠之,译. 北京:机械工业出版社,2010
[77] 王杜春,张永强. 农产品营销学[M]. 北京:机械工业出版社,2014
[78] 齐克芒德 W G. ,巴宾 B J. 营销调研精要(英语)[M]. 4 版. 北京:清华大学出版社,2011
[79] 严行方. 网上销售农产品[M]. 厦门:厦门大学出版社,2014
[80] 杨冬生. 林副产品市场营销[M]. 成都:四川科学技术出版社,1998
[81] 张艳芳. 体验营销[M]. 成都:西南财经大学出版社,2007
[82] 斯特劳斯 J,弗罗斯特 R. 网络营销[M]. 7 版. 北京:中国人民大学出版社,2015